Zeitstrahl

1000–1918

1400

1339–1453
Hundertjähriger Krieg zwischen England und Frankreich

1356
Goldene Bulle:
Kurfürsten wählen den König

um 1400
Humanismus und Renaissance beginnen in Italien

um 1450
Gutenbergs Buchdruck mit beweglichen Lettern

1453
Eroberung Konstantinopels durch die Türken; Ende des Byzantinischen Reiches

NEUZEIT

1900

1848
Deutsche Revolution

1871
Gründung des Deutschen Kaiserreiches

1880–1914
Zeit des Imperialismus

1914–1918
Erster Weltkrieg

HOCHMITTELALTER

1200 | 1300

1215
Die Magna Charta Libertatum wird in London unterzeichnet

um 1240
Mongolische Reiterheere dringen nach Mitteleuropa vor

um 1250
Europäische Mönche reisen nach Asien

um 1291
Akkon, die letzte Kreuzfahrerstadt unterliegt den Muslim…

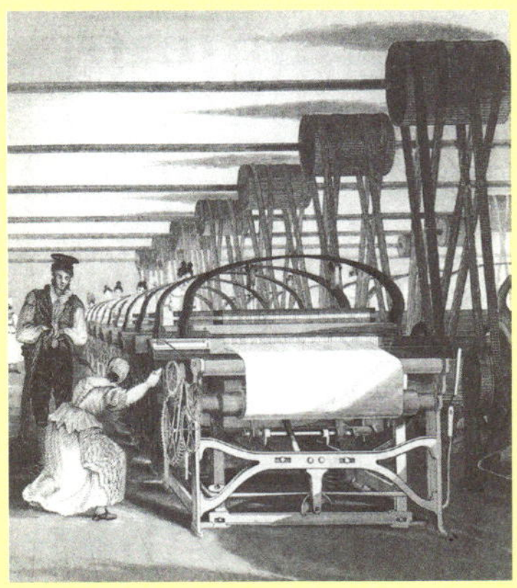

1700 | 1800

…61
…dwig XIV. tritt die Regierung … und baut den Absolutismus …s

1688
Glorreiche Revolution in England

1689
Bill of Rights unterzeichnet

1750
Beginn der industriellen Revolution in England

1776
Unabhängigkeitserklärung der USA

1789
Beginn der Französischen Revolution

1806
Auflösung des Heilige… Römischen Reiches deutscher Nation

1814/15
Wiener Kongr…

10

Geschichte und Geschehen

Michael Sauer (Herausgeber)

Asmut Brückmann
Rolf Brütting
Michael Epkenhans
Ursula Fries
Georg Langen
Heinz Niggemann
Peter Offergeld
Michael Sauer
Helge Schröder
Susanne Thimann-Verhey
Martin Thunich

Ernst Klett Verlag
Stuttgart · Leipzig

1. Auflage 1 8 7 6 5 4 | 18 17 16 15 14

Herausgeber: Prof. Dr. Michael Sauer
Autorinnen und Autoren: Asmut Brückmann: S. 44–67; Dr. Rolf Brütting: S. 38–41; PD Dr. Michael Epkenhans: S. 10–19, 68–111, 296–325; Dr. Ursula Fries/Dr. Heinz Niggemann: S. 162–195; Georg Langen: S. 112–137; Dr. Peter Offergeld: S. 20–37, 42–43; Prof. Dr. Michael Sauer: S. 266–295; Dr. Helge Schröder: S. 232–265; Dr. Susanne Thimann-Verhey: S. 138–161; Martin Thunich: S. 196–231

Redaktion: Dr. Gabriele Möhring
Herstellung: Kerstin Heisch

Gestaltung: kognito Visuelle Gestaltung, Berlin
Umschlaggestaltung: kognito Visuelle Gestaltung, Berlin
Illustrationen: Lutz-Erich Müller, Leipzig; Sandy Schygulla, Chemnitz (Seite 152)
Kartografien: Kartografisches Büro Borleis & Weis, Leipzig
CD Programmierung: KREAKTOR, Hannover
Satz: Druckmedienzentrum, Gotha
Reproduktion: Meyle + Müller, Medien-Management, Pforzheim
Druck: Offizin Andersen Nexö, Leipzig

Printed in Germany
ISBN 978-3-12-443020-5

9 783124 430205

Einleitung

Liebe Schülerin, lieber Schüler,

der zweite Band deines Geschichtsbuches liegt nun vor dir und will dich ein Jahr lang durch den Geschichtsunterricht begleiten. Sicher hast du schon einmal darin geblättert. Dir wird aufgefallen sein, dass neben den Texten auch in diesem Band viele farbige Abbildungen, Karten und Schaubilder abgedruckt sind. Das wird dir helfen, Vorstellungen über längst vergangene Zeiten zu gewinnen und historische Ereignisse zu beurteilen.

Die Entdeckungsreise mit Geschichte und Geschehen wird dich nicht nur durch Deutschland und Europa führen, sondern auch in ferne Länder.

- Du wirst erfahren, wie die Menschen hierzulande mit fremden Kulturen in Berührung kamen und was sie von ihnen lernten.
- Du kannst herausfinden, wie mutige Seefahrer und Handelsreisende ferne Kontinente erkundeten, aber auch, was das für die dort lebenden Menschen für Folgen hatte.
- Du wirst erfahren, wie Erfindungen und Neuerungen vor über 500 Jahren begannen, Europa zu verändern.
- Dir werden mutige Männer und Frauen begegnen, die in Revolutionen für ihre Rechte kämpften.
- Du kannst Tüftler, Techniker, Wissenschaftler und Unternehmer kennen lernen, die mit ihren Erfindungen den Grundstein für unsere moderne industrialisierte Welt legten.
- Du erfährst, wie in der Mitte Europas ein starkes Deutschland entstand und welche Politik dort gemacht wurde.
- Du wirst dich aber auch mit zahlreichen Kriegen auseinandersetzen müssen und erfahren, was die Menschen dazu brachte gegeneinander zu kämpfen und welche Folgen das hatte.

Beim Durchblättern deines Geschichtsbuches wirst du auch gesehen haben, dass eine CD-ROM dazugehört. Dort findest du Material, mit dem du üben und dein Wissen anwenden kannst, z. B. Bilder, Quellentexte, dynamische Karten, Lieder usw.

Auch im Internet wurden unter der Adresse www.klett.de/online wieder viele Informationen und Materialien zusammengestellt, die dir das Lernen erleichtern sollen. Du kannst z. B. anhand einer über 700 Jahre alten Karten herausfinden, was Europäer damals über Menschen, Tiere, Pflanzen und Städte in Asien und Afrika schon wussten oder wie Deutsche nach Amerika auswanderten usw. Lass dich einfach überraschen. Es ist bestimmt für jeden etwas dabei.

Viel Spaß beim Entdecken der Geschichte wünschen dir

die Autorinnen und Autoren

600–1500

1500–1700

Inhaltsfeld 7:
Europa wandelt sich

1600–1900

1750–1900

I
1870–1918

11

12

Inhaltsfeld 8: Imperialismus und Erster Weltkrieg

•–||–• Fakultative Themen

So arbeitest du mit diesem Buch

Auf dieser Doppelseite möchten wir dir kurz die unterschiedlichen Seiten und Elemente von Geschichte und Geschehen vorstellen. Dir begegnen im Buch ganz unterschiedliche Medien: Bilder, Karten, Grafiken und Texte stehen beispielhaft für die unterschiedlichen Wege, auf denen man etwas über die Geschichte erfahren kann.

Das Buch umfasst zwölf Themeneinheiten. Jede beginnt mit einer **Orientierungsseite**. Ein kurzer Text führt in das Thema ein und nennt Fragen, die du am Schluss der Themeneinheit beantworten kannst. Eine Zeitleiste hilft dir, das Thema in die Zeit einzuordnen. Rot sind die wichtigsten Daten der Themeneinheit vermerkt. Bereits behandelte wichtige Daten sind schwarz vermerkt. Du siehst so auf den ersten Blick, was früher, was später oder was gleichzeitig war.
Auf jeder Orientierungsseite befindet sich eine Karte, damit du das Thema geografisch einordnen kannst.
Bilder sollen dein Interesse wecken und erste Ausblicke auf das Thema geben.

Die **Verfassertexte** haben Schulbuchautoren – meist Lehrerinnen und Lehrer – für dich geschrieben. Die Texte informieren dich zusammenhängend über das jeweilige Thema des Kapitels. Sie sind in kleinere Abschnitte gegliedert. Damit du sie zielgerichtet lesen kannst, schlagen die Verfasser Aufgaben vor.
Auch zum Erschließen von Bildern werden Aufgaben vorgeschlagen. Diese Aufgaben sind durch ein Symbol gekennzeichnet: X:
Unbekannte Begriffe werden in der Randspalte erklärt. Wenn du gezielt nach bestimmten Begriffen suchst, kannst du den Anhang des Buches benutzen.
Ebenfalls im Anhang findest du Hinweise zum Lösen der Aufgaben.

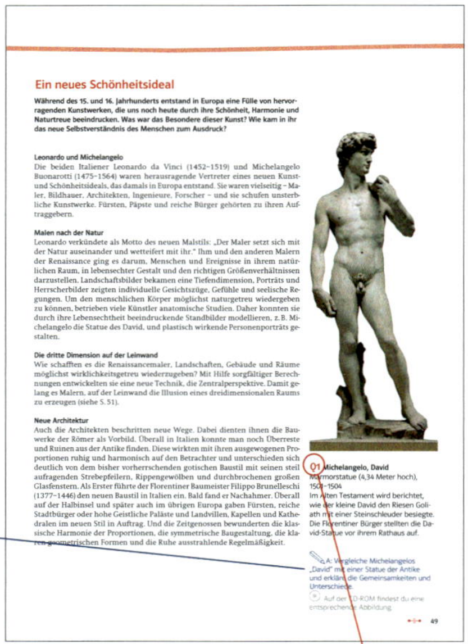

Du findest im Buch viele unterschiedliche Materialien. Mit einem Q sind Quellen (Texte, Bilder) gekennzeichnet, die aus der Zeit, um die es im Kapitel geht, erhalten geblieben sind. Später entstandene Texte und Bilder sind mit einem D (Darstellung) gekennzeichnet.
Quellen und Darstellungen sind in jedem Kapitel durchnummeriert.
Am Ende eines jeden Kapitels stehen Aufgaben, mit denen du prüfen kannst, was du gelernt hast.

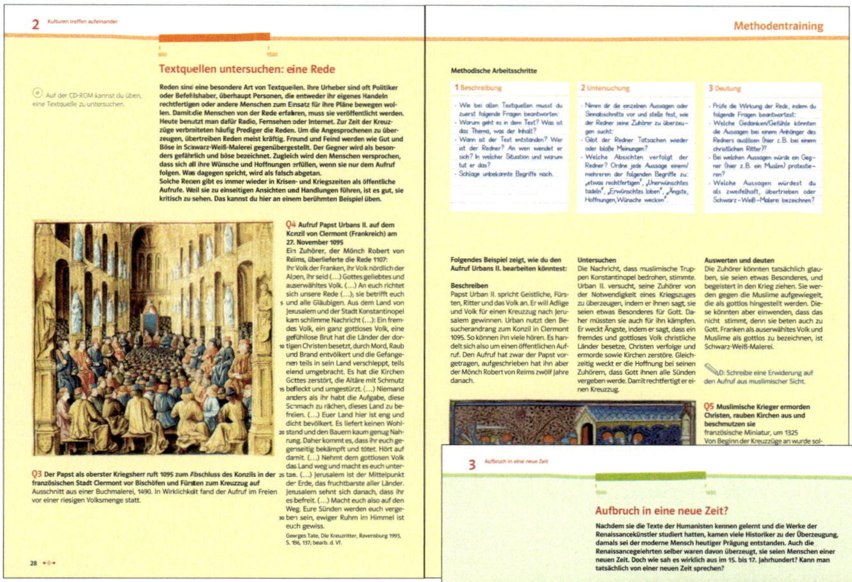

Unter der Überschrift **„Methodentraining"** wird in jeder Themeneinheit eine Methode vorgestellt. Auf diesen Doppelseiten wird dir vorgeführt, wie du ein bestimmtes Material (Texte, Schaubilder Karten, Bilder usw.) auswerten kannst. Die methodischen Arbeitsschritte findest du im Anhang des Buches wieder.

An einigen Stellen des Buches gibt es die Seiten **„Geschichte erinnert und gedeutet"**. Hier kannst du sehen, wie Menschen aus späterer Zeit die Geschichte darstellen und deuten – oft ganz unterschiedlich.

Am Schluss einer jeden Themeneinheit steht die Doppelseite **„Wiederholen und Anwenden"**. Hier kannst du an verschiedenen Aufgaben üben und testen, was du gelernt hast.

Kleine Symbole helfen dir, dich im Buch leichter zurechtzufinden:

Hier findest du Literaturtipps zum Weiterlesen.

Das Zeichen bedeutet, dass du weiter hinten im Buch mehr dazu erfährst.

Dieses Zeichen sagt dir, dass du weiter vorn im Buch noch einmal nachlesen und wiederholen kannst.

Das Zeichen verweist auf Übungen auf der CD-ROM.

Nach diesem Symbol findest du auf jeder Orientierungsseite und auf vielen anderen Seiten eine Nummer. Unter www.klett.de/online und dieser Nummer findest du im Internet Zusatzmaterial zur Themeneinheit.

Dieses Zeichen bedeutet, dass der Inhalt des Kapitels fakultativ ist.

1 Was Menschen im Mittelalter voneinander wussten

Online-Link
443020-0101

Lange Zeit hatten die Menschen in Europa wenig Vorstellungen davon, wie das Leben auf anderen Kontinenten war. Im 13. Jahrhundert jedoch begann sich das mittelalterliche Weltbild in Europa allmählich zu wandeln. In diesem Kapitel erfährst du am Beispiel der Begegnung der Europäer mit den Mongolen,

- wie es dazu kam,
- welche Vorstellungen Europäer über fremde Völker hatten
- und wie diese auf die Begegnung mit Europäern reagierten.

1240 — 1250 — 1260

1241
Mongolische Reiterheere vernichten in Schlesien und Ungarn zwei christliche Heere.

um 1250
Europäische Mönche reisen im Auftrag des Papstes nach Asien.

Titelblatt der ersten deutschen Marco-Polo-Übersetzung, 1477. Um das Bild steht geschrieben: „Das ist der edel Ritter Marcho Polo von Venedig der größt landfarer. der was beschreibt die grossen wunder der welt die er selbr gesehenn hat. Von dem auffgang bis zu dem untergang der sunne."

Marco Polo mit einer Karawane, Illustration aus dem „Katalanischen Atlas", um 1375

Handelswege im Mittelalter

1270 | 1280 | 1290

1271
Marco Polo bricht zu einer Reise in den Osten auf.

1288
Marco Polo kehrt aus Asien zurück.

Karte mit den bekannten Kontinenten Asien, Afrika und Europa, französische Buchmalerei, um 1450

Kublai Khan (1215 – 1294), mongolischer Herrscher, chinesische Seidenmalerei, um 1350, 116,1 x 74 cm

600 – 1500

Europa trifft Asien

Im 13. Jahrhundert tauchten plötzlich in Europa mongolische Reiterheere auf. Welche Folgen hatte das für die Europäer? Wie reagierten sie darauf? Und wie veränderte das ihr Bild von der Welt?

A: Fasse zusammen, woher die Menschen in Europa etwas über fremde Länder wussten.

Über die Entstehung und Ausbreitung des Islam erfährst du mehr auf den Seiten 20–35.

Großkhan, Khan
Das waren Herrschertitel, die die Reiterstämme in Zentral- und Mittelasien für ihre Befehlshaber und Herrscher verwendeten.

Tartaren
Die Bezeichnung ist abgeleitet von dem griechischen Wort tartaros (= die Hölle). Seit dem 13. Jahrhundert war es der Name für die asiatischen Reitervölker, die bis nach Mitteleuropa vordrangen. Später wurden die Turkvölker so genannt, die sich in Teilen Russlands niedergelassen haben.

Geheimnisvolles Asien

Bereits in der Antike hatte es Kaufleute und Reisende gegeben, die über die Seidenstraße oder über See bis nach Indien und China gereist waren und darüber berichtet hatten. Glas, Seide und Gold, aber auch Pfirsiche, Gewürze, Mandeln und Tiere waren so nach Europa gelangt. Zu Beginn des Mittelalters waren diese Kontakte abgebrochen und das Interesse an fernen Welten erloschen. Geblieben war allein das Bild vom exotischen und geheimnisvollen Asien. Seitdem der Islam aus Arabien nach Europa vorgedrungen war, glaubten zudem viele Christen, dass im Osten mächtige Könige wohnen würden, die ihnen im Kampf gegen die Muslime beistehen würden.

Fremde Reiterheere in Europa

Dieses Bild von Asien begann sich zu verändern, als in der Mitte des 13. Jahrhunderts große mongolische Reiterheere bis nach Europa vordrangen. Auf ihrem Weg nach Westen hatten sie eine Spur der Verwüstung hinterlassen. Tausende Menschen waren ihren Angriffen zum Opfer gefallen. 1241 vernichteten sie in blutigen Schlachten bei Liegnitz in Schlesien und bei Mohi in Ungarn fast gleichzeitig zwei große christliche Ritterheere. Statt wie befürchtet weiter nach Westen vorzudringen, verschwanden sie jedoch genauso schnell wie sie gekommen waren, nachdem ihr Herrscher, der Großkhan, gestorben war.

Steht das Ende der Welt bevor?

Viele Menschen im damaligen Europa, deren Leben und Weltbild von den Lehren der Kirche geprägt war, betrachteten das Vordringen der Mongolen als Strafe Gottes für ihr sündhaftes Verhalten. So wie in der Bibel vorhergesagt, schien das Ende der Christenheit nahe. Kaiser Friedrich II. schrieb beispielsweise an den König von England, jene Völker – die Tartaren – seien aus der Hölle ausgebrochen, um dem Antichristen (Gegenspieler von Jesus Christus) zu helfen und den Jüngsten Tag anbrechen zu lassen.

Q1 Schlacht bei Liegnitz
Buchillustration, um 1300, (Ausschnitt)

B: Vergleiche die Bilder Q1 und Q2. Erkläre, welches Bild von den Mongolen gezeichnet wird. Vermute, wie solche Bilder auf die Europäer gewirkt haben.

Kann man das drohende Unheil abwenden?

Als die Mongolen plötzlich umkehrten, atmeten die Europäer auf: Gott strafte die Christenheit, aber er ließ sie nicht untergehen. Auch wenn man noch einmal davongekommen war, so stellten sich manche doch die Frage, ob die Gefahr wirklich gebannt war. Der hochgebildete Papst Innozenz IV., aber auch der französische König entsandten daher um 1250 Mönche nach Asien. Sie sollten herausfinden, wer die Mongolen waren, was diese planten, und versuchen, sie von neuen Angriffen abzuhalten oder mit ihnen ein Bündnis gegen die Araber zu schließen. Zu diesen Mönchen gehörten Johannes von Plano Carpini und Wilhelm von Rubruk. Am Ende ihrer abenteuerlichen Reisen erreichten sie den Hof des Großkhans. Nach ihrer Rückkehr schrieben sie Berichte über das Leben der Mongolen, die von den Menschen in Europa neugierig gelesen wurden.

Ein neues Weltbild entsteht

So trug das Vordringen der Mongolen nach Westen dazu bei, dass die Menschen in Europa begannen, die Grenzen ihrer damaligen Welt zu überschreiten und fremde Kulturen wahrzunehmen. Zuerst knüpften Missionare diese Kontakte, doch schon bald folgten ihnen Händler und Diplomaten. Ihre Berichte und Erfahrungen trugen dazu bei, dass genauere Karten über das Aussehen der Welt entstanden und das Wissen über andere Völker größer wurde. Aufgeschlossene und wissbegierige Europäer setzten sich nun mit bisher unbekannten Erfahrungen und Einsichten, Techniken und Wissenschaften auseinander. In jener Zeit betrachteten sich die Vertreter der unterschiedlichen Kulturen in den meisten Fällen noch als gleichrangig und achteten sich gegenseitig.

Ein Buch erzählt von fremden Ländern

Zu den Büchern, die im Mittelalter mit großer Begeisterung gelesen wurden, gehörte auch der Bericht des venezianischen Kaufmanns Marco Polo über seine Reise nach China und in das Land der Mongolen. 1271 soll er mit seinem Vater und seinem Onkel von Venedig nach Osten aufgebrochen und erst nach 17 Jahren in seine Heimatstadt zurückgekehrt sein. Heute streiten Historiker darüber, ob Marco Polo diese Reise tatsächlich unternommen hat bzw. ob seine Berichte der Wahrheit entsprechen. Möglicherweise hat er nur die Erzählungen anderer Reisender wiedergegeben. Es gibt aber keinen Zweifel daran, dass diese Schilderungen ebenfalls viele Menschen interessiert sowie ihr Wissen über Asien erweitert und lange Zeit geprägt haben.

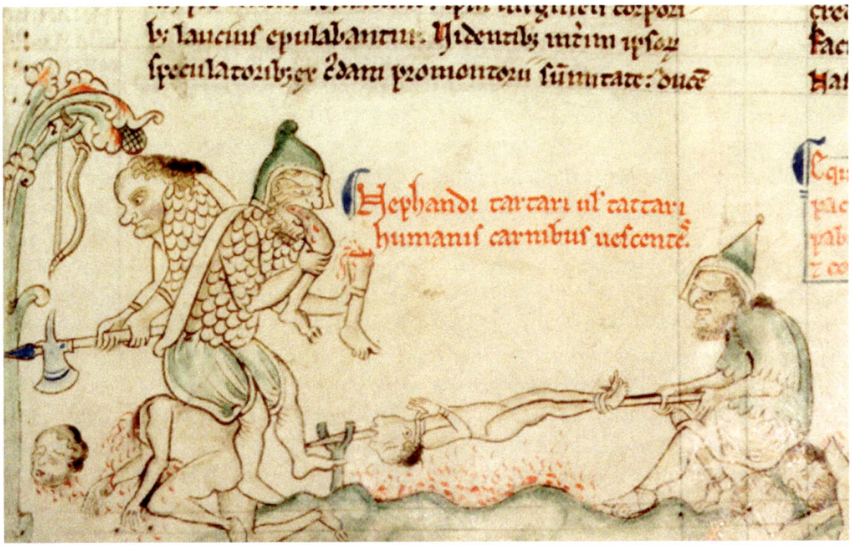

Q2 Mongolen als Menschenfresser
Buchillustration, um 1300

Q3 Brücke über den Yonging-He in China
Illustration zu den Reiseberichten des Marco Polo, 1412

C: Versetze dich in die Lage eines mittelalterlichen Menschen, der noch nie etwas von den Völkern im fernen Osten gehört hat und nun das Buch des Marco Polo in die Hand bekommt. Berichte anhand der Bilder Q3 und Q7 einem Freund oder einer Freundin dar-

Q4 Warnung, Bitte und Mahnung

Papst Innozenz IV. schreibt 1245 an den Großkhan Güyük:

Weil nicht nur die Menschen, sondern auch die unvernünftigen Lebewesen und sogar die Grundstoffe der Weltmaschine durch Gemeinschaft in einem Bund von Natur aus vereinigt sind, (...) sind wir nicht zu Unrecht gezwungen, uns sehr zu wundern, dass Ihr, wie wir vernommen haben, viele christliche und auch andere Länder überfallen habt, sie in schrecklicher Zerstörung verheert und nicht ablasst, in noch andauernder Raserei Eure verwüstenden Hände nach weiteren Ländern auszustrecken, und losgelöst vom Band der naturgegebenen Verwandtschaft, ohne Unterschied gegen alle, ohne Rücksicht auf Geschlecht oder Alter, mit dem Schwert der Rache zu wüten. Wir aber (...) warnen, bitten und mahnen Euch alle inständig, dass Ihr von derartigen Angriffen und vor allem von den Verfolgungen der Christen von nun an gänzlich ablasst (...) und den Zorn der göttlichen Majestät (...) durch Wiedergutmachung mit einer angemessenen Buße beschwichtigt (...).

Johannes v. Plano Carpini. Kunde von den Mongolen 1245–1247. Übersetzt, eingeleitet und erläutert von Felicitas Schmieder, Sigmaringen 1997, S. 21.

Q5 „Handelt Frieden mit mir aus"

Großkhan Güyük antwortet Papst Innozenz IV., 1247:

In der Kraft Gottes, der Herrscher aller Menschen, dem großen Papst diese deutlichen und wahren Weisungen.
Ihr, Du Papst und alle Christen, habt Ratschluß gehalten, um Frieden mit uns zu haben, Deinen Boten hast Du uns geschickt, wir haben ihn vernommen und Deine Schriftstücke erhalten.
Da Ihr Frieden mit uns begehrt, verabsäumt keinesfalls, Du Papst und alle Könige und jeder Machthaber, zu mir zu kommen, um diesen Frieden auszuhandeln. Dann werdet ihr unsere Antwort erhalten und unseren Willen vernehmen.
Deine Botschaft enthielt noch dies: dass wir uns taufen lassen und Christen werden sollten. Darauf antworten wir kurz: dass wir dies, was wir machen sollen, nicht verstanden haben.
Etwas anderes, das in Deiner Botschaft enthalten war, nämlich: dass Du Dich wunderst über Tötungen so vieler Menschen, vor allem der Christen, (...) wir antworten Dir so: dass wir das nicht verstanden haben. (...)
Wenn Gott etwas nicht ausrichtet, wie könnte es dann der Herr der Menschen ausrichten? Aber Ihr Menschen des Abendlandes haltet nur etwas auf Euch und verachtet die anderen. Aber wie könnt Ihr wissen, wen Gott seiner Gnade würdig befand? (...)
Wir beten Gott an und kraft seiner haben wir von Sonnenaufgang bis Sonnenuntergang das gesamte Land zerstört. Wenn dies nicht kraft Gottes wäre, was könnten die Menschen ausrichten?
Wenn Ihr an den wahren Gott und unsere Botschaft nicht glauben und unseren Rat, uns aufzusuchen, nicht beherzigen solltet, erkennen wir als gewiss, dass Ihr Krieg mit uns wollt. Wir wissen nicht, was dann die Zukunft bringt. Das weiß nur Gott.

Marion-Michaela Steinicke, Apokalyptische Heerscharen und Gottesknechte. Wundervölker des Ostens vom Untergang der Antike bis zur Entdeckung Amerikas. URL: http://www.dissfu-berlin.de/diss/receive/FUDISS_thesis_000000001863. Stand: 21.07.2008, S. 106 f.

Q6 Ein Bericht über fremde Welten

Johannes v. Plano Carpini über die guten und schlechten Sitten der Mongolen, 1247:

2. Die (...) Tartaren sind ihren Herren gehorsamer als irgendwelche anderen Menschen auf der Welt, Geistliche wie Weltliche, und sie verehren sie mehr und belügen sie nicht leichthin. Mit Worten streiten sie selten oder nie miteinander, handgreiflich aber nie. Kriege, Streitigkeiten, Verletzungen, Morde geschehen unter ihnen niemals. Auch Räuber und Diebe wertvoller Dinge sind dort nicht zu finden. Deshalb werden ihre Behausungen und Karren, in denen sie ihre Schätze haben, des Abends und auf der Fahrt nicht verschlossen. Wenn

Q7 Fest am Hofe des Großkhans
Illustration zu den Reiseberichten des Marco Polo, 1412

Tiere verloren gehen, dann läßt, wer immer sie findet, sie dort oder bringt sie zu den Männern, die dafür eingesetzt sind; die Leute aber, denen die Tiere gehören, suchen sie bei eben diesen und bekommen sie ohne alle Umstände zurück. Einer ehrt den anderen nicht wenig, und untereinander sind sie recht vertraulich miteinander, und sie teilen ihre Nahrung, auch wenn sie wenig haben, doch gerecht untereinander auf. Sie sind auch sehr genügsam; wenn sie deshalb einen Tag fasten oder zwei Tage gar nichts essen, erscheinen sie nicht leicht ungeduldig, sondern singen und spielen, als hätten sie gut gegessen. Auf dem Ritt halten sie große Kälte aus, und auch zu große Hitze ertragen sie; sie sind keine verwöhnten Menschen. Sie scheinen nicht neidisch aufeinander zu sein; zwischen ihnen sind praktisch keine Schiedssprüche nötig. Keiner verachtet den anderen, sondern hilft ihm und unterstützt ihn, so sehr er es in angemessener Weise kann.

3. Ihre Frauen sind keusch (…).

4. Die Tartaren sind extrem hochmütig gegenüber fremden Menschen und schätzen alle gering, ja sie achten sie geradezu für nichts, seien sie nun adeliger oder geringer Herkunft.

6. Gegen fremde Menschen sind sie extrem jähzornig, heftig und so lügnerisch, daß kaum ein Deut Wahrheit in ihnen zu finden ist. (…)

7. Ihre Nahrung besteht aus allem, was man essen kann. Sie essen nämlich Hunde, Wölfe, Füchse und Pferde, und in Notlagen Menschenfleisch.

8. Tischwäsche und Handtücher benützen sie keine. Brot haben sie keines, und auch keine Kräuter, Hülsenfrüchte und dergleichen, nur Fleisch, von dem sie aber auch so wenig essen, daß andere Völker kaum davon leben könnten.

9. Sie haben ein Gesetz oder die Gewohnheit, den Mann und die Frau zu töten, die sie auf frischer Tat beim Ehebruch ertappen. Ebenso töten sie auch Mann und Frau, wenn eine Jungfrau sich mit jemandem eingelassen hat. Wenn jemand bei Raub oder Diebstahl in einem von ihnen beherrschten Land ertappt wird, wird er ohne jedes Mitleid getötet.

10. Die Männer arbeiten, außer mit den Pfeilen, überhaupt nicht – sie achten nur ein klein wenig auf die Herden –, stattdessen jagen sie und üben sich im Bogenschießen. Alle nämlich, vom Geringsten bis zum Großen, sind sie gute Bogenschützen, und ihre Knaben beginnen schon, wenn sie gerade zwei oder drei Jahre alt sind, zu reiten, die Pferde zu lenken und sich mit ihnen zu bewegen. Sie bekommen ihrem Alter angemessene Bögen und werden im Bogenschießen unterrichtet; so werden sie äußerst behende und kühn.

11. Auch die Mädchen und Frauen reiten und bewegen sich ebenso geschickt auf den Pferden wie die Männer.

Johannes v. Plano Carpini, Kunde von den Mongolen 1245–1247, übersetzt, eingeleitet und erläutert von Felicitas Schmieder, Sigmaringen 1997, S. 55–60.

1. Untersuche die Haltung des Papstes und des Großkhans zueinander. Spielt ein Gespräch der beiden nach, in dem sie ihre Haltung zu Herrschaft und Religion begründen (Q4, Q5).

2. Stelle in zwei Spalten gegenüber, welche Eigenschaften und Gewohnheiten der Mongolen Carpini positiv und welche negativ bewertet (Q6).

Du kannst zur Aufgabenlösung die CD-ROM benutzen

600 1500

Online-Link
443020-0104
Link zur Ebstorfer Weltkarte

Im Buch können nur wenige ausgewählte Teile der Karte erklärt werden. Im Internet findest du eine interaktive Karte mit vielen Erläuterungen sowie Übersetzungen der Texte.

Historische Karten analysieren

Mittelalterliche Karten sind mit heutigen Karten nicht vergleichbar. Sie spiegeln nicht nur die geografischen Gegebenheiten der Erde wider, sondern sie zeigen, welche Vorstellungen die Schöpfer solcher Karten von der Gestalt der Erde hatten und was sie von verschiedenen Regionen der Welt wussten. Sie hielten aber auch ihr religiöses Verständnis von der Welt sowie historische Begebenheiten und Sagen in den Karten fest. Am Beispiel der Ebstorfer Weltkarte kannst du herausfinden, welches Weltbild die Menschen im 13. Jahrhundert hatten.

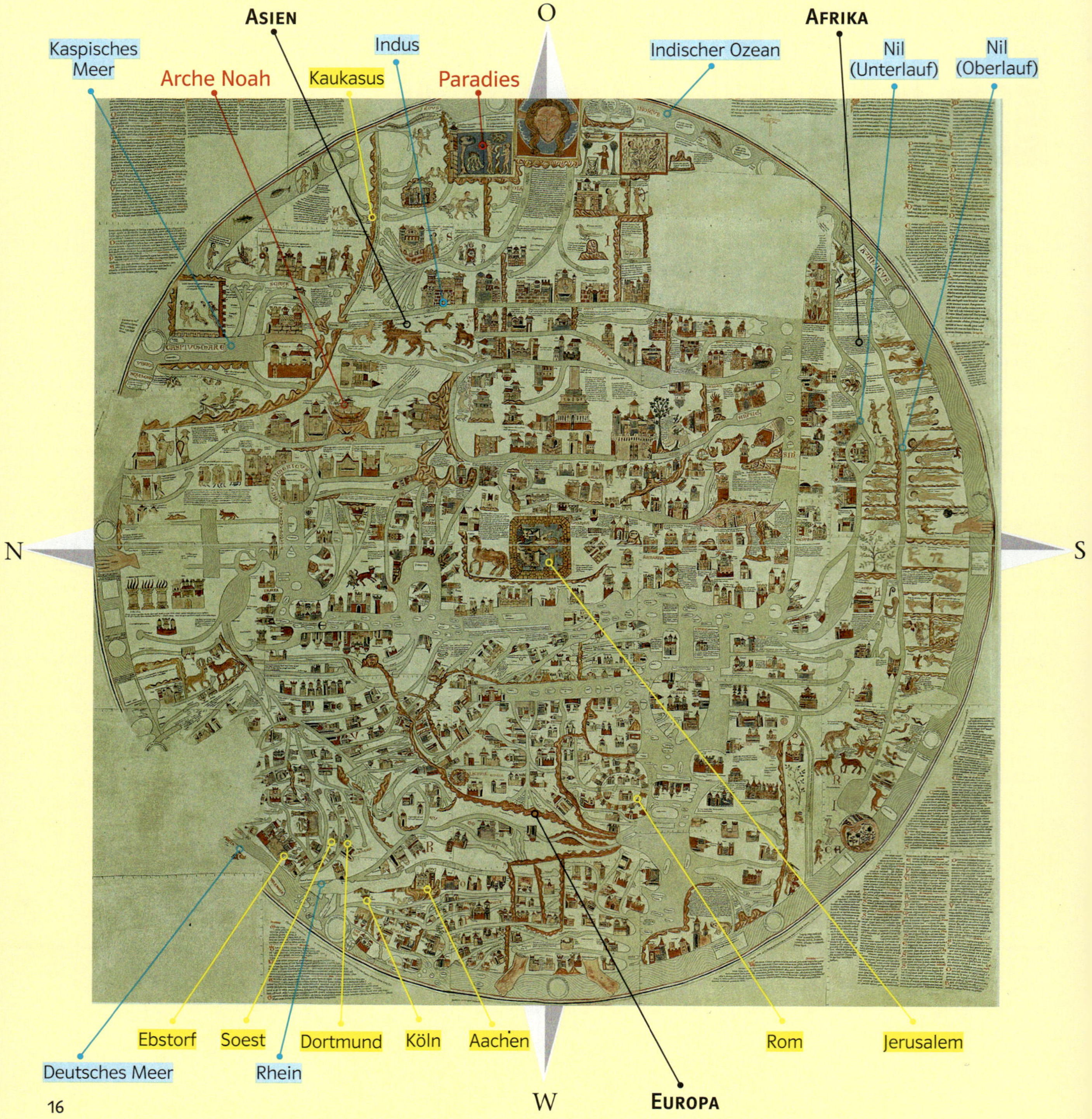

Methodische Arbeitsschritte

1 Beschreiben

- Stelle fest, um welche Art von Karte es sich handelt (Weltkarte, Karte einer bestimmten Region).
- Beschreibe deinen ersten Eindruck von dieser Karte.
- Halte fest, was dir darauf besonders ins Auge fällt.
- Nenne Einzelheiten, die du auf der Karte erkennst.

2 Untersuchen

- Informiere dich, wann und wo die Karte entstanden ist.
- Stelle fest, wie die Karte aufgebaut ist: Wie sind die Himmelsrichtungen festgelegt? Wie sind die Erdteile, Ozeane und Flüsse angeordnet? Wie ist die Karte beschriftet? usw.
- Benenne die Länder, Städte, Flüsse, Meere, Gebirge, die du erkennen kannst.
- Entschlüssele dargestellte Personen oder Tiere oder Symbole. Dazu wirst du oft weitere Informationen suchen müssen.
- Halte fest, welche Einzelheiten besonders hervorgehoben sind.
- Überlege, was die im Protokoll festgehaltenen Äußerungen der Zuhörer bedeuten könnten.

3 Deuten

- Vermute, zu welchem Zweck die Karte angefertigt wurde.
- Erläutere, welche geografischen Kenntnisse die Schöpfer der Karte bereits hatten.
- Leite aus den Symbolen und ihrer Anordnung auf der Karte ab, welche religiösen Vorstellungen die Menschen zur Entstehungszeit der Karte hatten.
- Fasse zusammen, welches Weltbild in der Karte zum Ausdruck kommt.

Beschreiben
Bei der Karte handelt es sich um eine Weltkarte. Die Erde ist als Kreisfläche dargestellt. Oben ist ein Kopf angebracht, unten Füße, links und rechts Hände. Die Welt ist von Wasser umgeben. Eingezeichnete Flüsse münden in dieses Wasser. An verschiedenen Stellen sind Häuser, Burgen, aber auch Menschen, Tiere und unbekannte, fabelhafte Wesen erkennbar. Einzelne Orte sind beschriftet. Auch Texte sind im Erdkreis und darum herum angeordnet.

Untersuchen
Die Ebstorfer Karte ist mit einem Durchmesser von ca. 3,60 m die größte im Mittelalter angefertigte Weltkarte. Sie entstand zwischen 1230 und 1300 und wurde 1830 im Kloster Ebstorf in der Lüneburger Heide gefunden.
Durch den Kopf, die Hände und Füße wirkt die Karte wie ein menschlicher Körper. Es ist der Körper von Jesus Christus, wie man am Kopf erkennen kann. Auf der Karte sind drei große Landmassen zu erkennen: Asien, Afrika und Europa. Diese drei Kontinente waren damals in Europa bekannt. Sie sind so angeordnet, dass oben Osten ist. Einzelne Orte, Flüsse, Meere und Gebirge sind bezeichnet, z. B. Köln und der Rhein, der Indische Ozean, der Kaukasus oder die heißen Quellen bei Aachen. Tiere bzw. Menschen, die in bestimmten Regionen der Welt zuhause sind, werden benannt. In den Texten wird über ihre Lebensweise berichtet, ebenso über Pflanzen, die Größe von Städten usw. An manchen Stellen sind zusammengehörende Szenen erkennbar und die Texte erzählen Geschichten darüber, so z. B. über die Entführung der Königstochter Europa nach Kreta. Auf der Karte besonders hervorgehoben sind oben der Kopf Christi, links daneben das Paradies und im Kreismittelpunkt Jerusalem.

Deuten
Die Karte wurde offenbar angefertigt, um einerseits das Wissen über einzelne Regionen und Orte, über andere Völker, andererseits aber auch über Pflanzen und Tiere festzuhalten. Daraus kann man schließen, dass die Europäer bereits im Mittelalter Kontakte nach Asien und Afrika hatten. Die Schöpfer der Ebstorfer Weltkarte hatten entweder mit Reisenden gesprochen oder Reiseberichte gelesen. Andererseits wird auch das vom christlichen Glauben geprägte Bild von der Welt wiedergegeben: Jesus Christus ist die Welt, denn die Erde ist wie sein Körper dargestellt. An der Stelle des Nabels ist Jerusalem eingezeichnet. Es war für die Menschen damals einer der wichtigsten Orte (neben Rom), sozusagen der „Nabel der Welt". Einzelne Szenen aus der Bibel wie das Paradies, die Arche Noah oder der Turm von Babylon sollen sicher an ein gottgefälliges Leben erinnern.

1. Rufe im Internet die Seite zur Ebstorfer Weltkarte auf. Suche Texte auf, die über Asien, Indien und die Insel Ceylon berichten. Schreibe auf, was die Menschen im 13. Jahrhundert über diese Gebiete wussten und für mitteilenswert hielten.

2. Erläutere mithilfe der interaktiven Karte, welche Vorstellungen von der Gestalt der Erde die Schöpfer der Karte hatten.

600 1500

1. Fehler erkennen: Das mittelalterliche Weltbild (Sachkompetenz)
Finde die Fehler. Schreibe den Text in dein Heft und berichtige ihn dabei.

Schon in der Antike bereisten die Europäer ferne Länder im Osten. Das setzten sie auch im Mittelalter fort. Sie suchten dort nach mächtigen Königen, mit denen sie Handel treiben wollten. Doch dann drangen große mongolische Reiterheere bis in die Mitte Europas vor. Die europäischen Herrscher stellten Armeen auf, die die Mongolen bezwangen und in die Flucht trieben. Nach diesem Erlebnis brachen Missionare, Händler und Abenteurer auf und reisten in den Fernen Osten. Von dort brachten sie kostbare Handelswaren mit. Ihre Vorstellungen von den dort lebenden Menschen änderte sich aber kaum, denn darüber hatte es vorher in Europa schon viele Bücher gegeben.

Online-Link
443020-0105
Quiz

2. Quellen auswerten: Das Interesse der Europäer an fremden Kulturen (Methodenkompetenz, Urteilskompetenz)
Schreibe anhand der beiden Quellen auf, auf welche Weise die Europäer im 13. Jahrhundert fremde Kulturen erforschten.

Q1 Nur ein Gerücht?

Rundschreiben von Kaiser Friedrich II. an alle Fürsten vom Juni 1241:

Genauer und bestimmter wollen Wir Euch Nachricht geben von dem uns drohenden und für alle Unheil bringenden Gerücht von einem Ansturm der Tataren, der die Grenze unseres Reiches bereits erreicht hat (...). Wir hatten wohl schon davon gehört seit einiger Zeit, aber, obwohl wir daran zu zweifeln uns doch scheuten, (...) so hielten wir doch dieses Ereignis für sehr weit entfernt von unseren Zeiten, einmal wegen der riesenhaften Entfernung, zum anderen, weil zwischen uns und den Tataren noch so viele tapfere Fürsten und Völker wohnten.

Hans D. Leicht (Hrsg.), Wilhelm v. Rubruk, Reisen zum Großkhan der Mongolen. Von Konstantinopel nach Karakorum 1253–1255. Stuttgart 1984, S. 8 f.

Q2 Ein Auftrag des Papstes

Der Mönch Johannes v. Plano Carpini über seine Aufgabe, 1247:

(...) Obgleich wir fürchten mussten, von den Tartaren oder anderen Völkern getötet oder auf ewig gefangen gesetzt oder aber durch Hunger, Durst, Kälte, Hitze, Misshandlungen und allzu große Mühen über unsere Kräfte angegriffen zu werden – was uns alles, abgesehen von Tod und ewiger Gefangenschaft, in weit höherem Maße, als wir vorher hatten ahnen können, in vielfältigster Weise zustieß –, schonten wir uns doch selbst nicht, um gemäß dem Auftrag des Herrn Papstes den Willen Gottes zu erfüllen. Damit hofften wir, den Christen irgendwie nützen zu können, zumindest aber die Wahrheit über der Tartaren Vorhaben und Absicht in Erfahrung bringen und den Christen offenbaren zu können: um zu vermeiden, dass die Tartaren bei einem möglichen plötzlichen Überfall das Christenvolk unvorbereitet finden – wie das wegen der Sündhaftigkeit der Menschen schon einmal geschehen ist – und ein vernichtendes Morden anrichten könnten. (...)
Was ich deshalb zu Eurem Nutzen, und damit Ihr Euch vorsehen könnt, aufschreibe, müsst Ihr umso sicherer glauben, als ich alles entweder selbst mit eigenen Augen gesehen habe (...) oder es von Christen gehört habe, die als Gefangene unter ihnen leben und die ich für glaubwürdig halte. Denn wir hatten vom Papst den Auftrag, alles zu durchforschen und die einzelnen Dinge sorgfältig zu beobachten (...).

Hans D. Leicht (Hrsg.), Wilhelm v. Rubruk, Reisen zum Großkhan der Mongolen. Von Konstantinopel nach Karakorum 1253–1255, Stuttgart 1984, S. 8 f.

Q3 bis Q5
Illustrationen zu den Reiseberichten des Marco Polo, 1412

3. Bilder auswerten: Begegnung der Europäer mit den Völkern des Fernen Ostens (Methodenkompetenz, Handlungskompetenz)
Versetze dich in die Lage eines Reisenden, der aus Asien nach Europa zurückgekehrt ist. Zu Hause bittet man dich, von deinen Erlebnissen zu berichten. Schreibe anhand der Bilder auf, was du erzählen würdest.

1 Kublai Khan
2 Menschen beim Abbau von Türkisen (Edelsteine)
3 Fischer
4 Korb mit Perlen
5 König von Lar in Indien
6 Händler mit Perlen
7 Pfefferstrauch
8 indische Einwohner
9 Krieger

Online-Link
443020-0201

2 Kulturen treffen aufeinander

Im 8. Jahrhundert drangen islamische Eroberer bis nach Spanien und Sizilien vor. Vom 11. Jahrhundert an zogen christliche Europäer nach Palästina und ins osteuropäische Slawengebiet. Dadurch kam es zum Zusammentreffen ganz unterschiedlicher Kulturen.

- Was zog oder trieb die Menschen an?
- Wie ging das „Aufeinandertreffen" vor sich?
- Wie verhielten sich die Angehörigen der Kulturen zueinander?
- Welche Folgen ergaben sich daraus?

600 — 700 — 800 — 900 — 1000

476
Der letzte weströmische Kaiser wird abgesetzt.

622
Mohammed siedelt nach Medina über – Beginn der islamischen Zeitrechnung.

7./8. Jahrhundert
Islamischer Eroberungszug der Araber

800
Karl der Große wird zum Kaiser gekrönt.

929 – 1031
Kalifenreich von Córdoba

Kampfszene zwischen christlichen Kreuzfahrern und Muslimen in Palästina, französische Miniatur, 14. Jahrhundert

1100 | 1200 | 1300 | 1400 | 1500

11./12. Jahrhundert
Zahlreiche Städtegründungen in Mitteleuropa

1096–1099
1. Kreuzzug nach Palästina; Eroberung Jerusalems und Gründung von Kreuzfahrerstaaten

11.–14. Jahrhundert
Deutsche Besiedlung im Osten Mitteleuropas

1225/26
Kreuzzug des Deutschen Ordens gegen die Preußen

1291
Ende der europäischen Herrschaft in Palästina

1339–1451
Hundertjähriger Krieg zwischen England und Frankreich

1453
Eroberung Konstantinopels durch die Türken; Ende des Byzantinischen Reiches

1492
Vollendung der christlichen Rückeroberung Spaniens

Christlicher und muslimischer Ritter beim friedlichen Wettkampf im Schachspiel, christliche Buchmalerei, Spanien 13./14. Jahrhundert (Ausschnitt)

600 1500

Ein islamisches Weltreich entsteht

Um 630 n. Chr. begannen arabische Krieger einen der erstaunlichsten Eroberungszüge, die es je gegeben hat. In ungefähr 100 Jahren nahmen sie ein riesiges Herrschaftsgebiet ein und prägten es durch ihre Religion und Kultur. Wie kam es dazu?

A: Ordne die in den Texten dargestellten Phasen der Entstehung eines islamischen Weltreiches den auf der Karte eingezeichneten Herrschaftsbereichen zu.

Islam
arabisch: „Hingabe" an Allah (Gott)

Muslim
abgeleitet von Islam: „derjenige, der sich Allah hingibt"

Online-Link
443020-0202
Infoblatt zum Weiterlernen: die Glaubensgrundsätze des Islams

Mohammed und die Anfänge des Islam

Begründer des Islam war der Araber Mohammed (ca. 570–632). Er stammte aus einer vornehmen, aber armen Familie der Stadt Mekka. Das war damals ein bekannter Pilgerort, wo viele Götter verehrt wurden. Auf seinen Reisen mit Karawanen lernte Mohammed den Glauben der Juden und Christen an nur einen Gott – arabisch „Allah" – kennen und fühlte sich dazu hingezogen. Eines Nachts, so berichtete er später, erschien ihm der Erzengel Gabriel. Er befahl ihm, den Menschen den neuen Glauben, den Islam, zu predigen. Nun war Mohammed überzeugt, Prophet Allahs zu sein, der die von jüdischen und christlichen Propheten begonnene Bekehrung der Menschen zu vollenden habe. Doch in seiner Heimatstadt Mekka gaben nur wenige ihren alten Götterglauben auf und wurden Muslime. Im Gegenteil, Mohammed wurde angefeindet und war in Mekka bald seines Lebens nicht mehr sicher. Da trat ein Glücksfall für ihn ein: Pilger aus der Stadt Yatrib (Medina) boten ihm an, ihn zum Oberhaupt von Yatrib zu machen und Muslime zu werden, wenn er dort für Frieden unter den Bewohnern sorge. Mohammed sagte zu. 622 n. Chr. siedelte er mit seinen Anhängern nach Yatrib über. Es war die Wende für ihn und den Islam. Denn nun war der Prophet auch Herrscher. Und bald verkündete er, Gott habe ihm erlaubt, für die Ausbreitung des Islams Krieg zu führen. Das tat er auch mit großem Erfolg. Als er 632 n. Chr. starb, beherrschte er fast ganz Arabien.

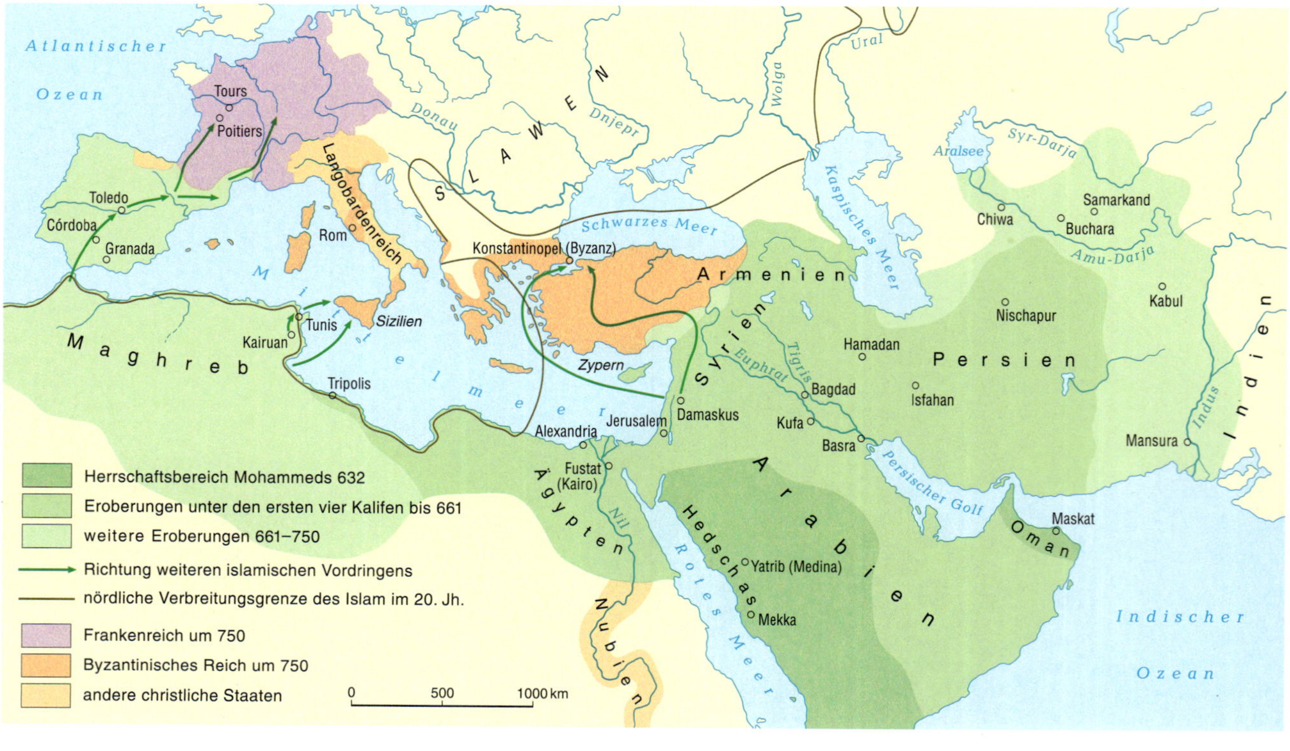

D1 **Die Ausbreitung des islamischen Herrschaftsgebietes, 7. bis 15. Jahrhundert**

Der „Heilige Krieg" der Araber

Mohammeds Nachfolger, die Kalifen, setzten die Eroberungen fort. In einem unaufhaltsamen Siegeslauf breiteten ihre Heere aus arabischen Beduinen die islamische Herrschaft aus. Was machte die Araber so stark? Es war in erster Linie der religiöse Ansporn. Mohammed hatte den Muslimen eingeschärft, dass jeder zum „Einsatz für die Sache Allahs" verpflichtet sei. Dazu gehörte nicht zuletzt die Teilnahme am „Heiligen Krieg", um den Islam auszubreiten. Und wer im Kampf fiel, so hatte Mohammed gesagt, der kam sofort ins Paradies. Dort erwarteten ihn märchenhafte Freuden. Das feuerte die Araber an und verlieh ihnen Todesmut. Es gab aber noch einen anderen wichtigen Grund für ihren Erfolg. Sie ließen den Besiegten, die wie sie selbst an einen Gott glaubten und heilige Schriften besaßen, ihre religiöse Freiheit. Das war z. B. bei Juden und Christen so. Sie mussten allerdings die muslimischen Herrscher anerkennen und eine Steuer zahlen, dafür wurden sie aber auch von den Kalifen beschützt.

Kalif
arabischer Titel der „Stellvertreter" bzw. „Nachfolger" Mohammeds, stets aus dessen Familie oder Stamm, höchster Herrschertitel der islamischen Welt

Türken setzen den „Heiligen Krieg" fort

Nach 1050 setzte die islamische Eroberung erneut ein, diesmal durch türkische Muslime. Türkische Nomaden waren seit langem am Fluss Syr-Darja und am Aralsee Nachbarn des Kalifenreiches von Bagdad. Unter dessen Einfluss traten viele von ihnen zum Islam über, so auch das Herrschergeschlecht der Seldschuken. Einer ihrer Herrscher, der Khan Togril, fiel mit seinen Kriegern 1050 in das Kalifenreich ein. Er eroberte Persien und nahm1055 Bagdad ein. Schon glaubte der Kalif, sein Ende sei gekommen. Aber Togril verschonte ihn. Er verlangte jedoch, dass der Kalif ihn zum Sultan ernannte. Im Gegenzug versprach er, den „Heiligen Krieg" zur Ausbreitung des Islams fortzusetzen. So wurden Togril und später auch seine Nachfolger zu Sultanen ernannt. Damit übernahmen Türken die Herrschaft im Kalifenreich. Sie erneuerten den „Heiligen Krieg" und eroberten Kleinasien, das bis dahin zum Byzantinischen Kaiserreich gehört hatte. 1080 standen türkische Truppen am Bosporus, in Sichtweite von Byzanz. Das Ende des Byzantinischen Reiches schien gekommen.

Sultan
arabischer Titel für unabhängige „Machthaber" in der islamischen Welt

Q1 Mohammed als Herrscher von Medina, persische Miniatur, 14. Jahrhundert. Mohammed belagert mit seinem Heer eine Stadt, um die islamische Herrschaft auszubreiten.

B: Beschreibe die Darstellung Mohammads. Ziehe daraus Schlüsse auf seine Stellung in der Gesellschaft.

Q2 Koranseiten, 13. Jh., Marokko oder Andalusien

Der Koran ist das Heilige Buch der Muslime. Er enthält die 114 göttlichen Offenbarungen (Suren) Mohammeds und entstand um 650. Sein Inhalt ist für den Muslim verbindlich. Das gilt ebenfalls für die Sunna, die Überlieferung der Nachrichten über die Aussprüche und Taten Mohammeds.

C: Erläutere, was der Schreiber alles getan hat, damit die Heiligkeit des Textinhalts auch im Schriftbild sichtbar wird.

Q3 Das Verhalten gegenüber Juden und Christen

Aus dem Koran:

Ihr Schriftbesitzer (Juden und Christen), kommt auf ein Wort (zu einer Vereinbarung zwischen uns): Wir wollen Allah allein als Gott verehren und ihm kein anderes Wesen gleichsetzen. (…) Wir glauben an Allah (…) und an das, was (…) Moses, Jesus und anderen Propheten von ihrem Herrn zuteil geworden ist; wir machen zwischen keinem von diesen einen Unterschied. (…)

Wenn die Schriftbesitzer nur glauben und Allah fürchten wollten, werden ihnen die Sünden vergeben und sie kommen ins Paradies. (…) Wahrlich über die Juden und Christen, die an Allah glauben und nur tun, was recht ist, kommt weder Furcht noch Trauer. (…)

Mit den Schriftbesitzern streitet nur auf anständigste Weise (…) und sagt: „Wir glauben an das, was uns, und an das, was euch offenbart worden ist. Allah, unser Gott und euer Gott, ist nur einer, und wir sind ihm ganz ergeben."

Der Koran. Das Heilige Buch des Islam (Sure 3, 65, 85; Sure 5, 66, 70; Sure 29, 47), nach der Übertragung von Ludwig Ullmann, neu bearb. u. erl. v. Leo W. Winter, München 1959, S. 58, 60, 99, 325; bearb. d. Vf.

Q4 Die fünf Hauptpflichten des Islam

Aus der Überlieferung („Sunna") der Aussprüche und Taten Mohammeds:

Ibn Umar (Vertrauter Mohammeds; Kalif 634–644) berichtet, Mohammed habe gesagt: Der Islam basiert auf fünf grundlegenden Pflichten: Dem Glaubensbekenntnis – „Es gibt keinen Gott außer Allah, und Mohammed ist sein Prophet" –, dem Gebet, der Abgabe für die Armen, der Wallfahrt nach Mekka und dem Fasten im Ramadan.

Sahih al-Buchari, Nachrichten von Taten und Aussprüchen des Propheten Muhammad, ausgew., übers. u. hrsg. v. Dieter Ferchl, Stuttgart 1991, S. 33, bearb. d. Vf.

Q5 Verhaltensvorschriften für den Familienalltag

Aus dem Koran:

a) Ehrung der Mutter

Verehrt allein Allah, in dessen Namen ihr Bitten zueinander sprecht, und habt Ehrfurcht vor der Mutter, die euch gebar, pflegt die Verwandtschaftsbande! Allah wacht über euch.

b) Eheleute

Männer sollen vor Frauen bevorzugt werden (weil sie für diese verantwortlich sind), weil Allah auch die einen vor den anderen mit Vorzügen begabte und weil jene diese versorgen.

c) Speiseregeln

Allah hat euch nur verboten: Verendetes (Aas), Blut und Schweinefleisch und was in dem Namen eines anderen als Allah geschlachtet worden ist.

d) Verschleierung der Frauen

Sage, Prophet, deinen Frauen und Töchtern und den Frauen der Gläubigen, dass sie ihr Übergewand (über ihr Gesicht) ziehen sollen, wenn sie ausgehen; so ist es schicklich, damit man sie als ehrbare Frauen erkenne und sie nicht belästige.

Der Koran. Das Heilige Buch des Islam, Sure 4, 2, 35; Sure 16, 116; Sure 33, 60; nach der Übertragung von Ludwig Ullmann, neu bearb. u. erl. v. Leo W. Winter, München 1959, S. 70, 71, 75, 223, 344, bearb. d. Vf.

Q6 Kampf zwischen Byzantinern und Arabern im Jahr 842
Byzantische Buchmalerei , 2. Hälfte des 13. Jahrhunderts

D: Schreibe zwei kurze Texte zu dem Bild – einmal aus der Sicht der Byzantiner und einmal aus der Sicht der Araber.

Q7 Wie geht man mit Heiden um?
Über den „Einsatz für die Sache Allahs" heißt es im Koran:
Bekämpft diejenigen der Schriftbesitzer (Juden und Christen), welche nicht an Allah und den Jüngsten Tag glauben und die das nicht verbieten, was Allah und sein Prophet verboten haben, und sich nicht zur wahren Religion bekennen, so lange, bis sie ihre Steuer in Demut entrichten und sich unterwerfen. (…) Wenn ihr nicht zum Kampf auszieht, wird euch Allah mit schwerer Strafe belegen und ein anderes Volk an eure Stelle setzen. (…) Wenn ihr im Krieg mit den Ungläubigen (Heiden) zusammentrefft, dann schlagt ihnen die Köpfe ab, bis ihr eine große Niederlage unter ihnen angerichtet habt. (…) Die für Allahs Religion kämpfen und sterben, deren Werke werden nicht verloren sein. Allah wird sie vielmehr (…) beglücken und sie in das Paradies führen, welches er ihnen angekündigt hat.

Der Koran. Das Heilige Buch des Islam; (Sure 9, 29, 39; Sure 47, 5–7) nach der Übertragung von Ludwig Ullmann, neu bearb. u. erl. v. Leo W. Winter, München 1959, S. 153, 155, 410, 411; bearb. d. Vf.

Q8 Behandlung der Unterworfenen
Befehl des Kalifen Omar (634–644) an einen seiner Generäle:
Lass das Land, das Gott dir als Beute gewährt hat, in den Händen seiner Bewohner und erlege ihnen eine Steuer auf. Sie sollen das Land bebauen, denn sie verstehen mehr davon und sind uns darin überlegen. Keiner, weder du noch die anderen Muslime, dürfen sie als Beute betrachten, weil zwischen uns Frieden geschlossen wurde und du von ihnen Steuer erhebst. (…) Auferlege ihnen also die Steuer, aber mach sie nicht zu Sklaven, und verbiete den Muslimen, sie zu unterdrücken, ihnen Schaden zuzufügen oder ihren Besitz zu verzehren.

Bernard Lewis (Hrsg.), Der Islam von den Anfängen bis zur Eroberung von Konstantinopel, Bd. 2, Zürich/München 1982, S. 279, übers. v. Hartmut Fähndrich.

Q9 Pflichten der Unterworfenen
Christen beschwören die Friedensbedingungen, die ihnen von Kalif Omar (634–644) auferlegt werden:
Wir werden (…) weder neue Klöster (und) Kirchen (…) bauen, noch (…) diejenigen instand setzen, welche verfallen sind. (…) Wir werden alle bei uns durchreisenden Muslime drei Tage lang aufnehmen und verpflegen. (…) Wir werden unsere Religion weder öffentlich kundtun noch jemanden dazu bekehren. Wir werden keine Verwandten daran hindern, zum Islam überzutreten. (…) Wir werden nicht danach trachten, den Muslimen zu ähneln, indem wir irgendwelche ihrer Kleidungsstücke (…) nachahmen. (…) Wir werden uns an der Stirn scheren. (…) Wir werden keine Häuser bauen, die höher sind als die der Muslime.

Bernard Lewis (Hrsg.), Der Islam von den Anfängen bis zur Eroberung von Konstantinopel, Bd. 2, Zürich/München 1982, S. 272, 273, übers. v. Hartmut Fähndrich.

1. Liste die heutigen Länder auf, die bis ca. 1100 unter islamische Herrschaft kamen, und kennzeichne die davon, die bis heute islamisch sind (VT, D1).

2. Zeige auf, wie der Koran das Verhältnis des Islam und der Muslime zu Juden und Christen festlegt (Q3). Beantworte abschließend, ob es eher freundlich oder feindlich geschieht.

3. Erkundige dich bei muslimischen Mitschülern, ob die in Q4 und Q5 genannten Pflichten und Verhaltensregeln immer noch verbindlich sind.

4. Stelle fest, welche Vorschriften der Muslim im Heiligen Krieg befolgen musste und was ihn dabei ansporneN sollte (Q7).

5. Erkläre die unterschiedliche Behandlung von „Schriftbesitzern" und Heiden durch die Muslime im Glaubenskrieg (Q3, Q7, Q8).

6. Ein muslimischer Anführer will in einem Brief den Christen eine kampflose Unterwerfung schmackhaft machen. Was könnte er schreiben? (Q4, Q8, Q9)

7. „Kämpfen oder sich unterwerfen?" Erfinde ein Streitgespräch zwischen zwei christlichen Generälen, die den Brief erhalten (Q3, Q7–Q9).

600 1500

Ob Gott es wirklich wollte? – der erste Kreuzzug

Pilger aus Europa auf der Reise nach Jerusalem zu sehen, war im 11. Jahrhundert nichts Ungewöhnliches. Aber was sich 1096/97 abspielte, war noch nie da gewesen. Hunderttausende zogen nach Jerusalem, aber nicht nur mit Pilgerstab und -tasche, sondern bewaffnet – abenteuerlich ausgerüstete Horden und glänzende Ritterheere. Was war geschehen?

A: Trage in eine Tabelle ein, was der Kaiser von Byzanz, der Papst, die einfachen Leute, die Ritter jeweils von dem Kreuzzug erwarteten. Vergleiche die Erwartungen.

Kreuzzug
Ursprünglich der vom Papst verkündete „Heilige Krieg" der Christen zur Verteidigung und Ausbreitung des christlichen Glaubens. Kreuzzüge wurden gegen Muslime in Palästina und Spanien sowie nichtchristliche Bewohner der baltischen Länder an der Ostsee geführt. Umstritten ist die Verwendung des Begriffs in unserer Zeit, wenn er benutzt wird, um die Verbreitung westlicher Lebensformen zu rechtfertigen.

„Gott will es!"

1080 bedrohten türkische Truppen Konstantinopel, die Hauptstadt des Byzantinischen Reiches. Der Kaiser von Byzanz rief Papst Urban II. (1088–1099) um Hilfe an. Dem Papst kam das gelegen. Er konnte zeigen, dass er Oberhaupt Europas war, sogar wenn es um Krieg ging, wofür eigentlich der abendländische Kaiser zuständig war. Und mit dem befand er sich gerade um die Frage, wer Oberhaupt Europas sei, im Streit. Auch hoffte er, die blutigen Fehden zwischen den Fürsten und Rittern des Abendlandes beseitigen zu können. Er musste ihnen nur ein lohnendes Ziel aufzeigen, das ihren gemeinsamen Einsatz verlangte. Das tat er 1095 auf dem Konzil in der französischen Stadt Clermont. In einer mitreißenden Rede vor Bischöfen und Adligen forderte er die europäischen Ritter zur Verteidigung des Christentums und zur Befreiung der heiligen Stadt Jerusalem von den Muslimen auf. Der Aufruf begeisterte die Zuhörer so sehr, dass sie im Chor riefen: „Gott will es!". Viele hefteten sich sofort ein farbiges Kreuz an ihre Kleidung und verpflichteten sich damit zur Teilnahme am Kreuzzug.

Der Kreuzzug des einfachen Volkes

Prediger verbreiteten in Windeseile die Rede. Nicht nur die Ritter, auch einfache Leute wurden von der Kreuzzugsbegeisterung gepackt. Beflügelt von den Versprechungen des Papstes – Beute, ein besseres Leben, Vergebung der Sünden – machten sie sich noch vor den Rittern auf den Weg. Teils abenteuerlich

Q1 Die Grabeskirche in Jerusalem mit christlichen Pilgern und muslimischen Aufsehern
Miniatur, 15. Jahrhundert, Nationalbibliothek Paris
Die Kirche wurde 326–336 n. Chr. da errichtet, wo Grab und Auferstehung Jesu vermutet wurden. Sie ist der heiligste Ort der Christen.

B: Beschreibe, wie das Verhältnis zwischen den Pilgern und den Muslimen, die seit 638 die Stadt beherrschten, dargestellt wird.

gerüstet, glichen sie eher einer Räuberbande als einem Heer. Und ein Teil von ihnen benahm sich auch so. Statt weiter nach Osten zu ziehen, begann eine Horde Kreuzfahrer, in mehreren Städten am Rhein die Judenviertel zu plündern, niederzubrennen und ihre Bewohner umzubringen. Sie behaupteten, so Jesus rächen zu wollen, den die Juden hingerichtet hätten. Aber das klang unwahr angesichts ihrer Gier, die Juden auszurauben. Plünderungen und blutige Zusammenstöße mit Einheimischen kennzeichneten auch den weiteren Zug des einfachen Volks. Der byzantinische Kaiser atmete auf, als sie aus Konstantinopel fort und über den Bosporus waren. Dort bereiteten ihnen türkische Truppen bei Nizäa (Iznik) eine vernichtende Niederlage.

Der Kreuzzug der Ritter

Die Ritter bereiteten sich sorgfältig auf den Kreuzzug vor. Unter der Leitung mehrerer Fürsten, vor allem aus Frankreich und Süditalien, zogen sie auf getrennten Wegen nach Konstantinopel. Dort gelobten sie dem Kaiser von Byzanz, ihn als Herrn der zu erobernden Gebiete anzuerkennen. Anfang Juni 1097 begannen sie, Kleinasien zu erobern. Zugute kam ihnen dabei, dass die türkischen Machthaber untereinander uneins waren und keine gemeinsame Abwehr zuwege brachten. Auch unterschätzten sie die Ritter nach ihren Erfahrungen mit dem Kreuzzug der einfachen Leute. Trotzdem brauchten die Ritter zwei Jahre, um sich nach Jerusalem durchzukämpfen. Am 15. Juli 1099 erstürmten sie die Stadt.

Dem ersten Kreuzzug folgten noch weitere. Auf der CD-ROM kannst du ihre Wege verfolgen.

Q2 Die Eroberung Jerusalems durch die Kreuzfahrer
französische Buchmalerei 14. Jahrhundert, Nationalbibliothek Paris

C: Untersuche die Bildquelle mithilfe der methodischen Arbeitsschritte zur Bildauswertung. Der Künstler hat das Kriegsgeschehen mit Szenen aus dem Leben Marias (links) und Jesu (oben, Mitte: von der Gefangennahme bis zur Grablegung) umrahmt, die alle in Jerusalem stattgefunden haben. Führe Gründe dafür an.

Benutze zur Aufgabenlösung die CD-ROM.

600 1500

Textquellen untersuchen: eine Rede

Auf der CD-ROM kannst du üben, eine Textquelle zu untersuchen.

Reden sind eine besondere Art von Textquellen. Ihre Urheber sind oft Politiker oder Befehlshaber, überhaupt Personen, die entweder ihr eigenes Handeln rechtfertigen oder andere Menschen zum Einsatz für ihre Pläne bewegen wollen. Damit die Menschen von der Rede erfahren, muss sie veröffentlicht werden. Heute benutzt man dafür Radio, Fernsehen oder Internet. Zur Zeit der Kreuzzüge verbreiteten häufig Prediger die Reden. Um die Angesprochenen zu überzeugen, übertreiben Reden meist kräftig. Freund und Feind werden wie Gut und Böse in Schwarz-Weiß-Malerei gegenübergestellt. Der Gegner wird als besonders gefährlich und böse bezeichnet. Zugleich wird den Menschen versprochen, dass sich all ihre Wünsche und Hoffnungen erfüllen, wenn sie nur dem Aufruf folgen. Was dagegen spricht, wird als falsch abgetan.
Solche Reden gibt es immer wieder in Krisen- und Kriegszeiten als öffentliche Aufrufe. Weil sie zu einseitigen Ansichten und Handlungen führen, ist es gut, sie kritisch zu sehen. Das kannst du hier an einem berühmten Beispiel üben.

Q3 Der Papst als oberster Kriegsherr ruft 1095 zum Abschluss des Konzils in der französischen Stadt Clermont vor Bischöfen und Fürsten zum Kreuzzug auf
Ausschnitt aus einer Buchmalerei, 1490. In Wirklichkeit fand der Aufruf im Freien vor einer riesigen Volksmenge statt.

Q4 Aufruf Papst Urbans II. auf dem Konzil von Clermont (Frankreich) am 27. November 1095
Ein Zuhörer, der Mönch Robert von Reims, überlieferte die Rede 1107:

Ihr Volk der Franken, ihr Volk nördlich der Alpen, ihr seid (…) Gottes geliebtes und auserwähltes Volk. (…) An euch richtet sich unsere Rede (…); sie betrifft euch und alle Gläubigen. Aus dem Land von Jerusalem und der Stadt Konstantinopel kam schlimme Nachricht (…): Ein fremdes Volk, ein ganz gottloses Volk, eine gefühllose Brut hat die Länder der dortigen Christen besetzt, durch Mord, Raub und Brand entvölkert und die Gefangenen teils in sein Land verschleppt, teils elend umgebracht. Es hat die Kirchen Gottes zerstört, die Altäre mit Schmutz befleckt und umgestürzt. (…) Niemand anders als ihr habt die Aufgabe, diese Schmach zu rächen, dieses Land zu befreien. (…) Euer Land hier ist eng und dicht bevölkert. Es liefert keinen Wohlstand und den Bauern kaum genug Nahrung. Daher kommt es, dass ihr euch gegenseitig bekämpft und tötet. Hört auf damit. (…) Nehmt dem gottlosen Volk das Land weg und macht es euch untertan. (…) Jerusalem ist der Mittelpunkt der Erde, das fruchtbarste aller Länder. Jerusalem sehnt sich danach, dass ihr es befreit. (…) Macht euch also auf den Weg. Eure Sünden werden euch vergeben sein, ewiger Ruhm im Himmel ist euch gewiss.

Georges Tate, Die Kreuzritter, Ravensburg 1993, S. 136, 137; bearb. d. Vf.

Methodische Arbeitsschritte

1 Beschreibung

- Wie bei allen Textquellen musst du zuerst folgende Fragen beantworten:
- Worum geht es in dem Text? Was ist das Thema, was der Inhalt?
- Wann ist der Text entstanden? Wer ist der Redner? An wen wendet er sich? In welcher Situation und warum tut er das?
- Schlage unbekannte Begriffe nach.

2 Untersuchung

- Nimm dir die einzelnen Aussagen oder Sinnabschnitte vor und stelle fest, wie der Redner seine Zuhörer zu überzeugen sucht:
- Gibt der Redner Tatsachen wieder oder bloße Meinungen?
- Welche Absichten verfolgt der Redner? Ordne jede Aussage einem/mehreren der folgenden Begriffe zu: „etwas rechtfertigen", „Unerwünschtes tadeln", „Erwünschtes loben", „Ängste, Hoffnungen, Wünsche wecken".

3 Deutung

- Prüfe die Wirkung der Rede, indem du folgende Fragen beantwortest:
- Welche Gedanken/Gefühle könnten die Aussagen bei einem Anhänger des Redners auslösen (hier z.B. bei einem christlichen Ritter)?
- Bei welchen Aussagen würde ein Gegner (hier z.B. ein Muslim) protestieren?
- Welche Aussagen würdest du als zweifelhaft, übertrieben oder Schwarz-Weiß-Malerei bezeichnen?

Folgendes Beispiel zeigt, wie du den Aufruf Urbans II. bearbeiten könntest:

Beschreiben
Papst Urban II. spricht Geistliche, Fürsten, Ritter und das Volk an. Er will Adlige und Volk für einen Kreuzzug nach Jerusalem gewinnen. Urban nutzt den Besucherandrang zum Konzil in Clermont 1095. So können ihn viele hören. Es handelt sich also um einen öffentlichen Aufruf. Den Aufruf hat zwar der Papst vorgetragen, aufgeschrieben hat ihn aber der Mönch Robert von Reims zwölf Jahre danach.

Untersuchen
Die Nachricht, dass muslimische Truppen Konstantinopel bedrohen, stimmte. Urban II. versucht, seine Zuhörer von der Notwendigkeit eines Kriegszuges zu überzeugen, indem er ihnen sagt, sie seien etwas Besonderes für Gott. Daher müssten sie auch für ihn kämpfen. Er weckt Ängste, indem er sagt, dass ein fremdes und gottloses Volk christliche Länder besetze, Christen verfolge und ermorde sowie Kirchen zerstöre. Gleichzeitig weckt er die Hoffnung bei seinen Zuhörern, dass Gott ihnen alle Sünden vergeben werde. Damit rechtfertigt er einen Kreuzzug.

Auswerten und deuten
Die Zuhörer könnten tatsächlich glauben, sie seien etwas Besonderes, und begeistert in den Krieg ziehen. Sie werden gegen die Muslime aufgewiegelt, die als gottlos hingestellt werden. Diese könnten aber einwenden, dass das nicht stimmt, denn sie beten auch zu Gott. Franken als auserwähltes Volk und Muslime als gottlos zu bezeichnen, ist Schwarz-Weiß-Malerei.

D: Schreibe eine Erwiderung auf den Aufruf aus muslimischer Sicht.

Q5 Muslimische Krieger ermorden Christen, rauben Kirchen aus und beschmutzen sie
französische Miniatur, um 1325
Von Beginn der Kreuzzüge an wurde solche Hasspropaganda in Wort und Bild in Europa verbreitet, um die Kreuzzugsstimmung anzuheizen.

Q6 Die Eroberung Jerusalems durch die Kreuzritter
Gemälde von Emile Signol, 19. Jahrhundert, Versailles

E: Überlege, was den Maler wohl veranlasst haben könnte, dieses weit zurückliegende Ereignis so darzustellen. Ziehe Rückschlüsse auf die Haltung, die im 19. Jahrhundert bei vielen Europäern zu derartigen kriegerischen Auseinandersetzungen zwischen Europäern und Orientalen, Asiaten oder Afrikanern vorherrschte. Beachte die Arbeitsschritte zur Bildauswertung im Anhang.

Q7 Die Eroberung Jerusalems 1099
Ein christlicher Augenzeuge berichtet:
In die Stadt eingedrungen, verfolgten unsere Pilger die Ungläubigen bis zum Tempel des Salomo, wo sie sich gesammelt hatten und den ganzen Tag lang den Unsrigen den wütendsten Kampf lieferten, sodaß der ganze Tempel von ihrem Blut überrieselt war. Nachdem die Unsrigen die Heiden endlich zu Boden geschlagen hatten, ergriffen sie im Tempel eine große Anzahl Männer und Frauen und töteten und ließen leben, wie sie gerade Lust hatten. Bald durcheilten die Kreuzfahrer die ganze Stadt und rafften Gold, Silber, Pferde und Maulesel an sich. Sie plünderten die Häuser, die mit Reichtümern überfüllt waren. Dann, glücklich und vor Freude weinend, gingen die Unsrigen hin, um das Grab unseres Herrn Christus zu verehren und ihm für den Sieg Dank zu sagen. Am folgenden Tag erkletterten die Unsrigen das Dach des Tempels, griffen die Ungläubigen, Männer und Frauen, an und schlugen ihnen die Köpfe ab. (…) Niemand hat jemals von einem ähnlichen Blutbad unter einem heidnischen Volk gehört oder es gesehen.

Regine Pernoud (Hrsg.), Die Kreuzzüge in Augenzeugenberichten, München 5. Aufl. 1980, S. 101, 102; bearb. d. Vf.

Q8 Allgemeines Morden
Ein Aachener Zeitgenosse berichtet über das, was ihm zu Ohren gekommen ist:
Durch die Häuser, über Plätze und Gassen Jerusalems verfolgten die Kreuzfahrer die dort herumirrenden Türken und töteten sie. Kein Alter und Geschlecht wird geschont, bis die Erde mit Leichen bedeckt ist. Darunter mischen sich die Leichen erschlagener Christen, Franken, Griechen, Syrer, Armenier. Kein Wunder, denn es war doch ziemlich dunkel, und keiner wußte, wen er schonen und wen er umbringen sollte. Auch versuchten viele Türken und Araber, die Kreuzfahrer durch christliche Worte zu täuschen, und so verloren viele beim allgemeinen Morden ihr Leben.

Peter Milger, Die Kreuzzüge, München 5. Aufl. 1991, S. 90; bearb. d. Vf.

Q9 Eine Woche lang Raub und Mord
Ein muslimischer Gelehrter schildert 1231 die Eroberung Jerusalems so:
Die Franken blieben eine Woche in der Stadt Jerusalem, während der sie die Einwohner mordeten. (…) In der Al-Aqsa-Moschee töteten die Franken mehr als 70 000 Muslime, unter ihnen viele Religionsgelehrte und Fromme, die an diesem heiligen Ort in frommer Zurückgezogenheit leben wollten. Aus dem Felsendom raubten die Franken mehr als vierzig Silberleuchter, von denen jeder über 3 600 Drachmen (1 Drachme = 3 g) wog, einen großen Silberleuchter von 40 syrischen Pfund, außerdem von den kleineren Leuchtern 150 silberne und mehr als 20 goldene, und andere unermessliche Beute.
Flüchtlinge erreichten Bagdad im Ramadan (…). In der Kanzlei des Kalifen gaben sie einen Bericht, der die Augen mit Tränen füllte (…) über das, was die Muslime in der erhabenen heiligen Stadt Jerusalem erlitten hatten: Männer getötet, Frauen und Kinder gefangen, alle Habe geplündert.

Francesco Gabrieli (Hrsg.), Die Kreuzzüge aus arabischer Sicht, München 1976, S. 49, 50; bearb. d. Vf.

Q10 Wann ist der Krieg gegen die Muslime erlaubt?

Der englische Geistliche Radulfus Niger schrieb 1188 dazu:

Darf man Sarazenen (Muslime) hinmorden? Etwa weil ihnen Gott Palästina gegeben hat? Gott hat gesagt: Ich will nicht den Tod des Sünders. (Muslime) sind Menschen von derselben natürlichen Beschaffenheit wie wir. Sie müssen auf jeden Fall von unserem Land zurückgeworfen werden, weil alle Rechte es erlauben, Gewalt mit Gewalt zu vergelten, aber mit der Mäßigung der gerechten Verteidigung. (...) Jedenfalls müssen sie mit dem Wort Gottes überzeugt werden, sodaß sie freiwillig und ohne Zwang zum rechten Glauben kommen. Denn Gott haßt Zwang. Wer immer also den Glauben mit Gewalt zu verbreiten sucht, verläßt den Weg Gottes. (...) Der Papst, der Stellvertreter Gottes auf Erden, ruft geistliche und weltliche Personen zum Kreuzzug auf und gewährt ihnen die Vergebung all ihrer Sünden. Ich wage es nicht, seine Urteilskraft anzuzweifeln. Das Eine glaube ich jedoch, (...) das Vergießen jeglichen Blutes, geschweige das von Menschen, bringt keine Sündenvergebung.

Radulfus Niger, De re militari et triplici via peregrinationis Hierosolimitane (1187/88), eingel. u. hrsg. v. Ludwig Schmugge, Berlin/New York 1977, S. 196; bearb. d. Vf.

Q11 Kreuzfahrer plündern den Felsendom in Jerusalem

arabische Malerei, 14. Jahrhundert

Der Felsendom wurde 690 n. Chr. auf dem Felsen erbaut, von dem aus Mohammed den Himmel besucht haben soll. Er ist eines der höchsten islamischen Heiligtümer.

1. Erläutere, durch welche Machthaber der erste Kreuzzug ausgelöst wurde und welche Interessen sie dabei verfolgten (VT, Q3, Q4).

2. Beschreibe die Propaganda (Versprechungen, Feindbilder), durch die Menschen in Europa kriegsbereit gemacht wurden (VT, Q3–Q5).

3. Begründe, warum sich so viele Menschen unterschiedlicher Herkunft für den Kreuzzug gewinnen ließen (VT, Q2–Q5, Q7).

4. Vergleiche die Darstellung des „normalen" Pilgerverkehrs (Q1) mit der Kreuzzugspropaganda (Q4, Q5).

5. Stelle fest, worin die Berichte über die Eroberung Jerusalems übereinstimmen, worin sie sich ergänzen und widersprechen (Q7–Q9).

6. Nimm Stellung zu den Aussagen des Radulfus Niger und formuliere eine eigene Meinung (Q10).

7. Vergleiche die Darstellungen zur Eroberung Jerusalems (Q2, Q6, Q11). Welchen Eindruck davon wollten die einzelnen Maler vermitteln?

600 1500

Verständnis füreinander war die Ausnahme – Kreuzfahrer im Heiligen Land

200 Jahre behaupteten sich europäische Kreuzfahrer im Heiligen Land und in angrenzenden Gebieten, dann wurden sie von den Muslimen vertrieben. Warum waren Christen und Muslime trotz der langen Zeit des Zusammenlebens Feinde geblieben?

A: Stell dir vor, du solltest zwischen Kreuzfahrern und Muslimen vermitteln. Was würdest du den einen, was den anderen sagen?

Fremdherrschaft

Um ihre Eroberungen zu sichern, gründeten die Kreuzfahrer mehrere Staaten. Der größte davon war das Königreich Jerusalem. Überall stellten die Kreuzfahrer gegenüber der einheimischen Bevölkerung eine kleine Minderheit dar. Aber sie übten die politische Macht aus. Von den Muslimen wurden sie allesamt „Franken" genannt und als fremde Besatzer betrachtet. Das größte Problem für die Kreuzfahrerstaaten war der Mangel an Pilgern und Kreuzfahrern, die auf Dauer im Orient blieben. Die meisten Neuankömmlinge reisten nach kurzem Aufenthalt wieder zurück. Meist wollten sie ihr in Europa abgelegtes Gelübde, gegen die Muslime zu kämpfen, möglichst rasch erfüllen. Das führte oft genug dazu, dass sie bei der erstbesten Gelegenheit irgendeine schlimme Gewalttat gegen Muslime begingen.

Geistliche Ritterorden entstehen

Jeder Zwischenfall konnte wieder in offene Feindschaft umschlagen. Um ihre Herrschaft zu verteidigen, gründeten die Kreuzfahrer im Heiligen Land geistliche Ritterorden. Die bekanntesten waren die Templer – benannt nach ihrem Sitz, dem Tempel von Jerusalem – sowie die Johanniter und der Deutsche Orden. Ihre Mitglieder lebten besitz- und ehelos wie Mönche und unterhielten Pflegestationen für kranke Pilger. Aber sie waren bewaffnet und kampferfahren. Deswegen galten sie als die christlichen Elitesoldaten und waren den Muslimen besonders verhasst.

Online-Link
443020-0207
Arbeitsblatt zum Seereich Venedigs

Q1 Kreuzfahrer gehen an Bord
französische Miniatur, um 1350
Die italienischen Seestädte Pisa, Genua und Venedig beherrschten den Personen- und Warentransport zwischen Europa und Palästina. Sie wurden durch die Kreuzzüge sehr reich.

B: Zwei Kaufleute und ein Kapitän aus Venedig beobachten das Treiben am Hafen und unterhalten sich über Vor- und Nachteile der Kreuzzüge. Gestaltet ein solches Gespräch nach.

Zwei Kulturen auf engstem Raum

Im Orient lernten die Kreuzfahrer aber auch manches kennen, was es im Abendland noch nicht oder seit der römischen Zeit nicht mehr gab, z. B. Städte mit Kanalisation, fließendem Wasser und befestigten Straßen. Die Europäer genossen dies. Wer länger blieb, passte sich manchmal auch in Kleidung oder Speisegewohnheiten den Einheimischen an. Aber echte Kontakte mit den Einheimischen suchten nur wenige. Man lebte nebeneinander, nicht miteinander.

Das Ende der Kreuzfahrerstaaten

Die Kreuzfahrerstaaten gerieten in Schwierigkeiten, als starke muslimische Herrscher aus Syrien und Ägypten die Muslime zum gemeinsamen Widerstand gegen die europäischen Besatzer sammeln konnten. 1187 eroberte Sultan Saladin Jerusalem und engte die Kreuzfahrerstaaten auf einen schmalen Küstenstreifen ein. Daran änderten auch die Kreuzzüge nichts mehr, die nun europäische Kaiser und Könige unternahmen. 1291 eroberte Sultan Al-Aschraf Akkon, die letzte Kreuzfahrerstadt. Hier endete die europäische Herrschaft im Heiligen Land, wie sie begonnen hatte – mit einem Blutbad. Nur waren diesmal die Muslime Sieger.

C: Stell dir vor, du bist im Jahr 1291 Berichterstatter eines europäischen Reiches im Heiligen Land. Schreibe einen Bericht an deine Auftraggeber zu Hause. Versuche auch zu erklären, welche Ursachen deiner Meinung nach die geschilderten Ereignisse haben.

Das Ende von Byzanz

Nach dem Ende der Kreuzfahrerstaaten lag das Byzantinische Reich ganz am Rande der christlichen Welt. Um 1350 bestand es fast nur noch aus der Hauptstadt Konstantinopel, ganz umgeben von türkischem Gebiet. 1453 kam sein Ende. Die Türken eroberten Konstantinopel und machten es unter dem Namen Istanbul zu ihrer Hauptstadt. Die Grenze zwischen christlicher und islamischer Welt verlief nun auf dem Balkan.

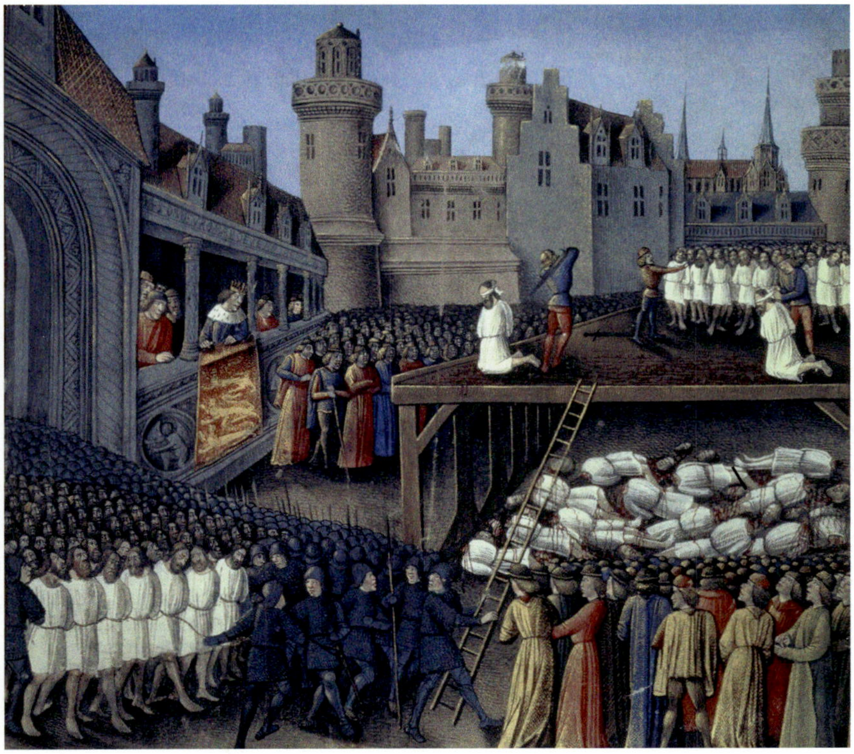

Q2 Nach der Eroberung von Akkon 1191, französische Miniatur, 1490
Der englische König Richard Löwenherz ließ die gefangenen Muslime umbringen, obwohl er ihnen das Leben versprochen hatte. Aus Rache dafür töteten die Muslime 1291 bei der Rückeroberung Akkons alle christlichen Verteidiger.

D: Das wilde Massaker von 1191 vor den Toren Akkons ist hier, 1490, in Form einer damals in Europa üblichen Hinrichtung nach einem ordentlichen Gerichtsverfahren dargestellt. Erkläre, welche Absicht dahintersteckte.

600 1500

Q3 Sultan-Saladin-Denkmal in Damaskus, Syrien

E: Das moderne Denkmal für den Sieger über die Kreuzfahrer und Eroberer von Jerusalem 1187 soll beim Betrachter nicht nur Erinnerungen wecken, sondern auch Gefühle, die sich auf die Gegenwart beziehen. Erkläre als Fremdenführer oder Fremdenführerin in Damaskus das Standbild.

Q4 Alltag in den Kreuzfahrerstaaten

Aus dem Augenzeugenbericht eines Kreuzfahrers, der längere Zeit dort lebte:

Wir waren Abendländer und sind Orientalen geworden. Wer Römer oder Franke war, ist Bewohner Palästinas geworden. Wer in Reims oder Chartres wohnte, betrachtet jetzt Tyros oder Antiochia als Heimatstadt. Wir haben unsere Geburtsorte schon vergessen. (…) Manche von uns besitzen hier Häuser oder Diener. (…) Ein anderer hat eine Frau geheiratet, die nicht aus seinem Land ist, sondern eine Syrerin oder Armenierin oder sogar eine frühere Muslimin, die sich hat taufen lassen. (…) Sie sprechen verschiedene Sprachen und haben es doch alle fertiggebracht, sich zu verstehen. Die verschiedensten Sprachen sind jetzt der einen und der anderen Nation gemeinsam und das (gegenseitige) Vertrauen nähert die entferntesten Rassen einander an.

Regine Pernoud (Hrsg.), Die Kreuzzüge in Augenzeugenberichten, München 3. Aufl. 1975, S. 125; bearb. d. Vf.

Q5 Franken im Heiligen Land

Ein Muslim schildert seine Erfahrungen mit ihnen:

Es gibt unter den Franken einige, die sich im Lande angesiedelt und begonnen haben, auf vertrautem Fuße mit den Muslimen zu leben. Sie sind besser als die anderen, die gerade neu aus ihren Heimatländern gekommen sind. Aber jene sind eine Ausnahme. (…) Dafür ein Beispiel: Als ich Jerusalem besuchte, ging ich in die Moschee Al-Aqsa. Dort haben sich die Tempelritter, meine Freunde, eingerichtet. Sie gaben mir immer einen kleinen Betraum, damit ich dort beten konnte. (…) Ich war in mein Gebet vertieft, als ein Franke sich auf mich stürzte und mein Gesicht nach Osten drehte, indem er sagte: „So betet man!" (Christen beteten in Europa Richtung Jerusalem [Osten], Muslime Richtung Mekka.) Eine Schar Templer ergriff ihn und trieb ihn hinaus. Dann entschuldigten sie sich bei mir und sagten: „Er ist ein Fremder, weil er erst in diesen Tagen aus Europa gekommen ist. Er hat noch nie gesehen, dass jemand nicht nach Osten betet."

Francesco Gabrieli (Hrsg.), Die Kreuzzüge aus arabischer Sicht, München 2. Aufl. 1976, S. 121, 122, übers. v. Barbara von Kaltenborn-Alachau/ Lutz Richter-Bernburg.

1. Nenne Gründe, die eine friedliche Annäherung von Kreuzfahrern und Einheimischen im Heiligen Land behinderten (VT, Q2, Q5).

2. Vergleiche die Ereignisse 1099 (S. 30; Q7–Q9), 1191 (Q2) und 1291 (Q2, VT). Hat sich das Verhältnis Christen – Muslime in der Zeit verändert?

3. Liste die in Q4 genannten Beispiele für Einflüsse auf, die zu einer friedlichen Annäherung von Europäern und Einheimischen führen konnten.

4. Begründe, warum sich die in Q4 genannten Einflüsse nicht durchgesetzt haben (Q2; VT; Q5).

5. Erstelle für europäische Neuankömmlinge im Heiligen Land ein Merkblatt mit Verhaltensregeln, durch die Zusammenstöße mit Muslimen vermieden werden sollen.

6. Entscheide und begründe, wer von den folgenden Personen eher Gewinner oder Verlierer der Kreuzzüge war: Papst, Kaiser von Byzanz, Kaufleute von Venedig, im Heiligen Land ansässige Muslime/Kreuzfahrer (VT, Q1–Q5).

Spanien und Sizilien – Wo Europa der islamischen Kultur begegnete

Wer heute Spanien oder Sizilien besucht, begegnet an manchen Orten beeindruckenden Zeugnissen islamischer Kultur. Wie sind sie dorthin gekommen? Woran erinnern sie?

Islamisches Europa

Spanien und Sizilien wurden im Mittelalter eine Zeit lang von arabischen Muslimen beherrscht. In Spanien gab es sogar 929–1031 ein selbstständiges Kalifenreich. In beiden Ländern lebten Christen, Juden und Muslime zusammen. Das ging nicht ohne Spannungen ab. Doch wie nirgends sonst bemühten sich hier die Menschen, tolerant miteinander umzugehen und voneinander zu lernen. Lange Zeit waren dabei die Muslime die Gebenden. Und das kam so:

Toleranz
Der Begriff kommt aus dem Lateinischen und bedeutet „Duldsamkeit". Tolerant ist, wer politische und religiöse Überzeugungen anderer gelten lässt.

Wissenschaft und Technik

Als die Araber um 700 ihr Weltreich eroberten, erbeuteten sie Unmengen an wissenschaftlichen Werken griechischer, römischer und indischer Gelehrter. Da der Koran lehrte, alles Wissen stamme von Allah, ließen sie sie ins Arabische übersetzen. Dafür entstanden in vielen islamischen Städten große Universitäten, auch in Spanien und auf Sizilien. Dort arbeiteten christliche, jüdische und muslimische Gelehrte einträchtig zusammen. Sie alle sprachen Arabisch und verstanden sich als Vertreter der arabischen Wissenschaft.

Die Gelehrten übersetzten aber nicht nur die alten Werke. Bald ließen sie sich dadurch zu eigenen Forschungen anregen. Besonders in der Mathematik, Physik, Chemie, Astronomie und Medizin kamen sie zu neuen Erkenntnissen. So verfeinerten sie in der Medizin z. B. die Kenntnisse zum Blutkreislauf, zur Bestimmung von Krankheiten und zur Schmerzbetäubung. Besondere Fähigkeiten bewiesen sie auch beim Bau technischer Geräte und Apparate, z. B. für Operationen oder zur Ortsbestimmung auf dem Meer. All das verschaffte der arabischen Wissenschaft die Führungsrolle in der damaligen Welt.

A: Liste die Fächer auf, in denen die arabische Wissenschaft große Leistungen erbracht hat, und ordne ihnen die im Text genannten Leistungen zu.

Online-Link
443020-0208
Arbeitsblatt: Was haben die Europäer von den Arabern gelernt?

Q1 Die Große Moschee von Córdoba, heutige Innenansicht.
Sie war die größte und prächtigste der ca. 600 Moscheen Córdobas.

600 1500

B: Stell dir vor, ein Bewohner Córdobas wäre nach Deutschland in eine mittelalterliche Stadt gereist. Schreibe an seiner Stelle einem Freund in Córdoba einen Brief über seine Eindrücke.

Schaufenster und Begegnungsstätten des Islam für Europa

Spanien und Sizilien waren sozusagen die Schaufenster der islamischen Kultur in Europa. Hier konnten europäische Christen islamische Kunst und Stadtkultur mit ihren Schulen, Bädern, Bibliotheken, Krankenhäusern kennen lernen. Im christlichen Europa gab es nichts Vergleichbares. Vor allem aber waren Spanien und Sizilien die Begegnungsstätten Europas mit der arabischen Wissenschaft. In beiden Ländern gab es bedeutende Übersetzer- und Forschungseinrichtungen, vor allem in Toledo und Córdoba. Damals war Córdoba mit ca. 1 Million Einwohner außer Konstantinopel die größte Stadt Europas. Allein dort gab es 80 Schulen, 17 Hochschulen, 20 Bibliotheken, gepflasterte Straßen und Straßenbeleuchtung – für Besucher aus dem christlichen Europa eine Märchenwelt.

Als die christlichen Könige vom 11. Jahrhundert an die muslimischen Herrscher allmählich verdrängten, ließen sie diese Wissenschaftseinrichtungen bestehen. Gelehrte übersetzten nun griechische und arabische Werke in die europäische Wissenschaftssprache Latein. Damit wurde Wissen in Europa verbreitet, das für viele neu war. Manche der europäischen Universitäten, von denen die ersten um 1200 – ca. 300 Jahre nach den arabischen – entstanden, verdankten ihren Unterrichtsstoff zu einem guten Teil der arabischen Wissenschaft.

C: Beschreibe, wie dieses Beispiel islamischer Baukunst auf dich wirkt.

Q2 Der Löwenhof in der Alhambra (Rote Burg) von Granada

Ca. 1250 – 1492 Hauptstadt und Sitz der letzten muslimischen Herrscher in Spanien, heutige Ansicht. Die Alhambra gilt mit ihren reich verzierten Gebäuden und Räumen immer noch als eines der schönsten Bauwerke der islamischen Welt. Weil es in der islamischen Kunst verboten ist, Allah und den Propheten Mohammed darzustellen, entwickelten islamische Künstler eine hohe Meisterschaft in der Anfertigung von Ornamenten. Darin werden auch arabische Schriftzeichen verwendet.

Q3 Arabische Gelehrte am Sterbebett des christlichen Königs Wilhelm von Sizilien (1166–1189)
aus einer Bilderchronik, 1196
Links: Ein Arzt prüft Urin; Mitte: ein Astrologe fertigt ein Horoskop an; ganz rechts: Totenmesse

D: Die Abbildung stellt eine Bildergeschichte dar. Schreibe sie auf und erkläre dabei auch, warum sich der christliche König arabischen Gelehrten anvertraute.

Q4 Anpassung an islamische Kultur?
Ein Christ aus Cordoba zur Zeit der islamischen Herrschaft berichtet im 9. Jahrhundert:

Viele meiner Glaubensgenossen lesen die Gedichte und Märchen der Araber. Sie studieren die Schriften der muslimischen Theologen und Philosophen, nicht um sie zu widerlegen, sondern um zu lernen, wie man sich auf korrekte und elegante Weise im Arabischen ausdrückt. Wo findet man heute einen Christen, der die lateinischen Kommentare über die heilige Schrift liest – außer es ist ein Geistlicher? (...) Ach, alle jungen Christen, die das nötige Talent haben, kennen nur die Sprache und Literatur der Araber! (...) Sie (...) legen sich mit enormen Kosten große Bibliotheken davon an und sagen überall, nur diese Literatur sei bewundernswürdig. Redet man ihnen dagegen von christlichen Büchern, so antworten sie herablassend, diese Bücher verdienten es nicht, gelesen zu werden. Ach, die Christen haben sogar ihre Sprache vergessen. Unter Tausenden findet man kaum einen, der einen erträglichen lateinischen Brief schreiben kann.

Siegrid Hunke, Allahs Sonne über dem Abendland, Frankfurt/Main 1990, S. 338; bearb. d. Vf.

Q5 Anpassung an christliche Kultur?
Ein Muslim berichtet über Muslime unter christlicher Herrschaft in Spanien, ca. 1377:

Ein Besiegter ist stets darauf aus, den Sieger in seiner Erscheinung, seiner Kleidung, seinen Anschauungen sowie in allen übrigen Lebensformen und Gewohnheiten nachzuahmen. Der Grund liegt darin, dass der Mensch denjenigen, von dem er besiegt wurde und dem er sich unterwirft, stets für vollkommen hält. (...) Das geht sogar so weit, dass bei einem Volk, das von seinem Nachbarvolk beherrscht wird, ohne im Krieg besiegt zu sein, Zeichen der Nachahmung und Angleichung sichtbar sind. Das ist in heutiger Zeit in (Spanien) der Fall. Dort passen sich die Muslime in Kleidung, ihren Äußerlichkeiten und vielen ihrer Gewohnheiten und Verhaltensregeln den christlichen Völkern aus dem Norden des Landes (...) an. (...) Der (...) aufmerksame Beobachter wird darin die Zeichen der immer stärker werdenden christlichen Vorherrschaft ablesen.

Ibn Khaldun, Buch der Beispiele, übers. u. ausgew. v. Mathias Pätzold, Leipzig 1992, S. 96, 97; bearb. d. Vf.

1. Erläutere die Aussage, dass Spanien und Sizilien Schaufenster und Begegnungsstätten islamischer Kultur für Europa waren (VT, Q1, Q2).

2. Beschreibe, worin sich die kulturelle Beeinflussung zwischen Christen und Muslimen in Spanien zeigte (Q4, Q5).

3. Vergleiche Q4 mit Q5. Erläutere die Gründe für die kulturelle Anpassung, die genannt werden.

4. Zeige auf, welchen Einfluss die islamische Religion auf die Entstehung der arabischen Wissenschaften hatte (VT).

5. Lege die Bedeutung der arabischen Wissenschaften für die Entstehung der Wissenschaften im christlichen Europa dar (VT).

6. Schreibe einen Werbetext für ein Reisebüro, der geschichtsinteressierte Reisende zum Besuch von Cordoba und Granada anregen soll (VT, Q1, Q2).

7. Erfinde ein Streitgespräch zwischen christlichen Eltern im Cordoba des 9. Jahrhunderts über die Frage, ob ihr Sohn eine arabische Sprachschule besuchen soll (VT, Q1–Q5).

600 1500

Neues Land im Osten

Seit dem 11. Jahrhundert verließen viele Menschen im Reich ihre Siedlungen und zogen in die Gebiete östlich von Saale und Elbe. Aus welchen Gründen kehrten sie ihrer Heimat den Rücken? Und welche Folgen hatte das?

A: Gestaltet die folgende Szene: Ein Mann kommt ins Dorf und will Siedler in den Osten locken. Die Menschen beraten, ob es ratsam ist, die Heimat zu verlassen. Zu welchem Ergebnis werden sie kommen?

Liegt die Zukunft im Osten?

Vielerorts wuchs die Bevölkerung, sodass gutes Land knapp wurde. Nachgeborene Bauernsöhne, die keine Aussicht auf einen eigenen Hof hatten, sahen ihre Zukunft im Osten, wo das Land dünner besiedelt war. Dort waren sie willkommen: Die Fürsten, die dort die einheimische Bevölkerung der Slawen unterworfen hatten, brauchten dringend Siedler für ihr Land. Sie sollten Wälder roden, Land urbar machen und Dörfer gründen. Dafür gewährten ihnen die Adligen viele Sonderrechte: Im Unterschied zur einheimischen slawischen Bevölkerung durften sie nach „deutschem Recht" leben.

Neue Siedlungen im Osten

So genannte Lokatoren warben im Auftrag polnischer Grundherren in den Dörfern des Westens bäuerliche Siedler an und stellten die Trecks nach Osten zusammen. Dort angekommen, teilten sie das Land zu und leiteten Rodungen oder das Trockenlegen von Sümpfen. Dafür erhielten sie mehr Land als die übrigen Siedler. Außerdem betrieben sie oft die Mühle und das Wirtshaus und wurden häufig als Erbschulzen (Gemeindevorsteher) die Obrigkeit in den neuen Dörfern. So entstanden zahlreiche Bauerndörfer mit zugewanderten deutschen und niederländischen Siedlern. Auch Städte wurden gegründet.

Neue Anbaumethoden setzen sich durch

Jeder Siedler sollte drei Räderpflüge mitbringen, während die Slawen bisher hauptsächlich den Hakenpflug benutzt hatten, der die Erde nur aufriss. So kam auch die Sense ins Land sowie Wasser- und Windmühlen. Die Ernteerträge stiegen auch deshalb, weil die Einwanderer fortschrittliche Ackerbaumethoden wie die Dreifelderwirtschaft einführten.

Q1 Bauern legen auf Neuland ein Dorf an
Der Grundherr überreicht dem Baumeister die Gründungsurkunde mit dem Text: „Mit Gottes Gnaden übergebe ich …" Illustration aus dem Sachsenspiegel, 13. Jahrhundert

B: Das Bild erzählt eine Geschichte. „Ganz links überreicht …" Erzähle die Geschichte weiter.

Q2 Die Marienburg am Ufer der Nogat (Polen)
Die größte Burganlage Europas wurde zwischen 1274 und 1400 erbaut. Sie war Hauptsitz des Deutschen Ordens und Residenz der Hochmeister (Oberhaupt des Ordens) im 14. und 15. Jahrhundert. Die Marienburg wurde im Zweiten Weltkrieg zerstört; der polnische Staat ließ sie als Denkmal von europäischem Rang wieder aufbauen; (links: der Hochmeisterpalast, rechts daneben: das Hochschloss mit Kirche).

Das Zusammenleben verlief nicht ohne Probleme – doch im Laufe der Zeit vermischten sich die neuen Siedler mit der einheimischen Bevölkerung, die zudem nach und nach auch die Rechte der Einwanderer bekam.

Auch Mönche kolonisieren

Auch Mönche des Zisterzienserordens kultivierten Land im Osten. Als Rodungsspezialisten machten sie die sumpfigen Niederungen urbar, sodass man den Boden für die Land- und Forstwirtschaft nutzen konnte. Im ganzen Land gründeten die Zisterzienser zahlreiche Klöster. Mit ihren Mustergütern wurden sie zu Helfern und Lehrmeistern der deutschen und slawischen Bauern.

Ein moderner Staat entsteht

Im Jahr 1225 rief der polnische Herzog Konrad von Masowien den Deutschen Orden zur Hilfe: Der christliche Herrscher wollte die heidnischen Prussen, die entlang der Ostseeküste zwischen Memel und Weichsel lebten, gewaltsam missionieren. Die Ordensritter folgten dem Ruf und eroberten große Gebiete. Daraus wurde dann ein eigener Staat. Die Macht war nicht an einen Herrscher, sondern an den Orden als Institution gebunden. Das war für die damalige Zeit ein moderner Staat. Verwaltet wurde er von der Marienburg aus. In seinem Territorium gründete der Deutsche Orden 93 Städte und weit über 1000 Dörfer. Die Ritter trieben in einer eigenen Handelsorganisation Fernhandel mit Holz, Getreide und Bernstein und importierten Tuche und Salz.
Der Niedergang begann, als sich die wirtschaftlich starken Städte gegen den Orden stellten und sich lieber in die Lehnsabhängigkeit des polnischen Königs begaben. Es kam zu Kämpfen und in der Schlacht bei Tannenberg erlitten die Ordensritter 1410 eine vernichtende Niederlage gegen das polnische Heer. 1525 wurde aus dem Ordensstaat das weltliche Herzogtum Preußen, das dem polnischen König den Lehnseid schwor.

C: Suche die im Text genannten Orte und Gebiete auf der Karte D1 auf.

D1 **Raum der deutschen Ostsiedlung 1100–1400**

D: Erläutere, wie sich Ostmitteleuropa zwischen 1100 und 1400 veränderte.

Auf der CD-ROM findest du eine dynamische Karte, die dir zeigt, wie sich die Grenzen veränderten

Q3 Deutsches Recht für Gastsiedler

Aus einer Urkunde von 1221:

Es möge allen bekannt sein, dass Wir, Heinrich, von Gottes Gnaden Herzog von Schlesien, auf Bitten Witoslaws, des Abtes von St. Marien in Breslau, und seiner Ordensbrüder, ihren Gastsiedlern, die in Baudiss und in den beiden Dörfern Kreidel wohnen, deutsches Recht verliehen haben, sodass sie von den Frondiensten frei sind, die von den Polen geleistet werden nach dem Herkommen des Landes; (...) ferner von den Abgaben, die gemeinhin gefordert werden. Jedoch soll folgende Abmachung gelten: Von jeder Hufe, die dem Abt zinspflichtig ist, sollen wir einen Scheffel (Mengenmaß nach Regionen 30 bis 300 l, hier ca. 200 l) Weizen und einen Scheffel Hafer erhalten. Beim Burgenbau sollen sie (die Gastsiedler) uns bei großer Not helfen. Zum Heereszug sollen sie kommen wie die anderen Deutschen. Schwere Vergehen, also Kapitalverbrechen, werden wir richten, und zwar wir selbst oder durch einen von unseren Baronen.

Herbert Helbig/Lorenz Weinrich (Hrsg.), Urkunden und erzählende Quellen zur deutschen Ostsiedlung im Mittelalter, Teil 2, Darmstadt 1970, S. 89–91.

Q4 Seelenheil und Siedlungsland

Aus einem Aufruf sächsischer Adliger und Bischöfe, u. a. von Magdeburg, Merseburg, Naumburg, Meißen, Brandenburg an Bischöfe, Äbte und Herzöge aus dem Westen, u. a. an Halberstadt, das Kloster Corvey, Paderborn, Köln, Lüttich, Lothringen, Flandern, 1108:

Schon lange sind wir bedrängt durch Unrecht und Gewalttaten. Wir bitten euch, habt Erbarmen und helft, den zerstörten Bau der Mutter Kirche wiederaufzurichten. Die Obodriten (slawisches Volk) haben sich mit großer Grausamkeit gegen uns erhoben und richten uns noch zugrunde. Sie sind ohne Mitleid, und sie rühmen sich sogar noch ihrer Bosheit. Ihr Christen alle: Kommt den Streitern Christi zu Hilfe! Zwar sind die Heiden verdorben und schlecht, aber ihr Land ist sehr reich: Milch und Honig fließen dort, und die Ernten sind groß und gut. Also ihr Sachsen, Franken, Lothringer und Flamen, ihr großen Weltbezwinger, macht euch auf! Hier erlangt ihr euer Seelenheil und bekommt noch bestes Siedlungsland dazu.

Codex diplomaticus Saxoniae Regiae I,1, Nr. 40.

Q5 „... das heilige Kreuz auf ihrem Mantel!“

Die „heidnischen“ Samogiten (zwischen Memel und Dünaburg) wenden sich an slawische Fürsten, 1399:

Unterdrückt und durch Qualen erschöpft bitten wir euch, ihr geistlichen und weltlichen Fürsten, uns anzuhören. Der Orden (...) hat uns dazu gebracht, dass wir entweder Bettler oder Räuber werden müssen, um unser Leben zu erhalten. Und wie wagen sie es nach alledem, sich unsere Brüder zu nennen und uns zu taufen? (...) Es ist wahr, dass die Prussen schon getauft sind; aber hinsichtlich des Glaubens sind sie ebenso unwissend wie zuvor. Wenn sie zusammen mit den Ordensrittern in ein fremdes Land eindringen, benehmen sie sich ärger als die Türken, und je schlimmer sie wüten, desto größeres Lob wird ihnen seitens des Ordens zuteil. Alle Früchte unseres Landes und alle Bienenvölker haben uns die Ritter genommen. Sie gestatten uns weder zu jagen noch zu fischen noch mit den Nachbarn Handel zu treiben. Jedes Jahr führen sie uns Kinder als Geiseln weg. Unsere Ältesten haben sie nach Preußen verschleppt, andere samt ihren Familien durch Feuer ausgerottet; unsere Schwestern und Töchter haben sie mit Gewalt weggeführt – und da tragen sie noch das heilige Kreuz auf ihrem Mantel! Habt Erbarmen mit uns. (...) Von ganzem Herzen wollen wir Christen werden, aber wir wollen mit Wasser, nicht mit Blut getauft sein.

Wolfgang Lautemann, Manfred Schlenke (Hrsg.), Geschichte in Quellen, Bd. 2, München 1970, S. 680.

Q6 Hafenstadt an der Ostsee
Ein Ordensritter überwacht die Bauarbeiten, 16. Jahrhundert.

E: Schildere, was auf dem Bild zu sehen ist und was dies über die Bedeutung des Deutschen Ordens aussagt.

1. Vergleiche Q3 bis Q5. In welcher Weise werden christliche Ordensritter und „Heiden“ dargestellt? Stelle die Gründe dafür zusammen und unterscheide dabei, wo sachlich und wo emotional argumentiert wird.

2. Vergleiche die Rechte und Pflichten der Siedler in den europäischen Ostgebieten (VT, Q3).

3. Suche auf der Karte D1, wo die Schlacht bei Tannenberg 1410 stattfand. Informiere dich über diese Schlacht und stelle dein Rechercheergebnis in einem Kurzreferat dar.

600 1500

1. Begriffe erklären: Zum Verständnis der kulturellen Begegnungen im Mittelalter (Sachkompetenz)
Schreibe die folgenden Begriffe in dein Heft und erkläre sie kurz.

1. Islam: ...
2. Muslim: ...
3. Koran: ...
4. Kalif: ...
5. Heiliger Krieg: ...
6. Kreuzzug: ...
7. Toleranz: …
8. Ordensritter: …
9. Lokator: …
10. Ostsiedlung

2. Ein Bild auswerten: Zum Verhältnis zwischen Judentum, Christentum und Islam (Sachkompetenz, Methodenkompetenz)
Stell dir vor, du willst das Bild Menschen erläutern, die wenig von Mohammed wissen. Schreibe zu folgenden Punkten einige Sätze auf:
- Wie ist Mohammed zu seinem Glauben gekommen?
- Wie dachte Mohammed über Judentum und Christentum sowie ihre Propheten?
- Wie sollten sich seine Anhänger gegenüber Juden und Christen verhalten?

3. Unterschiedliche Perspektiven einnehmen: Für und Wider den Kreuzzug (Urteilskompetenz)
Die Ritter Arnulf und Heinrich waren bei Papst Urbans Aufruf zum Kreuzzug dabei. Arnulf ist begeistert von den Aussichten, wenn er teilnimmt. Heinrich sieht das ganz anders und ist dagegen. Gestalte ein Streitgespräch zwischen beiden.

4. Unterschiedliche Perspektiven einnehmen: Gegen die Missachtung der Muslime (Urteilskompetenz)
Stell dir vor, du wärst als muslimischer Kaufmann aus Cordoba in Clermont Zeuge des päpstlichen Aufrufs gewesen und hättest dabei gehört, dass deine Glaubensgenossen als „gottlose Heiden“ bezeichnet werden. Schreibe einen Protestbrief an den Papst.

5. Unterschiedliche Perspektiven einnehmen: Rechtfertigung des Kampfes gegen die Kreuzritter (Urteilskompetenz)
Nimm einmal an, ein Christ hätte dem Sultan Al-Aschraf nach dem Massaker an den christlichen Verteidigern der Stadt Akkon den Vorwurf gemacht, er handle gegen die Vorschrift des Koran „Mit Christen streite nur auf anständigste Weise“. Was könnte der Sultan geantwortet haben?

Q1 Mohammed (Mitte) im Gespräch mit jüdischen und christlichen Propheten auf seiner angeblichen Reise in den Himmel
persische Miniatur, 16. Jahrhundert

6. Zuordnungsaufgabe: wichtige Kenntnisse über die Begegnung unterschiedlicher Kulturen (Sachkompetenz)
Hier ist etwas durcheinandergeraten! Ordne den Personen die richtigen Handlungen zu. Schreibe die richtig geordneten Sätze untereinander in dein Heft. Bei richtiger Lösung ergeben die eingeklammerten Buchstaben von oben nach unten ein dir bekanntes Wort.

1. Mohammed	a. bat den Papst gegen die Türken um Hilfe (L).
2. Khan Togril	b. eroberte Akkon für die Kreuzfahrer (A).
3. Kaiser von Byzanz	c. begründete den Islam (T).
4. Papst Urban	d. rief den Deutschen Orden in das Prussenland (N).
5. Sultan Saladin	e. beendete die Kreuzfahrerherrschaft in Akkon (Z).
6. König Löwenherz	f. rief zum ersten Kreuzzug auf (E).
7. Konrad von Masowien	g. eroberte Jerusalem zurück (R).
8. Sultan Al-Aschraf	h. setzte den Heiligen Krieg in Kleinasien fort (O).

7. Einen Leserbrief schreiben: der Begriff „Kreuzzug" in historischer und heutiger Bedeutung (Urteilskompetenz)
Vor einiger Zeit war in Zeitungen zu lesen, dass ein westlicher Staatsmann den Krieg gegen ein islamisches Land damit rechtfertigte, dass es ein „Kreuzzug für die Demokratie" sei. Versetze dich in einen Muslim, der zwar für die Demokratie ist, bei dem aber das Wort „Kreuzzug" böse Erinnerungen weckt. Schildere sie in einem Leserbrief an eine Zeitung.

Name der Zeitung Datum
Straße

Betreff: Leserbrief „Kreuzzug der Demokratie"
Sehr geehrte/r Herr/Frau Mustermann

8. Ein Bauwerk untersuchen: ein Bauwerk aus zwei Kulturen (Sachkompetenz, Urteilskompetenz)
Die Große Moschee von Córdoba mit der christlichen Kirche darin ist ein wichtiges Zeugnis für das Zusammentreffen unterschiedlicher Religionen und Kulturen.

Schreibe einen Kommentar zu der Abbildung Q2. Gehe auf folgende Fragen ein:
- Wie kam es in Spanien und gerade in Córdoba zum Bau einer Moschee?
- Zeigt sich in dem eigenartigen Bauwerk eher ein Miteinander oder ein Gegeneinander der beiden Kulturen?

Q2 Die Große Moschee in Córdoba
Mitten in die Große Moschee von Córdoba (errichtet 8.–10. Jahrhundert) bauten die christlichen Eroberer im 16. Jahrhundert eine christliche Kirche.

9. Einen Werbeaufruf verfassen: Ostsiedlung zwischen 1100 und 1400 (Sachkompetenz, Urteilskompetenz)
Stell dir vor, du möchtest als Lokator Bauern dazu bewegen, aus ihrer Heimat wegzuziehen und sich in Ostmitteleuropa anzusiedeln. Schreibe auf eine Rolle Papier, wie du für dein Vorhaben werben würdest. Stelle dich auf den „Dorfplatz" und trage den „Bauern" dein Anliegen vor.

Online-Link
443020-0212
Quiz

Online-Link
443020-0301

3 Aufbruch in eine neue Zeit

Für viele Gelehrte, Künstler und reiche Bürger brach in Europa im 15. Jahrhundert ein neues Zeitalter an. Es stand im Zeichen einer Erneuerung von Bildung, Wissenschaft und Kunst.
Noch heute bewundern wir die Gemälde und Standbilder, die damals von Künstlern geschaffen wurden. In dieser Zeit wurden die Grundlagen für unsere moderne Welt gelegt.

- Was war neu in Bildung und Wissenschaft, in Kunst und Architektur?
- Welche Gesellschaftsgruppen waren an dem Veränderungsprozess beteiligt?
- Warum sagt man, dass das Mittelalter zu dieser Zeit zu Ende gegangen ist?

1400

ab etwa 1400
Wiederentdeckung von Literatur und Kunst der Antike

Entwicklung der naturgetreuen Malerei und eines neuen Baustils

1450

um 1450
Erfindung des Buchdrucks

Leonardo da Vinci ist als Maler, Architekt, Bildhauer, Ingenieur und Naturforscher das Idealbild seiner Zeit.

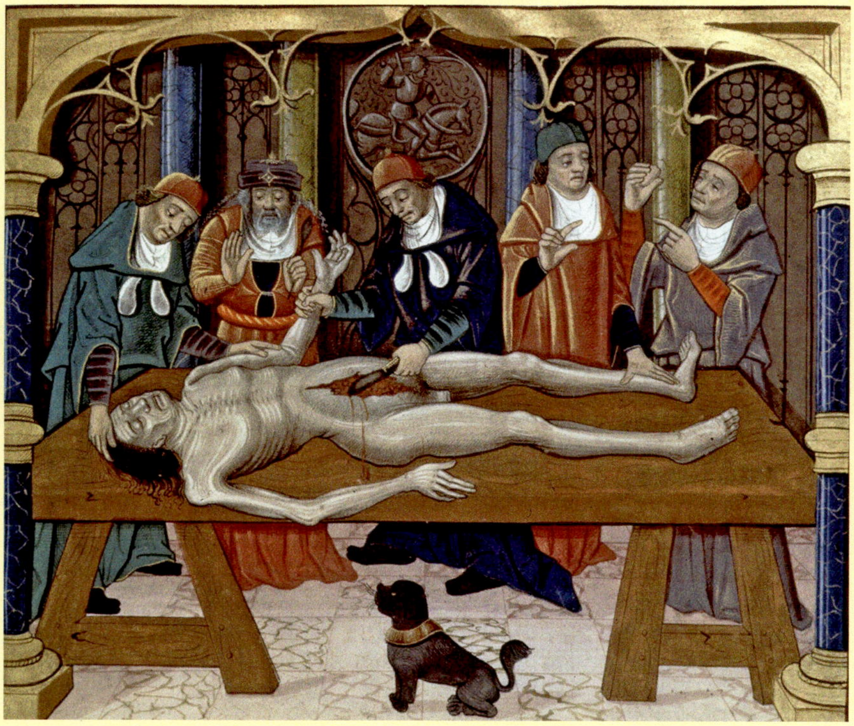

Trotz des Verbotes durch die Kirche öffnen Ärzte einen Leichnam, französische Buchmalerei, 15. Jahrhundert

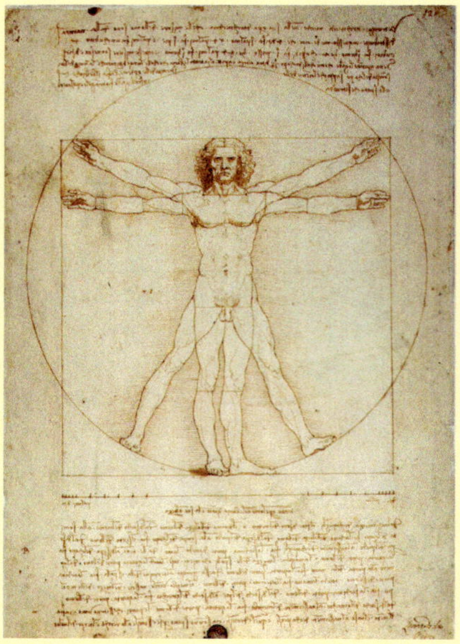

Proportionsstudie des menschlichen Körpers von Leonardo da Vinci, um 1490

1500 | 1550 | 1600 | 1650

um 1500
Michelangelo Buonarotti ist neben Leonardo da Vinci der bedeutendste Maler, Bildhauer und Architekt seiner Zeit.

Erasmus von Rotterdam, ein europaweit bekannter Gelehrter

Entdeckung eines neuen Weltbildes durch Nikolaus Kopernikus

um 1600
Galileo Galilei vor dem päpstlichen Inquisitionstribunal

Reiterstandbild des venezianischen Condottiere (Söldnerführer) Gattamelata, Skulptur von Donatello, 1453

1500 – 1650

Der Mensch im Mittelpunkt

Im Mittelalter waren die Menschen davon überzeugt, dass alles nach Gottes Willen geschehe. Niemand könne etwas an seinem Schicksal ändern. Doch seit dem 15. Jahrhundert traten Gelehrte auf, die behaupteten, der Mensch sei für sein Denken und Handeln selbst verantwortlich.

A: Nach einer Vorlesung von Peter Luder unterhalten sich zwei Studenten. Der eine ist begeistert von der Vorlesung, der andere ist davon verunsichert. Gestaltet das Gespräch nach.

Ein Studium im Ausland

Knapp 25 Jahre alt war der aus armen Verhältnissen stammende, in Baden geborene Peter Luder, als er vermutlich im Jahr 1439 die norditalienische Stadt Ferrara betrat. Er wollte an der Universität studieren, an der ein berühmter Professor lehrte. Nach Abschluss seiner Studien kehrte Peter Luder 1456 nach Heidelberg zurück. Bereits mit seiner Antrittsvorlesung an der Hohen Schule zu Heidelberg löste er bei den Professoren nur Empörung aus. Er sprach davon, dass der Mensch im Mittelpunkt der Welt stehe, selbstständig und kritisch denken und alles hinterfragen und nachprüfen solle.
Das passte nicht zu der seit Jahrhunderten an den Universitäten geübten Lehrmethode: Texte vorlesen, sie mit Hilfe der Bibel und christlicher Autoritäten erläutern und nach strengen Regeln erörtern. Nur das galt als richtig, was mit der christlichen Lehre und Überlieferung übereinstimmte.

Humanismus
(von lateinisch „humanus“ = menschlich) Eine Geisteshaltung, die im 14. Jahrhundert von Italien ausging. Sie hatte sich zum Ziel gesetzt, die Menschen zu selbstbewussten und gebildeten Wesen zu formen. Dies sollte durch das Studium der klassischen Sprachen (Latein, Griechisch) und die Lektüre der antiken Schriften erreicht werden.

Ein neuer Geist aus Italien

Peter Luder brachte seine neuen Ideen aus Italien mit. Dort gab es seit Jahren Gelehrte, welche die christlichen Lehren anders auslegten als bisher. Gott schuf den Menschen als sein Ebenbild, deshalb sei der Mensch die Krone der Schöpfung. Er galt als vernunftbegabtes, freies und selbstbewusstes Wesen, das von seinen geistigen und körperlichen Fähigkeiten uneingeschränkt Gebrauch machen solle. Er könne mit Hilfe seines Verstandes und seiner Sinne die Welt und die Natur erforschen. Vertreter dieses neuen Menschenbildes nannten sich selbst Humanisten.

Q1 Cicero als Kind
Überreste einer Wandmalerei aus dem Palast der Medici in Mailand von Vincenzo Foppa, um 1465, 101 x 147 cm, heute in der Wallace Collection London

B: Cicero lebte von 106 v. Chr. bis 43 v. Chr. Er war ein römischer Politiker, Schriftsteller und Gelehrter, der auch philosophische Schriften der Griechen ins Lateinische übersetzte. Versetze dich in die Lage des Malers Foppa und erläutere der Familie der Medici, warum du die Wand mit diesem Bild geschmückt hast.

Die Antike als Vorbild

Ein solches Denken war nicht ganz neu. Die Gelehrten am Ende des 14. Jahrhunderts erfasste eine wahre Begeisterung für alles Antike. Sie machten sich auf die Suche nach griechischen und lateinischen Texten. Viele antike Schriften waren von Mönchen im Mittelalter abgeschrieben und aufbewahrt worden, verstaubten aber ungelesen in den Klosterbibliotheken. Die Gelehrten studierten diese Neuentdeckungen eifrig und lernten dabei eine für sie neue Sicht des Menschen und der Natur kennen. Sie übersetzten die Schriften ins Italienische und später in andere europäische Sprachen. Man sprach von einer Wiederentdeckung der Antike oder dem Zeitalter der Renaissance.

Renaissance
(franz. für Wiedergeburt) Bezeichnung für eine geistige Bewegung, die vom Ende des 14. bis zum Ende des 16. Jahrhunderts dauerte und sich von Italien aus über ganz Europa ausbreitete. Beeindruckt von der antiken Kunst und Literatur hatten Gelehrte und Künstler das Gefühl, „wiedergeboren" zu sein.

Die Ausbreitung des Humanismus in Europa

Die humanistischen Ideen verbreiteten sich schnell in Europa, so auch in Deutschland. An den Universitäten, die jetzt überall gegründet wurden, fanden die Gedanken begeisterte Aufnahme. Der berühmteste humanistische Gelehrte seiner Zeit war der als „Fürst der Wissenschaft" gepriesene Erasmus von Rotterdam (1466–1536). In seinen Schriften verbreitete er vor allem die Idee des selbstständigen Denkens. Es sollte den Menschen aus der Vormundschaft der Kirche befreien. 1516 veröffentlichte er die erste gedruckte Ausgabe des Neuen Testaments in griechischer Sprache. Auch wenn der Humanismus viele Anhänger fand, so darf man nicht übersehen, dass sich meist nur die gebildeten Schichten mit den neuen Ideen beschäftigten. Die einfachen Menschen – vor allem auf dem Lande – erfuhren davon wenig.

C: Stelle mithilfe der Karte auf Seite 45 zusammen, wann, wie und wo sich der Humanismus ausbreitete. Wer konnte daran teilhaben?

Q2 Erasmus von Rotterdam
Kupferstich von Albrecht Dürer, 21x27cm, Kupferstichkabinett Berlin
Der Text auf der Tafel lautet: „Abbild des Erasmus von Rotterdam von Albrecht Dürer nach dem lebenden Vorbild gezeichnet" (lateinisch), darunter „Auf vorzüglichere Weise wird er die Schriften herausgeben" (griechisch).

D: Finde heraus, aus welchem Jahr der Kupferstich stammt. Erkläre mithilfe des Verfassertextes, mit welchen Darstellungsmitteln Dürer Erasmus als Humanisten gekennzeichnet hat.

1500 1650

Q3 Michelangelo, Gott erschafft Adam
Teil eines Deckenfreskos (2,80 x 5,70 m), das die Erschaffung der Welt und des Menschen zeigt, Sixtinische Kapelle, Vatikan, 1511/12

E: Überlege, inwiefern das neue Menschenbild in der Darstellung des Adam bei Michelangelo zum Ausdruck kommt. Nimm auch Q5 zu Hilfe.

Q4 Licht und Finsternis

In einem Roman des französischen Schriftstellers François Rabelais gab Gargantua seinem Sohn Pantagruel gute Ratschläge für sein Studium, 1532:

Darum, mein Sohn, ermahne ich Dich, daß Du Deine Jugend wohl anwendest, um in Wissenschaft und Tugend dazuzulernen. (...) Ich setze voraus und will, daß Du die Sprachen gründlich erlernst; erstlich das Griechische (...); zweitens das Lateinische, ferner das Hebräische, der Heiligen Schrift wegen. (...) Deinen Stil im Griechischen bilde nach Platon, im Lateinischen nach Cicero. Die Historie mußt Du unbedingt vollständig im Gedächtnis haben, wozu Dir die Kosmographien [Land- und Naturbeschreibungen] von Nutzen sein werden. Für die Freien Künste, für Geometrie, Arithmetik und Musik habe ich Dir bereits Geschmack beigebracht, als Du noch ein kleiner Bube von sechs Jahren warst. Setze das nun weiter fort und erlerne die Astronomie in all ihren Gesetzen. (...) Es ist mein Wunsch, daß Du Dich mit den Dingen der Natur eingehend beschäftigst, so daß es kein Meer, keinen Fluß, kein Bächlein gebe, von dem Du die Fische nicht kenntest. Kein Vogel der Luft, kein Baum oder Strauch, keine Staude, kein Kraut des Feldes, kein Metall im Schoß der Erde, kein Edelstein des Morgen- oder Mittaglandes darf Dir unbekannt bleiben.

François Rabelais, Gargantua und Pantagruel, Bd. 1, Frankfurt/M. 1974, S. 218 f.

Q5 Die besondere Rolle des Menschen

Der humanistische Philosoph Giovanni Pico della Mirandola (1464–1494) ließ Gott zum Menschen sagen:

Wir haben dir keinen bestimmten Wohnsitz, noch ein eigenes Gesicht, noch irgendeine besondere Gabe verliehen, O Adam, damit du jeden beliebigen Wohnsitz, jedes beliebige Gesicht und alle Gaben, die du dir (...) wünschst, auch nach deinem Willen und nach deiner eigenen Meinung haben und besitzen mögest. (...) Du bist durch keinerlei unüberwindliche Schranken gehemmt (...). Ich habe dich in die Mitte der Welt gesetzt, damit du von dort bequem um dich schaust, was es alles in dieser Welt gibt. Wir haben dich weder [himmlisch noch irdisch, weder sterblich noch unsterblich] geschaffen, damit du (...) dir selbst die Form bestimmst, in der du zu leben wünschst.

Karl Vorländer (Hrsg.), Geschichte der Philosophie mit Quellentexten, Band 2: Mittelalter und Renaissance, Reinbek 1990, S. 482.

1. Beschreibe das Bildungsprogramm, das Gargantua seinem Sohn Pantagruel empfiehlt (Q4). Erkläre, welche Rolle die Bildung bei der Erziehung eines Menschen spielt.

2. Schreibe ein aus der Perspektive eines christlichen Theologen formuliertes Flugblatt gegen das neue humanistische Menschenbild (VT, Q4, Q5).

3. Heute bezeichnen viele Historiker die Zeit der Renaissance als den Beginn der Neuzeit. Stelle in einer Tabelle Argumente zusammen, die dafür bzw. dagegen sprechen (VT).

Ein neues Schönheitsideal

Während des 15. und 16. Jahrhunderts entstand in Europa eine Fülle von hervorragenden Kunstwerken, die uns noch heute durch ihre Schönheit, Harmonie und Naturtreue beeindrucken. Was war das Besondere dieser Kunst? Wie kam in ihr das neue Selbstverständnis des Menschen zum Ausdruck?

Leonardo und Michelangelo

Die beiden Italiener Leonardo da Vinci (1452–1519) und Michelangelo Buonarotti (1475–1564) waren herausragende Vertreter eines neuen Kunst- und Schönheitsideals, das damals in Europa entstand. Sie waren vielseitig – Maler, Bildhauer, Architekten, Ingenieure, Forscher – und sie schufen unsterbliche Kunstwerke. Fürsten, Päpste und reiche Bürger gehörten zu ihren Auftraggebern.

Malen nach der Natur

Leonardo verkündete als Motto des neuen Malstils: „Der Maler setzt sich mit der Natur auseinander und wetteifert mit ihr.“ Ihm und den anderen Malern der Renaissance ging es darum, Menschen und Ereignisse in ihrem natürlichen Raum, in lebensechter Gestalt und den richtigen Größenverhältnissen darzustellen. Landschaftsbilder bekamen eine Tiefendimension, Porträts und Herrscherbilder zeigten individuelle Gesichtszüge, Gefühle und seelische Regungen. Um den menschlichen Körper möglichst naturgetreu wiedergeben zu können, betrieben viele Künstler anatomische Studien. Daher konnten sie durch ihre Lebensechtheit beeindruckende Standbilder modellieren, z. B. Michelangelo die Statue des David, und plastisch wirkende Personenporträts gestalten.

Die dritte Dimension auf der Leinwand

Wie schafften es die Renaissancemaler, Landschaften, Gebäude und Räume möglichst wirklichkeitsgetreu wiederzugeben? Mit Hilfe sorgfältiger Berechnungen entwickelten sie eine neue Technik, die Zentralperspektive. Damit gelang es Malern, auf der Leinwand die Illusion eines dreidimensionalen Raums zu erzeugen (siehe S. 51).

Neue Architektur

Auch die Architekten beschritten neue Wege. Dabei dienten ihnen die Bauwerke der Römer als Vorbild. Überall in Italien konnte man noch Überreste und Ruinen aus der Antike finden. Diese wirkten mit ihren ausgewogenen Proportionen ruhig und harmonisch auf den Betrachter und unterschieden sich deutlich von dem bisher vorherrschenden gotischen Baustil mit seinen steil aufragenden Strebepfeilern, Rippengewölben und durchbrochenen großen Glasfenstern. Als Erster führte der Florentiner Baumeister Filippo Brunelleschi (1377–1446) den neuen Baustil in Italien ein. Bald fand er Nachahmer. Überall auf der Halbinsel und später auch im übrigen Europa gaben Fürsten, reiche Stadtbürger oder hohe Geistliche Paläste und Landvillen, Kapellen und Kathedralen im neuen Stil in Auftrag. Und die Zeitgenossen bewunderten die klassische Harmonie der Proportionen, die symmetrische Baugestaltung, die klaren geometrischen Formen und die Ruhe ausstrahlende Regelmäßigkeit.

Q1 Michelangelo, David
Marmorstatue (4,34 Meter hoch), 1501–1504
Im Alten Testament wird berichtet, wie der kleine David den Riesen Goliath mit einer Steinschleuder besiegte. Die Florentiner Bürger stellten die David-Statue vor ihrem Rathaus auf.

A: Vergleiche Michelangelos „David“ mit einer Statue der Antike und erkläre die Gemeinsamkeiten und Unterschiede.

Auf der CD-ROM findest du eine entsprechende Abbildung.

1500 1650

Q2 Abendmahl, Fresko, um 1080

B: Lies die Abendmahlszene in der Bibel nach (Evangelium nach Markus, Kapitel 14, Vers 17 bis 25) und überlege, wie die Künstler das Geschehen verstanden und gedeutet haben (Q2, Q4).

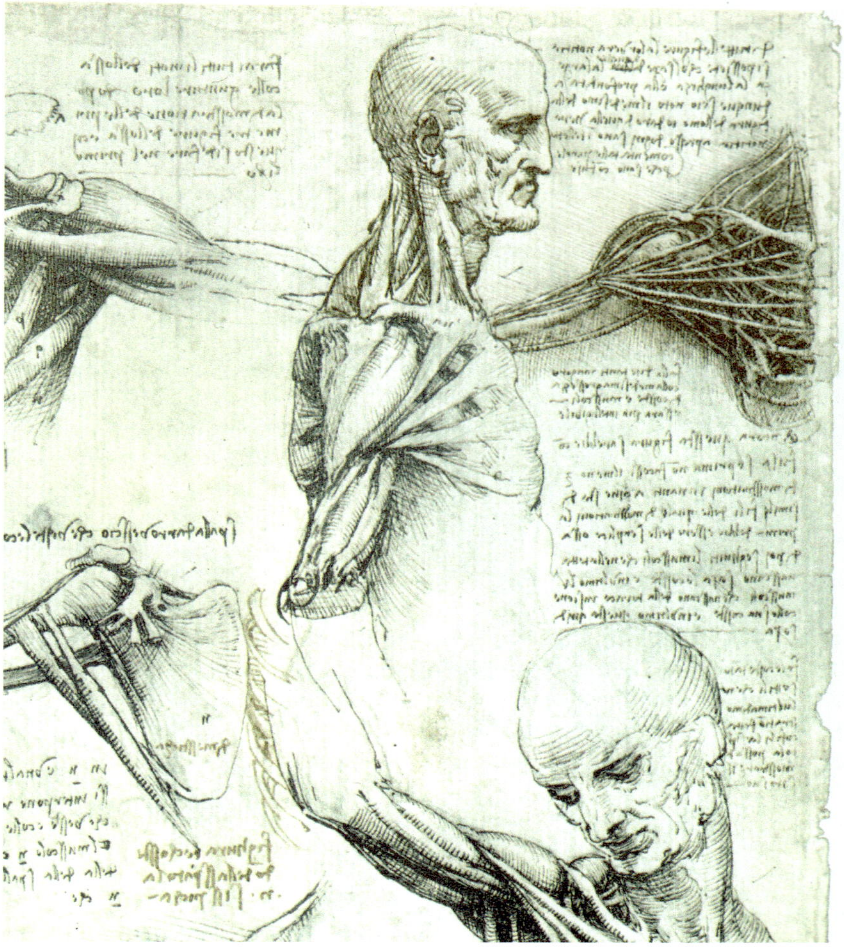

Q3 Leonardo da Vinci, Schulterstudien Kreidezeichnung, um 1510. Leonardo plante schon um 1500 ein Handbuch der Anatomie. Dazu sezierte er Leichen, legte vorsichtig Muskeln, Sehnen und Knochen bloß und fertigte viele anatomische Studien an, von denen 228 Blätter erhalten sind.

C: Beschreibe die Skizzen Leonardos und erkläre ihre Bedeutung für die Malerei und Bildhauerei.

Q4 Das letzte Abendmahl
Fresko von Leonardo da Vinci, 1494–1498, restauriert 1999, 8,80 x 4,60 m, Kirche Santa Maria delle Grazie, Mailand
Leonardo malte dieses Fresko nach dem neuen Prinzip der Zentralperspektive. Dabei werden auf der flachen (Lein-)Wand die im Raum parallel verlaufenden Linien nicht parallel abgebildet, sondern als Fluchtlinien im Raum. Sie laufen auf einen angenommenen Fluchtpunkt (F) zu. Die Fluchtlinien wurden hier weiß ins Bild eingezeichnet. Außerdem berücksichtigte man die Tatsache, dass entfernte Gegenstände im Raum kleiner erscheinen als nahe.

D: Vergleiche die beiden Abendmahlsdarstellungen (Q2, Q4) und zeige die wichtigsten Unterschiede.

Auf der CD-ROM kannst du ausprobieren, wie das Prinzip der Zentralperspektive funktioniert.

Q5 Palazzo Farnese, Rom
Erbaut im 16. Jahrhundert, einer der drei Architekten war Michelangelo.

E: Als Stadtführer erklärst du den Besuchern den Palazzo. Beginne so: „Dieser Palazzo wurde im Stil der Renaissance erbaut. Sie erkennen das an …"

1. Stelle eine Übersicht zusammen: Inwiefern hat die Antike die Kunst der Renaissance beeinflusst?

2. Der italienische Architekt Leon Battista Alberti (1404–1472) sagte, ein Maler müsse besonders die Geometrie beherrschen. Erkläre, was er damit meinte (VT, Q4, Q5).

1500 1650

„Und sie bewegt sich doch!" – ein neues Bild von der Welt

Ein festgefügter Kosmos, in dem sich Sonne, Mond und Sterne um die Erde drehen, so stellten sich die Menschen jahrhundertelang die Welt vor. Auch die Gelehrten waren von der zentralen Stellung der Erde im Universum überzeugt. Doch dann entwarf ein Astronom eine revolutionäre Theorie.

Q1 Galilei vor der Inquisition, 1633
Gemälde eines unbekannten Künstlers, 17. Jahrhundert, Privatsammlung New York

A: Beschreibe die Szene vor dem Ketzergericht. Achte dabei auf die Kleidung und Haltung der Beteiligten. Welche Wirkung will der Maler erzielen?

Ketzer
Irrgläubiger, Abweichler von der richtigen oder Vertreter einer falschen religiösen Lehre

Inquisitionstribunal
Ketzergerichtshof der katholischen Kirche

B: Finde Gründe, warum das neue Weltbild des Kopernikus zunächst auf Ablehnung stieß.

Ein Ketzerprozess

Man schrieb das Jahr 1633. Im Papstpalast in Rom fand ein Ketzerprozess statt. Der berühmte Mathematiker und Astronom Galileo Galilei (1564–1642) musste sich vor dem Inquisitionstribunal verantworten. Eine schwere Strafe drohte dem Gelehrten, vielleicht sogar die Verbrennung auf dem Scheiterhaufen. Worum ging es? Nach intensiven Himmelsbeobachtungen, bei denen er erstmals das von ihm konstruierte Fernrohr eingesetzt hatte, war Galilei zu der Überzeugung gelangt, dass die umwälzende Theorie des Astronomen Nikolaus Kopernikus stimmte, die dieser kurz vor seinem Tod im Jahr 1543 veröffentlicht hatte: Die Erde drehte sich um die Sonne und nicht umgekehrt!

Q2 Das geozentrische Weltbild des Ptolemäus
Kupferstich, 1708

C: Suche die Stellung der Sonne im Weltbild des Ptolemäus.

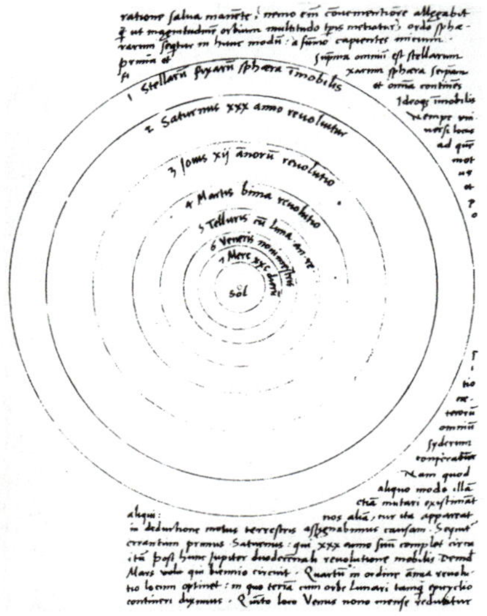

Q3 Das heliozentrische Weltbild des Kopernikus
Seite aus dem Werk „De revolutionibus" des Kopernikus mit der Darstellung des Sonnensystems, 1543
Um die Sonne (sol) kreisen die Planeten Merkur (7), Venus (6), Erde (5), Mars (4), Jupiter (3) und Saturn (2), ganz außen ist der Fixsternhimmel (1).
Tuschezeichnung aus einem astronomischen Manuskript des Kopernikus

Nikolaus Kopernikus und das neue Weltbild

Als Kopernikus seine astronomischen Studien aufnahm, wussten die Gelehrten schon, dass die Erde eine Kugel ist. Gleichzeitig hielten sie allerdings das von dem griechischen Astronomen Ptolemäus im 2. Jahrhundert n. Chr. ausgearbeitete geozentrische Weltbild für richtig: Sonne, Mond und Sterne waren leuchtende Himmelskörper, die an durchsichtigen Kugelschalen befestigt waren, die um die Erde rotierten.
Nach jahrelangen Beobachtungen und Berechnungen kam Kopernikus zu der Überzeugung, dass sich die Bewegungen der Planeten viel einfacher und mathematisch nachweisbar erklären ließen. Alles sprach dafür, dass die Erde ein Stern des Sonnensystems ist, der zusammen mit den anderen Planeten um die Sonne kreist (heliozentrisches Weltbild) und sich zusätzlich einmal pro Tag um sich selber dreht. Hinweise auf dieses Modell hatte er auch in Schriften antiker Gelehrter gefunden.

Geozentrisches Weltbild
die Vorstellung, dass die Erde (griech. „gäa") den Mittelpunkt des Weltalls bildet

Heliozentrisches Weltbild
die Vorstellung, dass die Sonne (griech. „helios") den Mittelpunkt des Weltalls bildet

Das Schicksal Galileo Galileis

Nur wenige Gelehrte nahmen die neue Theorie des Kopernikus ernst, die meisten lehnten sie ab. Zu unglaubwürdig und im Widerspruch zu ihren Erfahrungen schien ihnen die Behauptung einer sich drehenden und kreisenden Erde zu sein. Und außerdem stand sie im Gegensatz zur Bibel. Die Autorität der Kirche war herausgefordert.
90 Jahre nach Kopernikus stand Galilei vor dem Ketzertribunal in Rom. Da er nicht auf dem Scheiterhaufen enden wollte, gab er nach langen Verhören und intensiven Befragungen schließlich vor, sich geirrt zu haben; Galilei kam mit lebenslangem Hausarrest davon. Seine Schriften wurden verbrannt. „Und sie bewegt sich doch!", soll er beim Verlassen des Gerichtssaals gemurmelt haben. Verbittert und isoliert verbrachte der Gelehrte seine letzten Lebensjahre.

Auf der CD-ROM findest du ein Schaubild zu den Weltbildern.

D: Schreibe einen Dialog des Verhörs von Galilei durch einen Richter des Ketzergerichts.

1500 1650

Q4 Bildnis des Nicolaus Kratzer
Gemälde von Hans Holbein d. J., 1528
Nicolaus Kratzer (1487–1550) war Astronom im Dienst Heinrichs VIII. von England. Das Porträt zeigt Kratzer beim Bau einer Sonnenuhr, umgeben von astronomischen und mathematischen Instrumenten. In der rechten Hand hält er ein Winkelmessinstrument.

E: Holbein malte vor allem berühmte und reiche Leute. Suche nach einer Erklärung, warum er einen Astronomen portätierte.

Q5 Plädoyer für das heliozentrische Weltbild

Der italienische Mathematiker und Astronom Galileo Galilei, 1632:

Die [Beobachtung], welche am handgreiflichsten dartut, daß die Erde jenem Mittelpunkte entrückt ist, die Sonne aber in demselben steht, ist die Tatsache, daß sich alle Planeten bald näher, bald weiter entfernt von der Erde befinden, und zwar sind die Unterschiede sehr bedeutend. Venus z. B. ist in ihrer größten Ferne sechsmal so weit von uns entfernt, als wenn sie in nächste Nähe rückt. (…) Wenn es nun wahr ist, daß die Bahnen der Planeten (…) um die Sonne als Zentrum gehen, so ist es umso mehr gerechtfertigt, die Ruhe der Sonne und nicht der Erde beizulegen, insofern es richtiger ist, dem Mittelpunkte von beweglichen Sphären Unbeweglichkeit beizumessen als irgendeinem anderen von diesem Mittelpunkte verschiedenen Orte. Danach kann man der Erde (…) sehr schicklich eine Bewegung von einjähriger Dauer zuerkennen und die Ruhe der Sonne belassen. Wenn dem so ist, so folgt mit Notwendigkeit, daß auch die tägliche Bewegung der Erde zukommt; denn steht die Sonne fest und die Erde drehte sich nicht um sich selber, sondern hätte bloß die jährliche Bewegung um die Sonne, so würde unser Jahr nur aus einem Tag und einer Nacht bestehen, nämlich einem sechsmonatigen Tag und einer sechsmonatigen Nacht.

Anna Mudry (Hrsg.), Galileo Galilei. Schriften, Briefe, Dokumente, Bd. 1, München 1987, S. 280 f., 286.

1. Verteidige Galilei vor der Inquisition. Stelle Argumente zusammen, die für das neue Weltbild sprechen (Q5).

2. Die katholische Kirche hat Ende des 20. Jahrhunderts ihr Fehlurteil zum Weltbild Galileis eingeräumt. Überlege, warum sie so lange daran festhielt.

3. Informiere dich über weitere Astronomen der frühen Neuzeit. Berichte vor der Klasse.

Regiert Geld die Welt?

Im 14. und 15. Jahrhundert entstanden in Europa zahlreiche Bankhäuser und Handelsgesellschaften. Großkaufleute, Fernhändler und Bankiers betrieben ihre Geschäfte in ganz Europa und in Übersee, investierten Geld in gewinnbringende Gewerbe und häuften dabei riesige Vermögen an. Wie kam es dazu, was änderte sich im Vergleich zu früher?

„Soll" und „Haben"

Matthäus Schwarz, Hauptbuchhalter im Handelshaus Fugger in Augsburg, beugte sich über das dicke Geschäftsbuch der Firma. Er musste die jüngsten Geschäftsvorgänge „verbuchen". Dabei wandte er eine neue Methode an, die italienische Kaufleute entwickelt hatten, die „doppelte Buchführung": Auf der einen Seite des Hauptbuchs listete er die angefallenen Ausgaben auf, z. B. Geldzahlungen für gelieferte Waren oder Rohstoffe; dazu kamen die Schulden des Handelshauses. Das bezeichnet man bis heute als „Soll". Auf der anderen Seite notierte er alle Geldeinnahmen und Warenlieferungen. Beim Jahresabschluss musste hier auch das gesamte sonstige Vermögen der Firma aufgeführt werden, u. a. Lagergebäude, Transportfahrzeuge, Bargeld und noch ausstehende Zahlungen von Kunden. Kaufleute nennen all das bis heute ihr „Haben". Diese Art der Buchführung hat den großen Vorteil, dass der Kaufmann jederzeit einen genauen Überblick über die Situation seiner Firma hat.

A: Erstelle eine Bilanz über deine persönliche finanzielle Lage, indem du deine Guthaben und Schulden einander gegenüberstellst.

Banken und bargeldloser Zahlungsverkehr

Damals verdrängte (Silber-)Geld als praktisches Zahlungsmittel allmählich den umständlichen Tauschhandel. Aus Silber geprägte Münzen konnten überall in Europa eingesetzt werden. Münzwechsler tauschten sie in einheimisches Geld ein und orientierten sich dabei am Gewicht. Es entstanden Banken, bei denen Kaufleute ihr Geld gegen Zinsen hinterlegen konnten. Beim nächsten Aufenthalt konnten sie dann auf ihr Geld zurückgreifen. Damit war der erste Schritt zum bargeldlosen Zahlungsverkehr getan. Eine weitere Vereinfachung waren die so genannten Wechselbriefe, die wie die meisten Neuerungen im Geldwesen aus Italien stammten.

B: Finde heraus, was folgende Begriffe bedeuten und woher sie stammen: Bank, Kredit, Giro, Lombard, Agio, Disagio, Diskont.

Wechsel
Briefe, in denen der Aussteller dem Empfänger die Zahlung einer bestimmten Geldsumme zusagt. Ort und Zeitpunkt sind festgelegt. Ein Dritter, meist eine Bank, kann das Geld dann in einer anderen Stadt auszahlen.

Q1 Florentiner Bankhaus
Holzschnitt, 1490

C: Schau dir das Bild genau an und beschreibe, wie sich der Betrieb am Bankschalter heute im Vergleich zu früher geändert hat.

1500 1650

Q2 Jakob Fugger der Reiche mit seinem Buchhalter Matthäus Schwarz in seinem Ausgburger Kontor
Buchillustration, 1518

D: In dem Regal an der Wand befinden sich Ordner mit den Niederlassungen der Fugger. Versuche herauszufinden, um welche Orte es sich dabei handelt. Suche sie in einem Atlas auf. Was sagen die Orte über das Geschäft der Fugger aus?

E :Nenne die Beweggründe, die den Kaiser veranlasst haben könnten, sich für Jakob Fugger einzusetzen.

Das Handelshaus Fugger

Einer der reichsten Männer Europas war damals Jakob Fugger (1459–1525). In ganz Europa besaß er Handelsniederlassungen und mit Kaufleuten in vielen Ländern machte er Geschäfte. Anfang des 16. Jahrhunderts stand das Haus Fugger auf dem Gipfel seiner Wirtschaftsmacht. Entscheidend dafür war sein Einstieg in den Silber- und Kupferbergbau. Der Bergbau brachte der Firma so viel Gewinn ein, dass sie sogar Kredite an Fürsten vergeben und so Einfluss auf die Politik erlangen konnte. Nach dem Tod Kaiser Maximilians im Jahr 1519 stellte Fugger dem Kandidaten aus dem europäischen Adelsgeschlecht der Habsburger einen Kredit zur Verfügung. Damit bestach dieser die Kurfürsten, die ihn als Gegenleistung zum Kaiser Karl V. wählten.
Durch künstlich niedrig gehaltene Preise trieb Jakob Fugger manchen Konkurrenten in den Bankrott. Fuggers Geschäftsgebaren und sein großer Reichtum riefen beim Adel und bei den mittelständischen Kaufleuten Neid und Missfallen hervor. So wurde er 1523 auf einem Reichstag öffentlich angeklagt, weil er seine Monopolstellung zum Nachteil der Konkurrenz nutze und die Preise – je nach Bedarf – angeblich künstlich erhöhe oder senke. Doch Kaiser Karl V. setzte sich für ihn ein und schlug das Verfahren nieder.

Monopol
marktbeherrschende Stellung eines einzigen Unternehmens, das so die Preise bestimmen kann

Q3 Kritik an den Großkaufleuten

Aus Martin Luthers Schrift „Von Kaufshandlung und Wucher", 1524:

Ebenso kaufen etliche ein Gut oder eine Ware in einem Lande oder in einer Stadt ganz und gar auf, auf daß sie alleine solch Gut ganz und gar in ihrer Gewalt haben und diese darnach weitergeben können, so teuer sie wollen oder können. Nun ist droben gesagt, daß die Regel falsch und unchristlich ist, daß jemand sein Gut so teuer gibt, als er will und kann. Viel greulicher ist das, daß man darauf ein Gut alleine aufkauft, welches auch die kaiserlichen und weltlichen Rechte verbieten und heißen's Monopolia.

Modernisiert und zit. nach: Siegfried Streller (Hrsg.), Hutten, Müntzer, Luther. Werke in zwei Bänden, Bd. 2, Berlin/Weimar, 4. Aufl. 1982, S. 197 f.

Q4 Argumente für Großkaufleute

Der Rechtsvertreter der Stadt Augsburg, Conrad Peutinger, argumentiert auf dem Reichstag von 1530:

Der erste öffentliche Ratschlag [der Gegner der freien Wirtschaft] ist es ja, daß es weder einer Gesellschaft noch irgend einem einzelnen Kaufmann erlaubt sein soll, mehr als höchstens 50 000 Gulden [Goldmünze, zu dieser Zeit ca. 2,5 g Gold] Geschäftskapital zu haben (...) und daß es ihm nicht erlaubt sein soll, Kapital mit Zinsen zu vermehren usw. Es muß gewissenhaft vermerkt werden, daß, wenn nur in dieser einen, sehr strengen Art mit dem Kapital umgegangen werden darf, nicht nur die großen deutschen Handelsgesellschaften mit ihren Geschäften aus allen ausländischen Ländern und Provinzen vertrieben werden, sondern auch Reichtümer und Annehmlichkeiten, die etwa unserem deutschen Land und vielen Leuten hohen und niederen Stands zugefallen sind, verloren gehen würden.

Volker Dotterweich, Andreas Mehl, Helmut G. Walter (Hrsg.), Grundriss der Geschichte. Dokumente, Bd. 1, Stuttgart 1986, S. 95.

Q5 Der reiche Kaufmann

Kupferstich von Daniel Hopfer (1493 – 1536), ca. 1515

Rechts im Bild ein reicher Kaufmann an einem mit Schätzen überladenen Tisch. Er ist besessen von der Gier nach Geld, das ihm eine teuflische Gestalt beständig vor Augen hält.
Links der herannahende Tod in Begleitung der göttlichen Gerechtigkeit. Die Frau (eine Personifikation der Gerechtigkeit) hält in der einen Hand eine Waage, in der anderen ein Schwert. Die Waage weist hin auf den Ausgleich der Schuld und das gerechte Abwägen von guten und bösen Taten nach dem Tod, das Schwert auf ihre Macht zu strafen.
Der Kupferstich nimmt Bezug auf die Bibel (Sprüche, Kap. 10, Vers 2: Salomos Lehren und Weisheiten).

F : Schlage die Bibelstelle nach und übertrage den Bibelspruch in heutiges Deutsch. Beschreibe das Bild genau.

1. Stelle in einer Übersicht die Neuerungen in der Geldwirtschaft und im Zahlungsverkehr zusammen und erläutere ihre Vorzüge (VT, Q1, Q2).

2. Vergleiche die Argumente für und gegen Großkaufleute und Monopole und fälle dazu ein eigenes Urteil (Q3, Q4).

1500 1650

Eine „schöne Kunst“ – der Buchdruck

Kaum ein Ereignis hat die Weltgeschichte und das persönliche Leben der Menschen so sehr beeinflusst und verändert wie Gutenbergs Erfindung des Buchdrucks. Sie bewirkte in der Herstellung von Drucken eine ähnliche Revolution, wie sie in unserer Zeit der Computer darstellt.

ncipit plog9 sā ihcri
tei in libros paralip
i septua
pretum
ab eis i
ē editio
supflue
ti episco
sime atq; doctissime imp
brea uolumina latino se
ferrem. Quod enim semel
num occupauerat · et nasc
roborauerat fidem: iustu
nostro silentio comprob
uero cum pro varietate re

Q1 Gutenbergbibel,
Seitenausschnitt
Eine 42-zeilige, in zwei Spalten gesetzte lateinische Bibel, vollendet gegen 1455 in Mainz. Die rote Schrift und die Initiale (großer Anfangsbuchstabe) wurden nach dem Druck hineingemalt.

Q2 Druckerwerkstatt des 16. Jahrhunderts
Kupferstich von Jan Stradanus, 1588

A: Erkläre die einzelnen Szenen des Bildes mithilfe von D1.

Eine geheimnisvolle Kunst

Es war ein Geheimprojekt seines Mainzer Mitbürgers Johannes Gensfleisch (um 1397–1468), nach seinem Geburtsort Gutenberg genannt, in das der reiche Anwalt Johannes Fust viel Geld investiert hatte. Gutenberg arbeitete an einem Verfahren, mit dem man Bücher in hoher Auflage herstellen konnte. Der Bedarf an preiswerten Büchern wuchs enorm. Immer mehr Menschen wollten die antiken Schriftsteller lesen, Gelehrte und Studenten wünschten sich eigene Bücher zum Studium. Bisher waren Bücher teuer und kaum zu bekommen, weil man jedes Buch von Hand abschreiben oder jede einzelne Seite aus einer Holztafel mühsam herausschnitzen musste.

Die neue Erfindung

Sieben Jahre dauerte es, bis Gutenbergs Erfindung so weit ausgereift war, dass das erste mit der neuen Technik gedruckte Buch vorlag: eine Bibel. Während dieser Zeit war der Meister ganz auf die Unterstützung seines Geldgebers angewiesen. Doch nun konnte er ihm stolz die Einzelheiten seines neuen Druckverfahrens präsentieren: eine Gießvorrichtung, mit der man beliebig viele Exemplare eines Buchstabens aus einer Bleimischung herstellen konnte, Setzkästen und so genannte Winkelhaken zum Zusammenfügen von Zeilen und Seiten sowie eine hölzerne Presse mit einer Schraubspindel für den eigentlichen Druckvorgang. Von einem sauber bedruckten Bogen konnte eine Vielzahl gleicher Exemplare hergestellt werden. Es wurde möglich, Bilder und Drucke, z. B. Flugblätter mit Holzschnitten und Einblattdrucke, anzufertigen.
Den finanziellen Erfolg der revolutionären Erfindung heimste allerdings der Geldgeber Johannes Fust ein: Er verlangte von Gutenberg gerichtlich die Rückzahlung seiner Darlehen. Da dieser noch keine der neuen Bibeln verkauft hatte, musste er Fust seine Werkstatt und alle fertigen Bücher abtreten. Seine letzten Lebensjahre verbrachte Gutenberg in Armut.

D1 Gutenbergs Druckverfahren
Rekonstruktionszeichnung

B: Beschreibe die einzelnen Arbeitsschritte von Gutenbergs Erfindung des Buchdrucks. Nimm auch Q1 zu Hilfe.

Auf der CD-ROM kannst du ausprobieren, wie Gutenbergs Druckverfahren funktioniert.

Q3 Eine nutzbringende Kunst

Der italienische Gelehrte Bonus Accursius schreibt um 1475:

[Der Buchdruck] ist eine wahrhaft nutzbringende und gar schöne Kunst, denn Abschriften von Büchern zu verschaffen ist wegen der hohen Preise für jedermann nicht gerade leicht. Aber wenn dies Gott sei Dank für dich auch kein Hinderungsgrund ist, so musst doch auch du den Buchdruck wegen seiner künstlerischen Schönheit hochschätzen; und dann auch deshalb, weil dieser Buchdruck, sobald er einmal richtig feststeht, immer in derselben Weise durch alle Druckbogen fortschreitet, so dass ein Fehler kaum möglich ist, eine Sache, mit der es beim Abschreiben von Büchern ganz anders aussieht.

Helmut Presser, Johannes Gutenberg mit Selbstzeugnissen und Bilddokumenten, Reinbek 8. Aufl. 1995, S. 123 ff.

Q4 Die Weisheit der Alten

Der Nürnberger Humanist Hartmann Schedel schreibt 1493 in seiner „Weltchronik":

[Durch die] Kunst der Druckerei (…) sind die kostbaren Schätze schriftlicher Kunst und Weisheit, die in den alten Büchern lange Zeit verborgen gelegen, an das Licht gelangt. Jetzt konnten viele treffliche und nützliche Bücher ohne große Kosten verbreitet werden. Wäre diese Kunst früher erfunden und in Gebrauch genommen worden, so wären ohne Zweifel viele Bücher des Livius, des Plinius und anderer hochgelehrter Leute nicht verloren gegangen.

Zit. nach: Helmut Presser, Johannes Gutenberg mit Selbstzeugnissen und Bilddokumenten, Reinbek 8. Aufl. 1995, S. 123 ff.

Q5 Warum drucken?

Johannes Trithemius, Abt von Sponheim schreibt 1494:

Niemand möge denken (…): Wozu muss ich mich noch mit Abschreiben schinden, wo doch die Druckkunst so viele und so große Bücher ans Licht bringt, dass man um billiges Geld eine große Bibliothek einrichten kann? Fürwahr, wer so daherredet, der schickt sich an, durch sein Nichtstun Finsternis einreißen zu lassen. Wer wüsste nicht, wie groß der Unterschied zwischen Schrift und Druck ist? Geschriebenes, wenn man es auf Pergament bringt, wird an die tausend Jahre Bestand haben; Gedrucktes aber, da es auf Papier steht, wie lange wird es halten? Wenn Gedrucktes in einem Band aus Papier an die zweihundert Jahre Bestand haben wird, wird es hoch kommen.

Nicolette Mout (Hrsg.), Die Kultur des Humanismus, München 1998, S. 101 f.

1. Erkläre die Vorteile des von Gutenberg erfunden Druckverfahrens (VT, Q2–Q4, D1).

2. Formuliere eine Werbeschrift für die Arbeit eines mittelalterlichen Schreibers (Q5).

3. Schreibe eine Kritik zu den Überlegungen von Trithemius (Q5).

4. Im 18. Jahrhundert schrieb der Göttinger Physiker und Philosoph Georg Christoph Lichtenberg, „mehr als das Blei in den Kugeln [habe] das Blei in den Setzkästen die Welt verändert". Erläutere und diskutiere seine Behauptung in der Klasse.

5. Computer und Internet machen es möglich, Bücher elektronisch zu verbreiten und zu lesen. Diskutiert, ob das gedruckte Buch dadurch auf lange Sicht überflüssig wird.

1500 1650

„Die Folter macht die Hexen"

Zur gleichen Zeit, als die Gelehrten ein Zeitalter der Menschlichkeit und der Bildung einläuteten, brannten vielerorts in Europa die Scheiterhaufen. Vor allem Frauen erlitten einen qualvollen Feuertod, weil man sie der Hexerei angeklagt hatte. Wie kam es dazu?

A: Stelle zusammen, aus welchen Gründen die Menschen an Hexen glaubten.

Q1 Wetterzauber, Holzschnitt, 1489

B: Vermute, wie der Holzschneider über den Hexenglauben gedacht hat.

Hexenwahn im Zeitalter des Humanismus

Im Jahr 1603 wurden zwei Bremer Frauen, Gretke Kramers und ihre Nichte Pellcke Stubben, als Hexen verurteilt und verbrannt. Unter der Folter hatten sie gestanden, dass sie ein Bündnis mit dem Teufel geschlossen hätten und Zauberkräfte besäßen, mit denen sie anderen Menschen Schaden zufügen könnten. Das Gericht war von ihrer Schuld überzeugt: Beide waren offensichtlich Hexen. An der Wende vom Mittelalter zur frühen Neuzeit waren viele Menschen verunsichert: Die Sicherheit, welche die feststehende christliche Weltordnung bisher geboten hatte, schien abhanden zu kommen. Viele Christen fürchteten sich vor einem baldigen Weltuntergang. In Krisenzeiten glaubte man, es sei „der Teufel los" und seine Hilfskräfte, die Hexen am Werk. Das Klima verschlechterte sich und die Bauern mussten Missernten hinnehmen. Die härteren Lebensbedingungen ließen die Menschen zudem öfter krank werden, auch die Sterberate stieg an. Besonders, wenn ihnen Schlimmes widerfuhr – eine Dürre die Ernte vernichtete, ein Unwetter die Felder verwüstete, eine Seuche ausbrach oder jemand an einer unerklärlichen Krankheit starb –, suchten die Menschen nach Erklärungen. Viele einfache Leute machten für Unglücksfälle den Zauber von Hexen verantwortlich: Menschen mit magischen Fähigkeiten – so glaubten sie – konnten zaubern und z. B. das Wetter beeinflussen oder mit Kräutern und geheimnisvollen Beschwörungen Kranke heilen. Und wer auf magische Weise heilen konnte, konnte der nicht auch auf magische Weise schaden?

Die Kirche und der Hexenglaube

Am Ende des Mittelalters nahm sich die Kirche des volkstümlichen Hexenglaubens an. Die Geistlichen behaupteten, die Hexen seien Feinde Christi und mit dem Teufel im Bunde. Zwei offizielle kirchliche Dokumente wurden Ende des 15. Jahrhunderts zur Grundlage der Hexenverfolgungen: Die „Hexenbulle" und der „Hexenhammer". Verdächtige Personen, meist Frauen, wurden so lange gefoltert, bis sie gestanden. Fast immer stand am Ende eines Hexenprozesses der Feuertod. Etwa zwischen 1450 und 1750 wurden Hexen nicht nur in Deutschland, sondern in vielen Ländern Europas verfolgt. Unter der Folter nannten die Gequälten oft Namen von Nachbarn, Verwandten oder Freunden, denen dann ebenfalls der Prozess gemacht wurde. Neueste Forschungen sprechen von etwa 25 000 Opfern im Heiligen Römischen Reich und etwa 40 000 bis 60 000 in ganz Europa.

Ende des Hexenwahns

Erst Ende des 18. Jahrhunderts, als sich im Zeitalter der Aufklärung die Grundsätze der Vernunft – zumindest unter den Gebildeten – immer mehr durchsetzten, endete der Hexenwahn allmählich. Einen ersten wichtigen Schritt dazu hatte der Jesuit Friedrich von Spee 1631 mit seiner Schrift „Cautio criminalis" gemacht. Als Geistlicher hatte er mit vielen der Hexerei angeklagten Frauen und ihren Richtern gesprochen und war zu der Überzeugung gelangt, dass vor allem die grausamen Folterqualen für die zahlreichen Geständnisse und Verurteilungen angeblicher Hexen verantwortlich waren. „Die Folter macht die Hexen", notierte er und forderte die sofortige Abschaffung der Folter und das Ende der Hexenprozesse. Es dauerte jedoch noch über hundert Jahre, bis die Hexenjagd in Europa vollständig eingestellt wurde.

Hexenbulle
von Papst Innozenz VIII. im Jahr 1484 erlassenes Dokument über die angeblichen Hexen

Hexenhammer
von zwei Dominikanermönchen 1487 veröffentlichtes Buch, in dem die Merkmale von Hexen zusammengestellt und genaue Regeln für ihre Verfolgung und Verurteilung festgelegt wurden

Q2 Vorwürfe gegen Hexen

Aus der Hexenbulle von Papst Innozenz VIII., 1484:

Mit sehnlichstem Verlangen wünschen Wir, wie es Unsere Pflicht als Hirte erfordert, daß der katholische Glaube in unseren Zeiten wachse und blühe und daß alle ketzerische Verworfenheit weit von den Grenzen der Kirche vertrieben werde. (…) Gewißlich, es ist neulich nicht ohne große Bekümmerung zu Unsern Ohren gekommen, daß in einigen Teilen Oberdeutschlandes (…) sehr viele Personen beiderlei Geschlechts ihre eigene Seligkeit vergessen haben und vom katholischen Glauben abgefallen sind. Sie treiben mit den Teufeln (…) Unzucht und töten mit ihren Bezauberungen, Liedern und Beschwörungen und anderen abscheulichen Zauber- und Hexenkünsten, mit Freveln und Verbrechen die Geburten der Weiber und die Jungen der Tiere, sie verderben die Früchte der Erden, die Weintrauben und die Baumfrüchte und quälen auch die Menschen, die Frauen, die Tiere, das Vieh und andere verschiedene Arten Tiere, außerdem richten sie die Weinberge, Obstgärten, Wiesen, Weiden, Korn und andere Erdfrüchte zugrunde und peinigen die Menschen (…) mit grausamen innerlichen und äußerlichen Schmerzen und Plagen und hindern eben dieselben Menschen daran, daß sie zeugen, und die Frauen, daß sie empfangen. Darüber hinaus verleugnen sie den Glauben selbst, welchen sie beim Empfang der heiligen Taufe angenommen haben, mit eidbrüchigem Munde.

Wilhelm Gottlieb Solcan/Heinrich Heppe, Geschichte der Hexenprozesse, Band I, hrsg. von Max Bauer, Hanau o. J., S. 248 f.

Q3 Hexenverbrennung, zeitgenössische Darstellung eines unbekannten Künstlers

1597 wird die 70-jährige Marigje Ariens in Schoonhoven in den Niederlanden wegen angeblicher Hexerei erst erwürgt und dann verbrannt.

C: Schreibe auf, was die verschiedenen an der Szene beteiligten Personen wohl gedacht haben könnten.

Q4 Die Folgen der Folter

Der Jesuit Friedrich von Spee schreibt 1631 über die Ausbreitung des Hexenwahns:

So nun eine ein falsches Geständnis ablegt, weil sie die Marter nicht ertragen kann, so geht das Elend erst los, denn hier gibt es überhaupt kein Mittel, freizukommen, sondern die Beschuldigte muß andere, auch wenn sie von ihnen nichts Böses weiß, anzeigen und oftmals die, welche ihr von den Inquisitoren oder Schergen in den Mund gegeben werden, oder von denen sie wissen, daß sie einen schlechten Ruf haben oder früher beschuldigt oder im Gefängnis gewesen und wiederum entlassen seien. Werden dann diese auch gefoltert, so müssen sie wieder andere benennen und die wieder andere, und ist hier also kein Ende oder Aufhören. (…) Die falschen Beschuldigungen werden sie endlich alle miteinander treffen und werden sie auch, wann's nur zum Foltern mit ihnen kommt, alle schuldig machen. Da kommen dann deren viele mit ins Spiel, die anfangs so hart gerufen und getrieben, daß man brennen und brühen sollte, und haben die guten Herren im Anfang sich nicht besinnen können, daß die Reihe auch an sie kommen würde, und die haben denn ihren gerechten Lohn von Gott, weil sie uns mit ihren giftigen Zungen so viel Zauber gemacht und so viele unschuldige Menschen dem Feuer hingegeben haben.

Wilhelm Gottlieb Soldan/Heinrich Heppe, Geschichte der Hexenprozesse, Band II, hrsg. von Max Bauer, Hanau o. J., S. 199.

1. Stelle in einer Liste die Vorwürfe zusammen, die man den Hexen machte (VT, Q2).

2. Erkläre, warum die Kirche die angeblichen Hexen als Ketzer verfolgte und warum vor allem Frauen betroffen waren (VT, Q2).

3. Halte als Anhänger von Friedrich von Spee einen Vortrag gegen die Folter (Q4).

4. Erörtere in der Klasse, warum viele Menschen – zum Teil auch heute noch – zur Erklärung von Unheil und Krankheiten einen so genannten Sündenbock brauchen.

1500 1650

Jugendliteratur kritisch lesen

Wer einen historischen Roman schreibt, geht anders vor als ein Historiker. Er beschreibt nicht die vergangenen Ereignisse und Verhältnisse, sondern er erzählt eine Geschichte. Sie hat eine Handlung und konzentriert sich auf wenige Hauptfiguren. Die Besonderheiten der Geschichte sind erfunden, aber der historische Rahmen und einige Details – Wann fanden die Hexenverfolgungen statt? Wie verliefen Verhöre? Welche Strafen mussten vermeintliche Hexen erdulden? – sollten stimmen. Damit das gelingt, muss sich ein Schriftsteller, bevor er zu schreiben beginnt, historische Informationen beschaffen. Deswegen kann man aus guten historischen Romanen oft viel über die Geschichte lernen. Vor allem können aber Romane dabei helfen, sich lebendige Vorstellungen davon zu machen, wie die Menschen früher gelebt haben.

In einer dänischen Kleinstadt treibt der Hexenwahn die Bewohner in eine grausame Hysterie. Als auch Esbens Mutter als Hexe verbrannt wird, flüchtet der Junge und findet Unterschlupf bei einem Einsiedler. Dieser Alte öffnet ihm die Augen für die Ursachen der Schrecknisse, die sich um sie herum ereignen. Doch dann ergreifen die Schergen auch den alten Mann und Esben muss erneut fliehen …

Paul und seine Schwester Lene wachsen in schwierigen Zeiten auf. Ein Dominikanermönch, der in ihrem Dorf Friesenhagen predigt, warnt mit flammenden Worten vor den Hexen und Zauberern, die mit dem Teufel im Bund wären und Hagelschlag und Unheil brächten. Als tatsächlich ein schreckliches Unwetter über das Land zieht, die Ernte vernichtet und mehrere Menschen tötet, verlangen die aufgebrachten Friesenhagener nach Hexenprozessen, denen auch die Eltern von Paul und Lene zum Opfer fallen. Für Paul bricht eine Welt zusammen: Sind die Hexenrichter wirklich unfehlbar – oder kann man den Worten des umstrittenen Friedrich Spee Glauben schenken, der die erpressten Geständnisse der Hexen in Frage stellt? Gejagt und heimatlos geworden, versuchen Paul und Lene, ihren eigenen Weg zu finden.

1627 – in ganz Deutschland brennen die Hexenfeuer. Wie im Wahn verfolgen Priester und Beamte das Böse; schon ein Verdacht, ein missgünstiges Wort eines Nachbarn genügen, um verhaftet zu werden. Auch die junge Barbara Schwarz wird beschuldigt. An ihre Unschuld will niemand glauben. Tapfer erträgt sie Folter, Angst, Hunger und Verzweiflung. Doch welche Hoffnung gibt es, wenn man einmal von der Flamme der Willkür erfasst worden ist, die durch das ganze Land fegt?

Methodische Arbeitsschritte

1 Beschreiben

- Fasse kurz zusammen, worum es in dem Buch geht.
- Kläre, in welcher Zeit und an welchem Ort die Handlung spielt, wer die Hauptpersonen sind und in welchem Verhältnis sie zueinander stehen.

2 Untersuchen

- Charakterisiere die Hauptfiguren mit passenden Adjektiven. Ordne sie bestimmten gesellschaftlichen Gruppen zu.
- Kläre die Erzählperspektive.
- Suche nach Informationen, die über die erzählte Zeit Aufschluss geben.
- Beschreibe die Konflikte, die im Mittelpunkt der Handlung stehen, und finde Gründe für deren Ursache.

3 Deuten

- Überlege, was das Buch über die Zeit aussagt, in der die Handlung spielt.
- Stelle fest, welche Deutung der historischen Ereignisse oder Probleme dem Leser nahe gelegt werden.
- Finde heraus, welche Werte und Überzeugungen der Deutung zugrunde liegen.

D1 Eine Hexenpredigt

Auszug aus dem Jugendbuch „Hexentanz":

Der Mann auf der Kanzel ließ seine Stimme über die Köpfe rollen wie Donner: „Es gibt viele Arten, das gotteslästerliche Hexenwerk zu betreiben. Die Hexen schicken Hagelschlag, Stürme und Gewitter. Sie verursachen Unfruchtbarkeit bei Menschen und Tieren. Sie verschlingen Kinder oder bringen sie den Dämonen dar. Sie können die Rosse unter den Reitern scheu machen und Kinder, die am Wasser spielen, vor den Augen der Eltern hineinwerfen, ohne dass man es bemerkt. Sie fliegen durch die Lüfte von Ort zu Ort. Sie verwandeln den Sinn der Menschen zu Liebe oder zu Hass. Sie töten die Kinder im Mutterleib und verhexen Menschen und Tiere durch den bösen Blick. Sie weihen sogar die eigenen Kinder den Dämonen. Sind diese Missetaten nicht ungeheuerlich?"

Pater Heinrich schwieg einen Augenblick, als ob er eine Antwort auf seine Frage erwarten würde. Paul nickte unwillkürlich. Hagel, Unwetter, Mord, böser Blick – da war ja kein Mensch seines Lebens sicher. Er blickte sich vorsichtig um. Alle Leute, deren Gesichter er sehen konnte, hatten die Köpfe zwischen die Schultern gezogen und starrten wie gebannt zur Kanzel. Einige bekreuzigten sich. Man hätte eine Stecknadel fallen hören können.

„Es gibt drei Arten, wie die Hexen die Unschuldigen zu Fall bringen. Erstens mit Unglück im Haus, wenn etwa Kühe krank werden oder keine Milch mehr geben und man dann eine Hexe um ein Gegenmittel bittet. Zweitens mit fleischlichem Verlangen und heimlichen Sehnsüchten, besonders bei Jungfrauen, denn der Teufel will immer die Reinen in seinen Besitz bringen. Drittens mit Kummer und Armut. Hier sind vor allem die gefallenen Mädchen gefährdet, die von ihren Liebhabern verlassen wurden, alles Vertrauen verloren haben und überall nur Schmach und Schande sehen. Leider lehrt die Erfahrung, dass es unzähliger solcher Mädchen gibt und deshalb gibt es auch unzählige Hexen." (…)

Der Prediger ließ seine Blicke durch die Kirche schweifen und drehte sich dann zur linken Seite, wo die Frauen und Mädchen saßen. „Das Weib ist von Natur aus leichtgläubig. Das sagt schon ihr Name, denn das Wort femina kommt von fe und minus, fe ist fides, der Glaube, und minus weniger. Also heißt femina: die weniger Glauben hat. Deshalb ist das Weib auch von Natur aus schlecht, da es leichter am Glauben zweifelt und den Glauben schneller leugnet. Das aber ist die Grundlage für alle Hexerei." (…)

Pater Heinrich machte eine lange Pause, während der sich kein Mensch rührte. (…)

„Eines aber haltet euch ständig vor Augen, bei Tag und bei Nacht: Ihr könnt Gott und Seiner heiligen Kirche keinen größeren Dienst erweisen, als jedem Verdacht nachzugehen und auch das geringste Vorkommnis zu melden. Die Macht der Zauberer und Hexen muss gebrochen werden. Wer mithilft, das Höllengesindel dem Feuer zu überantworten, der verdient sich den Erlass der eigenen Sündenstrafen. Amen."

Christa-Maria Zimmermann, Hexentanz, Würzburg 2005, S. 59–64.

1. Stelle stichwortartig in einer Tabelle zusammen, was in dem Textausschnitt D1 Erfindung der Jugendbuchautorin und was historischer Hintergrund ist.

2. Erzähle die Hexenpredigt aus der Sicht von Paul oder Lene.

3. Habt ihr schon Bücher zur Hexenverfolgung und -verbrennung gelesen? Berichtet kurz über den Inhalt. Recherchiert im Internet (z. B. www.buchhandel.de) weitere Jugendbücher zum Thema „Hexen". Wählt anhand der Kurzbeschreibungen einige Bücher aus, die ihr lesen wollt. Bildet Arbeitsgruppen und verteilt die Leseaufträge. Stellt die Bücher in einem Kurzvortrag der Klasse vor.

1500 1650

Aufbruch in eine neue Zeit?

Nachdem sie die Texte der Humanisten kennen gelernt und die Werke der Renaissancekünstler studiert hatten, kamen viele Historiker zu der Überzeugung, damals sei der moderne Mensch heutiger Prägung entstanden. Auch die Renaissancegelehrten selber waren davon überzeugt, sie seien Menschen einer neuen Zeit. Doch wie sah es wirklich aus im 15. bis 17. Jahrhundert? Kann man tatsächlich von einer neuen Zeit sprechen?

D1 Galileo Galilei bei der Himmelsbeobachtung
Aquarell von Johann Brandstetter, 2002

A: Erläutere, wie Galilei auf diesem modernen Bild dargestellt wird. Belege deine Einschätzung anhand von Bilddetails.

D2 Der Mensch der Renaissance

Der Schweizer Historiker Jacob Burckhardt schrieb in seinem erstmals 1860 erschienenen Werk „Die Kultur der Renaissance in Italien":

Die Kultur der Renaissance hat den ganzen, vollen Gehalt des Menschen entdeckt und zutage gefördert. Zunächst entwickelt dies Weltalter (...) auf das stärkste den Individualismus; dann leitet es denselben zur eifrigsten, vielseitigsten Erkenntnis des Individuellen auf allen Stufen an. Die Entwicklung der Persönlichkeit ist wesentlich an das Erkennen derselben bei sich und anderen gebunden. (...)

[Der Künstler der Renaissance] ist ein Mensch, der alles kann, alles wagt und sein Maß in sich selber trägt. Ob wir es gerne hören oder nicht, es lebt in dieser Gestalt ein klar erkennbares Urbild des modernen Menschen.

Jacob Burckhardt, Die Kultur der Renaissance in Italien, Berlin 1928, S. 303 f., 333.

D3 Über das Selbstverständnis der Florentiner Bürger

Der Historiker Ernst H. Gombrich schrieb 1935 eine Weltgeschichte für Jugendliche, die bis heute aufgelegt wird. Zur Renaissancezeit schrieb er:

Man wollte vor allem, dass [einer] ein ganzer Kerl ist, der etwas versteht und etwas kann. Der einen eigenen Willen hat und ein eigenes Urteil. Der niemanden um seine Meinung fragt und niemanden um seine Zustimmung. (...) Selbstständigkeit, Tüchtigkeit, Verstand, Wissen, Tatkraft waren die Hauptsache. Man fragte wenig nach Herkunft, Beruf, Religion, Vaterland, man fragte: Was bist du für ein Mensch? Und plötzlich, gegen 1420, haben die Florentiner bemerkt, dass sie anders waren, als man im Mittelalter war. (...) Die alten Dome und alten Bilder kamen ihnen finster und steif vor, die alten Sitten langweilig. Sie suchten nach etwas, was ebenso frei, unabhängig und unbefangen war, wie sie es liebten. Und da haben sie das Altertum entdeckt.

Ernst H. Gombrich, Eine kurze Weltgeschichte für junge Leser. Von der Urzeit bis zur Gegenwart, Köln 13. Aufl. 2002, S. 204 f.

D4 Der Tradition verhaftet?

Der britische Historiker Peter Burke in einem Buch aus dem Jahr 1990:

Wie alle Selbstbildnisse ist auch dasjenige der Renaissancekünstler und -gelehrten ebenso aufschlußreich wie irreführend. Wie andere Söhne, die gegen die Generation ihrer Väter revoltierten, verdankten sie dem verunglimpften Mittelalter mehr, als ihnen lieb war. So sehr sie ihre Distanz zur jüngeren Vergangenheit überschätzten, so sehr unterschätzten sie zugleich die Entfernung, die sie von der älteren Vergangenheit, der bewunderten Antike, trennte. (...) [Es] scheint sich herauszukristallisieren, daß die sogenannten „Renaissancemenschen" in Wirklichkeit ziemlich mittelalterliche Züge trugen. Ihr Verhalten, ihre Voraussetzungen und ihre Ideale waren weit traditioneller, als wir gemeinhin annehmen – und traditioneller, als sie selbst sich eingestanden.

Peter Burke, Die Renaissance, Berlin 1990, S. 13 f.

D5 Strikte Trennung zwischen Mittelalter und Renaissance?

Die beiden Wissenschaftler Alexander Fidora und Andreas Niederberger in einem Vortrag am 24. Mai 2000:

Der Kölner Philosoph Andreas Speer hat in den letzten Jahren überzeugend dargelegt, dass im 12. Jahrhundert ein wesentlicher Aufschwung im Naturdenken stattfindet. (...) Die „Entdeckung der Natur" ist nicht erst ein Resultat [Ergebnis] des Denkens des Leonardo da Vinci und der italienischen Naturforscher des 15. und 16. Jahrhunderts, sondern bereits die Schulen und ihre Magister [Gelehrten] im 12. Jahrhundert entdecken die sie umgebende Welt in ihrer Eigenheit, die es auch durch Beobachtung zu erkunden gilt. (...)

Alexander Fidora/Andreas Niederberger, Der Streit um die Renaissance im 12. Jahrhundert – Eine Gesellschaft im Spannungsfeld zwischen Humanismus, Wissenschaft und Religiosität, www.hottopos.com/convenit3/fidora.htm

Q1 Astronom mit Astrolabium, einem alten astronomischen Instrument zur Bestimmung der Lage von Sternen

Buchmalerei, um 1250

Ein Astronom beobachtet mit zwei Mönchen, von denen der eine einen Kalender berechnet, den Himmel.

B: Stelle Unterschiede und Gemeinsamkeiten bei der Himmelsbeobachtung durch Galilei (D1) und den Astronomen des 13. Jahrhunderts (Q1) fest.

1. Notiere in einer Liste, worin die Autoren von D2 und D3 die Modernität des Menschen der Renaissance sehen.

2. Fasse die Haltung und die Argumente der Wissenschaftler in D4 und D5 zu diesem Thema zusammen.

3. Versuche, die Renaissance aus deiner Sicht zu bewerten. Verfasse einen Beitrag für ein Schülerlexikon. Überlege dabei auch, wer an den neuen Entwicklungen teilhaben konnte.

1500 – 1650

1. Sachzusammenhänge herstellen: Begriffe zuordnen (Sachkompetenz)
Finde heraus, welche zwei Begriffe oder Namen jeweils inhaltlich zusammengehören. Erkläre dann in wenigen Sätzen ihren Zusammenhang.

Wiedergeburt · Kopernikus · Michelangelo · Friedrich von Spee · Renaissance · Universität Heidelberg · Buchdruck · Peter Luder · Geldwirtschaft · Zentralperspektive · Humanismus · Mensch im Mittelpunkt · Gutenberg · Galilei · Hexenprozesse · David · Malerei · Ketzerprozess · heliozentrisches Weltbild · Fugger

2. Ein Gemälde untersuchen: Die Beweinung Christi (Sachkompetenz, Methodenkompetenz)
Beschreibe das Gemälde von Andrea Mantegna (Q1) und erläutere, inwiefern es sich um ein typisches Gemälde der Renaissance handelt.

Online-Link
443020-0312
Quiz

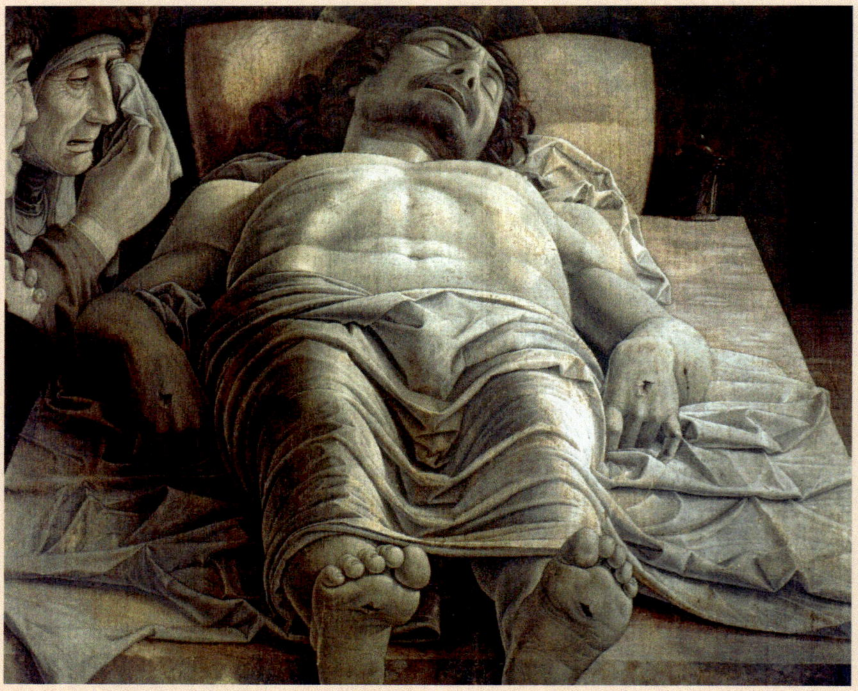

Q1 Beweinung Christi
Gemälde von Andrea Mantegna, 1490/1500, 66 x 81 cm, Mailand

3. Eine Quelle in den historischen Zusammenhang einordnen (Sachkompetenz, Methodenkompetenz)
Ordne Q2 in den Zusammenhang dieses Kapitels ein und erläutere den Text. Welche Absicht verfolgt der Fugger mit seinem Brief?

Q2 Kaiser von Gottes Gnaden?
Aus einem Brief Jakob Fuggers an Kaiser Karl V. (1523):

Eure Kais. Majestät wissen ohne Zweifel, wie ich und meine Vettern bisher dem Hause Österreich zu dessen Wohlfahrt in aller Untertänigkeit zu dienen geneigt gewesen sind, wodurch wir uns auch mit Kaiser Maximilian, Eurer Kais. Majestät Ahnherrn, eingelassen und Seiner Majestät zu untertänigem Gefallen, um Eurer Königl. Majestät die Römische Krone zu verschaffen, uns etlichen Fürsten gegenüber, die ihr Vertrauen und Glauben auf mich und sonst vielleicht auf niemand setzen wollten, verschrieben, auch den Kommissaren Eurer Majestät zum gleichen Zwecke eine bedeutende Summe Geldes vorgestreckt haben. Es ist auch bekannt, dass Eure Kais. Majestät die Römische Krone ohne meine Hilfe nicht hätten erlangen können, wie ich denn solches mit eigenhändigen Schreiben der Kommissare Eurer Majestät beweisen kann. So habe ich auch hierin auf meinen eigenen Nutzen nicht gesehn. Denn wenn ich hätte vom Hause Habsburg abstehen und Frankreich fördern wollen, so hätte ich viel Geld und Gut erlangt, wie mir denn solches auch angeboten worden ist. Welcher Nachteil aber hieraus Eurer Kais. Majestät und dem Hause Österreich erwachsen wäre, das haben Eure Majestät aus hohem Verstande wohl zu erwägen.

Harald Scherrinsky/Walter Wulf (Hrsg.), Renaissance, Reformation und Glaubenskämpfe, Frankfurt/M. 1975, S. 74.

4. Eine Geschichte schreiben: Drei Menschen auf dem Scheiterhaufen (Sachkompetenz, Methodenkompetenz)
Beschreibe die auf dem Bild dargestellte Szene und verfasse einen Text, der auf dem Flugblatt gestanden haben könnte.

5. Eine Kritik schreiben: Stellungnahme zu einem Text des deutschen Humanisten und Reformators Philipp Melanchthon (Sachkompetenz, Urteilskompetenz)
Lies den Text sorgfältig durch. Stelle Melanchthons Argumente zusammen und verfasse anschließend eine kritische Stellungnahme dazu.

Q3 Verbrennung von drei angeblichen Hexen in Derneburg (bei Hildesheim)
Holzschnitt auf einem zeitgenössischen Flugblatt, 1555

Q5 Philipp Melanchthon
Gemälde von Lucas Cranach d.Ä. (Ausschnitt aus einem Doppelporträt), 1543, 21x16cm
Galleria degli Uffizi, Florenz

Q4 „Und sie bewegt sich doch ...“? Philipp Melanchthon (1497–1560) in einem Brief (1549):
Unsere Augen bezeugen es, daß sich der Himmel in 24 Stunden herumbewegt. Und da haben nun einige, entweder aus Neuerungssucht oder um ihren Witz zu zeigen, sich ausgelassen, die Erde bewege sich. (...) Sie (...) schreiben nämlich den übrigen Himmelskörpern eine Bewegung zu und versetzen auch die Erde unter die Gestirne. (...)
Wenn auch scharfsinnige Meister vieles untersuchen, um den Witz [Verstand] zu üben, so ist es doch nicht schicklich, widersinnige Meinungen offen und frei im Ernst zu behaupten. Es ist ein Zeichen von guter Gesinnung, die von Gott gezeigte Wahrheit ehrfürchtig aufzunehmen und sich mit ihr zu beruhigen. Manche Physiker verlachen zwar einen, der göttliche Zeugnisse anführt. Trotzdem halten wir es für angebracht, Naturwissenschaft und Bibel zur Beurteilung zusammenzustellen und wegen der großen Dunkelheit des menschlichen Verstands uns bei dem göttlichen Ausspruch Rat zu holen, wo wir es nur immer können. Aufs deutlichste versichert uns ein Psalm, daß die Sonne sich bewegt. Mit diesem klaren Zeugnis über die Sonne müssen wir uns zufriedengeben. Von der Erde sagt ein anderer Psalm: „Der du das Erdreich gegründet hast auf seinen Boden, daß es bleibt immer und ewiglich." Und der Prediger Salomo sagt im ersten Kapitel: „Die Erde aber stehet ewiglich, die Sonne gehet auf und unter ..." Durch diese göttlichen Zeugnisse bestärkt wollen wir die Wahrheit festhalten und nicht dulden, daß durch die Gaukeleien von Leuten, die es noch für eine Ehrensache halten, die Wissenschaften durcheinanderzubringen, die Wissenschaften verwirrt und wir von der Wahrheit abgezogen werden. Bei der Umdrehung eines Kreises bleibt der Mittelpunkt unbeweglich, das ist allgemein bekannt. Die Erde befindet sich aber im Mittelpunkt der Welt, ganz wie das Zentrum des Weltalls, also ist die Erde unbeweglich.

Adolf Kistner, Im Kampf um das Weltsystem. Kopernikus und Galilei, Leipzig 1912, S. 39–41.

4 Europäer entdecken und erobern die „neue Welt“

Online-Link
443020-0401

Um 1500 beginnen die Europäer, über den Atlantik zu segeln. Ursprünglich suchen sie dabei nur neue Wege zu reichen Ländern im Osten: Indien, China und Japan. Eher zufällig entdecken sie dabei einen neuen Kontinent: Amerika.

- Warum suchten Europäer nach neuen Reiserouten?
- Wie regierten und verwalteten sie die von ihnen eroberten Länder?
- Welche Folgen hatte die Entdeckung und Eroberung ferner Länder für die dort lebenden Menschen?

1500 | 1510 | 1520

ab ca. 1400
Humanismus und Renaissance breiten sich in Europa aus.

um 1450
Erfindung des Buchdrucks

1492
Christoph Kolumbus landet in Amerika.

1497/98
Der Portugiese Vasco da Gama erreicht Indien auf dem Seeweg um das Kap der guten Hoffnung.

um 1500
Die Portugiesen erobern Brasilien.

1519–21
Unter Hernan de Cortés erobe
die Spanier das Reich der Azte
in Mexiko.

1519–1521
Der Portugiese
Ferdinand de Magellan umseg
in spanischem Auftrag die We

Globus des Geografen Martin Behaim, 1492

Magellans Karavelle „Victoria“, kolorierter Kupferstich, 16. Jahrhundert

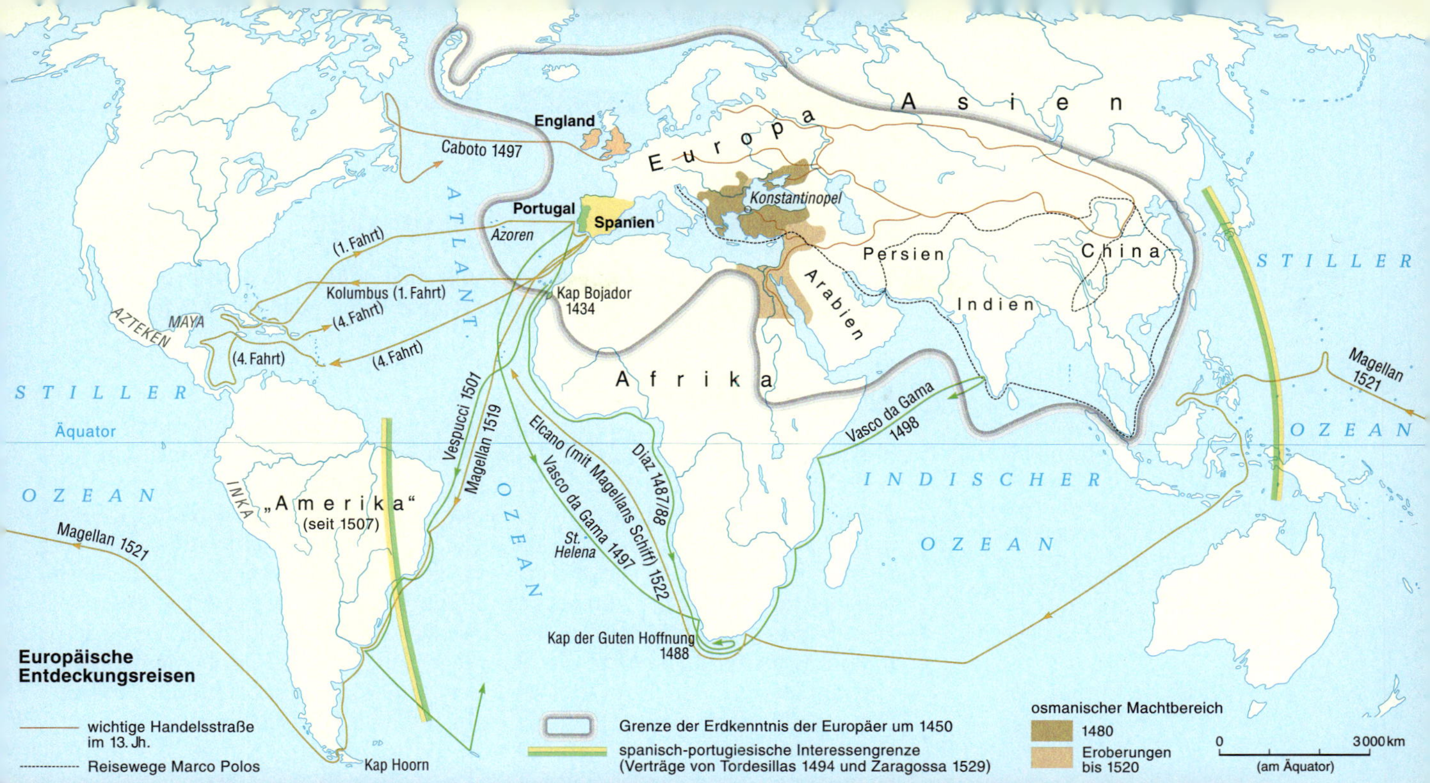

1530 | 1540 | 1550

1532/33
Der Spanier Francisco Pizarro erobert das Reich der Inka in Peru.

um 1550
Europäische Mächte (vor allem England, Frankreich und die Niederlande) dringen in die „neue Welt“ vor und gründen Kolonien.

um 1600
Galileo Galilei vor dem päpstlichen Inquisitionstribunal

Das Silberbergwerk von Potosí (Bolivien), Kupferstich von Theodor de Bry, 1594

1500 1650

Kolumbus entdeckt eine neue Welt

1492 landete Christoph Kolumbus in Amerika. Hier erfährst du, warum er über den Atlantik nach Westen segelte und wodurch diese Reise möglich geworden war.

A: Gestaltet mithilfe des Textes und der Abbildungen folgende Szene: Kolumbus möchte den König und die Königin von seinem Plan überzeugen, damit sie ihm Geld für seine Reise geben. Das Königspaar ist aber anfangs skeptisch, ob die Expedition gelingen könnte.

Auf der Suche nach Indien

Am 3. August 1492 stach der aus Genua stammende Christoph Kolumbus mit drei Schiffen und 120 Mann Besatzung von einem spanischen Hafen aus in See. Nach langen Jahren des Wartens hatte er endlich die finanzielle Unterstützung des spanischen Königspaares für ein gewagtes Unternehmen erhalten: Da seit den Eroberungen der Muslime im östlichen Mittelmeerraum die Landwege nach China und Indien versperrt waren, wollte er einen sicheren Handelsweg über See finden. Damit knüpfte er an die Fahrten portugiesischer Seefahrer an. Diese versuchten seit längerem, einen Seeweg zu den „Ostländern“ zu finden, indem sie an der Küste Afrikas entlangsegelten. Nur so schien es möglich, am einträglichen Handel mit Gewürzen, Gold und Elfenbein, aber auch Sklaven teilnehmen zu können. Erfolge waren bisher jedoch ausgeblieben.

Voraussetzungen für Entdeckungsfahrten

Wie viele Gelehrte und Seefahrer war Kolumbus davon überzeugt, dass die Erde eine Kugel und keine Scheibe sei. Da eine Kugel sich in jeder Richtung umrunden lässt, glaubte Kolumbus, dass er zu „den Ländern des Osten“ kommen müsse, wenn er nur weit genug nach Westen segeln würde. Der Venezianer Marco Polo hatte diese Länder in seinen Büchern als unermesslich reich beschrieben. Vom Sturm abgetriebene fremde Hölzer und Pflanzen, die auf portugiesischen Inseln im Atlantik angeschwemmt worden waren, galten als Beweise dafür, dass es im Westen Land geben musste. Verbesserte Geräte zur Navigation würden es ihm außerdem erleichtern, sich auf See zu orientieren. Der Weg dahin, so berechnete Kolumbus, sei mit 2 400 Seemeilen (1 Seemeile = 1,85 Kilometer) nicht sehr weit.

Navigation
Standortbestimmung von Schiffen, Land- und Luftfahrzeugen und die daraus abgeleitete Festlegung der Reiseroute

Online-Link
443020-0402
Bauanleitung für Navigationsgeräte

Q1 Astrolabium, um 1500
Das Gerät ist eine arabische Erfindung. Damit bestimmten Seeleute ihren Standort.

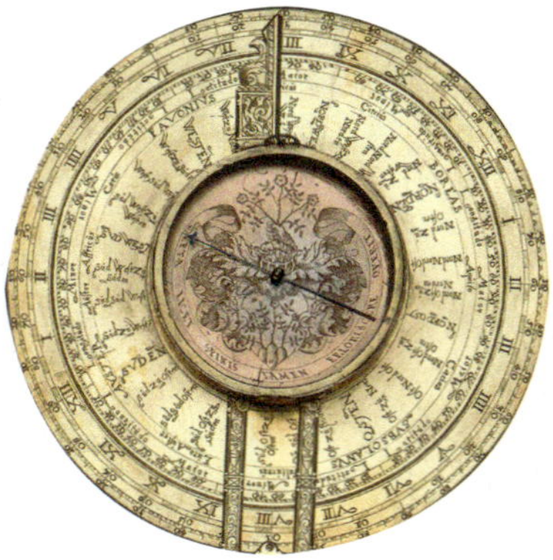

Q2 Kompass, um 1485
Damit konnte auch bei stürmischer See die Fahrtrichtung festgelegt werden.

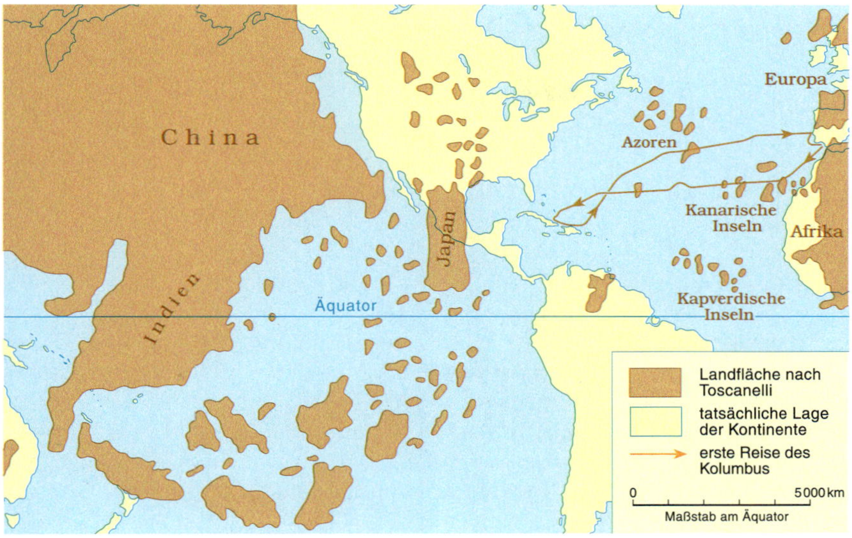

D1 Europa und die Lage der „Ostländer“, Rekonstruktion einer Karte des italienischen Arztes und Astronomen Paolo Toscanelli aus dem Jahr 1474

B: Berechne die Entfernung, die Kolumbus zurücklegte. Um wie viele Seemeilen hatte er sich verrechnet?

Ankunft in der „neuen Welt“

Die Fahrt der drei Schiffe des Kolumbus dauerte viel länger als geplant. Kolumbus hatte große Mühe, die Ruhe unter seinen Besatzungen zu wahren. Diese hatten Angst vor der Fahrt ins Ungewisse. Jedes Naturschauspiel betrachteten sie als schlechtes Vorzeichen und drängten daher auf Umkehr. Viele Matrosen wurden krank. Nicht wenigen fielen die Zähne aus, da sie kein frisches Obst und kein Gemüse zu essen hatten. Nach 36 Tagen war endlich Land in Sicht: die Insel Guanahani, die später San Salvador genannt wurde und zu den Bahama-Inseln gehört. Wenig später erreichte Kolumbus auch Kuba und Hispaniola (Haiti), wo sein Schiff, die Santa Maria, zerschellte.

Kolumbus und die „Indianer“

Auch wenn er auf seiner Fahrt nur Inseln entdeckte, war Kolumbus überzeugt, den lang ersehnten Seeweg nach Indien gefunden zu haben. Die Eingeborenen, die er auf den Inseln antraf, nannte er daher „Indianer“. Aus seiner Sicht war es selbstverständlich, dass diese Menschen Untertanen der spanischen Krone waren, die er vertrat. Um dieses deutlich zu machen, ließ er aus dem Holz seines Schiffes eine kleine Festung bauen. Im Frühjahr 1493 kehrte er nach Spanien zurück, um über seine Erfolge zu berichten. Die von ihm zurückgelassene Besatzung geriet untereinander und mit den „Indianern“ in Streit. Bald lebte keiner der Spanier mehr. Kolumbus unternahm noch drei weitere Reisen, auf denen er neue Inseln entdeckte. 1502 betrat er im heutigen Honduras erstmals das Festland. Auch das hielt er für einen Teil Asiens. Das Gold und die exotischen Reichtümer, die er hatte finden wollen, suchte er jedoch vergebens.

Wie Amerika zu seinem Namen kam

Inzwischen waren jedoch auch andere Seefahrer in die „neue Welt“ aufgebrochen. Wie Kolumbus hofften sie, dort reich zu werden. Sie erkannten allmählich, dass es sich nicht um „Indien“, sondern um einen bis dahin unbekannten Kontinent handelte. Als Beweis dafür galt auch, dass der portugiesische Seefahrer Vasco da Gama auf dem langen Weg um Afrika herum 1498 tatsächlich Indien erreicht hatte. Ein weiterer Seefahrer, Amerigo Vespucci, erkundete später die Küste Brasiliens. Anschließend zeichnete ein deutscher Kartograf eine Karte von dieser Reise. Dort trug er Vespuccis Vornamen ein: „America“.

Auf der CD-ROM findest du eine dynamische Karte. Mit ihrer Hilfe kannst du die Wege der wichtigsten Entdecker verfolgen.

D2 Schnitt durch eine Karavelle
Rekonstruktionszeichnung
Damit könnte Kolumbus nach Westen gesegelt sein. Diese nur ca. 20 bis 25 Meter langen, hochseetüchtigen Schiffe wurden seit etwa 1400 in Spanien und Portugal gebaut.
1 Admiralskajüte 2 Steuerruder 3 Kompass 4 Luke zum Schiffsladeraum 5 Kanone 6 Entwässerungspumpe 7 Hebevorrichtung für Anker und Segel 8 Pökelfleisch 9 Schiffszwieback 10 Fässer 11 Ölvorrat 12 Wasservorrat 13 Schiffsladeraum 14 Weinfässer 15 Zwiebeln und Knoblauch 16 Mehlsäcke 17 Waffen- und Munitionskammer 18 Abstellkammer für Segel 19 Lagerraum für Taue

C: Versetze dich in die Lage des Kapitäns und begründe, wozu du diese Ladung benötigst.

Q3 „Land in Sicht“

Während der gesamten ersten Reise trug Kolumbus täglich die Ereignisse in sein Bordtagebuch ein, das an das spanische Königspaar gerichtet war. Das Original dieser wichtigen Quelle ist verloren gegangen. Eine Zusammenfassung mit z. T. wörtlichen Übernahmen aus dem Tagebuch hat der Bischof Bartolomé de Las Casas angefertigt:

12. Oktober 1492:

Zwei Stunden nach Mitternacht tauchte das Land vor ihnen auf, von dem sie etwa zwei Meilen entfernt sein mochten. Sie holten alle Segel ein (...) und drehten bei; so brachten sie die Zeit bis zum Freitag zu, an dem sie dann eine kleine Insel der Bahamas erreichten, die in der Sprache der Indios Guanahani heißt. Schon bald sahen sie nackte Leute am Strand. Der Admiral ging mit dem bewaffneten Boot an Land. (...) An Land angekommen, sahen sie Bäume von sehr kräftigem Grün und viele Wasserläufe und allerlei Früchte. Der Admiral rief die beiden Kapitäne und die anderen, die an Land gegangen waren, zu sich; ebenso Rodrigo Descovedo, den Notar der Flotte, und Rodrigo Sánchez aus Segovia, und sagte, sie sollten bestätigen und rechtlich bezeugen, dass er vor aller Augen von der Insel Besitz ergriff, wie er es dann auch im Namen des Königs und der Königin, seiner Herren, tat. (...) Das Folgende sind wörtliche Äußerungen des Admirals in seinem Buch über die erste Fahrt und die Entdeckung dieser Indien: „Da ich (sagte er) ihre Freundschaft gewinnen wollte, und bemerkte, dass es Leute waren, die sich eher durch Liebe für unseren heiligen Glauben gewinnen und zu ihm bekehren ließen, gab ich einigen von ihnen ein paar bunte Mützen und einige Ketten aus Glasperlen, die sie sich um den Hals hängten, und allerhand andere Dinge von geringem Wert, an denen sie großes Vergnügen fanden, und uns derart zugetan waren, dass es ein wahres Wunder war. (...) Sie sind sicher hervorragende Arbeitskräfte; sie haben einen aufgeweckten Verstand, denn ich sehe, dass sie sehr schnell alles nachsagen können, was man ihnen vorspricht.“

12. November 1492:

Und so sollten sich Eure Hoheiten entschließen, sie zu Christen zu machen, denn ich glaube, wenn man damit beginnt, wird man nach kurzer Zeit eine Vielzahl von Völkern vollends zu unserem heiligen Glauben bekehrt haben und zugleich große Gebiete und Reichtümer und alle diese Völker für Spanien gewinnen, denn zweifellos gibt es in diesen Gebieten riesige Mengen Gold. (...) Außerdem gibt es Edelsteine und Perlen und unendlich viele Gewürze.

Eberhard Schmitt (Hrsg.), Dokumente zur Geschichte der europäischen Expansion, Bd. 2, München 1984, S. 112 f., 114, 119.

Q4 Der Vertrag von Santa Fé

Am 17. April 1492 schließt Kolumbus einen Vertrag mit dem spanischen Königspaar. Er enthielt unter anderem folgende Bestimmungen:

2. Ihre Hoheiten als Herren der Ozeanischen Meere ernennen von jetzt an Christoph Kolumbus zu ihrem Admiral für alle jene Inseln und Festländer, die durch ihn (…) entdeckt oder gewonnen werden, und zwar auf Lebenszeit und nach dem Tode des Kolumbus für dessen Erben und Nachfolger auf immer. (…)

3. Ihre Hoheiten ernennen Christoph Kolumbus zu ihrem Vizekönig und Generalgouverneur auf allen Inseln und Festländern, die er (…) entdecke oder gewinne. Für die Verwaltung jeder Insel oder jedes Festlandes wähle er für jedes Amt drei Personen aus, und Ihre Hoheiten bezeichnen einen von ihnen, der am besten für diesen Dienst geeignet erscheine. (…)

4. Von allen Waren jedweder Art, seien sie Perlen, Edelsteine, Gold, Silber, Gewürze und andere Dinge, die innerhalb des genannten Admiralitätsbereiches gekauft, getauscht, gefunden und erworben werden, soll Christoph Kolumbus für sich (…) den zehnten Teil von allen haben und (…) die übrigen neun Zehntel Ihren Hoheiten gehören. (…)

5. In allen Schiffen, die für den genannten Handel ausgerüstet werden, kann Christoph Kolumbus, so oft er wolle, sich mit einem Achtel der Kosten für die Ausrüstung des Schiffes beteiligen und auch den Achtel aus dem Gewinn erhalten, der aus der betreffenden Schiffahrt anfällt.

Richard Konetzke, Lateinamerika seit 1492, Stuttgart 1971, S. 3 f.

Q5 Kolumbus Ankunft in der neuen Welt
kolorierter Kupferstich von Theodor de Bry, 1594

Q6 Die Spanier landen an der Küste Mexikos
aztekische Darstellung aus dem Kodex Durán, 16. Jahrhundert

D: Vergleiche die beiden Bilder miteinander. Beschreibe, wie die Künstler jeweils das eigene und das fremde Volk dargestellt haben.

1. Schreibe einen Zeitungsbericht über die erste Reise des Kolumbus (VT, D1, Q3, Q4).

2. Untersuche, welche Gründe Kolumbus hatte, seine gefährliche Reise zu unternehmen und warum ihn die spanischen Könige unterstützten (Q3, Q4).

3. Kommentiere aus der Sicht eines Indios das Urteil des Kolumbus über die entdeckten Völker (Q3).

1500 1650

Die Spanier erobern und zerstören alte Reiche

Die Gebiete, die die Spanier entdeckten, waren bewohnt. Die dort lebenden Menschen hatten ihre eigenen Staaten, ihre eigene Kultur und Religion. Innerhalb weniger Jahre zerstörten die Spanier diese Kulturen. Was bedeutete das für die dort lebenden Menschen?

A: Kommentiere das Verhalten der Spanier wie ein Radioreporter. Du hast dafür nur drei Minuten Zeit.

Q1 Aztekische Skulptur

B: Erkläre, welche Auskunft die Abbildungen Q1 und Q2 über den Stand der aztekischen Kultur geben.

Das Reich der Azteken

Den Entdeckungen des Kolumbus folgte die Eroberung des Kontinents. Erstes Opfer der spanischen Eroberer war das Reich der Azteken. Diese gewannen im Laufe des 14. Jahrhunderts die Herrschaft über ganz Mexiko. Die besiegten Stämme mussten seitdem den Azteken Tribut zahlen: Nahrungsmittel, Kleidung, Tiere, Sklaven, Federn, Kakaobohnen und vieles mehr. An der Spitze des Reiches stand ein gewählter Fürst. Wichtigste Schicht der aztekischen Gesellschaft waren Adlige. Sie hatten die höchsten Ämter im Staat inne und besaßen als einzige Land. Die große Mehrheit waren jedoch freie Bauern, Händler und Handwerker. Hinzu kamen Lastenträger und Sklaven. Hauptstadt des Reiches war Tenochtitlan. Die Stadt war ein Zentrum des Handels und religiöser Zeremonien. Die Religion spielte im Leben der Azteken eine große Rolle. Besonders bedeutsam in ihrem Glauben war die Furcht vor einem Weltuntergang. Um diesen zu verhindern, hatten sich die Götter einst selbst geopfert. Deshalb opferten sie nun den Göttern Menschen, die sie in ihren Kriegen gefangen genommen hatten.

Die Eroberung und Zerstörung des Aztekenreiches

1519 landete Hernan Cortés mit 663 Soldaten, 10 Geschützen und 16 Pferden im heutigen Mexiko. Er hatte von einem Reich gehört, in dem es große Schätze zu finden gäbe. Das wollte er für die spanische Krone erobern, aber auch für sich reiche Beute machen. Zwar musste jeder Eroberer ein Fünftel der Beute als Steuer an den König abgeben, einen großen Teil konnten diese und ihre Soldaten jedoch für sich behalten.

Die Furcht der Azteken vor dem Weltuntergang erleichterte den spanischen Eroberern ihr Vordringen: Aztekische Priester verkündeten, einer ihrer wichtigsten Götter werde über das Meer zurückkommen. Vielleicht hielten die Azteken die Ankunft der Spanier für eine entsprechende Botschaft. Ihr Herrscher Montezuma II. empfing die Eroberer freundlich. Diese ließen jedoch bald erkennen, dass sie nur an den Schätzen der Azteken interessiert waren. Innerhalb kurzer Zeit kam es zu gewaltsamen Auseinandersetzungen. Viele Stämme, die von den Azteken unterdrückt wurden, unterstützten die Spanier. Schätzungsweise 300 000 Azteken fielen entweder in den Kämpfen, wurden bei zahlreichen Massakern einfach umgebracht oder starben an unbekannten Krankheiten, die die Europäer eingeschleppt hatten. 1521, nur zwei Jahre nach seiner Landung, war Cortés Herrscher des einst mächtigen Aztekenreiches.

D1 Tenochtitlan, Rekonstruktion

Die Stadt lag auf einer Insel in dem heute ausgetrockneten Texcoco-See. Dort wohnten in den vier Stadtteilen 200 000 – 300 000 Menschen. Damit war Tenochtitlan größer als alle Städte Europas zu der Zeit.

Eroberung Mittel- und Südamerikas

Die Eroberung und Zerstörung des Aztekenreiches war nur der Anfang einer Reihe von Raub- und Eroberungszügen spanischer Konquistadoren in Mittel- und Südamerika. Nur wenige Jahre später segelten beispielsweise 168 Spanier unter Führung von Francisco Pizarro von Panama aus nach Süden. Auch sie hatten von sagenhaften Schätzen gehört und wollten reich werden. 1532 erreichten sie das Reich der Inka. Dieses hatte ebenfalls eine hochentwickelte Kultur. 40 000 Kilometer Straßen durchzogen das Land. Alle Städte und Dörfer waren durch ein gut funktionierendes Netz von Meldeläufern miteinander verbunden. An der Spitze des Staates stand der Inka, der der Legende nach direkt von der Sonne abstammte. Er und seine Beamten regelten alles in diesem Land. Persönlichen Besitz gab es nicht, da der Staat für jeden sorgte. Dafür waren alle zur Arbeit verpflichtet. Innerhalb kurzer Zeit unterwarfen die Spanier auch dieses Reich, töteten dessen Herrscher und Tausende seiner Untertanen.

Konquistador
spanisches Wort für Eroberer

Über das Zusammenleben der Inkas kannst du dich anhand einer Textquelle auf der CD-ROM informieren..

Ursachen und Folgen

Verantwortlich für die schnelle Eroberung und Unterwerfung alter Reiche waren zunächst die Entschlossenheit und die Gier der Konquistadoren. Hinzu kam deren waffentechnische Überlegenheit. Innere Konflikte unter den Eingeborenen, die zudem nicht wussten, wie sie auf die für sie neuartige Bedrohung reagieren sollten, halfen ihnen ebenfalls. Entscheidend waren aber die von den Spaniern eingeschleppten Krankheiten, gegen die sie keine Abwehrkräfte besaßen. Innerhalb eines Jahrhunderts starben in Südamerika 60 Millionen Indianer. Die Überlebenden mussten unter unmenschlichen Bedingungen in den Bergwerken und auf den Kaffee-, Kakao-, Zuckerrohr- und Baumwollplantagen der Eroberer arbeiten. Missionare zwangen sie, Christen zu werden. Erst spät, häufig allerdings ohne Erfolg, setzten sich einzelne Spanier dafür ein, das Los der Eingeborenen zu verbessern.

Online-Link
443020-0404
Arbeitsblatt: Die Kolonialherrschaft und ihre Folgen

D2 **Lateinamerika zur Zeit der Eroberungen durch die Europäer**

C: Vergleiche mit einer Karte in deinem Atlas und stelle fest, welche heutigen Ländern die indianischen und die europäischen Reiche in Lateinamerika umfassten. Erläutere, wie die Eroberungen dazu beitrugen, sowohl in Lateinamerika als auch in Europa die Natur zu verändern.

Q2 Die Begegnung von Cortés und Montezuma im November 1519
zeitgenössische aztekische Zeichnung
Die Person ganz rechts neben Cortés ist eine Dolmetscherin.

D: Beschreibe diese Szene und gestalte das Gespräch mit deinen Klassenkameradinnen und Klassenkameraden nach. Versetzt euch dabei in die Lage der beteiligten Personen.

Q3 Wie die Azteken die Spanier sehen
Montezuma hatte Boten ausgesandt, die ihm 1519 über die Ankunft der Spanier berichten:

Erschrocken hörte Montezuma davon, wie die Kanone brüllt, wie ihr Donner trifft, daß man taub und ohnmächtig wird. Die Gesandten sagten: „Ein Ding wie ein Ball aus Stein fliegt aus ihrem Bauch heraus, sprüht Funken und regnet Feuer. (…) Wenn sie den Baum trifft, verweht er in Splittern, als ob ein Zauberer in seinem Innern ihn fortgeblasen hätte." (…) Und die Gesandten berichteten weiter: „Ihre Kriegstracht und ihre Waffen sind ganz aus Eisen gemacht. Sie kleiden sich ganz in Eisen, mit Eisen bedecken sie ihren Kopf, aus Eisen sind ihre Schwerter, ihre Bogen, ihre Schilde und Lanzen. Sie werden von Hirschen auf dem Rücken getragen, wohin sie wollen. Herr, auf diesen Hirschen sind sie so hoch wie Dächer. Ihr Körper ist ganz verborgen, nur ihre Gesichter sind nicht bedeckt. Ihre Haut ist weiß, wie aus Kalk gemacht. (…)"

Miguel León-Portilla/Renate Heuer (Hrsg.), Rückkehr der Götter, München 1965, S. 32 f.

Q4 Der Blick auf Tenochtitlan
Nach der Ankunft in Tenochtitlan führt Montezuma Cortés mit seinem Gefolge auf die höchste Tempelpyramide. Der Hauptmann Bernal Diaz schildert:

Dieser Teufelstempel beherrschte wirklich die ganze Gegend. Wir sahen die drei Dammstraßen, die nach Mexiko führten. (…) Wir sahen die große Wasserleitung, die von Chapultepec kommt und die ganze Stadt mit süßem Wasser versorgt, und die langen hölzernen Brücken, von denen die Dammstraßen unterbrochen waren, um die Verbindung zwischen den vielen Teilen des Sees zu ermöglichen. Auf dem See wimmelte es von Fahrzeugen, die Waren und Lebensmittel aller Art geladen hatten. Wir stellten einwandfrei fest, daß man Mexiko nur über die Zugbrücken oder in Kähnen erreichen konnte. Aus allen Orten ragten die weißen Opfertempel wie Burgen über die Häuser mit ihren Söllern, über kleinere kapellenartige Bauten und über die Befestigungstürme hinaus. Es war ein einmaliger Blick. (…) Dann besahen wir uns von hier oben aus noch einmal den Marktplatz mit seinem Gewimmel von Menschen, die einen Lärm machten, den man über eine Stunde weit hören konnte. Leute, die Konstantinopel und Rom gesehen hatten, erzählten, daß sie noch nirgendwo einen so großen und volkreichen Marktplatz gefunden hätten.

Eberhard Schmitt (Hrsg.), Dokumente zur Geschichte der europäischen Expansion, Bd. 2, München 1984, S. 330.

Q5 Die Inkas sollen sich taufen lassen
Fray Celso Gargia schildert die Begegnung zwischen dem Dominikaner Vincente de Valverde und dem Inka Atahualpa:

[Vicente de Valverde] hielt in der einen Hand die Bibel und in der anderen ein Kruzifix. Gemessenen Schrittes ging er auf den Inka zu und blieb knapp vor ihm stehen. (…) Vorerst sprach Valverde von der Dreieinigkeit, dann von der Erschaffung des Menschen, dem ersten Sündenfall, der Erlösung durch unseren Herrn Jesus Christus und der Himmelfahrt Christi. Hierauf sagte er: „Der Heiland ließ auf der Erde den Apostel Petrus als seinen Stellvertreter zurück, dieser gab sein Amt an den Papst weiter, dieser wieder an die ihm folgenden Päpste. Der Papst, der jetzt über alle Herrscher der Welt Gewalt hat, hat dem spanischen Kaiser, dem mächtigsten aller Fürsten, den Auftrag erteilt, die Eingeborenen auf der westlichen Halbkugel zu unterwerfen und zu bekehren, Francisco Pizarro ist jetzt gekommen, die ihm gestellte Aufgabe zu erfüllen. Ich aber fordere Euch, Atahualpa, jetzt auf, dem Irrglauben, in den ihr verstrickt seid, abzuschwören und den wahren Glauben anzunehmen. Überdies sollt Ihr aner-

Q7 Die Gefangennahme des Inkakönigs Atahualpa durch Francisco Pizarro
kolorierter Kupferstich von Theodor de Bry, 16. Jahrhundert

E: Beschreibe die Szene und vergleiche die Waffen der Spanier mit denen der Inkas.

kennen, dass Ihr dem spanischen König ab heute zinspflichtig seid." Atahualpa stand wie erstarrt da, nachdem der Dominikaner seine Rede beendet hatte. Dann sagte er mit einer Stimme, aus der Hass klang: „Ich werde keinem zinspflichtig sein. Ich bin der größte Fürst der Erde, niemand kommt mir gleich. Wie kann der Mann, der Papst heißt, Länder verschenken, die nicht sein Eigentum sind? Meinen Glauben werde ich nicht ablegen. Euer Gott ist von den Menschen getötet worden, die er erschaffen hat. Mein Gott" – bei diesen Worten zeigte er auf die Sonne – „lebt im Himmel und blickt auf seine Kinder herab."

Tagebuch des Fray Celso Gargia, in: Die Eroberung von Peru, Stuttgart 1984, S. 49 ff.

Q6 Die Vernichtung von Menschen
Der spanische Mönch Bartolome de Las Casas schreibt um 1516 in einem Bericht an Kaiser Karl V. über die Behandlung der Indianer:

(Der Gouverneur auf Espanola [Haiti]) (...) übergab (...) jedem Spanier, der den Wunsch dazu äußerte, dem einen 50, dem anderen 100 Indianer (...) darunter Kinder und Greise, schwangere Frauen und Wöchnerinnen, Hohe und Niedere. (...) (Er ließ es), obwohl zu Unrecht, geschehen, dass die Spanier die verheirateten Männer 10, 20, 30, 40 oder 80 Leguas (1 Legua = ca. 6 km) zum Goldgraben fortschleppten und da die Frauen in den Häusern und Farmen zurückblieben, um dort Feldarbeit zu verrichten. (...) So kam es, daß die Männer und ihre Frauen kaum mehr zusammenkamen, (...) und wenn (...), dann waren sie durch Hunger und Strapazen so erschöpft und ausgemergelt, so elend und entkräftet, (...) daß es kaum noch zu einer ehelichen Gemeinschaft kam und die Geburten fast aufhörten. (...) So starben die Männer in den Goldminen, die Frauen auf den Farmen vor Erschöpfung und die neugeborenen Kinder, weil sie keine Muttermilch bekamen. Die Geburten hörten auf, und das allgemeine Sterben hatte notwendigerweise zur Folge, da sich diese große, reichgesegnete Insel rasch entvölkerte (...) (Spanische Aufseher behandelten die Indianer) derart unmenschlich, dass man sie nur für Teufelsknechte halten konnte (...) Sie gaben ihnen Stock- und Rutenhiebe, Ohrfeigen, Peitschenschläge, Fußtritte und nannten sie nie anders als Hunde (...) So griff die allmähliche Vernichtung dieser unglücklichen Menschen um sich und wurde in Spanien verschwiegen.

Las Casas, Historia de las Indias, Bd. 2, Kap. 12–14, in: Wolfgang Lautemann/Manfred Sclenke (Hrsg.), Geschichte in Quellen, Bd. 3, München 1966, S. 69 ff.

1. Schreibe einen Bericht über die Begegnung der Spanier mit den Eingeborenen (VT, Q3–Q6).

2. Vergleiche Tenochtitlan mit europäischen Städten des Mittelalters (D1, Q4).

3. Stell dir vor, du könntest Montezuma und Atahualpa über ihre Meinung zu den Spaniern befragen. Schreibe jeweils drei Fragen auf und formuliere dazu mögliche Antworten (VT, D1, Q1–Q5, Q7)

4. Fertige eine kleine Wandzeitung über den Staat der Inkas an. Informiere dich dazu im Internet (z. B. unter wikipedia). Berücksichtige auch Q5 und Q7.

5. Versetze dich in die Lage Karls V. Was würdest du Las Casas antworten (Q6)?

1500 1650

Die Welt wird europäisch

Die Spanier waren nicht die einzigen Europäer, die sich in die „neue Welt“ aufmachten und Land eroberten. Andere taten es ihnen gleich. Die Folgen sind bis heute sichtbar.

A: Stelle in einer kurzen Übersicht dar, welche Folgen die Entdeckungen für Europa und welche für die „entdeckten“ Völker hatten.

Der Papst teilt die „neue Welt“

Bald nach den ersten Entdeckungsreisen kam es zu Streitigkeiten zwischen Spanien und Portugal um den Besitz in Übersee. Deswegen teilte Papst Alexander VI. 1494 im Vertrag von Tordesillas die Welt, indem er eine Linie von Pol zu Pol durch den Atlantik zog. Die östliche Hälfte sprach er dem spanischen, die westliche dem portugiesischen König zu.

Auch andere Länder wollen reich werden

Der Reichtum, den die Eroberer nach Europa brachten und dort offen zur Schau stellten, weckte auch die Gier anderer Länder. Sie waren nicht bereit, die „neue Welt“ allein Spanien und Portugal zu überlassen. Mit staatlicher Unterstützung segelten holländische, englische und französische Abenteurer über die Ozeane auf der Suche nach neuen Gebieten, die sie für ihr Land in Besitz nehmen konnten. Dort gründeten sie Kolonien oder schlossen Verträge mit einheimischen Herrschern. Diese Kolonien und Handelsstützpunkte sollten das Hinterland für die eigene aufstrebende Wirtschaft erschließen. Zugleich versuchten Missionare, die dort lebenden Menschen zum christlichen Glauben zu bekehren. Auf einheimische Bräuche und Religionen nahmen sie dabei keine Rücksicht. Überlieferte Lebensformen wurden rücksichtslos zerstört und an europäische Normen angepasst. Auf amerikanischen Plantagen wurden zunehmend Sklaven aus Afrika zur Arbeit gezwungen. Sie waren in ihrer Heimat gefangen genommen worden. Familien wurden getrennt. Eng zusammengepfercht und angekettet wurden sie auf Schiffen nach Amerika gebracht.

Kolonie
Das Wort kommt vom lateinischen „colere“, was „Land bestellen“ bedeutet. Seit dem 17. Jahrhundert bezeichnet man damit ein Gebiet, das von einem anderen Staat abhängig ist und keine eigene Macht besitzt.

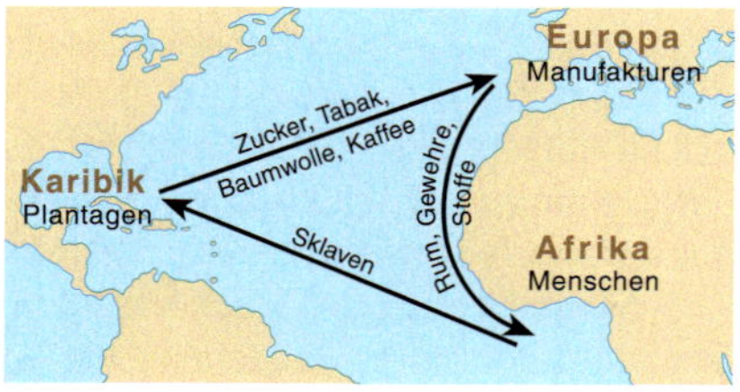

D1 Der so genannte Dreieckshandel
Etwa zehn Millionen Farbige wurden als Sklaven bis ins 19. Jahrhundert aus Afrika nach Amerika verschleppt.

B: Erkläre, wie der Dreieckshandel funktionierte.

Expansion und Krieg

Um die Macht und den Reichtum des eigenen Landes zu fördern, gingen die europäischen Eroberer aber nicht nur gegen die Eingeborenen mit Gewalt vor. Bald kam es zu kriegerischen Auseinandersetzungen zwischen den europäischen Kolonialherren, die mit Unterbrechungen bis ins 20. Jahrhundert andauern sollten. Viele Kolonien wechselten dabei immer wieder den Besitzer.

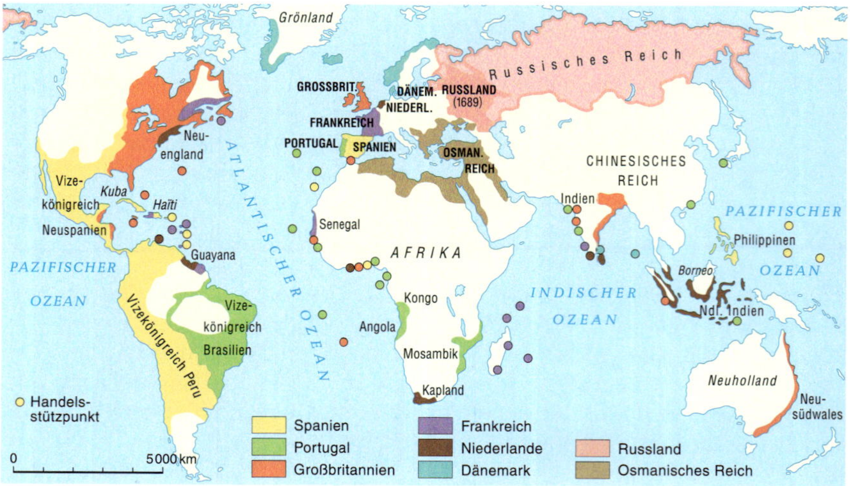

D2 Der europäische Kolonialbesitz um 1763

C: Liste die Gebiete auf, in denen die Europäer bis Mitte des 18. Jahrhunderts Kolonien und Handelsstützpunkte gründeten.

Q1 Ein fairer Vertrag?

Die niederländische VOC, gegründet 1602, schloss Verträge mit zahlreichen Herrschern, hier mit dem Fürsten von Jakarta (Indonesien), 1610/11:

Erstens wird der Fürst von Jakarta den Untertanen der holländischen Generalstaaten (...) in Jakarta den freien Handel und einen angemessenen Wohnplatz verleihen, wo ihre Personen und Güter gut aufgehoben sein werden. (...) Für diesen genannten Platz werden wir dem König 1200 Realen (span. Silbermünze) (...) bezahlen. Er wird uns darauf nach unserem Belieben zimmern und ein steinernes Gebäude errichten lassen, so groß oder klein, wie es uns zupass kommt; und er wird auch gehalten sein, (unsere) Häuser, Personen und Güter gegen alle Angriffe von Feinden, wer diese auch sein sollten, beschützen zu helfen. (...) (Die Holländer) werden auch auf allen umliegenden Ländereien und Inseln des Königs ohne Behinderung und Belästigung zum Bau von Schiffen und anderem mehr Holz schlagen oder schlagen lassen dürfen. (...) Der König wird sich auch nicht dazu verstehen, irgendwelche Portugiesen oder Spanier zu irgendeinem Handel in seinem Land zuzulassen, sondern dieselben gänzlich daraus abwehren.

Eberhard Schmitt (Hrsg.), Dokumente zur Geschichte der europäischen Expansion, Bd. 3, München 1987, S. 156 f.

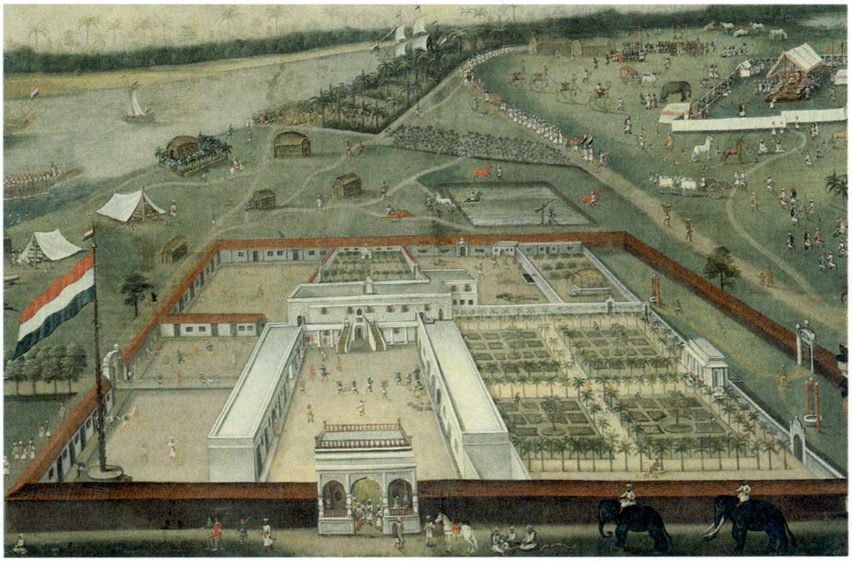

Q3 Handelskontor der niederländischen Vereinigten Ostindischen Compagnie (VOC) am Golf von Bengalen, Gemälde von Hendrik van Schuylenburgh, 1665, 2,03 m x 3,16 m

D: Beschreibe das Kontor. Überlege, warum der Maler es so groß und detailliert malte.

Q2 Die reichste Stadt des Orients

Der portugiesische Geistliche Manuel Godinho schreibt nach Rückkehr von einer Indienreise 1655–1662:

Surat war früher eine arme Stadt und ein unbekannter Hafen, heute ist es [aber] durch die wohltätige Präsenz der Holländer und der Engländer die reichste Stadt [und] der berühmteste Handelsplatz des ganzen Orients. (...)
Surat ist der größte Handelsplatz Indiens, und ich kann wohl sagen, der reichste der ganzen Welt, weil hier auf dem Landweg und über das Meer von überall her die besten Waren angeliefert werden: Von Europa bringen sie die Engländer und Holländer, von Afrika die Schiffe des Roten Meeres, von Groß- und Kleinasien die dort ansässigen Völker. [Zur Bedeutung Surats] trägt auch [der Umstand] bei, daß die besten Drogen [Gewürze] aus Indien über Land mit Ochsen- und Kamelkarawanen nach Surat geschafft werden, die zu jeder Stunde dort ankommen. Die Kaufleute und die Geschäftsleute, die in dieser Stadt wohnen, sind sehr reich. (...) Die Ausländer, die diesen Hafen aufsuchen, kann man nicht zählen. Das ganze Jahr über findet man in Surat Schiffe aus (...) jedem Ort, den man überhaupt aufsuchen kann. (...) Seitdem die Engländer und die Holländer nach Indien gekommen sind (...), suchen sie den Hafen von Surat auf (...). In diesem Hafen entladen sie ihre Schiffe und bereiten sie für ihre Rückkehr während des Monsuns mit einer Ladung vor, die der [englische] Präsident aus Textilien, Pfeffer, Indigo und anderen Drogen zusammenstellt, die er für diesen Zweck vorher [in Surat] gekauft hat oder die er in anderen Häfen von seinen Schiffen (...) hat abholen lassen. Sowohl der holländische Faktor als auch der englische Präsident haben die Fahnen ihrer Nation an Masten gehißt, die nicht nur höher sind als alle Dächer, sondern auch als alle Türme der Stadt. Die politische Regierung des ganzen Bezirks und der Stadt Surat liegt in der Hand eines einzigen Mannes, den man Nawab [= Herrschertitel] nennt (...).

Eberhard Schmitt (Hrsg.), Dokumente zur Geschichte der europäischen Expansion, Bd. 4. Wirtschaft und Handel der Kolonialreiche, München 1988, S. 229–233.

1. Welche Ziele verfolgten die Niederländer und Engländer mit ihrer Expansion (VT, Q1, Q2)?

2. Versetze dich in die Lage eines Einwohners oder einer Einwohnerin von Surat. Schreibe auf, was du Godinho sagen möchtest (Q2).

3. Informiere dich bei Wikipedia über die Geschichte einer Kolonie und halte ein Kurzreferat darüber.

1500 1650

1. Fehlertext: die Suche nach neuen Seewegen (Sachkompetenz)
Finde heraus, welche Aussagen richtig und welche falsch sind. Begründe deine Meinung.

Online-Link
443020-0407
Quiz

Am Ende des 15. Jahrhunderts ging Christoph Kolumbus auf Entdeckungsfahrt.
Er umsegelte als Erster die Welt.
Für Seeleute gab es damals schon Navigationsinstrumente, z. B. das Astrolabium, aber einen Kompass hatten sie noch nicht.
Kolumbus freute sich, dass er einen neuen Kontinent gefunden hatte, und nannte ihn Amerika.
Die Entdecker der „neuen Welt" suchten nach Gold, Silber und anderen Kostbarkeiten.
Sie gründeten Kolonien und beuteten die Einheimischen aus.
Weil viele Eingeborene getötet wurden oder an Krankheiten starben, brachten sich die Eroberer aus Europa Knechte und Mägde mit.

2. Eine Geschichte erzählen: Sklavenarbeit in den Kolonien (Sachkompetenz)
Stell dir vor, einer der abgebildeten schwarzen Sklaven könnte erzählen, wie es dazu kam, dass er und andere Afrikaner einhundert Jahre nach der Entdeckung Amerikas für die Weißen auf Haiti arbeiten müssen. Schreibe seine Geschichte auf.

Q1 Schwarze Sklaven aus Guinea beim Abbau von Bodenschätzen auf Haiti
kolorierter Kupferstich von Theodor de Bry, 1595

3. Eine Textquelle auswerten: der Umgang mit fremden Religionen (Sach- und Urteilskompetenz)
Ein spanischer Geistlicher berichtete 1525, wie seine Landsleute mit den Einheimischen umgingen. Schreibe auf, warum Cortés das tat, wie der Geistliche darüber dachte, und erkläre, warum er diese Haltung einnahm. Antworte ihm darauf.

Q2 Der Bildersturz in Tenochtitlan
Aber neben all den schrecklichen Berichten erregte einer unseren Jubel. Alle Götzenbilder, die auf den Höfen standen, ließ Cortés umwerfen, dann zerbrechen, in Stücke schlagen und schließlich über die hohen Treppenstufen hinabwerfen. Nur das eine große Marmorbild blieb stehen, weil es zu gewaltig war und nicht so leicht zerstört werden konnte. Über den Bildersturz geriet Montezuma, der dabei war, in große Erregung; und auch alle Höflinge entsetzten sich und klagten: „Oh wir Unglücklichen, wir Armen! Die Götter werden uns in ihrem Zorn die Feldfrüchte nehmen, von denen wir leben, und uns Hungers sterben lassen; auch alle Arten von Krankheiten werden über uns kommen, wie es schon oft geschah, wenn die Götter nicht versöhnt waren."

Peter Martyr von Anghiera, Acht Dekaden über die neue Welt, übers. von Hans Klingelhöfer, Bd. 2, Darmstadt 1975, S. 53 f.

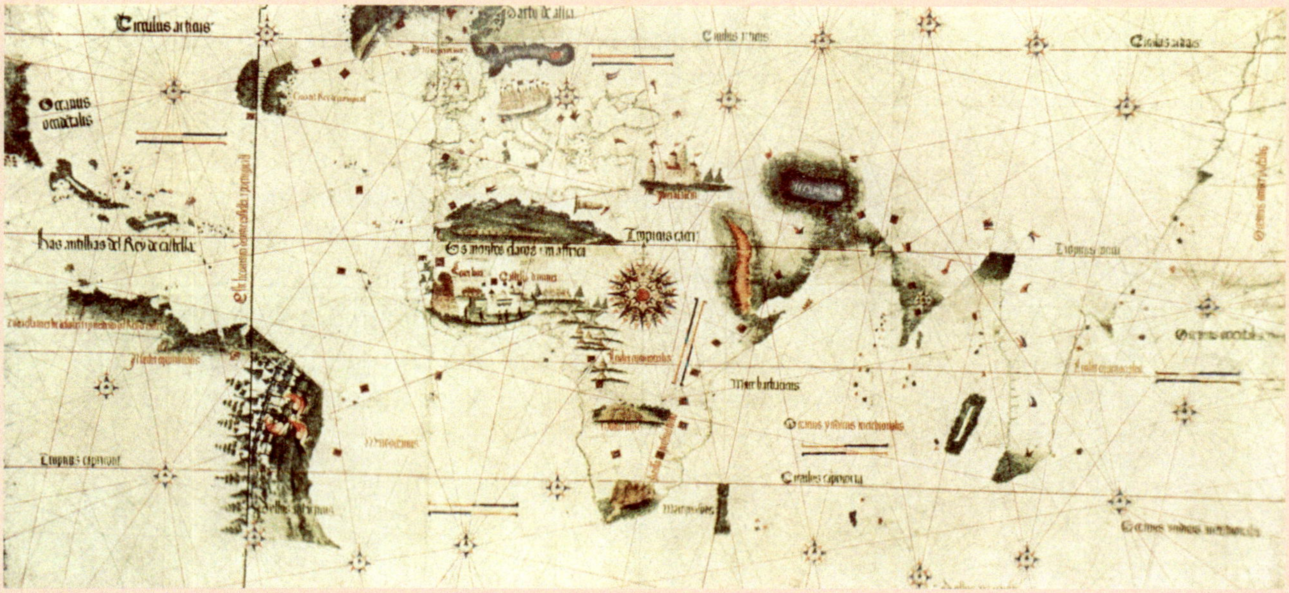

Q3 Weltkarte des Alberto Cantino, 1502
Diese streng geheime portugiesische Karte wurde nach einem italienischen Spion benannt, der sie heimlich beschaffte. Sie zeigte die Entdeckungen der Portugiesen und erstmals auch die des Kolumbus. Die Linie zeigt die Welt, so wie sie von Papst Alexander VI. 1494 aufgeteilt worden war.

4. Eine historische Karte untersuchen: die Welt um 1502 (Methodenkompetenz)
Untersuche die Karte mithilfe der methodischen Arbeitsschritte. Schreibe in Stichpunkten auf, was sie über die geografischen Kenntnisse und das Weltbild zu jener Zeit aussagen.
Benutze zur Aufgabenlösung die CD-ROM.

5. Einen Schülervortrag halten: das Zeitalter der Entdeckungen (Sach-, Methoden- und Urteilskompetenz)
Bereite dich auf einen Schülervortrag vor und halte ihn vor der Klasse. Benutze dazu Stichwortkärtchen. Mögliche Überschriften sind rechts zusammengestellt.
Informiere dich auch in Kinder- und Jugendsachbüchern, Nachschlagewerken und im Internet.

- Warum begaben sich die Entdecker auf die gefährlichen Reisen?
- Von wem wurden Entdecker unterstützt und warum ?
- Wodurch waren die Entdeckungsreisen möglich geworden?
- Wie gingen die Entdecker mit den fremden Kulturen um?
- Welche Folgen hatten die Entdeckungen für die Europäer?
- Welche Folgen hatten die Entdeckungen für die „Entdeckten“?
- Welche Kulturen fanden die Entdecker in Übersee vor?

6. Einen Ausspruch beurteilen: der Umgang der Entdecker mit den Eingeborenen (Sach- und Urteilskompetenz)
Der deutsche Physiker und Schriftsteller Georg Christoph Lichtenberg schrieb im 18. Jahrhundert: „Der Amerikaner, der den Kolumbus entdeckte, machte eine böse Entdeckung.“
Erkläre, was Lichtenberg damit meinte, und beurteile seinen Ausspruch.

5 Reformation, Bauernaufstände und Glaubenskriege

Online-Link
443020-0501

Der Beginn des 16. Jahrhunderts war auch eine Zeit des Wandels im Innern der europäischen Staaten. Die Kirche, deren Stellung bisher unangefochten war, geriet unter Druck. Innerhalb weniger Jahre spaltete sie sich in eine katholische und eine protestantische Richtung. Dieser Prozess war begleitet von zahlreichen Kämpfen zwischen den Anhängern beider Richtungen. Hinzu kamen Aufstände sozialer Gruppen, die sich unterdrückt fühlten. Erst nach einem dreißig Jahre währenden Krieg sollten Deutschland und Europa zur Ruhe kommen.

- Welche Ursachen hatten diese Auseinandersetzungen?
- Welchen Verlauf nahmen sie?
- Mit welchem Ergebnis endeten sie?

1500

um 1450
Gutenberg druckt mit beweglichen Lettern.

1492
Kolumbus entdeckt Amerika.

um 1500
Humanismus und Renaissance breiten sich in Europa aus.

1517
Martin Luther verkündet seine 95 Thesen.

1521
Luther lehnt einen Widerruf seiner Thesen auf dem Reichstag zu Worms ab.

1524/25
Bauernaufstände

1541
Johannes Calvin entwirft eine neue Kirchenordnung für die Stadt Genf.

Martin Luther, Gemälde von Lucas Cranach d. Älteren, 1529

Bauern schwören auf die Bundschuhfahne, Holzschnitt, 1514

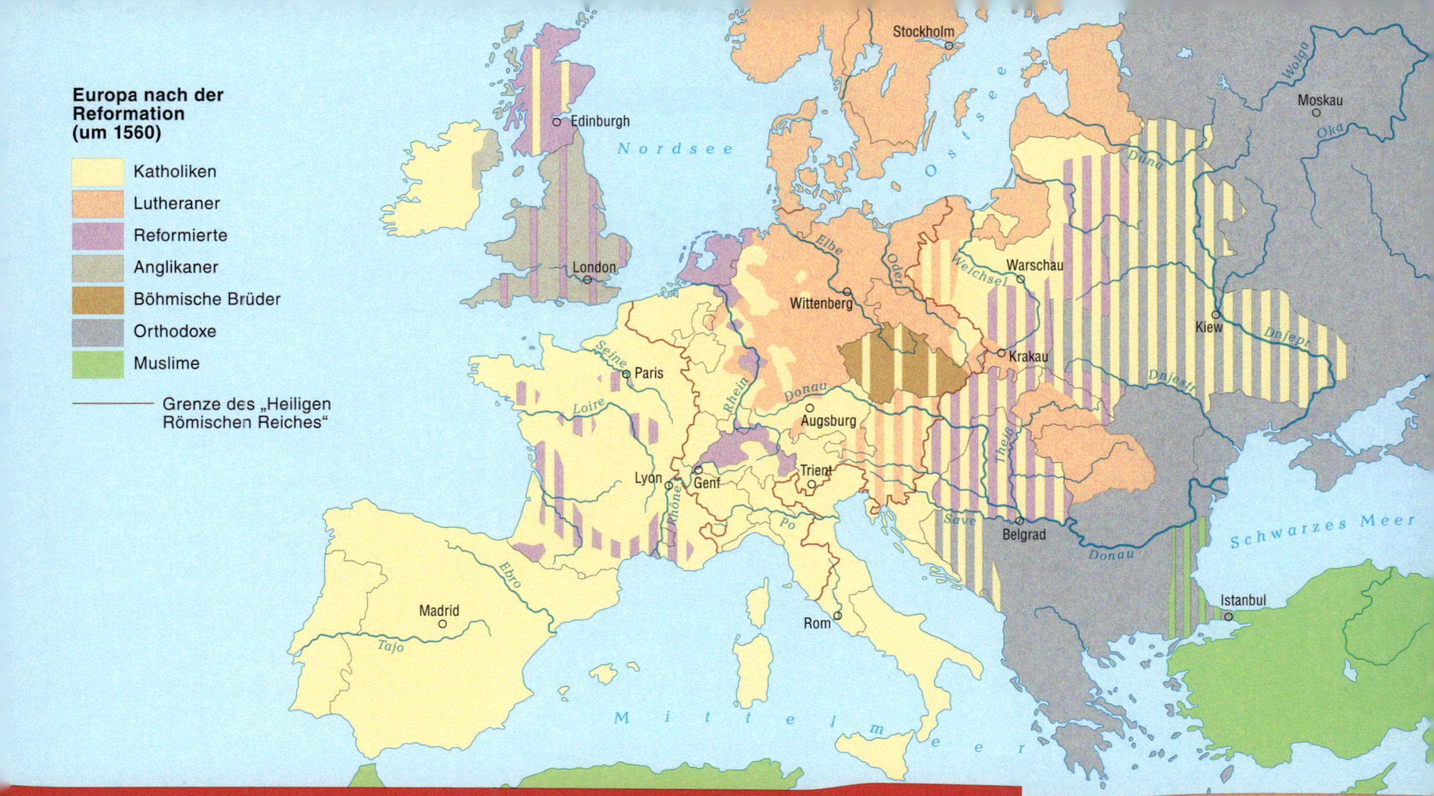

1550 **1600**

1545–1563
Das Konzil von Trient berät über eine Neuordnung der Kirche.

1555
Der Augsburger Religionsfriede wird geschlossen.

1572
„Bartholomäus-Nacht“ in Frankreich: Ermordung aller Hugenotten in Paris

1598
Das Edikt von Nantes gewährt den Hugenotten Religionsfreiheit.

um 1600
Galileo Galilei muss sich vor dem päpstlichen Inquisitionsgericht verantworten.

1618 – 1648
Dreißigjähriger Krieg

1648
In Münster und Osnabrück wird der Westfälische Frieden geschlossen.

Zerstörung Magdeburgs durch kaiserliche Truppen, Gemälde eines unbekannten Künstlers, 1631

1500 1650

Kirche in der Krise

Nach vielen Hundert Jahren ihres Bestehens geriet die Kirche in eine Krise. Am Ende stand Spaltung in eine katholische und eine protestantische Richtung. Wie kam es dazu?

Online-Link
443020-0502
Informationsblatt zu Martin Luther

A: Damals haben die Menschen mit Flugblättern gegen die Missstände in der Kirche protestiert. Fertigt selbst solche Flugblätter in der Klasse an.

Ein Mönch kritisiert die Kirche

Im Oktober 1517 schrieb der Mönch Martin Luther, der an der Universität in Wittenberg lehrte, einen Brief an den Erzbischof von Mainz. In diesem Brief übte er in 95 Thesen (= Behauptungen) heftige Kritik an zahlreichen Missständen in der Kirche. Als besonders anstößig empfand er den Ablasshandel. Gegen Geld verkauften vom Papst dafür eigens entsandte Prediger den Gläubigen so genannte Ablassbriefe. Wer die Ablassbriefe kaufte, so wurde versprochen, dem würden die Strafen für begangene Sünden erlassen. Für bereits Verstorbene konnte dadurch auch die Zeit im „Fegefeuer" verkürzt werden. Für Luther stand der Ablasshandel im Widerspruch zu den kirchlichen Lehren. Seiner Meinung nach konnte nur der wahre Glaube, nicht aber die Zahlung von Geld den Menschen zu ewigem Heil verhelfen.

Q1 Ablasskiste, Städtisches Museum Braunschweig
In solchen Kisten wurde das Geld aufbewahrt, das durch den Verkauf von Ablassbriefen eingenommen wurde.

Missstände in der Kirche

Anlass für den Ablasshandel war der stetig wachsende Finanzbedarf des Papstes. Dieser wollte herrschen und leben wie die weltlichen Fürsten seiner Zeit. Um die immer aufwändigere Hofhaltung und die prachtvollen Kirchenbauten und Paläste bezahlen zu können, reichten die bisherigen Abgaben der Gläubigen nicht aus. 1510 hatte der Papst sogar einen eigenen Ablass ausgeschrieben, durch den Geld für den Neubau der Peterskirche in Rom beschafft werden sollte. Hohe Kirchenämter wurden an denjenigen verkauft, der das meiste Geld bot. Ob er fromm und für das Amt ausreichend theologisch gebildet war, spielte dagegen kaum eine Rolle. Kardinäle, Bischöfe und Äbte, aber auch einfache Priester und Mönche ahmten häufig das Vorbild des Papstes nach. Auch sie lebten vielfach in Saus und Braus, obwohl ihnen ein Leben in Bescheidenheit und die Sorge um ihre Mitmenschen vorgeschrieben war. Damit die Geistlichen ihre Einnahmen erhöhen konnten, mussten die Gläubigen nicht nur den üblichen „Kirchenzehnt" abliefern, sondern einzelne kirchliche Handlungen, wie z. B. das Lesen einer Totenmesse, häufig noch gesondert bezahlen.

Volksfrömmigkeit im Widerspruch zur Kirche

Zunehmend mehr Menschen fanden dieses Verhalten des Papstes und anderer kirchlicher Würdenträger abstoßend. Es widersprach ihrer Auffassung von den Lehren der Bibel und den Geboten Gottes. Insbesondere in Deutschland waren die Menschen in dieser Zeit sehr fromm. Auf Wallfahrten, bei der Verehrung von Heiligen oder deren Reliquien, durch die Gründung wohltätiger Stiftungen und die Veröffentlichung religiöser Schriften zeigten sie öffentlich ihre tiefen religiösen Gefühle und ihre Sehnsucht nach ewigem Seelenheil im Himmel. Dorthin kamen nach kirchlicher Lehre jedoch nur die wenigsten; die meisten mussten sich zuvor im „Fegefeuer" von begangenen Sünden reinigen.

Reliquie
lat.: Überbleibsel
Körperteile (z. B. Knochensplitter) oder Teile des persönlichen Besitzes (z. B. Kleidungsstücke) von Heiligen

Die Reformation beginnt

Eigentlich hatte Luther mit seinen 95 Thesen nur eine Diskussion über die Missstände in der Kirche anregen und eine längst überfällige Reform herbeiführen wollen. Die Erfindung des Buchdrucks machte es jedoch möglich, dass sich seine Thesen schnell in der Öffentlichkeit verbreiteten. So wurden sie zum Beginn der Reformation in Deutschland und bald auch in ganz Europa.

Q2 „Gesetz und Gnade – Rechtfertigung des Sünders"
Altarbild aus der Werkstatt von Lukas Cranach d. Ä., 1535
linker Teil: 71,9 x 59,6 cm; rechter Teil: 72,6 x 60,1 cm
unten: Detailausschnitt

1 Christus als Weltenrichter
2 Adam und Eva im Paradies
3 Der sündige Mensch wird von Tod und Teufel in die Hölle getrieben
4 Moses mit den zehn Geboten
5 Maria wird verkündet, dass sie Gottes Sohn gebären wird
6 Den Hirten wird die Geburt Jesu verkündet
7 Jesu Kreuzigung
8 Auferstehung Jesu
9 Christi Himmelfahrt
10 Der Mensch erkennt die Gnade Gottes

Der Mensch wird vom Blut getroffen, das aus Jesus' Wunden spritzt. Das bedeutet, dass Jesus mit seinem Tod stellvertretend für alle Sünden der Menschen gebüßt hat. Durch den Blutstrahl ist der Mensch direkt mit Jesus Christus verbunden. Niemand steht zwischen ihnen und unterbricht diese Verbindung.

B: Erkläre, welche Szenen des Altarbildes darauf verweisen, dass der Mensch nach der christlichen Lehre Sünden begeht, für die er sich vor Gott verantworten muss. Erläutere dann mithilfe des Detailausschnitts, inwiefern der Maler Luthers Kritik am Ablasshandel der katholischen Kirche unterstützt.

Auf der CD-ROM kannst du dich darüber informieren, welche Vorstellungen von Himmel und Hölle die Menschen damals hatten.

Q3 Das Schiff der Kirche
Holzschnitt eines unbekannten Künstlers, 1508

C: Schreibe auf, welche Personen du auf dem Bild erkennen kannst und was der Künstler mit der Darstellung aussagen wollte.

Q4 Kann man das Seelenheil kaufen?
Der Dominikanermönch Johann Tetzel gehörte zu den eifrigsten Ablasspredigern des Papstes. Aus einer Ablasspredigt Tetzels, 1517:

Wisse, daß ein jeder, der gebeichtet, bereut und Almosen in den Schrein getan hat, so viel ihm der Beichtvater geraten hat, eine volle Vergebung aller seiner Sünden haben wird. Was steht ihr also müßig? Eilet alle zum Heil eurer Seele. (…) Habt ihr nicht die Stimmen eurer Eltern und anderer Verstorbener gehört, die rufen und sagen: „Erbarmt euch, erbarmt euch wenigstens meiner (…) denn wir leiden sehr harte Strafen und Foltern, von denen ihr uns durch ein geringes Almosen loskaufen könnt – und ihr wollt es nicht?" (…) Ihr könnt nun Beichtzettel haben, durch deren Kraft ihr im Leben und in der Sterbestunde (…) Vergebung der Strafen für (eure) Sünden habt.

Helmar Junghans (Hrsg.), Die Reformation in Augenzeugenberichten, München 2. Aufl., 1980, S. 43 ff.

Q5 „Ich kann nicht länger schweigen"
Luther schreibt 1517 an Erzbischof Albrecht von Mainz:

Es wird im Lande unter dem Schutz Eures erlauchten Titels der päpstliche Ablaß zum Bau von Sankt Peter feilgeboten. Ich klage dabei nicht so sehr über das Geschrei der Ablaßprediger, das ich (persönlich) nicht gehört habe. Wohl aber bin ich schmerzlich erzürnt über die grundfalsche Auffassung, die das Volk daraus gewinnt. Offenbar glauben die unglücklichen Seelen, ihrer Seligkeit sicher zu sein, sobald sie nur einen Ablaßbrief gelöst haben, ebenso glauben sie, daß die Seelen sofort aus dem Fegefeuer fahren, sobald sie das Lösegeld in den Kasten gelegt haben. Weiter: So kräftig sei diese Ablaßgnade, daß jede noch so große Sünde vergeben werden könne (…). Endlich soll der Mensch durch diesen Ablaß von jeglicher Strafe und Schuld frei werden.

Ach lieber Gott, so werden die Seelen, die Eurer Fürsorge, teurer Vater, anvertraut sind, zum Tode unterwiesen! Und die schwere Verantwortung, die von Euch um dieser Seelen willen gefordert wird, wächst immer mehr an. Darum kann ich in dieser Sache nicht länger schweigen.

Heinrich Fausel, D. Martin Luther. Leben und Werk. München und Hamburg 1966, S. 86 – 88..

Q6 Wahre Reue befreit von Schuld
Aus Luthers 95 Thesen vom 31. Oktober 1517:

11. Die Lehre, daß man kirchliche Bußstrafen in Strafen des Fegefeuers umwandeln könne, ist ein Unkraut, das augenscheinlich gesät wurde, als die Bischöfe schliefen. (…)

21. Deshalb irren alle Ablaßprediger, die sagen, daß durch die Ablässe des Papstes der Mensch von jeder Strafe befreit und selig wird.

27. Man predigt Menschenlehre, wenn man sagt: Sobald das Geld im Kasten klingt, entflieht die Seele [dem Fegefeuer].

32. Wer glaubt, durch Ablaßbriefe seines Heils sicher zu sein, wird auf ewig mit seinen Lehrmeistern verdammt werden. (…)

36. Jeder Christ, der wahrhaft Reue empfindet, hat einen Anspruch auf vollkommenen Erlaß von Strafe und Schuld, auch ohne Ablaßbrief. (…)

43. Man soll die Christen lehren, daß es besser sei, den Armen etwas zu schenken und den Bedürftigen zu leihen, als Ablässe zu kaufen. (…)

45. Man soll die Christen lehren: Wer einen Bedürftigen sieht und ihm nicht helft und stattdessen sein Geld für Ablaß gibt, der hat sich nicht des Papstes Ablaß, sondern Gottes Zorn erworben. (…)

62. Der wahre Schatz der Kirche ist das allerheiligste Evangelium der Herrlichkeit und Gnade Gottes.

Kurt Aland (Hrsg.), Martin Luthers 95 Thesen, Hamburg 1965, S. 53 ff.

Q7 „Der Antichrist"
Holzschnitt von Lucas Cranach d. Ä., 1521

D: Beschreibe die Szene. Überlege, warum Cranach seinem Bild diesen Titel gab und wen er damit wohl meinte.

1. Erläutere, mit welchen Argumenten Tetzel den Ablasshandel begründet (Q4).

2. Untersuche mithilfe von Q5, warum sich Luther entschloss, gegen den Ablasshandel zu protestieren.

3. Vergleiche Q4 mit Q6. Welche Haltung zu Schuld und Strafe vertritt Luther? Was rät er den Gläubigen? Auf der CD-ROM findest du dazu ein Schaubild.

4. Stell dir vor, du kommst als Bittsteller in die in Q7 dargestellte Kirche, um einen Ablassbrief zu kaufen. Schreibe einen Bericht über dieses Erlebnis.

Flugschriften analysieren

Als es noch keine Zeitungen gab, wurden Flugschriften benutzt, um die Menschen zu erreichen und zu beeinflussen. Die Erfindung des Buchdrucks ermöglichte es, Tausende von Flugschriften preiswert herzustellen. Wichtigstes Element dieser Flugschriften waren neben dem Text die Holzschnitte. So konnten auch diejenigen, die nicht lesen konnten, die Botschaft entschlüsseln. Häufig wählten die Künstler eine zugespitzte Form der Gestaltung: verzerrte Gesichtszüge, Tier- anstelle von Menschenköpfen, Fabelwesen usw. Zeitgenössischen Betrachtern war klar, welche Botschaft der Künstler erreichen wollte. Wir können diese heute nur verstehen, wenn wir die Flugschrift systematisch entschlüsseln. Wie man dabei vorgeht, lernst du in diesem Abschnitt.

Q1 „Lutherus Triumphans" (Der triumphierende Luther)
Flugblatt, Holzschnitt eines unbekannten Künstlers, 1568, 21,4 x 32,7 cm, Städtische Kunstsammlungen Augsburg

A: Verfasse mithilfe des Textes treffende Losungen zu diesem Flugblatt.

Beschreiben
Das Flugblatt zeigt zwei Gruppen von Menschen, die einander gegenüberstehen. Zwei Personen sind besonders hervorgehoben – einer auf einem festlichen Stuhl, ein anderer auf einer Anhöhe stehend. Besonders augenfällig ist, dass die Person auf dem Stuhl umzukippen scheint und nur mit Mühe von mehreren Personen gestützt werden kann, während die andere offenbar fest auf dem Boden steht. Zu erkennen sind unterschiedlich gekleidete Personen auf der linken, einheitlich gekleidete Personen auf der rechten Seite. Während die auf der linken Seite verschiedene Gegenstände in der Hand halten, haben die auf der rechten nur ein Buch in der Hand. Vorn in der Mitte hält eine Person ein Fabeltier an einer Leine fest.

Untersuchen
Bei den herausgehobenen Personen handelt es sich um Doktor Martin Luther und Papst Leo X. Das erkennt man an der Abkürzung bzw. an dem Namen über ihren Köpfen. Luther steht auf einem Hügel und hält eine aufgeschlagene Bibel in der Hand. Die Art wie er dargestellt wird, erinnert an den Propheten Moses, der auf einem Berg steht und den Men-

Methodische Arbeitsschritte

1 Beschreiben

Gehe vor wie bei einer Bildauswertung:
- Beschreibe deinen ersten Eindruck von dem Bild.
- Stelle fest, was darauf besonders ins Auge fällt.
- Nenne Einzelheiten, die du erkennen kannst (Personen, Gegenstände, Gebäude usw.).

2 Untersuchen

- Finde heraus, welche Personen im Mittelpunkt stehen, welche eher am Rande.
- Beschreibe, womit die Personen beschäftigt sind.
- Untersuche die Form der Darstellung. Berücksichtige dabei Stilmittel wie Größe, Kleidung, Anordnung der Personen und Gegenstände.
- Überlege, welche Bildelemente Symbole darstellen oder symbolisch gemeint sind.
- Suche nach Texten oder Namen und entschlüssele sie.

3 Deuten

- Finde heraus, auf welches Ereignis sich das Spottbild beziehen könnte.
- Überlege, wie der Künstler die Ereignisse beurteilt und welche Personen er mit seiner Darstellung erreichen wollte.

schen die Zehn Gebote Gottes bringt. Die Textstellen in der Bibel lauten: „Iustus Fide Sua vivet“ (= Der Gerechte wird aus dem Glauben leben) sowie: „Qui ex Fide sunt II sunt Filii Abrahae“ (= Die des Glaubens sind, sind Abrahams Kinder) Der Papst sitzt auf einem Thron, der auf Büchern steht. Die Bücher fallen herunter und der Thron droht umzukippen. Bei den Büchern handelt es sich um kirchliche Rechtstexte, um Schriften christlicher Autoren aus der Frühzeit der Kirche sowie um Werke des griechischen Philosophen Aristoteles. Luther und der Papst sind von Geistlichen umgeben. Die auf Luthers Seite stehen eng zusammen und sind einheitlich gekleidet. Die anderen tragen unterschiedliche Kleidung und stehen etwas durcheinander. Ganz oben befinden sich geistliche Würdenträger. Sie tragen Heiligenfiguren und kirchliche Geräte. Darunter sieht man eine Gruppe von Mönchen mit Schwertern und Fackeln, den Symbolen der Inquisition. Die Inquisition war eine Art kirchliches Gericht, das diejenigen verfolgte und verurteilte, die Zweifel am katholischen Glauben äußerten. Daraus kann man schließen, dass die Mönche dem Dominikanerorden angehören, denn dieser Orden unterstützte die Inquisition besonders stark. Ganz unten sind Mönche zu erkennen, die Schreibfedern in ihren Händen halten. Die Abkürzung „IHESVITA“ verrät, dass es sich bei ihnen um Angehörige des Jesuitenordens handelt. Die Jesuiten sahen ihre Aufgabe in der Verteidigung des Glaubens durch die Predigt. Das Fabelwesen heißt Chimäre und ist ein Symbol für Hirngespinste. Damit wird angedeutet, dass Menschen durch Ideen und Lehren in die Irre geführt werden können. Der Mann, der die Chimäre an der Leine hält, wird als „Staphylo Judas“ bezeichnet. Gemeint ist damit Friedrich Staphylus. Ursprünglich war er auf Luthers Seite, später einer seiner eifrigsten Gegner. Die Bezeichnung als „Judas“ erinnert an den Apostel Judas, der Jesus einst verraten hatte. Die Gruppe der protestantischen Geistlichen wird von einem engen Weggefährten Luthers angeführt, Philipp Melanchthon. Für Zeitgenossen war er gut erkennbar.

Deuten

Das Flugblatt verspottet aus protestantischer Sicht die katholische Kirche. Es handelt sich dabei um eine Antwort auf zwei zuvor erschienene katholische Flugblätter. Besonders verspottet wird der zum katholischen Glauben übergelaufene Friedrich Staphylus. Das Flugblatt stammt aus der Zeit um 1568, der Zeit der Gegenreformation. Das war eine von Kaiser und Papst unterstützte Bewegung, die Luthers Lehren als falsch bezeichnete und bekämpfte. Es erinnert zugleich an das mutige Auftreten Luthers gegen den Papst und den Beginn von dessen Machtverfall. Indem Luther mit Moses, einem der bedeutendsten Propheten des Alten Testaments, verglichen wird, unterstreicht das Flugblatt die Bedeutung der protestantischen Lehre. So wie Moses die Zehn Gebote hochgehalten hat, so betont Luther die Bedeutung der Bibel als der eigentlichen Quelle des Glaubens im Unterschied zu den vielfältigen Schriften und dem Heiligenkult der katholischen Kirche. Der wankende Thron des Papstes und die unverkennbare Unruhe unter den Katholiken sollen die Überlegenheit und Siegesgewissheit der Protestanten zum Ausdruck bringen. Vielleicht wollte sich der Künstler damit an katholische Christen oder an noch Unentschlossene wenden und sie auffordern, sich dem seiner Meinung nach „rechten Glauben“ anzuschließen.

1500 1650

Bauern fordern „Freiheit" und „Gerechtigkeit"

Um 1500 begannen Bauern, sich zu erheben. Sie forderten „Gerechtigkeit" und „Freiheit". Warum sie dies taten, was sie darunter verstanden und inwieweit sie dabei auch von der neuen Lehre Martin Luthers beeinflusst wurden, erfährst du in diesem Abschnitt.

Wachsende Ungerechtigkeiten

„Das mühselige Volk der Bauern und Hirten ist ein sehr arbeitsames Volk, das mit Fronen (Dienstleistungen für Adel und Geistliche), Zinsen, Steuern und Zöllen hart beschwert und überladen ist", berichtete ein zeitgenössischer Schriftsteller. Die Lage der Bauern war zwar nicht überall gleich. Insgesamt aber nahmen in dieser Zeit die Ungerechtigkeiten zu. Grundherren und Landesherren schränkten überlieferte Rechte der Bauern zunehmend ein. Das betraf auch die Nutzung von Land wie die so genannte Allmende, das Weideland des Dorfes. Solches Land gehörte wie die Flüsse, Seen und Teiche, die Wälder und Weiden nach bäuerlichem Verständnis des „guten alten Rechts" allen Dorfbewohnern. Zudem mussten die Bauern immer höhere Abgaben leisten, damit die Grund- und Landesherren ihre Lebenshaltung, die Verwaltung und ihre Kriege bezahlen konnten.

Forderung nach mehr Gerechtigkeit

Mehr Gerechtigkeit war das Ziel der unzufriedenen Bauern. Sie wollten ihre überlieferten Rechte gewahrt wissen. In vielen Gegenden schlossen sie sich daher zusammen und brachten ihre Beschwerden und Forderungen nach mehr Gerechtigkeit vor. Dabei wurden sie von Handwerkern und Priestern unterstützt, die lesen und schreiben konnten.

Die Bauern erheben sich

1524 begann in Deutschland der große Bauernkrieg. Vom Schwarzwald ausgehend breitete er sich schnell nach Franken, Thüringen, nach Tirol und ins Elsass aus. Mit Sensen, Heu- und Mistgabeln bewaffnet stürmten die Bauern, die sich in „Haufen" zusammengeschlossen hatten, Burgen, Schlösser und Klöster. Handwerker, Tagelöhner und einzelne Adelige unterstützten sie. Die Lehren Martin Luthers hatten sie in ihren Forderungen nach Gerechtigkeit und Freiheit bestärkt. Wenn, wie dieser predigte, vor Gott alle Menschen gleich waren,

Q1 „Von dem Hass des Volkes"
Holzschnitt von Petrarca, 1532
Bauern umringen einen Ritter. Sie haben eine „Bundschuhfahne" dabei. Der Bundschuh – eine typische bäuerliche Fußbekleidung – war ein Zeichen der aufständischen Bauern.

A: Schreibe einen Bericht über diese Szene, so als ob du dabeigewesen wärest.

so widersprachen Ungerechtigkeit und Unterdrückung dem göttlichen Gebot. Einige ihrer Anführer, wie Thomas Müntzer in Thüringen, gingen so weit, den gewaltsamen Sturz aller Fürsten zu fordern. Das sei die Voraussetzung für eine neue und gerechte Ordnung, in der es keine Armut mehr geben sollte.

Die Rache der Fürsten

Obwohl Tausende Bauern sich schließlich erhoben und für ihr „gutes, altes Recht" kämpfend durchs Land zogen, mussten sie sich am Ende doch geschlagen geben. Papsttreue und reformatorische Fürsten schlossen sich zusammen und gingen mit Söldnertruppen gegen die Bauernheere vor. In blutigen Kämpfen schlugen sie diese. Ihre Anführer wurden zur Abschreckung grausam hingerichtet. Insgesamt starben bei diesen Kämpfen 70 000 bis 75 000 Menschen. Die Erhebung der Bauern war damit gescheitert. Die Sieger waren jedoch nicht die Grundherren, sondern die Landesherren. Sie schützten zwar die Bauern vor steigenden Abgaben und Frondiensten an die Grundherren, dafür mussten die Bauern aber von nun an ihre Steuern direkt an die Landesherren zahlen. Und die Landesherren festigten so ihre Macht gegenüber den anderen Adligen.

D1 **Der Bauernkrieg 1524–1526**

B: Beschreibe mithilfe des VT und der Karte den Verlauf des Bauernkrieges.

Q2 Aus den Zwölf Artikeln der Bauern
Der Kürschnergeselle und Laienprediger Sebastian Lotzer und der Stadtpfarrer von Memmingen, Christian Schappeler, fassten die Forderungen der Bauern schriftlich zusammen. Als gemeinsames Programm der Bauern wurden sie im Februar und März 1525 gedruckt und weit verbreitet:

Zum Ersten ist unsere demütige Bitte (…), daß wir in Zukunft Gewalt und Macht haben wollen, durch die ganze Gemeinde den Pfarrer zu wählen (…). Dieser gewählte Pfarrer soll uns das Evangelium unverfälscht und klar predigen.

Zum Zweiten wollen wir den rechten Kornzehnt gerne geben, da er im Alten Testament enthalten und im Neuen erfüllt ist. (…) Den kleinen Zehnt wollen wir nicht geben, denn Gott hat das Vieh dem Menschen zur freien Verfügung erschaffen. (…)

Drittens ist es bisher üblich gewesen, dass man uns als Eigenleute angesehen hat, was zum Erbarmen ist, wenn man bedenkt, dass uns alle Christus mit seinem kostbaren Blutvergießen erlöst und freigekauft hat. (…)

Viertens (…) ist unser Begehren: Wenn einer ein Wasser besitzt und schriftlich beweisen kann, daß er das Wasser gekauft hat, wollen wir es ihm nicht mit Gewalt nehmen. (…) So er es nicht kann, soll er es der Dorfgemeinde überlassen.

Fünftens sind wir auch belastet wegen der Holzung; denn unsere Herrschaften haben sich die Wälder alle angeeignet. (…) Unsere Meinung ist, daß alle Waldungen, die nicht redlich gekauft worden sind, der gesamten Dorfgemeinde wieder anheimfallen sollen. (…)

Sechstens sind wir wegen der Dienste hart belastet, welche von Tag zu Tag vermehrt werden. (…) Wir begehren, daß man ein gebührendes Einsehen damit habe, uns nicht so hart zu belasten. (…)

Siebtens: (…) Der Herr soll den Bauern nicht weiter zwingen, mehr Dienste oder andere von ihm umsonst zu verlangen. (…)

Neuntens werden wir bedrückt, daß man nämlich stets neue Verordnungen macht. (…) Unsere Meinung ist, man soll uns nach den alten geschriebenen Strafgesetzen bestrafen, (…) und nicht nach Gunst und Laune.

Wolfgang Lautemann/Manfred Schlenke (Hrsg.), Fritz Dickmann (Bearb.), Geschichte in Quellen: Renaissance, Glaubenskämpfe, Absolutismus, München 2. Aufl. 1976, S. 144 ff.

Q3 Die Hinrichtung des Bauernführers Jakob Rohrbach am 21. Mai 1525 in Neckargartach bei Heilbronn
Zeichnung eines unbekannten Künstlers, 1550
Der Text im Bild lautet:
„Jacob Rohrbach hatt auffruhr geraten/des muß er werden gebratten/bey Neckargartach an einr weyden/must er des feurs flam leyden/Bis er sein leben Endt/Sein leib zu pulver wardt verbrendt/Jacob Rohrbach von/Böckingen, des/auffrührers endt."

Die Odenwälder Bauern unter der Führung von Jakob Rohrbach eroberten Ostern 1525 die Festung Weinsberg. Die adligen Verteidiger wurden erstochen. Solche Gewalttaten waren zwar eine Ausnahme, aber sie gaben den Gegnern der Aufständischen, u. a. auch Luther, Anlass, bedingungslose Härte im Vorgehen gegen die Bauern zu fordern.

C: Kommentiere diese Szene und den dazugehörigen zeitgenössischen Text.

Q4 „Kampf der Gänse gegen die Füchse“
Flugblatt, kolorierter Holzschnitt, 1544, 24,8 x 34,5 cm, Schlossmuseum Gotha

D: Flugblätter dieser Art fanden nach dem Bauernkrieg weite Verbreitung. Erkläre, warum Künstler sich auf diese Weise zu den gesellschaftlichen Verhältnissen äußerten. Verfasse einen Text zu diesem Flugblatt.

Du kannst mit dem Bild auch auf der CD-ROM arbeiten.

Q5 „Einigt euch mit den Bauern“

Aus der Ermahnung Martin Luthers an die Fürsten vom April 1525:

Eigentlich verdanken wir den Aufruhr euch, ihr Fürsten. Als weltliche Herren tut ihr nichts anderes, als zu schinden und zu schätzen [Steuern zu erheben] und in Pracht und Hochmut zu leben, bis der arme Mann es nicht länger ertragen kann und mag. (…) Was würde es helfen, wenn der Acker eines Bauern ebenso viele Halme und Körner trüge? Die Obrigkeit würde nur umso mehr davon nehmen. Sie würde ihre Pracht vergrößern und das Gut der Bauern verschleudern mit Kleidern, Fressen, Saufen, Bauen und dergleichen, (…). Ich kann euch nur raten, meine Herren, einigt euch mit den Bauern im Guten, damit nicht ein Funke ganz Deutschland entzündet.

Martin Luther, Ermahnung zum Frieden, in: Wolfgang Lautemann, Manfred Schlenke (Hrsg.), Geschichte in Quellen, Bd. 3, München 1966, S. 45 ff., bearb. v. Fritz Dickmann.

Q6 „Nicht so, liebe Freunde“

Aus der Ermahnung Martin Luthers an die Bauern vom Mai 1525:

Ich bekenne, (…) daß die Fürsten und Herren, wenn sie das Evangelium zu predigen verbieten und die Leute so unerträglich beschweren, es (…) wohlverdient haben, dass sie Gott vom Stuhl stürze, da sie gegen Gott und die Menschen sich hoch versündigen. Sie haben auch keine Entschuldigung. (…) Zweitens sage ich aber auch, daß ihr diejenigen seid, die Gottes Namen mißbrauchen und ihn damit schänden. Das ist leicht zu beweisen, denn hier steht Gottes Wort, und es spricht durch den Mund Christi: „Wer das Schwert nimmt, der soll durch das Schwert umkommen.“ (…)
(Ihr schreibt): Die Zehnten sollen an den Pfarrherrn und die armen Leute ausgeteilt werden. Das Übrige soll für Notzeiten des Landes behalten werden etc. Dieser Artikel ist eitel Raub und öffentliche Strauchdieberei, denn da wollen sie den Zehnten, der nicht ihnen, sondern der Obrigkeit gehört, an sich reißen und damit machen, was sie wollen. Nicht so, liebe Freunde, das hieße, die Obrigkeit ganz absetzen. (…)
(Ihr schreibt weiter): Es soll kein Leibeigener sein, weil Christus uns alle befreit hat. Was ist das? Das heißt, die christliche Freiheit ganz fleischlich machen. (…) Es will dieser Artikel alle Menschen gleichmachen und aus dem geistlichen Reich Christi ein weltliches, äußerliches Reich machen, was unmöglich ist.

Adolf Laube/Hans Werner Seiffert (Hrsg.), Flugschriften der Bauernkriegszeit, Köln/Wien, 2. Aufl. 1978, S. 203 ff.

1. Berichte wie ein Reporter über die Forderungen der Bauern. Mache dabei deutlich, an welchen Stellen der Einfluss der Reformation erkennbar ist. Du hast dafür drei Minuten Zeit (Q2).

2. Stell dir vor, zwei Fürsten unterhalten sich über die Ermahnungen Luthers. Schreibe dieses Gespräch auf (Q5).

3. Schreibe einen Bericht darüber, wie Luther die Forderungen der Bauern beurteilt (Q6).

1500 1650

Die Reformation verändert Deutschland

Anders als in vorangegangenen Jahrhunderten, in denen kirchliche Reformbewegungen zurückgedrängt und ihre Anführer hingerichtet worden waren, gelang es Papst und Kaiser nicht, Luther und seine Anhänger zu unterdrücken. Warum war das so und welche Folgen hatte das?

A: Trage in eine Tabelle die wichtigsten Schritte der Reformation ein und kommentiere deren Bedeutung.

Wie reagieren Papst und Kaiser auf Luthers Kirchenkritik?

Luthers Thesen stellten nicht nur die als unantastbar angesehenen Lehren der Kirche, sondern auch deren bisherige Organisation infrage. Damit wurde auch die Autorität von Papst und Kaiser angegriffen. 1518 leitete der Papst einen Ketzerprozess gegen Luther ein und verhängte gegen ihn den Kirchenbann. Viele mächtige Fürsten des Reiches aber hielten die Kritik Luthers an der Kirche für richtig. Daher unterstützten sie den Mönch aus Wittenberg. Da Kaiser Karl V. Konflikte mit den Fürsten vermeiden wollte, verhängte er zunächst keine Reichsacht über Luther. Stattdessen berief er einen Reichstag nach Worms ein. Dort sollten Kaiser und Fürsten gemeinsam über eine Lösung beraten.

Reichsacht
Das ist eine Strafe, die der Kaiser bzw. König unter Mitwirkung eines Gerichts gegen Verbrecher aussprach. Der Verurteilte wurde geächtet. Das hieß, jeder durfte den Geächteten ungestraft töten und sich sein Eigentum aneignen.

Luther vor dem Reichstag

Im Frühjahr 1521 trafen der Kaiser, die Fürsten des Reiches und Luther auf dem Reichstag in Worms zusammen. Trotz mehrfacher Aufforderung weigerte Luther sich, seine Thesen zu widerrufen. Nun verhängte der Kaiser mit dem so genannten Wormser Edikt über ihn und seine Anhänger die Reichsacht. Der sächsische Kurfürst Friedrich schützte Luther jedoch. Er versteckte ihn auf der Wartburg bei Eisenach. Dort begann Luther, das Neue Testament ins Deutsche zu übersetzen. Diese Übersetzung fand reißenden Absatz. Erstmals konnten nun auch einfache Leute die Bibel lesen. Zugleich wuchs dadurch auch die Zahl seiner Anhänger.

Die Reformation breitet sich aus

Luthers mutiges Auftreten und seine Schriften machten aus der Reformation schnell eine Volksbewegung. Laienprediger und volkstümliche kirchliche Lieder, von denen viele von Luther selbst geschrieben wurden, trugen ebenfalls dazu bei, die neue Lehre zu verbreiten. Alles, was seinen Ursprung nicht in der

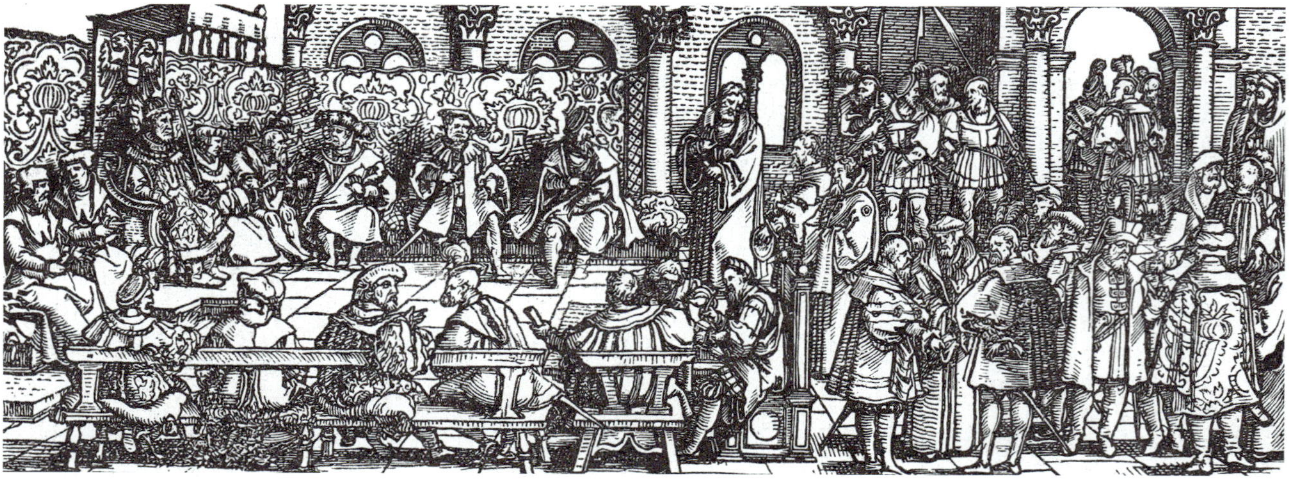

B: Beschreibe das Ereignis, so als wärst du dabeigewesen.

Q1 Luther auf dem Reichstag in Worms am 17./18. April 1521
Holzschnitt von Hans Sebald Beham, 1521

Bibel hatte, wurde abgeschafft, z.B. das Zölibat (Verbot für Geistliche zu heiraten). Allein das „Wort Gottes“, so wie es in der Bibel überliefert war, sollte die Richtschnur menschlichen Handelns sein. So verließen z.B. zahlreiche Mönche und Nonnen ihre Klöster. Viele von ihnen heirateten, so auch Luther.

Reformation und Obrigkeit
Ursprünglich hatte Luther den Christen das Recht zusprechen wollen, das Gemeindeleben eigenverantwortlich zu regeln. Nach den Erfahrungen des Bauernkrieges war er jedoch überzeugt, dass nur eine von Gott eingesetzte Obrigkeit die Ordnung wahren und die Reformation durchführen könne. Städte und Fürsten übernahmen große Teile des Kirchengutes in ihren Besitz und regelten in Kirchenordnungen den Ablauf der Gottesdienste. Sie ernannten auch die Pfarrer, die von nun an in deutscher Sprache predigten und für die Achtung vor der Obrigkeit eintraten. Immer mehr Fürsten schlossen sich daher der Reformationsbewegung an. Dadurch stärkten sie ihre Macht und ihren Reichtum. Sie verpflichteten sich aber auch, bisher von der Kirche wahrgenommene Aufgaben wie die Pflege der Armen und Kranken oder die Einrichtung von Schulen zu übernehmen.

Kaiser und Fürsten streiten um den rechten Glauben
Der Wormser Reichstag hatte die Konflikte zwischen dem Kaiser und den Fürsten, die Luther unterstützten, nicht gelöst. 1526 setzten die Fürsten auf dem Reichstag zu Speyer durch, dass „jeder es mit der lutherischen Sache so halte, wie er es vor Gott und dem Kaiser verantworten könne“. Das bedeutete Glaubensfreiheit für die jeweiligen Gebiete. Der Versuch, diesen Beschluss wenig später rückgängig zu machen, scheiterte am Protest von fünf Reichsfürsten und vierzehn Reichsstädten. Seitdem hießen die Anhänger der Reformbewegung auch „Protestanten“.

Auf der CD-ROM kannst du ein Gemälde zum „rechten Glauben“ erkunden.

Der Augsburger Religionsfrieden
1546/47 entschied sich Karl V., die Reformation militärisch zu unterdrücken und die Glaubenseinheit wiederherzustellen Seine militärischen Siege nutzten ihm jedoch nichts. Die protestantischen Stände verbündeten sich mit dem französischen König. Kaiser Karl V. dankte enttäuscht zugunsten seines Bruders Ferdinand ab. Dieser schloss 1555 mit den Protestanten in Augsburg einen Religionsfrieden. Darin erkannten sich Katholiken und Lutheraner gegenseitig als gleichberechtigt an. Die Untertanen mussten die Konfession (Glaubensrichtung) ihres Landesherren annehmen. Wer einen anderen Glauben behalten wollte, wurde oft gezwungen auszuwandern. Zunächst jedoch herrschte Friede zwischen den Religionen.

Q2 Titelbild zum Neuen Testament
Holzschnitt von Lucas Cranach d. Ä., 1546
Kurfürst Johann Friedrich von Sachsen und Martin Luther unter dem Kreuz

C: Erläutere, wie dieses Titelbild auf Protestanten und auf Katholiken wirken konnte.

Q3 „... widerrufen kann ich nichts"

Auf dem Reichstag in Worms 1521 wurde Luther vom Kaiser und den Fürsten gefragt, ob er seine Kritik an Papst und Kirche weiterhin vertreten oder widerrufen wolle. Luther antwortete:

Wenn ich nicht durch Schriftzeugnisse oder einen klaren Grund widerlegt werde – denn allein dem Papst oder den Konzilien glaube ich nicht; es steht fest, daß sie häufig geirrt und sich auch selbst widersprochen haben –, so bin ich durch die mir aufgeführten Schriftworte (der Bibel) überwunden. Und da mein Gewissen in den Worten Gottes gefangen ist, kann und will ich nichts widerrufen, weil es gefährlich und unmöglich ist, etwas gegen das Gewissen zu tun. Gott helfe mir. Amen.

Karin Bornkamm/Gerhard Ebeling (Hrsg.), Martin Luther, Ausgewählte Schriften, Bd. 1: Aufbruch zur Reformation, Frankfurt/M. 1995, S. 268 f.

Q4 In der überkommenen heiligen Religion leben und sterben

Am Tage nach Luthers Weigerung zu widerrufen äußerte sich Karl V. gegenüber den Kurfürsten und anderen Fürsten:

Meine Vorfahren haben die heilige katholische Religion hinterlassen, damit ich in ihr lebe und sterbe. (...) Deshalb bin ich entschlossen, alles zu halten, was meine Vorgänger und ich bis zum gegenwärtigen Augenblick gehalten haben. (...) Denn es ist sicher, dass ein einzelner Bruder in seiner Meinung irrt, wenn diese gegen die ganze Christenheit, wie sie seit mehr als tausend Jahren gelehrt wird, steht, denn sonst hätte ja die ganze Christenheit heute und immer geirrt. (...) Es reut mich, dass ich so lange aufgeschoben habe, gegen diesen Luther und seine falschen Leute vorzugehen. (...) Das freie Geleit soll ihm wie zugesagt, gehalten werden, aber er soll nicht predigen, noch dem Volk seine böse Lehre vortragen, und jede Unruhe soll vermieden werden.

Wolfgang Lautemann/Manfred Schlenke (Hrsg.), Geschichte in Quellen, Bd. 3, München 1976, S. 126.

Q5 Flugblatt

Holzschnitt, um 1520
Gegenüberstellung des evangelischen und des katholischen Gottesdienstes, die Schrift links im Bild lautet: „Dies spricht der Herr", rechts: „So spricht der Papst".

D: Vergleiche die Bilder Q5 und Q7 miteinander. Welches Bild stammt von Katholiken, welches von Protestanten? Was werfen sich Protestanten und Katholiken darin vor? Wende die Arbeitsschritte zur Entschlüsselung von Spottbildern an.

Q6 Eine neue Gottesdienstform

Über den ehemaligen Mönch Gabriel Zwilling wird aus Eilenburg berichtet, 1522:

In der Pfarrkirche hält man noch Gottesdienst, aber ohne große Feierlichkeiten und ohne Orgel. Nach dem Evangelium hat ein entlaufener Mönch angefangen zu predigen. Er hatte keine Tonsur, sondern die Haare waren nur ganz kurz über den Kamm geschnitten, und er sah aus wie der Teufel.

Er sagte, dass es zwei Wege gebe, einer davon sei enge und führe uns zum Himmel, und das sei der Weg des Glaubens, der andere sei breit und führe uns zur Hölle, und das seien die guten Werke, wie Messehalten, Beten, Fasten, Almosen geben und solch unnützes Zeug. (...) Der Mönch selbst hatte keine Messgewänder an. Er hat den Menschen die Hostien in die Hand gegeben und gesagt, er wolle die niemand in den Mund geben, damit sie selbst sehen und fühlen können, was sie nähmen. Den Wein hat er in zwei großen Bechern mit den deutschen Worten gesegnet und den Menschen zu trinken gegeben.

Johann Karl Seidemann, Erläuterungen zur Reformationsgeschichte durch bisher unbekannte Urkunden, Dresden 1844, S. 37 ff.

Q7 „Luthers und Luzifers einträchtige Vereinigung"
Holzschnitt, Titel einer Druckschrift, 1535

Q8 Aufgaben der Kirche
Aus der Kirchenordnung für Hamburg, 1529:

Mit dieser Ordnung wird Folgendes verfügt: eine gute Schule für die Jugend und gute Prediger des Wortes für uns alle, dazu, wie es billig und christlich ist, die Besoldung der Arbeitenden; außerdem die Versorgung der Armen. (…)

Im offenkundigen Ehebruch Lebende, Huren, Herumtreiber, tägliche Trunkenbolde, Gotteslästerer und andere, die in einem Schandleben und frevelnder Gesetzlosigkeit wider andere Leute handeln, sollen zunächst ernstlich durch einen oder zwei ihrer Prediger ein- oder zweimal ermahnt werden, daß sie sich bessern. Wollen sie nicht, so halte man sie für Unchristen und verdammte Leute. (…)

Aus dem Armenkasten sollen alle wirklich Armen versorgt werden. Ebenso die Handwerker und Arbeiter, die das ihre nicht versaufen, verkommen lassen oder unnütz verbringen (…) und doch dabei Unglück haben, so daß sie ohne eigene Schuld Not leiden. Ebenso jene, die durch Krankheit oder körperliche Gebrechen erwerbsunfähig sind. Ebenfalls Witwen und Waisen, die nichts haben und sich nichts erarbeiten oder erwerben können (…), sofern sie ein ehrbares Leben führen.

Heiko A. Oberman, Die Kirche im Zeitalter der Reformation, Neukirchen-Vluyn 3. Aufl. 1988, S. 85 ff.

Q9 Katholisch oder evangelisch?
Aus dem Augsburger Religionsfrieden zwischen Katholiken und Protestanten von 1555:

1. Die Landesherren können wählen, ob sie den katholischen oder evangelischen Glauben annehmen wollen. Zwinglianer, Calvinisten (Anhänger anderer Konfessionen) und Täufer bleiben ausgeschlossen.
2. Die Untertanen müssen den Glauben ihres Landesherren annehmen (wer herrscht, darf die Religion bestimmen). Wer widerstrebt, darf auswandern.
3. Die evangelischen Landesherren dürfen die Kirchengüter behalten, die sie vor 1552 eingezogen haben.
4. In den Reichsstädten, die konfessionell gemischt sind, dürfen Angehörige beider Konfessionen weiterhin nebeneinander leben.
5. „Geistlicher Vorbehalt": Tritt ein geistlicher Fürst zum evangelischen Glauben über, muß er auf sein Amt verzichten.

Helmuth K. G. Rönnefarth, Konferenzen und Verträge, Teil 2, Bd. 3, Würzburg 1958, S. 23 f.

1. Schildere mithilfe der Karte auf der Orientierungsseite das Ergebnis der Auseinandersetzungen zwischen Katholiken und den Anhängern Luthers.
2. Verfasse ein Flugblatt über den Wormser Reichstag zur Information der Bevölkerung. (VT, Q1, Q3, Q4).
3. Liste die Veränderungen im Gottesdienst in Q6 auf. Vermute, welcher Konfession der Schreiber angehörte.
4. Erläutere, welche Aufgaben die Hamburger Kirchen übernahmen und beurteile die Maßnahmen (Q8).
5. Du bist Berichterstatter in Augsburg. Schreibe einen Kommentar zu den Verhandlungsergebnissen (Q9).

1500 1650

Die Reformation – eine europäische Bewegung

Die Reformation blieb nicht allein auf Deutschland beschränkt. Innerhalb weniger Jahre breitete sie sich in großen Teilen Europas wie ein Flächenbrand aus. Wo und wie geschah das?

A: Führt ein Streitgespräch zwischen einem Künstler, dessen Bilder zerstört werden, und einem Bilderstürmer, der sich rechtfertigt.

Radikale Reformer – Zwingli und Calvin

Besonders einflussreiche Reformer waren die Schweizer Ulrich Zwingli und Johannes Calvin. Wie Luther forderten sie, dass nur die Bibel die Grundlage des kirchlichen Lebens sein sollte. In zahlreichen Punkten gingen sie sogar über die Lehren Luthers hinaus. So riefen sie beispielsweise dazu auf, alle Bilder und Statuen aus den Kirchen zu entfernen. Sie begründeten das damit, dass in der Bibel steht, man solle sich kein Bild von Gott machen. Calvin ging noch einen Schritt weiter als Zwingli. Er und seine Anhänger verboten alles, was sie für „sündhaft" hielten: Glücks-, Karten- und Würfelspiele, sogar das Tanzen und Theaterbesuche. Ein vor Gott gehorsamer Mensch sollte sich durch ein strenges und verantwortungsbewusstes Leben auszeichnen. Der Lebenswandel eines Menschen sei ein Zeichen dafür, ob er in den Himmel komme oder zu den ewig Verdammten gehöre.

Aber nicht nur das alltägliche Leben, sondern auch der Aufbau von Kirchgemeinden und Staat sollte sich nach der Bibel richten. Vorbild waren die ersten christlichen Gemeinden. Danach wurden Kirchgemeinden und Städte durch einen Rat regiert, den die Gemeindemitglieder wählten. Anders als Luther räumte Calvin den Menschen das Recht auf Widerstand gegen die Obrigkeit ein, falls diese gegen Gottes Gebote verstoße, d. h. „maßlos wütete" bzw. das „niedere Volk quälte". So fortschrittlich manche Aspekte der Lehre Calvins auch waren, so gering war die Toleranz gegenüber Andersgläubigen oder Gegnern. Sie wurden rücksichtslos verfolgt.

Toleranz
Darunter versteht man, die Überzeugungen anderer zu dulden. Im 16. Jahrhundert betrachtete man Toleranz als ein Zeichen religiöser Gleichgültigkeit. Erst später wurde sie zu einem wichtigen Grundsatz menschlichen Zusammenlebens.

Die Reformation in den Niederlanden

Viele Anhänger hatte der Calvinismus in den Niederlanden. Die Niederländer wurden vom spanischen König Philipp II. regiert. Als dieser Herrscher begann,

Q1 „Klage der Heiligenbilder"
Holzschnitt von Erhard Schön, um 1530

B: Finde eine Erklärung dafür, warum der Künstler seinem Bild diesen Titel gab. Schließe auf seine Einstellung zum Calvinismus.

Q2 Die Bartholomäusnacht
Gemälde von François Dubois, 1595; der Maler war Augenzeuge des Massakers.

C: Berichte über das Ereignis wie ein heutiger Reporter in der Tagesschau.

die Protestanten als Ketzer von der Inquisition verfolgen, aburteilen und verbrennen zu lassen, erhoben sich die Niederländer. Dabei beriefen sie sich auf das von Calvin formulierte Widerstandsrecht. 1581 erklärten sich die Nordprovinzen – die heutigen Niederlande – für unabhängig. Endgültig anerkannt wurde ihr neuer Staat jedoch erst über ein halbes Jahrhundert später.

Die Hugenotten in Frankreich

In Frankreich nannten sich die Anhänger Calvins Hugenotten. Ihr Schicksal ist ein Beispiel für religiöse Intoleranz. In blutigen Kämpfen ließ der katholische König Tausende umbringen. Grausamer Höhepunkt dieser Kämpfe war die Bartholomäusnacht vom 23. August 1572. Fast der gesamte hugenottische Adel, der sich zu einer Hochzeit am Königshof versammelt hatte, wurde ermordet. Erst 1598 verkündete König Heinrich IV. das Edikt von Nantes, das allen Religionen Toleranz zusicherte.

Ein König wird Oberhaupt der Kirche

In England war der Wille König Heinrichs VIII., sich scheiden zu lassen, um erneut heiraten zu können, der Auslöser für einen Bruch mit dem Papst. Nachdem alle Versuche gescheitert waren, den Papst zur Anerkennung der neuen Ehe zu zwingen, trennte sich die englische Kirche von Rom. Sie nannte sich fortan anglikanische Kirche; ihr Oberhaupt war der König. Wie in anderen protestantischen Ländern beschlagnahmte die Krone den Kirchenbesitz. Das Gedankengut der Reformer verbreitete sich jedoch erst allmählich in England. Die Auseinandersetzungen zwischen den Reformern und den Anhängern des Papstes zogen sich noch bis weit in das 17. Jahrhundert hin.

Q3 Innenansicht der Jesuitenkirche zu Antwerpen
Gemälde von Sebastian Vranx, ohne Jahr, vermutlich Ende des 16. Jahrhunderts, 52x71cm, Kulturhistorisches Museum Wien

D: Vergleiche die Bilder Q3 und Q5 miteinander. Erkläre, welche Unterschiede durch die verschiedenen Glaubensrichtungen bedingt sind.

Q4 Alle Götzen zerschlagen
Fridolin Ryff schreibt in der Chronik von Basel über den Bildersturm, 1529:
Da man unterdessen alle Türen an der Kirche geschlossen hatte, weil die Pfaffen sahen, daß eine Tafel zerbrochen war, schlugen sie die Türen in Stücke und fingen an, alles zu zerschlagen, was da war; da gab es kein Schonen: Wer besser mochte, der tat um so mehr, sie zerhieben alle Gemälde, Tafeln, Götzen, steinerne und hölzerne, alles ward in kleine Stücke zerschlagen, aller Zierrat, die sie erreichen konnten, musste zerschlagen sein, mit Ausnahme dessen, was von Gold, Silber und andern Kleinodien war, das blieb unbeschädigt und wohlbehalten, denn keiner begehrte etwas zu entwenden, sie wollten nur zerschlagen; es durfte sich auch keiner unterstehen, daß er ihnen wehren wollte. Das kam vor den Rat, der schickte etliche Herren hinauf, solches abzustellen; aber es gab kein Abstellen, sondern sie zogen aus dem Münster nach Sankt Ulrich, Sankt Alban und Sankt Peter und aus einer Kirche und einem Kloster in das andere, bis sie die Götzen alle zerschlugen in allen Kirchen auf dieser Seite (in Großbasel).

Adolf Bucher/Walter Schmid (Hrsg.), Reformation und katholische Reform 1500–1712, Aarau 1958, S. 22.

Q5 Calvinistischer Gottesdienst in der Kirche Stein bei Nürnberg
Kupferstich, 16. Jahrhundert

Q6 Calvinistische Sittenzucht

Aus einem Brief Calvins vom 25. November 1560:

Zum heiligen Abendmahl darf keiner kommen, der nicht seinen Glauben bekannt hat. Deshalb werden jährlich vier Prüfungen abgehalten, an denen die Kinder befragt und eines jeden Fortschritte festgestellt werden. (...) Was die Erwachsenen angeht, so wird jährlich eine Inspektion jeder Familie abgehalten. (...) Der Pfarrer ist von einem Ältesten begleitet. Dabei werden dann die neu Zugezogenen auch geprüft.
Die Sittenzucht wird folgendermaßen gehandhabt: Jährlich werden zwölf Älteste gewählt. (...) Vor das kirchliche Gericht wird nur vorgeladen, über wen dies eindeutig beschlossen wird. (...) So werden Flucher, Trunkenbolde, Hurer, Raufbolde und Streitsüchtige, Tänzer (...) und dergleichen Leute vorgeladen. Wer nur leicht gefehlt hat, wird mit freundlichen Worten zurechtgewiesen und entlassen. Bei schweren Sünden ist die Rüge strenger, der Pfarrer tut sie dann nämlich in den Bann, wenn auch nur für kurze Zeit; dadurch werden sie vom Abendmahl ausgeschlossen, bis sie um Verzeihung bitten. (...) Verachtet jemand verstockt die kirchliche Macht und lässt nicht innerhalb eines Jahres von seinem Trotze, so wird er vom Rat auf ein Jahr ausgewiesen.

Karl Heinrich Peter (Hrsg.), Briefe zur Weltgeschichte, München 1964, S. 59 ff.

1. Erläutere, wie der Calvinismus in das Alltagsleben eingriff. Warum fanden die Menschen den Calvinismus trotzdem attraktiv (VT, Q4, Q6)?

2. Stell dir vor, du wärest ein Niederländer und müsstest den Aufstand deines Volkes gegenüber dem spanischen König rechtfertigen: Wie würdest du argumentieren?

3. Fertige mithilfe dieses und des vorigen Kapitels eine Wandzeitung über die Ausbreitung der Reformation in Europa an. Nutze auch zusätzliche Informationen aus Nachschlagewerken und dem Internet.

1500 1650

Kann die Kirche sich erneuern?

Auch der Papst erkannte, dass es nicht ausreichte, auf die Reformation nur mit der Verfolgung von deren Anhängern zu reagieren. Wie versuchte er, die Einheit der Kirche wiederherzustellen? Welche Ergebnisse brachten die Bemühungen?

A: Stell dir vor, du reist als päpstlicher Berichterstatter durch das Land und sollst die Ergebnisse des Trienter Konzils verkünden. Schreibe auf, welche Rede du halten würdest.

Konzil
Darunter versteht man eine Versammlung aller Bischöfe und kirchlichen Würdenträger unter Leitung des Papstes. Auf Konzilien werden seit den Anfängen des Christentums grundsätzliche Glaubensfragen beraten und allgemein verbindlich entschieden.

Ein Konzil soll die Kirche reformieren

Der Kaiser, der seit dem Mittelalter der Beschützer der Kirche war, drängte den Papst, die Spaltung der Kirche durch eigene Reformen zu überwinden. Ein Konzil sollte darüber beraten und entsprechende Beschlüsse fassen. 1545 berief der Papst endlich ein Reformkonzil nach Trient in Oberitalien ein. Es tagte mit zum Teil jahrelangen Unterbrechungen bis 1563. Um die Kirche zu erneuern und die Kritik durch die Protestanten zurückzudrängen, wurden zahlreiche Missstände abgeschafft. Zum Beispiel wurden der Ablasshandel und der Verkauf kirchlicher Ämter verboten. Die Teilnehmer einigten sich auch auf verbindliche Lehrwerke, in denen auch der Ablauf der Messe und Gebete festgelegt wurden. Trotz aller Reformen wurde aber ausdrücklich an vielen Grundsätzen festgehalten: Nicht allein die Bibel sollte für das Leben der Gläubigen verbindlich sein, sondern auch Konzilsbeschlüsse und theologische Schriften. Der Papst und die Geistlichen galten weiterhin als Mittler zwischen Gott und den Gläubigen. Priester durften nicht heiraten. Die Messe sollte nicht in den Volkssprachen, sondern in Latein abgehalten werden. Eine Einigung mit den Protestanten wurde durch solche Beschlüsse unmöglich.

Die „katholische Reform": die Gegenreformation

Auf dem Konzil wurden auch Maßnahmen beschlossen, mit denen die Erfolge der Reformation rückgängig gemacht werden konnten. Der Papst ernannte eigene Gesandte, die die Fürsten berieten, denn diese bestimmten den Glauben ihrer Untertanen. Die Inquisition – eine Art kirchliches Gericht – verfolgte alle Abweichler von der katholischen Lehre mit unerbittlicher Härte. Eine besondere Rolle spielte der 1534 gegründete Jesuitenorden. Die Jesuiten verpflichteten sich zu uneingeschränktem Gehorsam gegenüber dem Papst und wirkten in seinem Sinne als Seelsorger und Missionare. Darüber hinaus gründeten sie zahlreiche Schulen und Universitäten. Dort wurden zukünftige Führungskräfte erzogen und ausgebildet, die später die Reformation zurückdrängen sollten.

Q1 „Herr und Knecht"
Gemälde eines unbekannten Künstlers, um 1610, 26 x 30,5 cm, Museum Catharijneconvent Utrecht

B: Der Künstler hat die beiden Glaubensrichtungen gleichnishaft dargestellt. Überlege, wie er die beiden Konfessionen bewertet.

Q2 Sitzung der Kirchenversammlung in der Kathedrale von Trient
Kupferstich von Claudy, 1565 (Ausschnitt)

C: Schreibe einen Pressebericht von der dargestellten Versammlung. Nimm auch den VT zu Hilfe.

Q3 Beschlüsse in Trient

Aus einem Erlass des Trienter Konzils über den Gebrauch der heiligen Schriften, 8. April 1546:
Die heilige Synode (…) bestimmt und erklärt, daß die alte allgemein verbreitete Ausgabe, die durch den Gebrauch so vieler Jahrhunderte in der Kirche selbst gebilligt wurde, in öffentlichen Lesungen, Disputationen (Streitgesprächen), Predigten und Auslegungen für authentisch (echt) gehalten werden soll und daß niemand, unter welchem Vorwand es auch sei, sie zu verwerfen wage. (…)
Außerdem beschließt sie, um die frechen Geister zu bändigen, daß niemand sich auf seine Klugheit berufen und in Dingen des Glaubens und der zur Erbauung der christlichen Lehre dienenden Sitten die heilige Schrift nach seinem Sinn auslege entgegen dem Sinn, den die heilige Mutter Kirche festhielt und festhält, der das Urteil über den wahren Sinn und die Auslegung der Heiligen Schrift zukommt.

Robert Stupperich, Melanchthon, Berlin 1960, S. 87.

Q4 Wie soll ein Jesuit leben?

Aus der Ordensregel der Gesellschaft Jesu (Jesuitenorden), 1540:
Wer in unserer Gesellschaft, die wir mit dem Namen Jesu bezeichnet wissen wollen, unter dem Banner des Kreuzes Gott Kriegsdienste leisten will und nur dem Herrn und seinem irdischen Statthalter, dem römischen Bischof, dienen, der möge außer dem feierlichen Gelübde beständiger Keuschheit (Enthaltsamkeit) bedenken, daß er einer Gesellschaft angehört, die vor allem dazu begründet ist, auf Förderung der Seelen in christlicher Lebensführung und Lehre, auf Ausbreitung des Glaubens durch öffentliche Predigten und Dienst am Worte Gottes, durch geistliche Übungen und Werke der Liebe sowie namentlich durch Unterweisung der Knaben und Ungebildeten im Christentum, auch durch geistliche Tröstung der Gläubigen Christi beim Hören der Beichte vornehmlich hinzuarbeiten. (…) Wir haben beschlossen, uns alle einzeln durch ein besonderes Gelübde zu verpflichten, daß wir, was immer der jetzige oder jeweilige römische Bischof (Papst) zur Förderung der Seelen und Ausbreitung des Glaubens befehlen und in welche Provinzen er uns schicken mag, ohne irgendeine Zauderei oder Entschuldigung (…) sofort Folge leisten werden (…). Jeder Einzelne soll geloben, (…) dem Oberen der Gesellschaft gehorsam zu sein.

Horst Rabe, Katholische Reform und Gegenreformation, Stuttgart 1960, S. 38.

1. Kommentiere aus der Sicht eines protestantischen Geistlichen den Erlass vom April 1546 (Q3).
2. Versetze dich in die Lage eines Protestanten und diskutiere mit einem Mitglied des Jesuitenordens über dessen Regeln (Q4).
3. Auch heute wird zwischen Katholiken und Protestanten über Möglichkeiten und Grenzen der Annäherung diskutiert. Erkundige dich danach und berichte darüber.

1500 1650

Der Dreißigjährige Krieg – Religiöse Konflikte und Kampf um die Macht

Alle Versuche, die Konflikte zwischen Anhängern der Reformation und der katholischen Kirche friedlich beizulegen, erwiesen sich als vergeblich. 1618, gut einhundert Jahre nach der Verkündung von Luthers 95 Thesen, brach ein Krieg aus, der Deutschland dreißig Jahre lang verwüsten sollte. Über Ursachen, Verlauf und Ergebnis dieses Krieges erfährst du mehr in diesem Abschnitt.

A: Belege mithilfe des Textes, dass der Dreißigjährige Krieg sowohl um den Glauben als auch um die Macht geführt wurde.

Glaube und Macht

Der Augsburger Religionsfrieden von 1555 hatte die Konflikte zwischen Protestanten und Katholiken nur vorübergehend gelöst. Beide Seiten versuchten in den folgenden Jahrzehnten, ihren Einfluss zu erweitern. Zu Beginn des 17. Jahrhunderts standen sich zwei Bündnisse unversöhnlich gegenüber: die katholische „Liga" mit dem Kaiser an der Spitze und die protestantische „Union". Als der König von Böhmen – ein Cousin des Kaisers – versuchte, das Recht zur freien Religionsausübung in seinem Land wieder zurückzunehmen, stieß das bei den protestantischen Adligen auf große Empörung.

Q1 Der Prager Fenstersturz
Kupferstich von Matthias Merian d. Ä., aus dem Theatrum Europaeum, Frankfurt am Main, 1630

B: Versetze dich in die Lage der Geflohenen und berichte am Hofe des Kaisers über die Stimmung, die in Prag herrscht.

Q2 Plünderung eines Dorfes
Gemälde von Sebastian Vrancx, 1640, 75 x 107 cm, Louvre Paris

C: Versetze dich in die Lage eines Kriegsreporters, der diese Szene beobachtet, und berichte darüber.

Der Prager Fenstersturz

Am 23. Mai 1618 stürmten 200 Vertreter des böhmischen Adels die Prager Burg, den Sitz des böhmischen Königs und kaiserlichen Statthalters. Nachdem sie ihrer Empörung Luft gemacht hatten, warfen sie den Burggrafen und zwei Beamte aus dem Fenster. Die aus dem Fenster Geworfenen kamen mit dem Leben davon und konnten fliehen. Am nächsten Tag übernahmen die Protestanten die Regierung. Zugleich bereiteten sie sich auf bewaffnete Kämpfe vor.

Der Krieg beginnt

Gut ein Jahr später beschlossen die böhmischen Protestanten, den entmachteten König Ferdinand abzusetzen und den protestantischen Kurfürsten Friedrich V. von der Pfalz zu seinem Nachfolger zu machen. Ungefähr zur gleichen Zeit wurde Ferdinand zum neuen Kaiser gewählt, denn der alte war inzwischen gestorben. Nun wollte er die Macht in Böhmen zurückgewinnen und sich für die erlittene Demütigung rächen. Mit Unterstützung anderer Fürsten der katholischen „Liga" gelang es ihm schnell, den Aufstand des böhmischen Adels niederzuschlagen. Eine größere Zahl der Aufständischen wurde öffentlich hingerichtet; ihre Güter fielen an den Kaiser. Alle anderen mussten sich ihm bedingungslos unterwerfen.

Aus einem regionalen wird ein europäischer Konflikt

Ferdinand II. versuchte, seinen Sieg in Böhmen dazu zu nutzen, der Gegenreformation in ganz Deutschland den Weg zu ebnen. Damit forderte er jedoch

Q3 „Die Rache der Bauern"
Radierung von Jacques Callot aus der Folge „Die großen Schrecken des Krieges", 1633, 8,2 x 18,6 cm (Ausschnitt)

D: Kommentiere diese Szene. Beziehe dabei auch das Bild Q2 ein.

die protestantischen Fürsten und freien Städte im Norden Deutschlands heraus. Diesen eilte 1625 der dänische König Christian IV. zu Hilfe. England und die Niederlande unterstützten die bedrängten Glaubensgenossen durch Geldzahlungen, mit denen neue Söldner angeworben werden konnten. Dennoch gelang es dem Kaiser, die protestantischen Fürsten und ihre Armeen zurückzudrängen. 1629 herrschte er nahezu unangefochten über ganz Deutschland.

Söldner
Soldaten, die gegen Bezahlung für einen Kriegsherrn kämpften. Der Lohn, den sie erhalten, ist der Sold.

Kein Frieden in Sicht

Die Sorge, der Kaiser könne doch noch einen vollständigen Sieg davontragen, veranlasste 1630 den schwedischen König Gustav Adolf, auf Seiten der „Union" in den Krieg in Deutschland einzugreifen. Innerhalb kurzer Zeit drängten seine Truppen die kaiserlichen Armeen zurück. Als nach dem Tod Gustav Adolfs 1632 in der Schlacht bei Lützen die schwedischen Armeen eine militärische Niederlage erlitten, griff das katholische Frankreich zugunsten der protestantischen Stände in den Krieg ein. Damit wollte es die Macht des Kaisers, dessen Familie zugleich in Spanien herrschte, brechen. Keine Seite war jedoch in der Lage, einen entscheidenden Sieg zu erringen.

Söldner plündern und rauben

Um die Söldner bezahlen und mit Waffen ausrüsten zu können, waren große Summen notwendig. Bürger und Bauern mussten daher ständig steigende Kriegssteuern an die Fürsten zahlen. Zugleich wurden sie gezwungen, große Teile ihrer Vorräte und ihres Viehs abzuliefern, damit die Söldner ernährt werden konnten. Häufig zwangen die Heerführer die Bewohner auch, Söldner in ihren Häusern unterzubringen, bei der Herstellung und Instandsetzung von Waf-

Q4 Albrecht von Wallenstein

Zeitgenössischer Kupferstich von Matthäus Merian d. Ä.

Wallenstein wurde 1583 als Sohn eines evangelischen Adligen in Böhmen geboren. Um 1602 trat er zum katholischen Glauben über. Durch Heirat wurde er sehr reich. Nach 1621 kaufte er große Ländereien der enteigneten Protestanten in Böhmen. Wallenstein warb mehrfach auf eigene Kosten Soldaten an und stellte sich mit diesem Heer dem Kaiser zur Verfügung. Der erhob ihn 1625 zum Herzog von Friedland. Nach der Eroberung Norddeutschlands wurde Wallenstein Herzog von Mecklenburg. Die Schweden schlug er 1632 bis nach Norddeutschland zurück. Als er jedoch mit den Schweden eigenmächtig zu verhandeln begann, ließ ihn der Kaiser 1634 ermorden.

E: Beschreibe, wie Merian General Wallenstein in Szene gesetzt hat. Untersuche, wie die Bildgestaltung der Bedeutung Wallensteins gerecht wird.

Online-Link
443020-0513
Informationsblatt zu Wallenstein

fen, Wagen und Geräten oder bei Verteidigungsarbeiten zu helfen. Weigerte sich jemand, schreckten die Söldner nicht davor zurück, Gewalt anzuwenden. Besonders gefürchtet waren jene Soldaten, die den Anschluss an ihre Truppen verloren oder sich von ihnen getrennt hatten. Sie zogen nun plündernd und mordend durchs Land, um zu überleben und sich zu bereichern.

Deutschland – ein Trümmerfeld und menschenleer

Seit 1641 verhandelten Gesandte aller Kriegsparteien in Münster und Osnabrück über einen Frieden. 1648 kam dieser so genannte „Westfälische Frieden" schließlich zustande. Er begründete eine neue europäische Friedensordung und führte zu einem Ausgleich zwischen den Konfessionen. Als die Friedensboten durchs Land zogen, um das Ende des Krieges zu verkünden, war dieses in großen Teilen verwüstet. Viele Städte und Dörfer waren zerstört und menschenleer. Hatten um 1600 noch ca. 16 Millionen Menschen in Deutschland gelebt, so waren es nun nur noch ca. 10 Millionen. Für die Überlebenden war der Krieg ein Alptraum: Nie zuvor waren Menschen so häufig und über so lange Zeit Opfer von Plünderungen, Belagerungen und Schlachten geworden. Hinzu kamen große Epidemien wie die Pest, die viele Opfer forderten. Handel, Wirtschaft und Gewerbe lagen ebenfalls am Boden und erholten sich erst allmählich.

D1 Der Verlauf des Dreißigjährigen Krieges

Q5 Schwedens Interesse am Krieg in Deutschland

Der schwedische König Gustav Adolf begründet den Eintritt seines Landes in den Krieg in einem Schreiben an den Reichsrat 1629:

Die Absicht der Katholischen ist allgemein kundig und offenbar. Seit langem wollen sie nichts anderes als den Untergang der rechtgläubigen Evangelischen. Schon haben die Päpstler an der Ostsee Fuß gefaßt, sich auf ihr stark gemacht, strengen alles an, eine Ostseeflotte zu errichten, um mit ihr den schwedischen Handel und Trafik (Verkehr) zu turbieren (stören) und hinüber nach Schweden kommend, hier Fuß zu fassen.

Zit. nach Hans Jessen (Hrsg.), Der Dreißigjährige Krieg in Augenzeugenberichten, 4. Aufl., München 1980, S. 229.

Q6 Frankreichs Interesse am Krieg in Deutschland

Der oberste Berater des Königs, Kardinal Richelieu, schreibt 1633:

In der gegenwärtigen Lage muß das erste Ziel des Königs sein, durch Geld, was es auch kosten mag, zu versuchen, den Krieg in Deutschland und Holland fortzusetzen, ohne daß der König genötigt wäre, offen daran teilzunehmen. (…) Aber wenn es klar zu erkennen wäre, daß die Kriegsmüdigkeit einen Friedensschluß befürchten und voraussehen ließe, dann wäre zu überlegen, ob der König besser daran täte, im Bündnis mit den deutschen und holländischen Protestanten sich offen gegen das Haus Habsburg zu erklären, unter folgenden Bedingungen: Die Religion soll den Protestanten an allen Orten erhalten bleiben, wo sie vor dem Krieg herrschte. Sie sollen (als Gegenleistung) alles in die Hände des Königs legen, was sie diesseits des Rheins besetzt halten, nämlich Mainz (…), die ganze Pfalz (…) ferner alles, was zum Elsaß gehört (…).

Hans Jessen (Hrsg.), Der Dreißigjährige Krieg in Augenzeugenberichten, München 4. Aufl. 1980, S. 335.

Q7 Kriegszerstörungen

Aus dem Bericht eines Geistlichen:

Wie jämmerlich sehen die Städte aus! Wo zuvor tausend Gassen waren, sind nun nicht mehr hundert. (…)
Wie elend sehen die kleinen Städte aus! Da liegen sie verbrannt, zerfallen, zerstört, dass weder Dach, Türen noch Fenster zu sehen sind. Was haben die Soldaten aus den Kirchen gemacht! Sie haben sie verbrannt, zu Pferdeställen oder Kneipen gemacht. (…).
Ach Gott, wie jämmerlich sind die Dörfer! Man wandert zehn Meilen und sieht nicht einen Menschen, nicht ein Stück Vieh, nicht einen Sperling, nur manchmal sieht man einen alten Mann oder ein paar alte Frauen.

Wolfgang Menzel, Geschichte der Deutschen, Bd. 2, Stuttgart 1885, S. 32.

Q8 Kriegsalltag

Ein Söldner schildert 1634:

Sind gezogen nach Freising, über die Isar, nach Landshut. Das haben wir beschossen und mit stürmender Hand eingenommen. Hier sind wir 8 Tage stillgelegen, haben die Stadt ausgeplündert. Hier habe ich als meine Beute ein hübsches Mädelein bekommen und 12 Taler Geld, Kleider und Weißzeug (Unterwäsche) genug. Wie wir sind aufgebrochen, habe ich sie wieder nach Landshut geschickt. (…) Unterwegs ist mir mein Junge (Diener) krank in Aalen zurückgeblieben. Wie er wieder gesund ist und will zu mir, hat man ihm alles genommen. Denn er hat all mein Weißzeug, welches ich zu Landshut bekommen habe, bei sich gehabt. Es ist in der Nacht, wie wir haben schlafen wollen, weil wir alle in Bereitschaft stehen mußten, gestohlen worden, samt dem Paßport und alles, was ich hatte.

Jan Peters (Hrsg.), Ein Söldnerleben im Dreißigjährigen Krieg, Berlin 1993, S. 145.

D2 **Das Heilige Römische Reich Deutscher Nation nach 1648**

F: Beurteile mithilfe der beiden Karten D1 und D2, in welcher politischen Situation sich Deutschland nach dem Dreißigjährigen Krieg befand.

Konfessionelle Bestimmungen	Territoriale Bestimmungen	Politische Bestimmungen
- Der Augsburger Religionsfriede von 1555 wird bestätigt. - Die Protestanten dürfen alle Gebiete behalten, die sie vor 1624 eingezogen haben; das gilt jedoch nicht für die Oberpfalz, die zu Bayern gehört. - Die Calvinisten erhalten Religionsfreiheit.	- Schweden erhält Vorpommern mit der Odermündung, Wismar, das Erzbistum Bremen und das Bistum Verden mit der Weser- und Elbmündung. - Frankreich erhält Metz, Toul, Verdun sowie die habsburgischen Besitzungen im Elsass.	- Die kaiserliche Macht wird beschränkt; die Fürsten bekommen alle ihre Rechte und Freiheiten bestätigt. - Die Fürsten dürfen sowohl untereinander als auch mit dem Ausland Verträge und Bündnisse schließen. Diese dürfen sich aber nicht gegen das Reich und den Kaiser richten. - Die Anzahl der Kurfürstentümer wird von sieben auf acht erhöht: Sowohl Bayern als auch die Pfalz haben die Kurwürde.

D3 **Die wichtigsten Bestimmungen des Westfälischen Friedens von 1648**

1. Diskutiert in der Klasse die Haltungen Schwedens und Frankreichs zum Krieg. Bildet vier Gruppen: eine französische, eine schwedische, eine katholische und eine protestantische (Q5, Q6).

2. Oft wurde gesagt: „Der Krieg muss den Krieg ernähren." Zeige anhand von Q7 und Q8, was das für die Söldner und die Bevölkerung bedeutete.

3. Schreibe einen Zeitungskommentar zu den Bestimmungen des Westfälischen Friedens (D3).

4. Schreibe über den 30-jährigen Krieg einen Eintrag für ein Schülerlexikon.

1500 1650

1. Ein Suchrätsel lösen:
Wichtige Namen und Begriffe kennen (Sachkompetenz)
Hier sind 13 Namen und Begriffe versteckt, die in dieses Kapitel gehören. Finde sie heraus, übertrage sie in dein Heft und schreibe jeweils eine kurze Erklärung dahinter (ö = oe).
Tipp: Nicht alle Wörter, die hier versteckt sind, gehören in dieses Kapitel. Du musst richtig auswählen.

S	T	A	R	T	M	O	P	S	E	R	L
P	R	R	I	W	A	J	R	O	S	E	G
O	I	Z	W	A	R	E	O	K	O	F	U
R	O	W	A	L	U	S	T	E	E	O	S
A	H	I	L	L	P	U	E	T	L	R	T
T	A	N	N	E	N	I	S	Z	D	M	A
H	U	G	E	N	O	T	T	E	N	A	V
A	B	L	A	S	S	E	A	R	E	T	A
L	E	I	M	T	A	N	N	M	R	I	D
L	U	T	H	E	R	A	T	O	U	O	O
I	N	Q	U	I	S	I	T	I	O	N	L
G	O	K	O	N	Z	I	L	N	I	E	F

Online-Link
443020-0515
Quiz

2. Einen Lückentext füllen:
Wichtige Ereignisse der Reformation zuordnen (Sachkompetenz)
Übertrage den Text in dein Heft und fülle dabei die Lücken.

Ausgangspunkt der Reformation war eine Streitschrift von ______ gegen den ______ der katholischen Kirche. Die neue Glaubensrichtung fand schnell Anhänger in ganz Europa; in Frankreich wurden sie ______ genannt. Als Antwort auf die Reformation trafen sich die Vertreter der ______ auf einem ______ in Trient. Im Jahr ______ wurde in Augsburg eine Vereinbarung zwischen den Katholiken und den Protestanten geschlossen. Diese Vereinbarung nennt man ______. Darin wurde festgelegt, dass die Landesherren den ______ ihrer Untertanen bestimmen sollten. Die Gegensätze blieben jedoch bestehen und führten schließlich zum ______ Krieg. Der dauerte mit Unterbrechungen von ______ bis ______.

3. Eine Quelle auswerten:
die Auswirkungen des Dreißigjährigen Krieges auf die Bevölkerung (Sachkompetenz, Methodenkompetenz, Urteilskompetenz)
Werte die Quelle mithilfe der methodischen Arbeitsschritte aus (siehe S. 328).
Ordne die Aussage der Tagebuchaufzeichnung in dein Wissen über den Dreißigjährigen Krieg ein. Gehe besonders auf die Art und Weise der Kriegsführung und die Ergebnisse des Krieges für Deutschland ein.

Q1 Ein Dorf im Krieg
Aus dem Tagebuch des Abtes Maurus Friesenegger vom Kloster Andechs:
Das Dorf (gemeint ist Erling bei Andechs) stand ganz in Unflat und Wüste, alles zum Grausen, und für Menschen unbegreiflich. In den Häusern wie in den Gassen lagen nichts als abscheuliche Lumpen, zerschlagener Hausrat, Köpfe, Füße und Gedärme von verzehrten Pferden, Menschen-Unrat und mehrere Toten-Körper. In den Häusern waren nur Stuben, Kammer und Kuchl (Küche) bewahret, das übrige davon hatte kein Dach, keinen Mantel, keine Mittelwand, keinen Balken (…) Die Zäune, Planken und die schönsten Obstbäume in den Gärten waren alle verbrennet. Auch aller Hausrat von Bänken, Kästen, Bettstätten, Geschirren und die Befahrnisse von Wägen, Pflügen und was immer von Holz war, ging in Flammen auf. Seither die Kaiserlichen in Baiern eingerücket, und hauptsächlich den Distrikt zwischen der Isar und dem Lech besetzt haben, so wünschte jedermann die noch besseren Schweden. Sie (gemeint sind die kaiserlichen Truppen) raubten, plünderten und marterten ohne zu denken, daß sie Menschen sind und mit Menschen umgehen. Solche Bestien machet der anhaltende Krieg aus den Menschen. Dieses Jahr sind allein in Erling über die 200 Menschen elendiglich gestorben. Vorhin, in den besseren Zeiten, zählte das Dorf immer über die 500 Seelen, zu Ende dieses Jahres waren noch 190 übrig, und aus 87 Ehepaaren lebten noch 20.

Maurus Friesenegger, Tagebuch aus dem Dreißigjährigen Krieg. München 1974, S. 70, 71, 87, 89, 145.

Q2 Göttlicher und römischer Ablass
Holzschnitt von der Titelseite der Flugschrift „Ein schöns tractetlein von dem Götlichen und römischen ablas“ aus dem Jahr 1525

4. Eine Flugschrift auswerten: Die Reformation (Sachkompetenz, Methodenkompetenz, Urteilskompetenz)
Entschlüssele die Abbildung mithilfe der methodischen Arbeitsschritte auf Seite 89. Schreibe zum Schluss mindestens fünf Sätze in dein Heft, die Antwort geben auf die Fragen: Was ist die Botschaft der Flugschrift? Wer hat sie vermutlich angefertigt oder in Auftrag gegeben? Wie könnten die Menschen darauf reagiert haben?

5. Ein Streitgespräch führen: Die Reformation (Urteilskompetenz, Handlungskompetenz)
In der Reformationszeit kam es mehrfach zu Streitgesprächen zwischen Reformatoren und katholischen Geistlichen. Führt ein solches Gespräch zum Thema „Wie soll ein guter Christ leben?“ Bestimmt vorher eure Rollen; rechts sind einige Beispiele. Die Zuschauer werten am Ende das Streitgesprächs aus: Wer hat besonders überzeugend argumentiert? Was hat euch nicht so gut gefallen? Die Gesprächsteilnehmer werten aus: Wie hat sich jeder in seiner Rolle gefühlt? Was fiel ihm leicht, was eher schwer?

ein Dominikanermönch: „Reform ist ganz gut und schön, aber auch Strafe muss sein …“

Lutheraner: „Einzig wichtig ist der Glaube, wir brauchen keine Heiligen …“

katholischer Bischof: „Erste Pflicht ist Gehorsam gegen den Papst …“

katholischer Priester: „Wir sollten mehr auf Bescheidenheit und Nächstenliebe achten …“

Calvinist: „Bilder sind Götzendienst; Würfelspiele sind Teufelswerk …“

Online-Link
443020-0601

6 Der Absolutismus in Europa

Im 17. Jahrhundert entstand in Frankreich eine neue Herrschaftsform, die sich bald in Europa verbreitete – der Absolutismus. Prächtige Fürstenhöfe, glanzvolle Feste, eine neue Form der Wirtschaft, aber auch Armut und Elend gehörten dazu. Am Beispiel des französischen Königs Ludwig XIV. und des preußischen Königs Friedrich II. kannst du untersuchen, wie diese neue Herrschaftsform funktionierte.

- Welche Stellung nahmen die Herrscher im Absolutismus ein?
- Warum spricht man davon, dass im Absolutismus der „moderne Staat“ entstand?
- Welche Auswirkungen hatte der Absolutismus auf die Bevölkerung?
- Welche neuen Ideen verbreiteten Philosophen und Schriftsteller zur Zeit des Absolutismus?
- Wie entwickelte sich der Absolutismus unter Friedrich II. in Preußen?

1600

1618–1648
Dreißigjähriger Krieg

1643
Ludwig XIV. wird im Alter von fünf Jahren König.

1640

1648–1653
Aufstand des französischen Adels (Fronde)

1661
Ludwig XIV. über nimmt die Regierung.

Ludwig XIV. veranstaltet am 5. Juni 1661 Reiterspiele für 15000 Gäste aus ganz Europa, Gemälde nach Zeichnungen von Henri de Gissey, 17. Jahrhundert, 365 x 285 cm, Chateau et Trianons, Versailles

Blinder Wandermusikant, Gemälde von Georges de la Tour, um 1625, 105 x 162 cm, Musee des Beaux-Arts, Nantes

1680 | **1720** | **1760**

1685
Aufhebung des Toleranzediktes von Nantes, Verfolgung der Hugenotten

1715
Ludwig XIV. stirbt.

1740
Friedrich II. wird König in Preußen.

1748
Montesquieu veröffentlicht seine Schrift über die Gewaltenteilung.

1756–1763
Siebenjähriger Krieg

1776
Die Amerikanische Unabhängigkeitserklärung wird unterzeichnet.

1786
Friedrich II. stirbt.

1789
Die Französische Revolution beginnt.

Wirtschaftsminister Colbert besucht die Werft von Marseille, Gemälde von Jean Baptiste de la Rose, 1679, 157 x 110 cm, Schloss von Versailles

1640 1790

Macht und Pracht oder: Der Staat – das bin ich?

Wer eine Reise nach Paris unternimmt, plant sicher auch einen Besuch in Versailles ein. Denn das Schloss und die zugehörige Parkanlage gelten bis heute als unbedingt sehenswert und beeindrucken mit ihren Ausmaßen. Doch weshalb wurde es ursprünglich errichtet?

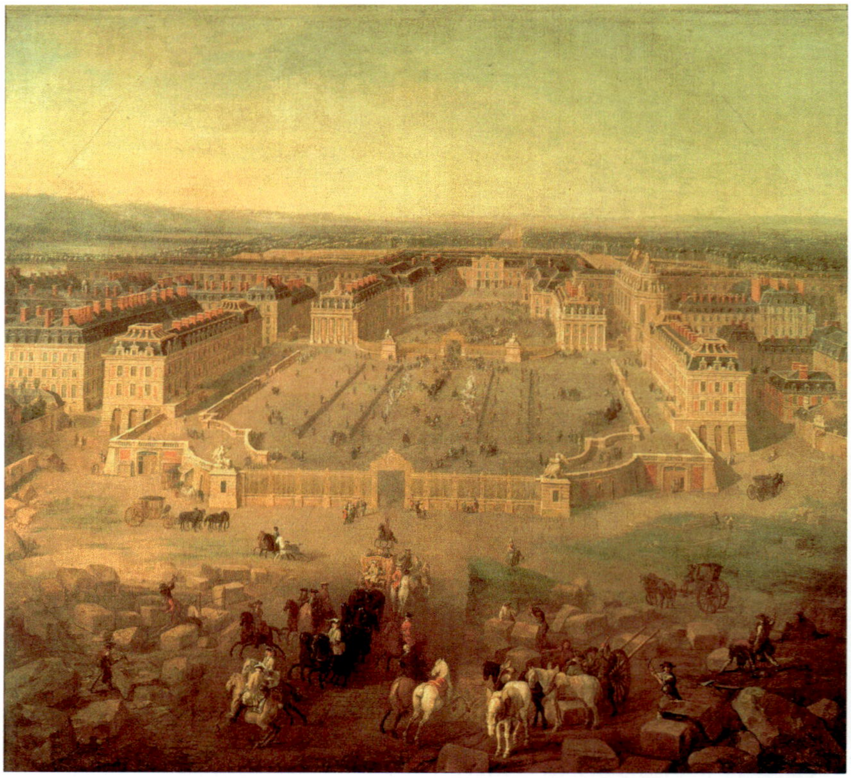

Q1 Die Schlossanlage von Versailles
Ausschnitt aus einem Gemälde von Pierre-Denise Martin, 1722

A: Ein junger Adliger aus Deutschland kommt auf einer Reise nach Versailles. In einem Brief nach Hause hält er seine ersten Eindrücke von der Schlossanlage fest. Schreibe einen solchen Brief.

B: Stell dir vor, du möchtest mit deiner Familie das Schloss Versailles besuchen und bereitest dich darauf vor. Erzähle, was du über den Bauherrn und seine Absichten weißt.

Ein Schloss als Symbol
Mit seinem neu erbauten Herrschersitz verfolgte der französische König Ludwig XIV. mehrere Ziele. Vor allem sollte jedem die herausragende Bedeutung seines Erbauers verdeutlicht werden. Ludwig ließ diese Residenz rund 20 km von der Hauptstadt Paris entfernt errichten und zog 1682 mit seinem Hof dorthin. Der Gebäudekomplex besitzt insgesamt rund 2 000 Räume und ist von einem aufwändig bepflanzten Park umgeben. Für diesen wurden 15 000 ha Sumpfland entwässert sowie Kanäle, Seen und rund 1 400 von Pumpwerken betriebene Springbrunnen angelegt. Daran sollte jedermann erkennen: Auch die Natur ist diesem König untertan.
Obwohl man bis zu 36 000 Menschen daran arbeiten ließ, unterstützt von 6 000 Pferden, blieb die Schlossanlage bis zu Ludwigs Tod 1715 eine Baustelle. Rund 20 000 Menschen, darunter viele Leibwächter, aber auch 338 Köche, 125 Sänger, Geistliche und Ärzte waren ständig für den König und die im Schloss versammelten Angehörigen des Hochadels tätig. Wer etwas gelten wollte, musste sich in Versailles aufhalten.

Feiern statt Mitbestimmen
Die Beschäftigung des Hochadels war ein weiterer Zweck der Anlage. Die Adligen wurden unablässig mit Feiern beschäftigt und gerieten in Abhängigkeit vom König, zumal das Leben am Hof ausgesprochen teuer war und ihr Vermögen schnell nicht mehr ausreichte. Bezahlte Ämter wie das des „königlichen Kerzenleuchterträgers" täuschten der Öffentlichkeit und ihnen selbst Wichtigkeit vor, während ihre politischen Aufgaben und Mitbestimmungsrechte immer weiter verringert wurden. Seine Privilegien behielt der Adel jedoch. Auch hohe Geistliche wie Bischöfe und Äbte ließen sich häufig vor Ort vertreten und lebten stattdessen bei ihren hochadligen Verwandten in Versailles.

C: Ein Adliger traut sich, seine Unzufriedenheit gegenüber dem König anzusprechen. Schreibe das Streitgespräch zwischen beiden auf.

Politische Lehren aus der Kinderzeit
Mit solchen Maßnahmen reagierte Ludwig auf Vorgänge in seiner Kinderzeit. Er war nach dem Tod seines Vaters bereits im Alter von vier Jahren König geworden. Die Regierungsgeschäfte übernahmen seine Mutter und ein Kardinal. In dieser Situation zettelte ein Bündnis aus Adligen einen Aufstand an. Sein Ziel war, die eigenen politischen Rechte auszuweiten. Zum Beispiel mussten die so genannten Parlamente die Gesetze des Königs in einem Register festhalten. Erst dadurch wurden diese gültig. Die Parlamente forderten das Recht Gesetze auch ablehnen zu können. Der Aufstand scheiterte schließlich. Ludwig zog für sich daraus die Lehre, künftig alle Macht im Staat in seinen Händen zu vereinen. Verwaltungsaufgaben übertrug er gezielt Beamten, die aus dem Bürgertum oder dem Amtsadel stammten. Diese waren völlig von ihm abhängig und konnten jederzeit aus ihrem Amt entlassen werden.

Privilegien
Vorrechte gegenüber anderen

Parlament
französisch für „Unterredung"
Parlamente waren mit Adligen besetzte Gerichtshöfe in Paris und einigen anderen Städten. Heute versteht man darunter die Vertretungen des Volkes, die z. B. über die Gesetzgebung entscheiden.

Amtsadel
Bürger, die mit der Übernahme eines Amtes in den Adelsstand erhoben wurden

Ludwig XIV. – ein absoluter Herrscher
Den jungen Ludwig hatten seine Erzieher gelehrt, dass er von Gott selbst als König eingesetzt worden sei. Er werde also „von Gottes Gnaden" regieren und stehe deshalb über allen menschlichen Handlungen und sei auch nicht an Gesetze gebunden. „L'etat c'est moi" – der Staat bin ich, diesen Spruch hielt man lange für ein Zitat Ludwigs XIV. Auch wenn dies nicht der Fall ist, so zeigt er doch gut Ludwigs Programm. Noch heute bezeichnen wir diese von Ludwig XIV. ausgebaute Herrschaftsform als Absolutismus.
Eine völlige Entmachtung des Adels gelang Ludwig allerdings nicht. Insbesondere die Gerichtsbarkeit in den Regionen unterstand weiterhin Adligen. Weil er aber über zu wenig eigene Beamte verfügte, musste er immer wieder verhandeln, um sich durchzusetzen.

Absolutismus
vom lateinischen „legibus absolutus" = „von den Gesetzen losgelöst". Seit dem 19. Jahrhundert wird damit eine Herrschaftsform des 17. und 18. Jahrhunderts bezeichnet.

Q2 Ludwig XIV. verleiht den Ritterorden von St. Michel
Gemälde von Francois Marot, 1710, Versailles

D: Erläutere mithilfe des Bildes aus der Sicht Ludwig XIV., warum du neue Orden und Auszeichnungen einführen möchtest, wie du diese überreichen willst und was du damit bezweckst.

D1 Alltag am königlichen Hof

Der Wissenschaftler Peter Burke analysiert, wie die „Inszenierung“ des Sonnenkönigs erfolgte:

Heutzutage denkt man bei dem Namen „Versailles“ nicht nur an ein Bauwerk, sondern an eine eigene Welt (…) Aus dem morgendlichen Aufstehen und dem nächtlichen Zubettgehen wurde das zeremonielle [feierliche] lever bzw. coucher (…). Die königlichen Mahlzeiten (…) waren Aufführungen vor einem Publikum. Es war eine Ehre, dem König beim Speisen zusehen zu dürfen, eine größere Ehre, während des Essens von ihm angeredet zu werden, doch am ehrenvollsten war die Einladung, ihm aufzutragen oder mit ihm zu speisen. (…)

Auch auf die anderen Elemente des königlichen Alltags wäre das zu beziehen – auf die tägliche Messe, auf die Besprechungen mit seinen Ratgebern, ja sogar auf seine Feldzüge, auf die Jagd und seine Spaziergänge im Garten. (…)

Der königliche Alltag bestand aus Handlungen, die sich nicht bloß ständig wiederholten, sondern mit symbolischer Bedeutung befrachtet waren, weil sie von einem Schauspieler, dessen Person heilig war, vor der Öffentlichkeit aufgeführt wurden.

Ludwig stand fast sein ganzes Leben lang auf der Bühne. Die Gegenstände, die am meisten mit dem König assoziiert [in Verbindung gebracht] wurden, waren ihrerseits geheiligt, weil sie ihn repräsentierten. Es war daher untersagt, einem Bildnis des Königs den Rücken zuzukehren, das leere Schlafzimmer des Königs zu betreten ohne das Knie zu beugen, oder in dem Raum, wo der Tisch für den König gedeckt war, den Hut aufzubehalten. (…)

Peter Burke, Ludwig XIV. Die Inszenierung des Sonnenkönigs, Berlin 1993, S. 111 ff.

Q3 Wandteppich aus der Regierungszeit Ludwigs XIV.

Die Inschrift lautet: „Alles Andere überragend“.

Q4 Ludwig XIV. als römischer Sonnengott Apoll im Ballett „Die Nacht“

Zeitgenössische Zeichnung

Q5 Der Ursprung der königlichen Gewalt

Der Theologe Jacques-Bénigne Bossuet war seit 1670 Erzieher des Thronfolgers und wurde später Bischof. Er verfasste 1682 eine Schrift für seinen Schüler. Darin heißt es:

Wenn man Staaten gründet, will man sich vereinigen; niemals aber ist die Einheit besser gewahrt als unter einem einzigen Oberhaupt. (…)

Wir haben (…) mit der Bibel begründet, dass (…) Gott sie [die königliche Gewalt] seit der Erschaffung der Welt sichtbar über die Menschen ausgeübt hat; dass er diese übernatürliche und wundersame Herrschaft über das Volk Israel fortdauernd ausgeübt hat bis zu der Zeit der Einsetzung der Könige; dass er darauf die Staatsform der erblichen Monarchie als die natürlichste und dauerhafteste unter allen ausgewählt hat (…).

Die Fürsten handeln also als Gottes Diener und Statthalter auf Erden. Durch sie übt er seine Herrschaft aus (…) Deshalb ist, wie wir gesehen haben, der königliche Thron nicht der Thron eines Menschen, sondern [der Thron] Gottes (…) Aus alledem ergibt sich, dass die Person der Könige geheiligt ist (…).

Kommt der Könige Gewalt von oben, so dürfen sie doch nicht glauben, sie seien Herren über diese Gewalt, um nach ihrem Belieben davon Gebrauch zu machen. Vielmehr sollen sie sich ihrer mit Scheu und Zurückhaltung bedienen, als einer ihnen von Gott anvertrauten Sache, über die Gott von ihnen Rechenschaft fordern wird (…).

Der Fürst blickt von einem höheren und weiteren Standort aus; man darf darauf vertrauen, dass er weiter sieht [als wir]; deshalb muss man ihm ohne Murren gehorchen, denn das Murren ist schon so viel wie eine Neigung zur Empörung (…).

Wolfgang Lautemann/Manfred Schlenke (Hrsg.), Geschichte in Quellen, Bd. 3 München 1966, S. 450, 451, 452.

E: Ludwig ließ sich so häufig mit der Sonne in Verbindung bringen, dass er auch als „Sonnenkönig“ bezeichnet wird. Erkläre mithilfe der beiden Bilder, was damit zum Ausdruck gebracht werden soll.

Q6 Ludwig XIV. besucht die 1666 von ihm gegründete Akademie der Wissenschaften
Gemälde von Henri Testelin, 1667, 348 x 590 cm, Musée de Versailles

F: Versetze dich in die Rolle des Akademieleiters und erläutere dem König, womit sich die Wissenschaftler gerade beschäftigen.

Q7 Der König fordert Geld

Die Ständeversammlung der Provence versuchte 1671, dem König Geld zur Kriegsfinanzierung zu verweigern. Sie berief sich auf das Recht zur Steuerbewilligung. Das führte zu folgendem Briefwechsel zwischen Ludwigs Finanzminister Colbert und dem zuständigen königlichen Beamten Grignan vor Ort.

Colbert an Grignan:

27. November 1671

(…) Was die Summe angeht, die Seine Majestät von den Abgeordneten fordert, so kann ich Ihnen versichern, dass es angesichts der enormen Ausgaben, die seiner Majestät für den Krieg (…) erwachsen, unmöglich ist, sich mit weniger als 500 000 Livres zu begnügen. Ich weiß, dass der König sich auf diese Summe so entschieden festgelegt hat, dass Sie keinerlei Hoffnung auf eine Ermäßigung aufkommen lassen dürfen. (…)

25. Dezember 1671

Ich habe dem König über das fortgesetzt schlechte Betragen der Ständeversammlung der Provence berichtet, und da seine Majestät nicht länger geneigt ist, dies zu dulden, hat er die nötigen Befehle gegeben, sie nach Hause zu schicken und zugleich zehn Lettres de cachet [geheime Haftbefehle] zu erlassen, um die übelsten Gesinnten unter den Abgeordneten (…) zu verschicken. Sie erhalten diese Erlasse und Befehle mit der nächsten Post und ich brauche Ihnen wohl nicht zu empfehlen, sie pünktlich und genau auszuführen (…).

Grignan an Colbert:

10. Januar 1672

Die Deputierten der Ständeversammlung dieser Provinz bereuen es aufrichtig, sich das berechtigte Missfallen des Königs zugezogen zu haben, und haben mich gebeten, um Ihre Fürsprache bei Seiner Majestät zu bitten, und dass Sie die Güte haben möchten, ihm vorzustellen, dass die späte und schleppende Bewilligung nur in der Armut der Provinz ihren Grund gehabt habe; die Versammlung verbleibe allezeit bei dem Respekt und dem Gehorsam, den sie den Befehlen des Königs schulde (…).

Wolfgang Lautemann/Manfred Schlenke (Hrsg.), Geschichte in Quellen, Bd. III München 1966, S. 433, 434, 435.

1. Der Begriff „Inszenierung" bezeichnet die Art einer Theateraufführung. Erläutere, warum Burke von der „Inszenierung" des Königs spricht (D1).

2. Nenne die Argumente, mit denen Bossuet die absolutistische Herrschaft begründet. Gehe auch auf die Rolle ein, die er den Untertanen zuweist (Q5).

3. Erarbeite die Haltung der Ständeversammlung der Provence und vergleiche sie anschließend mit der Position Bossuets (Q5, Q7).

1640 1790

Frankreich im Absolutismus – ein moderner Staat?

Wer als König nicht vom Adel abhängig sein wollte, benötigte geeignete Machtmittel. Deswegen veränderten Ludwig XIV. und seine Minister den Staat gründlich. Wie erfolgreich waren sie damit?

A: Setze die Informationen des Verfassertextes in ein Schaubild zum Thema „Der Staat Ludwigs XIV." um.

Das stehende Heer

Das Militär war zur Zeit Ludwigs das wichtigste Machtmittel. Daher ließ er sein Heer neu organisieren. Er allein sollte als Oberbefehlshaber jederzeit auf gut ausgebildete Truppen zugreifen können, die ständig unter Waffen standen und einheitlich gekleidet (uniformiert) in Kasernen untergebracht waren. Statt ihre eigenen Truppen anzuführen, sollten die Adligen nur noch in höheren Offiziersrängen im königlichen Militär Beschäftigung finden. 1664 gehörten diesem „stehenden Heer" 45 000 Soldaten an, ihre Zahl stieg bis auf das Neunfache in Kriegszeiten.

Die Außenpolitik Ludwigs XIV.

Das Heer sollte vor allem durch Eroberungen die königliche Macht ausbauen. Ludwig versuchte, in zahlreichen Kriegen gegen seine Nachbarn umstrittene Erbansprüche durchzusetzen, so auf das heutige Belgien und die Pfalz. Straßburg wurde Frankreich einverleibt und das Elsass zur französischen Provinz erklärt, weil es einst ein französisches Lehen war. Nach anfänglichen Erfolgen zeigte sich jedoch, dass Frankreich die angestrebte Vormachtstellung nicht erringen konnte. Denn die anderen europäischen Herrscher verbündeten sich und zwangen Ludwig, einen Teil der eroberten Gebiete zurückzugeben.
Zu seiner Außenpolitik gehörte auch, in den Hauptstädten anderer Länder diplomatische Vertretungen mit Gesandten einzurichten. Sie sollten die politischen Standpunkte Frankreichs vor Ort vertreten und Einfluss auf die dortigen Entscheidungen nehmen. Wie die Neuerungen beim Militär wurde auch dieses Vorbild von den anderen europäischen Mächten bald übernommen.

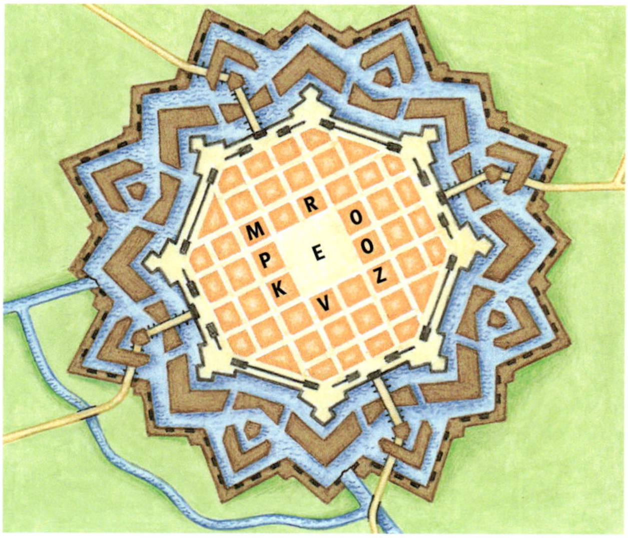

B: Erkläre als Stadtführer bei einem Rundgang durch Neubreisach die Entstehung des heutigen Stadtbildes. Beginne deine Tour an der Brücke über dem Graben ganz vorn.

D1 Neubreisach im Elsass (Frankreich), links Grundriss der Festung im 18. Jahrhundert, rechts heutiger Zustand
E Exerzierplatz **K** Kirche **M** Marktgebäude **O** Offiziersunterkünfte **P** Pfarrei **R** Rathaus **V** Zivilverwaltung **Z** Zeughaus

Q1 Ludwig XIV. übt in Gegenwart der Staatsräte selbst das Amt des Kanzlers aus
Gemälde eines unbekannten Künstlers, um 1672, 110 x 128 cm, Musée de Versailles

C: Beschreibe das Bild und gehe insbesondere darauf ein, wie es den Machtanspruch des französischen Königs widerspiegelt.

Eine zentral organisierte Verwaltung
Ludwig XIV. modernisierte auch die Verwaltung. Bereits bei seinem Regierungsantritt 1661 verzichtete er auf den Premierminister und übernahm die Leitung aller Regierungsgeschäfte selbst. Da er sich nur um die wichtigsten Angelegenheiten selbst kümmern konnte, zog er aus dem Bürgertum stammende Fachleute hinzu. Würdenträger aus dem Geburtsadel oder dem Klerus berücksichtigte er dabei weniger.
Die Verwaltungsbezirke wurden neu zugeschnitten und an ihre Spitze so genannte Intendanten gestellt. Diese Fachleute sorgten mit weiteren Beamten für die Umsetzung der Befehle des Königs, sprachen Recht und zogen Steuern ein. Allerdings wurde der Einzug der Steuern häufig an Privatleute verpachtet, die die Steuern an den König vorauszahlten und anschließend eine noch größere Summe eintreiben und für sich behalten konnten. Da reiche Bürger unter Ludwig XIV. auch andere Ämter und Adelstitel kaufen konnten, entstand der „Amtsadel". Davon profitierten beide Seiten: Dem König brachte dieses System Einnahmen, die er dringend benötigte. Die Amtsinhaber konnten damit einträgliche Geschäfte machen und den sonst kaum möglichen gesellschaftlichen Aufstieg erreichen.

Ein Glaube, ein Gesetz, ein König
Auch in religiöse Belange griff Ludwig ein, indem er z. B. die Rechte des Papstes missachtete und selbst die Bischöfe einsetzte. Sein Großvater Heinrich IV. hatte 1598 im Toleranzedikt von Nantes französischen Protestanten eine weitgehend freie Religionsausübung gewährt. Ludwig hob diese Regelung auf, auch weil er dieser Minderheit politisch misstraute und Bekehrungsversuche wenig Erfolg zeigten. So ließ er mit Gewalt die so genannten Hugenotten zum katholischen Bekenntnis zwingen. Trotz Verbots verließen daraufhin rund 200 000 Menschen das Land, die dank ihrer Fähigkeiten und ihres Pflichtbewusstseins den Herrschern der Nachbarländer willkommen waren. Tausende Hugenotten fanden in deutschen Ländern Zuflucht, so z. B. in Brandenburg-Preußen.

1640 1790

D2 Die Grenze Frankreichs zum Deutschen Reich Ende des 17. Jahrhunderts

D: Erläutere, was die Karte über die Außenpolitik Ludwigs XIV. aussagt.

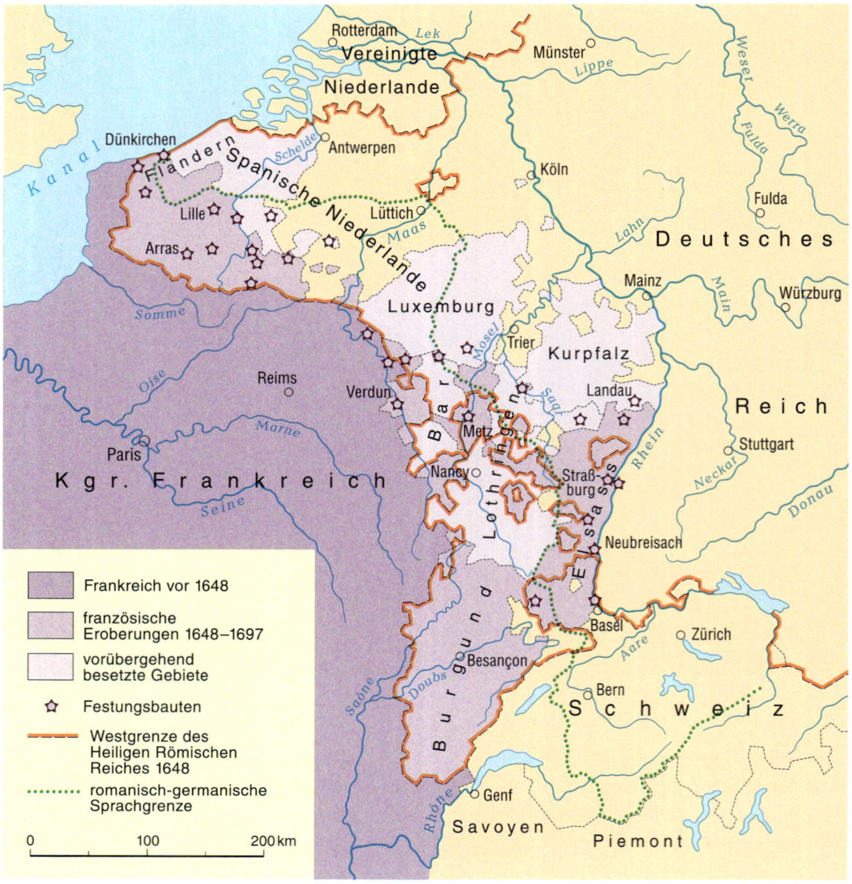

Q2 Eine Kriegserklärung

Ludwig XIV. erklärt den Vereinigten Niederlanden am 6. April 1672 den Krieg:

Das Missfallen Seiner Majestät über das Betragen, das die Generalstaaten der Vereinigten Niederlande seit einiger Zeit ihm gegenüber gezeigt haben, hat sich so vermehrt, dass Seine Majestät ohne Verminderung seines Ansehens nicht länger seine Empörung (…) zurückhalten kann. (…) Deshalb erklärt Seine Majestät hiermit den Generalstaaten den Krieg.

Wolfgang Lautemann/Manfred Schlenke (Hrsg.), Geschichte in Quellen, Bd. 3, München 1966, S. 514, 515.

Q3 Das Kapitulationsabkommen Straßburgs von 1681

Als Straßburg besetzt wurde, schloss die Stadt ein Abkommen mit dem französischen Kriegsminister Louvois. Es wurde vom Rat der Stadt entworfen und vom Minister mit einigen – hier kursiv gesetzten – Zusätzen versehen:

(…) 1. Die Stadt Straßburg erkennt nach dem Beispiel des Bischofs von Straßburg, des Grafen von Hanau (…) Seine Allerchristlichste Majestät als ihren obersten Herrn und Beschützer an.

Der König nimmt die Stadt und alles, was dazugehört, in seinen königlichen Schutz auf.

2. Seine Majestät wird alle alten Privilegien, Rechte, Statuten und Gewohnheiten der Stadt Straßburg, geistliche wie weltliche, (…) bekräftigen.

Bewilligt.

3. Seine Majestät wird die freie Religionsausübung, wie sie seit dem Jahre 1624 bis zur Gegenwart bestanden hat, bestehen lassen. (…)

Bewilligt hinsichtlich der Nutzung aller Kirchengüter (…), ausgenommen das Kapitel der Kirche Unserer lieben Frau, auch Münster genannt, das den Katholiken zurückzugeben ist. (…)

7. Seine Majestät läßt der Stadt und den Bürgern von Straßburg die freie Benutzung der Rheinbrücke und aller ihrer Dörfer, Schlösser, Güter, Landhäuser und Ländereien, die ihr zugehören.

Bewilligt.

8. Seine Majestät bewilligt auch Amnestie (Erlass von Strafen) für alles Vergangene, sowohl im allgemeinen wie allen einzelnen, ohne jede Ausnahme.

Bewilligt.

Wolfgang Lautemann/Manfred Schlenke (Hrsg.), Geschichte in Quellen, Bd. 3, München 1966, S. 527, 528.

Q4 Aufgaben eines Intendanten

Aus einer Ernennungsurkunde von 1653 für den Intendanten der Généralité Lyon. Intendanten unterstanden Ludwig XIV. direkt, er setzte sie in ihr Amt ein und konnte sie wieder entlassen:

In Erwägung der Wichtigkeit (…) unserer Herrschaft und für das Wohl (…) der Untertanen haben wir (…) Sie [nach Lyon] (…) geschickt:

- um (…) mit den Befugnissen und Vorrechten [Ihres Amtes] dem [adligen] Gouverneur (…) mit Ihrem Rat in allen Geschäften (…) zur Seite zu stehen (…);
- um die Klagen und Beschwerden unsrer Untertanen (…) anzuhören und ihnen nachzugehen;
- um den Untertanen selbst oder durch die ordentlichen Richter (…) zu ihrem Recht zu verhelfen;
- um sorgfältig zu untersuchen, ob unseren Untertanen gut und gewissenhaft Recht gesprochen wird;

Q5 Drangsalierung von Hugenotten
Kupferstich von Jan Luyken, 1696

E: Der Niederländer Jan Luyken war nicht nur Maler und Kupferstecher, sondern auch Dichter und Schriftsteller. Versetze dich in seine Situation und schreibe einen kurzen Text zu dem Bild.

- um festzustellen, ob die Gerichtsbeamten und die anderen Beamten ihr jeweiliges Amt gemäß unseren Erlassen und Verordnungen versehen; (…)
- um Euch nach der Ordnung und dem Zustand der öffentlichen Ordnung und der Verwaltung der Finanzen und Kommunalsteuern (…) zu erkundigen; (…)
- um die Provinz so fest in die Hand zu bekommen, dass sie unverbrüchlich gehalten wird (…)

Manuel d'Histoire (111), Paris (Collection Monnier) S. 310, zit. nach Michael Fuhs, Herrschaftsformen der frühen Neuzeit, Freiburg, Würzburg 1978, S. 297.

Q6 Aufhebung der Glaubensfreiheit
Ein angesehener Hugenotte aus Metz berichtet über Verfolgungen:
Dann gab der oberste Gerichtshof den Befehl, unsere Kirche zu zerstören, nebst allen Gebäuden, die zu ihr gehören. Sofort machte sich ein großer Volkshaufen daran, das gottlose Werk auszuführen. (…) Am Abend desselben Tages war schon keine Spur der Kirche mehr übrig. Während die Papisten [Katholiken] sich solchen Belustigungen hingaben und einige von uns diesem Schauspiel mit Tränen in den Augen zusahen, packten andere, was sie Wertvolles hatten, zusammen und machten sich mit ihren Frauen und Kindern unter dem Beistand des Heiligen Geistes auf den Weg nach Deutschland. Gott gab, dass sie das Ziel erreichten und dort eine Zuflucht fanden, deren sie sich noch heute erfreuen. Aber schon am folgenden Morgen hatte man auf Betreiben der katholischen Geistlichkeit überall Wachen aufgestellt. (…) Auch kam einige Tage danach der Befehl des Königs, wenn jemand ergriffen werde in Ausführung der Absicht, das Königreich zu verlassen, der soll zu den Galeeren verurteilt, den Frauen und Kindern aber sollte erst das Haupt kahl geschoren und dann sollten sie in ein Kloster gesteckt werden.

Hagen Schulze/Ina Ulrike Paul (Hrsg.), Europäische Geschichte, München 1994, S. 849.

1. Setze dich mit Ludwigs Politik gegenüber den Niederlanden auseinander (Q2).

2. Arbeite heraus, welche Politik die französischen Sieger gegenüber Straßburg betrieben. Formuliere aus der Sicht eines Bewohners der Stadt, wie du darüber denkst (Q3).

3. Zähle die Aufgaben eines königlichen Intendanten auf und erläutere, warum Ludwig XIV. diese Aufgaben nicht mehr den Gouverneuren an den jeweiligen Orten übertragen wollte (Q4).

4. Erkläre, inwiefern die Verfolgung der Hugenotten Ludwigs Vorstellungen von Herrschaft widerspiegelte (Q6).

1640 1790

Herrscherbilder auswerten

Über Arbeitsschritte zur Analyse von Bildquellen kannst du dich noch einmal im Methodenglossar im Anhang des Buches (S. 330) informieren.

Du hast schon gelernt, wie man Bildquellen auswertet. Eine besondere Form von Bildquellen stellen Herrscherbilder dar. An ihnen kannst du erkennen, wie die Stellung des dargestellten Herrschers – oder der Herrscherin – zum Ausdruck gebracht wird. Du erfährst auch, welchen Herrschaftsanspruch der oder die Dargestellte erhob und wie dieser Anspruch mit den künstlerischen Mitteln der Entstehungszeit umgesetzt wurde.
Wie man ein Herrscherbild entschlüsseln kann, lernst du auf dieser Doppelseite.

Q1 Ludwig XIV.
Gemälde von Hyacynthe Rigaud, 1702, 194 x 277 cm
Das Bild ist heute im Louvre von Paris ausgestellt.

Methodische Arbeitsschritte

1 Beschreiben

- Beschreibe deinen ersten Eindruck von dem Bild.
- Stelle fest, was darauf besonders ins Auge fällt.
- Nenne Einzelheiten, die du auf dem Bild siehst.

2 Untersuchen

- Finde heraus, um welchen Herrscher es sich handelt.
- Untersuche, wie die Herrscherfigur dargestellt wurde (Anordnung auf dem Bild, Körperhaltung, Gesten und Mimik, Blickrichtung, Kleidung) und welche Perspektive der Maler gewählt hat (von unten oder oben).
- Kläre, mit welchen Herrschaftssymbolen der Herrscher dargestellt wird und welche Bedeutung diese haben. (Hierfür benötigst du oft Zusatzinformationen.)
- Finde heraus, welche künstlerischen Mittel der Maler verwendet hat (Farben, Lichtwirkung, Größe, Format, verwendetes Material).
- Informiere dich über den Künstler, die Entstehung des Bildes und seine Verwendung.

3 Deuten

- Formuliere zusammenfassend die Wirkung, die das Bild auf die Mitmenschen des Herrschers (seine Zeitgenossen) erzielen sollte.
- Erkläre, welcher Herrschaftsanspruch in dem Bild deutlich wird.

Beschreiben
Im Mittelpunkt, fast das gesamte Bild ausfüllend, steht auf einem Podest ein großer, kräftiger, prächtig gekleideter Mann. Er stützt sich auf einen Stab. An seiner linken Seite trägt er ein Schwert. Hinter ihm steht ein vergoldeter Thron. Über ihm wölbt sich mit Goldkordeln verzierter Stoff. Zu seiner Rechten befindet sich ein kleiner Tisch mit einem Kissen. Im Hintergrund sieht man eine Säule, deren Sockel mit einem Relief versehen ist. Das Bild ist von einem vergoldeten geschnitzten Rahmen mit einer Krone umgeben.

Untersuchen
Auf dem Bild ist der französische König Ludwig XIV. zu sehen. Der Maler hat ihn in einer leichten Untersicht dargestellt. Man schaut also zu ihm auf. Seine Körperhaltung wirkt durch den Ausfallschritt sehr elegant. Der Krönungsmantel ist aus dem kostbaren Pelz des Hermelins gearbeitet. Die auf dem Mantel und den anderen Stoffen erkennbare Lilie ist das Symbol der Königsfamilie. Das Schwert an Ludwigs Seite wird Karl dem Großen zugeordnet und ist ein Symbol für den Herrschaftsanspruch französischer Könige. Ludwig stützt sich auf das Kriegsszepter, das Zeichen militärischer Macht. Auf der Brust trägt Ludwig den „Orden vom Heiligen Geist", ein Zeichen für geistige Größe.
Der über dem Thron aufgespannte rote Stoff (Baldachin) symbolisiert das Himmelsgewölbe. Die Gestalt an der Marmorsäule trägt Schwert und Waage, die Zeichen der Gerechtigkeit.
Ludwigs Hofmaler Hyacinthe Rigaud gestaltete 1701/02 dieses Porträt in Lebensgröße. Verwendet hat er dafür leuchtende Farben, die sehr kostbar waren. Das Blau wurde durch die Zugabe des Edelsteins Lapislazuli gewonnen, für das Purpurrot benötigte man den Farbstoff von Purpurschnecken. Das Bild war ursprünglich für den spanischen König Philipp V. gedacht, einen Enkel Ludwigs. Da es dem Monarchen jedoch so gut gefiel, behielt er es und ließ in Rigauds Werkstatt für Philipp eine Kopie anfertigen. Das Bild fand im Thronsaal von Versailles seinen Platz.

Deuten
Das Bild lässt keinen Zweifel daran, dass sich Ludwig XIV. als unantastbarer, von Gott eingesetzter Herrscher sah, der über allen anderen steht. Jeder sollte zu ihm aufblicken.

1. Versuche die Pose Ludwigs mit Mitschülern einmal nachzustellen, auch was die Höhe anbetrifft. Berichte selbst, wie es auf dich wirkt, und lass die anderen ihre Eindrücke schildern.

2. Erkläre, warum Ludwig das Bild unbedingt behalten wollte und es im Thronsaal von Versailles aufhängen ließ.

1640 – 1790

Die Entdeckung der Wirtschaftspolitik

Nur ein wohlhabender König kann auch ein starker König sein! Diese Überzeugung vertrat Jean-Baptiste Colbert, der 1665 Generalkontrolleur der Finanzen wurde. Aber wie erreicht man dieses Ziel?

A: Äußere als Ludwigs Finanzminister deine Bedenken wegen der hohen Ausgaben. Trage dem König gleichzeitig deine Ideen vor, wie du die Finanzlage Frankreichs verbessern möchtest.

Colbert lenkt die Wirtschaft

Ludwig traf Entscheidungen, die viel Geld kosteten, und schenkte deren finanziellen Folgen wenig Aufmerksamkeit. So wuchsen die Schulden des Staates an. Colbert fand bei Ludwig wenig Verständnis, wenn er versuchte zu sparen. Deshalb suchte er nach Wegen, um die staatlichen Einnahmen zu erhöhen.
Colbert wollte die Wirtschaft lenken und ankurbeln. Denn wenn viel gekauft und viel verkauft wird, nimmt der Staat viel Steuern ein. Der Austausch von Waren wurde deshalb erleichtert, indem neue Straßen, Brücken und Kanäle gebaut wurden. Zollgrenzen im Land wurden beseitigt, Maße und Gewichte vereinheitlicht. Eigene Rohstoffe sollten das Land möglichst nicht verlassen, die Einfuhr ausländischer Fertigwaren wurde durch hohe Zölle erschwert. Damit sollte erreicht werden, dass die Kunden Waren von Unternehmern und Kaufleuten kauften, die Steuern in Frankreich zahlten. Schließlich wurden im Ausland spezialisierte Arbeitskräfte angeworben, um mit ihrer Hilfe begehrte Waren auch im Inland herstellen zu können. Zur Rohstoffbeschaffung wurden auch Kolonien gegründet, unter anderem in Nordamerika. Noch heute erinnert der Name des US-Bundesstaates Louisiana daran.
Ein wichtiges Ziel Colberts bestand darin, im Handel mit dem Ausland Überschüsse zu erzielen, das heißt mehr ins Ausland zu verkaufen, als dort einzukaufen. So sollte ein möglichst großer Vorrat an Gold und Edelmetallen angelegt werden. Eine solche Wirtschaftspolitik bezeichnet man als merkantilistisch.

Merkantilismus, merkantilistisch
Der fast hundert Jahre nach Colberts Tod geprägte Begriff ist von dem lateinischen Wort „mercari" = Handel treiben abgeleitet. Man versteht darunter, dass der Staat lenkend in die Wirtschaft eingreift (z. B. durch Produktions- und Preisvorschriften, Ausfuhrverbote usw.), um Handel und Gewerbe zu fördern. Der Merkantilismus ist für den Absolutismus typisch.

Q1 Spielkartenmanufaktur in Paris um 1680, Gemälde eines unbekannten Künstlers
1 mit Öl getränktes Papier pressen **2** Trocknen **3** Verleimen von Papierlagen **4** erneutes Trocknen **5** Kolorieren mithilfe von Schablonen **6** Nachkolorieren von Hand **7** Lackieren **8** Aufwärmen **9** Polieren **10** Zerschneiden **11** Qualitätskontrolle **12** zu Spielen Sortieren **13** Verpacken **14** Verkaufen

B: Die Verkäuferin und der Käufer unterhalten sich darüber, wie die Arbeit in der Manufaktur organisiert ist. Spielt das Gespräch nach.

Q2 Bau einer Hauptstraße
Gemälde von Joseph Vernet, 1775

C: Stell dir vor, die Gruppe im Vordergrund informiert sich über den Stand der Arbeiten. Wer könnte das sein und warum ist ihr das wichtig?

Manufakturen entstehen

Zum Wachsen der Wirtschaft sollten Manufakturen beitragen, die deswegen gefördert wurden. Die ersten Manufakturen stellten im Auftrag des Königs Luxuswaren wie Teppiche, Spiegel, Kutschen und Uniformen her. Doch schon bald übernahmen bürgerliche Unternehmer diese Produktionsweise für die Herstellung anderer Waren. Solche Betriebe beschäftigten dann nicht selten mehrere hundert Arbeitskräfte.

Wer hatte den Nutzen von Colberts Wirtschaftspolitik?

Vom wirtschaftlichen Aufschwung profitierte vor allem die kleine Gruppe der wohlhabenden Bürger. Als Unternehmer betrieben sie die Manufakturen und als Kaufleute organisierten sie den Austausch der Waren. Im krassen Gegensatz dazu stand ihre gesellschaftliche Rolle als Angehörige des „Dritten Standes", der keinerlei politische Rechte besaß, sondern nur Pflichten. Die große Mehrheit der Stadtbewohner lebte nach wie vor in ärmlichen Verhältnissen.
Gegenüber dem Gewerbe vernachlässigt wurde die Landwirtschaft, in der die meisten Franzosen ihren Lebensunterhalt erwirtschafteten. Viele Bauern verarmten. Ihre eigenen Flächen waren zu klein, um genügend zu erzeugen. Zudem wurden die Preise für landwirtschaftliche Erzeugnisse gedrückt, um die Lebenshaltungskosten der armen Stadtbewohner niedrig zu halten. Dazu kamen für die Bauern noch unbezahlte Arbeit für den Grundherrn und eine wachsende Steuerlast.

Die Ergebnisse der Wirtschaftspolitik Colberts

Colberts Politik führte zwar zu einem Anwachsen der Einnahmen, konnte aber die hohen Ausgaben Ludwigs, insbesondere für seine Kriege, nicht ausgleichen. Als der König 1715 starb, war Frankreich bei privaten Geldgebern hoch verschuldet und nahezu bankrott. Auch an der Gesellschaftsstruktur hatte sich nichts geändert: Frankreichs Bevölkerung blieb in drei Stände gegliedert mit einer sehr ungleichen Verteilung der Rechte und Pflichten.

Manufaktur
Die Bezeichnung kommt von den lateinischen Wörtern »manu" (= mit der Hand) und „facere" (= machen). In Manufakturen wird in Handarbeit produziert. Anders als im Handwerksbetrieb stellt dort eine Person nicht mehr ein gesamtes Werkstück allein her. Stattdessen werden die zur Herstellung notwendigen Arbeitsschritte auf verschiedene Arbeitskräfte aufgeteilt, die immer die gleichen Handgriffe ausführen. Diese Spezialisierung führte zu einer deutlichen Steigerung der Produktion. Manufakturen sind Vorläufer der Fabriken, in denen auch arbeitsteilig produziert wird.

Welche Veränderungen Colberts Wirtschaftspolitik für Frankreich hatte, kannst du auch auf der CD-ROM nachvollziehen.

Online-Link
443020-0607
Arbeitsblatt: Die Säulen der absolutistischen Herrschaft

Q3 In einer Bank werden Geldwechsel eingelöst
Ausschnitt aus der Titelseite eines Colbert gewidmeten Buches mit dem Titel „Der große Bankier Frankreichs", Kupferstich, um 1685

D: Informiere dich auf S. 55 noch einmal über die Bedeutung von Wechselbriefen. Erläutere, inwiefern dieses Titelbild zu Colberts Wirtschaftspolitik passt.

Q4 Die französische Handelspolitik
Im März 1673 wird das Handelsgesetzbuch gültig. Im Vorwort schrieb Ludwig XIV. über die Grundsätze seiner Handelspolitik:

Da der Handel die Quelle des öffentlichen Wohlstandes und des privaten Reichtums ist, haben Wir seit mehreren Jahren Unser Bemühen darauf gerichtet, ihm in Unserem Königreich zur Blüte zu verhelfen. Das hat Uns in erster Linie bestimmt, unter Unseren Untertanen mehrere Kompanien [Handelsgesellschaften] einzurichten, mittels deren sie nun aus den entferntesten Ländern unmittelbar beziehen, was sie vorher nur durch Vermittlung anderer Nationen erlangen konnten. Das hat Uns zweitens veranlaßt, eine große Anzahl Schiffe zur Förderung der Schiffahrt bauen und ausrüsten zu lassen und die Macht Unserer Waffen zu Wasser und zu Lande einzusetzen, um die Sicherheit dieser Schiffahrt zu gewährleisten. Diese Vorkehrungen haben in vollem Umfang den erwarteten Erfolg gehabt. Wir fühlen Uns daher verpflichtet, ihnen Dauer zu verleihen durch Erlaß von Bestimmungen, die unter den Kaufleuten Treu und Glauben sichern und eine Behinderung ihrer Tätigkeit durch lange, ihr Vermögen aufzehrende Prozesse vorbeugen sollen.

Wolfgang Lautemann/Manfred Schlenke (Hrsg.), Geschichte in Quellen, Bd. 3, München 1966, S. 449.

Q5 Kritik aus dem Ausland
Marco Antonio Giustiniani, Botschafter der Republik Venedig in Frankreich von 1665 bis 1668, über Colberts Wirtschaftspolitik:

Herr Colbert möchte das ganze Land allen anderen an Wohlstand, Handelsgütern, Kunstfertigkeiten und allen möglichen Gütern überlegen machen, so daß es nichts von anderen bedarf, sondern alles an die anderen Ländern liefern kann (...) Er versäumt nichts, um Gewerbe anderer Länder in Frankreich heimisch zu machen. Was an Besonderem in England hergestellt wird, was die Natur dort an Seltenem liefert, bemüht er sich, ins Königreich einzuführen. Für die Herstellung gewisser Produkte ist man so weit gegangen, (...) eine königliche Residenz in einen Gewerbebetrieb [umzuwandeln.] (...)
Aus Holland hat man Techniken der Tuchproduktion übernommen, ebenso auch die Herstellung von Käse, Butter und anderer Spezialitäten. 5000–6000 Frauen sind in den meisten Provinzen mit dieser Arbeit beschäftigt. (...) Was es an besten Waren in aller Welt gibt, das wird zur Zeit in Frankreich hergestellt, und so groß ist das Ansehen dieser Waren, daß von überall Bestellungen kommen (...) Das geschieht zur vollen Zufriedenheit Herrn Colberts, der nichts anderes im Sinn hat, als die anderen Staaten auszuplündern, um Frankreich reich zu machen.

Ernest Lavisse, L'histoire de France, Bd. 4. Paris 1906, S. 229 f., übers. v. Verf.

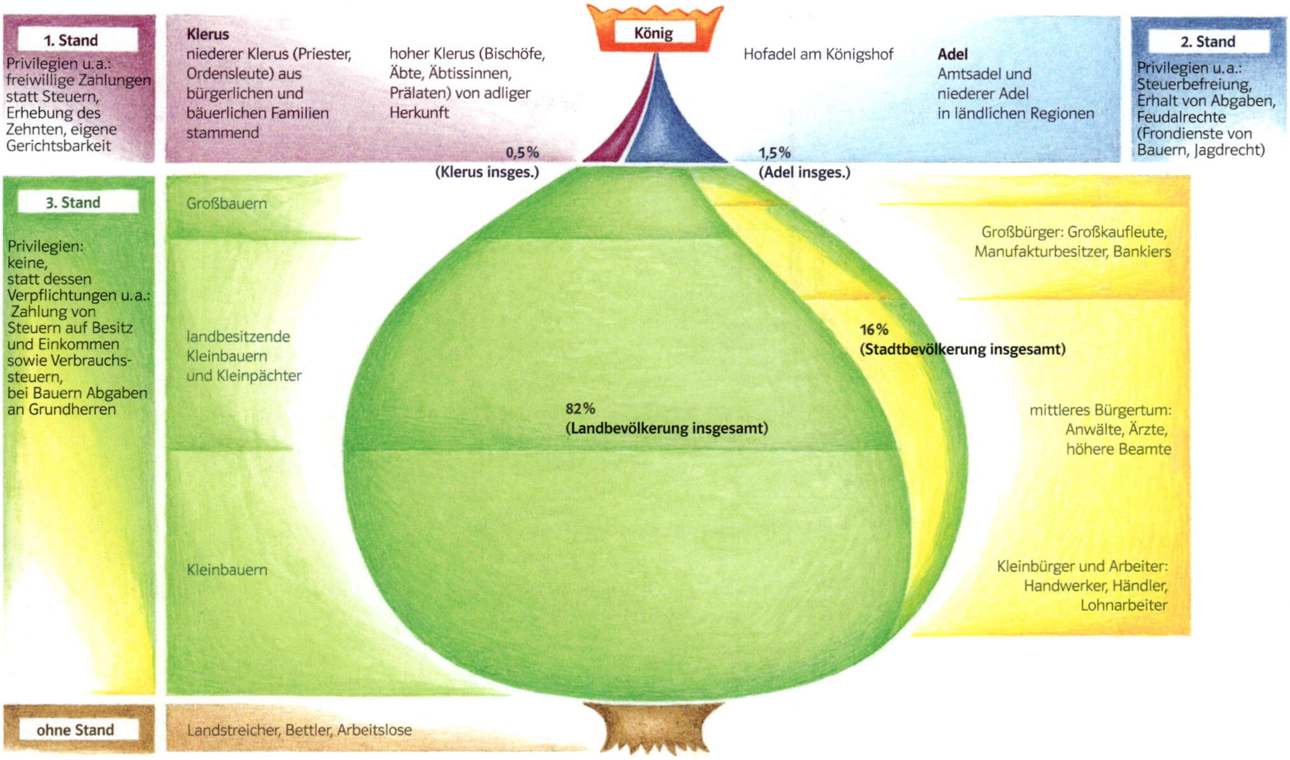

D1 **Die französische Ständegesellschaft zur Zeit Ludwigs XIV.**

Auf der CD-ROM kannst du den Aufbau der Ständegesellschaft üben.

E: Die Angehörigen der drei Stände diskutieren über ihre Rechte und Pflichten. Formuliere ihre Forderungen und begründe sie. Lasse alle Bevölkerungsgruppen zu Wort kommen.

Q6 Kritik aus Frankreich

Der Festungsbaumeister Ludwigs, Vauban, äußerte 1698:

Ich fühle mich (...) verpflichtet, Seiner Majestät vorzutragen, dass man nach meinem Eindruck in Frankreich von jeher nicht genug Rücksicht auf das niedere Volk genommen und zu wenig Aufhebens von ihm gemacht hat. Daher ist es denn auch die am meisten ruinierte und elendste Schicht im Königreich, andererseits aber durch seine Zahl und durch die wirklichen und nützlichen Dienste, die es dem Staat leistet, die bedeutendste Schicht. Denn das Volk ist es, das alle Lasten trägt, das immer im meisten gelitten hat. (...) Der wahre Reichtum eines Staates besteht in dem Überfluss an solchen Gütern, die zum menschlichen Lebensunterhalt notwendig und deshalb unentbehrlich sind. Man kann sagen, dass Frankreich diesen Überfluss im höchsten Maße besitzt. Es ist in der Lage, mit seinen Produktionsüberschüssen seine Nachbarn reichlich zu versorgen, und diese sind gezwungen, ihren Bedarf bei ihm im Austausch gegen ihr Gold und ihr Silber zu decken. (...) Wenn sich das alles nun nicht buchstäblich so verhält, wie ich es hinschreibe, so liegt das nicht etwa an Ungunst des Klimas, Bevölkerungsmangel oder Unfruchtbarkeit. Es liegt an den Kriegen, die Frankreich seit langer Zeit beunruhigt haben, und an einer fehlerhaften Wirtschaftspolitik, auf die wir uns nicht genügend verstehen. (...) (Besserung] erreicht man mit Sicherheit, wenn man die Abgaben den Kräften eines jeden anpasst, die Einkünfte sparsam verwaltet und die Untertanen nicht den Erpressungen der Steuerpächter (...) aussetzt (...).

Wolfgang Lautemann/Manfred Schlenke (Hrsg.), Geschichte in Quellen, Bd. III, München 1966, S. 461, 463.

1. Erläutere die Grundsätze von Colberts Wirtschaftspolitik (VT, Q4, Karte auf der Orientierungsseite).

2.Vergleiche die im VT genannten Ziele Colberts mit den Ausführungen des venezianischen Botschafters. Formuliere aus der Sicht Colbers eine Antwort an den Botschafter (Q5).

3. Stelle die Kritikpunkte Vaubans an der französischen Wirtschaftspolitik zusammen (Q6). Nenne und beurteile Vaubans Vorschläge zur Verbesserung,

1640 1790

Das Zeitalter der Aufklärung

Das Internet-Lexikon Wikipedia kennt heute fast jeder. Menschen aus allen Ländern der Erde tragen Wissen zusammen und machen es im Internet verfügbar. Wer aber weiß, dass dafür im 18. Jahrhundert wichtige Voraussetzungen geschaffen wurden?

A: Stelle die wichtigsten Gedanken der Philosophen der Aufklärung zusammen.

Ein Nachschlagewerk

Der französische Schriftsteller und Philosoph Denis Diderot und der Naturwissenschaftier Jean Le Rond d'Alembert planten, das gesamte Wissen ihrer Zeit zu sammeln und in einem Nachschlagewerk zu veröffentlichen. Gemeinsam mit vielen anderen Gelehrten machten sie sich an die Arbeit und 1751 erschien der erste Band ihrer „Encyclopédie". Bis 1777 folgten weitere 34 Bände. Obwohl das Werk in ganz Europa ein großer Verkaufserfolg wurde, war es in Frankreich zeitweise verboten. Begründet wurde das Verbot damit, dass sich der Inhalt gegen die Kirche und ihre Lehren richten würde.

Im Zeichen der Vernunft: die Aufklärung

Bücher konnte die königliche Verwaltung verbieten, nicht aber die wissenschaftlichen Diskussionen zwischen den Gelehrten. Vor allem unter Philosophen und Schriftstellern setzte sich eine neue Denkweise durch: Sie waren der Meinung, dass der Mensch durchaus imstande wäre, sein Leben und Wirken selbst zu bestimmen. Die Richtschnur für menschliches Handeln sollten nicht königliche Anordnungen oder kirchliche Lehren bilden, sondern die Vernunft. Der deutsche Philosoph Immanuel Kant drückte dieses neue Denken kurz und treffend aus: „Habe den Mut, dich deines eigenen Verstandes zu bedienen!" Die Philosophen waren davon überzeugt, dass man die Menschen nur darüber aufklären müsse und dann würden sie danach handeln. Anstelle der geistigen Bevormundung und des Aberglaubens würde so die menschliche Vernunft treten. Deswegen wird diese Denkrichtung als „Aufklärung" bezeichnet. Im Französischen spricht man von „lumières" und im Englischen von „enlightenment". Darin wird der Sieg einer strahlenden, leuchtenden Vernunft ausgedrückt.

Q1 Das Experiment mit der Luftpumpe
Gemälde von Joseph Wright, 1769, Kunstsammlung der Veste Coburg
Einem Vogel in einem Glaskolben wird Luft entzogen und wieder zugeführt. Solche Experimente wurden öffentlich vorgeführt.

B: Beschreibe die Reaktionen des Publikums auf das Experiment. Finde Gründe dafür, warum die Vorführungen wissenschaftlicher Experimente großen Zulauf hatten.

Q2 Charles de Secondat Montesquieu (1689–1755), Porträt eines unbekannten Künstlers, 1728, Versailles

Q3 Denis Diderot (1713–1784), Gemälde von Louis Michel van Loo, 1767, Paris, Louvre, 81 x 65 cm

Q4 Immanuel Kant (1724–1804) Gemälde von Hans Kurth, 1931 nach einem verschollenen Gemälde von 1791

Nicht glauben – beweisen!

Ihre Vorbilder fanden die Aufklärer bei den Naturwissenschaftlern. Diese waren seit dem 15. und 16. Jahrhundert zur empirischen Vorgehensweise übergegangen. Damit wiesen sie nach, dass die Natur eigenen Gesetzmäßigkeiten folgt. Zum Beispiel entdeckte der italienische Astronom Galileo Galilei bis dahin unbekannte Himmelskörper und festigte so die Lehre vom heliozentrischen Weltbild. Der englische Physiker Isaac Newton erkannte die Erdanziehungskraft. Die neue wissenschaftliche Denkweise wurde schnell auf andere Bereiche angewandt: Medizin, Technik, Wirtschaft und Landwirtschaft, Erziehung, Philosophie und auch Politik gehörten dazu.

empirische Vorgehensweise
Natürliche Vorgänge und Erscheinungen werden genau beobachtet und beschrieben. Daraus werden wissenschaftliche Behauptungen abgeleitet. Anschließend wird versucht, diese durch Experimente zu untermauern.

Herrschaft durch des Volkes Willen

Die absolutistische Herrschaft wurde im 17. und 18. Jahrhundert zunehmend infrage gestellt. Dass wie bisher Abstammung und Privilegien das Leben bestimmen sollten, war in den Augen der Aufklärer ungerecht und rational nicht begründbar. Sie forderten deshalb, dass jeder Einzelne seine Fähigkeiten frei und gleichberechtigt entwickeln und ausleben kann. Außerdem entwickelten sie den Gedanken der „Volkssouveränität": Herrschaft gehe nicht auf den Willen Gottes zurück, sondern sie erfolge nur mit Zustimmung und im Auftrag des Volkes. Deshalb könne einem Herrscher auch der Gehorsam verweigert werden, wenn er gegen den allgemeinen Willen des Volkes verstöße.
Um eine Willkürherrschaft zu verhindern, wurde der Gedanke der Gewaltenteilung entwickelt: Die Gesetzgebung, die Ausführung der Gesetze und die Rechtsprechung sollten in in drei unabhängige Gewalten aufgeteilt und in verschiedene Hände gelegt werden. Diese sollten sich gegenseitig kontrollieren, wodurch Rechte und Freiheiten der Untertanen geschützt werden.

rational
abgeleitet vom lateinischen Wort „ratio" = „Vernunft"

C: Ein Anhänger des Absolutismus und ein Aufklärer diskutieren über Volkssouveränität und Gewaltenteilung. Schreibe ihr Gespräch auf.

Mehr Bildung und eine andere Erziehung

Nur durch bessere Bildung konnte die Bevölkerung an den neuen Ideen teilhaben. Dafür musste man lesen und schreiben können. Das erkannten auch manche Fürsten und drängten darauf, dass Schulen gegründet und auch besucht wurden. Um 1800 konnte etwa ein Viertel der Bevölkerung lesen.
Auch die Erziehung der Kinder sollte sich ändern. Nach Auffassung der Aufklärer sollten Kinder sich nach ihren Neigungen frei entfalten können. Sie sollten selbstständig denken lernen, um später mündige Bürger zu werden. Die Bildung sollte für jeden Stand gleich sein. Allerdings galt das alles nur für die Jungen, Mädchen und Frauen trauten auch die Aufklärer weniger zu.

1640 1790

Q5 Abendgesellschaft im Salon der Madame Geoffrin
Ausschnitt aus einem Ölgemälde von Gabriel Lemmonnier, 129,5 x 196 cm, 1812
Das Bild zeigt die Lesung eines Theaterstückes des Aufklärers Voltaire im Jahr 1755. In Lesezirkeln, Salons und Clubs wurden die Ideen der Aufklärer diskutiert.

D: Beschreibe das Bild und schließe aus der Darstellung der Personen, welche Bevölkerungsgruppen anwesend sind.

Q6 Wozu dient eine Enzyklopädie?

Denis Diderot, einer der Herausgeber des Nachschlagewerkes schreibt:

Tatsächlich zielt eine *Enzyklopädie* darauf ab, die auf der Erdoberfläche verstreuten Kenntnisse zu sammeln, das allgemeine System dieser Kenntnisse den Menschen darzulegen, mit denen wir zusammenleben, und es den nach uns kommenden Menschen zu überliefern, damit die Arbeit der vergangenen Jahrhunderte nicht nutzlos für die kommenden Jahrhunderte gewesen sei; damit unsere Enkel nicht nur gebildeter, sondern gleichzeitig auch tugendhafter und glücklicher werden, und damit wir nicht sterben, ohne uns um die Menschheit verdient gemacht zu haben.

Ralph-Rainer Wuthenow (Hrsg.), Denis Diderot, Enzyklopädie. Philosophische und politische Texte, Berlin 1969, S. 79.

Q7 „Vom Geist der Gesetze“

In seiner Schrift von 1748 äußert sich Montesquieu:

Die politische Freiheit ist nur unter maßvollen Regierungen anzutreffen. Indes besteht sie selbst in maßvollen Staaten nicht immer, sondern nur dann, wenn man die Macht nicht missbraucht. Eine ewige Erfahrung lehrt jedoch, dass jeder Mensch, der Macht hat, dazu getrieben wird, sie zu missbrauchen. Er geht immer weiter, bis er an die Grenzen stößt (…). Alles wäre verloren, wenn ein und derselbe Mann beziehungsweise die gleiche Körperschaft (…) folgende drei Machtvollkommenheiten ausübte: Gesetze erlassen, öffentliche Beschlüsse in die Tat umsetzen, Verbrechen und private Streitfälle aburteilen.

Charles de Secondat Montesquieu, Vom Geist der Gesetze, Stuttgart 1965, S. 210 ff.

Q8 Die politische Autorität

Denis Diderot schreibt 1751:

Kein Mensch hat von Natur das Recht erhalten, über andere zu herrschen. (…) Wenn man genau prüft, kann man politische Autorität immer auf folgende zwei Quellen zurückführen: entweder auf die Stärke und Macht eines Mannes, der die Autorität an sich gerissen hat – oder auf das Einverständnis der Menschen, die sich der Autorität durch einen Vertrag unterworfen haben, der zwischen ihnen und dem Träger der Autorität geschlossen oder unterstellt wurde. Die Autorität, die durch Gewalt errungen wird, ist nichts als eine Usurpation (Macht an sich reißen). Sie dauert nur so lange, wie die Macht der Befehlenden größer ist als die Macht der Gehorchenden. Wenn Letztere die Oberhand gewinnen und das Joch abschütteln, dann tun sie es mit ebenso viel Recht und Berechtigung, wie es ihnen der andere aufgezwungen hat.

Erich Stahleder, Absolutismus und Aufklärung 1648–1789, Ebenhausen 1964, S. 112–114.

Q9 Physikunterricht im 18. Jahrhundert
Zeitgenössischer Stich

E: Untersuche, welches Ideal von Bildung und Unterricht hier dargestellt wird. Vergleiche mit deinem Unterricht.

Q10 Was ist Aufklärung?

Aus einer Schrift des Königsberger Philosophieprofessors Immanuel Kant, 1784:

Aufklärung ist der Ausgang des Menschen aus seiner selbst verschuldeten Unmündigkeit. Unmündigkeit ist das Unvermögen, sich seines Verstandes ohne Leitung eines anderen zu bedienen. Selbst verschuldet ist die Unmündigkeit, wenn die Ursache derselben nicht am Mangel des Verstandes, sondern der Entschließung und des Mutes liegt, sich seiner ohne Leitung eines anderen zu bedienen. (...) Habe Mut, dich deines eigenen Verstandes zu bedienen! ist also der Wahlspruch der Aufklärung. Faulheit und Feigheit sind die Ursachen, warum ein so großer Teil der Menschen (...) gerne zeitlebens unmündig bleibet; und warum es anderen so leicht wird, sich zu deren Vormündern aufzuwerfen. Es ist so bequem, unmündig zu sein. Habe ich ein Buch, das für mich Verstand hat, einen Arzt, der für mich die Diät beurteilt usw., so brauche ich mich ja nicht selbst zu bemühen. Ich habe nicht nötig zu denken, wenn ich nur bezahlen kann, andere werden das verdrießliche Geschäft schon für mich übernehmen. (...)

Es ist also für jeden einzelnen Menschen schwer, sich aus der ihm beinahe zur Natur gewordenen Unmündigkeit herauszuarbeiten. Er hat sie sogar liebgewonnen und ist vorderhand wirklich unfähig, sich seines eigenen Verstandes zu bedienen, weil man ihn niemals den Versuch davon machen ließ.

Immanuel Kant, Beantwortung der Frage: „Was ist Aufklärung?" zit. nach Was ist Aufklärung, Stuttgart 1974, S. 9.

1. Erläutere die Absichten der Verfasser der Enzyklopädie und stelle dar, inwiefern sie typisch für die Denkweise der Aufklärer sind (Q6).

2. Erläutere, wie Montesquieu seine Lehre von der Gewaltenteilung begründet (Q7).

3. Untersuche Q7 und Q8. Schreibe auf, was Vertreter der drei Stände jeweils dazu gesagt haben könnten.

4. Erkläre, worin Kant die Ursachen dafür sieht, dass Menschen sich leicht beherrschen lassen. Welche Schlussfolgerungen zieht er daraus (Q10)?

5. Schreibe für ein Schülerlexikon einen Eintrag zum Stichwort „Aufklärung".

1640 1790

Friedrich II. – ein aufgeklärter Herrscher?

„Die erste Bürgerpflicht ist, seinem Vaterland zu dienen. Ich habe sie in allen verschiedenen Lagen meines Lebens zu erfüllen gesucht. Als Träger der höchsten Staatsgewalt hatte ich die Gelegenheit und die Mittel, mich meinen Mitbürgern nützlich zu erweisen." Trifft tatsächlich zu, was der preußische König Friedrich II. von sich behauptete?

A: Stelle in einer Tabelle gegenüber, worin sich das Absolutistische an Friedrichs Herrschaft zeigt und worin das Aufgeklärte.

Ein absolutistischer Herrscher wie jeder andere?

Kurz nach seinem Regierungsantritt 1740 ließ der junge preußische König Friedrich II. mitten im Frieden Truppen in das zu Österreich gehörende Schlesien einmarschieren. Um diese reiche Provinz und andere Territorien führte er weitere lange Kriege, so 1756 bis 1763 den Siebenjährigen Krieg. Am Ende war Preußen erfolgreich und verleibte sich Schlesien ein. 1772 verabredeten Friedrich II. und die russische Zarin Katharina die Große eine Teilung Polens, dem schloss sich Österreich an. Dadurch gewann Friedrich weiteres Land hinzu und konnte verstreut liegende preußische Gebiete miteinander verbinden. Durch diese Machtpolitik stieg Preußen neben Russland, Österreich, Frankreich und Großbritannien zu einer europäischen Großmacht auf. Das Heilige Römische Reich Deutscher Nation hingegen war politisch bedeutungslos geworden. Unter den finanziellen Lasten der Kriege, den Entbehrungen, den Verwüstungen und den Menschenverlusten hatte jedoch vor allem die Bevölkerung zu leiden.

Ein Kunst liebender König

Auch wenn Krieg zu jener Zeit als ein selbstverständliches Mittel der Politik galt, schien er gar nicht zu Friedrich zu passen. Anders als sein Vater, der „Soldatenkönig" genannt wurde und dessen Leidenschaft dem Militär gehörte, war Friedrich ein musisch interessierter Mensch. Er spielte Flöte, komponierte selbst und beherrschte mehrere Sprachen. In Potsdam ließ er sich nach eigenen Plänen Schloss Sanssouci (frz. sorgenfrei) erbauen. Dort pflegte er als König die Geselligkeit, führte philosophische Gespräche und musizierte. Er liebte alles Französische und interessierte sich besonders für Literatur, Geschichte und Philosophie. So lernte er auch das Gedankengut der Aufklärung kennen.

Q1 König Friedrichs II. Wachtparade in Potsdam
Radierung von Daniel Chodowiecki, 23,9 x 31,5 cm, 1777

B: Beschreibe, welches Erscheinungsbild Friedrichs II. der Maler verbreiten wollte. Welche künstlerischen Mittel hat er dafür genutzt?

Q2 Schloss Sanssouci, erbaut 1745–1747
kolorierter Kupferstich von Johann David Schleuen, 1748, 38,5 x 59,6 cm

C: Vergleiche mit dem Bild von Versailles auf S. 114. Schlussfolgere, wie Friedrich über die Prunkentfaltung an einem Fürstenhof gedacht hat.

Der aufgeklärte Monarch

Aus dem Studium aufklärerischer Schriften zog Friedrich vor allem eine Konsequenz: Er wollte als Alleinherrscher der „erste Diener seines Staates" sein. Als er König wurde, schaffte er die Folter ab und führte die Pressefreiheit ein, die allerdings nicht für die politische Berichterstattung galt. Die anderswo noch übliche Diskriminierung christlicher Minderheiten (nicht aber die der Juden) beseitigte er ebenfalls. Glaubensflüchtlinge fanden in Brandenburg-Preußen eine neue Heimat und trugen zur Stärkung der nach streng merkantilistischen Prinzipien geordneten Wirtschaft bei. Mit diesen Maßnahmen erfüllte Friedrich viele Hoffnungen der Aufklärer.

Auch um eine Verbesserung des Bildungswesens war Friedrich bemüht und verordnete die flächendeckende Einführung von Schulunterricht.

Mit Entwässerungsmaßnahmen in Sumpfgebieten an der Oder und anderen Kultivierungsmaßnahmen wurden neue Siedlungsgebiete und Ackerland erschlossen, so dass Friedrich stolz behaupten konnte, er habe „im Frieden eine ganze Provinz erobert". Zur Versorgung mit Grundnahrungsmitteln ließ er den Kartoffelanbau durchsetzen. Friedrich entließ seine eigenen Bauern auch aus dem strengen Abhängigkeitsverhältnis vom Grundherren und gewährte ihnen so persönliche Freiheit und Land, das sie in Erbpacht bebauen konnten. Aus Rücksicht auf den Adel übertrug er dies aber nicht auf alle Bauern.

All dies trug ihm viel Bewunderung ein, so dass er schon zu Lebzeiten den Beinamen „Friedrich der Große" erhielt.

Online-Link
443020-0611
Info- und Arbeitsblatt: Friedrich II. und der Müller Arnold

Die Grenzen des „aufgeklärten Absolutismus"

Friedrich II. trug mit seinen Reformen viel dazu bei, dass Preußen ein für seine Zeit moderner Staat geworden war. So veranlasste er beispielsweise eine Rechtsreform mit dem Ziel, Recht und Gesetz in Preußen zu vereinheitlichen. Nennenswerte Einschränkungen der königlichen Herrschaft waren darin aber nicht vorgesehen, denn viele Vorschläge aufgeklärt denkender Beamter hatte Friedrich verworfen. Als dann nach Friedrichs Tod das neue preußische Gesetzbuch, das „Allgemeine Landrecht", eingeführt wurde, war das zwar ein großer Fortschritt, denn es galt für große Teile Preußens. Aber die alte Ständeordnung und die Rechte des Königs und des Adels blieben bestehen.

1640 1790

D: Trage in eine Tabelle ein, wie sich Brandenburg-Preußen entwickelt hat. Berücksichtige dabei die territoriale, die wirtschaftliche und die Bevölkerungsentwicklung.

D1 Die Entwicklung Brandenburg-Preußens vom 15. Jahrhundert bis 1795

Q3 Richtiges und falsches Verhalten von Fürsten

Als Kronprinz notiert Friedrich 1737/38 für eine nicht veröffentlichte Flugschrift:

In Folgendem liegt der Irrtum der meisten Fürsten: Sie glauben, Gott habe aus besonderer Rücksicht für sie und eigens ihrer Größe, ihrem Glück und Hochmut zuliebe das Gewimmel der Völker geschaffen (…) und ihre Untertanen seien nichts weiter als Werkzeuge und Diener ihrer zügellosen Leidenschaften.

Sobald das Prinzip, von dem man ausgeht, verkehrt ist, müssen die Folgen unweigerlich immer verhängnisvoller werden. Daher jener unbändige Drang nach falschem Ruhme, jenes glühende Verlangen, alles zu erobern, die harten Auflagen, mit denen das Volk bedrückt wird (…). Legten die Fürsten diese falschen Ideen ab und gingen auf den Ursprung ihres Amtes zurück, sie sähen, daß ihre Würde (…) nur das Werk der Völker ist, dass die Abertausenden, die ihnen anvertraut sind, sich nicht einem Einzigen sklavisch unterwarfen, um ihn mächtiger und furchtgebietender zu machen (…), sondern daß sie den unter sich wählten, den sie für den Gerechtesten hielten, um sie zu regieren, (…) kurz, den rechten Mann, (…) dessen souveräne Macht eine Stütze für Recht und Gesetz ist und nicht ein Mittel, um ungestraft Verbrechen zu begehen und Tyrannei auszuüben. (…)

Dann würden diese irdischen Götter, statt immerfort auf Eroberungen zu sinnen, nur für das Glück ihrer Völker wirken. (…) [Sie würden einsehen], daß der wahre Herrscherruhm nicht in der Unterdrückung ihrer Nachbarn (…), sondern in der Erfüllung ihrer Amtspflichten und in der Vollstreckung der Wünsche derer, die sie mit der höchsten Macht ausgestattet haben und denen sie ihre Herrschermacht danken (…).

Kurz, es ist eine Schmach und Schande, seine Staaten zugrunde zu richten, und eine Ungerechtigkeit, eine verbrecherische Raubgier, etwas zu erobern, worauf man keinen rechtlichen Anspruch besitzt.

Wolfgang Lautemann/Manfred Schlenke (Hrsg.), Geschichte in Quellen, Bd. 3, München 1966, S. 600, 601.

Q4 Friedrich II. und der französische Philosoph Voltaire in Sanssouci
kolorierter Kupferstich von Peter Haas, um 1780 (Ausschnitt)

C: Vergleiche die Darstellung Friedrichs II. mit seiner Darstellung in Q1. Notiere in Stichwörtern, welche Eigenschaften der Künstler heraushebt.

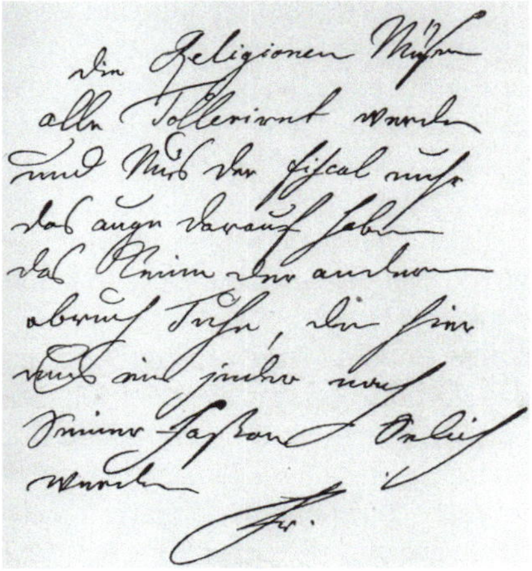

Q5 Handschriftliche Anmerkung Friedrichs an einem Bericht eines Ministers, 1740

Die Religionen müssen alle Tolleriret werden und Mus der fiscal das auge darauf haben, das Keine der andern abruch tuhe, den hier mus ein jeder nach seiner Faßon selich werden.
(„Der fiscal" ist die Steuerbehörde, „nach seiner Faßon" meint „so wie es ihm beliebt").

D2 Widersprüche erschweren eine klare Position

Der damalige Ministerpräsident des Landes Brandenburg, Manfred Stolpe, sagte 1991 aus Anlass der Rückführung der Särge Friedrichs II und dessen Vaters Friedrich Wilhelm I. von der Burg Hohenzollern nach Potsdam:

Die beiden Könige sind der Inbegriff Preußens, seiner Tugenden und Untugenden, seiner Tradition und Geschichte. Friedrich Wilhelm I. – Muster an Sparsamkeit und Zähheit – schuf die Grundlagen, auf denen das Preußen Friedrichs II. erblühen konnte. Bei der Beschäftigung mit Preußen und den Persönlichkeiten, die dieses Land prägten, stößt man auf Widersprüche, die es uns schwer machen, eine klare Position zu beziehen. Da ist der aufgeklärte Staat, offen für Verfolgte aus ganz Europa, der für die Gleichheit der Menschen eintritt und als höchstes Regierungsziel „des Landes Vorteil" ansieht. Da ist aber auch das machthungrige, kämpferische Preußen, das die Schlesischen Kriege führt, die Unsummen verschlingen, während das Volk hungert. (...)
Es geht darum, sich die Erfahrungen Preußens und dessen, was sich später aus Preußen entwickelt hat, vor Augen zu führen und zu fragen: Was bedeuten sie heute? Für mich steht Preußen für Toleranz, Aufbauwillen, Gemeinschaftssinn und eine leistungsfähige Verwaltung.

Hans Bentzien, Die Heimkehr der Preußenkönige, Berlin 1991, S. 516.

1. Stell dir vor, ein preußischer Einwohner, der in einem der Kriege seinen Sohn verloren hat und der kaum noch seine Steuern aufbringen kann, bekommt das Schriftstück Q3 in die Hände. Was würde er wohl am liebsten Friedrich II. sagen? Entwirf einen entsprechenden Text.

2. Arbeite aus Q5 Friedrichs Haltung gegenüber den Religionen heraus und vergleiche sie mit dem Verhalten Ludwigs XIV.

3. Friedrich II., schon früh „der Große" genannt, ist in Deutschland lange Zeit uneingeschränkt verehrt worden. Suche nach den Ursachen dafür, dass das Urteil über Friedrich II. heute gespaltener ausfällt (VT, D2).

4. Setze dich mit dem Zitat Friedrichs vom Kapitelanfang auseinander. Hat er seinen Anspruch erfüllt?

1640 1790

1. Ein Silbenrätsel lösen: wichtige Begriffe einordnen (Sachkompetenz)
Übernimm die Silben in dein Heft und löse das Rätsel.

1. Wirtschaftsform zur Zeit Ludwig XIV.
2. Denkrichtung, die sich im 17. Jahrhundert in Europa entwickelte
3. Einrichtung, in der sich die Gelehrten zusammenfanden
4. Vorrechte
5. „Spitzname" Ludwigs XIV.
6. neuartige Produktionsstätte
7. Finanzminister Ludwigs XIV.
8. Herrschaftsform des 17. und 18. Jahrhunderts
9. Schlossanlage in der Nähe von Paris
10. Form der Armee, die sich im 18. Jahrhundert durchzusetzen begann
11. von Montesquieu entwickelte Organisation der staatlichen Machtausübung
12. Einteilung der Gesellschaft zur Zeit Ludwigs XIV.
13. Angehörige einer verfolgten Religion

ab – aka – auf – bert –col – de – de – des – en – fak – ge – ge – ge – gi – heer-hen – hu – kan – klä – kö – le – lis – lu – lung – ma – mer – mie – mus – mus – nen –nig – not– nu – pri – rung – sailles – schaft – sell – so – son– stän – ste – tei – ten – ten– ti – tis – tur – ver – vi – wal

2. Eine Textquelle auswerten: Die Merkmale absolutistischer Herrschaft (Methodenkompetenz, Urteilskompetenz)
Erschließe Ludwigs Ausführungen mit den methodischen Arbeitsschritten „Textquellen auswerten" (S. 328). Schreibe dann auf, welche dieser Prinzipien Ludwig nach deiner Kenntnis ein Leben lang beachtet hat und welche nicht.

Du kannst mit dieser Quelle auch auf der CD-ROM arbeiten.

Online-Link
443020-0613
Quiz

Q1 Der Regierungsstil des Königs
Ludwig XIV. schildert in den ersten Jahren seiner Herrschaft seine Amtsauffassung für den Thronfolger:

Ich begann meine eigene Regierung damit, dass ich die vier Staatssekretäre nichts mehr unterzeichnen ließ, worüber sie mit mir nicht vorher gesprochen hatten. Ebenso stand es mit dem Finanzintendanten (…)

Ich bin über alles unterrichtet, ich höre dem geringsten meiner Untertanen zu, ich kenne zu jeder Stunde die Zahl und den Wert meiner Truppen, den Zustand meiner befestigten Plätze. Ich treffe dauernd meine Anordnungen für alle Bedürfnisse der Truppe, ich verhandle direkt mit den fremden Gesandten, ich empfange und lese die Nachrichten der Diplomaten, ich verfasse selbst einen Teil der Antworten und erkläre bei den übrigen meinen Sekretären kurz den Inhalt des Antwortschreibens. Ich regele selbst Einnahmen und Ausgaben des Staates, ich lasse mir von den Männern, denen ich wichtige Posten anvertraut habe, direkt Rechenschaft ablegen. (…)

Die zu große Machtstellung der Parlamente [mit Adligen besetzte Gerichtshöfe] war während meiner Minderjährigkeit dem ganzen Königreich gefährlich geworden. (…) Sie machten sich zu Verteidigern dieser angeblichen Volksrechte, ohne zu bedenken, dass es hier nicht zwei Interessen, sondern nur eines geben kann (…). Denn über die Könige ist Gott allein Richter, und wenn sie gegen das allgemeine Gesetz zu verstoßen scheinen, so beruht ihr Handeln zumeist auf der Staatsraison [also dem Vorrang der Staatsinteressen], die (…) das höchste aller Gesetze ist; aber sie ist zugleich für alle diejenigen, die nicht regieren, das am wenigsten bekannte und dunkelste Gesetz. (…)

Unser Gehorsam gegenüber Gott ist das Vorbild und das Beispiel für den Gehorsam, den man uns schuldet. Unsere Armeen, unsere Räte, alle Hilfsmittel menschlicher Erfindungskraft würden nicht ausreichen, um uns auf dem Throne zu erhalten, wenn jeder glaubt, er habe dasselbe Recht wie wir, wenn er nicht eine höhere Macht verehrte, von der unsere Macht ein Teil ist. (…) Denn schließlich, mein Sohn, müssen wir das Wohl unserer Untertanen weit mehr im Auge haben als unser eigenes (…) die Macht, die wir über sie haben, darf uns nur dazu dienen, mit umso größerem Eifer für ihren Wohlstand zu arbeiten.

Leopold Steinfeld (Hrsg.), Ludwig XIV., Memoiren, Basel 1931, S. 25 f., 33 f., 45, 47, 51, 69, 81.

Q2 Clemens August, Erzbischof und Kurfürst von Köln (1723–1761)
Gemälde von George Desmarées, um 1746, 178 x 290 cm, Schloss Brühl

3. Ein Herrscherbild auswerten: der Erzbischof von Köln (Methodenkompetenz, Urteilskompetenz)
Werte das Gemälde mithilfe der methodischen Arbeitsschritte von S. 123 aus. Vergleiche mit dem Herrscherbild von Ludwig XIV. auf S. 122. Welche Gemeinsamkeiten bzw. welche Unterschiede gibt es und wie sind diese zu erklären?

1 Kurmantel
2 Kurhut (beides verweist auf die Würde eines Kurfürsten)
3 Messgewand
4 Bischofshut
5 Brustkreuz des Bischofs
6 Priesterkragen
7 Schloss Falkenlust in Brühl bei Köln

4. Ein Interview erfinden: Ludwig XIV. (Urteilskompetenz, Handlungskompetenz)
Stell dir vor, König Ludwig hätte nicht lange vor seinem Tod in Versailles einer Zeitung ein Interview gegeben, wie wir es von unseren Staatsmännern heute kennen. Schreibe das Interview auf. Ein paar Stichwortzettel sind für dich vorbereitet.

Einstellung des Königs zu seiner Form von Herrschaft und Herrschaftsausübung

das Militär und der Krieg

die Wirtschaft und die staatlichen Einnahmen und Ausgaben

Verhältnis des Königs zum Hochadel und den übrigen Bevölkerungsgruppen

7 Auf dem Weg zur Demokratie: England und die USA

Online-Link
443020-0701

Im 17. Jahrhundert waren England und seine Kolonien in Nordamerika eng verknüpft – und doch trennten sich ihre Wege. In England gab es starke Auseinandersetzungen zwischen König und Parlament um die Macht. An der Ostküste Nordamerikas entwickelten sich dreizehn selbstbewusst auftretende englische Kolonien. Ende des 18. Jahrhunderts erkämpften die Kolonisten ihre Unabhängigkeit vom Mutterland: Die Vereinigten Staaten von Amerika entstanden.

- Wie veränderten sich die Machtverhältnisse in England?
- Welche Bedeutung hatte die „Glorreiche Revolution"?
- Wie wurde die neue junge Nation Amerika regiert ?
- Warum kam es in den USA zu einem Bürgerkrieg?

1600 | 1650 | 1700

1607
Die erste dauerhafte englische Siedlung Jamestown wird im späteren Virginia gegründet.

1620
Die puritanischen Pilgerväter gründen Plymouth Plantation in Massachusetts.

1649
Der englische König Karl I. wird enthauptet; England wird Republik.

1618–1648
Dreißigjähriger Krieg

1651
Ludwig XIV. von Frankreich übernimmt die Regierungsgeschäfte und baut den Absolutismus aus.

1688
Die Glorious Revolution wandelt Großbritannien in eine konstitutionelle Monarchie um.

1715
Ludwig XIV. stirbt in Versailles.

Krönungszeremonie des englischen Königspaares Wilhelm und Maria von Oranien, Kupferstich von James Parker, um 1730

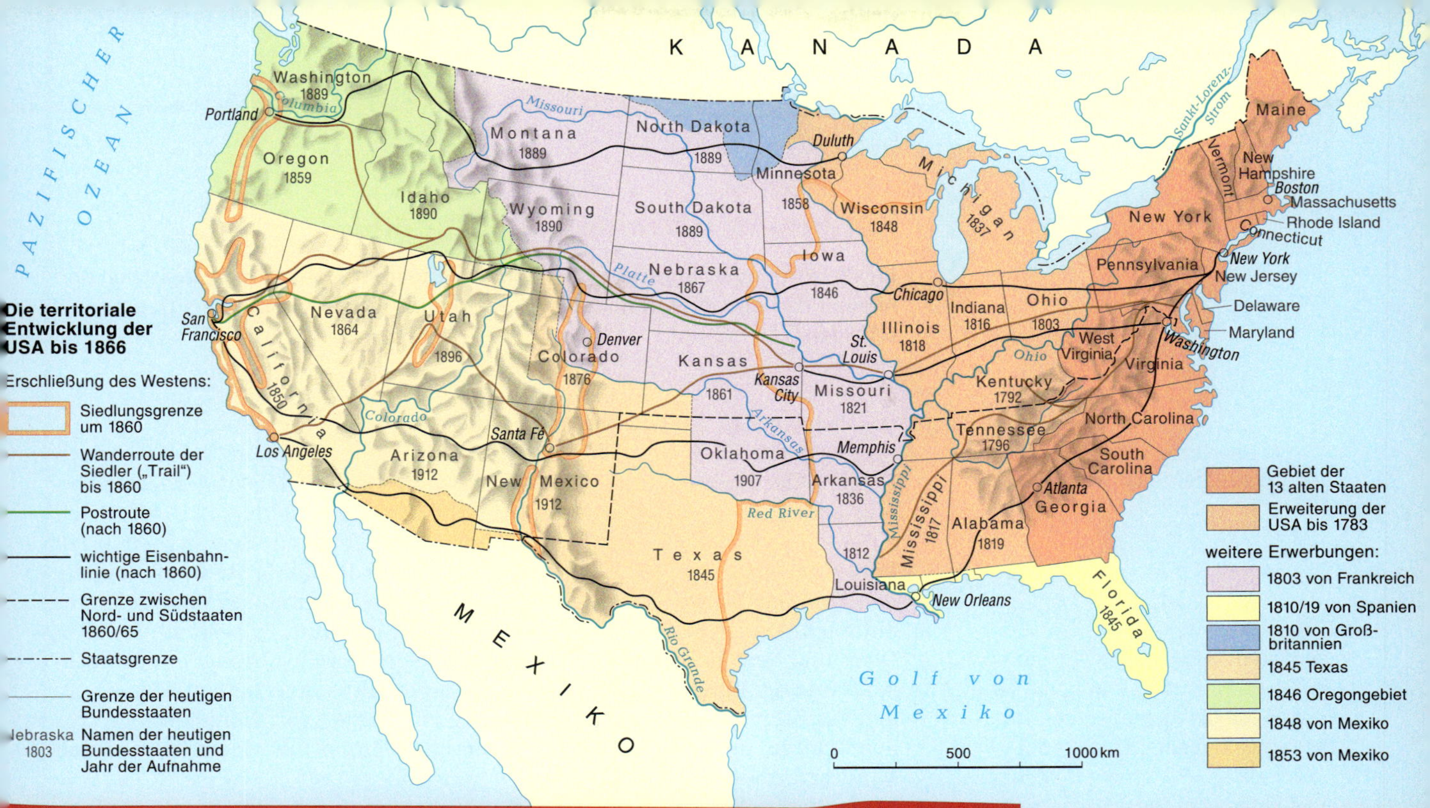

1750 | 1800 | 1850

1763
Nach dem Sieg über die Franzosen werden die Briten stärkste Kolonialmacht in Nordamerika.

1776
Am 4. Juli erklären die 13 englischen Kolonien ihre Unabhängigkeit.

1783
Im Frieden von Paris erkennt Großbritannien die Unabhängigkeit der Kolonien an.

1789
Die Verfassung der USA tritt in Kraft.

1789
In Frankreich beginnt die Revolution.

1848/49
In Europa finden Revolutionen gegen die Fürstenherrschaft statt.

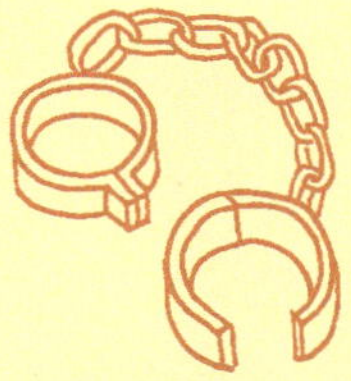

1790–1890
Die USA dehnen sich nach Westen bis zur Pazifikküste aus.

1861–1865
Bürgerkrieg („Civil War") in den USA

George Washington legt bei seinem Amtsantritt als erster Präsident der USA am 30. April 1789 den Eid auf die amerikanische Verfassung ab, Kreidelithographie eines unbekannten Künstlers, 1876

1640 1865

König und Parlament in England

Im 17. Jahrhundert erreichten die jahrhundertealten Machtkämpfe zwischen König und Parlament ihren Höhepunkt. Wer konnte diese Kämpfe für sich entscheiden?

A: Begründe, warum England kein absolutistischer Staat war.

Parlament
vom lateinischen „parlare" (= sprechen) Es ist eine Volksvertretung, die Gesetze beschließt, die Ausgaben des Staates festlegt und die Regierung kontrolliert. Das englische Parlament besteht aus zwei Kammern, dem Oberhaus („House of Lords") und dem Unterhaus („House of Commons").

Das Parlament als Gegengewicht zum König

Im Gegensatz zu den meisten anderen europäischen Staaten konnte sich in England der Absolutismus nicht durchsetzen. Dass die Macht der Könige beschränkt wurde, hatte in England eine lange Tradition. Bereits 1215 hatte sich ein Adelsrat mit der „Magna Charta Libertatum", dem Großen Freiheitsbrief, Mitbestimmungsrechte zusichern lassen. Wollte der König Steuern oder Sonderzahlungen für Kriege erheben, musste er die Zustimmung des Adelsrates einholen. Dieser Rat wurde später Parlament genannt. Es bestand aus dem Ober- und dem Unterhaus. Dem Oberhaus gehörten die Mitglieder des Hochadels und der hohen Geistlichkeit an. Sie erbten ihre Sitze. Ins Unterhaus wurden Vertreter des niederen Adels sowie reiche Bürger, vor allem Kaufleute aus den Städten, gewählt. Allerdings waren nur Männer mit einem bestimmten Mindestvermögen wahlberechtigt.

Religiöse Interessen und Konflikte

Im Ringen um die politische Vorherrschaft spielte auch die Religion eine große Rolle. Nach der Reformation gründete König Heinrich VIII. 1534 die anglikanische Staatskirche und machte sich zum Kirchenoberhaupt. Auch in Schottland setzte sich die Reformation durch. Nur Irland war überwiegend katholisch geblieben. Wichtige protestantische Glaubensgemeinschaften waren die Puritaner und die Quäker erwähnenswert. Von den Quäkern gingen große Einflüsse auf das politische Denken und das öffentliche Leben aus. So formulierten sie bereits 1661: Alle Männer und Frauen sind gleich. Bei ihnen traten auch Frauen öffentlich als Rednerinnen auf. Vor allem zeichneten sich die Quäker durch ihre Einstellung zum Frieden aus. Sie lehnten alle Kriege als Mittel zur Durchsetzung politischer Interessen ab. Gegeneinander gerichtete Interessen der religiösen Gemeinschaften führten jedoch oft zur Verfolgung Andersdenkender. Viele Engländer verließen deshalb ihre Heimat und wanderten nach Amerika aus, wo sie ihre Religion frei ausüben konnten.

Q1 Gerichtssitzung im Unterhaus
Radierung eines unbekannten Künstlers, 1624
1 Vorsitzender (Speaker) 2 Schreiber; 3 Angeklagter

B: Beschreibe, welche Bedeutung und welcher Einfluss des Parlaments in der Szene zum Ausdruck kommen.

Q2 Hinrichtung Karls I., Kupferstich eines unbekannten Künstlers, 1649

C: Schreibe aus der Sicht eines französischen Beobachters einen Zeitungsbericht über das Ereignis. Nimm den Text zu Hilfe und erinnere dich, was du über die Herrschaft in Frankreich zu dieser Zeit gelernt hast.

Unversöhnliche Gegner: Karl I. und das Parlament

Als Karl I. 1625 König wurde, kam es zu neuen Konflikten mit dem Parlament. Zum einen strebte Karl eine Aussöhnung mit dem Katholiken an, was dem zunehmend mit Puritanern besetzten Parlament keinesfalls recht war. Zum anderen erhob er Steuern ohne Genehmigung weiter, die ihm das Parlament 1627 nur für ein Jahr bewilligt hatte. 1628 legte ihm das Parlament daraufhin eine „Petition of Right" vor, in der es an sein althergebrachtes Mitspracherecht erinnerte. Doch Karl I. fühlte sich in seiner Macht so gefestigt, dass er 1629 das Parlament auflöste und die folgenden elf Jahre allein weiterregierte. Erst 1640 musste er das Parlament wieder einberufen, da er Geld für einen Feldzug gegen die Schotten brauchte, die aus Glaubensgründen rebellierten. Als 1641 auch noch in Irland Unruhen ausbrachen, kam es über die Frage, ob der König oder das Parlament den Oberbefehl über die Truppen haben sollte, zum Streit.

Der Bürgerkrieg

Die Auseinandersetzungen führten 1642 zum Bürgerkrieg, nachdem Karl versucht hatte, seine Gegner im Unterhaus verhaften zu lassen. Unter der Führung des puritanischen Landedelmanns Oliver Cromwell besiegte das Parlamentsheer die königlichen Truppen. Der König geriet in Gefangenschaft. Die Parlamentsseite war jedoch gespalten in radikale Königsgegner und Abgeordnete, die zu Kompromissen mit dem König bereit waren. Cromwell vertrieb schließlich die kompromissbereiten Abgeordneten mit Waffengewalt aus dem Parlament. Die verbliebenen Parlamentsmitglieder verurteilten den König zum Tode. Am 30. Januar1649 wurde er in London öffentlich enthauptet.

1640 – 1865

Q3 Cromwell löst am 20.4.1653 das Parlament auf
Zeitgenössische Darstellung eines unbekannten holländischen Künstlers Cromwell, vorne links am Tisch stehend, sagt: „Hinaus, ihr Schurken, ihr habe lange genug gesessen!". An den Wänden des Saales ist zu lesen (englisch rechts, holländisch links): „Dieses Haus ist zu vermieten."

D: Versetze dich in die Lage eines Parlamentariers und verfasse ein Schreiben an Cromwell.

E: Schreibe einen Eintrag für ein Schülerlexikon unter der Überschrift „Englands Weg zur konstitutionellen Monarchie".

England wird Republik

Nach der Hinrichtung Karls I. rief das Parlament die Republik aus. Schottland und Irland wurden – zum Teil gewaltsam – angegliedert. Die Republik hatte jedoch nicht lange Bestand: Cromwell riss die Macht an sich und regierte nach Auflösung des Parlaments diktatorisch. Er sah sich, wie die englischen Könige, als von Gott eingesetzt und übte als „Lord Protector" die höchste gesetzgebende Gewalt aus. Als Cromwell 1658 starb, wurde deutlich, dass sein Militärregiment nur durch seine starke Persönlichkeit bestehen konnte. Sein Sohn Richard scheiterte nach weniger als einem Jahr.

Wiederherstellung der Monarchie

1660 entschloss sich das Parlament, die Monarchie wiederherzustellen. Der Sohn Karls I. wurde vom Hof Ludwigs XIV. in Versailles zurückgeholt und zum König Karl II. ausgerufen. Mit der Habeas-Corpus-Akte gelang es dem Parlament jedoch, dem König ein wichtiges Grundrecht auf persönliche Freiheit abzuringen, nämlich den Schutz vor willkürlicher Verhaftung. Das Parlament wachte auch darüber, dass er keine Gewalt über ein stehendes Heer erhielt. Die anglikanische Staatskirche unterstützte den König. Kurz vor seinem Tode trat Karl II. jedoch der katholischen Kirche bei.

Habeas-Corpus-Akte
Gesetz von 1679. Es verbietet, Menschen ohne ein richterliches Urteil einzukerkern. Jeder Festgenommene muss innerhalb von den drei Tagen einem Richter vorgeführt weren.

Die „Glorreiche Revolution"

Sein Bruder und Nachfolger Jakob II. war auch Katholik. Als ihm ein Sohn geboren wurde, fürchtete das Parlament ein neues katholisches Erbkönigtum. Um dies zu verhindern, boten Parlamentarier Wilhelm III. von Oranien, dem protestantischen Herrscher der Niederlande, und seiner Gemahlin Maria die gemeinsame Königswürde an. Wunschgemäß segelte Wilhelm III. mit einem starken Heer über den Kanal und wurde freudig empfangen. Jakob II. floh nach Frankreich. Dem Parlament war es gelungen, ohne Blutvergießen einen Herrschaftswechsel zu erreichen. Dieser Vorgang wird als die „Glorreiche Revolution" bezeichnet. Wilhelm III. von Oranien und Maria II. bestiegen 1689 gemeinsam den englischen Thron. Zuvor mussten sie jedoch einen Grundrechte-Katalog, die „Bill of Rights", anerkennen. Damit sicherte sich das Parlament seine Rechte und Freiheiten und begrenzte die Macht des Königspaares. Parlament und König bestimmten von nun an gemeinsam die Politik. England wurde damit eine konstitutionelle Monarchie und ist es bis heute geblieben.

konstitutionelle Monarchie
Darunter versteht man eine Staatsform mit einem König oder einer Königin als Staatsoberhaupt. Deren Macht wird eingeschränkt durch eine Verfassung (Konstitution). Ein gewähltes Parlament und eine Regierung bestimmen die Politik des Landes.

Q4 Sind Könige Götter?

Als sich das Parlament darüber beklagt, dass der König gegen die grundlegenden Rechte und Freiheiten des Parlaments und aller Bürger Englands verstoße, antwortet König Jakob I. 1609:

Könige werden mit Recht Götter genannt; denn sie üben auf Erden eine gottähnliche Macht aus. Wenn man die Attribute Gottes betrachtet, sieht man, wie sehr sie auf die Person des Königs zutreffen. Gott hat die Macht zu schaffen und zu zerstören, nach seinem Belieben zu bilden und zu vernichten, Leben und Tod zu geben, alle zu richten und niemandem verantwortlich zu sein. Und die gleiche Macht haben die Könige. Sie bilden und vernichten ihre Untertanen, sie haben die Macht zu erhöhen und zu stürzen, die Macht von Leben und Tod, Richter über alle ihre Untertanen und in allen Fällen, doch niemandem als Gott verantwortlich. Sie haben die Macht, über ihre Untertanen wie über Schachfiguren zu verfügen.

Michael Fuhs, Herrschaftsformen der frühen Neuzeit. PLOETZ Arbeitsmaterialien, Freiburg/Würzburg 1978, S. 67 f.

Q5 Das Steuerbewilligungsrecht des Parlamentes

Aus einer Parlamentsdebatte vom Juni 1610:

So sehen wir also, daß Besteuerungs- und Gesetzgebungsrecht (…) [auswechselbar und vertretbar] sind: Was das eine tun (…) kann, kann auch das andere tun. Der König hat seine höchste Gewalt nur im Parlament, unterstützt und getragen von der Zustimmung des ganzen Königreiches, und deshalb kann er diese Befugnisse nur im Parlament ausüben. In anderen Ländern läßt man den (Rechtsgrundsatz) gelten: (…) (Was der Fürst beschlossen hat, besitzt Gesetzeskraft), denn dort haben die Fürsten absolute Gewalt, Gesetze zu geben und daher auch das Recht der Besteuerung, denn das heißt, Eigentum zu übertragen und hat damit die zwingende Gewalt eines Gesetzes. (…) Würde das Besteuerungsrecht stillschweigend unseren Königen überlassen und bedenkt man dabei, zu welchem Hauptzwecke sie die Parlamente einberufen, nämlich um sich Geld zu verschaffen, so habe ich keine große Hoffnung, daß wir uns noch sehr häufig so wie jetzt versammeln könnten, denn dann würden sie sich eben auf die erwähnte andere Weise zu helfen wissen.

Zit. nach Wolfgang Lautemann/Manfred Schlenke (Hrsg.), Geschichte in Quellen, Band III, München 1982, S. 359.

Q6 Rechte für das Volk

Aus der „Bill of Rights" vom 23. Oktober 1689:

1. (…) daß die angemaßte Befugnis, kraft königlicher Autorität und ohne die Zustimmung des Parlaments Gesetze vorübergehend außer Kraft zu setzen oder ihre Vollstreckung auszusetzen, ungesetzlich ist;

4. (…) daß die Erhebung von Geldern für und zum Nutzen der Krone unter dem Vorwand königlicher Vorrechte und ohne Zustimmung des Parlaments ungesetzlich ist;

6. (…) daß die ohne die Zustimmung des Parlaments in Friedenszeiten erfolgende Aushebung oder Unterhaltung eines stehenden Heeres innerhalb des Königreiches unrechtmäßig ist;

7. (…), daß die Untertanen protestantischen Glaubens, ihrer Stellung gemäß und soweit das Gesetz es erlaubt, Waffen zu ihrer Verteidigung besitzen dürfen;

8. (…) daß die Wahl der Parlamentsmitglieder frei sein solle;

9. (…) daß die Freiheit der Rede sowie der Inhalt von Debatten oder Verhandlungen im Parlament an keinem anderen Gerichtshof oder Orten außerhalb des Parlaments unter Anklage oder in Frage gestellt werden solle; (…)

Hagen Schulze/Ina Ulrike Paul (Hrsg.), Europäische Geschichte, Band VII, München 1994, S. 489.

Q7 Oliver Cromwell, Bronzestatue von Hamo Thornycroft vor dem englischen Parlament, 1894

F: Stell dir vor, du sollst Besuchern Londons dieses Standbild erklären. Schreibe auf, was du sagen würdest. Gehe insbesondere auf die Darstellung mit Schwert und Bibel ein. Bringe auch dein Urteil zu Cromwell ein.

1. Vergleiche die Q4 und Q5 miteinander. Welche Rechte fordert der König für sich? Wie rechtfertigt er das? Welche Stellung bezieht das Parlament zu den Machtansprüchen des Königs?

2. Erläutere, welche Rechte die „Bill of Rights" dem Parlament und welche den Bürgern zusicherte (Q6).

3. Weise anhand von Q6 nach, dass England im 17. Jahrhundert erste Schritte auf dem Weg zu einer Demokratie ging.

4. Erkundige dich, welche Rechte und Aufgaben die englische Königin heute hat.

1640 1865

Englands Weg zur bedeutendsten Seemacht

Den gesamten Liedtext findest du auf der CD-ROM.

1740 erklang in England zum ersten Mal ein Lied mit dem Refrain: „Rule, Britannia! Britannia, rule the waves. Britons never shall be slaves." Das Lied wurde so populär wie eine Nationalhymne, denn darin drückte sich das Lebensgefühl vieler Engländer aus. Wie hängt das mit der Geschichte Englands zusammen?

Der wirtschaftliche Aufstieg Englands

Das 17. Jahrhundert war für England nicht nur eine Zeit des politischen, sondern auch des wirtschaftlichen Wandels. Bereits im Jahr 1600 hatten sich englische Kaufleute zur Britischen Ostindienkompanie zusammengeschlossen. Diese Handelsgesellschaft diente der Sicherung und Abwicklung des Überseehandels, insbesondere mit Asien. Nur zwei Jahre später taten es ihnen die Holländer gleich und gründeten die Niederländische Ostindien-Gesellschaft. In beiden Ländern wurden damals auch die größten Banken, die Bank of Amsterdam und die Bank of England ins Leben gerufen. Holland und England begannen zu erfolgreichen Handelsnationen aufzusteigen und wurden zugleich erbitterte Konkurrenten. Bei ihren Erfolgen spielte auch die Religion eine Rolle: Für Calvinisten und Protestanten galt es als gottgefälliges und gottgewolltes Handeln, wenn man Geschäfte erfolgreich tätigte. Damit wurden Kräfte wie Wagemut, Risikobereitschaft, Unternehmergeist und Eigenverantwortung freigesetzt. Bedeutsam für den wirtschaftlichen Erfolg waren außerdem Kolonien in Nordamerika, die wertvolle Handelsgüter lieferten.

England setzt sich durch

Durch die Insellage besaß England traditionell eine starke Flotte, die stetig ausgebaut wurde. Auch Oliver Cromwell förderte den Schiffsbau. 1651 sicherte er mit der so genannten „Ersten Navigationsakte" den Kaufleuten und Reedern geschützte Handelsbedingungen zu. Gegen die konkurrierenden Niederländer führte England zwei Seekriege. Auch in Nordamerika setzten sich die Engländer gegen ihren Rivalen durch. Dessen Kolonie New Netherlands mit der größten Ansiedlung Neu-Amsterdam eroberten die Engländer 1664. Seitdem tragen Gebiet und Stadt den Namen New York. Am Ende des 17. Jahrhunderts hatte England mithilfe seiner starken Handels- und Kriegsflotte die Niederländer verdrängt und selbst den Platz als beherrschende Seemacht eingenommen.

Q1 Stadtansicht von London
Kupferstich eines unbekannten Künstlers aus dem 17. Jahrhundert

A: Zeige als englischer Kaufmann einem Freund London. Erkläre mithilfe des Textes, wodurch die Stadt sich so entwickeln konnte.

Q2 Zollabfertigung von Waren aus den englischen Kolonien am Old Custom's House Quay an der Themse in London

Gemälde von Samuel Scott, Mitte des 18. Jahrhunderts, London, Victoria and Albert Museum

B: Überlege, was den Maler veranlasst haben könnte, eine solch alltägliche Hafenszene darzustellen.

Schreibe eine kleine Geschichte zu dem Bild. Beachte, welche Produkte im Hafen umgeschlagen wurden.

Q3 Handelsbestimmungen

Aus der Navigationsakte von 1651:

Zur Vergrößerung des Schiffsbestandes und zur Förderung der Schiffahrt Englands (...) wird (...) beschlossen, daß vom 1. Dezember 1651 an Güter oder Erzeugnisse jeder Art aus Asien, Afrika oder Amerika nach England, Irland oder irgendwelchen dazugehörigen Ländern, Inseln oder Kolonien nur noch auf Schiffen eingeführt werden dürfen, die einwandfrei Leuten unseres Volkes gehören und deren Kapitäne und Matrosen zum größten Teil Leute unseres Landes sind, bei Strafe des Verlustes sowohl der Ware als auch des Schiffes.

Und es ist ferner durch Beschluß des gegenwärtigen Parlamentes verboten, nach dem 1. Dezember 1651 Güter oder Erzeugnisse irgendwelcher Art, die in Europa gewachsen sind oder dort erzeugt oder auf gewerbliche Weise hergestellt wurden, in England oder Irland oder den dazugehörigen Gebieten auf anderen Schiffen einzuführen als auf solchen, die entweder einwandfrei Leuten unseres Volkes oder dann Angehörigen derjenigen Länder und Orte zu eigen sind, in denen die besagten Güter gewachsen sind, erzeugt oder hergestellt wurden, oder aus Häfen stammen, in denen die erwähnten Güter ausschließlich oder üblicherweise verschifft werden.

Es ist ferner untersagt, von nun an nach England, Irland oder den dazugehörigen Gebieten einzuführen jegliche Art von Kabeljau, Leng [eine Art Schellfisch], Hering oder Sardinen sowie jegliche Art eingepökelter Fische, wie sie gewöhnlich von den Bewohnern unseres Landes gefangen werden, (...) außer Ware, die auf Schiffen gefangen wird, die einwandfrei Leuten unseres Volkes gehören. (...) Und es ist ferner untersagt, irgendwelche Arten von (...) Fischen, die von Leuten unseres Landes gefangen und eingesalzen werden, nach dem 1. Februar 1653 von irgendwelchen Orten dieser unserer Republik in anderen Schiffen auszuführen als in solchen, die Leuten unseres Landes gehören.

Wolfgang Lautermann/Manfred Schlenke (Hrsg), Geschichte in Quellen, Bd. 3, München 1966, S. 417 f.

Q4 Die führende Handelsnation

John Chamberlayne schreibt 1729 in dem Buch „Angliae Notitia":

In einem Wort, zu Recht kann Großbritannien als die führende Handelsnation der ganzen Welt bezeichnet werden, und es besitzt in der Tat dafür die besten Voraussetzungen: Es ist eine Insel, die über zahlreiche bequeme und natürliche Häfen verfügt, eine blühende Landwirtschaft sowie bedeutsame Manufakturen besitzt. Der Staat fördert die Wirtschaft durch Zölle und Abgaben, die Schiffahrt wächst, zahlreiche Seeleute werden ausgebildet; hier herrscht Religionsfreiheit, das Klima ist angenehm und gesund, die Regierung sorgt für Ruhe und Ordnung: All das wirkt sich positiv auf unseren Seehandel aus. Und für den Binnenhandel besitzen wir ähnlich günstige Voraussetzungen.

Peter Wende, England als Vorbild Europas, Stuttgart 1988, S. 50 f.

1. Kommentiere die Navigationsakte einmal aus der Sicht eines britischen Schiffseigners und einmal aus der Sicht eines holländischen Händlers (Q3).

2. Liste die Gründe für Englands Aufstieg zur führenden Handelsnation auf (VT, Q3, Q4).

3. Nenne Gefühle, die in dem Refrain des Liedes „Rule, Britannia!" zum Ausdruck kommen. Setze dich auch kritisch damit auseinander (VT).

1640 1865

Englands Kolonien in Nordamerika

Jeder kennt heute die Vereinigten Staaten von Amerika als eine Großmacht, die das Weltgeschehen mit bestimmt. Ihre Geschichte ist im Vergleich zu den europäischen Staaten noch sehr jung. Begonnen hat alles vor rund 400 Jahren mit einigen englischen Kolonien an der Ostküste Nordamerikas.

A: Stell dir vor, du sollst als Mitglied der London Company Siedler für eine Kolonie in Amerika werben. Verfasse eine Rede, in der du die Vorteile ausmalst, die die Menschen in Übersee erwarten.

Die ersten Siedler

Seit Beginn des 16. Jahrhunderts versuchten Europäer, sich in Nordamerika niederzulassen. Vor allem die seefahrenden Großmächte wie die Franzosen, Spanier, Holländer und Engländer strebten nach Kolonien in der so genannten Neuen Welt. Die ersten Siedlungsversuche blieben jedoch meist erfolglos. Ungewohnte klimatische Bedingungen, unbekannte Krankheiten wie Malaria oder unwegsames und für die Landwirtschaft ungeeignetes Gelände machten das Überleben fast unmöglich.
Doch es gab immer wieder neue Versuche, die schließlich zum Erfolg führten. Im Mai 1607 gründeten rund 100 englische Siedler im Auftrag der London Company am James River in Virginia eine Kolonie, die sie nach dem englischen König James I. (= Jakob I.) Jamestown nannten. Es war die erste englische Kolonie, die dauerhaft besiedelt blieb.

Die Einwanderung aus Europa verändert Nordamerika

Trotz der schwierigen Bedingungen in Übersee kamen zunehmend mehr Menschen aus Europa nach Amerika. Viele hofften, der Armut zu Hause entfliehen zu können, andere entzogen sich der Verfolgung aus politischen Gründen.

D1 Das Fort Jamestown, Rekonstruktionszeichnung
Das Fort wurde im Mai/Juni 1607 gebaut.

B: Beschreibe den Aufbau der Befestigungsanlage. Welche besonderen Einzelheiten kannst du erkennen und welche Funktion haben sie?

Q1 Die puritanischen Siedler feiern 1621 ihr erstes Thanksgiving
Gemälde von Jean Leon Gerome Ferris, 19. Jahrhundert

C: Das Bild entstand rund 250 Jahre nach der Landung der Pilgerväter in Amerika. Beschreibe, wie der Maler das Verhältnis zwischen Siedlern und Ureinwohnern dargestellt hat. Vergleiche mit dem Text sowie mit den Quellen Q4 und Q6. Vermute, welche Botschaft der Künstler mit dem Bild vermitteln wollte.

Manche suchten das Abenteuer und Händler strebten danach, mit Waren aus den Kolonien wie Tabak, Baumwolle oder Pelzen schnell reich zu werden. Menschen, die wegen ihres Glaubens verfolgt wurden, wollten ungestört ihre Religion ausüben. Zu ihnen zählten auch die puritanischen Pilgerväter, die 1620 Plymouth in Massachusetts gründeten. Aber auch Diebe, Räuber und Bettler wurden gegen ihren Willen nach Amerika gebracht. So entstanden bis 1733 an der Ostküste Nordamerikas 13 englische Kolonien.
Die Siedler kamen jedoch in kein menschenleeres Land. Die indianischen Ureinwohner wurden nach und nach verdrängt. Mit der Umwandlung ihrer Jagdgebiete in Siedlungsland wurden ihnen die Lebensgrundlagen entzogen. Ein großer Teil wurde gewaltsam umgesiedelt. Die Mehrzahl der Indianer überlebte das nicht.

Puritaner
protestantische Glaubensgemeinschaft in England. Die Puritaner forderten wie die Genfer Calvinisten und die französischen Hugenotten eine radikale Veränderung der katholischen Kirche.

Unterschiedliche Entwicklung der Kolonien

Die Kolonien entwickelten sich aufgrund der klimatischen Bedingungen wirtschaftlich ganz unterschiedlich. Kleine Farmen, die Holzwirtschaft sowie Handwerk und Handel prägten die im Norden und in der Mitte gelegenen Kolonien. Im Süden entstanden große Plantagen, auf denen man Baumwolle, Tabak und Mais anbaute. Hier wurden bereits mit Beginn des 17. Jahrhunderts Sklaven aus Afrika zur Arbeit gezwungen.

„Self-government“: die Verwaltung der Kolonien

Je größer die Kolonien wurden, desto notwendiger war eine gut funktionierende Verwaltung. Vom englischen König eingesetzte Gouverneure leiteten die Kolonien. Beraten und unterstützt wurden sie von gewählten Gemeindevertretern. Im Gegensatz zu den spanischen oder französischen Kolonisten besaßen die englischen Siedler ein hohes Maß an Eigenverantwortung und Entscheidungsfreiheit für ihre Angelegenheiten. Das wird als „self-government“ bezeichnet.
In vielen Ansiedlungen hatten Kirchenälteste bzw. Kirchenvorstände gleichzeitig die führenden politischen Ämter inne. Die Männer versammelten sich in den Kirchen und berieten über alle wichtigen Fragen des Zusammenlebens und der Verwaltung. Friedensrichter und Sheriffs, die der Gemeinde verantwortlich waren, wurden dort ebenfalls gewählt. Da, wo die religiösen Verbindungen nicht so stark ausgeprägt waren, trafen sich die Männer in so genannten „meeting houses“ oder „town halls“, um die Verwaltungsaufgaben wahrzunehmen. Auf diese Weise bildeten sich demokratische Regierungsformen heraus. Mit der Zeit wurden in fast allen Kolonien nach englischem Vorbild Parlamente eingerichtet, in die die Siedler ihre Vertreter wählten.

1640 1865

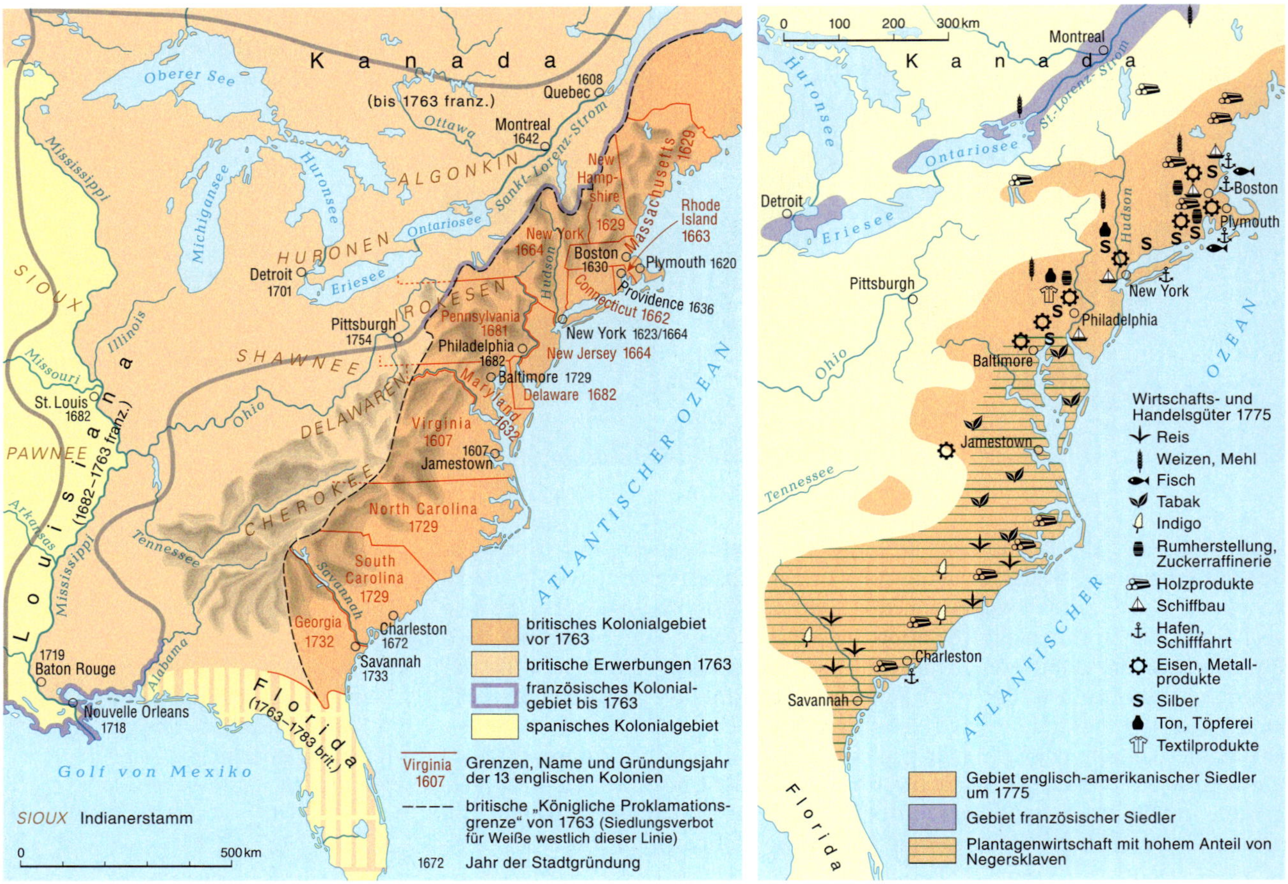

D2 **Die Entwicklung der 13 englischen Kolonien von 1607 bis 1775**

D: Beschreibe die Besiedlung der nordamerikanischen Ostküste durch die englischen Siedler. Mit welchen anderen Kolonialmächten gerieten sie dabei in Konflikt und wie gingen diese Konflikte aus? Beschreibe auch die wirtschaftliche Entwicklung der Kolonien.

Q2 Der „Mayflower Compact“

Bevor die puritanischen Pilgerväter von Bord ihres Schiffes „Mayflower“ gingen, unterzeichneten alle erwachsenen Männer am 11. November 1620 ein feierliches Gelöbnis. Darin heißt es:

Bevor wir an diesem Tag vor Anker gingen, hielt man es – da einige wenig Neigung zur Einigkeit und Eintracht, vielmehr Zeichen von Parteisucht erkennen ließen – für angebracht, eine Vereinigung zu bilden und eine Vereinbarung einzugehen, nämlich uns zu einem einzigen Körper zusammenzuschließen und der Regierung und den Leitern zu unterstellen, deren Einrichtung und Wahl wir unter allgemeiner Zustimmung vereinbaren wollten, und uns an das zu machen, was Wort für Wort hier folgt (…) im Namen Gottes, Amen.

Wir, die Unterzeichner dieses, treue Untertanen unseres erhabenen Herrschers und Herrn Königs Jakobs I., von Gottes Gnaden, Königs von Großbritannien, Frankreich und Irland, Hüter des Glaubens usw., haben zur Ehre Gottes und zur Ausbreitung des christlichen Glaubens und zum Ruhm von König und Vaterland eine Fahrt unternommen, um die erste Kolonie in den nördlichen Teilen von Virginia zu gründen. Und wir kommen hiermit feierlich und wechselseitig, vor Gottes Angesicht und voreinander überein und vereinigen uns selbst zu einem bürgerlichen politischen Körper; zur besseren Ordnung unter uns und zu Schutz und Förderung der oben genannten Absichten; und kraft dieses wollen wir von Zeit zu Zeit verordnen, errichten und einrichten rechte und billige Gesetze, Verfügungen, Erlässe, Einrichtungen und Ämter, wie es uns am zuträglichsten und zweckmäßigsten für das allgemeine Wohl der Kolonie erscheint: Und wir versprechen dazu alle schuldige Unterwerfung und Gehorsam.

Fritz Wagner, USA. Geburt und Aufstieg der neuen Welt. Geschichte in Zeitdokumenten 1607–1865, München, 1947, S. 18 f.

Q3 Der erste Gottesdienst in Plymouth
Gemälde von Jean Leon Gerome Ferris, 19. Jahrhundert

E: Das Bild entstand über 200 Jahre nach der Gründung der Kolonie. Charakterisiere, wie der Künstler die Siedler dargestellt hat. Finde Gründe dafür, warum er eine solche Darstellung gewählt hat.

Q4 Die „gute Hand Gottes"?
Aus einem Schreiben der Puritaner von Massachusetts, 1643:

So weit hat die gute Hand Gottes unsere Anfänge begünstigt (…).

1. Er hat große Massen der Eingeborenen durch die Schwarzen Pocken hinweggefegt, kurz bevor wir hierher kamen. Dadurch hat er dort Platz für uns gemacht. (…)

4. Er hat uns solchen Frieden und Freiheit von Feinden gegeben, während fast die ganze Welt in Flammen steht, daß wir bis heute niemals irgendeinen Klang des Krieges gehört haben, mit Ausnahme des kurzen Streites mit den Pequots (= Indianerstamm). Und in dem Krieg, den wir gegen sie führten, wurde Gottes Hand vom Himmel so deutlich, daß sehr wenige von unseren Leuten in kurzer Zeit ungefähr 1400 von ihnen durch die Wildnis verfolgten, erschlugen und gefangennahmen. Das waren alle, die sie finden konnten. Es trug zum großen Schrecken und Staunen aller Indianer bis heute bei. So ist der Name der Pequots (…) unter dem Himmel ausgelöscht. Es gibt niemand mehr, der ein Pequot ist, oder wenigstens sich so zu nennen wagt.

Bodo v. Borries, Kolonialgeschichte und Weltwirtschaftssystem. Europa und Übersee zwischen Entdeckungs- und Industriezeitalter 1492–1830, Düsseldorf 1986, S. 137.

Q5 „Ein Volk im Bund mit Gott"
Der puritanische Geistliche Peter Bulkeley schreibt 1646:

Und wir selbst, das Volk von Neu-England, wir sollten uns ganz besonders bemühen, die anderen an Heiligkeit zu überstrahlen; wir haben eine Fülle und Überfülle von Verordnungen und Gnadenmitteln wie wenige sonst; wir sind gleich einer Stadt auf einem Berge (city upon a hill), mit feinem Blick auf die ganze Erde, und die Augen der Welt sind auf uns gerichtet, weil wir uns selbst als ein Volk im Bund mit Gott bekennen.

Wolfgang Lautemann/Manfred Schlenke (Hrsg.), Geschichte in Quellen, Band 4: Amerikanische und Französische Revolution, München 1981, S. 39 f.

Q6 Wie die Indianer die Siedler sehen
Metacom, Häuptling der Wampanoag, die im Gebiet der Kolonie Plymouth lebten, in einem Aufruf, 1675:

Brüder – ihr seht dieses weite Land vor uns, das der Große Geist unseren Vätern und uns gegeben hat. Ihr seht die Büffel und das Wild, die unsere Nahrung sind. Brüder, ihr seht unsere Frauen und Kinder, die von uns Essen und Kleidung erwarten; und ihr seht jetzt den Feind vor uns, der unverschämt und mutwillig geworden ist; ihr seht, daß all unsere uralten Bräuche verachtet werden. Die Verträge, die wir und unsere Väter abgeschlossen haben, werden verachtet. (…). Unsere Brüder wurden vor unseren Augen ermordet, und ihre Geister rufen uns auf zur Vergeltung. Brüder, diese Menschen aus der unbekannten Welt werden unsere Wälder abholzen, unsere Jagdgründe und Felder zerstören, uns und unsere Kinder (…) vertreiben (…).

Bodo v. Borries, Kolonialgeschichte und Weltwirtschaftssystem. Europa und Übersee zwischen Entdeckungs- und Industriezeitalter 1492–1830, Düsseldorf 1986, S. 138.

1. Begründe, warum der „Mayflower Compact" als wichtiges Dokument für den Aufbau einer neuen Ordnung in den Kolonien gilt (Q2).

2. Finde mithilfe von Q4 und Q5 die Argumente heraus, mit denen die Siedler ihr Vorgehen begründeten. Verfasse ein Entgegnungsschreiben aus der Sicht eines Ureinwohners.

3. Vergleiche Q4 bis Q6 miteinander. Welche Gefahren ergeben sich aus dem Verhalten der Siedler? Schlage Maßnahmen zur Beilegung der Konflikte vor.

1640 1865

Die Vereinigten Staaten von Amerika entstehen

Wirtschaftliche Erfolge und eine funktionierende Selbstverwaltung hatten die Siedler in den englischen Kolonien stolz und selbstbewusst werden lassen. 1775 begannen sie, Krieg um ihre Unabhängigkeit zu führen. Wie kam es dazu?

A: Zeichne eine Zeitleiste und trage die Schritte von den 13 englischen Kolonien zu den Vereinigten Staaten von Nordamerika ein. Kommentiere diese Schritte mit jeweils ein bis zwei Sätzen.

„No taxation without representation!"

Von 1754 bis 1763 hatte Großbritannien in Nordamerika gegen Frankreich Krieg um die Vormachtstellung geführt. England hatte zwar gesiegt, doch die Staatskasse war leer. Um den Staatshaushalt wieder aufzubessern, forderte die englische Regierung, dass die Kolonien die Steuergesetze einhielten. Außerdem erhob sie neue Steuern, zum Beispiel auf alle Druckerzeugnisse, auf Zucker, auf Glas und auch auf Tee. Auch wenn diese Steuern niedrig waren, die Kolonisten fühlten sich in ihrer Selbstverwaltung und Freiheit unrechtmäßig eingeschränkt. Da sie sich überdies nicht angemessen im englischen Parlament vertreten sahen, verkündeten sie: „No taxation without representation!" Das hieß, sie wollten keine Steuern zahlen, solange sie nicht im englischen Parlament vertreten waren. Immer feindseliger gingen die Siedler gegen Auflagen aus dem Mutterland vor. Eine von vielen Aktionen war die so genannte „Boston Tea Party" 1773: Im Bostoner Hafen warfen Siedler über 300 Teekisten von Bord englischer Schiffe. Diese Zerstörung von Eigentum nahmen die Engländer nicht hin und schränkten die Selbstverwaltung der Kolonien ein.

Krieg um die Unabhängigkeit

Die Auseinandersetzungen führten 1775 schließlich zum Krieg. Unter ihrem Oberbefehlshaber George Washington waren die Kolonisten den britischen Truppen personell und technisch zwar deutlich unterlegen, errangen 1777 aber dennoch einen entscheidenden Sieg bei Saragota im Staat New York. Als dann noch die Franzosen, die Spanier und die Niederländer auf ihrer Seite in den Krieg eintraten, mussten die Briten 1781 kapitulieren. Im Frieden von Paris 1783 erkannte Großbritannien die Unabhängigkeit der Vereinigten Staaten von Amerika an, wie sich die Kolonien jetzt nannten. Da die Briten keine Ansprüche mehr auf Gebiete westlich der 13 ehemaligen Kolonien erhoben, konnten die Amerikaner selbst große Landesteile einnehmen und besiedeln.

Q1 Das Boston-Massaker am 5. März 1770

Zeitgenössischer Kupferstich von Paul Revere

Soldaten eröffnen das Feuer, nachdem sie mit Schnee und Eisbrocken beworfen wurden.

B: Schreibe jeweils eine kurze Zeitungsnotiz aus englischer und aus amerikanischer Sicht.

Aus Kolonien werden die Vereinigten Staaten von Amerika

Während des Krieges kamen Delegierte der 13 Kolonien in zwei Kontinentalkongressen in Philadelphia zusammen. Sie berieten, wie der neue unabhängige Staat aufgebaut und regiert werden sollte.
Ein Ausschuss unter der Leitung von Thomas Jefferson formulierte eine Unabhängigkeitserklärung der Vereinigten Staaten von Amerik. Am 4. Juli 1776 wurde sie angenommen. In diesem Dokument wurde zugleich die Freiheit und Gleichheit der Menschen verkündet.
Nach langen Auseinandersetzungen einigten sich die Delegierten darauf, dass die USA ein Bundesstaat mit einer gemeinsamen Regierung sein sollte. Die Regierung war vor allem für die Verteidigung, die Außenpolitik, den Außenhandel und Fragen der Geldwährung zuständig. In allen anderen Fragen hatten die Einzelstaaten weiterhin viele Entscheidungsfreiheiten.

4. Juli 1776
Die Annahme der Unabhängigkeitserklärung gilt als Geburtsstunde der Vereinigten Staaten von Amerika. Deswegen ist der 4. Juli der Nationalfeiertag der USA.

Eine Verfassung wird beschlossen

Um aus britischen Untertanen freie, selbstständige Amerikaner werden zu lassen, arbeiteten die so genannten Gründungsväter des neuen Staates auch eine Verfassung aus. Sie wurde 1788 verabschiedet und trat 1789 in Kraft; George Washington wurde erster Präsident. 1791 wurden die ersten zehn Zusätze (Amendments) über die Menschenrechte ergänzt, die bis heute gültig sind. Das sind die „Bill of Rights". Beides, die Verfassung und der ihr vorangestellte Grundrechte-Katalog, sind wesentliche Kennzeichen einer Demokratie. Mit den USA war somit ein demokratischer Staat entstanden – früher als in Europa. Ihre Verfassung und politischen Institutionen existieren seither ununterbrochen. Damit sind die USA eine der ältesten Demokratien der Welt.

Q2 Die Unabhängigkeitserklärung, Gemälde von John Trumbull, 1786–1797, 51 x 76 cm, Yale University Art Gallery, New Haven

C: Versetze dich in die Rolle eines Pressevertreters und verfasse einen Bericht aus dem Sitzungssaal.

Q3 Natürliche Rechte aller Menschen

Der Staatsrechtler James Otis aus Boston schreibt 1772 an den Gouverneur von Massachusetts. Er begründet, warum er das Gesetz zur Besteuerung von Zucker ablehnt:

1. Gott hat alle Menschen von Natur gleich gemacht.
2. Die Vorstellungen irdischen Vorrangs und Vorzugs und irdischer Würde sind anerzogen, zum mindesten erworben, nicht angeboren.
3. Könige sind – und Gouverneure von Pflanzungen sollten es sein – zum Besten des Volkes da, nicht umgekehrt das Volk für sie.
4. Keine Regierung hat ein Recht, die Untertanen zu Kleppern, Eseln und Sklaven zu machen. (…)

Wolfgang Lautemann/Manfred Schlenke (Hrsg.), Geschichte in Quellen, Band 4: Amerikanische und Französische Revolution, München 1981, S. 59.

Q4 Offene Rebellion?

König Georg III. von England erklärt am 23. August 1775:

In Ansehung, daß eine Anzahl unserer Untertanen in verschiedenen Teilen unserer Kolonien in Nordamerika, verführt durch gefährliche und übelwollende Menschen, vergessend der Untertanenpflicht, die sie der Macht schulden, die sie geschützt und erhalten hat, (…) daß sie neuerdings zu offener und eingestandener Rebellion übergegangen sind, indem sie sich in feindlicher Weise zusammengetan haben, um (…) verräterisch gegen uns den Krieg vorzubereiten, (…) Darum geben wir allen unseren Offizieren, Beamten und allen anderen unseren Bediensteten und loyalen Untertanen Befehl und Auftrag, mit allen ihren Kräften eine solche Rebellion zu unterdrücken und ihr Widerstand zu leisten, (…) und offenkundig zu machen alle verräterischen Konspirationen (Verschwörungen) gegen uns, unsere Krone und Majestät, (…) um die Urheber, Täter und Unterstützer solcher verräterischer Pläne der verdienten Strafe zuzuführen. (…) God save the KING.

Wolfgang Lautemann/Manfred Schlenke (Hrsg.), Geschichte in Quellen, Bd. 4: Amerikanische und Französische Revolution, München 1981, S. 87, 88.

Q5 Für die Unabhängigkeit

Aus der Schrift „Common Sense" des amerikanischen Journalisten Thomas Paine, 1776:

Unsere Sache ist der Handel, und wenn wir den nur gut besorgen, wird er den Frieden und die Freundschaft mit ganz Europa sichern, weil es im Interesse Europas liegt, Amerika als Freihafen zu haben. (…)

Ich fordere die hitzigsten Verfechter der Aussöhnung auf, nur einen einzigen Vorteil zu zeigen, der diesem Kontinent aus der Verbindung mit England erwächst. Ich wiederhole die Herausforderung; nicht ein einziger Vorteil kann daraus hergeleitet werden. (…)

Die Nachteile und der Schaden aber, die wir durch die Verbindung erleiden, sind unzählbar, und unsere Pflichten sowohl gegenüber der Menschheit insgesamt wie gegen uns selbst lehren uns, die Verbindung aufzugeben. Denn jede Unterwerfung unter oder Abhängigkeit von Großbritannien wird geradewegs darauf abzielen, diesen Kontinent in europäische Kriege und Zänkereien zu verwickeln, uns in Gegensatz zu Nationen setzen, die sonst unsere Freundschaft suchen würden und und denen gegenüber wir weder Unmut fühlen noch zu klagen hatten. Da Europa unser Handelsmarkt ist, sollten wir keine partiellen politischen Verbindungen eingehen. Es ist das wahre Interesse Amerikas, sich aus allen europäischen Zänkereien herauszuhalten, was es nie tun kann, solange es durch seine Abhängigkeit von Britannien zum entscheidenden Gewicht in der Waagschale britischer Staatskunst gemacht wird. Europa ist zu dicht mit Königreichen besetzt, als daß es lange in Frieden leben könnte, und so oft ein Krieg zwischen England und einer fremden Macht ausbricht, wird der Handel Amerikas ruiniert, und zwar wegen seiner Verbindungen mit Großbritannien.

Herbert Schambeck (Hrsg.), Dokumente zur Geschichte der Vereinigten Staaten von Amerika, Berlin 1993, S. 94 ff.

Q6 Erste Flagge der USA, 1775

Q7 Die amerikanische Flagge 1775

Q8 Die amerikanische Flagge 1789

D: Vergleiche die drei Flaggen und erkläre ihr unterschiedliches Aussehen. Wie sieht die heutige USA-Flagge aus?

Q9 Das Vertrauen in die Verfassung
kolorierter Stich eines unbekannten Künstlers, Ende des 18. Jahrhunderts

E: Entschlüssele die Worte und Symbole und formuliere die Bildaussage.

Q10 Die Rechte des Volkes
Aus der Unabhängigkeitserklärung der Vereinigten Staaten von Amerika vom 4. Juli 1776:
Folgende Wahrheiten erachten wir als selbstverständlich: Daß alle Menschen gleich geschaffen sind; daß sie von ihrem Schöpfer mit gewissen unveräußerlichen Rechten ausgestattet sind; daß dazu Leben, Freiheit und das Streben nach Glück gehören; daß zur Sicherung dieser Rechte Regierungen unter den Menschen eingesetzt werden, die ihre rechtmäßige Macht aus der Zustimmung der Regierten herleiten; daß, wenn immer irgendeine Regierungsform sich als diesen Zielen abträglich erweist, es Recht des Volkes ist, sie zu ändern oder abzuschaffen und eine neue Regierung einzusetzen und diese auf solchen Grundsätzen aufzubauen und ihre Gewalten in der Form zu organisieren, wie es ihm zur Gewährleistung seiner Sicherheit und seines Glückes geboten zu sein scheint.

Paul Frischauer, Es steht geschrieben. Die Großen Dokumente, Zürich 1967, S. 292.

Q11 Demokratische Rechte für alle
Aus dem Grundrechtekatalog der USA:
Art. I: Der Kongress darf kein Gesetz erlassen, das die Einführung einer Staatsreligion zum Gegenstand hat, die freie Religionsausübung verbietet, die Rede- oder Pressefreiheit oder das Recht des Volkes einschränkt, sich friedlich zu versammeln und die Regierung durch Petition um Abstellung von Missständen zu ersuchen.
Art. II: Da eine gut ausgebildete Miliz für die Sicherheit eines freien Staates erforderlich ist, darf das Recht des Volkes, Waffen zu besitzen und zu tragen, nicht beeinträchtigt werden. (…)
Art. IV.: Das Recht des Volkes auf Sicherheit der Person und der Wohnung, der Urkunden und des Eigentums, vor willkürlicher Durchsuchung, Verhaftung und Beschlagnahme darf nicht verletzt werden, und Haussuchungs- und Haftbefehle dürfen nur bei Vorliegen eines eidlich oder eidesstattlich erhärteten Rechtsgrundes ausgestellt werden (…).
Art. V: (…) Privateigentum darf nicht ohne angemessene Entschädigung für öffentliche Zwecke eingezogen werden. (…)

http://www.archives,gov/exhibits/charters/bill_of_rights_ransript.html. Stand 10.02.2009, übers. v. Verf. Q10 und Q11 findest du auf S. 340/341 auf Englisch.

1. Vergleiche Q3 mit Q4. Welches Verhältnis zwischen Herrschen und Untertanen wird jeweils gefordert? Wie begründen das die Verfasser?

2. Du bekommst als Kolonist Q3 und Q4 in die Hand. Schreibe deine Gedanken dazu in Form von Tagebucheintragungen auf.

3. Nenne die Gründe für die Unabhängigkeit der Kolonien, die für Paine am wichtigsten waren. Diskutiert in der Klasse, ob er mit seinen Argumenten Recht hat (Q5).

4. Liste auf, welche Rechte den US-Bürgern in der Unabhängigkeitserklärung und den Bill of Rights zugesprochen und wie sie begründet werden (Q10, Q11). Vergleiche auch mit Q3.

5. Vergleiche Q11 mit den Grundrechten in unserer Verfassung.

Ein Verfassungsschaubild auswerten

Um den Aufbau eines Staates und die Funktionsweise der staatlichen Organe anschaulich zu machen, werden oft Verfassungsschaubilder gezeichnet. Wie bei jedem anderen Schaubild auch werden dabei Farben, Kästchen, Pfeile und manchmal auch Symbole verwendet. Am Beispiel der Verfassung der USA von 1789 kannst du üben, ein solches Schaubild auszuwerten.

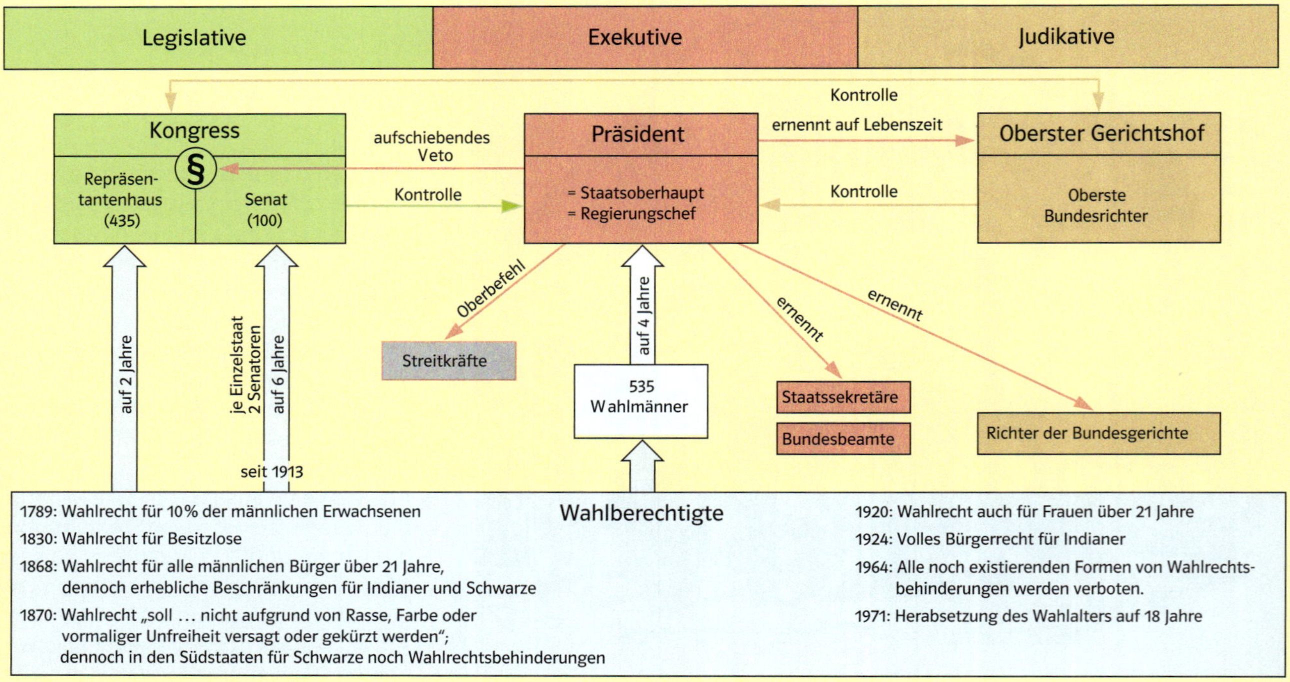

Beschreiben
In dem Schaubild wird die Verfassung der USA dargestellt. Im Februar 1787 stimmte der Kontinentalkongress in Philadelphia dem Plan zu, eine Verfassung für die USA auszuarbeiten. Das war notwendig geworden, denn der lose Staatenbund drohte nach dem Ende des Unabhängigkeitskrieges auseinanderzufallen. Vertreter aus 12 der 13 Mitgliedstaaten formulierten von Mai bis September 1787 einen Verfassungsentwurf. Nachdem den Delegierten der Bundesstaaten zugesichert worden war, dass der Verfassung Grundrechte für alle Bürger hinzugefügt werden, wurde die Verfassung bis 1790 in allen 13 Einzelstaaten angenommen. Diese Verfassung ist bis heute gültig. Seit ihrer Verabschiedung wurden nur 27 Zusätze angefügt.

Untersuchen
Das Schaubild besteht aus einzelnen Kästchen, für die fünf Farben verwendet werden. Verbunden sind die Kästchen mit Pfeilen, die ebenfalls farbig sind.
Die blaue Farbe symbolisiert die Wähler und die Wahlhandlungen. Das Wahlrecht wurde im Laufe der Zeit mehrfach erweitert. In den ersten Jahren der USA waren nur 10 % der Bevölkerung wahlberechtigt, nämlich Männer mit Besitz. Das änderte sich allmählich. Indianer, Schwarze und Frauen mussten jedoch noch lange warten, bis sie das Wahlrecht erhielten. Die Wahlberechtigten wählen das Parlament – den Kongress. Bei den Präsidentschaftswahlen wählt das Volk insgesamt 535 Wahlmänner, die dann den Präsidenten wählen.
Ganz oben im Schaubild stehen drei Kästchen nebeneinander, die gemeinsam die oberste Gewalt verkörpern. Das zeigt, dass nicht mehr alle Macht allein in der Hand einer einzelnen Person, z.B. eines Königs, liegt, sondern dass sie auf mehrere Personen bzw. politische Gewalten, aufgeteilt ist. Das nennt man „Gewaltenteilung“.
Die Legislative ist die gesetzgebende Gewalt. Sie ist grün eingezeichnet. Sie hat die Aufgabe, Gesetze auszuarbeiten und zu beschließen. In einer Demokratie übernimmt das ein Parlament. Das Parlament der USA heißt Kongress. Der ist in zwei Häuser geteilt: das Repräsentantenhaus und der Senat. In das Repräsentantenhaus werden alle zwei Jahre 435 Abgeordnete gewählt. In jedem Bundesstaat werden jeweils zwei Senatoren für eine Amtszeit von sechs Jahren gewählt. Ihre Wahl erfolgt allerdings nie gleichzeitig, sondern in unterschiedlichen JahrenWeil die USA aus 50 Bundesstaaten bestehen, gibt es 100 Senatoren.

Methodische Arbeitsschritte

1 Beschreiben

- Stelle fest, um die Verfassung welchen Landes es sich handelt.
- Ordne die Verfassung in die Zeit ein.
- Informiere dich, wer die Verfassung ausgearbeitet und in Kraft gesetzt hat und unter welchen historischen Umständen das geschah (z. B. während einer Revolution).

2 Untersuchen

- Stelle fest, welche Bestandteile das Schaubild hat.
- Untersuche, welche Bedeutung die verschiedenen Elemente (Farben, Pfeile, Symbole) haben.
- Stelle fest, wer wahlberechtigt ist, wer nicht, welche Gremien gewählt werden und wie oft Wahlen stattfinden.
- Untersuche, welche staatlichen Teilgewalten es gibt und welche Bestandteile sie haben.
- Kläre, welche Beziehungen es zwischen den einzelnen Teilgewalten gibt.

3 Deuten

- Fasse zusammen, um welche Staatsform es sich handelt.
- Beurteile, ob mit der Verfassung alle Mitglieder der Gesellschaft die gleichen staatsbürgerlichen Rechte haben und wer eventuell ausgeschlossen ist.
- Formuliere, wie demokratisch aus deiner Sicht die Verfassung ist.

Die Exekutive ist die ausführende Gewalt, sie ist rot eingezeichnet. Die Exekutive ist die Regierung, also der Regierungschef und seine Minister. In den USA ist der Präsident Regierungschef und zugleich das Staatsoberhaupt, das die USA im Ausland in allen wichtigen Fragen vertritt. Zur Exekutive gehören auch alle Bundesbeamten und Staatssekretäre in den Ministerien.
Gelb eingezeichnet ist die Judikative. Darunter versteht man die Recht sprechende Gewalt. Dazu gehören der Oberste Gerichtshof und die Bundesgerichte in den einzelnen Bundesstaaten. Hier sprechen die höchsten Richter des Landes ihre Urteile aus, die dann unbedingte Gültigkeit haben.
Die farbigen Pfeile mit ihren Beschriftungen zeigen, welche Beziehungen zwischen den drei Gewalten bestehen. So kontrollieren sich zum Beispiel Kongress und Oberster Gerichtshof gegenseitig und beide kontrollieren den Präsidenten. Regierungsmitglieder dürfen deswegen keinen Sitz im Parlament haben, denn sonst müssten sie sich selbst kontrollieren. Der Präsident ernennt die obersten Richter sowie die Staatssekretäre. Außerdem hat er den Oberbefehl über die Streitkräfte. Die gegenseitigen Kontrollen (checks and balances) wurden eingerichtet, damit niemand zu viel Macht anhäufen kann. Das gilt auch für den Präsidenten. Er kann zwar sein Veto gegen Gesetze des Kongresses einlegen, aber nur, wenn weniger als zwei Drittel der Abgeordneten dafür gestimmt haben. Die Macht des Präsidenten soll auch dadurch begrenzt werden, dass er nur zweimal für vier Jahre gewählt werden darf.

Deuten
Die Vereinigten Staaten von Amerika sind eine Republik. Die drei Teilgewalten Legislative, Exekutive und Judikative wirken unabhängig voneinander. Durch die gegenseitigen Kontrollen kann Machtmissbrauch weitgehend ausgeschlossen werden. Damit entsprach die USA-Verfassung von Anfang an dem Modell der Gewaltenteilung, das von den europäischen Aufklärern entwickelt wurde. Als die Verfassung in Kraft trat, waren noch viele Bürger von der Mitbestimmung ausgeschlossen, weil sie kein Wahlrecht besaßen. Das heißt, die Demokratie war damals noch eingeschränkt. Inzwischen hat sich das aber geändert.

1. Erkundige dich, welche Institutionen bei uns in der Bundesrepublik zur Legislative, zur Exekutive und zur Judikative gehören. Finde heraus, welche Unterschiede zwischen der Verfassung der USA und unserer Verfassung bestehen.

Eine Aufgabe zum Verfassungsschaubild findest du auch auf der CD-ROM.

1640 1865

Der Bürgerkrieg – Gefahr für die junge Nation

Knapp 90 Jahre nach der Unabhängigkeit mussten die USA ihre größte politische Belastungsprobe bestehen. Sie drohten in zwei unterschiedliche Staaten auseinanderzufallen. Welche Ursachen führten dazu?

Q1 Versteigerung von Sklaven in den Südstaaten der USA
Lithografie eines unbekannten Künstlers, um 1861

A: Als Politiker der Republikanischen Partei bereist du den Süden und erlebst die auf dem Bild dargestellte Szene. Verfasse danach eine Wahlkampfrede, in der du dich für die Abschaffung der Sklaverei stark machst.

Die Eroberung des Kontinents

Viele Siedler an der Ostküste zog es auf der Suche nach fruchtbarem Ackerland tiefer ins Landesinnere. In großen Trecks zogen sie Richtung Westen. Dabei nahmen sie riesige Ländereien in Besitz. Zum Teil kauften die USA diese Gebiete anderen Ländern ab, zum Teil eroberten sie das Land mit Waffengewalt. Im Laufe des 19. Jahrhunderts dehnten sich die USA bis zur Pazifikküste im Westen aus. Ost- und Westküste wurden seit den 1860er-Jahren durch den Bau von Eisenbahnlinien miteinander verbunden. Dadurch wurde die Erschließung des Kontinents erleichtert. Auch der Zustrom von Einwanderern hielt an. Zwischen 1800 und 1850 wuchs die amerikanische Bevölkerung von 5 auf 23 Millionen Menschen an. Auf diese Weise kamen zu den 13 Gründungsstaaten viele neue Staaten hinzu.

Die Streit um die Sklaverei

Bei der Gründung eines neuen Bundesstaates wurde jeweils festgelegt, ob die Sklaverei gestattet werden sollte oder nicht. Die Nordstaaten mit ihrer auf Handwerk und Gewerbe beruhenden Wirtschaft sprachen sich gegen die Sklaverei aus. Die Südstaaten mit ihren großen Plantagen glaubten, nicht ohne Sklaven auszukommen. Lange bestand ein Gleichgewicht zwischen Staaten mit und Staaten ohne Sklaverei. Als der Kongress 1807 die Einfuhr von Sklaven verbot, nahmen die Auseinandersetzungen über die Sklavenarbeit zu.

Der Bürgerkrieg

1860 wurde Abraham Lincoln zum Präsidenten gewählt. Er war Mitglied der Republikanischen Partei. Diese Partei setzte sich ganz entschieden für das Verbot der Sklaverei ein. Die Auseinandersetzungen zwischen Befürwortern und Gegnern der Sklaverei spitzten sich zu. Daraufhin trat South Carolina aus der Union aus. Ihm folgten Mississippi, Florida, Alabama, Georgia, Louisiana und Texas. Zwei Monate später gründeten diese sieben Staaten die „Konföderierten Staaten von Amerika" und ernannten den bisherigen Senator von Alabama, Jefferson Davis, zu ihrem Präsidenten. Die USA drohten in zwei Teile zu zerbrechen. Lincoln verurteilte die Austritte aus der Union scharf. Einen Krieg wollte er aber nicht riskieren. Im April 1861eröffneten die Südstaaten die Kampfhandlungen gegen die Truppen des Nordens. Nach anfänglichen Siegen der Südstaatler wendete sich das Blatt. Die Schlacht von Gettysburg im Juli 1863 brachte die entscheidende Wende zugunsten des Nordens. Im April 1865 kapitulierten die Südstaaten, ihr Präsident geriet in gegnerische Gefangenschaft. Der Sezessionskrieg war zu Ende.

Sezession
Das Wort kommt aus dem Lateinischen und bedeutet Absonderung, Austritt, Trennung. Englisch heißt es secession.

Die Ergebnisse des Bürgerkrieges

Mit dem Sieg der Nordstaaten wurde die Einheit der Vereinigten Staaten wiederhergestellt. Doch der Krieg hatte tiefe Wunden geschlagen: Über 600 000 Menschen waren umgekommen, Hunderttausende waren verwundet und ganze Landstriche waren zerstört. Der Kongress schaffte die Sklaverei ab und gab den Schwarzen das Wahlrecht. Vier Millionen Sklaven wurden dadurch frei und suchten Arbeit zum Überleben. Viele zogen in den Norden, denn die Wirtschaft der Südstaaten lag am Boden und erholte sich nur langsam. Diejenigen, die blieben, waren weiterhin von ihren ehemaligen Besitzern abhängig. Noch lange Zeit wurden die schwarzen Amerikaner wirtschaftlich benachteiligt und politisch unterdrückt. Zwischen den ehemaligen Kriegsgegnern herrschten noch immer Unverständnis und Hass. Dem fiel Präsident Lincoln als einer der Ersten kurz nach Kriegsende zum Opfer. Er wurde von einem Anhänger der Sklaverei ermordet.

Q2 Nach dem Bürgerkrieg
Foto vom 10. September 1865
Nach Kriegsende werden die Gebeine der Toten von den Schlachtfeldern geräumt.

B: Verfasse zu diesem Bild einen Zeitungsartikel unter der Überschrift „Was hat uns der Krieg gebracht?" Nimm auch den Text zu Hilfe.

Q3 Bekanntmachung von 1838

C: Erschließe den Inhalt und lege dar, welche Ansicht zur Sklaverei William Burke vertritt.

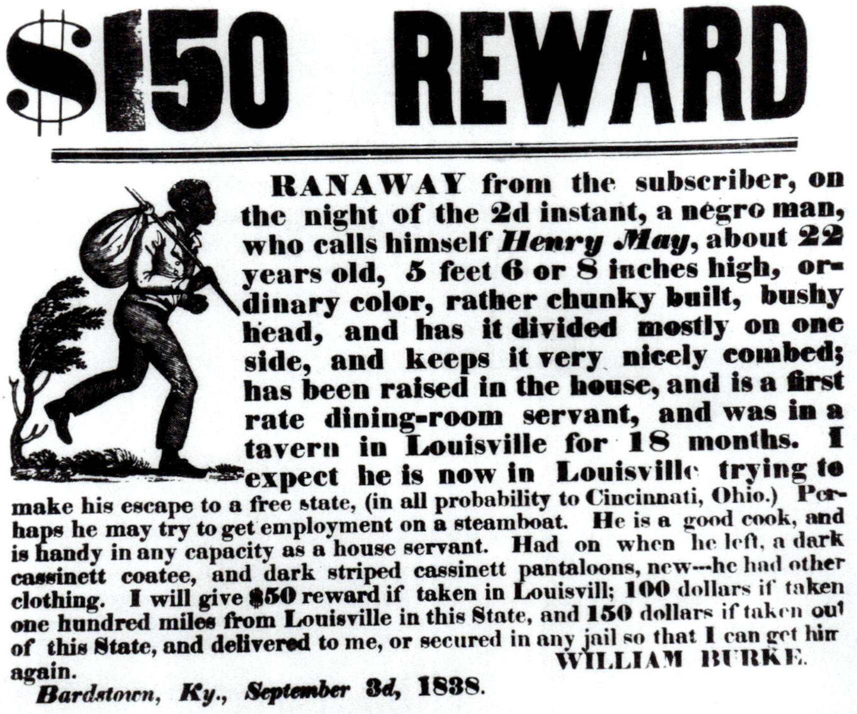

$150 REWARD

RANAWAY from the subscriber, on the night of the 2d instant, a negro man, who calls himself *Henry May*, about 22 years old, 5 feet 6 or 8 inches high, ordinary color, rather chunky built, bushy head, and has it divided mostly on one side, and keeps it very nicely combed; has been raised in the house, and is a first rate dining-room servant, and was in a tavern in Louisville for 18 months. I expect he is now in Louisville trying to make his escape to a free state, (in all probability to Cincinnati, Ohio.) Perhaps he may try to get employment on a steamboat. He is a good cook, and is handy in any capacity as a house servant. Had on when he left, a dark cassinett coatee, and dark striped cassinett pantaloons, new—he had other clothing. I will give $50 reward if taken in Louisvill; 100 dollars if taken one hundred miles from Louisville in this State, and 150 dollars if taken out of this State, and delivered to me, or secured in any jail so that I can get him again.

WILLIAM BURKE.

Bardstown, Ky., September 3d, 1838.

Online-Link
443020-0711
Arbeitsblatt: Meinungen zur Sklaverei

Q4 Sklavenmarkt

Der ehemalige Sklave Solomon Northop erinnert sich, 1853:

An diesem Tag wurden die meisten Sklaven verkauft. David und Caroline kamen zusammen zu einem Pflanzer nach Natchez. Sie verließen uns lachend und vollkommen glücklich über die Tatsache, daß sie sich nicht zu trennen brauchten. Lethe wurde an einen Pflanzer in Baton Rouge verkauft. (...) Der gleiche Mann kaufte auch Randall. Der kleine Bursche mußte herumspringen und durch den Saal laufen und noch tausend andere Dinge tun, um seine Geschicklichkeit und seine gute Form zu beweisen. Während dieser ganzen Verhandlung weinte Eliza laut und rang die Hände. Sie bat den Mann, ihn nicht zu kaufen, wenn er nicht auch sie selbst und Emily kaufen würde. Für diesen Fall versprach sie, die treueste Sklavin zu sein, die es je gegeben habe. Der Mann antwortete, daß er dazu nicht in der Lage sei, worauf Eliza ihrem Schmerz schreiend und weinend freien Lauf ließ. Freeman drehte sich mit erhobener Peitsche wütend zu ihr um und befahl ihr, mit dem Lärm aufzuhören, oder er würde sie auspeitschen. (...) Eliza warf sich vor ihm auf den Boden und versuchte, ihre Tränen abzuwischen, aber es war alles vergebens. Sie möchte die kurzen Tage, die sie noch zu leben hätte, bei ihren Kindern sein, bat sie. Alle Drohungen und finsteren Blicke Freemans konnten die erregte Mutter nicht zur Ruhe bringen. Sie fuhr mit ihrem mitleiderregenden Flehen und Bitten fort, die drei nicht zu trennen. (...) Aber es nützte alles nichts, Randall mußte allein gehen. Eliza lief zu ihm hin, umarmte ihn leidenschaftlich, küßte ihn wieder und wieder und bat ihn, sie nicht zu vergessen – während ihre Tränen wie Regen auf das Gesicht des Jungen fielen. Der Plantagenbesitzer von Baton Rouge machte sich mit seinem neuen Kauf zum Abschied bereit. „Weine nicht, Mama, ich vergesse dich nicht. Weine nicht mehr", rief Randall ihr zu, als er sich auf der Türschwelle noch einmal zu ihr umwandte. Gott allein weiß, was aus dem Jungen geworden ist.

Victor Austin (Hrsg.), Der Amerikanische Bürgerkrieg in Augenzeugenberichten, Düsseldorf 1963, S. 48 f., übers. v. Tilla Schlenk.

Q5 Verteidigung der Sklaverei

Der aus dem Süden stammende Rechtsanwalt George Fitzhugh schreibt 1857:

Die Negersklaven des Südens sind das glücklichste und in gewisser Weise freieste Volk der Welt. Kinder, Alte und Schwache arbeiten überhaupt nicht und (...) erhalten alles, was sie zum Leben brauchen. Sie genießen Freiheit, weil sie weder von Sorge noch von Arbeit gedrückt werden. Die Neger und ihre starken Söhne arbeiten bei gutem Wetter durchschnittlich neun Stunden am Tag. Darüber hinaus haben sie Sonntage und arbeitsfreie Zeit. Weiße Männer würden bei solcher Freiheit vor Langeweile sterben; aber Neger schwelgen in körperlicher und geistiger Ruhe. (...) Der freie Arbeiter muss arbeiten oder sterben. Er ist viel mehr Sklave als der Neger, denn er arbeitet länger und härter für weniger Lohn als der Sklave. (...)

Adolf Stöhr, Die USA 1760 – 1860. RAAbits Geschichte, März 1996, S. 25.

Q6 Lincolns Ziele

Präsident Lincoln schreibt 1862 in einem Brief an den Herausgeber der „New York Tribune" zur Sklavenbefreiung und zum Bürgerkrieg:

Ich möchte die Union retten. Ich möchte sie auf dem kürzesten verfassungsmäßigen Wege retten. Je früher die nationale Autorität wiederhergestellt werden kann, umso näher wird die Union sein wie sie war. (...) Mein höchstes Ziel in diesem Kampf ist die Rettung der Union, nicht der Schutz oder die Vernichtung der Sklaverei. Wenn ich die Union retten könnte, ohne einen einzigen Sklaven zu befreien, würde ich es tun; und wenn ich sie retten könnte durch die Befreiung aller Sklaven, würde ich es tun; und wenn ich sie retten könnte, indem ich die einen befreite und die anderen nicht, so würde ich auch dies tun.

Richard Hofstadter (Hrsg.), Great Issues in American History, Bd. 1, New York 1959, übersetzt von R. Theis und B. Obermann.

THE DIS-UNITED STATES—A BLACK BUSINESS.

Q8 Sklaverei und Sezession,

Lithografie aus der britischen Satirezeitschrift „Punch", 1856

D: Erkläre, wofür die Personen stehen, und erläutere die Aussage der Karikatur.

Q7 Diskriminierung trotz Befreiung

Der deutsch-amerikanische Politiker Carl Schurz über die Lebensbedingungen der Schwarzen in den Südstaaten, 1865:

Von verschiedenen Seiten wurde mir mitgeteilt, daß die Pflanzer alles daran setzen, ihre Sklaven auf den Pflanzungen festzuhalten, damit, wenn die erhoffte Wiedereinführung der Sklaverei Gesetz würde, sie keine Schwierigkeiten hätten, ihre Sklaven (...) als ihr Eigentum zu beanspruchen. Die Fälle, wo Freigelassene, die sich gegen solche Maßregeln auflehnten, ermordet oder verstümmelt wurden, mehrten sich in erschreckender Weise. An einigen Stellen ließen Gemeinde- und Provinzräte (...) die Neger unter die schärfste polizeiliche Aufsicht stellen und nahmen ihnen fast vollständig das freie Verfügungsrecht über die eigene Person und den eigenen Besitz sowie das Recht der Bewegungsfreiheit, welches sonst jeder Bürger genießt. Und dies zu ermöglichen, erließen sie Bestimmungen, die in mancher Hinsicht mit den früheren Sklavereigesetzen identisch waren. (...) Die Lage wurde kurz und bündig in einem Bericht gekennzeichnet, den mir Oberst Samuel Thomas (Offizier in der Armee der Nordstaaten) (...) erstattete: „Die Weißen sehen die Schwarzen kraft natürlichen Rechtes als ihr Eigentum an. Sie geben wohl zu, daß die Beziehungen zwischen Herren und Sklaven durch den Krieg und durch die Emanzipationsproklamation (Freilassung der Sklaven) des Präsidenten zerstört worden sind, aber sie haben doch ein tief eingewurzeltes Gefühl, daß im großen und ganzen der Schwarze dem Weißen gehöre, und wann und wo sich Gelegenheit bietet, behandeln sie die Schwarzen je nachdem, wie es ihnen Interesse, Leidenschaft oder Laune des Augenblicks eingibt."

Fritz Wagner, USA: Geburt und Aufstieg der Neuen Welt, München 1947, S. 190 f.

1. Vergleiche Q4 und Q5 miteinander. Versetze dich in die Lage des Solomon Northop oder der Eliza oder des Randall aus Q4 und schreibe eine Antwort auf Q5.

2. Trage in eine Tabelle die Ergebnisse des Bürgerkrieges ein. Unterscheide zwischen politischen und wirtschaftlichen Folgen sowie Folgen in Bezug auf das Zusammenleben der Menschen (VT, Q6, Q7).

3. Erläutere, inwiefern der Bürgerkrieg eine Belastungsprobe für die junge amerikanische Nation war. Beurteile, wie sie diese Bewährungsprobe bestand.

1. Eine Zeitleiste gestalten:
Wichtige Daten kennen und zuordnen (Sachkompetenz)
Übertrage die Zeitleiste nach dem angebotenen Muster auf ein großes Blatt Papier und ordne die Ereignisse richtig zu.

Online-Link
443020-0712
Quiz

1. Die Pilgerväter erreichen mit ihrem Schiff, der Mayflower, Nordamerika.
2. König Karl I. wird enthauptet; England wird Republik.
3. Die Bill of Rights werden in England verabschiedet.
4. An der Sklavenproblematik droht die Union Amerika zu zerbrechen.
5. Kolonisten werfen in Boston Tee von englischen Schiffen ins Meer.
6. Englands „Glorreiche Revolution“: Als Ergebnis besteigt ein Königspaar den englischen Thron.
7. In Jamestown wird die erste Siedlung in Nordamerika gegründet, die nicht wieder eingeht.
8. Die US-Verfassung tritt in Kraft.
9. Die 13 englischen Kolonien in Nordamerika erklären ihre Unabhängigkeit von Großbritannien.

2. Ein Kreuzworträtsel lösen:
Wichtige Begriffe kennen (Sachkompetenz)
Übertrage das Kreuzgitter in dein Heft und fülle es aus.

1 Die Hauptkonkurrenzmacht Englands um die Seeherrschaft
2 Das Staatsdokument, das die Gewaltenteilung regelt und den Bürgern Grundrechte zusichert
3 Der Name des Schiffes, mit dem die Pilgerväter von England nach Amerika segelten
4 Der diktatorisch regierende Landedelmann, der England mit Schottland und Irland vereinte
5 Siedlungsgebiet außerhalb des Mutterlandes, in dem Bürger des eigenen Landes leben
6 Die Frage der Sklavenhaltung oder -abschaffung wurde politisch und militärisch entschieden im ….
7 Der Vorname der Königin-Gattin Wilhelms von Oranien
8 Eine der strengen religiösen Gruppen, die auch nach Amerika gingen
9 Der amerikanische Präsident, der die Union retten wollte und ermordet wurde
10 Im Gegensatz zur Monarchie in England gab es in Amerika nie einen Monarchen; die Staatsform der USA ist seit jeher eine ….

Q1 Wahltag in Amerika
Gemälde von George Caleb Bingham, 1851/52, 96,9 x 123,8 cm, The St. Louis Art Museum, St. Louis, USA

3. Ein Bild auswerten:
Die politischen Rechte der US-Amerikaner im 19. Jahrhundert (Methodenkompetenz, Urteilskompetenz)
Untersuche, wie der Maler die politischen Verhältnisse in den USA widerspiegelt. Achte besonders darauf, welche gesellschaftlichen Gruppen dargestellt werden, welche fehlen, wie das Verhältnis zwischen diesen Gruppen ist und welche Stimmung bei der dargestellten Szene zum Ausdruck kommt.

4. Einen Kurzvortrag halten:
Die ersten englischen Siedler in Nordamerika (Sachkompetenz, Urteilskompetenz, Handlungskompetenz)
Stell dir vor, du willst mit deiner Familie in die USA reisen. Auf dem Programm steht auch der Besuch des Museums Plymouth Plantation. Bereite den Besuch mit einem kurzen Vortrag vor.

D1 Rekonstruiertes Dorf der Plymouth Plantation, Plymouth Massachusetts

8 Die Französische Revolution – Aufbruch in die moderne Gesellschaft

Online-Link
443020-0801

Am 14. Juli 1789 wurde in Paris die Bastille – ein Gefängnis, das als Symbol der Unterdrückung galt – gestürmt und zerstört. Damit begann in Frankreich eine große Revolution. Unter der Parole „Freiheit, Gleichheit, Brüderlichkeit“ wollten die Revolutionäre den Aufbruch in eine neue Zeit beginnen. Tatsächlich hat die Französische Revolution die Welt verändert und bis heute feiern die Franzosen den 14. Juli als Nationalfeiertag.

- Welche Ursachen hatte die Französische Revolution?
- Was hat sich in den Jahren 1789 bis 1799 abgespielt?
- Was wurde in der Revolution erreicht?
- Welche Auswirkungen hatte die Revolution auf andere Länder?

1790

1789
Beginn der Französischen Revolution: Erstürmung der Bastille

1792
Absetzung des Königs – Frankreich wird Republik.

1793/1794
Schreckensherrschaft der Jakobiner

Adel und Klerus erleben mit Entsetzen das Erwachen des Dritten Standes, Radierung, 1789

Sturm auf die Bastille am 14. Juli 1789, zeitgenössisches Aquarell von Jean-Pierre Houel, Paris, Musée Carnavalet

Stadtplan von Paris zur Zeit der Französischen Revolution

1800

1799
Napoleon wird „Erster Konsul".
Beginn seiner Eroberungskriege in Europa

1804
Napoleon wird Kaiser der Franzosen.

1813/1815
Niederlagen Napoleons und Verbannung

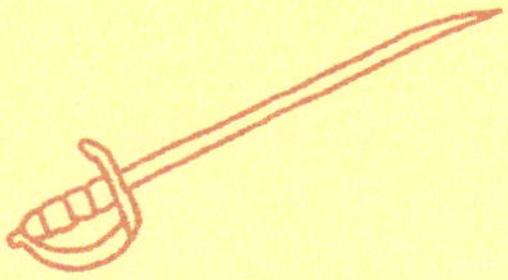

Danton besteigt das Schafott, Radierung von Tony Johannot, um 1840

Napoleon überquert am 20. Mai 1800 die Alpen am Großen St. Bernhard, Gemälde von Jacques Louis David, 1801, 260 x 221 cm, Nationalmuseum Rueil-Malmaison

1789 — 1815

Frankreich in der Krise

Frankreich – ein Land mit großartigen Schlössern und prachtvollen Bauten, das Land des „Sonnenkönigs“! Doch gegen Ende des 18. Jahrhunderts war die Staatskasse leer. Hunger und Armut überzogen das Land. Adel, Klerus, Bürger oder Bauer – niemand mehr war mit den politischen und wirtschaftlichen Verhältnissen zufrieden. Wie konnte das Land in eine so tiefe Krise geraten? Und wie sollte es weitergehen?

A: Fasse die unterschiedlichen Interessen der Bevölkerungsgruppen zusammen und überlege, wie der König das Problem lösen könnte.

Die Monarchie Ludwigs XVI.

1774 wurde der junge Ludwig XVI. in einer prunkvollen Zeremonie zum König von Frankreich gekrönt. Eine begeisterte Menge jubelte ihm dabei zu. Der König war beliebt und seine Macht schien unangefochten zu sein. Hinter der prachtvollen Fassade sah es allerdings anders aus: Frankreich war hoch verschuldet und die ständige Geldnot ließ das Ansehen und die Autorität des Königs rasch schwinden. Die Unzufriedenheit mit dem bestehenden System, dem Absolutismus, wuchs.

Bankrott
Wenn jemand seine Rechnungen und laufenden Ausgaben nicht mehr bezahlen kann, wird er als bankrott bezeichnet. Ist ein Staat nicht mehr zahlungsfähig, spricht man von einem Staatsbankrott.

Staatsbankrott

Für die katastrophale finanzielle Situation, in der sich der Staat befand, gab es mehrere Gründe: Die Franzosen hatten einige kostspielige Kriege in Europa geführt und verloren, in Amerika hatten sie die Kolonien im Unabhängigkeitskrieg gegen England unterstützt. Um das alles zu finanzieren, hatte der Staat enorme Schulden gemacht. Außerdem verschlang das verschwenderische Leben des Hofes in Versailles eine Menge Geld. Das wichtigste Hindernis für die Lösung der finanziellen Krise war die ungerechte Verteilung der Steuerabgaben, d. h. die Steuerfreiheit für den Ersten und Zweiten Stand.

Informationen über den Aufbau der Ständegesellschaft und die Privilegien des Ersten und Zweiten Standes findest du auf S. 127.

Unzufriedenheit des Adels

Zu den Gegnern des Absolutismus gehörten seit langer Zeit die Adligen. Wie der Klerus genossen sie zahlreiche Privilegien. Trotzdem waren sie mit ihrer Rolle im Staat zunehmend unzufrieden. Sie wollten die absolute Königsgewalt abschaffen und selbst einen größeren Anteil an der politischen Macht haben.

Q1 Das Defizit
Englischer Kupferstich, 1788

B: Die vier dargestellten Personen sagen:
„Da ist ja alles leer.“
„Ich habe aber doch etwas dringelassen.“
„Ich behalte es.“
„Ich habe den Rest.“
Finde heraus, wen die dargestellten Personen darstellen, und ordne ihnen die Aussprüche zu.

Q2 Der zermalmte Dritte Stand
französische Radierung, 1789
Die Aufschrift auf dem Stein lautet übersetzt: „Kopfsteuer, Steuerabgaben und Fronarbeit".

C: Untersuche, wie die Karikatur den Zustand der französischen Gesellschaft im Jahr 1789 beschreibt.

Kritik des Dritten Standes

Die entschiedenste Kritik am Regime kam aus dem Dritten Stand. Zu ihm gehörten rund 98 Prozent der Bevölkerung: erfolgreiche Unternehmer und Großkaufleute, Ärzte und Handwerker, Transportarbeiter, Handlanger und vor allem Bauern und Landarbeiter ohne eigenen Boden. All diesen höchst verschiedenen Gruppen von Menschen war gemeinsam, dass sie als Steuerzahler den Staat finanzierten und dass sie keinerlei Mitspracherecht in Staat und Politik hatten. Der Zugang zu den höheren Staatsämtern war ihnen verwehrt.

Interessen des Dritten Standes

Die wohlhabenden Bürger – die Bourgeoisie – wollten an der Macht teilhaben. Sie hatten in den letzten Jahrzehnten durch verbesserte Produktionsmethoden und einen erweiterten Seehandel viel Geld erworben. Das stärkte ihr Selbstbewusstsein und so forderten sie politisches Mitspracherecht. Ihr Ziel war eine Gesellschaft, in der Leistung zählen sollte. Die Privilegien des Klerus und des Adels empfanden sie als überflüssig und ungerecht.
Für andere Gruppen, die zum Dritten Stand gehörten, waren andere Probleme drängender: Die Handwerker fürchteten die Konkurrenz der Manufakturen, die der Merkantilismus gefördert hatte, die städtischen Lohnarbeiter forderten mehr Geld. Die Unterschichten wollten ihre elende soziale Lage verbessern und die Bauern lehnten sich gegen die drückenden Feudalabgaben auf.
Viele der Gebildeten dagegen waren beeinflusst von den Schriften der Aufklärungsphilosophen Locke, Montesquieu, Rousseau und Voltaire. Sie begeisterten sich für deren Ideen – Freiheit, Vernunft, Menschenrechte und Toleranz – und wollten sie in die Praxis umsetzen. Dabei galten ihnen Amerika und auch England als Vorbilder. Diesen politischen Ideen schlossen sich auch viele Adlige an.

Die Ideen dieser Philosophen hast du auf S. 128 – 131 kennen gelernt.

1789 1815

Q3 Die Eröffnung der Generalstände in Versailles
Gemälde von Auguste Couder, 1839, 7,15 x 4 m, Versailles, Château et Trianons

D: Erläutere, was die Kleidung und die Sitzordnung über die Generalstände aussagen.

E: Schreibe auf, mit welchen Maßnahmen der König auf die Forderungen des Dritten Standes einging und mit welchen Bestimmungen er an den alten Verhältnissen festhielt.

Einberufung der Generalstände

1789 verschärfte sich die Krise: Schlechte Ernten trieben den Brotpreis in die Höhe und es kam zu Versorgungsengpässen. Die Zahl der Bettler und der Hungernden stieg an, die Unzufriedenheit im Volk wuchs. Der König und seine Minister konnten die Krise nicht mehr allein bewältigen. So entschloss sich Ludwig XVI., die Generalstände einzuberufen. Das war eine Versammlung aus Vertretern aller drei Stände, die den König beraten sollte. Damit kehrte man in der Not zu einer sehr alten Institution aus der Zeit vor dem Absolutismus zurück. Seit 1614 hatten die Generalstände nicht mehr getagt.

Die Wahlen für die Vertreter der drei Stände fanden überall in Frankreich statt. Frankreich hatte 25 Millionen Einwohner. Wahlberechtigt waren alle männlichen Franzosen über 25 Jahre, die Steuern zahlten und einen festen Wohnsitz hatten. Bei den Wahlversammlungen wurden in nahezu jedem Dorf Beschwerdehefte angelegt, in denen die Männer und auch Frauen ihre Not schilderten, auf die Ungerechtigkeiten aufmerksam machten und Vorschläge zur Abhilfe unterbreiteten. Diese Beschwerdehefte sollten zur Versammlung der Generalstände mitgenommen werden. Es war eine der größten Volksbefragungen der Geschichte. Noch heute sind über 40 000 dieser Hefte erhalten.

Im Mai 1789 begrüßte der König feierlich die Generalstände in seinem Schloss in Versailles. Der Dritte Stand hatte ca. 600 Vertreter wählen dürfen, der Adel und Klerus je ca. 300. Abgestimmt werden sollte aber nach Ständen, d. h. jeder Stand sollte eine Stimme haben. Damit waren die Vertreter des Dritten Standes nicht einverstanden. Sie befürchteten, in allen Entscheidungen mit 2 : 1 überstimmt zu werden. Sie wollten „nach Köpfen" abstimmen, d. h. jeder Abgeordnete sollte eine Stimme haben. Bis zum Juni gab es darüber keine Einigung, und der Dritte Stand erkannte, dass er seine Interessen nur im Konflikt mit den beiden anderen Ständen und dem König durchsetzen konnte.

Q4 Forderungen von Bauern

Aus der Beschwerdeschrift der Einwohner des Dorfes Guyancourt:

1. daß alle Steuern von den drei Ständen ohne irgendwelche Ausnahme gezahlt werden, von jedem Stand gemäß seinen Kräften;
2. das gleiche Gesetz und Recht im ganzen Königreich;
5. die völlige Beseitigung jeglicher Art von Zehnten in Naturalien; (...)
8. daß die Eigentumsrechte heilig und unverletzlich sind;
9. daß rascher und mit weniger Parteilichkeit Recht gesprochen wird;
10. daß alle Frondienste, welcher Art sie auch sein mögen, beseitigt werden;
11. daß die Einziehung zum Heeresdienst nur in den dringenden Fällen erfolgt (...)
17. daß alle Pfarrer verpflichtet sind, alle ihre Amtspflichten zu erfüllen, ohne dafür irgendwelche Bezahlung zu fordern; (...)

Irmgard u. Paul Hartig, Die Französische Revolution Stuttgart 1985, S. 34 f.

Zimmermannsgeselle, Schlosser usw.
durchschnittlicher Tagesverdienst 30 s

ungelernter Bauarbeiter
durchschnittlicher Tagesverdienst 18 s

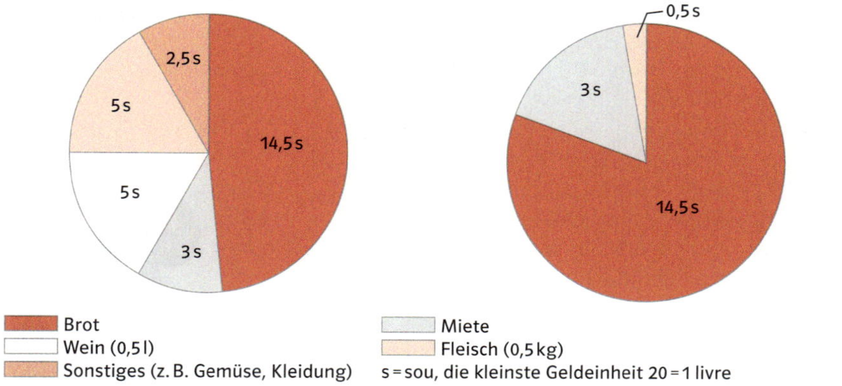

D1 Lebenshaltungskosten in Paris im Februar 1789

F: Untersuche mithilfe der Grafik die Lebensbedingungen von Handwerkern und ungelernten Arbeitern. Welche Auswirkungen hatten Erhöhungen des Brotpreises?

Ausgaben des französischen Staatshaushaltes im Jahre 1774

Ausgaben des französischen Staatshaushaltes im Jahre 1788

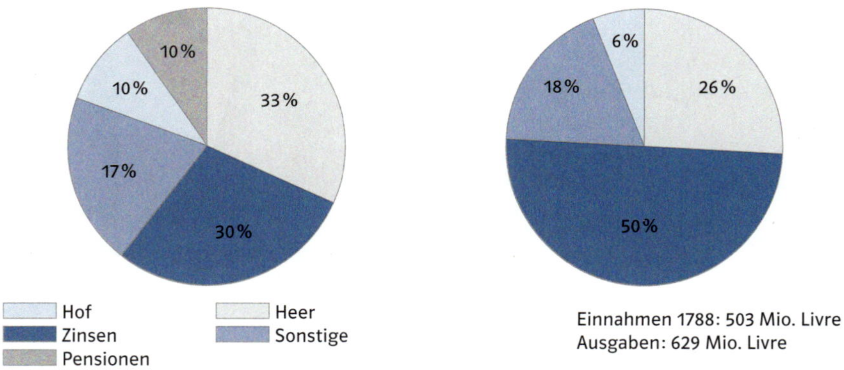

D2 Staatshaushalt 1774 und 1788

G: Arbeite mithilfe der Grafik heraus, in welchem Zustand sich der französische Staatshaushalt befand.

Q5 Forderungen von Bewohnern einer kleinen Stadt

Aus der Beschwerdeschrift des Marktfleckens Pavilly:

3. Die Gemeinde von Pavilly wünscht, daß in den Generalständen die Stimmen der Abgeordneten nach Köpfen und ohne Standesunterschied gezählt werden. Das gilt vor allem bei den Steuern, deren Verteilung nach Maßgabe ihrer Vermögen bei allen Staatsbürgern gleich gehandhabt werden muß.

4. Die mechanischen Webstühle sind eine öffentliche Last, sie nehmen den Armen und den Handwerkern die notwendigen Existenzmittel. Wenn sie weiter in Betrieb bleiben, dann werden sie diese Unglücklichen in das größte Elend stürzen. Es ist also dringend und unvermeidlich, sie abzuschaffen. (...)

5. Die großen Straßen, die von der öffentlichen Hand unterhalten werden, sind nach sehr kurzer Zeit stark überbelastet und werden durch das Gewicht der Fahrzeuge zerstört. Gegen diesen Mißstand muß ein Mittel gefunden werden. Man könnte zur Entlastung der öffentlichen Hand sogar denen, die am meisten Gebrauch davon machen, eine Abgabe auferlegen.

6. Die indirekten Steuern und die Salzsteuer sind für die Nation eine Last (...); ihre Aufhebung ist zu wünschen. Diese Art Steuer könnte durch eine andere ersetzt werden, die ohne Unterschied des Standes und ohne Rücksicht auf Privilegien nach Köpfen erhoben würde. (...)

9. Die Mühlen sind für die Bevölkerung notwendig, aber das Zwangsrecht gibt den Müllern die Möglichkeit, (...) untreu zu handeln. Wir wünschen deshalb, daß jedermann die Freiheit bekomme, zu der Mühle zu gehen, bei der er sich am besten bedient sieht.

10. Wir wünschen, daß die Freiheit des Handels mit den Engländern aufgehoben werde, denn durch sie entsteht dem Handel nur schwerer Schaden. (...)

Zit. nach Wolfgang Lautemann/Manfred Schlenke (Hrsg.), Geschichte in Quellen, Bd. 4, München 1981, S. 156 f.

Q6 Der „Dritte Stand des Dritten Standes"?

Eine Französin beklagte sich in einem Beschwerdebrief, die Frauen seien der „Dritte Stand des Dritten Standes". Aus einer Bittschrift von Frauen des Dritten Standes an den König:

Die Frauen des Dritten Standes werden fast alle ohne Reichtümer geboren; ihre Erziehung wird sehr vernachlässigt oder ist höchst mangelhaft: Sie besteht daraus, sie in die Schule zu einem Schulmeister zu schicken, der selbst nicht einmal das einfachste Wort der Sprache kennt, die er unterrichtet; sie gehen so lange dorthin, bis sie die Messe [Morgengebet] in Französisch und die Vesper [Abendgebet] in Latein beten können. (...)

Haben sie die ersten Pflichten der Religion erfüllt, so lehrt man sie zu arbeiten; wenn sie schließlich ein Alter von 15 oder 16 Jahren erreicht haben, können sie 5 oder 6 Sous am Tag verdienen. (...)

Wir bitten um Ausbildung und Beruf, nicht um uns die Befugnisse der Männer anzueignen, sondern um höher von ihnen geachtet zu werden und damit wir imstande sind, vor dem Elend geschützt zu leben. (...) Wir bitten Euch inständig, Sire, kostenlose Schulen einzurichten, wo wir unsere Sprache von Grund auf erlernen können, die Religion und die geistigen und sittlichen Werte; eins wie das andere soll uns in seinem ganzen Umfang dargeboten werden. (...)

Cahiers de doléances des femmes en 1789 et autres textes, Paris 1989, S. 26, 28, 29, zit. nach Landesregierung NRW (Hrsg.), Geschichte auch für Mädchen, Düsseldorf 1989, S. 14, 15, 20, übers. v. Gerhard Seidel u. Sabine Franzen.

Q8 Die Bäuerin in der Fron
französische Karikatur eines unbekannten Künstlers, 1789

H: Formuliere, was die Bäuerin zu den beiden anderen sagen könnte.

Q7 Frauen wollen sich selbst vertreten

Aus einem anonymen Beschwerdeschreiben an die Generalstände, 1789:

Wir trachten durchaus nicht nach den Würden des Regierungsamtes (...). Aber wir glauben, daß es den Frauen, den Witwen und Töchtern, die Ländereien oder anderes Vermögen besitzen billigerweise gestattet sein muß, dem Thron ihre Beschwerden zu Füßen zu legen und daß es ebenso nur gerecht ist, die Stimmen der Frauen zu zählen, da sie doch, wie die Männer, dazu verpflichtet sind, die königlichen Abgaben zu zahlen und den Verpflichtungen des Handels nachzukommen. (...) Kein Mann [kann] eine Frau vertreten, da doch der Vertreter völlig die gleichen Interessen haben muß wie der Vertretene. Folglich können Frauen nur von Frauen vertreten werden.

Cahiers de doléances des femmes en 1789 et autres textes, Paris 1989, S. 26, 28, 29, zit. nach Landesregierung NRW (Hrsg.), Geschichte auch für Mädchen, Düsseldorf 1989, S. 21, übers. v. Gerhard Seidel u. Sabine Franzen.

1. Liste die in den Beschwerdebriefen (Q4, Q5) formulierten Forderungen auf und ordne sie nach ihrem Inhalt.

2. Untersuche, ob das Volk in den Beschwerdebriefen (Q4–Q7) eine Revolution fordert.

3. Erläutere, warum die Frauen des Dritten Standes besonders benachteiligt waren und was sie forderten (Q6, Q7).

„Freiheit, Gleichheit, Brüderlichkeit!" – das alte Regime wird gestürzt

Im Juni 1789 hatten die Generalstände bereits einen Monat lang getagt, ohne dass sich ein Ergebnis gezeigt hätte. Dann überschlugen sich die Ereignisse, die das alte Regime hinwegfegten. Wer waren die neuen Machthaber und welche Ziele verfolgten sie?

Der Ballhausschwur

Am 17. Juni 1789 formulierten die Abgeordneten des Dritten Standes den Anspruch, die gesamte Nation zu vertreten, und nannten sich „Nationalversammlung". Damit wandten sie sich gegen den Adel und den Klerus. Daraufhin ließ der König den Sitzungssaal des Dritten Standes schließen. Drei Tage später trafen sich die Abgeordneten der Nationalversammlung im Ballhaus von Versailles, einer Halle, in der sonst dem Tennis ähnliche Ballspiele gespielt wurden. Dort schworen sie, nicht eher auseinanderzugehen, bis sie für Frankreich eine Verfassung ausgearbeitet hätten.

A: Schreibe kurze Zeitungskommentare zu den Ereignissen vom Juni bis August 1789. Überlege dir dabei, an welche Leser sich die Zeitung wendet.

Die Erstürmung der Bastille

In Paris, der bei weitem größten und wichtigsten Stadt Frankreichs, zeigte sich die Krise besonders deutlich. Die Menschen dort waren wegen der hohen Ar-

Q1 Der Ballhausschwur am 20. Juni 1789
Federzeichnung von Jacques Louis David, 1791, 105 x 65 cm, Paris, Musée du Louvre

B: Beschreibe das Bild und schildere die Stimmung. Überlege mithilfe des Bildes und des VT, was das Revolutionäre an diesem Schwur war.

1789 1815

D1 Symbole der Revolution

Kokarde
Abzeichen der Revolutionäre; Blau und Rot sind die Stadtfarben von Paris, Weiß ist die Farbe des Königs

Phrygische Mütze
Symbol der Freiheit, wurde von den Jakobinern getragen

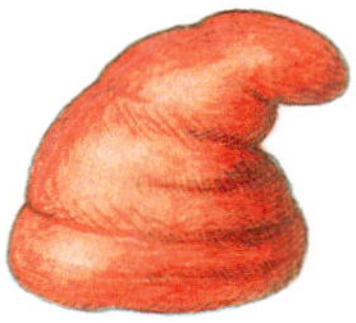

Rutenbündel mit einem Beil
Symbol der Macht

„Auge der Vorsehung"
Symbol der Erleuchtung und Weisheit

beitslosigkeit und gestiegener Brotpreise unzufrieden und unruhig. Der König in Versailles erkannte, dass ihm immer weniger Spielraum blieb, die Probleme zu lösen. Einerseits empfahl er nun den Vertretern der ersten beiden Stände, sich der Nationalversammlung anzuschließen. So erkannte er diese Institution an. Gleichzeitig aber ließ er Truppen zusammenziehen. Als sich diese Nachricht verbreitete, bildeten die Bürger von Paris so genannte Nationalgarden, bewaffneten sich und stürmten die Bastille, ein berüchtigtes Gefängnis. Obwohl in dieser Festung nur noch wenige Gefangene saßen, wurde dieses Ereignis zum Symbol der Revolution und der 14. Juli zum Nationalfeiertag, der in Frankreich bis heute gefeiert wird.

Die „große Angst"

Ende Juli griff die Revolution auf das Land über. Bauern bewaffneten sich und vertrieben die adligen Grundherren, zündeten ihre Schlösser und Klöster an und vernichteten insbesondere die Urkunden und Aufzeichnungen, in denen Abgabeverpflichtungen, Frondienste und Adelsvorrechte festgelegt waren. Auf dem Lande herrschte „la grande peur" – „die große Angst". Viele Adlige flüchteten ins Ausland, um ihr Leben zu retten.

„Freiheit, Gleichheit, Brüderlichkeit"

Die Forderung nach „liberté, egalité, fraternité" wurde zur bekanntesten Losung der französischen Revolutionäre und die Nationalversammlung verabschiedete wichtige Beschlüsse, um sie in die Tat umzusetzen: In der Nachtsitzung vom 4. auf den 5. August schaffte sie die Leibeigenschaft und alle Privilegien des ersten und zweiten Standes ab und am 26. August veröffentlichte sie die Erklärung der Menschen- und Bürgerrechte. Diese Beschlüsse bedeuteten das Ende des „ancien régime" (altes Regime). Doch an Freiheit und Gleichheit auch für Frauen dachten die Revolutionäre nicht. Deshalb verfasste die Schriftstellerin Olympe de Gouges eine „Erklärung der Rechte der Frau und Bürgerin", ohne allerdings Gehör bei der Nationalversammlung zu finden.

Q2 Sansculotten
zeitgenössische Radierungen
Die Sansculotten erhielten ihren Namen, weil die Männer nicht die „culottes", die vornehmen Kniehosen der Adligen und Reichen, trugen.

C: Beschreibe die Kleidung und die Bewaffnung der Sansculotten.

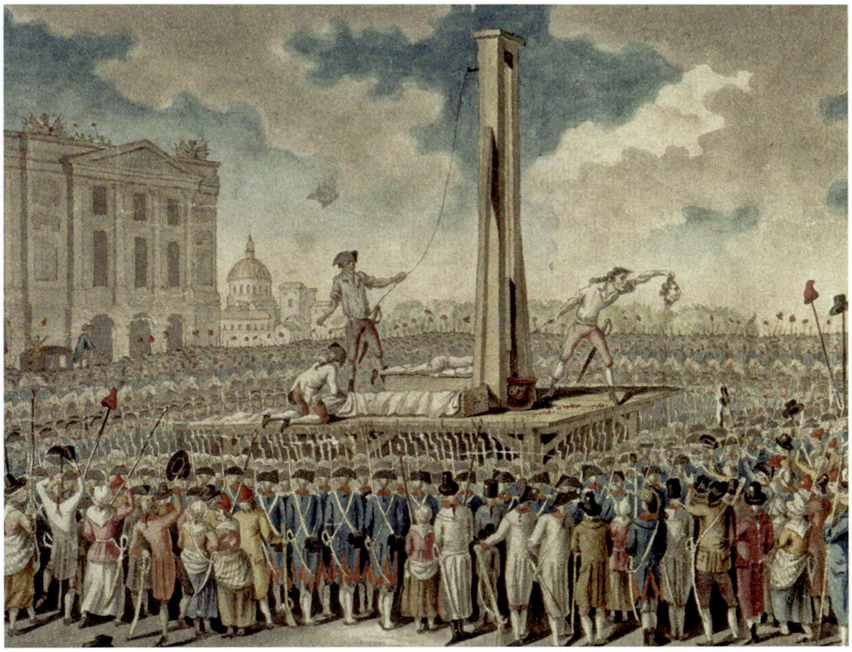

Q3 Die Hinrichtung des Königs Ludwig XVI. am 21. Januar 1793
anonymer zeitgenössischer Stich
Zur Hinrichtung wurde die so genannte Guillotine - ein Fallbeil - verwendet.

D: Beschreibe und beurteile die Art der Hinrichtung. Überlege, warum die Hinrichtung öffentlich stattfand und warum der Scharfrichter den Zuschauern sogar den bluttriefenden Kopf des Königs zeigte.

Eine neue Verfassung

Noch fehlte jedoch eine neue Verfassung. Nach langen Beratungen trat sie schließlich am 3. September 1791 in Kraft. Damit war Frankreich eine konstitutionelle Monarchie geworden. Viele dachten, mit dieser schriftlichen Festlegung der neuen Staatsordnung sei die Revolution beendet und eine neue stabile Ordnung habe begonnen. Viele andere waren mit dieser Verfassung jedoch nicht zufrieden und wollten die Revolution weitertreiben. Dazu gehörten vor allem die „Sansculotten" – Vertreter der ärmeren Stadtbevölkerung von Paris, der kleinen Ladenbesitzer, Handwerker und Manufakturarbeiter.Unzufrieden mit dem Erreichten waren auch die „Jakobiner". So nannten sich die Mitglieder eines neu gegründeten politischen Clubs von Revolutionären, der sich in einem ehemaligen Jakobinerkloster traf.

Was eine konstitutionelle Monarchie ist, kannst du noch einmal auf S. 142 nachlesen.

Das Ende der Monarchie

Die Sansculotten in Paris wurden immer unruhiger. Aus Angst, die Revolution könnte auf ihre Länder übergreifen, hatten europäische Herrscher Truppen zusammengezogen. Um einem Angriff zuvorzukommen, erklärte Frankreich 1792 Österreich den Krieg. Doch der Kriegsverlauf war für Frankreich ungünstig. Auch die Wirtschaftskrise wurde immer schlimmer, Brot war knapp und teuer. Und die armen Handwerker und kleinen Ladenbesitzer hatten kein Mitspracherecht in der Politik. In dieser Situation forderte der Oberbefehlshaber der gegnerischen Armeen, der Herzog von Braunschweig, das französische Volk auf, die Revolution zu beenden. Dieser Aufruf bewirkte das Gegenteil. Im August 1792 stürmten, besetzten und plünderten die Sansculotten die Tuilerien, das Schloss, in dem sich die königliche Familie aufhielt. Dabei fanden sie Briefe des Königs, die bewiesen, dass er auf eine Niederlage Frankreichs im Krieg hoffte. Ein neu gewähltes Parlament, das sich jetzt Nationalkonvent nannte, setzte den König ab und erklärte Frankreich am 21. September 1792 zu einer Republik. Der Konvent hielt nun einen Prozess gegen Ludwig XVI. ab, und schließlich stimmte eine knappe Mehrheit für die Todesstrafe. Am 21. Januar 1793 wurde der König hingerichtet, am 16. Oktober 1793 auch seine Frau, die Königin Marie Antoinette. Damit war die konstitutionelle Monarchie gescheitert.

Q4 Erklärung der Menschen- und Bürgerrechte
Gemälde von Jean Jacques François Lebarbier, um 1790, Paris, Musée Carnavalet

E: Dieses Bild enthält zahlreiche Symbole. Versucht in Partner- oder Gruppenarbeit, möglichst viele davon zu entdecken und zu deuten.

Online-Link
443020-0806
Arbeitsblatt: Übung zur Erklärung der Menschen- und Bürgerrechte
Infoblatt zur Erklärung der Rechte der Frau und Bürgerin

Q5 Auszüge aus der Erklärung der Menschen- und Bürgerrechte

Verabschiedet von der französischen Nationalversammlung am 26. August 1789:

1. Die Menschen werden frei und gleich an Rechten geboren und bleiben es. Die gesellschaftlichen Unterschiede können nur auf dem allgemeinen Nutzen begründet werden.

2. Der Zweck jeder staatlichen Vereinigung ist die Erhaltung der natürlichen und unverjährbaren Menschenrechte. Diese Rechte sind Freiheit, Eigentum, Sicherheit und Widerstand gegen Unterdrückung.

3. Der Ursprung jeder Herrschaft liegt wesensmäßig beim Volke; (…).

4. Die Freiheit besteht darin, alles tun zu können, was einem anderen nicht schadet. (…)

5. Das Gesetz darf nur Handlungen verbieten, die der Gesellschaft schaden. Nur das, was das Gesetz verbietet, kann untersagt werden, und niemand kann zu einer Handlung gezwungen werden, die das Gesetz nicht gebietet.

6. Das Gesetz ist der Ausdruck des allgemeinen Willens. (…) Es muss für alle gleich sein, mag es beschützen oder bestrafen. Da alle Bürger vor dem Gesetz gleich sind, so sind sie auch alle in der gleichen Weise zu allen Ehrenämtern, öffentlichen Stellungen und Beschäftigungen gemäß ihren Fähigkeiten zugelassen, ohne einen anderen Unterschied als den ihrer Kräfte und Geistesgaben.

7. Niemand darf angeklagt, verhaftet oder gefangen gehalten werden, es sei denn in den durch das Gesetz bestimmten Fällen und nur in den von ihm vorgeschriebenen Formen. (…)

8. Das Gesetz soll nur Strafen festsetzen, die unbedingt und offenbar notwendig sind, und niemand darf anders als aufgrund eines Gesetzes bestraft werden, das vor Begehung der Straftat beschlossen, verkündet und rechtmäßig angewandt wurde. (…)

10. Niemand darf wegen seiner Ansichten, selbst nicht zu religiösen, bedrängt werden, vorausgesetzt, daß ihre Äußerung nicht die durch das Gesetz festgelegte öffentliche Meinung stört.

11. Die freie Mitteilung der Gedanken und Ansichten ist eines der kostbarsten Menschenrechte; daher kann jeder Bürger frei sprechen, schreiben, drucken, mit dem Vorbehalt, daß er verantwortlich ist für den Mißbrauch dieser Freiheit in den von dem Gesetz festgelegten Fällen. (…)

16. Eine Gesellschaft, in der die Garantie der Rechte nicht gesichert und die Teilung der Gewalten nicht festgelegt ist, hat keine Verfassung.

17. Da das Eigentum ein unverletzliches und geheiligtes Recht ist, kann es niemandem genommen werden, wenn nicht die öffentliche, gesetzlich festgestellte Notwendigkeit es erfordert und unter der Bedingung einer gerechten und vorherigen Entschädigung.

Zit. nach Irmgard und Paul Hartig, Die Französische Revolution, Stuttgart 1985, S. 52 ff.

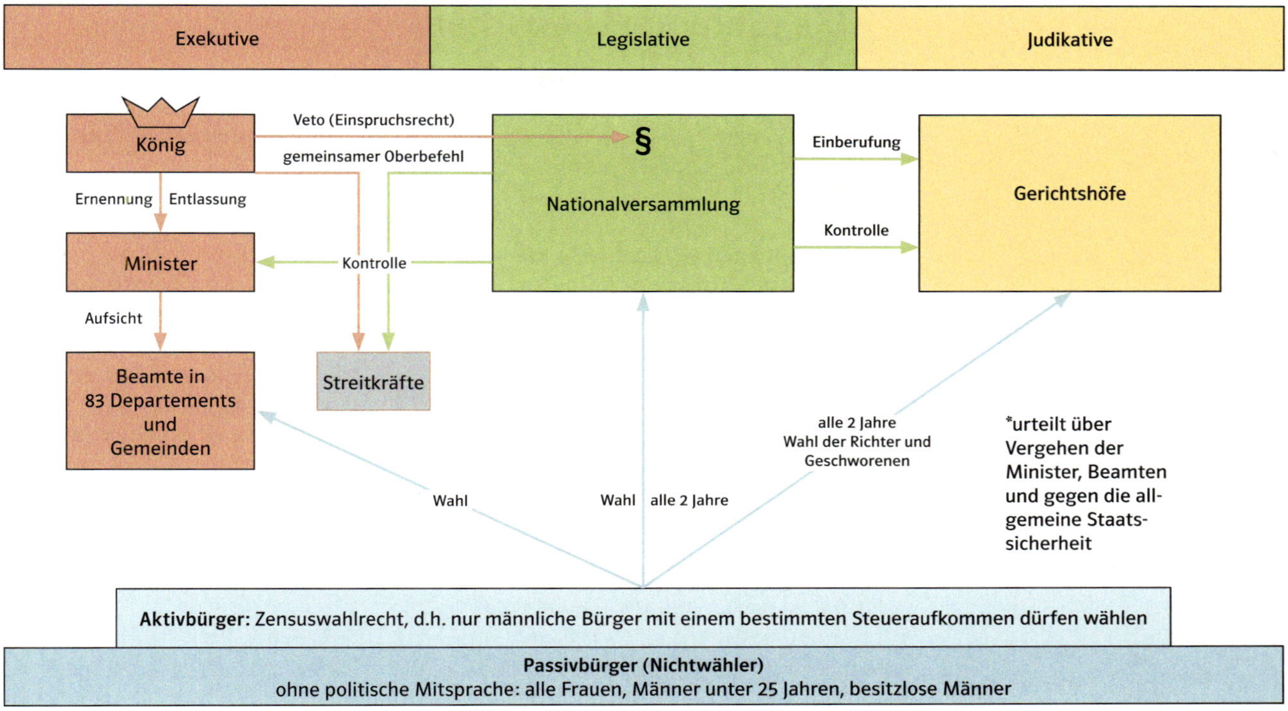

D2 Die französische Verfassung von 1791

F: Untersuche die Machtverteilung und überprüfe, wer mit dieser Verfassung zufrieden sein konnte und wer nicht. Verwende die methodischen Arbeitsschritte S. 155.

Q6 Hilfe für den König?

Aus dem Aufruf des Herzogs von Braunschweig an das französische Volk vom 25. Juli 1792, abgedruckt im Pariser „Moniteur" am 3. August 1792:

Die Stadt Paris und alle ihre Bewohner ohne Unterschied sind gehalten, sich auf der Stelle und ohne Verzug ihrem König zu unterwerfen, diesen Fürsten in die volle Freiheit zu setzen und ihm wie allen königlichen Personen die Unverletzlichkeit und die Achtung zu versichern, die nach Natur- und Völkerrecht die Pflicht der Untertanen gegen die Herrscher gebietet. Ihre Majestäten der Kaiser und der König machen alle Mitglieder der Nationalversammlung, des Departements, des Bezirks, der Gemeinde und der Nationalgarde von Paris, die Friedensrichter und wen es sonst betreffen mag, persönlich und mit ihrem Leben und bei Strafe, vor einem Kriegsgericht ohne Hoffnung auf Begnadigung verurteilt zu werden, verantwortlich für alle Vorfälle. Dabei erklären die genannten Majestäten auf Ihr kaiserliches und königliches Ehrenwort, dass, wenn das Schloss der Tuilerien gestürmt oder sonst verletzt, wenn die mindeste Gewalttat oder Beleidigung Ihren Majestäten dem König, der Königin und der ganzen königlichen Familie widerfährt, wenn nicht unmittelbar für ihre Sicherheit, ihr Leben und ihre Freiheit gesorgt wird, sie eine exemplarische und für alle Zeiten denkwürdige Rache nehmen und die Stadt Paris einer militärischen Exekution und einer gänzlichen Vernichtung, die Empörer selbst, die diese Attentate verschuldet haben, dem verdienten Tode überliefern werden. (...)

Zit. nach Irmgard und Paul Hartig, Die Französische Revolution, Stuttgart 1984, S. 50.

1. Untersuche, inwieweit die Menschen- und Bürgerrechte (Q5) einen revolutionären Bruch mit der Vergangenheit bedeuteten. Benutze zur Aufgabenlösung die CD-ROM.

2. Diskutiert, welche Bedeutung die Erklärung der Menschen- und Bürgerrechte (Q5) heute noch hat.

3. Erkläre, welche Absichten der Aufruf des Herzogs von Braunschweig (Q6) hatte und mit welchen Mitteln er versucht, sie zu erreichen. Kläre mithilfe des VT, welche Wirkung der Aufruf hatte.

4. Der französische Revolutionär Robespierre stellte in einer Rede am 2.1.1792 die Frage: „Gleicht denn die Verfassung, von der man sagt, sie sei die Tochter der Erklärung der Menschen- und Bürgerrechte, wirklich noch ihrer Mutter?" Nimm Stellung dazu (D2).

1789 1815

Die Schreckensherrschaft

Nach der Hinrichtung des Königs begann eine neue Phase der Revolution: die Schreckensherrschaft (französisch: „la terreur"). Warum wurde Terror ausgeübt und von wem? Wer waren die Opfer? Hatte die Schreckensherrschaft noch etwas mit den Idealen der Revolution zu tun?

A: Schätze das Vorgehen der Revolutionäre gegen die Kriegsgefahr und die Wirtschaftskrise ein. Was findest du eher positiv, was eher negativ?

Die Revolution in Gefahr: der Krieg

Die Hinrichtung des Königs schockierte und ängstigte die europäischen Monarchien. Die meisten von ihnen schlossen sich nun zusammen, um die Revolution durch Krieg zu besiegen, bevor sie auf ihre eigenen Länder überspringen konnte. Hunderttausende Franzosen meldeten sich daraufhin freiwillig, um ihre Nation und die Revolution zu verteidigen. Um den Krieg nicht zu verlieren, führte die revolutionäre Regierung die allgemeine Wehrpflicht ein. Tatsächlich gelang es den hoch motivierten Franzosen, den Angriff der monarchischen Söldnerarmeen zurückzuschlagen. Auch antirevolutionäre Aufstände in Frankreich selbst wurden unter Einsatz von Gewalt und Terror niedergeworfen. Viele Aufständische wurden hingerichtet.

Die Wirtschaftskrise: Armut und Inflation

Wirtschaftlich war die Lage in Frankreich äußerst kritisch: Die Ernte von 1793 war schlecht, die Brotpreise stiegen, das neue Papiergeld, die so genannten Assignaten, verlor durch Inflation an Wert. Wucherer verkauften Lebensmittel zu hohen Preisen auf dem Schwarzmarkt. Die Forderung nach „Freiheit, Gleichheit, Brüderlichkeit" war ganz offensichtlich nicht erfüllt. Vor allem die ärmere Bevölkerung der Großstadt Paris litt Hunger, die Sansculotten verlangten harte Strafen gegen Wucherer und Getreidespekulanten und die Festsetzung von Höchstpreisen für Brot. Die revolutionäre Regierung erfüllte diese Forderung: Sie setzte Höchstgrenzen für Brot- und Getreidepreise, aber auch für Löhne und Gehälter fest. Auf Verstöße dagegen stand die Todesstrafe.

Das revolutionäre Paris: die politischen Clubs

Das Aktionsfeld der Sansculotten waren die politischen Clubs, von denen es in Paris über 400 gab. Oft trafen sie sich täglich zu politischen Versammlungen und diskutierten ihre Forderungen. Da Frauen hier kein Stimmrecht hatten, bildeten sie Frauenclubs, die aus patriotischer und revolutionärer Begeisterung z. B. Soldaten unterstützten und sich um Verletzte kümmerten. Ihr Engagement trug ihnen aber dennoch nicht die Gleichberechtigung ein. Selbst die radikalsten männlichen Revolutionäre meinten noch, dass Politik nichts für Frauen sei. 1793 wurden die Frauenclubs verboten.

B: Recherchiere am Beispiel des Aufstandes in der Vendeé, warum sich Bürger gegen die Revolution wandten.

Q1 Aufständische werden in der Loire ertränkt, zeitgenössischer Stich
Der größte Aufstand gegen die Revolution fand 1793 bis 1796 in der Vendée statt. Nach der Niederschlagung nahmen die Revolutionäre grausame Rache.

Q2 Revolutionsausschuss in Paris, 1793
Radierung von Carl Schleich, 1816, nach einem Kupferstich von A. E. Fragonard, 1802
Revolutionsausschüsse verfolgten vermeintliche Feinde der Revolution. Eine vorgeladene Familie betritt den Raum und zeigt ihre Papiere vor.

C: Beschreibe die Ausstattung und Atmosphäre des Raumes. Überlege, wie dies alles auf die vorgeladene Familie wirkte.

D: Schreibe einen Eintrag für ein Schülerlexikon zum Stichwort Jakobinerherrschaft.

Die Spaltung der Revolutionäre

Im Kampf gegen die Privilegien des Adels waren sich alle Revolutionäre einig; doch was nach dem Sturz des „ancien régime" und der Hinrichtung des Königs aus Frankreich werden sollte, war selbst unter den Jakobinern umstritten. Es kam zu Spaltungen und Gruppenbildungen. Schon in der Nationalversammlung und später im Konvent saßen die Abgeordneten mit gleichen Überzeugungen zusammen: die entschlossensten Verfechter von Freiheit und Gleichheit links, die Radikalsten unter ihnen oben, die Gemäßigten in der Mitte und die Konservativen rechts. Noch heute verwendet man die Begriffe „links" und „rechts", um politische Einstellungen zu kennzeichnen. Die radikalen Jakobiner verbündeten sich mit den Sansculotten, ließen die Vertreter der Gemäßigten verhaften und hinrichten. Damit waren die radikalsten Revolutionäre an der Macht.

Die Jakobinerdiktatur und die Schreckensherrschaft

Die Verfassung von 1791 wurde durch eine neue, republikanische, ersetzt: Es gab keinen Monarchen mehr und alle erwachsenen männlichen Franzosen waren wahlberechtigt. Diese neue Verfassung sollte aber erst in Kraft treten, wenn die Feinde der Revolution besiegt waren. Bis dahin gab der Konvent den Jakobinern diktatorische Vollmachten. Der so genannte Wohlfahrtsausschuss wurde zur eigentlichen Regierung. Der mächtigste Mann in diesem Ausschuss wurde Maximilien de Robespierre, ein als unbestechlich geachteter Rechtsanwalt. Er rechtfertigte die Diktatur als „Despotismus der Freiheit". „Despotismus" (Gewaltherrschaft) und „Freiheit" – wie soll das vereinbar sein? Tatsächlich ist das eine der wichtigsten Fragen, die man an die Französische Revolution stellen kann. Um „Freiheit, Gleichheit, Brüderlichkeit" durchzusetzen, schreckten die Jakobiner vor Diktatur und Terror gegen ihre Gegner nicht zurück. Die Pressefreiheit wurde abgeschafft. Ein „Gesetz über die Verdächtigen" ermöglichte es, alle „Feinde der Freiheit" zu verhaften, vor das Revolutionstribunal zu stellen, ins Gefängnis zu werfen und hinzurichten. Allein von März 1793 bis August 1794 wurden 13 970 Todesurteile vollstreckt.

Die Revolution des Alltags

Auch das Alltagsleben wurde umfassend revolutioniert. Überall sollte die Vernunft an die Stelle der Religion treten: Ein neuer Kalender wurde eingeführt, die Monate erhielten neue Namen, Straßen und Plätze wurden umbenannt, kirchliche Feiertage durch revolutionäre und republikanische Feiertage, z. B. den 14. Juli, ersetzt. Eheschließungen fanden vor staatlichen Amtsträgern und nicht mehr in der Kirche statt. Die von der Kirche nicht akzeptierte Ehescheidung wurde 1792 vom Staat erlaubt. Man redete sich als „Bürger" und „Bürgerin" an, um die Gleichheit aller zu betonen.

Das Ende der Schreckensherrschaft

Die Jakobiner sahen sich durch ihre Erfolge bestätigt. Es war ihnen gelungen, die Gefahr abzuwenden, die dem revolutionären Frankreich drohte: Der Angriff von außen war zurückgeschlagen, die Aufstände im Innern waren zusammengebrochen, die Hungersnot war unter Kontrolle. Nun meinten auch viele Jakobiner selbst, es gebe keinen Grund mehr für eine Terrorherrschaft. Robespierre jedoch sah noch zahlreiche Gefahren für den von ihm angestrebten Staat der Freiheit und Gleichheit und der „Tugend" und ging mit Gewalt auch gegen Jakobiner und Sansculotten vor, die seine Politik kritisierten. Der berühmteste von ihnen war Danton, der beim Volk wohl beliebteste Revolutionär, der nach einem aufsehenerregenden Prozess hingerichtet wurde. Schließlich konnte sich niemand mehr sicher fühlen, und auch immer mehr Jakobiner sahen sich in Gefahr. Sie beschlossen, Robespierre und seine Anhänger zu verhaften. Am 28. Juli 1794 starben Robespierre und seine Gefolgsleute unter der Guillotine, und die Zeit der Schreckensherrschaft war beendet.

E: Beschreibe das Bild. Welche Szenen hat der Maler dargestellt? Welche Hauptpersonen hat er ins Blickfeld gerückt? Wie sind sie dargestellt?

Q3 Die letzten Opfer der Schreckensherrschaft
Gemälde von Charles Louis Muller, Juli 1794
Gefangene im Pariser Gefängnis Saint-Lazare warten auf ihre Hinrichtung.

Q4 The Zenith of French Glory
Karikatur von James Gillray auf die Hinrichtung Ludwigs XVI. am 17. Februar 1793

F: Liste die wichtigsten Bildelemente (z. B. die Fahne, die Guillotine usw.) auf und versuche, sie zu entschlüsseln.
Überlege, welche Haltung des Zeichners zum dargestellten Ereignis in der Karikatur zum Ausdruck kommt.

Q5 Manifest der Sansculotten vom 25. Juni 1793
Der Verfasser, ein ehemaliger Priester, wurde später verhaftet und beging in der Haft Selbstmord:

Abgeordnete des französischen Volkes, (...) immer wieder habt ihr uns versprochen, die Blutsauger des Volkes zu bestrafen. (...) Habt ihr darin [in der Verfassung] die Börsenspekulanten geächtet? Nein. Habt ihr die Todesstrafe gegen die Hamsterer ausgesprochen? Nein (...) Nun, dann erklären wir euch, dass ihr für das Glück des Volkes nicht alles getan habt.

Die Freiheit ist nur ein leerer Wahn, wenn eine Klasse von Menschen die andere ungestraft verhungern lassen kann. Die Gleichheit ist nur ein leerer Wahn, wenn der Reiche kraft seines Monopols über Leben und Tod seiner Mitbürger entscheidet. Die Republik ist nur ein leerer Wahn, wenn die Gegenrevolution Tag für Tag am Werke ist und die Preise für die Lebensmittel in die Höhe treibt. (...) Hingegen werdet ihr, wenn ihr die räuberischen Handelsmethoden (...) unterdrückt und wenn ihr den Sansculotten die Lebensmittel erschwinglich macht, diese an die Revolution binden. (...) Nur die Reichen haben seit vier Jahren aus der Revolution Nutzen gezogen. (...) Bürger-Vertreter, es ist Zeit, daß der Kampf auf Leben und Tod, den die Egoisten gegen die arbeitsame Klasse der Gesellschaft führen, aufhört.

Zit. nach Irmgard und Paul Hartig, Die Französische Revolution, Stuttgart 1984, S. 91.

Q6 Was ist ein Sansculotte?
Aus einem Flugblatt vom April 1793:

Ein Sansculotte, (...) das ist einer, der immer zu Fuß geht, der keine Million besitzt, (...) keine Schlösser, keine Lakaien zu seiner Bedienung, und der mit seiner Frau und seinen Kindern, wenn er welche hat, ganz schlicht im vierten oder fünften Stock wohnt. Er ist nützlich, denn er versteht, ein Feld zu pflügen, zu schmieden, zu sägen, zu feilen, ein Dach zu decken, Schuhe zu machen und bis zum letzten Tropfen sein Blut für das Wohl der Republik zu vergießen. (...) Am Abend tritt er vor seine Sektion, (...) um mit all seiner Kraft die aufrichtigen Anträge zu unterstützen und jene zunichte zu machen, die von der erbärmlichen Clique der regierenden Politikaster stammen. Übrigens: Ein Sansculotte hat immer seinen Säbel blank, um allen Feinden der Revolution die Ohren abzuschneiden.

Zit. nach Walter Markow/Albert Soboul, Die Sansculotten von Paris, Berlin 1957, S. 3.

Q7 Patriotischer Frauenclub
Gemälde von Lesueur, um 1792
Während der Versammlung wird Geld für Arme gesammelt.

G: Stell dir vor, die Frauen diskutieren ein Schreiben an die Männer eines politischen Klubs. Formuliere mithilfe von Q8 was darin stehen könnte.

Q8 Frauen und politische Rechte

Begründung des Verbots von Frauenclubs:

1. Dürfen Frauen politische Rechte ausüben und sich in Regierungsangelegenheiten einmischen? Regieren heißt, die öffentlichen Angelegenheiten durch Gesetze zu lenken, deren Abfassung ausgedehnte Kenntnisse, eine Hingabe und grenzenlose Ergebenheit, eine strenge Unempfindlichkeit und Verneinung seiner selbst verlangt. Regieren heißt darüber hinaus, die Handlungsweise der gewählten Vertreter zu lenken und zu berichtigen. Sind die Frauen für diese Bedürfnisse und Fähigkeiten, die sie erfordern, geeignet? Man kann ganz allgemein mit Nein antworten. Sehr wenige Beispiele dementieren dieses Urteil.

Die politischen Rechte des Bürgers bestehen darin, zu diskutieren und Entscheidungen in die Wege zu leiten, Vergleiche anzustellen und der Unterdrückung zu widerstehen. Besitzen die Frauen die moralische und physische Kraft, die die Ausübung des einen wie des anderen dieser Rechte erfordert? Weltweit wird diese Auffassung verworfen.

2. Der Mann ist stark, robust, mit einer großen Energie, mit Kühnheit und Mut geboren. Er meistert die Gefahren, die Rauheit der Jahreszeiten durch seine Konstitution. Er widersteht allen Elementen. Er ist für die Künste wie für die schwere Arbeit geeignet. Und da er fast ausschließlich für die Landwirtschaft, den Handel, die Schiffahrt, die Reisen, den Krieg bestimmt ist, zu all jenem, was nach Kraft, Intelligenz und Fähigkeit verlangt, so scheint auch er allein zu tiefgehenden und ernsthaften Meditationen geeignet, die eine große Anstrengung des Geistes und lange Studien voraussetzen, denen sie nicht nachgehen können.

Welches ist der der Frau eigentümliche Charakter? Die Sitten und die Natur selbst haben ihr Aufgaben zugesprochen: die Erziehung der Menschen zu beginnen, den Geist und das Herz der Kinder auf die öffentlichen Tugenden vorzubereiten, sie von früh an zum Guten hin zu lenken, ihr Gemüt zu entfalten und sie im Freiheitskult zu unterweisen – darin bestehen ihre Aufgaben nach dem Haushalt. (…) Dürfen sie aber, die doch dazu bestimmt sind, die Sitten des Menschen zu mäßigen, aktiv an Diskussionen teilhaben, deren Hitzigkeit unvereinbar mit der Sanftmut und Bescheidenheit ist, die den Charme ihres Geschlechts ausmachen? (…)

Wir glauben also, dass eine Frau nicht ihre Familie verlassen darf, um sich in Regierungsgeschäfte einzumischen.

Susanne Petersen, Marktweiber und Amazonen. Frauen in der Französischen Revolution, Köln 1987, S. 221 ff.

Q9 Wer wird als Feind verdächtigt?

Aus dem Gesetz über die Verdächtigen, angenommen durch einen Konventsbeschluss vom 17. September 1793:

Art. 1. Unmittelbar nach der Verkündung dieses Gesetzes werden alle Verdächtigen, die sich auf dem Gebiet der Republik befinden und noch auf freiem Fuße sind, verhaftet und eingesperrt.

Art. 2. Als verdächtig gelten:

1. diejenigen, die sich durch ihr Verhalten, ihre Beziehungen, ihre Reden oder ihre Schriften als Anhänger der Tyrannei (…) und als Feinde der Freiheit zu erkennen gegeben haben; (…)

5. jene der einstmals Adligen, die Gatten und Gattinnen, Väter und Mütter, Söhne und Töchter, Brüder und Schwestern, die nicht beständig ihre Verbundenheit mit der Revolution bekundet haben, sowie Emigranten.

Zit. nach: Irmgard und Paul Hartig, Die Französische Revolution, Stuttgart 1984, S. 97 f.

Q10 „Der Despotismus der Freiheit"

In einer Rede am 5. Februar 1794 rechtfertigt Robespierre die Gewaltherrschaft der Jakobiner:

Wir wollen eine Gesellschaftsordnung, in der alle niedrigen und grausamen Leidenschaften unbekannt sind, alle gemeinnützigen und hochherzigen Leidenschaften durch die Gesetze geweckt werden, wo der Ehrgeiz zu dem Wunsche wird, Ruhm zu gewinnen und dem Vaterland zu dienen; wo Auszeichnungen nur aus der Gleichheit hervorgehen; wo der Bürger der Verwaltung, die Verwaltung dem Volke und das Volk der Gerechtigkeit untersteht. (…)

Welches ist nun der entscheidende Grundsatz der demokratischen Volksregierung? (…) Das ist die Tugend, und zwar die öffentliche Tugend, die in Griechenland und Rom Wunder erzeugte und die im republikanischen Frankreich noch viel erstaunlichere vollbringen wird; jene Tugend, die nichts anderes ist als die Liebe zum Vaterland und zu seinen Gesetzen. Da aber das Wesen der Republik oder Demokratie die Gleichheit ist, so folgt daraus, dass die Liebe zum Vaterland notwendigerweise die Liebe zur Gleichheit in sich schließt. (…) Hier könnten wir die Entwicklung unserer Theorie beenden, wenn wir das Schiff der Republik nur bei Windstille zu steuern hätten; aber der Sturm braust und der Zustand der Revolution, in dem wir uns befinden, erlegt uns eine andere Aufgabe auf. (…) Wenn die Triebkraft der Volksregierung im Frieden die Tugend ist, so ist in revolutionärer Zeit diese Triebkraft zugleich die Tugend und der Schrecken, die Tugend, ohne die der Schrecken unheilvoll wäre, der Schrecken, ohne den die Tugend ohnmächtig bliebe. Der Schrecken ist nichts anderes als die rasche, strenge, unbeugsame Gerechtigkeit; er ist also ein Ausfluss der Tugend; er ist weniger ein besonderes Prinzip als eine Folge des allgemeinen Prinzips der Demokratie in seiner Anwendung auf die dringendsten Bedürfnisse des Vaterlandes. (…) Die Regierung der Revolution ist der Despotismus der Freiheit im Kampf gegen die Tyrannei.

Zit. nach Irmgard und Paul Hartig, Die Französische Revolution, Stuttgart 1984, S. 99f.

D1 Soziale Zusammensetzung der Opfer der Jakobinerherrschaft

Von März 1793 bis August 1794 wurden 13 970 Menschen durch das Revolutionstribunal und ähnliche Sondergerichte zum Tode verurteilt und hingerichtetet. Die Gesamtzahl der Opfer wird auf bis zu 40 000 Menschen geschätzt.

H: Stelle die Zugehörigkeit der Opfer zu sozialen Gruppen in einem Kreisdiagramm dar. Werte deine Grafik auch unter der Fragestellung aus, wie sich die Opferzahlen auf die Stände verteilen.

1. Liste die Forderungen der Sansculotten auf (Q5).

2. Kläre mithilfe von Q5 und Q6, welche sozialen Gruppen die Sansculotten bildeten. Überlege, wen sie als Gegner, wen als mögliche Verbündete betrachteten.

3. Liste auf, was nach dem „Gesetz über die Verdächtigen" einen Menschen verdächtig machte. Überlege, welche Möglichkeiten ein Verdächtigter hatte, sich zu verteidigen (Q9).

4. Lege dar, welche Schlüsselbegriffe Robespierre positiv wertet (Q10). Stelle fest, in welchen Fällen es sich eher um politische oder eher um moralische Begriffe handelt. Ein wichtiger Begriff am Schluss ist der „Despotismus der Freiheit im Kampf gegen die Tyrannei". Finde heraus, wie Robespierre diesen „Despotismus" rechtfertigt. Diskutiert, ob seine Argumentation überzeugend ist.

5. Stelle die Argumente zusammen, die die Verfasser für das Verbot von Frauenclubs anführen (Q8), und erkläre, welches Bild vom Wesen der Frau und des Mannes dabei sichtbar wird.

1789 1815

Robespierre und die Jakobinerherrschaft

Kaum ein historisches Ereignis hat noch viele Jahrzehnte später so begeisterte Anhänger und scharfe Gegner gefunden wie die Französische Revolution. Das betrifft vor allem die Jakobinerherrschaft. Ihre Bedeutung war und ist in der Geschichtswissenschaft umstritten.

Q1 Robespierres Blutrausch
kolorierte Radierung auf einem Flugblatt, 1793
Als letztes Opfer richtet Robespierre eigenhändig den Henker hin.

A: Untersuche und deute die Karikatur. Überlege, welche Meinung der Zeichner über Robespierre hat.

D1 Macht in unwürdigen Händen?

Der französische Historiker Pierre Gaxotte, 1949:

Nie fiel eine so große und furchteinflößende Macht in unwürdigere Hände. (...) Was herrscht, ist der Auswurf (...) an Dummheit und Gemeinheit: Deklassierte [im sozialen Rang Abgesunkene, Abgestiegene] (...) aus allen Volksschichten, neidische und haßerfüllte Subalterne [Untergeordnete, Befehlsempfänger], kleine, verschuldete Krämer, herumziehende Gelegenheitsarbeiter, Helden (...) der Schenken, Vagabunden der Landstraße (...) und einige gutgläubige Narren, deren krankhafte Gehirne sich begeistert mit den modernen Theorien vollgesogen hatten.

Pierre Gaxotte, Die Französische Revolution, München 1949, S. 276.

Q2 Die Verhaftung Robespierres in der Nacht vom 27. auf den 28. Juli 1794
kolorierter Holzstich von Jean Joseph François Tassaert, undatiert

B: Schau dir das Bild genau an und schreibe einen Artikel für eine französische Zeitung über die Verhaftung Robespierres.

D2 „Die Größe Robespierres?"

Der französische Historiker Albert Mathiez (1874–1932) hat die Revolutionsgeschichtsschreibung nachhaltig geprägt:

Was meiner Meinung nach die Größe Robespierres ausmacht, sind die hohen sozialen und moralischen Bedenken, die er als Politiker ständig hegte. (...) Er hatte Grundsätze, an die er glaubte. (...) Über die Aufgabe des Politikers hinaus sah er eine andere, viel schwierigere und fruchtbringendere, die des Erziehers und Philosophen. (...) Wir lieben ihn für seine Lauterkeit, seinen Weitblick, seine Uneigennützigkeit, für sein gigantisches Werk, das er in der Nationalversammlung und in der Regierung vollbracht hat. (...) Wir lieben ihn um des Symbols seines tragischen Endes willen, um der ungeheuerlichen Ungerechtigkeit willen, mit der versucht wurde, sein Andenken zu schänden. (...) Mit einem Wort, wir lieben Robespierre, (...) weil er die Beseitigung aller sozialen Ungerechtigkeiten anstrebte.

Albert Mathiez, Verteidigung Robespierres, in: Die Debatte um die Französische Revolution. 35 Beiträge, hrsg. v. Walter Grab, München 1975, S. 121.

D3 „Das Vaterland der Humanität?"

Der Schriftsteller, Literaturkritiker und Journalist Friedrich Sieburg (1893–1964) lebte lange in Frankreich. Seine Robespierre-Biografie erschien 1955:

Robespierre setzt den allgemeinen sittlichen Maßstab einfach außer Kraft und ersetzt ihn durch einen jakobinischen. (...) Somit wird eine Revolution, die im Zeichen des Humanismus begonnen wurde und die den Nachkommen das Erbe dieser Humanität hinterlassen hat, auf ihrem Höhepunkt und in ihrem vollkommenen Zustand eine haarscharfe Widerlegung dieses Humanitätsgedankens. (...) Frankreich ist das Vaterland der Humanität? Auf jeden Fall ist dieses Ideal nur einmal in wirklich tiefer und durchdachter Weise außer Kraft gesetzt worden. In Frankreich. Und zwar durch Robespierre.

Friedrich Sieburg, Robespierre, Wien/München/Basel 1955, S. 150.

D4 Terror als Garant für den Erfolg?

Der französische Historiker Albert Soboul (1914–1982) war Professor für Revolutionsgeschichte:

Wenn der Wohlfahrtsausschuß in der Lage war, 14 Armeen auszuheben, zu bewaffnen und zu ernähren und sie zum Sieg zu führen, so verdankte er diesen Erfolg dem Massenaufgebot, den Requisitionen [Beschlagnahmungen], dem Maximum [gemeint ist die Höchstgrenze für Preise und Löhne], der Verstaatlichung der Kriegsproduktion wie auch der Säuberung der Armeeführung und der Zügelung der Generale: Alle diese Maßnahmen konnten nur deshalb durchgeführt werden, weil die Revolutionsregierung über eine Autorität verfügte, die von der Schreckensherrschaft abgesichert war.

Albert Soboul, Die Große Französische Revolution. Abriß ihrer Geschichte (1789–1799), 2. Aufl., Frankfurt/M. 1976, S. 318.

1. Fasse den Standpunkt der Historiker (D1–D4) stichwortartig zusammen und versuche, dir ein Urteil zu bilden.
2. Schreibe eine Bewertung der Jakobinerherrschaft. Tauscht eure Meinungen aus und diskutiert in der Klasse darüber.
3. Diskutiert, ob man die Freiheit mit Gewalt einführen kann und darf.

Eine Internetrecherche durchführen

Das Internet bietet die Möglichkeit, so schnell wie nie zuvor an Informationen zu kommen. Das scheint ganz einfach zu sein: Man ruft eine Suchmaschine auf, gibt den gesuchten Begriff ein und umgehend hat man eine Vielzahl von Seiten gefunden, die zum Ausgangspunkt einer Recherche (französich für Nachforschung) werden können. Das gilt auch für Recherchen zu historischen Bildern.

Q1 Der Tod des Marat
Gemälde von Jacques Louis David, 1793, Öl auf Leinwand, 128 x 165 cm, Brüssel, Musées Royaux des Beaux-Arts

Methodische Arbeitsschritte

1 Suchen

- Finde geeignete Stich- bzw. Schlagwörter, mit denen du suchen willst.
- Benutze für deine Suche eine bestimmte Seite, die du schon kennst oder eine Suchmaschine.

2 Überprüfen

- Überprüfe die gefundenen Seiten, ob sie dir wichtige oder überflüssige Informationen liefern.
- Kläre die Glaubwürdigkeit der Seite, indem du
  nach dem Namen des Verfassers oder der Institution und gegebenfalls nach der Adresse des Urhebers suchst;
  den Zeitpunkt der Veröffentlichung feststellst;
  die Absicht des Verfassers hinterfragst;
  prüfst, ob Bilder und Quellen mit korrekten Nachweisen versehen sind.

3 Auswerten

- Wähle die wichtigsten Informationen aus.
- Stelle die Informationen unter einer Gliederung zusammen.
- Präsentiere das Ergebnis deiner Recherche (als zusammenhängenden Text, als PowerPoint-Präsentation, als Vortrag, als Plakat usw.)
- Überprüfe deine Vorgehensweise und überlege dir Verbesserungsmöglichkeiten.

Suchen

Stell dir vor, du hast das Bild irgendwo gefunden und keine näheren Angaben dazu. Du weißt nicht, wer es gemalt hat, wann es entstanden ist usw. Aber du kannst an der Schrift rechts unten im Bild erkennen, dass es sich wahrscheinlich um ein Porträt des französischen Revolutionärs Marat handelt. Du liest auch den Namen „David". Vielleicht weißt du schon, dass das der Name eines Malers ist. Um mehr über Marat, das Bild und seine Entstehungsgeschichte zu erfahren, kannst du im Internet recherchieren. Du startest eine Suchmaschine wie www.google.de, Yahoo.com, www.lycos.de, www.web.de oder das Internetlexikon Wikipedia (wikipedia.org). Dort gibst du dann die Stichwörter „Marat" und „David" ein. Damit du nicht eine unüberschaubare Zahl an Treffern auswerten musst, kannst du mit dem Zeichen „+" deine Suche immer weiter verfeinern, z B. „David + Marat [+ Gemälde oder (Bild-)Beschreibung oder Interpretation]".
Viele Internetseiten sind mit anderen Seiten verlinkt (verknüpft). Klickst du die farblich hervorgehobenen Begriffe an, wirst du auf Seiten geführt, die dir weitere Informationen geben. Doch Vorsicht, du kannst leicht viel zu viele Angebote bekommen, die du gar nicht mehr alle auswerten kannst. Kehre also zwischendurch immer wieder zur Ausgangsseite zurück und entscheide, ob du tatsächlich noch weitere Informationen benötigst.

Überprüfen

Bei der Internetrecherche ist aber auch Vorsicht geboten. Neben sehr guten Internetseiten gibt es auch schlechte. Bei privaten Internetseiten gibt es niemanden, der Fehler verbessert oder Lügen zurückweist. Man sollte daher zunächst überprüfen, wer der Verfasser ist, und sich überlegen, wie weit man ihm Vertrauen schenken kann. Du erkennst es daran, ob der Verfasser ein bekannter Fachmann ist, ob eine Firma, eine Bildungseinrichtung oder eine dir bekannte Organisation für die Seite verantwortlich ist. Gute Internetseiten geben oft auch eine Adresse für Rückfragen an. Du solltest auch darauf achten, dass der Verfasser erkennen lässt, ob er Texte selbst geschrieben hat und dass er bei fremden Texten angibt, woher er sie hat (Buchtitel, Seitenzahl usw.).

Auswerten

Wähle nun die wichtigsten Informationen aus, mache dir dazu Notizen oder lade die entsprechende Datei herunter bzw. drucke sie aus. Überlege dir, wie du das Ergebnis deiner Internetrecherche vorstellen willst. In einem ersten Gliederungspunkt könntest du darlegen, was du alles über Marat erfahren hast: Wer war er? Wann lebte er? Was hatte er mit der Französischen Revolution zu tun? Unter welchen Umständen starb er? Ein zweiter Gliederungspunkt könnte sich mit dem Maler befassen: Wer hat das Bild gemalt? Wann hat der Künstler gelebt? Welche Beziehungen hatte er zu Marat? Wie stand er zur Französischen Revolution? In einem dritten Gliederungspunkt kannst du auf das Bild und seine Geschichte eingehen: Wann wurde das Bild gemalt? Warum hat der Maler es gerade so gestaltet? Was bedeuten die Einzelheiten auf dem Bild? Welche Wirkung hat es zur Zeit seiner Entstehung gehabt? Wie ging man mit diesem Bild um? Wo wurde es ausgestellt? Wo kann man es heute ansehen? Wie kam es dorthin? Am Ende deiner Arbeit solltest du dich immer fragen, was dir leicht und was dir schwer gefallen ist und was du besser machen könntest.

1. Führe eine Internetrecherche zu Davids Bild „Der Tod des Marat" mithilfe der methodischen Arbeitschritte durch.

2. Im Internet und auch in diesem Buch findest du noch weitere Gemälde von David. Stelle in einem fächerübergreifenden Projekt (mit dem Fach Kunst) eine David-Ausstellung zusammen und verfasse zu jedem Bild einen kurzen Text, der den Besuchern das Wichtigste mitteilt.

1789 1815

Napoleon beendet die Revolution

Wie sollte es nach der Schreckensherrschaft weitergehen? Würde die Revolution fortgeführt werden? Konnte man zur Verfassung von 1791 zurückkehren? Welche gesellschaftliche Gruppe würde sich durchsetzen?

Unruhe und Bürgerkrieg

In Frankreich gab es nach der Jakobinerherrschaft drei politische Richtungen: das Großbürgertum, das die Macht möglichst allein ausüben wollte, die Royalisten, die eine Rückkehr zur Monarchie anstrebten, und die „Linken", meist Jakobiner, die die Errungenschaften der Französischen Revolution auf keinen Fall aufgeben wollten. In dieser Situation konnten sich die Großbürger weitgehend durchsetzen. Jakobinerclubs wurden geschlossen, auf Anhänger Robespierres wurde regelrecht Jagd gemacht. Die vorher festgelegten Lebensmittelpreise wurden freigegeben; sie stiegen stark an, was in Paris zu wütenden Protesten und Hungeraufständen der Bevölkerung führte. Diese Aufstände wurden brutal niedergeschlagen.

Q1 Kaiserkrönung Napoleons am 2. Dezember 1804 in der Kirche Notre-Dame in Paris

Gemälde von Jacques Louis David, 1806, 9,30 m x 6,10 m, Paris, Louvre

Napoleon setzte zunächst sich selbst und danach seiner Frau Josephine die Krone auf. Die Mutter Napoleons, hinten in der Loge zu sehen, nahm in Wirklichkeit nicht an der Krönung teil.

A: Beschreibe das Bild. Stelle anhand der Kleidung fest, welche Personengruppen anwesend sind. Überlege: Warum wurde Napoleons Mutter eingefügt? Welche Rolle spielt der Papst? Was soll mit der Art und Weise der Krönung zum Ausdruck gebracht werden?

Benutze zur Aufgabenlösung die CD-ROM.

Eine neue Regierung: das Direktorium

Der Konvent arbeitete eine neue Verfassung aus, die vor allem die Interessen der Besitzenden berücksichtigte: Nun gab es wieder ein Wahlrecht, das nur den Reichen – etwa 30 000 Franzosen – die Wahl erlaubte. Fünf gewählte „Direktoren“ bildeten die bürgerliche Regierung. Die Royalisten waren mit dieser Verfassung nicht zufrieden und versuchten, die Regierung mit Gewalt zu stürzen. Der royalistische Aufstand wurde von der französischen Armee unter Führung eines jungen Generals niedergeschlagen, der so das Direktorium rettete. Sein Name war Napoleon Bonaparte.

Napoleons Aufstieg

1769 wurde Napoleon als Sohn eines Rechtsanwaltes auf Korsika geboren. Er besuchte die Pariser Militärschule und hatte es bis zum Ende der Revolution zum General gebracht – eine Stellung, die für einen Nicht-Adligen vor der Revolution unerreichbar gewesen wäre. Zum Dank für seine Rettung gab ihm das Direktorium den Oberbefehl über die Armee in Oberitalien. Seine Siege in Italien, später auch in Ägypten machten ihn schnell bekannt. Nicht nur bei den Truppen, auch bei der französischen Bevölkerung genoss er großes Ansehen. 1799 löste Napoleon mithilfe seiner Truppen das Parlament auf und machte sich zum Staatsoberhaupt: Er ersetzte das Direktorium durch drei „Konsuln“. Er selbst nannte sich „Erster Konsul“ und erließ eine Verfassung, die ihm alle Macht sicherte. Eine Volksvertretung wurde nur zum Schein beibehalten.

Volks-Kaiser

1800 wurde Napoleon durch eine Volksabstimmung in seinem Amt bestätigt, 1802 wurde er „Konsul auf Lebenszeit“, 1804 krönte er sich zum Kaiser. Diese beiden Schritte ließ er durch Volksabstimmungen absichern. Fast 99 Prozent der wahlberechtigten Franzosen sprachen sich jedes Mal für ihn aus. Auch wenn man die Zahlen in dieser Höhe anzweifeln und Fälschungen vermuten kann, so besteht doch kein Zweifel daran, dass Napoleon zu dieser Zeit beim Volk beliebt war. Die Franzosen, die mit der Revolution die alten Autoritäten abgeschafft hatten, akzeptierten nun einen neuen „starken Mann“.

Napoleons erste Maßnahmen

Die meisten Franzosen sehnten sich nach Frieden, Ruhe und geordneten Verhältnissen – und das schien Napoleon garantieren zu können. Er hatte ein ehrgeiziges Programm: Zunächst wurden die völlig zerrütteten Staatsfinanzen saniert und eine neue, vertrauenswürdige Währung geschaffen. Mithilfe eines neuen Steuersystems wurden rigoros Steuern eingetrieben, die besiegten Länder mussten hohe Abgaben zahlen – so floss Geld in die Staatskasse. Mit einem groß angelegten Beschäftigungsprogramm wurde die hohe Arbeitslosigkeit abgebaut: Frankreich erhielt das modernste Straßennetz Europas, Kanäle und Häfen wurden gebaut und allmählich belebte sich die französische Wirtschaft.

Code Napoléon

Die Verwaltung wurde neu und straff so organisiert, dass alle Anordnungen und Befehle zentral von oben kamen. Napoleon schuf einen riesigen Polizeiapparat, verhängte eine strenge Pressezensur und kontrollierte alle Bereiche der Kunst und Wissenschaft. Eine Kommission erarbeitete ein bürgerliches Gesetzbuch, den Code Civil, auch Code Napoléon genannt. Mit ihm wurden zentrale Forderungen, für die in der Revolution gekämpft worden war, zum Gesetz erhoben: Gleichheit vor dem Gesetz, Trennung von Kirche und Staat, Recht auf Eigentum, persönliche Freiheiten. Von einer Gleichberechtigung der Frauen konnte allerdings nicht die Rede sein. Sie blieben unmündig und waren in allen Rechtsgeschäften auf die Männer angewiesen. Trotzdem war der Code Napoléon damals das fortschrittlichste Gesetzbuch; zahlreiche Länder nahmen ihn sich zum Vorbild.

B: Versuche zu erklären, warum Napoleon um 1804 so beliebt war.

Q2 Napoleon in seinem Arbeitszimmer
Gemälde von Jacques Louis David, 1812, 125x204 cm, Washington, National Gallery of Art

C: Überlege, was mit diesem Gemälde zum Ausdruck gebracht werden sollte.

Du kannst zum Lösen der Aufgabe die CD-ROM verwenden.

1789 1815

Q3 Frankreich hätschelt seinen Liebling, Karikatur von James Gillray, 1804

D: Untersuche, wie der englische Karikaturist die französische Politik bewertet.

In der Sprechblase steht sinngemäß: Der kleine König Pippin (Pippin war ein Herrscher des mittelalterlichen Frankenreiches) soll eine Klapper und eine Krone haben. Gesegnet seien deine fünf Sinne, mein Baby. Pass auf, dass du nicht umfällst. Hey, mein Kätzchen, mein Kätzchen.

Marianne, die Symbolfigur für Frankreich, mit der Phrygischen Mütze

abgeschlagenes Haupt Ludwigs XVI., Aufschrift: „Es lebe die Republik"

Bluttriefende Pike der Sansculotten

Menschenköpfe

Zepter mit der Lilie des Königshauses

Rassel mit Krone

Q4 Napoleon über Republik und Freiheit

In einem vertraulichen Gespräch mit einem Diplomaten äußerte sich Napoleon 1797:

Glauben Sie vielleicht, daß ich eine Republik begründen will: Welcher Gedanke! (…) Das ist eine Wahnvorstellung, in die die Franzosen vernarrt sind, die aber auch (…) vergehen wird. Was sie brauchen, das ist Ruhm, die Befriedigung ihrer Eitelkeit, aber von Freiheit verstehen sie nichts. (…) Die Nation braucht einen Führer, aber keine Theorien über Regierung, keine großen Worte, keine Reden von Ideologen [jemand, der eine bestimmte Denkweise vertritt – Anm. d. Verf.], von denen die Franzosen nichts verstehen. Man gebe ihnen ihre Steckenpferde, das genügt ihnen, sie werden sich damit amüsieren und sich führen lassen, wenn man ihnen nur geschickt das Ziel verheimlicht, auf das man sie zumarschieren läßt.

Miot de Melito, Mémoires I, S. 163 f., zit. nach Friedrich M. Kircheisen, Napoleon I. Bd. 1, Stuttgart 1927, S. 128.

1. Stelle zusammen, welche Grundideen der Revolution Napoleon übernommen und welche er abgeschafft hat (VT, Q4).

2. Antworte Napoleon aus der Sicht eines Jakobiners (Q4).

3. Beurteile Napoleons Karriere (VT, Q1, Q3).

Deutschland unter Napoleon – Besatzung oder Befreiung?

Napoleon war nach 1799 der mächtigste Mann Frankreichs, aber er wollte mehr. Er glaubte, Frankreich als fortschrittliches Land habe das Recht, die anderen europäischen Staaten zu unterwerfen, sie wirtschaftlich auszubeuten und ihnen Reformen aufzuzwingen. Sein großes Ziel war ein einheitliches Europa unter französischer Vorherrschaft. Was bedeutete das für Deutschland?

Krieg in Deutschland

Deutschland gehörte zu den ersten Opfern der napoleonischen Politik. Alle Länder links des Rheins wurden bereits 1801 besetzt und gehörten nun zu Frankreich. Zahlreiche deutsche Fürsten schlossen sich zum Rheinbund zusammen und unterstellten sich Napoleon. Daraufhin legte Kaiser Franz II. die Kaiserkrone nieder und beendete so 1806 das „Heilige Römische Reich Deutscher Nation“. Als Kaiser Franz I. regierte er nun nur noch Österreich. Im selben Jahr schlug Napoleon die preußischen Heere und zog im Triumphzug in Berlin ein, drei Jahre später wurde auch Österreich besiegt.

D1 **Deutschland vor und nach der Neuordnung durch Napoleon**

A: Beschreibe die Änderungen. Halte fest, welche Fürstentümer an Fläche zugenommen haben und welche neu entstanden sind.

1789 1815

Q1 Der preußische General Graf Yorck von Wartenburg ruft 1813 in Königsberg zum Befreiungskrieg auf
Farbdruck nach einem Gemälde von Otto Brausewetter, 1888

B: Überlege, welche Stimmung dieses Bild ausdrücken soll.

C: Erkläre, warum man von „Flurbereinigung" spricht. Nimm auch die Karten D1 zu Hilfe.

D: Bereite ein Rollenspiel vor: Zwei junge Männer unterhalten sich. Der eine will den anderen davon überzeugen, als Freiwilliger gegen die napoleonischen Truppen zu kämpfen.

Auswirkungen der napoleonischen Besetzung

Die „Franzosenzeit" hat in den besetzten Ländern kräftige Spuren hinterlassen. In Deutschland beendete Napoleon die Zersplitterung in viele kleine Herrschaften und schuf größere politische Gebiete. Im Zuge dieser „Flurbereinigung" gründete er auch das Königreich Westfalen und setzte seinen Bruder als König ein – Westfalen sollte ein Musterstaat werden, ganz nach französischem Vorbild. Verwaltung und Rechtsprechung orientierten sich am Code Napoléon. Adelsprivilegien, Zunftzwang und die Abhängigkeit der Bauern wurden abgeschafft. Andere deutsche Staaten übernahmen den Code Napoléon ebenfalls.

Die Preußischen Reformen

Nach der völligen Niederlage 1806 wurden in Preußen Reformen durchgeführt. Der König und seine Berater kamen nämlich zu dem Schluss, dass der militärische Zusammenbruch durchaus auch auf Missstände im Staat zurückzuführen sei. Nun wollte man vom erfolgreichen Feind lernen. Die Reformen, die von oben diktiert wurden, sollten Preußen zu einem modernen Staat machen: Die Erbuntertänigkeit der Bauern wurde aufgehoben („Bauernbefreiung"), eine neue Städteordnung gab den Städten mehr Selbstverwaltung. Die Juden wurden rechtlich allen anderen Bürgern gleichgestellt („Judenemanzipation"), eine Bildungsreform betonte die Schulpflicht und regelte den Gymnasialunterricht. Die Heeresreform sah eine allgemeine Wehrpflicht vor und verbot die bisher übliche und bei den Soldaten gefürchtete Prügelstrafe. Die Monarchie sollte allerdings keinesfalls angetastet werden.

Nationalbewusstsein

In der Besatzungszeit bildete sich in den deutschen Staaten ein nationales Bewusstsein. Der gemeinsame Widerstand gegen die Fremdherrschaft führte zu einer nationalen Begeisterung: Für viele wurde die Wiederherstellung des zerbrochenen Deutschen Reiches zum höchsten Ziel. Gerade junge Menschen begeisterten sich für diese Ideen und meldeten sich in Scharen als Freiwillige, um „für das Vaterland" gegen die Franzosen zu kämpfen.

Q2 Das Soldatenlied (Preußen, um 1800)

Oh König von Preußen, du großer Potentat[1],
wie sind wir deines Dienstes so überdrüssig satt!
Was fangen wir nun an in diesem Jammertal,
allwo ist nichts zu finden als Not und lauter Qual?

Und kommt das Frühjahr an, da ist die große Hitz,
da heißt es exerzieren, dass einem der Buckel schwitzt,
da heißt es exerzieren von Morgen bis Mittag,
und das verfluchte Leben, das währt den ganzen Tag.

Vom Exerzieren weg geht's wieder auf die Wacht,
kein Teufel tut nicht fragen, ob man gefressen hat,
kein Branntwein in der Flaschen, kein weißes Brot dabei,
ein schlechtes Tabakrauchen, das ist der Zeitvertreib.

Und kommt ein „Frisch parat", tut man einen falschen Tritt,
so hört man es schon rufen, „der Kerl muss aus dem Glied",
Patronentaschen runter, den Säbel abgelegt,
und tapfer draufgeschmissen, bis er sich nicht mehr regt!

(...)

[1] Potentat: Herrscher, Machthaber

Franz Wilhelm von Ditfurth, Fränkische Volkslieder, Leipzig 1885, Nr. 274.

Den gesamten Liedtext findest du auf der CD-ROM.

Q3 Unterwerfung oder Befreiung?

Aus der Verfassung des Königreiches Westfalen vom 15. November 1807:

Art. 7: Der König von Westphalen und seine Familie sind in dem, was sie betrifft, den Verfügungen der kaiserlichen Familienstatuten unterworfen.

Art. 10: Das Königreich Westphalen soll durch Constitutionen [Rechtsbestimmungen, Verordnungen] regiert werden, welche die Gleichheit aller Untertanen vor dem Gesetze und die freie Ausübung des Gottesdienstes der verschiedenen Religionsgesellschaften festsetzen.

Art. 13: Alle Leibeigenschaft, von welcher Natur sie auch sein und wie sie heißen möge, ist aufgehoben, indem alle Einwohner des Königreiches die nämlichen [die gleichen] Rechte genießen sollen.

Zit. nach Eckart Kleßmann (Hrsg.), Deutschland unter Napoleon in Augenzeugenberichten, Düsseldorf 1965, S. 277 f.

Q4 Die Bauernbefreiung

Aus dem „Oktoberedikt", einem preußischen Reform-Gesetz von 1807:

§ 10. Nach (...) dieser Verordnung entsteht fernerhin kein Untertänigkeitsverhältnis, weder durch Geburt, noch durch Heirat, noch durch Übernehmung einer untertänigen Stelle, noch durch Vertrag.

§ 11. Mit der Publikation der gegenwärtigen Verordnung hört das bisherige Untertänigkeitsverhältnis derjenigen Untertanen und ihrer Weiber und Kinder, welche ihre Bauerngüter erblich oder eigentümlich oder erbzinsweise oder erbpachtlich besitzen, wechselseitig gänzlich auf.

§ 12. Mit dem Martinitage (11. November) eintausendachthundertundzehn (1810) hört alle Gutsuntertänigkeit in Unsern sämtlichen Staaten auf. Nach dem Martinitage 1810 gibt es nur freie Leute (...).

Zit. nach: Erich Botzenhart/Walther Hubatsch (Hrsg.), Stein, Briefe und amtliche Schriften, Bd. 2, T. 2, Stuttgart 1959, S. 457–460.

Q5 Das Eiserne Kreuz, 1813

Der Orden für „Kriegshelden" wurde ohne Ansehen von Stand und Dienstgrad vergeben.

E: Überlege, warum der preußische König 1813 erstmals einen Orden an einfache Soldaten vergab.

1. Stelle die Klagen der preußischen Soldaten, die im Lied (Q2) angesprochen werden, zusammen. Erkläre, inwiefern dieses Lied eine Quelle ist, die zum Verständnis der Niederlage Preußens gegen Napoleon beiträgt.

2. Erläutere, welche Vorteile die Verfassung des Königreiches Westfalen Napoleon brachte und was die Bestimmungen für die Bevölkerung bedeuteten (Q3).

3. Begründe aus der Sicht eines preußischen Ministers, warum das Oktoberedikt eingeführt werden soll (Q5).

4. Diskutiert, ob Napoleons Herrschaft für Deutschland eher eine Besatzung oder eher eine Befreiung war (VT, Q3).

1789 1815

Wird Europa französisch?

Unter Napoleon befand sich Frankreich fast ununterbrochen im Krieg und die Liste der berühmten Schlachten und französischen Siege ist lang. Dass Napoleon an allen Feldzügen selbst teilnahm und an vorderster Front kämpfte, machte einen großen Teil seiner Popularität aus. Konnte er sein Ziel, Europa unter französischer Vorherrschaft zu einigen, erreichen?

A: Zeichne eine Zeitleiste zur Europapolitik Napoleons. Beziehe dabei auch die Ereignisse in Deutschland mit ein.

Krieg gegen Großbritannien

Großbritannien blieb Frankreichs hartnäckigster Gegner. Seit die Briten 1805 einen klaren Seesieg über die Franzosen errungen hatten, war Frankreichs Flotte der englischen weit unterlegen. So war an eine Invasion und Eroberung Englands nicht zu denken. Um England zu schwächen, befahl Napoleon die so genannte Kontinentalsperre, der sich alle verbündeten oder besetzten Länder anschließen mussten. Das bedeutete, dass keinerlei Waren vom europäischen Festland nach England und umgekehrt gebracht werden durften. Die Kontinentalsperre traf England empfindlich, aber auch die Wirtschaft auf dem Festland und besonders in Frankreich litt darunter.

Widerstand in Spanien

In Spanien, dessen Armee von Frankreich schnell besiegt worden war, entwickelte sich eine neue Form von Widerstand, die „Guerilla" – „kleiner Krieg" – genannt wurde. Er wurde von der Bevölkerung in ständigen, unvorhersehbaren Attacken gegen die Besatzungsarmee geführt, die dieser Taktik nicht gewachsen war und starke Verluste erlitt. Im spanischen Befreiungskrieg, der fünf Jahre dauerte, wurde von beiden Seiten mit ungewöhnlich großer Brutalität gekämpft.

Q1 Der 3. Mai 1808
Gemälde von Francisco de Goya, 1814, 2,66 x 3,45 m, Madrid, Museo del Prado
Spanische Aufständische werden von Franzosen hingerichtet.
Der spanische Maler schilderte den Kampf seines Volkes gegen die französische Besatzung in zahlreichen Gemälden und Zeichnungen.

B: Beschreibe die dargestellte Szene. Wessen Partei ergreift der Maler? Woran erkennst du das?

Sucht mithilfe des Internets nach weiteren Bildern Goyas zum spanischen Befreiungskrieg und beschreibt sie in Partner- oder Gruppenarbeit.

D1 **Europa unter napoleonischer Herrschaft bis 1812**

C: In seinem Buch „Die Geschichte Europas“ hat der französische Historiker Jacques Le Goff für das Napoleon-Kapitel die Überschrift gewählt „Ein missglückter Versuch, Europa zu einigen“. Erkläre diese Überschrift mithilfe der Karte D1.

Der Russlandfeldzug

Als Russland sich entschied, den Handel mit England wieder aufzunehmen, beschloss Napoleon 1812 eine Bestrafung. Mit einem riesigen Heer – 600 000 Soldaten aus Frankreich und allen besetzten Ländern – wollte er zeigen, wer die Macht in Europa hatte. Das Unternehmen endete in einer Katastrophe: Zwar konnten die Truppen, schon stark geschwächt, Moskau einnehmen, aber die Stadt war vorher verlassen und in Brand gesteckt worden. Der Rückweg, mitten im Winter und ohne Lebensmittelnachschub, wurde zur Qual. Nur etwa 110 000 Soldaten überlebten den Russlandfeldzug. Auf russischer Seite starben 210 000 Soldaten.

Napoleons Sturz

Die verheerende Niederlage in Russland ließ den Widerstand gegen die französische Besatzung rasch anwachsen; besonders in Preußen begeisterte man sich für die Befreiungskriege. 1813 kam es bei Leipzig zur „Völkerschlacht“: Die vereinten russischen, preußischen, österreichischen und britischen Heere besiegten die napoleonischen Truppen. Napoleon wurde auf die Insel Elba verbannt. Knapp ein Jahr später kehrte er nach Paris zurück und übernahm erneut den Oberbefehl über das Heer. Bei Waterloo in Belgien wurde er von einem britisch-preußischen Heer vernichtend geschlagen. Zum zweiten Mal wurde er gestürzt und verbannt – diesmal unter strenger englischer Bewachung auf die Atlantikinsel St. Helena.

Online-Link
443020-0815
Puzzle: Napoleon in der Karikatur

Q2 Rückzug Napoleons aus Russland
Radierung eines unbekannten Künstlers, um 1812, 18 x 15 cm, Staatliche Museen Berlin, Kunstbibliothek

D: Schildere die auf dem Bild zu erkennenden Probleme, mit denen die Armee Napoleons zu kämpfen hatte.

Q3 „Hass gegen die Franzosen"

Der jüngste Bruder Napoleons, König von Westfalen, schreibt am 5. Dezember 1811 an seinen Bruder über die Stimmung in der Bevölkerung:

Man gibt sich den verrücktesten Hoffnungen hin und ist überaus begeistert. Man nimmt Spanien zum Beispiel, und wenn der Krieg [mit Russland] ausbrechen sollte, werden alle zwischen Rhein und Oder gelegenen Gegenden der Schauplatz einer ausgedehnten und lebhaften Erhebung werden.

Der Hauptgrund dieser gefährlichen Bewegungen ist nicht nur der Hass gegen die Franzosen und die Ungeduld, das fremde Joch abzuschütteln; es ist vielmehr im Unglück der Zeiten begründet, in dem völligen Ruin aller Kassen, in der Vermehrung der Steuern und Kriegsbeiträge, dem Unterhalt der Truppen, dem Durchmarsch der Soldaten und der ständigen Wiederkehr von einer Unzahl von Plackereien aller Art.

Zit. nach Eckart Kleßmann (Hrsg.), Deutschland unter Napoleon in Augenzeugenberichten, München 1976, S. 380 ff.

Q4 Napoleon und Europa

Vor dem Feldzug gegen Russland sagt Napoleon 1811 zu seinem Polizeiminister Fouché:

Ich brauche 800 000 Mann, und ich habe sie; ganz Europa werde ich hinter mir herschleifen! (...) Ich habe meine Bestimmung noch nicht erfüllt; ich will beenden, was kaum begonnen. Wir brauchen ein europäisches Gesetz, einen europäischen Gerichtshof, eine einheitliche Münze, die gleichen Gewichte und Maße (...). Aus allen Völkern Europas muss ich ein Volk und aus Paris die Hauptstadt der Welt machen.

Zit. nach Friedrich M. Kircheisen (Hrsg.), Gespräche mit Napoleon, Bd. 2, Stuttgart 1912, S. 163.

Q5 „Tot – alles – alles – tot"

Ein Augenzeuge berichtet im März 1813 über die Rückkehr westfälischer Soldaten aus dem Russlandfeldzug:

Teurer Vater,

(...) und da stand denn ein Häufchen von ungefähr fünfzig Mann dieser Unglücklichen, die dem Graus der Elemente, den feindlichen Schwertern und dem Hunger entflohen waren. (...) Wie sahen die Unglücklichen aus! Die Köpfe und die Füße in Lumpen gehüllt, der übrige Körper bedeckt mit Fetzen von allen möglichen Stoffen oder Strohmatten. Auch Tierfelle, noch voll des vertrockneten Blutes, bedeckten ihre Blößen. Der Ausdruck ihrer bleichen Züge war ein schrecklicher, die Augen sahen mit einem geisterhaft starren Ausdruck aus den blassen, mit Falten durchzogenen Gesichtern heraus, als sähen sie noch alle die Greuel (...). Die meisten der Unglücklichen konnten ihre Körper kaum noch fortschleppen, so matt und krank waren sie. Ihre Gesichter, geschwärzt von dem Rauch der Lagerfeuer, bedeckt mit wochenlangem Straßenschmutz, zerfressen von allen möglichen Krankheiten (...) und zernagt von Ungeziefer, sahen mit gespenstischem Ausdruck aus den Lumpen hervor. (...)

Ist es möglich, teurer Vater, daß ein Mensch solch eine Gewalt über die Welt besitzt, daß er hunderttausendfaches Unglück über seine Mitmenschen bringen kann? (...) Ich versuchte mir Auskunft von ihnen über das Schicksal unseres Fritz zu verschaffen, aber so viel ich auch fragte, ich erhielt nur ein blödes Lachen als Antwort oder ein anderer hob den Arm und flüsterte halb irre: „Tot – alles – alles – tot."

Eckart Kleßmann (Hrsg.), Napoleons Russlandfeldzug in Augenzeugenberichten, Düsseldorf 1964, S. 391 f.

Q6 Napoleons Selbsteinschätzung

In seinen Lebenserinnerungen berichtet der österreichische Kanzler Metternich über Friedensverhandlungen, die er zwei Monate vor der Völkerschlacht bei Leipzig mit Napoleon führte:

Napoleon: Ich werde zu sterben wissen, aber ich trete keine Handbreit Boden ab. (...) Ich bin im Felde aufgewachsen, und ein Mann wie ich schert sich wenig um das Leben einer Million Menschen. (...) Die Franzosen können sich nicht über mich beklagen (...). Ich habe in dem Feldzug von Moskau dreimal hunderttausend Mann verloren, und es waren nicht mehr als dreißigtausend Franzosen darunter.

Eckart Kleßmann (Hrsg.), Die Befreiungskriege in Augenzeugenberichten, Düsseldorf 1966, S. 119 f.

Q7 Napoleons Lebenslauf
kolorierte Radierung nach einer deutschen Karikatur, um 1814

E: Erläutere die einzelnen „Stufen“ des Lebensweges und ordne ihnen (soweit möglich) Jahreszahlen zu.

Q8 Eine Beurteilung Napoleons

Philipp Jakob Kußmaul, ein süddeutscher Liberaler und Zeitgenosse Napoleons, erzählt seinem Sohn Adolf:

Wie gut ist es doch, daß du nicht vor 50 oder 60 Jahren zur Welt gekommen bist! Hättest du mit eigenen Augen das unglaubliche politische und wirtschaftliche Elend gesehen, worin wir damals steckten, so würdest du über Napoleon anders urteilen. Das heilige römische Reich war aus tausend Lappen und Läppchen zusammengeflickt, am buntesten und abscheulichsten am Oberrhein. Hier saßen, hohl aufgeblasen im stolzen Gefühle ihrer Reichsunmittelbarkeit, aber in jämmerlich zerlumpten Gewändern, die Glieder und Stände des Reichs durcheinander: Herzöge und Fürsten, Grafen und Freiherrn (…), Äbte und Bischöfe (…), freie Städte und Städtchen (…). Sollten sie aber für des Reichs Ehre und Sicherheit eintreten, so kargten sie schimpflich mit Hellern und Pfennigen (…) und hielten mit den (…) Soldaten zurück, die sie zur Reichsarmee zu stellen hatten. (…)
Aus dem politischen Elend floß das wirtschaftliche. Jedes Gebiet hielt fest an seinen Schlagbäumen, am eigenen Gericht und Galgen, am eigenen Maß und Gewicht, und legte Verkehr, Handel und Industrie des Nachbars lahm, in dem Wahne, so das eigene Interesse zu fördern. (…)
Ich bin kein schlechterer Patriot als du, aber wir Alten bewahren Napoleon ein dankbares Andenken. Nur seine eiserne Hand vermochte den Besen zu führen, der den Augiasstall[1] des Heiligen Römischen Reiches ausfegte. Ich lasse mir ihn nicht schelten, auch nicht die Franzosen; ohne sie gäbe es in Süddeutschland keine Verfassungen (…).

[1] Augiasstall: Der griechische Held Herakles mistete den Stall des sagenhaften König Augias aus.

Adolf Kußmaul, Jugenderinnerungen eines alten Arztes, Stuttgart 1922, S. 73 f.

1. Erläutere, welche Befürchtungen Napoleons Bruder im Fall eines Russlandfeldzuges hegt und wie er sie begründet (Q3).

2. Vergleiche Napoleons Pläne für Europa (Q4) mit der Europäischen Union der Gegenwart. Erkläre, worin der entscheidende Unterschied liegt.

3. Vergleiche den Brief Q5 mit den Äußerungen Napoleons zum Russlandfeldzug Q4.

4. Versuche mithilfe von Q6 und Q8 einen eigenen Standpunkt zu Napoleons Politik zu formulieren.

1789 1815

1. Auswahlaufgabe: wichtige Ereignisse zeitlich einordnen (Sachkompetenz)
Ordne die nebenstehenden Ereignisse in die richtige Reihenfolge.

Online-Link
443020-0817
Quiz

1. Der französische König wird hingerichtet.
2. Napoleon wird Kaiser der Franzosen.
3. Robespierre und die Jakobiner üben eine Schreckensherrschaft aus.
4. Die französische Nationalversammlung beschließt die Menschenrechte.
5. Das französische Volk verfasst Beschwerdebriefe.
6. Napoleons Truppen besiegen Preußen.
7. Robespierre wird gestürzt und hingerichtet.
8. Napoleon wird verbannt.
9. Die Bastille wird gestürmt.

2. Erklären: wichtige Begriffe (Sachkompetenz)
Schreibe die Begriffe in dein Heft und erkläre, was sie bedeuten. Beginne z. B. so: Unter Menschenrechten versteht man …

Menschenrechte — Verfassung — konstitutionelle Monarchie
Terror — preußische Reformen — Despotismus

3. Eine Karikatur entschlüsseln: der Dritte Stand in der Französischen Revolution (Methodenkompetenz, Urteilskompetenz)
Entschlüssle die Karikatur. Vergleiche mit der Karikatur Q1 auf Seite 165. Stelle fest, was sich verändert hat. Ordne die Zeichnung in den historischen Zusammenhang ein. Gib der Karikatur einen treffenden Titel.

1 Es lebe der König, es lebe die Nation
2 Frieden und Eintracht
3 Steuerhoheit
4 Gleichheit und Freiheit
5 Entlastung des Volkes
6 unermüdlich

Mit dieser Karikatur kannst du auch auf der CD-ROM arbeiten.

Q1 **Karikatur über die drei Stände, 1789**

4. Zuordnungsaufgabe: berühmte Persönlichkeiten erkennen (Sachkompetenz)
Trage die Namen der Reihe nach in dein Heft ein und füge jedem Namen den richtigen Text hinzu. Wenn du alles richtig hast, ergeben die durch Zahlen gekennzeichneten Buchstaben ein dir bekanntes Lösungswort. Du musst sie nur noch in die richtige Reihenfolge bringen.

1. Ludwig XVI. 2. Napoleon Bonaparte 3. Maximilien Robespierre 4. Jacques-Louis David 5. Olympe de Gouges 6. Jean-Paul Marat 7. Georges Danton

… wollte mit allen Mitteln einen gerechten Staat schaffen. (13)
… forderte die Hinrichtung von Revolutionsgegnern und wurde nach seiner Ermordung zum Märtyrer der Revolution. (13)
… wollte Europa unter seiner Herrschaft vereinen. (6)
… kämpfte für die Rechte der Frauen. (2)
… wurde auf Betreiben Robespierres zum Tode verurteilt und hingerichtet. (5)
… war der beim Volk beliebteste Revolutionär und eines der berühmtesten Opfer der Schreckensherrschaft. (4)
… hielt die Ereignisse der Revolution in Bildern fest. (6)

5. Argumentieren: Ursachen benennen (Sachkompetenz, Urteilskompetenz)
Übertrage die Tabelle in dein Heft und nenne mehrere Ursachen der Französischen Revolution. Denke dabei an die wirtschaftliche Situation, die gesellschaftliche Struktur und an das politische System.

Wirtschaftliche Situation	Gesellschaftliche Struktur	Politisches System
…		
…		
…		
…		

6. Einen Kurzvortrag halten: ein Urteil abgeben (Sachkompetenz, Methodenkompetenz, Urteilskompetenz)
Bereite einen Kurzvortrag über die Französische Revolution vor, in dem du abschließend ein begründetes Urteil abgibst.
Sammle zunächst Argumente für und gegen die Revolution. Wäge dann beide Seiten ab und formuliere ein Fazit.

Argumente für die Revolution	Argumente gegen die Revolution
…	
…	
…	
…	
…	

7. Gegenwartsbezüge herstellen (Sachkompetenz, Urteilskompetenz)
Liste auf, welche Maßnahmen und Errungenschaften der Französischen Revolution bis heute weiterwirken und welche man als überholt betrachten muss. Begründe deine Einschätzung.

Q2 Kokarde aus der Zeit der Französischen Revolution
Aufschrift: Das französische Volk ist unbesiegbar, würdevolle Standhaftigkeit ist seine Zier.

Q3 Parade zum französischen Nationalfeiertag am 14. Juli
Foto, 2007

Online-Link
443020-0901

9 Industrialisierung und soziale Frage

Für die Geschichte der Menschheit hat die Industrialisierung eine ähnliche Bedeutung wie die neolithische Revolution der Jungsteinzeit. Der Übergang von der handwerklichen zur industriell-maschinellen Produktion veränderte die Arbeits- und Lebensverhältnisse der Menschen grundlegend. Dieses Kapitel gibt Antwort auf folgende Fragen:

- Warum begann die industrielle Entwicklung in England?
- Wie verlief die Industrialisierung in Deutschland?
- Wie wurden die Probleme gelöst, die mit der Industrialisierung auftraten?
- Welche Veränderungen brachte sie für Mensch und Umwelt mit sich?

1750

1764
Mechanische Spinnmaschine „Spinning Jenny"

1768
Dampfmaschine von James Watt

1786
Mechanischer Webstuhl von E. Cartwright

1800

1815
Gründung des Deutschen Bundes

1834
Gründung des Deutschen Zollvereins

1835
Erste Eisenbahn in Deutschland

ab 1840
Erste Phase der Industrialisierung in Deutschland: Aufschwung der Schwerindustrie

Erste elektrische Straßenbeleuchtung am Potsdamer Platz in Berlin, Gemälde von Carl Saltzmann, 1884, 58 x 73 cm

Werner Siemens präsentiert 1879 in Berlin die erste elektrische Eisenbahn

1850

1848/49
Revolutionen in Europa

1871
Gründung des Deutschen Reiches

1900

1914
Beginn des Ersten Weltkrieges

ab 1880/90
Zweite Phase der Industrialisierung in Deutschland: Aufschwung der Elektro- und der chemischen Industrie

1883/89
Sozialgesetzgebung in Deutschland

Manchester, Gemälde von William Wyld, 1851

1760 1910

England – das „Mutterland der Industrie“

Im letzten Drittel des 18. Jahrhunderts begann in England eine Entwicklung, die die ganze Welt verändern sollte: In keinem anderen Land wurden so viele Erfindungen gemacht wie hier. Fabriken wurden gebaut, große Städte entstanden und Großbritannien wurde die führende Wirtschaftsmacht der Welt. Wie kam es dazu?

A: Schreibe in eine Tabelle, welche Ursachen zum wirtschaftlichen Erfolg Großbritanniens beitrugen.

Neuerungen	Auswirkungen

Alles begann mit der Landwirtschaft

Im 18. Jahrhundert war die britische Landwirtschaft ertragreicher als die anderer Länder. Die Landwirte legten Äcker und Weiden zu großen Flächen zusammen und hegten sie ein. Auf den Weiden grasten riesige Schafherden und auf den Feldern wurden im Wechsel Getreide, Kartoffeln und Futterpflanzen angebaut. So konnte der Boden sich erholen, ohne brachzuliegen. Regelmäßiges Düngen und der Einsatz moderner Geräte steigerten ebenfalls die Erträge. Die so erzeugten Überschüsse verkauften die Landwirte auf den britischen Märkten sowie auf dem europäischen Festland. Das reichliche Lebensmittelangebot sowie verbesserte hygienische Bedingungen führten dazu, dass immer weniger Menschen frühzeitig starben. So wuchs die Bevölkerung Großbritanniens rasch an, vor allem in den Städten. Denn kleine Bauern gaben oft ihre unrentablen Höfe auf und versuchten ihr Glück in der Stadt.

Unternehmer und Erfinder nutzen ihre Chance

Viele Menschen brauchen viele Waren, vor allem Lebensmittel und Kleidung. Das wussten auch die Landbesitzer, Handwerker und Händler. Ihre Gewinne benutzten sie deswegen, um neue Produktionsanlagen zu bauen und noch mehr Handel zu treiben. Vor allem der Überseehandel spülte viel Geld in ihre Kassen. Unterstützt wurde dies alles auch durch die calvinistische Religion. Denn erfolgreiches Wirtschaften und Gewinnstreben galt als gottgefälliges Werk.
Doch es bedurfte nicht nur des Geldes, um mehr Waren herzustellen. Es waren vor allem neue Ideen gefragt. Einer der zahlreichen Erfinder war James Hargreaves. Er erfand 1764 die erste Spinnmaschine, die noch von Hand angetrieben wurde. Richard Arkwright baute eine mit Wasserkraft angetriebene Spinn-

Q1 Spinning Jenny
Stahlstich, 1836
Mit der ersten Spinnmaschine dieser Art konnte man acht Baumwollfäden parallel spinnen. Später wurden bis zu achzig Spindeln gleichzeitig bewegt. Mit herkömmlichen Spinnrädern kann immer nur ein Faden versponnen werden.

B: Du bist Hersteller der abgebildeten Spinnmaschine und möchtest diese an Garnproduzenten verkaufen. Schreibe einen Werbetext.

Q2 Englische Baumwollfabrik
Holzstich, um 1835

C: Ein Textilfabrikant ist in deine Weberei gekommen. Du zeigst ihm deine Fabrikanlage und willst ihn davon überzeugen, dass du genau der Richtige bist, der ihm den zur Kleiderherstellung benötigten Stoff liefern kann. Schreibe auf, was du ihm sagen würdest.

maschine. Die wurde so lange weiterentwickelt und durch andere Maschinen ergänzt, bis die aus Indien eingeführte Baumwolle von der Faser bis zum fertigen Garn maschinell verarbeitet werden konnte. Damit war eine der ersten Fabriken entstanden. Andere Tüftler bauten mechanische Webstühle und andere Apparate. So wurde England zum führenden Textilhersteller der Welt.

Wie eine Dampfmaschine funktioniert, kannst du mithilfe der CD-ROM erkunden.

Dampf verändert die Welt

Eine Erfindung sollte jedoch mehr als alle anderen die Industrialisierung voranbringen: die Dampfmaschine. Der schottische Mechaniker James Watt experimentierte seit den 1760er-Jahren mit Dampf. Einfache Dampfmaschinen pumpten zu dieser Zeit überall in Großbritannien Wasser aus Bergwerksschächten. Doch diese Maschinen waren leistungsschwach und funktionierten schlecht. 1782 gelang es Watt endlich, eine Dampfmaschine zu konstruieren, die Räder drehen konnte, zuverlässig arbeitete und die Kraft von 120 Pferden hatte. Über Riemen konnte eine einzige Dampfmaschine viele Maschinen auf einmal antreiben. Von nun an entstanden überall im Land völlig unabhängig von Flussläufen zahllose Fabriken: Eisenwalzwerke, Holz- und Getreidemühlen, Textilfabriken, Brauereien und andere. Und als englische Ingenieure auf die Idee kamen, eine Dampfmaschine auf Räder zu stellen und sie auf Stahlschienen fahren zu lassen, schlug die Geburtsstunde der Eisenbahn. Am 27. September 1825 wurde die erste öffentliche Eisenbahnstrecke der Welt eingeweiht.

Freie Marktwirtschaft als Schlüssel für den Erfolg?

Großbritanniens wirtschaftlicher Aufstieg hatte aber auch noch andere Ursachen: Anders als auf dem europäischen Festland begann sich zu Beginn des 19. Jahrhunderts die mittelalterliche Ständegesellschaft aufzulösen: Das Bürgertum wurde an der politischen Macht beteiligt. Andererseits steckten nicht wenige Adlige ihr Geld in Wirtschaftsunternehmen und förderten Wissenschaft und Technik. Die strengen Zunftgesetze wurden aufgehoben und Zollschranken abgebaut. Allmählich setzte sich die Auffassung durch, dass jeder das Recht habe, Waren aller Art herzustellen und auf den Märkten anzubieten. Der Staat solle sich nicht einmischen, sondern nur mit Gesetzen regeln, dass die Wirtschaft funktionieren kann. Der schottische Wirtschaftswissenschaftler Adam Smith begründete das in seinem 1776 veröffentlichten Buch „Der Reichtum der Nationen" so: Wenn jeder Einzelne nach Wohlstand strebt und danach handelt, kommt das allen zugute. Denn dadurch wird die Wirtschaft gefördert und davon haben alle etwas.

Freie Marktwirtschaft
Darunter versteht man eine Wirtschaftsordnung, in der über das Angebot und die Nachfrage geregelt wird, was und wie viel produziert und zu welchen Preisen verkauft wird. Jeder hat das Recht, ein Unternehmen zu gründen, Verträge zu schließen und Eigentum zu erwerben. Niemand darf dabei durch staatliche Zwänge eingeengt werden.

D: Vergleiche die freie Marktwirtschaft mit den Wirtschaftsbedingungen im Mittelalter.

D1 Die britische Industrie um 1800

E: Nenne mithilfe der Karte die wichtigsten Industriegebiete und stelle fest, welche Bedingungen zu ihrer Entwicklung beigetragen haben.

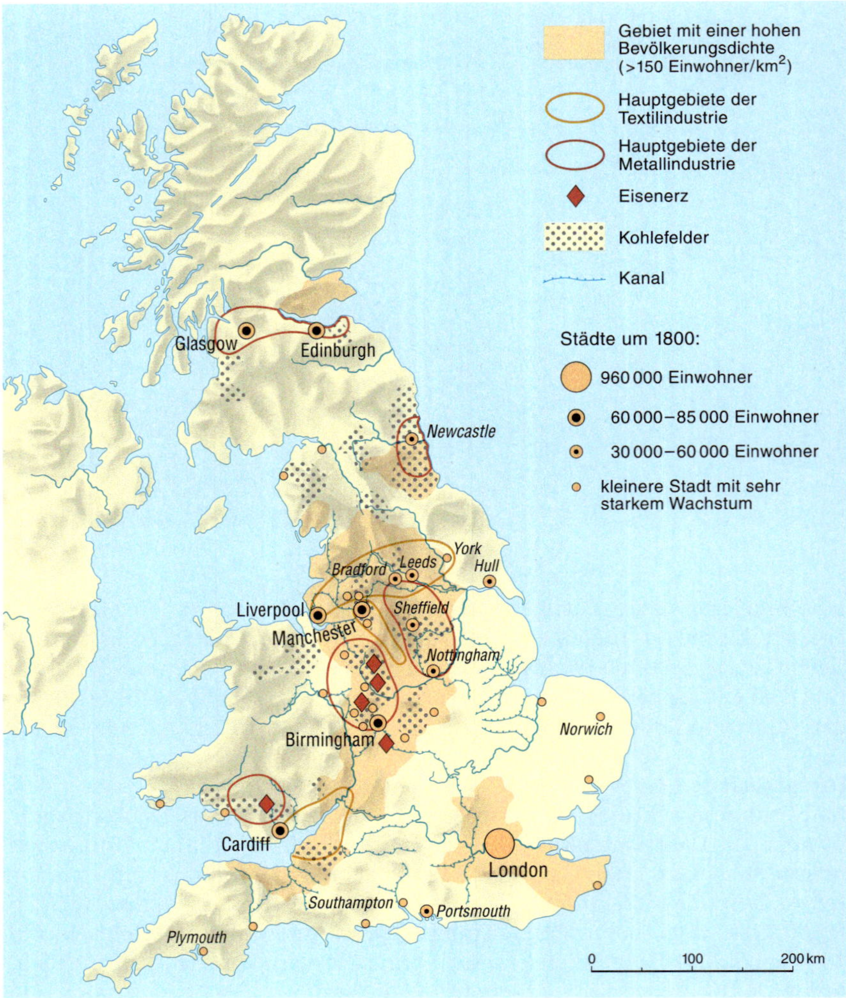

Q3 In einer Baumwollspinnerei

Im Auftrag der preußischen Regierung unternahm der Beamte May 1814 eine Reise nach England. Er berichtet aus Manchester:

Zu Hunderten sieht man fünf und sechs Stock hohe Fabrikgebäude hervorragen, zur Seite mit turmhohen Schornsteinen versehen, welche schwarzen Steinkohlendampf aushauchen und damit andeuten, daß hier mächtige Dampfmaschinen wirksam sind. Die Wolke, welche der Steinkohlendampf bildet, ist von fernher schon zu bemerken. Die Häuser sind davon schwarz gefärbt. Der Fluß, welcher Manchester bewässert, ist so mit ausgeflossenen Farbflotten angefüllt, daß er selbst einer Farbenbrühe ähnlich sieht. Das Ganze hat ein melancholisches Ansehen. Doch erblickt man überall geschäftige, fröhliche und gut genährte Menschen, welches das Gemüt wieder erheitert.

Bei einiger Empfehlung fällt es nicht schwer, zu Manchester in den Fabriken Zutritt zu finden. Baumwollenspinnereien sieht man von aller Gattung und Art. Um Arbeitslohn zu ersparen, hat man die Anlagen der Mules [Maschinen] so weit getrieben, daß 600 Spinnspillen [Winden] von einer erwachsenen Person und von zwei Kindern versehen werden. Zwei Mules, welche diese Anzahl Spillen enthalten, stehen sich gegenüber. Die Wagen werden durch die Kraft der Dampfmaschine wechselseitig ausgezogen; das Zurückschieben derselben besorgt die erwachsene Person, welche ihren Platz in der Mitte hat. Die Kinder sind zu beiden Seiten zum Anknüpfen der gerissenen Fäden in Bereitschaft. (…) In den großen Spinnereien sind die verschiedenen Arten von Maschinen wie die Bataillone in einer Armee aufgestellt. Die Maschinenteile werden so viel wie möglich von Eisen, die Gestelle jetzt ganz aus Gußeisen verfertigt. Außer daß das Gußeisen in mehreren Gegenden wohlfeiler [billiger] als Nutzholz ist, wird durch die Anwendung desselben an Raum sowie an Versicherungskosten gespart.

Jürgen Kuczynski, Darstellung der Lage der Arbeiter in England von 1760 bis 1831, Bd. 13, Berlin 1964, S. 174 ff.

Q4 Menschenfreundliche Fabriken?

Der britische Mediziner und Professor für Naturgeschichte und Chemie Andrew Ure schrieb 1835 über das entstehende Fabrikwesen:

Das beständige Ziel und die stete Wirkung wissenschaftlicher Verbesserungen in den Fabriken sind philanthropisch [menschenfreundlich], denn sie streben dahin, die Arbeiter der Beschäftigung mit (…) Gegenständen zu entheben, welche den Geist erschöpfen (…), oder ihnen dauernde Anstrengungen zu ersparen, welche den Körper schwächten oder verkrüppeln (…) In geräumigen Hallen sammelt die wohltätige Kraft des Dampfes die Scharen seiner Diener um sich (…) und fordert bloß Aufmerksamkeit und Gewandtheit, um kleine Fehler (…) schnell wiedergutzumachen (…) Das ist das Fabriksystem (…), welches bei noch weiterem Wachstum der große Beförderer und Träger der Zivilisation zu werden verspricht (…)

Andrew Ure, Das Fabrikwesen in wissenschaftlicher, moralischer und commerzieller Hinsicht, Leipzig 1835, S. 16 – 19.

Q5 Dampfmaschine in einem englischen Kohlebergwerk
Gemälde eines unbekannten englischen Künstlers, 1792. Die Maschine diente zur Kohleförderung sowie zum Antrieb von Pumpen zur Entwässerung.

F: Stell dir vor, du bist Ingenieur in einem Bergwerksbetrieb und möchtest eine dieser neuen Dampfmaschinen anschaffen, um die Entwässerungspumpen anzutreiben, die bisher von der Wasserkraft eines nahen Baches angetrieben wurden. Was spricht dafür, was dagegen?

D2 Export und Import Großbritanniens zwischen 1750 und 1900

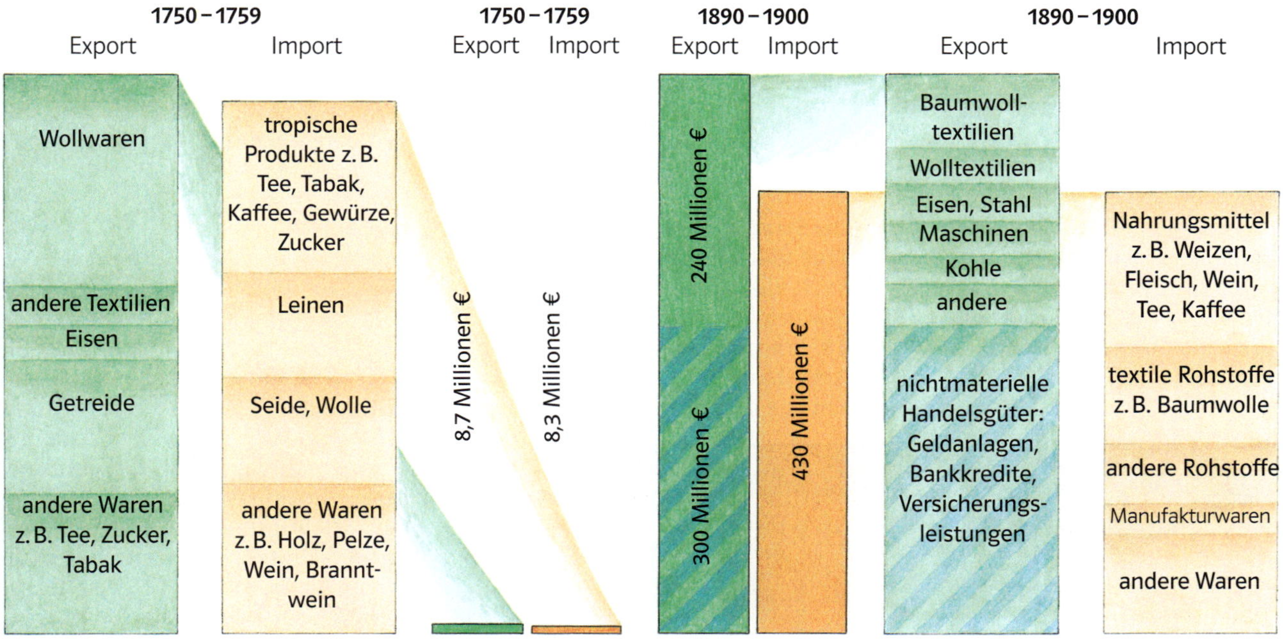

John Cresswell/Peter Laurence, Expansion, trade and industry, Oxford 1993, S. 26.

1. Ermittle aus dem Bericht des preußischen Beamten, der England besucht, ob er ein Bewunderer oder ein Kritiker der neuen Entwicklungen ist, die er dort sieht (Q3).

2. Stelle die Hoffnungen dar, die der britische Arzt Ure mit dem Fabrikwesen verbindet (Q4).

3. Schildere, wie sich die Art der Importe und Exporte zwischen 1750 und 1900 veränderte. Erkläre, welche Ursachen es dafür gibt (D2, VT).

4. Errechne, um wie viel Prozent Export und Import in den in D2 angegebenen Zeiträumen gesteigert wurden.

1760 1910

Industrialisierung – eine globale Erscheinung

Von England ausgehend setzte sich die Industrialisierung im Lauf des 19. Jahrhunderts auf dem europäischen Kontinent durch. Aber auch außerhalb Europas entwickelte sich die Industrie, zum Beispiel in den USA und in Japan.

A: Fasse das jeweils Typische des Industrialisierungsprozesses in den USA und in Japan zusammen.

Der Aufstieg der USA zur größten Volkswirtschaft

Nur 100 Jahre nach ihrer Gründung waren die USA zur weltweit führenden Industrienation geworden. Geburtenanstieg und massenhafte Einwanderung sowie die Erschließung des Landes bis zur Pazifikküste brachten einen riesigen Markt hervor. Der Ausbau des Eisenbahnnetzes sorgte nicht nur für einen Aufschwung der Kohleförderung, der Eisen- und Stahlproduktion, sondern verbesserte auch die Transportmöglichkeiten und damit die Handelsbedingungen.
Um den Mangel an Fachkräften auszugleichen und gleichzeitig Lohn zu sparen, rationalisierten die Unternehmer die Produktion. Zunächst wurden die Arbeitsabläufe in einzelne kleine Schritte zerlegt, die jeweils in einer bestimmten Zeit ausgeführt werden mussten. Später gaben Fließbänder das Tempo der Arbeitsschritte vor. Dadurch konnten auch schnell angelernte Arbeiter in den Fertigungsprozess eingebunden werden.
Es zeigte sich rasch, dass große Unternehmen besser als kleine in der Lage waren, neue Maschinen anzuschaffen und auf die Bedürfnisse der Käufer zu reagieren. Deswegen schlossen sich mehrere selbstständige Unternehmen unter einer Leitung zu so genannten Trusts zusammen. Mit der Zeit beherrschten diese Trusts ganze Industriezweige und erlangten Monopolstellungen. Um den freien Handel zu garantieren, wollte die Regierung 1890 Firmenzusammenschlüsse und Geschäftsabsprachen verbieten. Sie hatte aber keinen Erfolg damit.

Trust
Zusammenschluss mehrerer Unternehmen mit dem Ziel, den freien Wettbewerb in bestimmten Wirtschaftsbereichen zu verhindern

Monopol
Die marktbeherrschende Stellung eines Unternehmens; weil es keine Konkurrenz hat, kann es hohe Preise für seine Produkte verlangen.

Der Staat als Motor: die Industrialisierung in Japan

Eine andere Entwicklung nahm die Industrialisierung Japans. Hier griff der Staat viel stärker in die Wirtschaft ein. Dabei konnte er sich auf industrielle Vorformen stützen. Die Seidenweberei erfolgte beispielsweise schon seit dem 18. Jahrhundert in Manufakturen und für den Reisanbau wurden spezielle Ackerbaugeräte hergestellt. 1868 beschloss die kaiserliche Regierung, Wissen aus aller Welt zu erwerben. Zur Ankurbelung der Wirtschaft förderte sie exportträchtige Industrien. Dazu gehörte vor allem die Seidenindustrie, deren Ausfuhren jahrzehntelang zu den wichtigsten Einnahmequellen Japans zählten. Wichtige Industriezweige baute der Staat gezielt aus. Viele Betriebe der Stahl-, Werft- und Eisenbahnindustrie befanden sich in staatlichem Besitz. Sie wurden erst später privatisiert und an kaisertreue Familienunternehmen wie Mitsubishi abgetreten. Dem Nachzügler Japan gelang auf diese Weise ein großer wirtschaftlicher Erfolg.

Q1 Seidenfabrik in Tomioka (Japan), Holzdruck eines Gemäldes, 1872
Die Fabrik wurde 1872 in Betrieb genommen. Die Arbeitskräfte waren vorwiegend junge Frauen aus adligen Familien.

B: Beschreibe das Bild. Welche Merkmale der industriellen Produktion kannst du erkennen?

Q2 Fließbandproduktion bei Ford

Foto 1913

Das erste Fließband der Welt stand bei Ford in Highland Park im US-Bundesstaat Michigan.

C: Stell dir vor, das Bild wird in einer Arbeiterzeitung abgedruckt. Schreibe dazu einen Kommentar. Gehe besonders darauf ein, was es bedeutet, stundenlang am Fließband zu arbeiten.

Q3 Fließbandarbeit

Henry Ford konstruierte 1892 sein erstes Auto und gründete 1903 die Ford Motor Company. 1922 schreibt er über die Arbeit in seinem Unternehmen:

Man erspare zwölftausend Angestellten täglich zehn Schritte und man hat eine Weg- und Kraftersparnis von fünfzig Meilen erzielt. Dies waren die Methoden, nach denen die Produktion meines Unternehmens eingerichtet wurde. (…)

Ein Fordwagen besteht aus rund 5000 Teilen, Schrauben, Muttern usw. mitgerechnet. Einige sind ziemlich umfangreich, andere hingegen nicht größer als Uhrteilchen. Bei den ersten Wagen, die wir zusammensetzten, fingen wir an, den Wagen an einem beliebigen Teil am Fußboden zusammenzusetzen, und die Arbeiter schafften die dazu erforderlichen Teile in der Reihenfolge zur Stelle, in der sie verlangt wurden, ganz so, wie man ein Haus baut. Als wir anfingen Teile herzustellen, ergab es sich ganz von selbst, daß man für jeden Teil eine bestimmte Fabrikabteilung einrichtete (…). Das rasche Wachstum und Tempo der Produktion machte jedoch sehr bald das Ersinnen neuer Produktionspläne erforderlich, um zu vermeiden, daß die verschiedenen Arbeiter übereinander stolperten. (…)

Der erste Fortschritt in der Montage bestand darin, daß wir die Arbeit zu den Arbeitern hinschafften, statt umgekehrt. Heute verfolgen wir zwei große allgemeine Prinzipien bei sämtlichen Verrichtungen – einen Arbeiter, wenn irgend möglich, niemals mehr als nur einen Schritt tun zu lassen und nirgends zu dulden, daß er sich bei der Arbeit nach den Seiten oder vornüber zu bücken braucht.

Henry Ford, Mein Leben und Werk, Leipzig 1923, S. 89 ff.

Q4 Das Großbritannien des Ostens

Der Geograph und Völkerkundler Richard Andree berichtet über seine Eindrücke in Japan, 1868:

Junge Leute aus den höheren Ständen tun alles Mögliche, um europäischen Unterricht genießen zu können, die holländische Marineschule und die medizinische Akademie in Nagasaki besuchten sie mit großer Vorliebe, um dann selbst als Lehrer weiter wirken zu können. In die japanische Dampfmaschinenfabrik zu Akuanura traten junge Leute aus Jeddo [alter Name für Tokio] ein, welche dort den ersten Geschlechtern angehörten; sie blieben dort so lange, bis sie als vollendete Ingenieure wieder in ihre Heimat zurückkehren konnten. Auch die Zahl der Japaner, die ihrer Ausbildung halber in England und Holland sich jetzt aufhalten, ist eine bedeutende, und bei allen zeigt sich das Bestreben, die Errungenschaften der europäischen Zivilisation auf ihren heimischen Boden zu verpflanzen. (…) Mehr als ein Reisender und Gesandter hat hervorgehoben, daß Japan das „Großbritannien des Ostens" werden könne. Industrie und Fabrikwesen werden sicher eine hohe Entwicklung annehmen; der Handel mit Rohseide und Tee breitet sich von Jahr zu Jahr mehr aus; das Volk ist intelligent, unternehmend und von außerordentlicher Begabung für das Seewesen. (…) Es wird mit Riesenschritten vorwärtseilen und geachtet neben den Völkern Europas stehen.

Richard Andree, Japan im letzten Jahrzehnt, in: Unsere Zeit. Revue der Gegenwart. Monatsschrift zum Conversations-Lexikon, Leipzig 1868, S. 597 ff.

1. Erkläre das grundsätzlich Neue an der Fließbandarbeit bei Ford (Q2, Q3).

2. Stelle die Fließbandarbeit bei Ford (Q2, Q3) den Vorzügen des Fabrikwesens gegenüber, wie Seite 200, Ure sie sieht (s. Q4).

3. Untersuche, worin der Völkerkundler Andree die Ursachen für die rasche industrielle Entwicklung Japans sieht (Q4).

4. Um den wirtschaftlichen Entwicklungsstand eines Landes zu umschreiben, werden häufig die Begriffe „Tigerstaat" bzw. „Schwellenland" verwendet. Informiere dich im Internet über die Bedeutung der Begriffe.

1760 1910

Eine Statistik interpretieren

Seit Beginn der Industrialisierung interessierten sich die Regierungen immer stärker dafür zu erfahren, wie die Wirtschaft in ihren Ländern gewachsen ist. Es wurden eigene statistische Ämter eingerichtet, die für immer mehr Bereiche des wirtschaftlichen und sozialen Lebens Daten sammelten und auswerteten. Dadurch können wirtschaftliche Entwicklungen seit dem 19. Jahrhundert wesentlich besser erschlossen werden als zu früheren Zeiten.
Statistiken erwecken häufig den Eindruck, ihre Angaben seien präzise, wissenschaftlich ermittelt und daher objektiv. Das ist aber nicht immer der Fall. Statistiken müssen genauso wie andere Quellen kritisch überprüft werden.
Im folgenden Beispiel (D1) erfährst du etwas über die Roheisenproduktion einzelner Länder im 19. Jahrhundert. Roheisen ist der wichtigste Grundstoff der Schwerindustrie. Es kann zu Stahl weiterverarbeitet werden, der z. B. für die Herstellung von Maschinen, Lokomotiven und Eisenbahnschienen benötigt wird. Du kannst also am Stand der Roheisenproduktion ablesen, wie stark die Industrialisierung in einem Land fortgeschritten ist.

A: Informiere dich mithilfe eines Lexikons oder des Internets über die Möglichkeiten der Weiterverarbeitung von Roheisen.

D1 Roheisenproduktion in ausgewählten Ländern zwischen 1800 und 1913 (Jahresdurchschnitte, in 1000 Tonnen)

	Großbritannien	Frankreich	Deutschland	Russland	Japan*
1800 –1814	248	200	–	200	–
1820 –1824	418	150	75	–	–
1840 –1844	1465	395	160	184	–
1860 –1864	4219	1065	613	297	–
1880 –1884	8295	1918	2893	477	6
1900 –1904	8778	2665	7925	2773	21
1910 –1913	9792	4664	14 836	3870	188

* Die Daten für Japan sind Jahresdaten von 1880, 1900 und 1910.
B. R. Mitchell, Statistischer Anhang, in: Carlo M. Cipolla/Knut Borchardt, Die Entwicklung der industriellen Gesellschaften, Bd. 4. Stuttgart/New York 1985, S. 504 f.
Für Japan: Yoshio Andô, Kindai Nihon keizai-shi yôran (Überblick über die Wirtschaftsgeschichte des modernen Japan), Tôkyô 1982, S. 13.

D2 Die industrielle Produktion 1780 – 1896 (in Mio. £*)

	Großbritannien	Frankreich	Deutschland	Russland	USA	Welt
1800	230	190	60	15	25	650
1820	290	220	85	20	55	865
1840	387	264	150	40	96	1314
1860	577	380	310	155	392	2400
1888	820	485	583	363	1443	4618
1896	876	596	690	380	1980	5710

* £ = britische Währung Pfund Sterling
Eberhard Weis/Wolfram Mitte Propyläen-Geschichte Europas, Bd. 4, Berlin 1978, S. 127

Methodische Arbeitsschritte

1 Beschreiben

- Stelle fest, worum es in der Statistik geht. Die Überschrift gibt dir dazu bereits Informationen.
- Kläre, welcher Zeitraum dargestellt wird.
- Finde heraus, in welchen Größen/Einheiten das Zahlenmaterial angegeben wird.

2 Untersuchen

- Finde heraus, von wem die Statistik stammt. Kläre, wann, wo und in welcher Absicht sie veröffentlicht worden ist. (Meistens wirst du dazu Zusatzinformationen brauchen.)
- Beschreibe die Entwicklung, die du erkennen kannst. Stelle fest, ob es auffällige Entwicklungen gibt (z.B. deutliche Sprünge, Fortschritte/Rückschritte, Gleichbleibendes)?
- Suche nach einer Erklärung, falls Daten unvollständig sind.
- Überlege, ob eine andere Darstellungsweise in Frage kommt, welche die Aussage anschaulicher macht (z.B. Prozentzahlen).
- Überlege, welche zusätzlichen Informationen dir nützlich sein könnten.

3 Deuten

- Fasse zusammen, welche einzelnen Informationen du erhalten hast. Erkläre, was sie über den dargestellten Zeitraum aussagen.
- Überlege, ob im Untersuchungszeitraum wichtige historische Ereignisse Einfluss auf die Daten genommen haben könnten.
- Beurteile, ob die Statistik dir dabei helfen konnte, die Zusammenhänge zu klären, die du zu untersuchen hattest.

Beschreiben

Die Statistik zeigt die Roheisenmenge in 1000 Tonnen der fünf Länder Großbritannien, Frankreich, Deutschland, Russland und Japan im Zeitraum zwischen 1800 und 1913. Die produzierte Roheisenmenge wird jeweils durchschnittlich für die ersten fünf Jahre des 3., 5., 7. und 9. Jahrzehnt des 19. Jahrhunderts und für das 1. Jahrzehnt des 20. Jahrhunderts mit Zahlen belegt. Für die Jahre 1800 bis 1814 wird ein längerer, für die Jahre 1910 bis 1913 ein kürzerer Durchschnittszeitraum verwendet.

Für Japan ist kein Zeitraum angegeben; die Zahlen der Roheisenmenge beziehen sich auf drei bestimmte Jahre.

Untersuchen

Die Daten der Statistik sind zwei historischen Darstellungen aus den Jahren 1985 bzw. 1982 entnommen und sollen die industrielle Entwicklung in den europäischen Ländern und in Japan verdeutlichen.

Im Vergleich der fünf Länder zeigt sich, dass Großbritannien bis gegen Ende des 19. Jahrhunderts der mit Abstand größte europäische Roheisenproduzent war. Zu Beginn des 20. Jahrhunderts wurde es von den deutschen Eisenhütten überholt. Frankreich und Russland konnten anfangs mit der Roheisenproduktion in Deutschland annähernd Schritt halten, fielen aber dann schnell zurück.

Rechnet man die absoluten Zahlen der Roheisenproduktion in Prozent um, so zeigt sich, dass um die Mitte des 19. Jahrhunderts die prozentuale Steigerung bei den einzelnen Ländern sehr unterschiedlich war.

Deuten

Alle Länder entwickeln sich – wenn auch mit unterschiedlicher Schnelligkeit – zu Industriestaaten. Die Tabelle zeigt, dass Deutschland um 1900 zur stärksten Industrienation in Europa aufgestiegen war. Die Statistik endet im letzten Jahr vor dem Ersten Weltkrieg. Obwohl die Jahrzehnte davor durch intensive Rüstungsanstrengungen geprägt waren, sanken die Steigerungsraten.

Es wäre interessant, die Produktion mit der Bevölkerungszahl eines Landes in Beziehung zu setzen. Dies würde zeigen, dass Russland noch weit hinter dem Industrialisierungsgrad der anderen Länder zurückliegt. Ebenso aufschlussreich wäre es, könnte man den Standort der USA mit Zahlen belegen.

Fast immer ergeben sich aus Statistiken neue Untersuchungsaspekte.

1. Der Anstieg der Roheisenproduktion ist in der Tabelle (D1) in absoluten Zahlen angegeben. Errechne aus den absoluten Zahlen die prozentuale Steigerung zwischen zwei Intervallen und fertige eine neue Tabelle an. (Beispiel: Zwischen 1800 und 1820 nimmt die Roheisenproduktion in Großbritannien um etwa 26% zu. Rechenweg: 230 = 100%, 290 = 126,09%.) Erkläre die jeweiligen Vorteile der Darstellung in absoluten Zahlen und in Prozentangaben.
2. Interpretiere die Statistik zur industriellen Produktion (D2) und wende die methodischen Arbeitsschritte an.

1760 1910

Industrialisierung in Deutschland

Mitte des 19. Jahrhunderts setzte auch in Deutschland die Industrialisierung ein. Doch sie verlief anders und hatte andere Schwerpunkte als in England. Welche Besonderheiten gab es in Deutschland?

Online-Link
443020-0906
Internet-Link zur Eisenindustrie in Europa mit Simulation von Schmelzöfen

Hemmnisse für die Industrialisierung

In Deutschland waren die Voraussetzungen für eine Industrialisierung deutlich schlechter als in England. Zwar gab es um1800 auch hier bereits regionale Gewerbezentren. Zum Beispiel hatten sich in Westfalen Textilmanufakturen angesiedelt, im Rheinland und in Oberschlesien Eisen- und Metallunternehmen. Aber die Entwicklung solcher Unternehmen wurde durch strenge Gewerbevorschriften gebremst. So war beispielsweise festgelegt, wem es erlaubt war, ein Unternehmen zu betreiben, was und wie viel hergestellt und zu welchen Preisen verkauft werden durfte. Zudem wurde der Handel erschwert, weil Deutschland in viele Kleinstaaten zersplittert war, in denen unterschiedliche Maße, Gewichte und Währungen galten. Bei der Ein- und Ausfuhr von Waren mussten hohe Zölle gezahlt werden.

A: Fasse stichwortartig zusammen, welche Voraussetzungen für eine Industrialisierung in Deutschland gegeben waren.

Reformen schaffen Voraussetzungen

Das änderte sich erst, als nach 1800 Reformen eingeleitet wurden: Die mittelalterlichen Zunftgesetze wurden außer Kraft gesetzt (1810) und die Leibeigenschaft der Bauern wurde abgeschafft (1807). Nun konnten auch Bauern in die Städte gehen, um dort zu arbeiten. Allmählich setzte sich auch die Einsicht durch, dass ein größeres zusammenhängendes Gebiet ohne Zollschranken Handel und Gewerbe fördern könnte. Deswegen hoben verschiedene Staaten in ihrem Land die Zollschranken auf. Nach und nach schlossen einzelnen Bundesländer Zollvereinbarungen miteinander ab. So entstanden größere einheitliche Wirtschaftsgebiete. Der bedeutendste Zusammenschluss war der Deutsche Zollverein.

Über die Ursachen der preußischen Reformen kannst du noch einmal auf den Seiten 187/188 nachlesen.

Deutscher Zollverein
1834 schlossen sich 18 Staaten des Deutschen Bundes zu einem einheitlichen Handelsgebiet ohne Zollschranken zusammen.

B: Nenne und charakterisiere mithilfe der Karte die wichtigsten Industriegebiete in Deutschland um 1850.

Übe mithilfe der stummen Karte auf der CD-ROM.

D1 Industrialisierung in Deutschland um 1850

Q1 „Vor der Vollendung"
Wandgemälde (3,56 m x 2,51 m), um 1870/76, von Paul Friedrich Meyerheim aus dem siebenteiligen Zyklus „Der Werdegang der Locomotive"
Borsig war die größte Lokomotivfabrik in Deutschland. Der Fabrikbesitzer ließ sich diese Gemälde für seine Villa in Berlin malen.

C: Stell dir vor, du bist bei Borsigs eingeladen und stehst vor diesem Gemälde. Schildere deine Eindrücke.

Die Eisenbahn als „Leitsektor" der Industrie
Hatte in England die Baumwollindustrie eine Führungsrolle in der Industrialisierung übernommen, so war es in Deutschland die Eisen- und Stahlindustrie, die von den 1840er- bis in die 1870er-Jahre die verspätete Industrialisierung der Zollvereinsstaaten prägte. 1835 wurde die erste Eisenbahnstrecke zwischen Nürnberg und Fürth eröffnet. Der anschließende Siegeszug der Eisenbahn regte die gesamte Wirtschaft an. Deshalb spricht man auch vom „Leitsektor" Eisenbahn. Waren konnten jetzt schneller und billiger zu weiter entfernten Märkten gebracht werden. Für den Bau von Lokomotiven, Waggons und Schienen wurden große Mengen an Eisen und Stahl gebraucht. Für die Eisenverhüttung und die Befeuerung der Lokomotiven wiederum benötigte man Kohle und beim Bau der Strecken und Bahnhöfe fanden viele verarmte Kleinbauern und Tagelöhner zeitweise Arbeit. Im Lokomotivbau, im Bergbau und in der Eisenhüttenindustrie entstanden erste industrielle Großunternehmen mit riesigen Fabrikhallen und -flächen und Tausenden von Beschäftigten.

D: Stelle die Auswirkungen des Eisenbahnbaus in Deutschland in einem Lernplakat dar.

1760 1910

Q2 Die Gussstahlfabrik Friedrich Krupp in Essen um 1835
kolorierte Lithografie, um 1835, nach einer undatierten Zeichnung

Online-Link
443020-0907
Arbeitsblatt:
Gliederung einer Maschinenfabrik

Das Ruhrgebiet

Günstige Voraussetzungen für die Industrialisierung hatte die Region an Ruhr und Emscher. Seit Mitte des 18. Jahrhunderts wurde in der Gegend um das heutige Oberhausen Eisen verhüttet. Zunächst wurden die Hochöfen mit Holzkohle befeuert. Viel bessere Ergebnisse versprachen aber Hochöfen, die mit Steinkohlenkoks beheizt wurden. Steinkohlelagerstätten gab es in der Region genug. Um die Kohle abzubauen, benötigte man leistungsfähige Dampfmaschinen. Franz Dinnendahl baute 1803 in Essen nach englischem Vorbild die erste Dampfmaschine im Ruhrgebiet. Später errichtete er gemeinsam mit seinem Bruder Johann in Mülheim an der Ruhr eine Dampfmaschinenfabrik und eine Eisenschmelze. 1848 wurde dort zum ersten Mal Roheisen in einem Kohlenkoks-Hochofen hergestellt. Ein Jahr später begann im gleichen Werk die Stahlproduktion mit Steinkohlenkoks.
Die Kohle- und Stahlproduktion zog viele Arbeitskräfte aus nah und fern an. Aus kleinen Orten wie Bochum oder Gelsenkirchen wurden Industriestädte. Zur Versorgung deren Einwohner und als Zulieferer der großen Werke siedelten sich weitere Unternehmen an. Beschleunigt wurde die Industrialisierung des Ruhrgebiets durch den Bau der Köln-Mindener Eisenbahn, die 1847 eröffnet wurde. Im Laufe des 19. Jahrhunderts war das Ruhrgebiet nicht nur zum schwerindustriellen Zentrum Deutschlands, sondern größten Industriegebiet Europas geworden.

Krupp – eine Firmengeschichte

1811 gründete der Schneidermeister Friedrich Krupp in Essen eine Fabrik zur Produktion von Gussstahl. Als der erst vierzehnjährige Alfred Krupp 1826 die Fabrik von seinem Vater übernahm, hatte die Firma sieben Beschäftigte. Nach der Erfindung einer so genannten Löffelwalze, produzierte Krupp zunächst Essbestecke. Immer vom Bankrott bedroht, reiste er durch ganz Europa, um Kunden zu finden. 1852 meldete Krupp ein Patent an, das den Aufstieg seines Unternehmens begründete. Es war ihm gelungen, Eisenbahnräder ohne Schweißnähte, die früher häufig zu Radbrüchen geführt hatten, herzustellen. Bis nach Amerika verkaufte die Firma ihre neuartigen Eisenbahnräder. Die Entwicklung von Waffen betrieb Krupp anfangs nur als Hobby. Nachdem er 1860 der preußischen Regierung die ersten Stahlkanonen verkaufen

Q3 Kruppwerke in Essen
Farblithografie, 1912, nach einem Gemälde von Otto Bollhagen

F: Vergleiche die Bilder Q2 und Q3. Nenne Gründe für den Aufstieg der Firma Krupp von einem Kleinbetrieb zum führenden Unternehmen der Schwerindustrie.

konnte, stiegen die Umsätze aus den Waffenverkäufen sehr schnell an. Zu seinen Kunden zählten fast alle europäischen Länder. Krupp expandierte zum größten europäischen Waffenproduzenten und beschäftigte 1884 bereits mehr als 10 000 Menschen. Das Werksgelände war größer als das damalige Gebiet der Stadt Essen. Auch das Stadtbild wurde von Krupp mitbestimmt, denn er ließ mehrere Wohnanlagen für seine Arbeiter errichten

Neue Industrien entstehen

Bis zu den 1870er-Jahren war das Streckennetz der Eisenbahn so weit ausgebaut, dass der Bedarf an Eisen- und Stahlprodukten abnahm. Ab 1880/90 bis zum Beginn des Ersten Weltkrieges übernahmen die Elektro- und die Chemieindustrie die Führungsrolle im Industrialisierungsprozess. Elektromotoren begannen allmählich in Industrie und Handwerk die Dampfmaschine abzulösen. Voraussetzung dafür war, dass genügend Elektroenergie zur Verfügung stand. 1884 ging in Berlin das erste Elektrizitätswerk Europas in Betrieb, bald folgten andere Städte. Als es gelang, den erzeugten Strom über Hochspannungsleitungen über große Entfernungen zu transportieren, begann der Siegeszug der Elektrotechnik. Nun wurden auch die ersten elektrischen Haushaltsgeräte wie Bügeleisen oder Wasserkocher entwickelt. Die chemische Industrie erfüllte anfangs vor allem die Nachfrage der Textilindustrie nach Farben und Bleichstoffen sowie der Landwirtschaft nach preiswertem Kunstdünger. Deutsche Chemiebetriebe stellten vor dem Ersten Weltkrieg vor allem Farben her. Die Erkenntnisse, die dabei gewonnen wurden, nutzte man auch zur Entwicklung von Medikamenten. Bereits zu Beginn der 1880er-Jahre hatten die Badische Anilin- und Soda-Fabrik (BASF), Hoechst, Bayer, die Berliner Aktiengesellschaft für Anilinfabrikation (AGFA) und andere deutsche Chemieproduzenten einen Weltmarktanteil von 50 Prozent, den sie um 1900 auf 90 Prozent steigern konnten. Auch die optische Industrie entwickelte sich.

E: Schreibe in wenigen Sätzen auf, welche Folgen die neuen Industrien für das Leben der Menschen mit sich brachten.

D2 Entwicklung des Eisenbahnnetzes und des Deutschen Zollvereins

G: Erkläre mithilfe der Karte (D2) die Entwicklung des Deutschen Zollvereins und des Eisenbahnnetzes.

Auf der CD-ROM findest du eine dynamische Karte.

Q4 Was leistet die Eisenbahn?

Der Wirtschaftswissenschaftler Friedrich List äußert vor der Eröffnung der ersten deutschen Eisenbahnlinie 1835:

Was die Dampfschiffahrt für den See- und Flußverkehr, ist die Eisenbahn-Dampfwagenfahrt für den Landverkehr, ein Herkules in der Wiege, der die Völker erlösen wird von der Plage des Kriegs, der Teuerung und Hungersnot, des Nationalhasses und der Arbeitslosigkeit, der Unwissenheit und des Schlendrians, der ihre Felder befruchtet, ihre Werkstätten und Schachte beleben und auch den niedrigsten unter ihnen Kraft verleihen wird, sich durch den Besuch fremder Länder zu bilden, in entfernten Gegenden Arbeit und an fremden Heilquellen und Seegestaden Wiederherstellung ihrer Gesundheit zu suchen.

Karl von Rotteck/Carl Theodor Welcker (Hrsg.), Staatslexikon, Bd. 4, Altona 1835, S. 112.

Q5 Zollverein und Eisenbahn

1841 schreibt Friedrich List:

Der Zollverein und das Eisenbahnsystem sind siamesische Zwillinge; zur gleichen Zeit geboren (...), eines Geistes und Sinnes, unterstützen sie sich wechselseitig, streben nach Vereinigung der deutschen Stämme zu einer großen und gebildeten, zu einer reichen, mächtigen und unantastbaren Nation. Ohne den Zollverein wäre ein deutsches Eisenbahnsystem nie zur Sprache, geschweige denn zur Ausführung gekommen. (...) Das deutsche Eisenbahnsystem wirkt (...) auch als Stärkungsmittel des Nationalgeistes; denn es vernichtet die Übel der Kleinstaaterei und des provinziellen Eigendünkels und Vorurteils.

Hartfried Voss (Hrsg.), Friedrich List, Das nationale System der politischen Ökonomie, München 1942, S. 179 f.

Q6 Vorteile der Elektrizität

Anlässlich der Internationalen Elektrotechnischen Ausstellung in Frankfurt am Main 1891 äußert sich der erste Präsident der 1887 gegründeten Allgemeinen Elektricitäts-Gesellschaft Berlin (AEG), Emil Rathenau:

Es liegt (...) in der Natur des Dampfes, als Betriebskraft für große Betriebe mit Erfolg verwendet werden zu können. Wir haben kein Mittel, um mit materiellem und technischem Vorteil den Dampf direkt in die Wohnung des Kleinmeisters zu führen, ebenso wenig können wir die Wirkungen des Dampfes (...) gut auf erhebliche Entfernungen übertragen. Ganz anders die Elektrizität! Die neuesten Fortschritte werden uns gestatten, großartige Krafterzeugungszentren an beliebigen Stellen, im Bergwerk, an der Meeresküste, um die Ebbe und Flut zu benutzen, an den großen Katarakten [Wasserfälle, reißende Stellen in einem Fluss] anzulegen, die dort vorhandenen, bisher zwecklos vergeudeten Kräfte in nutzbringende Elektrizität umzusetzen, diese in, wir können fast sagen, beliebige Entfernungen zu versenden und dort in beliebiger Art zu verteilen und zu verbrauchen.

Wir können dem Handwerksmeister seine Nähmaschine elektrisch betreiben, wir heizen ihm sein Bügeleisen, wir rüsten dem Vergolder die chemischen Bäder für seine Erzeugnisse. Wir geben noch dazu einem jeden die Beleuchtung in der Stärke und an dem Orte und zu der Zeit, wo sie am vorteilhaftesten ist. Und wenn wir schließlich den Elektromotor mit anderen ähnlichen Maschinen vergleichen, so finden wir, daß er den geringsten Raum einnimmt, daß seine Einrichtung die einfachste ist, daß er keine Wartung braucht und keine Gefahr des Explodierens vorhanden ist, vor allem aber, daß er ökonomisch deshalb am vorteilhaftesten arbeitet, weil sein Kraftverbrauch sich mit seiner Belastung selbsttätig regelt.

Preußen. Zur Sozialgeschichte eines Staates. Eine Darstellung in Quellen, Bd. 3, Reinbek b. Hamburg 1981, S. 240.

Q7 Von der Meisterwerkstatt zum Ingenieurbetrieb

Walter Rathenau von der AEG erinnert sich 1916;

Die Fabrikleiter waren selten Ingenieure, manchmal Kaufleute oder Finanzleute, die eine Fabrik auf dem Halse behielten und mit dem geringsten Aufwand von Geld und geistigem Kapital weiterführten.

Die Werkstättenleiter entschieden auch über Konstruktionen, gelegentlich arbeiteten sie ohne Zeichnung nach eigenem Willen oder änderten die Konstruktionen nach ihren Erfahrungen und Gepflogenheiten. Betriebsingenieure gab es nicht oder sie waren nur eine andere Form von Werkmeistern. Wissenschaftliche Einsicht, mit Erfahrung vereint, hatte in der Leitung noch keinen Einfluß, die „Meisterwirtschaft" war bis in die achtziger Jahre die Regel; Ingenieurleitung drang allmählich vor, zuerst in der elektrotechnischen Großindustrie. Das Ansehen der Maschineningenieure war damals sehr gering. (…) Die Technischen Hochschulen (haben) Großes geleistet, und die von ihnen herangebildeten Ingenieure haben die große Umwälzung geschaffen.

Alois Riedler, Emil Rathenau und das Werden der Großwirtschaft, Berlin 1916, S. 114 ff.

Q8 „Ergo Lampe"

Plakat, um 1910

Prometheus tritt vor die Menschen und bietet ihnen das Licht an.

H: Erkläre mithilfe des Plakats, welche Bedeutung dem Licht und damit der Elekrizität im 19. Jahrhundert zugeschrieben wurde. Vergleiche mit Q7.

1. Erkläre die einzelnen Phasen der Industrialisierung in Deutschland und charakterisiere sie.

2. Vergleiche den Prozess der Industrialisierung in Deutschland und in England (VT, D1).

3. Beurteile die Erwartungen, die List an die Eisenbahn knüpfte (Q4, Q5).

4. Fasse die Vorteile der Elektrizität zusammen, die Rathenau sieht (Q6).

5. Erläutere, welchen Anteil an der Industrialisierung wissenschaftlich ausgebildete Ingenieure hatten (Q7).

Stelle mithilfe der dynamischen Karte zur Industrialisierung Deutschlands auf der CD-ROM zusammen, wie sich das Land im 19. Jahrhundert veränderte.

1760 1910

Fotografien auswerten

Eine Fotografie zeigt, wie es wirklich ist. Das glauben auch heute noch viele Menschen. Aber sie vergessen dabei, dass die Fotos die Wirklichkeit immer nur so zeigen, wie der Fotograf sie uns vorstellt. Niemand weiß, was der Fotograf weggelassen hat, was links und rechts neben dem Bildausschnitt passiert, ob das Bild gestellt oder ein zufälliger Schnappschuss ist. Fotos können auch im Nachhinein verändert werden. Das war schon immer möglich, aber heutzutage ist es mit digitalen Mitteln noch viel einfacher geworden. Fotos können also sehr wohl lügen. Wenn wir Fotos als historische Quelle nutzen wollen, müssen wir sie gründlich prüfen und ebenso kritisch befragen wie andere Text- und Bildquellen.

Q1 Arbeiter in der Hartmann'schen Maschinenfabrik, Chemnitz
Dieses Foto entstand um 1900. Es gehört zu einer Reihe von acht Fotografien und zeigt Arbeiter in der Schmiede der Hartmann'schen Maschinenfabrik in Chemnitz. Sie war eine der größten Firmen in Sachsen. Ihre Produktpalette reichte von Werkzeug- und Textilmaschinen bis hin zu Lokomotiven.

Methodische Arbeitsschritte

1 Beschreiben

Bei der Beschreibung eines Fotos ist es wichtig, dass du dir das Foto zunächst genau anschaust.

- Beschreibe, was dir spontan auffällt.
- Halte fest, welche Szene/welcher Vorgang dargestellt ist.
- Erkläre, wie das Foto aufgebaut ist, was sich in der Mitte, was sich im Vorder-, was sich im Hintergrund befindet.

2 Untersuchen

- Beschreibe, welche Personen erkennbar und wie sie dargestellt sind.
- Untersuche, welche Gegenstände erkennbar sind.
- Schildere, wie die abgebildete Szene/der abgebildete Vorgang auf dich wirkt.

Manche Dinge lassen sich besser verstehen, wenn man nähere Informationen besitzt. Zur Bearbeitung der folgenden Aufgaben wirst du in der Regel Zusatzinformationen brauchen:

- Kläre, wann das Foto entstanden ist.
- Versuche herauszufinden, ob das Foto eine Auftragsarbeit ist und wer gegebenenfalls der Auftraggeber ist.
- Stelle Vermutungen an, für welches Publikum das Foto aufgenommen worden ist.
- Beurteile, ob das Foto gestellt oder ein Schnappschuss ist.

3 Deuten

- Überlege, was das Foto ausdrückt und ob es eine Botschaft vermittelt.
- Fasse zusammen, welche Erkenntnisse du aus dem Abgebildeten gewinnst.
- Überlege, ob diese Erkenntnisse vom Fotografen gewollt sind.
- Deute das Foto mithilfe deines Hintergrundwissens.

Beschreiben
Bei der ersten Betrachtung des Fotos fällt auf, wie hell und sauber es in dieser Schmiede ist. Nichts liegt herum, alles ist aus dem Weg geräumt, der Boden ist frisch gefegt. Drei Arbeiter im Vorder- und Mittelgrund sind besonders deutlich zu sehen. Die beiden Männer in der rechten Bildhälfte bedienen einen Schmiedehammer, der Arbeiter im Mittelgrund steht etwas steif vor einer Esse, in der er ein Stück Eisen erhitzt. Im Hintergrund sind weitere Arbeiter zu erkennen. Im Zentrum des Bildes leuchtet das Feuer einer weiteren Esse, neben der ein vierter Arbeiter steht. Weitere Arbeiter sind im Hintergrund zu erkennen, die teilweise direkt in die Kamera zu blicken scheinen.

Untersuchen
Die abgebildete Szene soll die Arbeit in der Schmiede der Hartmann'schen Maschinenfabrik um 1900 dokumentieren, wirkt aber starr und fast unrealistisch. Offensichtlich ist das Foto gestellt. Dies ist zum einen mit der aufwändigen Fototechnik um 1900 zu begründen, zum anderen deutet auch die steife Körperhaltung der Arbeiter sowie ihre saubere und ordentliche Kleidung darauf hin. In der Schmiede ist kein Qualm zu sehen, der die Sicht behindern könnte, kein Arbeiter ist in Bewegung, niemand verdeckt einen wichtigen Gegenstand. Das Foto wird eine Auftragsarbeit der Firma sein, die es für Werbezwecke einsetzen wollte.

Deuten
Das Foto vermittelt den Eindruck einer präzisen, sorgfältigen und sauberen Produktion. Die Arbeitsbedingungen erscheinen human und wenig anstrengend. Der Betrachter erkennt, wie sehr die Mechanisierung die früher sehr schwere handwerkliche Arbeit vereinfacht hat und wie hoch der technische Stand der deutschen Schwerindustrie ist. Das Foto vermittelt einen falschen Eindruck von der Gefährlichkeit und der Schwere der Arbeit in der Stahlindustrie. Hitze und Lärm in einer Schmiede werden nicht vermittelt. Wenn man das Foto mit dem Bild „Unfall in einer Maschinenfabrik" (siehe S. 220, Q1) vergleicht, wird deutlich, dass das vorliegende Foto nicht die Wirklichkeit abbildet.

1. Formuliere zu dem Foto eine aussagekräftige Überschrift, einmal aus der Perspektive der Firmenleitung und einmal aus der Perspektive der Arbeiter.

2. Du kommst nach Hause und erzählst, dass heute der Fotograf bei euch war. Schreibe die Erzählung.

3. Suche dir ein Foto aus diesem Kapitel aus und untersuche es mithilfe der methodischen Arbeitsschritte.

1760 1910

Modernisierung der Landwirtschaft

Im 19. Jahrhundert nahm die Bevölkerung in ganz Europa rapide zu. Dass diese Menschen ernährt werden konnten, ist den großen Fortschritten in der Landwirtschaft zu verdanken.

Q1 Dreschmaschine mit Dampfantrieb
Entwickelt von Hornsby, England
Holzstich, 1872

A: Fasse zusammen, welche Vorteile die Dreschmaschine mit Dampfantrieb gegenüber der alten Art des Dreschens mit dem Dreschflegel hatte.

B: Stelle den Zusammenhang von Industrialisierung und Landwirtschaft dar.

Drillmaschine
Sämaschine, die das Saatgut in gleichmäßiger Tiefe in den Boden bringt

Fruchtwechselwirtschaft
… kannst du noch einmal auf S. 198 nachlesen.

C: Manche Gymnasien tragen den Namen des deutschen Chemikers Justus Liebig. Informiert euch in einem Lexikon über ihn und gestaltet ein Wandplakat.

Neue Methoden in der Landwirtschaft

Auch in der Landwirtschaft fanden seit der zweiten Hälfte des 19. Jahrhunderts in Deutschland immer mehr Maschinen Verwendung. Die Landwirte setzten Drillmaschinen, Dampfpflüge und Dreschmaschinen ein. Vereine und Ausbildungsstätten – wie die des Agrarwissenschaftlers Albrecht Thaer – verbreiteten neue Anbaumethoden. Regelmäßige Landwirtschaftsausstellungen, wie z. B. das Münchner Zentrallandwirtschaftsfest, machten die Fortschritte in der Landwirtschaft einem interessierten Publikum bekannt.

Der Siegeszug von Kartoffel und Zuckerrübe

In der ersten Hälfte des 19. Jahrhunderts setzte sich auch in Deutschland die Fruchtwechselwirtschaft durch und verdrängte die Dreifelderwirtschaft. Der zunehmende Kartoffelanbau verbesserte die Ernährung. Denn Kartoffeln hatten über dreimal mehr Kalorien als das Getreide, das auf derselben Anbaufläche geerntet werden konnte. Als es Wissenschaftlern gelungen war, Rüben mit einem hohen Zuckergehalt zu züchten, brauchte man nicht mehr den teuren Rohrzucker zu importieren. Zucker wurde erschwinglich, große Zuckerfabriken entstanden. Die wiederum benötigten spezielle Maschinen. Auch dadurch wurde die industrielle Entwicklung gefördert. Die Einfuhr von Zuchttieren und gezielte Züchtungen verbesserten das Ergebnis in der Tierproduktion. Fleischqualität und -verbrauch nahmen zu.

Chemie in der Landwirtschaft und Nahrungsmittelindustrie

1840 gelang es dem Chemiker Justus Liebig, nachzuweisen, dass Pflanzen nicht nur Licht, Wasser und Luft zum Wachstum brauchen, sondern auch Phosphor, Kali, Kalk und Stickstoff. Er entwickelte einen Kunstdünger, der dem Boden die von Pflanzen entzogenen Nährstoffe wieder zuführt und seine Fruchtbarkeit wiederherstellt. Andere Forscher beschäftigten sich mit der Verarbeitung von Lebensmitteln. Trockensuppen, Milchpulver und andere Neuerungen wurden erfunden. 1891 brachte der Bielefelder Apotheker August Oetker das Backpulver auf den Markt. Die Lebensmittelindustrie wuchs rasch an.

Q3 Motor-Dreschmaschinen der Firma Th. Floether
Werbeprospekt, um 1910

D: Du bist Hersteller der neuen Motor-Dreschmaschine und willst sie an einen Kunden verkaufen. Erkläre ihm die Vorteile gegenüber der Dampf-Dreschmaschine (vgl. Q1).

Q2 Fortschritte in der Landwirtschaft
Der preußische Statistiker von Viebahn über die beginnende Mechanisierung der Landwirtschaft, 1859:

Während Männer vom Fach noch vor wenigen Jahrzehnten einen ernstlichen Streit darüber führen konnten, ob der Gebrauch der Maschine in der deutschen Landwirtschaft eine Zukunft habe, hat derselbe in den letzten Jahren bedeutende und erfreuliche Fortschritte gemacht, und gegenwärtig sind die mannigfachsten landwirtschaftlichen Maschinen in den meisten Ländern [des Deutschen Bundes] in Anwendung. (...)

Die am meisten üblichen Arbeitsmaschinen sind zunächst die Dreschmaschinen. (...) Sodann kommen Sämaschinen (...), Häcksel- und Rübenschneider, Getreidereinigungsmaschinen, Schrotmühlen, Drainröhrenpressen und Buttermaschinen häufig vor. (...) Durch den Gebrauch besserer Pflüge kann ein Drittel der Zugkraft entbehrt, durch die Sämaschine ein Drittel des Samens, durch die Dreschmaschine ein Drittel der Dreschkosten erspart, durch zweckmäßige Futterschneider die Wirksamkeit des Futters bedeutend erhöht werden. Keineswegs aber darf bei diesen vollkommeneren Werkzeugen das Verständnis des Landwirts abnehmen: Die Maschinen erfordern nicht bloß besseres und mannigfaltigeres Material in ihrem Bau und bei ihrer Unterhaltung: Auch Sorgfalt, Sachkenntnis und Direktionstalent mußten in gleichem Maße steigen. (...)

[Die] Zusammenstellungen der Ackerwerkzeuge (...) zeigten dem aufmerksamen Beobachter den Übergang des früheren landwirtschaftlichen Betriebes zu einem solchen, der neben der Erzeugungskraft des Bodens auch die Macht des Kapitals und der Wissenschaft zur Produktion benutzt.

Werner Pöls (Hrsg.), Deutsche Sozialgeschichte. Dokumente und Skizzen, Bd. 1: 1815–1870, München 1973, S. 316 ff.

Q4 Dem Raubbau entgegenwirken
In seiner „Agrikulturchemie" schrieb Justus Liebig 1840:

Indem er [der Landwirt] diese Feldfrüchte veräußert [erntet und verkauft], raubt er dem Felde die Bedingungen ihrer Wiedererzeugung; eine solche Wirtschaft trägt mit Recht den Namen einer Raubwirtschaft (...).

Aus den vorhergehenden Auseinandersetzungen ergibt sich, dass die Kultur der Gewächse den fruchtbaren Boden erschöpft und unfruchtbar macht (...), fortwährend nimmt die Fruchtbarkeit seiner [des Landwirtes] Felder ab, ganz gleichgültig, welche Pflanzen er baut und in welcher Ordnung er sie baut. Die unverbrennlichen Elemente [die Nährstoffe] der Kulturgewächse kehren nicht von selbst auf die Felder zurück (...), durch die Hand des Menschen allein kehren die Bedingungen des Lebens der Gewächse auf die Felder zurück.

Justus von Liebig, Die Chemie in ihrer Anwendung auf Agrikultur und Physiologie, Teil 2, Braunschweig 1862, S. 188 ff.

1. Stelle alle Veränderungen zusammen, die im 19. Jahrhundert direkt oder indirekt zur Ertragssteigerung führten (VT, Q1, Q2, Q4)
2. Aus dem Bauern wird ein Landwirt – erläutere diese Aussage (VT, Q1–Q4).

1760 1910

Arbeits- und Lebensverhältnisse ändern sich

Mit fortschreitender Industrialisierung veränderten sich gewohnte Lebenswelten grundlegend. Die Zahl der in den Städten lebenden Menschen stieg rasant an. Die Fabrikarbeit beherrschte den Arbeits- und Lebensrhythmus vieler Einwohner. Und auf die Stadtverwaltungen kamen viele neue Aufgaben zu.

A: Stelle in einer Skizze dar, wie sich die fortschreitende Industrialisierung auf das Leben und die Arbeit der verschiedenen Gruppen von Menschen auswirkte.

Menschen ziehen in die Städte

Die Arbeitsmöglichkeiten in den Fabriken zogen die Menschen von nah und fern an. Dadurch verwandelten sich Dörfer in Städte, Städte in Ballungsgebiete. Diesen Vorgang nennt man Verstädterung oder Urbanisierung. In den Städten entstand dadurch große Wohnungsnot. Die Wohnungen waren nicht selten überbelegt und hatten weder fließendes Wasser noch Toiletten. Oft konnten sie nicht ausreichend beheizt werden. Um Abhilfe zu schaffen, ließen die Stadtverwaltungen in der Nähe der Industriegebiete neue Wohnviertel bauen. Auf engstem Raum entstanden mehrstöckige Mietshäuser, häufig mit mehreren Hinterhöfen.

Menschen müssen versorgt werden

Die Versorgung der Menschen mit Lebensmitteln, frischem Wasser, Heizmaterial, Gas und Licht stellte die Stadtverwaltungen ebenfalls vor große Anforderungen. Zudem mussten Abwässer und Müll beseitigt werden. Einrichtungen dafür entstanden jedoch erst, nachdem gesundheitliche Schäden, wie durch die Choleraepidemie 1892 in Hamburg, auftraten.
Die räumliche Ausdehnung der Städte ließ die Entfernungen für die Menschen und den Warenverkehr wachsen. Als neue Verkehrsmittel entstanden Pferdebahnen und bald auch elektrische Straßenbahnen.

Maschinen geben den Ton an

Die Arbeit in der Fabrik unterschied sich erheblich von der, die in Werkstätten oder in der Landwirtschaft üblich war. Art und Tempo der Arbeit gaben nun die Maschinen vor. Nicht immer wurde an den Maschinen körperliche Schwerarbeit verrichtet. Doch die eintönigen und sich stets wiederholenden Tätigkeiten verlangten Konzentration und Ausdauer. Lärm, Hitze, Gestank und Staub

Q1 Warenhaus Hermann Tietz in Gera, erster Ausbau 1887
Zeichnung, 1887

B: Überlege, wo die Menschen vor der Industrialisierung die Waren für ihren täglichen Bedarf kauften, bevor Läden und Warenhäuser öffneten. Welche neuen Berufe entstanden durch die Veränderungen im Handel?

Q2 Wohnhäuser in der Berliner Linienstraße, Foto, um 1880
In den Vorderhäusern wohnten meist Angestellte oder Ladenbesitzer.

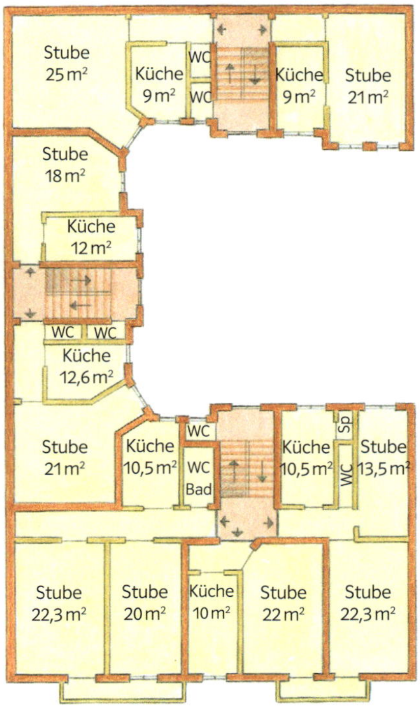

Q3 Grundriss einer Berliner Mietskaserne, 1905

belasteten die Gesundheit. Die Arbeitszeiten waren lang, meist zehn bis zwölf Stunden, manchmal noch mehr. Gearbeitet wurde sechs Tage in der Woche, Urlaub gab es nicht. Auf Arbeitsdisziplin wurde streng geachtet. In Fabrikordnungen wurde festgelegt, wie Arbeiterinnen und Arbeiter bestraft werden sollten, wenn sie gegen Vorschriften verstießen.
Der Lohn eines Arbeiters reichte längst nicht immer für den Lebensunterhalt einer ganzen Familie aus. So waren Frauen und Kinder häufig gezwungen, als billige Arbeitskräfte in den Fabriken mitzuarbeiten.

Großunternehmen entstehen

Im Lauf des 19. Jahrhunderts wurden die Fabriken immer größer und die Maschinen immer teurer. Das Geld für die Finanzierung solcher Großunternehmen konnten die einzelnen Unternehmer kaum noch aufbringen. Deshalb gingen sie dazu über, ihre Firmen durch die Ausgabe von Aktien zu finanzieren. Die Käufer der Aktien stellten den Firmen Geld zur Verfügung. Sie waren zwar an den betrieblichen Entscheidungen nicht beteiligt, hatten aber durch die Dividende Anteil am Gewinn des Unternehmens. Sie trugen aber auch das Risiko des Kapitalverlusts, wenn die Firma zusammenbrach.

Dividende
der Teil des Gewinns, den eine Aktiengesellschaft an ihre Aktionäre auszahlt

Neue Formen der Unternehmensleitung

Zu Beginn der Industrialisierung befanden sich die meisten Unternehmen in Familienbesitz und wurden von den Eigentümern geführt wie die Firmen Krupp, Siemens oder Borsig. Je größer die Unternehmen wurden, desto weniger konnte ein Einzelner alle Führungs- und Kontrollaufgaben ausfüllen. Deswegen wurden für Teilbereiche gut ausgebildete Fachkräfte eingestellt. Direktoren hatten große Belegschaften zu führen, mussten mit Banken verhandeln und planten das alltägliche Betriebsgeschehen. So entwickelte sich eine ganz neue Führungsschicht, die wir heute als Manager bezeichnen. Sie übernahmen mit der Zeit alle Funktionen des Unternehmers, waren gut bezahlt und unentbehrlich für die Eigentümer. An technischen Hochschulen ausgebildete Ingenieure waren für die technischen Abläufe zuständig. Die Verwaltungsarbeit in den Unternehmen übernahmen Buchhalter und Büroangestellte.

Q4 Pförtnerhaus der AEG-Maschinenfabrik Berlin, Foto, 1910

Links hinten die Stechuhr und Stechkarten der Arbeiter, mit denen die Arbeitszeit kontrolliert wurde.

C: Als einer der Direktoren möchtest du die Zeiterfassung mit der Stechuhr einführen. Stelle auf einer Sitzung die Vorteile dar, die du siehst.

Q5 Strenge Strafen

Aus der Fabrikordnung der Baumwollspinnerei Staub & Söhne in Altenstadt von 1853:

§6: Jeder Arbeiter ist für die ihm anvertrauten Gegenstände persönlich verantwortlich. Wenn er dieselben bei Nachfragen nicht gleich vorweisen kann, werden sie auf seine Kosten durch neue ersetzt.

§7: Wenn in einem Arbeitssaal während der Arbeitszeit (...) ein Gegenstand beschädigt wird (...), so sind die Arbeiter des ganzen Saales bis zur Nachweisung des Täters für den Schaden haftbar.

§9: Ferner werden bestraft:

1. Unehrerbietiges Betragen gegen die Aufseher (...).
4. Störung anderer Arbeiter.
5. Verspätung und Versäumnisse, besonders der Unfug des blauen Montags und des Herbeiholens von Speise und Trank. (...)
7. Das Tabakrauchen.
8. Lärm machen auf dem Weg zu und von der Fabrik. (...)

§22: Die Fabrikbesitzer sind jedoch zur augenblicklichen Entlassung des Arbeiters ohne Vergütung von Lohn berechtigt, wenn dieser das eine oder das andere der nachstehenden Vergehen sich zu schulden kommen läßt:

1. Diebstahl oder Untreue.
2. Prügelei, Unzucht oder Betrunkenheit im Fabrikgebäude.
3. Komplotte oder Auflehnung gegen die Fabrikordnung.
4. Beschimpfung der Aufseher (...).

Peter Borscheid, Textilarbeiterschaft in der Industrialisierung. Industrielle Welt, Bd. 25, hrsg. v. Werner Conze, Stuttgart 1978, S. 545 ff.

Q6 Arbeitsbedingungen in der Fabrik

Bericht eines Arztes, 1894:

Es ist kein schöner, kein erheiternder Anblick, die Arbeitermassen so zu betrachten, wenn sie von ihrer Tätigkeit kommen, die Männer mit den rußigen Gesichtern und abgetragenen, schmierigen Kitteln, die bleichen Weiber in ihren dürftigen Kleidern, man sieht ihnen das Ungesunde, die harte, drückende Ausnutzung der Kräfte und das geistig Abstumpfende ihres Berufs an. (...) Die Arbeitszeit ist lang mit ganz unzureichenden, zu klein bemessenen Unterbrechungen, und dazu kommt, daß die Arbeit zum größten Teil äußerst einförmig und gleichmäßig ist, häufig den Körper in eine bestimmte, andauernde Haltung zwingt, die leicht zur Ermüdung führt und gesundheitsschädlich wirkt. (...) Die Arbeit in den Fabrikräumen ist aus dem Grunde schon der Gesundheit nicht zuträglich, weil sie in geschlossenen, überfüllten, ungenügend gelüfteten Werkstätten stattfindet und eine ausreichende und ausgleichende Bewegung in frischer Luft mangelt. (...)

Die Not des vierten Standes (von einem Arzte), Leipzig 1894, S. 2 f.

Q7 Einmal ausschlafen!

Adelheid Popp, die später eine der bedeutendsten Frauenrechtlerinnen werden sollte, berichtete über ihre Kindheit in den 1870er-Jahren: Sie war das jüngste von 15 Kindern einer Weberfamilie, von denen nur vier überlebten. Ihr Vater starb, als Adelheid sechs Jahre alt war. Nach drei Jahren Elementarschule musste sie als zehnjähriges Kind erstmals in der Fabrik arbeiten:

Wir zogen in die Stadt zu einem alten Ehepaar in eine kleine Kammer, wo in einem Bett das Ehepaar, im andern meine Mutter und ich schliefen. Ich wurde in einer Werkstätte aufgenommen, wo ich Tücher häkeln lernte; bei zwölfstündiger fleißiger Arbeit verdiente ich 20 bis 25 Kreuzer am Tag. Wenn ich noch Arbeit für die Nacht nach Hause mitnahm, so wurden es einige Kreuzer mehr. Wenn ich frühmorgens um 6 Uhr in die Arbeit laufen musste, dann schliefen andere Kinder meines Alters noch. Wenn ich um 8 Uhr abends nach Hause eilte, dann gingen die anderen gut genährt und gepflegt zu Bette. Wenn ich gebückt bei meiner Arbeit saß und Masche an Masche reihte, spielten sie (...) oder saßen in der Schule. (...) Ein heißer Wunsch überkam mich immer wieder: mich nur einmal ausschlafen zu können. Wenn ich aber das Glück hatte, schlafen zu können, dann war es erst recht kein Glück, dann war Arbeitslosigkeit oder Krankheit die Veranlassung.

Aus den Lebensberichten deutscher Fabrikarbeiter, zusammengestellt v. Georg Eckert, Braunschweig 1953, S. 40.

Q8 Ein Schlafbursche
Zeichnung von Heinrich Zille, 1902, 19,1 x 23,7 cm

D: Erkläre, was es für die Bewohner bedeutete, wenn Schlafstellen an Fremde vermietet wurden. Überlege, wie du dich als Familienmitglied in einer solchen Situation fühlen würdest.

	um 1816/19	um 1850	1870/71	1910
Berlin	198 000	412 000	826 000	2 071 000
Hamburg	128 000	175 000	280 000	931 000
München	54 000	107 000	169 000	596 000
Leipzig	35 000	63 000	107 000	679 000
Dresden	65 000	97 000	177 000	548 000
Köln	50 000	97 000	129 000	517 000
Frankfurt a. M.	42 000	65 000	91 000	415 000
Düsseldorf	23 000	27 000	69 000	359 000
Charlottenburg b. Berlin	4 000	9 000	20 000	306 000
Hannover	15 000	28 000	88 000	302 000
Essen	5 000	9 000	52 000	295 000
Duisburg	5 000	9 000	31 000	229 000
Dortmund	4 000	11 000	44 000	214 000

D1 Einwohnerzahlen deutscher Städte
Wladimir Woytinsky, Die Welt in Zahlen, Zürich 1925, S. 112.

Q9 Wohnungselend

Aus dem Bericht eines Arbeiters, 1904:
Mit der Zeit gefiel es mir nicht mehr in meinem Quartier, denn mein Wirt hatte während des Sommers noch zwei Kostgänger [Untermieter] angenommen. Anfänglich hatte ich lange Zeit in einem Bett allein geschlafen, aber schließlich mußten wir in einem breiten Bett unter dem Dache drei Mann zusammen schlafen, und zeitweise kam auch noch der Lehrling hinzu. Da graute einem vor der Hitze, wenn man zu Bett mußte, und konnte schlecht schlafen. (...) Morgens war man froh, wenn man ganz in Schweiß gebadet, wieder aus dem Bett konnte. (...) Ich war das gar nicht gewohnt von zu Hause her, denn wie groß auch das Elend manchmal gewesen war, aber meine Mutter hatte soviel Betten gehabt, daß wir allezeit jedes allein schlafen konnten. (...) Da entschloß ich mich, in Vohwinkel [gehört heute zu Wuppertal] aufzuhören und nach der Eifel zu machen und wollte mir viel lieber wieder eine Bude bauen und darin wohnen, als in solcher Schlafstelle schlafen.

Paul Göhre (Hrsg.), Denkwürdigkeiten und Erinnerungen eines Arbeiters, Leipzig 1904, S. 197.

1. Fasse mithilfe von Q6 zusammen, unter welchen Bedingungen die Menschen in den Fabriken arbeiteten.

2. Formuliere aus der Sicht eines Unternehmers und eines Arbeiters jeweils eine Meinung zur Fabrikordnung (Q5).

3. Schildere die Lage der Arbeiterkinder im Industriezeitalter (VT, Q7). Informiere dich mithilfe des Internets über Kinderarbeit heute.

4. Finde im Text Hinweise darauf, ob die Industrialisierung auch Vorteile gebracht hatte.

5. Rechne aus, welche Städte am schnellsten und welche am langsamsten wuchsen. Suche nach möglichen Gründen (D1).

6. Beschreibe die Lebens- und Arbeitsbedingungen der Arbeiter in den Städten (VT, Q1–Q3, Q7–Q9).

1760 1910

Wie soll die soziale Frage gelöst werden?

Die Industrialisierung brachte ein nie gekanntes Wirtschaftswachstum hervor. Sie hatte aber auch eine Kehrseite: Die oft katastrophalen Arbeits- und Lebensverhältnisse der Industriearbeiter waren unübersehbar. Wie man ihre Lage verbessern könnte, darüber gab es verschiedene Vorstellungen.

A: Trage in eine Tabelle ein, wer versuchte, die soziale Frage zu lösen und welche Maßnahmen jeweils vorgenommen wurden. Beurteile diese Lösungsversuche.

Arbeiterlieder geben Auskunft, wie die Betroffenen ihre Situation sahen und wie sie dagegen vorgehen wollen. Dies kannst du an zwei Beispielen auf der CD-ROM erarbeiten.

Online-Link
443020-0913
Arbeitsblatt zu den Lebenshaltungskosten einer Arbeiterfamilie

Neue Formen der Armut

Geringe Erträge und häufige Missernten hatten vor der Industrialisierung immer wieder zu Hungersnöten geführt. Dieses Massenelend – Pauperismus genannt – konnte im 19. Jahrhundert gestoppt werden. Die Landwirtschaft arbeitete produktiver, den Menschen standen nahrhaftere Lebensmittel zur Verfügung, Hygiene und medizinische Versorgung verbesserten sich deutlich, die Lebenserwartung der Menschen nahm zu. Immer mehr Menschen fanden in den Fabriken Arbeit. Jedoch zeigten sich neue Formen von Armut: Die meisten Arbeiterfamilien lebten wegen der niedrigen Löhne von der Hand in den Mund. Bis zu 70 Prozent des Einkommens mussten sie für Nahrungsmittel ausgeben. Das Essen einfacher Arbeiterfamilien bestand vor allem aus Kartoffeln mit Gemüse sowie aus Roggenbrot und Milch. Fleisch und Speck konnten sie sich nur selten leisten. Wenn Arbeiterinnen und Arbeiter ernsthaft erkrankten oder entlassen wurden, drohte die sofortige Verelendung.

Was ist die soziale Frage?

Solche Schicksale stießen in der Öffentlichkeit auf immer größeres Interesse. Wie konnte es sein, so wurde gefragt, dass die Wirtschaft wuchs und die Produktion sprunghaft zunahm, der Großteil der Bevölkerung aber finanziell nicht gesichert war und seine Gesundheit in den Fabriken aufs Spiel setzen musste? Unter der Bezeichnung „soziale Frage“ wurde diskutiert, wie die schlimmste Not verhindert werden könne.

Ein radikaler Lösungsvorschlag

Der deutsche Philosoph Karl Marx und sein Freund Friedrich Engels gaben die radikalste Antwort auf die „soziale Frage“. Nach Marx stehen sich in der Gesellschaft zwei Klassen unversöhnlich gegenüber: auf der einen Seite die Kapita-

Q1 Unfall in einer Maschinenfabrik
Holzstich nach einer Zeichnung von Johann Bahr, 1889
Damit wurde für den Besuch der „Deutschen Allgemeinen Ausstellung für Unfallverhütung“ geworben, die in Berlin stattfand.

B: Schreibe einen Zeitungsbericht zu dem Unfall und formuliere Empfehlungen, wie sich solche Unfälle vermeiden lassen.

listen, die sämtliche Fabrikanlagen und Maschinen besitzen, auf der anderen Seite die Proletarier, die nur über ihre Arbeitskraft verfügen. Der Reichtum der Kapitalisten sei nicht von ihrem Fleiß oder Geschick abhängig, sondern allein von der Arbeit ihrer Beschäftigten. Die Leistungen der Arbeiter seien mehr wert als der Lohn, der ihnen gezahlt wird. Um ihre Lage grundlegend zu ändern, müssten sich die Arbeiter zusammenschließen und gegen die Kapitalisten kämpfen. Durch eine Revolution sollten die Unternehmer enteignet, das Lohnsystem abgeschafft und die Produktion gemeinschaftlich organisiert werden. Ihre Ideen verbreiteten Marx und Engels vor allem in zwei Werken: im „Kommunistischen Manifest" und in dem Buch „Das Kapital".

Proletarier
(lat. „proles" = Nachkommen) Als Proletarier bezeichnet man einen Angehörigen der wirtschaftlich unselbstständigen Klasse, der außer seinen Nachkommen keinen weiteren Besitz hat.

Erkunde mithilfe der CD-ROM, wie eine Werksanlage aussehen könnte, in der auch die Lebensbedingungen der Angestellten berücksichtigt würden.

Die Unternehmer

Es gab auch Unternehmer, die sich um bessere Lebensbedingungen für ihre Arbeiter kümmerten. Sie wollten damit auch die Arbeiter an ihren Betrieb binden und Arbeitskämpfe verhindern. Unternehmer wie Alfred Krupp, Werner von Siemens und Ernst Abbe gründeten Betriebs- und Pensionskassen, bauten Krankenhäuser und Siedlungen für ihre Beschäftigten, richteten Kantinen und Schulen ein und begrenzten die Arbeitszeit.

Der Staat

Auch Politiker fühlten sich verpflichtet, die schlimmste Not abzuwenden. Erste Arbeitsschutzvorschriften gab es bereits ab 1839: Die Kinderarbeit wurde in Preußen verboten oder wenigstens begrenzt. Für Frauen wurden Höchstarbeitszeiten und ein Nachtarbeitsverbot eingeführt, Schwangere erhielten Mutterschutz und Wöchnerinnen bekamen Krankengeld. In den 1880er-Jahren wurde eine Reihe von Gesetzen verabschiedet, die alle Arbeiter verpflichteten, einen Teil ihres Lohnes in die staatlich verwaltete Renten- und Krankenversicherung einzubezahlen. Auch die Arbeitgeber mussten einen Beitrag dazu leisten. Das war der Beginn der staatlichen Sozialpolitik.

Die Kirchen

Vertreter der Kirchen sorgten sich aus Nächstenliebe um Not leidende Menschen. So gründete der evangelische Theologe Johann Hinrich Wichern in Hamburg ein Haus für evangelische Waisenkinder und verwahrloste Jugendliche. Sie wohnten in Gruppen zusammen, wurden betreut und machten in Lehrbetrieben eine Ausbildung zu Handwerkern. Pastor Friedrich von Bodelschwingh ließ in Bethel bei Bielefeld Siedlungen für Arbeitslose und Pflegehäuser für Kranke errichten. Pastor Theodor Fliedner erwarb in Kaiserswerth mit eigenen Mitteln ein großes Haus, das er gemeinsam mit seiner Frau zu einem Krankenhaus umbaute. Dort richteten beide auch eine Schule zur Ausbildung von Krankenpflegekräften ein. Adolph Kolping, ein katholischer Priester aus Elberfeld bei Wuppertal, gründete Gesellenvereine. In den von ihm eingerichteten Kolpinghäusern fanden jüngere und alleinstehende Handwerksgesellen ein Zuhause.

C: Stell dir vor, der Erwachsene im Vordergrund macht eine Führung durch das Rauhe Haus. Schreibe den erklärenden Text.

Q2 Knabenarbeitssaal in dem von Wichern gegründeten „Rauhen Haus"
Holzstich, um 1855

1760 1910

Gewerkschaften
Freiwillige Zusammenschlüsse der Arbeitnehmer; sie sind nach Berufsgruppen organisiert und vertreten gegenüber den Arbeitgebern die Interessen ihrer Mitglieder.

Arbeitervereine und Gewerkschaften

Die Arbeiter erkannten, dass sie Forderungen nach besseren Arbeitsbedingungen und höheren Löhnen nur durchsetzen können, wenn sie gemeinsam handelten. Deswegen gründeten sie Vereine und Gewerkschaften, in denen sie Erfahrungen austauschten und Arbeitskämpfe vorbereiteten. Am wirksamsten war es, wenn möglichst viele die Arbeit niederlegten. Unternehmer und Politiker bekämpften deswegen die Gewerkschaften und verboten Streiks. Auf die Dauer ließen sich diese Verbote aber nicht aufrechterhalten. Selbsthilfeeinrichtungen wie Krankenkassen, Lebensmittelläden und Genossenschaftsbanken trugen ebenfalls zur Verbesserung der Lebenslage der Arbeiter bei.

Online-Link
443020-0914
Vorschlag für ein Rollenspiel

Arbeiterparteien entstehen

Immer wieder zeigte sich, dass die Arbeiter den Unternehmern und den staatlichen Behörden gegenüber machtlos waren. Die Forderung nach politischer Mitbestimmung wurde deshalb immer drängender. Eine große Arbeiterorganisation sollte dieser Forderung Nachdruck verleihen. 1863 kamen Arbeitervertreter aus den einzelnen deutschen Staaten in Leipzig zusammen. Hier gründeten sie den Allgemeinen Deutschen Arbeiterverein (ADAV). Eines der wichtigsten Ziele des ADAV war, das allgemeine Wahlrecht durchzusetzen – allerdings nur für Männer. Sechs Jahre später riefen August Bebel und Wilhelm Liebknecht in Eisenach die Sozialdemokratische Arbeiterpartei ins Leben, die sich 1875 mit dem ADAV zusammenschloss. Seit 1890 heißt diese Partei Sozialdemokratische Partei Deutschlands oder kurz SPD.

Auf der CD-Rom kannst du ebenfalls mit diesem Bild arbeiten.

Q3 Der Streik
Gemälde von Robert Koehler, 1886, 181 x 275,6 cm, Deutsches Historisches Museum Berlin

D: Schildere die Situation auf dem Bild. Untersuche, wie die Arbeiter und der Unternehmer dargestellt werden. Schreibe auf, was einzelne Personen auf dem Bild gerade sagen oder denken könnten.

Jahr	Versicherung	Beiträge	Leistungen
1883	Krankenversicherung für Arbeiter und (freiwillig ab 1892) für ihre Angehörigen	2–3 % des Lohnes: – 2/3 vom Arbeiter – 1/3 vom Arbeitgeber	ärztliche Behandlung und Medizin Krankenhauskosten Krankengeld: die ersten beiden Krankentage unbezahlt, danach 50 % des Lohnes
1884	Unfallversicherung für Arbeiter	Arbeitgeber	Heilungskosten bei Erwerbsunfähigkeit 2/3 des Einkommens bei Tod 1/5 des Einkommens für Witwen
1889	Invaliditäts- und Altersversicherung für Arbeiter und Landarbeiter (ab 1911 auch für Angehörige)	1 % des Lohnes: – 1/2 vom Arbeiter – 1/2 vom Arbeitgeber	Invalidenrente bei Erwerbsunfähigkeit Altersrente ab 70. Lebensjahr

D1 Das deutsche Sozialversicherungssystem am Ende des 19. Jahrhunderts

E: Erkundige dich, welche Leistungen heute bei Krankheit, Arbeitsunfällen und im Alter erbracht werden. Wer bringt die Beiträge auf?

Q4 Der prassende Altersrentner
kolorierte Lithografie von Gustav Kühn, Ende 19. Jahrhundert

F: Beschreibe die Zeichnung. Überlege, welche Haltung der Zeichner zur Sozialgesetzgebung einnimmt.

Q5 „Der Geist der Neuerungen"
Unter dieser Überschrift äußerte sich Papst Leo XIII. 1891 zur sozialen Frage:

Ein Grundfehler in der Behandlung der sozialen Frage ist (...) der, daß man das gegenseitige Verhältnis zwischen der besitzenden und der unvermögenden, arbeitenden Klasse so darstellt, als ob zwischen ihnen von Natur ein unversöhnlicher Gegensatz Platz griffe, der sie zum Kampf aufrufe. Ganz das Gegenteil ist wahr. Die Natur hat vielmehr alles zur Eintracht, zu gegenseitiger Harmonie hingeordnet; (...) Die Kirche, als Vertreterin und Wahrerin der Religion, hat zunächst in den religiösen Wahrheiten und Gesetzen ein mächtiges Mittel, die Reichen und die Armen zu versöhnen und einander nahezubringen; ihre Lehren und Gebote führen beide Klassen zu ihren Pflichten gegeneinander und namentlich zur Befolgung der Vorschriften der Gerechtigkeit.

(...) Es ist überdies als Wahrheit von einschneidender Bedeutung vor Augen zu halten, daß der Staat für alle da ist, in gleicher Weise für die Niedern wie für die Hohen. Die Besitzlosen sind vom naturrechtlichen Standpunkt nicht minder Bürger als die Besitzenden, d. h. sie sind wahre Teile des Staates, die am Leben der aus der Gesamtheit der Familien gebildeten Staatsgemeinschaft teilnehmen; und sie bilden zudem, was sehr ins Gewicht fällt, in jeder Stadt bei weitem die größere Zahl der Einwohner. Wenn es also unzulässig ist, nur für einen Teil der Staatsangehörigen zu sorgen, den andern aber zu vernachlässigen, so muß der Staat durch öffentliche Maßnahmen sich in gebührender Weise des Schutzes der Arbeiter annehmen. (...)

http://www.uibk.ac.at/theol/leseraum/quelltext/320.html Stand 6. 12. 2008

Q6 Empfehlungen für Arbeiter

Aus einem Entwurf zu einer Rede Krupps am 11. Februar 1877 vor der Belegschaft. Anschließend wurde der Text überarbeitet, gedruckt und in der Firma verteilt:

Ich habe den Mut gehabt, für die Verbesserung der Lage der Arbeiter Wohnungen zu bauen, worin bereits 20 000 Seelen untergebracht sind, ihnen Schulen zu gründen und Einrichtungen zu treffen zur billigen Beschaffung von allem Bedarf. Ich habe mich dadurch in eine Schuldenlast gesetzt, die abgetragen werden muß. Damit dies geschehen kann, muß jeder seine Schuldigkeit tun in Friede und Eintracht und in Übereinstimmung mit unsern Vorschriften. (…) Nach getaner Arbeit verbleibt im Kreise der Eurigen, bei den Eltern, bei der Frau und den Kindern und sinnt über Haushalt und Erziehung. Das sei Eure Politik, dabei werdet Ihr frohe Stunden erleben. Aber für die große Landespolitik erspart Euch die Aufregung. Höhere Politik treiben erfordert mehr freie Zeit und Einblicke in die Verhältnisse, als dem Arbeiter verliehen ist. (…) Ihr erreicht (…) sicher nichts als Schaden, wenn Ihr eingreifen wollt in das Ruder der gesetzlichen Ordnung. Das Politisieren in der Kneipe ist nebenbei sehr teuer, dafür kann man im Hause Besseres haben.

Ernst Schraepler, Quellen zur Geschichte der sozialen Frage in Deutschland 1800–1870, Göttingen 1955, Bd. II, S. 96 ff.

Q7 Die Wohnsiedlung Kronenberg in Essen

Holzstich nach Zeichnung von Emil Limmer, 1890

Die Siedlung wurde für Beschäftigte der Gussstahlfabrik Friedrich Krupp gebaut.

G: Beschreibe, wie das Bild die Siedlung darstellt. Vermute, was damit bezweckt wird.

Q8 Gewaltsamer Umsturz

Das „Kommunistische Manifest" wurde von Karl Marx und Friedrich Engels in der Zeit von Dezember 1847 bis Januar 1848 geschrieben und im Februar 1848 in London veröffentlicht:

Die ganze Gesellschaft spaltet sich mehr und mehr in zwei große feindliche Lager, in zwei große einander direkt gegenüberstehende Klassen: Bourgeoisie und Proletariat. (…)

Im Anfang kämpfen die einzelnen Arbeiter, dann die Arbeiter einer Fabrik, dann die Arbeiter eines Arbeitszweiges an einem Ort gegen den einzelnen Bourgeois, der sie direkt ausbeutet. Sie richten ihre Angriffe nicht nur gegen die bürgerlichen Produktionsverhältnisse, sie richten sie gegen die Produktionsinstrumente selbst; sie vernichten die fremden konkurrierenden Waren, sie zerschlagen die Maschinen, sie stecken die Fabriken in Brand (…).

Die Kommunisten unterstützen überall jede revolutionäre Bewegung gegen die bestehenden gesellschaftlichen und politischen Zustände. In allen diesen Bewegungen heben sie die Eigentumsfrage, welche mehr oder minder entwickelte Form sie auch angenommen haben möge, als die Grundfrage der Bewegung hervor. (…) Die Kommunisten (…) erklären es offen, daß ihre Zwecke nur erreicht werden können durch den gewaltsamen Umsturz aller bisherigen Gesellschaftsordnung. Mögen die herrschenden Klassen vor einer kommunistischen Revolution zittern. Die Proletarier haben nichts in ihr zu verlieren als ihre Ketten. Sie haben eine Welt zu gewinnen. Proletarier aller Länder, vereinigt euch!

Karl Marx/Friedrich Engels, Werke, Bd. 4. Berlin 1959, S. 127 f.

Q9 Aufgaben der Gewerkschaften

Aus einer Rede August Bebels über die Aufgaben der Gewerkschaften, 1900:

Der einzelne Arbeiter ist dem Unternehmer gegenüber machtlos. Jeder Versuch, auf eigene Faust seine Lage zu verbessern, endet in der Regel mit einer Niederlage. (…) Die einzige Möglichkeit, seine Arbeit und damit seine Lebensbedingungen auf einige Dauer zu verbessern, ist die Vereinigung mit seinesgleichen. Deshalb ist der Beitritt zu einer Gewerkschaft eine Lebensnotwendigkeit für jeden Arbeiter. Die Gewerkschaft erstrebt: Erhöhung des Lohnes nach Maßgabe der Verhältnisse des Arbeitsmarktes, Verkürzung der Arbeitszeit, Herbeiführung menschenwürdiger Zustände im Betrieb, Rechtsschutz, Arbeitslosenunterstützung. (…) Ferner stärkt sie das Solidaritätsgefühl, ohne das kein großes Ziel erreicht werden kann.

Helmut Hirsch (Hrsg.), August Bebel, Köln/Berlin 1968, S. 352.

Q10 Postkarte anlässlich eines Textilarbeiterstreiks

Der Streik fand internationale Aufmerksamkeit. Zeitweise hatten sich über 9000 Arbeiter dem Streik angeschlossen.

H: Stell dir vor, du hast an dem Streik teilgenommen und möchtest einem Freund oder einer Freundin davon berichten. Schreibe auf, warum du die Postkarte dafür gekauft hast und verfasse einen kurzen Text.

Q11 Ziele der Sozialdemokratie
Aus dem 1891 in Erfurt beschlossenen Parteiprogramm der SPD:

Nur die Verwandlung des kapitalistischen Privateigentums an Produktionsmitteln – Grund und Boden, Gruben und Bergwerke, Rohstoffe, Werkzeuge, Maschinen, Verkehrsmittel – in gesellschaftliches Eigentum (...) kann es bewirken, daß (...) die stets wachsende Ertragsfähigkeit der gesellschaftlichen Arbeit für die bisherigen ausgebeuteten Klassen aus einer Quelle des Elends und der Unterdrückung zu einer Quelle der höchsten Wohlfahrt (...) werde. (...)
Der Kampf der Arbeiterklasse gegen die kapitalistische Ausbeutung ist notwendigerweise ein politischer Kampf. Die Arbeiterklasse kann ihre ökonomischen Kämpfe nicht führen und ihre ökonomische Organisation nicht entwickeln ohne politische Rechte. Sie kann den Übergang der Produktionsmittel in den Besitz der Gesamtheit nicht bewirken, ohne in den Besitz der politischen Macht gekommen zu sein.
Diesen Kampf der Arbeiterklasse zu einem bewußten und einheitlichen zu gestalten und ihm sein naturnotwendiges Ziel zu weisen – das ist die Aufgabe der Sozialdemokratischen Partei.

Hans Fenske (Hrsg.), Im Bismarck'schen Reich, Quellen zum politischen Denken der Deutschen im 19. und 20. Jahrhundert, Band VI, Darmstadt 1978, S. 32 f.

1. Prüfe, mit welchen Argumenten ein Fabrikbesitzer überzeugt werden kann, den neuen Sozialgesetzen der Jahre 1883 bis 1889 zuzustimmen (D1, Q1).

2. Fasse zusammen, welches Leben Krupp den Arbeitern empfiehlt. Überlege Gründe, warum er diesen Text in seiner Firma verteilen ließ (Q6).

3. Erkläre, worin Marx und Engels die Ursache der sozialen Frage sehen und welche Schlussfolgerungen sie ziehen (VT, Q8).

4. Führt ein Streitgespräch zwischen einem Vertreter der katholischen Kirche, Marx und Krupp, in dem sie ihre Standpunkte darlegen, wie die soziale Frage zu lösen ist (Q5, Q6, Q8).

5. Stelle zusammen, wie Arbeiter selbst ihre Lage zu verändern suchten (VT, Q3, Q9–Q11). Welche Ergebnisse hatten ihre Bemühungen?

6. Verfasse ein Flugblatt, mit dem für den Eintritt in die Gewerkschaft geworben wird (Q9).

7. Vergleiche Q9 und Q11 miteinander. Worin stimmen die Ziele überein, wo siehst du Unterschiede? Überlege, worin die Unterschiede begründet sein können.

1760 1910

Der Preis der Industrialisierung – Umweltschäden

Die Industrialisierung führte zu einer bis dahin nie gekannten Belastung der Umwelt. Wie reagierten die Menschen auf die Verschmutzung von Luft, Wasser und Boden?

A: Zwei Bewohner einer Industriestadt um 1870 unterhalten sich über den Qualm, der wieder einmal über der Stadt liegt und das Atmen erschwert. Was soll man bloß dagegen tun? Spielt dieses Gespräch.

„Dicke Luft" über den Städten

Die Umweltverschmutzung war gegen Ende des 19. Jahrhunderts besonders in den Zentren der Textil- und Schwerindustrie nicht mehr zu übersehen. In den Industriestädten wurde häufig über Ruß und Rauch der Fabriken geklagt. Zugleich aber galten rauchende Fabrikschornsteine als ein Zeichen von Fortschritt und wirtschaftlichem Erfolg. Deswegen akzeptierten die meisten die Luftverschmutzung als unvermeidliche Begleiterscheinung der Industrialisierung. Am stärksten davon betroffen waren die nahe den Fabriken gelegenen Arbeiterviertel. Die Unternehmer ließen manchmal höhere Schornsteine bauen, um Abhilfe zu schaffen. Man glaubte damals, dass die Schadstoffe in der Luft auf ein unschädliches Maß „verdünnt" würden.

Schadstoffeinleitung in Gewässer

Noch sorgloser ging man mit den Flüssen um. Flüsse dienten nicht mehr nur dem Fischfang und der Schifffahrt, sondern sie transportierten die Abfälle der Stadt und die Abwässer der Fabriken. In den Städten wurden seit etwa 1850 unterirdische Kanalisationen gebaut. Sie leiteten die Abwässer der Haushalte und die oft giftigen Rückstände der Industrie direkt in die Flüsse. Dass kleine Flüsse starben, nahm man als unausweichlich hin. Wenn Trinkwasserbrunnen mit Schadstoffen verunreinigt waren, behalf man sich, indem man das Wasser aus weiter entlegenen ländlichen Gebieten herleitete.

Anfänge des Naturschutzes

Im 19. Jahrhundert galt die Natur noch als unbegrenzt belastbar. Es gab auch noch keine geeigneten Methoden, mit denen man die Gefahren für die menschliche Gesundheit und für die Natur hätte überprüfen können. Wirtschaftswachstum und Arbeitsplätze waren den meisten Menschen wichtiger als Umweltschutz. Dennoch entstanden seit den 1890er-Jahren in einer ganzen Reihe europäischer Staaten und auch in den USA private Naturschutzvereine. Es ging diesen Heimat- und Naturschutzvereinen nicht um Umweltschutz im modernen Sinn, sondern um eine Bewahrung von Naturinseln inmitten der sich ausbreitenden Industrielandschaft. Getragen wurde diese Bewegung überwiegend von der bürgerlichen Mittelschicht.

Q1 „Der stille Räuber", Karikatur auf die Verschmutzung der Themse im Punch vom 10. Juli 1858
Die Unterschrift lautet: Your money or your life".

B: Erkläre die Aussage der Karikatur.

Q2 Walzwerk Eberswalde
Gemälde von Carl Blechen, um 1830, Nationalgalerie Berlin, 23 x 32 cm

C: Stell dir vor, du bist einer der Flussfischer. Halte in einem Tagebucheintrag fest, was dir durch den Kopf geht, wenn du deinen täglichen Fang betrachtest.

Q3 Natur oder Arbeitsplätze

Im Juni 1905 wurde in der Nähe von Sobernheim ein größeres Fischsterben festgestellt. In einem Artikel in der Lokalzeitung wurde der Verdacht geäußert, die Kalkeinleitungen einer Leimfabrik könnten die Ursache gewesen sein. In einem Leserbrief hieß es dazu:

Wollte man aber auch annehmen, daß durch die Zufuhr der Abwässer ein Teil der Fische einginge, so steht die Stadt Sobernheim vor der Frage, ob sie unter allen Umständen die Fischzucht hochhalten und der Industrie die Wege verlegen will, oder ob es ratsamer ist, einen Teil der Fische zugrunde gehen zu lassen und der Industrie die Wege zu bahnen. Bei Beantwortung dieser Frage müssen folgende Tatsachen in Betracht gezogen werden: Die Fischereipacht bringt der Stadt jährlich zirka 200 Mark ein. Die Firma Caesar & Ewald zahlt jährlich (...) allein an Arbeiterlöhnen durchschnittlich 35 000 Mark. Die Firma muß den Betrieb einstellen, wenn sie ihre Abwässer nicht mehr los wird. Wollen wir also nur eine Bevölkerung haben, die Landwirtschaft treibt (...), so müssen wir die Industrie lahmlegen. Wollen wir aber (...) der ärmeren Bevölkerung Unterhalt verschaffen, dieselbe vor dem Auswandern schützen und damit den Verkehr und die Geschäfte heben, so ist es nicht zu umgehen, auf die Industrie Rücksicht (...) zu nehmen.

Jens Flemming (Hrsg.), Quellen zur Alltagsgeschichte der Deutschen 1871–1914, Darmstadt 1997, S. 56 ff.

Q4 Öffentliche Hygiene in der Großstadt

Der Schriftseteller Hugo Wauer schreibt um 1835:

Es war erlaubt, Gefäße, die unreine Flüssigkeiten ohne feste Bestandteile enthielten, in den Straßenrinnstein zu entleeren; aber die Dienstmädchen machten sich keineswegs ein Gewissen daraus, diese Opferstätten mit recht unappetitlichen „festeren Bestandteilen" zu dekorieren. (…)

Die besseren Wohnungen hatten ihre Kloseträume, aber ohne Abfluß. Nachts durchfuhren geschlossene Wagen von der Größe unserer allergrößten modernen Möbelwagen die Straßen. Jeder dieser Wagen führte etwa hundert verdeckte Eimer. Zehn bis zwölf mit Laternen ausgerüstete alte Frauen begleiteten das unheimliche Gefährt, drangen mit leeren Eimern in jedes Haus, holten die gefüllten und stellten sie in den Wagen. Kam man um diese Zeit nach Hause, dann mußte man mit fest an Nase und Mund gepreßtem Taschentuch das Treppenhaus durcheilen! (…)

Jedes Haus hatte auf dem Hofe Abtritte für die kleineren Mieter und die Dienerschaft. Zu jedem Abtritt gehörte eine Senkgrube von 2, 3 Metern Tiefe und Breite. War diese gefüllt, was etwa alle zwei Monde der Fall war, dann kamen Bauern aus den naheliegenden Dörfern, schaufelten den kostbaren Inhalt in ihre offenen, keineswegs undurchlässigen Kastenwagen und fuhren holpernd, stuckernd, „von Düften duftend süß" und deutliche Spuren hinterlassend, der Heimat zu!

Von diesen unbeschreiblich ekelhaften und gesundheitsschädlichen Plagen hat uns Anfangs der sechziger Jahre die Kanalisation erlöst! Es ist unmöglich, in kurzen Worten den Dank auszudrücken, den wir ihr dafür schulden!

Hugo Wauer Humoristische Rückblicke auf Berlins „gute alte" Zeit von 1834 bis 1864. Miterlebtes, S. 69 73. Zit. nach Hartwig Brandt/Ewald Grothe (Hrsg.), Quellen zur Alltagsgeschichte der Deutschen 1815–1870, Darmstadt 2005, S. 43 ff.

Q5 Kahnfahrt des deutschen Kronprinzen durch die Hamburger Kanalisation

Holzschnitt, um 1880

D: Begründe, warum dieses ungewöhnliche Bildmotiv weite Verbreitung fand.

Q6 Über den Umgang mit Müll

Aus einer Fachzeitschrift für Gesundheitspflege, 1895:

Wenn Sie im ersten Frühling eine Reise machen, erkennen Sie das Nahen einer größeren Stadt zuerst an den Aeckern, welche mit städtischem Kehricht „gedüngt" sind; überall blinken Ihnen Scherben entgegen, dazwischen sehen Sie Conservenbüchsen, Stecke von Reifröcken, von Corsets, von Sprungfedern, zerbrochene Kämme u. dergl.; die Hecken und Raine hängen voll Papier und Lumpenfetzen. An anderen Stellen erblicken Sie ganze Scherbenberge; Unebenheiten im Terrain, verlassene Kiesgruben u. dergl. sind mit Kehricht ausgefüllt; manchmal erkennen Sie schon die Linien der ausgelegten Strassen, die gerade über eine solche Aufhöhung als Bauuntergrund hinführen sollen. Der Städter, welcher seinen Osterspaziergang machen will, kommt vor den Thoren in diesen Graus. Einige Wochen später deckt allerdings das spriessende Grün mitleidig das Schlimmste zu, aber in trockener Zeit verstäubt auch jetzt noch viel davon über das Land hin in benachbarte Wohnungen oder in die ländlichen Milchkeller, aus denen die Stadt mit Milch versorgt wird.

Beseitigung des Kehrichts und anderer städtischer Abfälle, besonders durch Verbrennung, in: Deutsche Vierteljahresschrift für öffentliche Gesundheitspflege 1895, S. 11.

Q7 Eisenbahnbau im Bayerischen Wald
Foto, um 1890

E: Überlege, wie der Eisenbahnbau die Landschaft veränderte. Beachte auch Q8.

Q8 Anfänge des Naturschutzes
Aus einem Aufruf des Dresdener „Bund Heimatschutz", 1904:
Heide und Anger, Moor und Wiese, Busch und Hecke verschwinden, wo irgend ihr Vorhandensein mit einem sogenannten rationellen Nutzungsprinzip in Widerstreit gerät. Und mit ihnen verschwindet eine ebenso eigenartige als poetische Tier- und niedere Pflanzenwelt. In der Forstwirtschaft gilt (…) vielfach ausschließlich der Gesichtspunkt, hohe Erträge zu erzielen. Namentlich in Gemeindeverwaltungen und Privatforsten wird nur allzu oft jede ideale Rücksicht beiseite geschoben. Selbst die Kuppen unserer Berge, welche die Linien der Landschaft seit Urzeiten bestimmen, die phantastischen Felsbildungen, welche die Abhänge unserer Täler schmücken, werden durch Steinbrüche angetastet, die häufig genug an gleichgültigeren Stellen angelegt werden könnten. Den Zauber einsamer Gebirgswelt vernichtet man durch aufdringliche Bauten. Eiserne Brücken spannt man in unschönen, das Landschaftsbild verunstaltenden Formen über unsere Wasserläufe, auch da, wo allen Anforderungen der Zweckmäßigkeit mit schlichten Stein- oder Holzbrücken zu entsprechen gewesen wäre. Bäche und Flüsse werden zugunsten praktischer Zwecke so völlig umgestaltet, daß in ihrer natürlichen Schönheit nichts mehr übrigbleibt. Der Baum, der seit Jahrhunderten Schatten gespendet, wird den Theorien der Wegebaukommission zuliebe gefällt; das alte Tor, das vorspringende Haus wird niedergerissen, weil der enge Durchgang, die krumme Straße angeblich nicht mehr den Forderungen des Verkehrs entspricht; dies aber nicht nur in den Städten mit einigen hunderttausend Einwohnern, sondern in jeder Mittel- und Kleinstadt bis zum winzigsten Flecken herab, weil sie alle von der Sucht geplagt werden, großstädtisch scheinen zu wollen. (…)
Wir haben nicht die törichte Absicht, die außerordentlichen Errungenschaften der Gegenwart auf praktischem Gebiet zurückdrängen zu wollen. Wohl aber dürfen wir einen Ausgleich anstreben zwischen jener herzlosen Ausbeutung des Heimatbodens und den Forderungen des Gemüts, dessen Wurzeln keine Lebensnahrung mehr finden werden, wenn wir in gleichem Maße fortfahren, die Schönheiten des deutschen Landes achtlos zu vernichten.

Helmut Fischer, Hundert Jahre für den Naturschutz. Heimat und regionale Identität. Die Geschichte eines Programms, Bonn 2004, S. 32–35.

1. Antworte dem Leserbriefschreiber von Q3 einmal aus der Sicht eines Flussfischers und einmal aus der Sicht eines Arbeiters der Firma Caesar & Ewald.

2. Arbeite heraus, wie Stadtentwicklung und Umweltbelastung zusammenhängen. Suche nach vergleichbaren Problemen in der Gegenwart (Q4).

3. Finde aus Q6 heraus, auf welche Gefahren der Verfasser des Textes aufmerksam machen möchte.

4. Nenne die Ziele, des „Bundes Heimatschutz" und vergleiche mit heutigen Zielen von Umweltschutz (Q8).

1760 1910

1. Ein Kreuzworträtsel lösen: Wichtige Namen und Begriffe kennen (Sachkompetenz)

Kopiere das Kreuzworträtsel und löse es auf der Kopie (ß = ss).

1. Stadt der Baumwolle
2. Unternehmensform (im Plural)
3. Das Transportmittel der Industrialisierung
4. Bekannter deutscher Großindustrieller
5. Fremdwort für Warenherstellung
6. Wirtschaftlicher Zusammenschluss von Staaten in Deutschland während des 19. Jahrhunderts
7. Mutterland der Industrialisierung
8. Beruf, der in Planung und Entwicklung den „alten“ Werkmeister ablöst
9. Vorindustrielle Form des Massenelends
10. Begründer der modernen Landwirtschaft in Deutschland
11. Erfinder der wirtschaftlich einsetzbaren Dampfmaschine
12. Transportmittel des öffentlichen Nahverkehrs
13. Einrichtung, die den Fertigungsprozess revolutionierte
14. Berühmter deutscher Chemiker
15. Kommunistischer Vordenker
16. Neue Einkaufsmöglichkeit in Großstädten
17. Gegenbewegung zur Umweltzerstörung
18. Industriestaat in Asien
19. Führungskraft in einem Unternehmen
20. Einrichtung, um die Seuchengefahr in Städten zu vermindern

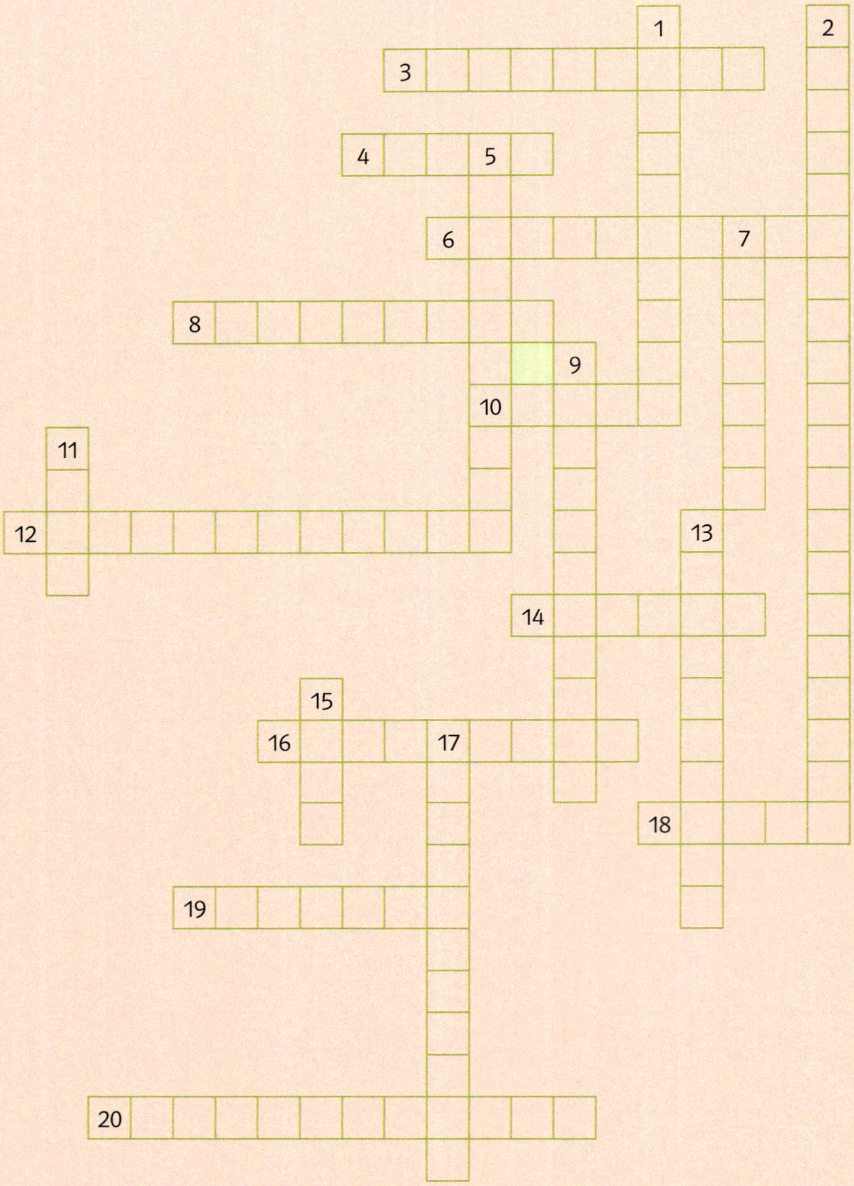

2. Einen Lückentext füllen: Grundzüge der Industrialisierung in Deutschland beschreiben (Sachkompetenz)

Übertrage den Text in dein Heft und fülle dabei die Lücken.

Ausgangspunkt der Industrialisierung war ______________, das „Mutterland der Industrie“. In Deutschland waren die Voraussetzungen für die Industrialisierung deutlich ____________ als in England. 1834 schlossen sich 18 deutsche Kleinstaaten zum Deutschen ________________ zusammen und bildeten so einen einheitlichen zollfreien Binnenmarkt. Motor der verzögerten Industrialisierung Deutschlands war vor allem der Eisenbahnbau, weshalb er auch als _________________ bezeichnet wird. Mit dem Wachstum der Eisen- und Stahlindustrie entstand im ____________________ ein Zentrum der Schwerindustrie. Nachdem die Eisen- und Stahlindustrie an Schwungkraft verloren hatte, übernahmen die ______________________ die Führungsrolle. Die Industrialisierung brachte eine Menge Probleme mit sich, die man unter dem Stichwort _________________ zusammenfasst. Eine Antwort auf die Probleme gab der Staat, indem er in den 1880er-Jahren eine Reihe von ________________ beschloss, um die Lage der ______________ zu verbessern.

Online-Link
443020-0918
Quiz

Q1 Arbeiterfamilie in ihrer Wohnung in Berlin-Kreuzberg, Liegnitzer Straße 9
Foto, um 1907

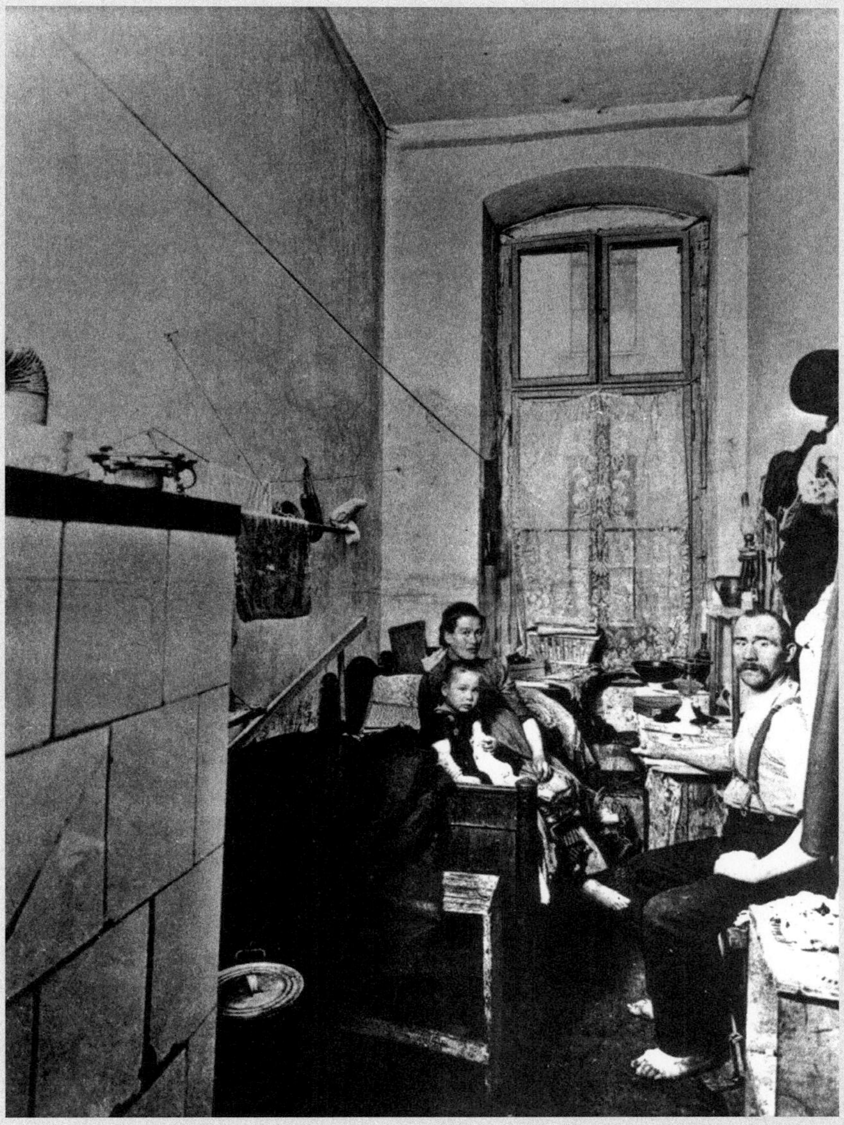

3. Ein Foto auswerten: Wohnbedingungen in Großstädten (Sachkompetenz, Methodenkompetenz, Urteilskompetenz)
Erschließe das Bild mithilfe der methodischen Arbeitsschritte (siehe S. 213). Schreibe zu dem Bild einen kurzen Artikel für eine Arbeiterzeitung.

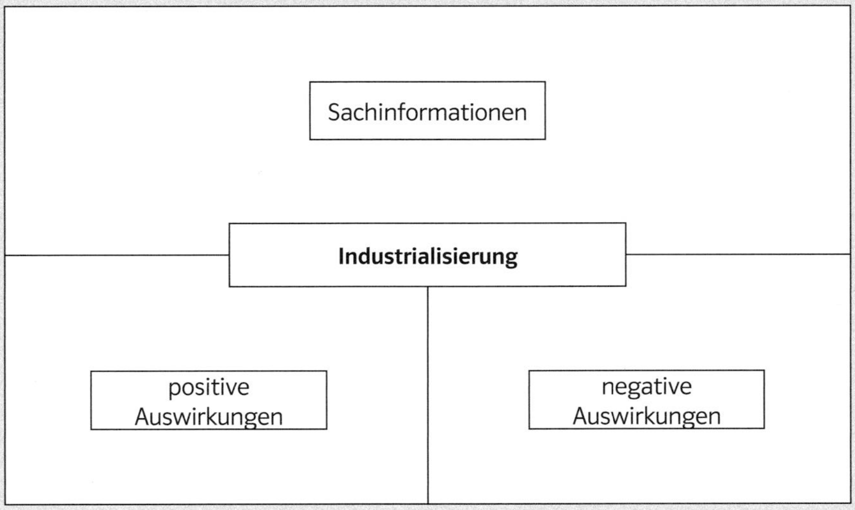

4. Ein Lernplakat gestalten: Die Industrialisierung (Sachkompetenz, Methodenkompetenz, Urteilskompetenz)
Erstellt in der Klasse ein Lernplakat nach dem vorgegebenen Muster.

10 Deutsche streben nach Einheit und Freiheit

Online-Link
443020-1001

Nach dem Sieg über Napoleon verhandelten in Wien die Herrscher Europas über die Neugestaltung Europas und damit auch über Deutschlands Zukunft. Von den Ergebnissen waren viele Deutsche enttäuscht: Sie forderten einen gemeinsamen Staat, in dem ihnen eine Verfassung, Bürgerrechte und politische Mitbestimmung garantiert wurden. In der Revolution von 1848/49 wurden diese Forderungen erneut aufgegriffen. Und 1871 wurde der deutsche Nationalstaat endlich Wirklichkeit.

Das Kapitel gibt dir Antwort auf die Fragen:

- Welche Ergebnisse brachte der Wiener Kongress?
- Warum führten liberale und nationale Forderungen 1848 zu einer Revolution?
- Welche Ergebnisse brachte diese Revolution?
- Auf welchem Wege wurde der deutsche Nationalstaat gegründet?

1815

1830

1814/15
Wiener Kongress

1817
Wartburgfest

1819
Karlsbader Beschlüsse

1830
Julirevolution in Frankreich

1832
Hambacher Fest

Zar Alexander von Russland, Kaiser Franz I. von Österreich und König Friedrich Wilhelm III. von Preußen begründen 1815 die „Heilige Allianz", zeitgenössischer Kupferstich von J. C. Bock

Wartburgfest 1817, Studenten verbrennen Schriften und Symbole, Holzstich um 1875

1845 **1860** **1875**

1848
Revolutionen in Frankreich und Deutschland
Paulskirchenparlament

1849
Verabschiedung der Reichsverfassung
Ablehnung der Kaiserkrone durch den preußischen König; Ende der Revolution

1862
Ernennung Otto von Bismarcks zum preußischen Ministerpräsidenten

1864
Krieg des Deutschen Bundes gegen Dänemark

1866
Sieg Preußens über Österreich, Auflösung des Deutschen Bundes

1870/71
Krieg zwischen Deutschland und Frankreich
Gründung des Deutschen Reiches

Kampf um die große Barrikade auf dem Alexanderplatz in Berlin am 18. März 1848, zeitgenössische Kreidelithografie von A. Klaus

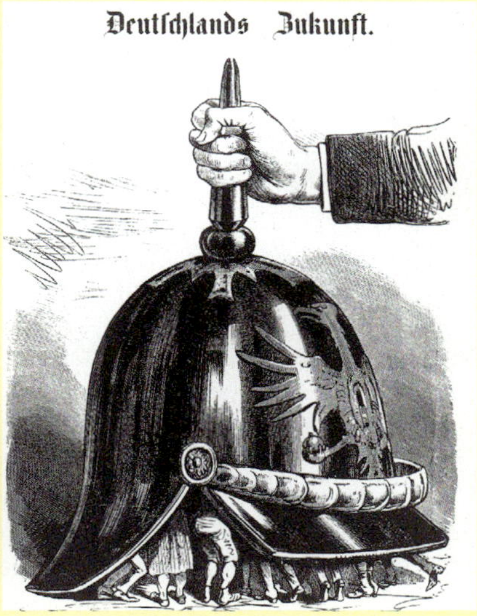

„Kommt es unter einen Hut? Ich glaube, 's kommt eher unter eine Pickelhaube!“, österreichische Karikatur zur Reichsgründung, 1870

1815 1871

Die Neuordnung Europas – der Wiener Kongress

Im Juni 1815 war es gelungen, Napoleon endgültig zu besiegen. Zu dieser Zeit hatten sich bereits die Vertreter der wichtigsten europäischen Staaten in Wien versammelt, um Europa neu zu ordnen. Welches Ergebnis brachte dieses Treffen?

A: Du bist französischer Journalist in Wien. Schreibe einen Bericht über die Verhandlungen.

Wie soll Europa künftig aussehen?

Mehr als zwanzig Jahre hatte es ohne Unterbrechung Krieg in Europa gegeben. Zeitweise beherrschte Frankreich fast den ganzen Kontinent. Nun wurde auf dem Wiener Kongress beraten, wie zukünftig die Macht zwischen den Staaten Europas verteilt und der Frieden dauerhaft gesichert werden könnte. Einig waren sich die Siegermächte darin, dass ein erneuter Versuch Frankreichs, die Vorherrschaft in Europa zu erlangen, verhindert werden musste. Davon abgesehen hatten die europäischen Großmächte sehr unterschiedliche Ziele.

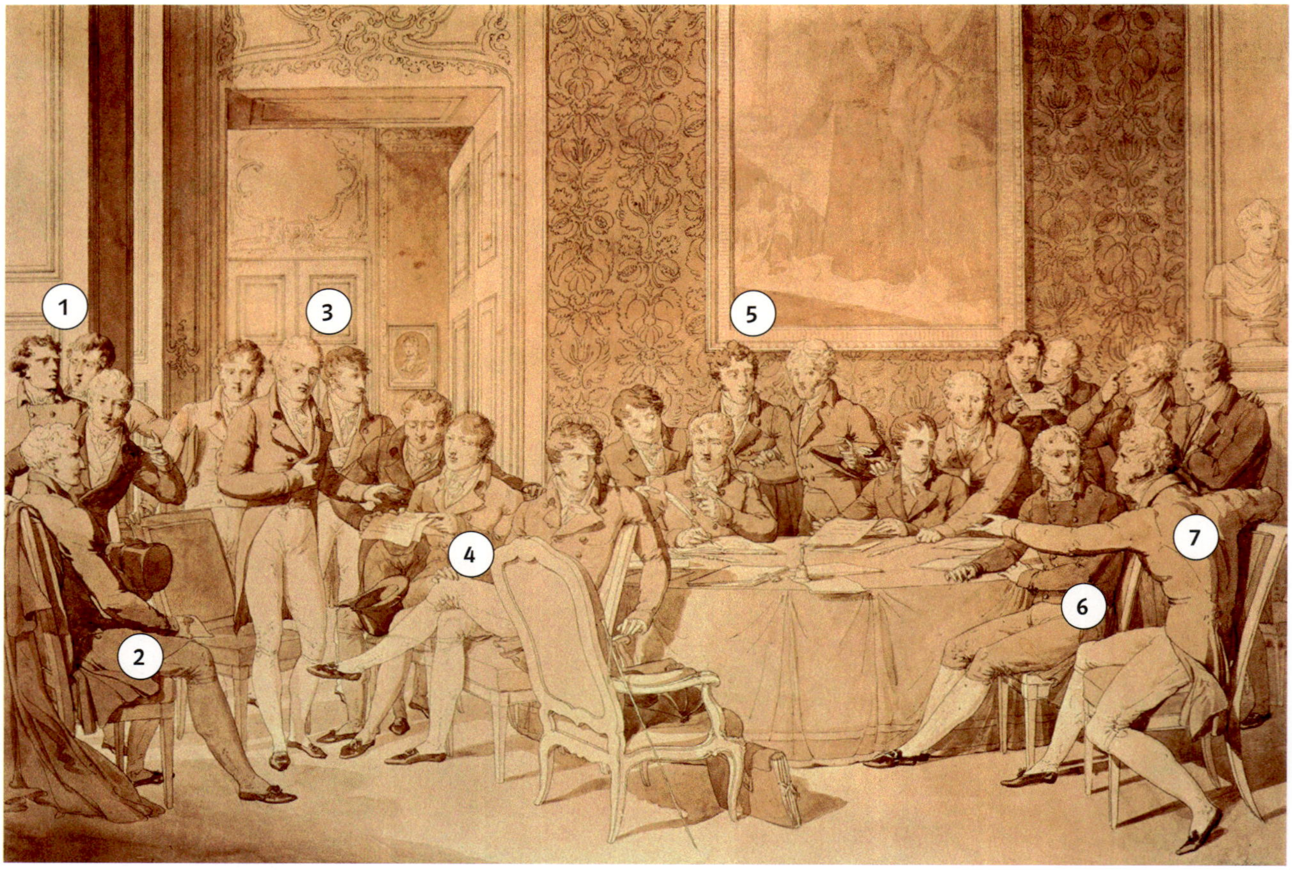

Q1 Der Wiener Kongress tagt
Zeichnung von Jean Baptiste Isabey, 1814 / 15, 83 x 61 cm
1 der englische Gesandte Herzog von Wellington **2** der preußische Staatskanzler Hardenberg **3** Fürst Metternich aus Österreich **4** Graf Nesselrode aus Russland **5** der britische Außenminister Castlereagh **6** der französische Vertreter Talleyrand **7** Graf Stachelberg, ein Bevollmächtigter des russischen Zaren

B: Überlege, welche Personen für den Künstler die Hauptrollen spielten. Suche Informationen über sie. Stelle sie jeweils in Form einer Ich-Erzählung vor.

Nach langen Verhandlungen einigten sich die Kongressteilnehmer schließlich: Niemand durfte die Vorherrschaft in Europa haben; die Großmächte sollten sich in einem Gleichgewicht befinden. Frankreich wurde einer besonderen Kontrolle unterworfen, indem an seinen Grenzen andere Großmächte wie z. B. Preußen als „Aufpasser" Gebiete erhielten. Großbritannien wurde als führende See- und Welthandelsmacht bestätigt.

Die Zeit der Restauration

Auf dem Wiener Kongress ging es aber nicht nur um Grenzveränderungen. Napoleon hatte die Ideen der Französischen Revolution weit verbreitet und in den von ihm eroberten Gebieten politische Veränderungen durchgesetzt. Diese sollten nach dem Willen der Fürsten wieder rückgängig gemacht und die alten Verhältnisse restauriert werden. Das betraf besonders die Idee der so genannten „Volkssouveränität". Das bedeutet, dass ein Volk das Recht hat, seine Regierung durch Wahlen selbst zu bestimmen. Stattdessen sollte wieder die Herrschaft der Fürsten gelten, die angeblich von Gott gewollt war. Preußen, Russland und Österreich verpflichteten sich in der so genannten „Heiligen Allianz" zur gegenseitigen Unterstützung, wenn es zu Aufständen kommen sollte.

Restauration
(lat. „restaurare" = wiederherstellen)
Ein Ziel des Wiener Kongresses war die Wiederherstellung der alten Ordnung aus der Zeit vor der Französischen Revolution. Die Jahre nach 1815 bis 1848 werden deswegen als Zeit der Restauration bezeichnet.

Der Deutsche Bund wird gegründet

Auf Grund seiner Größe und seiner geografischen Lage war Deutschland der Schlüssel für die Stabilität Europas. Durch die Neuordnung Deutschlands sollte die Mitte Europas vor Angriffen geschützt und gleichzeitig das Gleichgewicht zwischen den europäischen Großmächten gesichert werden. So wurde in Wien beschlossen, einen „Deutschen Bund" als Zusammenschluss von 37 Fürstentümern und vier freien Reichsstädten zu gründen.

C: Erkläre mithilfe des Schaubilds, welche Zusammensetzung und welche Aufgaben der Deutsche Bund hatte und wie Rechte und Pflichten seiner Mitglieder verteilt waren.

Wie war der Deutsche Bund aufgebaut?

Es gab kein gemeinsames Staatsoberhaupt und auch kein Parlament, nur eine „Bundesversammlung". Sie bestand aus Abgesandten der Regierungen aller Mitgliedsstaaten und tagte unter der Leitung Österreichs in Frankfurt am Main. Wichtige Beschlüsse, die für den gesamten Bund gelten sollten, mussten mit einer Zweidrittelmehrheit gefasst werden. Ansonsten konnten die einzelnen Bundesstaaten ihre Angelegenheiten unabhängig regeln. Verfassungen einzuführen war ihnen erlaubt. Allerdings durfte die absolute Herrschaft der Fürsten nicht eingeschränkt werden. Preußen und Österreich verzichteten von vornherein auf Verfassungen.

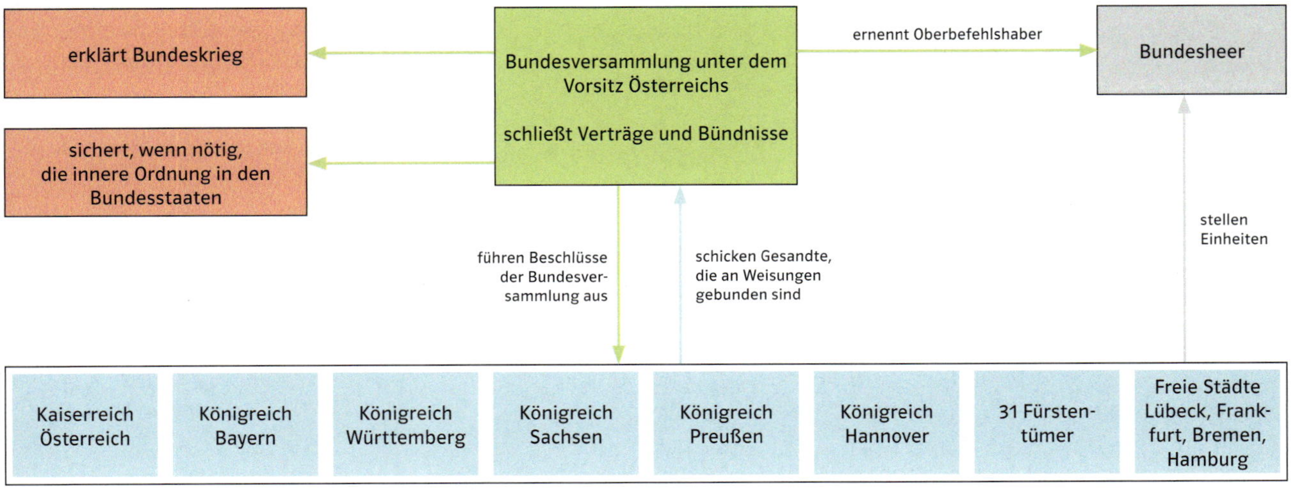

D1 Der Deutsche Bund

Q2 „Deutschlands Hoffnung oder der Bundestag in Frankfurt“
kolorierte Radierung, 1816, 28 x 21 cm
Das Bild zeigt die erste Sitzung des Bundestages; die Statuen im Hintergrund symbolisieren Gerechtigkeit, Eintracht, Weisheit und Stärke.

D: Stell dir vor, das Bild soll in einer Zeitung erscheinen. Schreibe dazu einen passenden Text. Gehe insbesondere auf den Titel des Bildes ein.

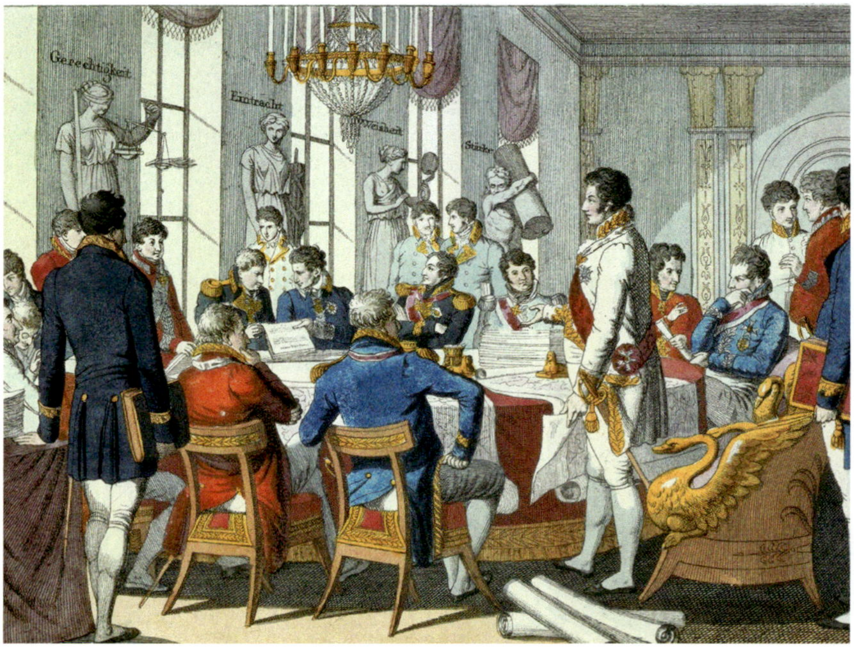

Q3 Der Deutsche Bund als Zentral- und Friedensstaat Europas
Der Göttinger Historiker Ludwig Heeren schreibt 1816:

Der Deutsche Bund macht geographisch den Mittelpunkt des Staatensystems von Europa aus. Er berührt, ganz oder beinahe, die Hauptstaaten des Westens und Ostens; und nicht leicht kann auf der einen oder der anderen Seite unseres Weltteils sich etwas ereignen, was ihm gleichgültig bleiben könnte. Aber auch den fremden Mächten kann es nicht gleichgültig sein, wie der Zentralstaat von Europa geformt ist! Wäre dieser Staat eine große Monarchie mit strenger politischer Einheit, ausgerüstet mit allen den materiellen Staatskräften, die Deutschland besitzt – welch sicherer Ruhestand wäre für die fremden Mächte möglich? (…) Würde ein solcher Staat lange der Versuchung widerstehen können, die Vorherrschaft in Europa sich zuzueignen, wozu seine Lage und seine Macht ihn zu berechtigen scheinen? (…) Dem Deutschen Bund dagegen fehlen die Mittel zu Eroberungen. Es liegt in seinem Charakter, dass, wie stark er auch in der Verteidigung sein mag, er doch schwach zum Angriff ist. (…) Mit Recht werden wir also den Deutschen Bund den Friedensstaat von Europa nennen können.

Hagen Schulze (Hrsg.), Europäische Geschichte. Quellen und Materialien, München 1994, S. 188.

Q4 Mein Wunsch für Deutschland
Als Berater des russischen Zaren äußert sich der preußische Beamte Freiherr vom und zum Stein 1815:

Unsere neuen Gesetzgeber haben an die Stelle des alten Deutschen Reiches mit einem Haupte, gesetzgebender Versammlung, Gerichtshöfen, einer inneren Einrichtung, die ein Ganzes bildete – einen Deutschen Bund gesetzt, ohne Haupt, ohne Gerichtshöfe, schwach verbunden für die allgemeine Verteidigung. Die Rechte der einzelnen sind durch nichts gesichert als die unbestimmte Erklärung, „daß es Landstände [eine Art von Volksvertretung] geben solle“; ohne daß etwas über deren Befugnisse festgestellt ist. (…)
Das Recht der Bündnisse einzelner Staaten mit Fremden wird allein durch die Verpflichtung beschränkt, keine Verbindungen einzugehen, welche gegen den Bund oder eines seiner Mitglieder gerichtet sind. – Der Deutsche (…) wird sogar verpflichtet sein, seinen Landsmann zu bekämpfen, wenn dessen Fürst sich mit dem Gegner verbunden hat.
Von einer so fehlerhaften Verfassung läßt sich nur ein sehr schwacher Einfluß auf das öffentliche Glück Deutschlands erwarten.

Deutsche Geschichte in Quellen und Darstellung, Band 7: Vom Deutschen Bund zum Kaiserreich 1815–1871, Stuttgart 1997, S. 55 ff.

1. Erkläre, wie die deutschen Grenzen gegen Frankreich „geschützt“ wurden (VT, Karte S. 233).

2. Erkläre, warum Deutschland für das Gleichgewicht und den Frieden in Europa so wichtig war (VT, Karte S. 233, Q3).

3. Erläutere die Kritik des Freiherrn vom Stein am Deutschen Bund (Q4).

4. Entwirf ein Streitgespräch zwischen Heeren und vom Stein über die Rolle des Deutschen Bundes (Q3, Q4).

Bürger fordern Freiheit und Einheit

Als die Fürsten in Wien über die Zukunft Deutschlands berieten, erhofften sich viele Deutsche einen gemeinsamen Staat und politische Mitbestimmung. Wie reagierten die Menschen auf die Beschlüsse des Wiener Kongresses?

Für Freiheit und Gleichberechtigung

Die Kräfte, die das Rad der Geschichte zurückdrehen wollten, schienen in Wien den Sieg davongetragen zu haben. Die Ideen der Aufklärung und der Französischen Revolution ließen sich jedoch nicht mehr aus den Köpfen der Menschen vertreiben. In Deutschland hatte sich seit dem 18. Jahrhundert ein selbstbewusstes Bürgertum entwickelt, das persönliche Grundrechte und politische Mitbestimmung durch ein gewähltes Parlament forderte. Ebenso wurden Gleichberechtigung mit den Adligen, Religions-, Meinungs- und Pressefreiheit sowie Schutz vor willkürlicher Verfolgung und Verhaftung verlangt. Alle diese liberalen Forderungen sollten in Verfassungen festgeschrieben werden.

A: Liste die Forderungen auf, die die Bürger nach dem Wiener Kongress stellten und wie sie das taten.

Ein gemeinsamer Nationalstaat soll es sein

Viele Bürger fühlten sich am Beginn des 19. Jahrhunderts nicht mehr nur als Rheinländer, Sachsen oder Bayern, sondern auch als Angehörige einer gemeinsamen deutschen Nation. Hinzu kamen die Erfahrungen der Besatzungszeit unter Napoleon und des gemeinsam geführten Befreiungskrieges. So wollten immer mehr Deutsche in einem Nationalstaat leben. England und Frankreich waren ihnen darin ein Vorbild. 1815 schien die Gelegenheit zur Verwirklichung günstig zu sein, da mit dem Ende der französischen Vorherrschaft eine neue Staatsordnung für Deutschland gefunden werden musste.

Liberalismus
(lat. „liberus" = frei)
Der Liberalismus fordert das Recht des einzelnen Menschen auf seine persönliche Freiheit und wendet sich gegen Vorrechte des Adels und der Geistlichkeit. Freies Unternehmertum, Gewaltenteilung, Rechtsstaatlichkeit und Pressefreiheit zählen zu den Forderungen des Liberalismus.

Nation und Nationalstaat
Als Merkmale einer Nation gelten gemeinsame Abstammung, Sprache, Kultur und Geschichte sowie das Zusammengehörigkeitsgefühl der Menschen, die in einem Gebiet zusammenleben.

Das Wartburgfest

Gemessen an den liberalen und nationalen Zielen erwies sich der neu gegründete Deutsche Bund für viele als eine große Enttäuschung. Auf Einladung der Jenaer „Burschenschaft" versammelten sich am 18. und 19. Oktober 1817 mehr als 500 Teilnehmer von zwölf deutschen Universitäten auf der Wartburg. An vielen deutschen Universitäten hatten sich Studenten zusammengeschlossen, von denen einige freiwillig in den Befreiungskriegen mitgekämpft hatten. Als

Q1 Wartburgfest am 18. Oktober 1817
zeitgenössische Radierung eines unbekannten Künstlers

B: Entwirf Transparente, die die Demonstranten mit sich geführt haben könnten.

1815 1871

äußeres Zeichen ihrer Verbundenheit wählten sie symbolisch die drei Farben Schwarz, Rot und Gold. Mit dem Fest auf der Wartburg wollten die Studenten an den vierten Jahrestag der Völkerschlacht von Leipzig und an den 300. Jahrestag des Beginns der Reformation in Deutschland erinnern. In den Festansprachen ging es aber nicht nur um diese beiden Ereignisse. Vielmehr wurde ein geeintes Deutschland gefordert, in dem Freiheit und Rechte der Bürger gesichert sein sollten.

Der Staat überwacht seine Bürger

Die deutschen Bundesstaaten reagierten hart auf die liberale und nationale Bewegung: Die Burschenschaften wurden verboten, staatliche Aufseher für die Studenten und Professoren an den Universitäten eingesetzt, Zeitungen und Zeitschriften unterlagen einer Zensur. 1837 wurde eine Gruppe von sieben Professoren der Universtät Göttingen entlassen und teilweise ausgewiesen, weil sie gegen die Aufhebung der Verfassung im Königreich Hannover protestiert hatten. Aus Angst vor einer Revolution kontrollierten und verfolgten die Regierungen alle politisch aktiven Bürger.

Online-Link
443020-1004
Infoblatt: Spitzel in Hambach

Nationale Begeisterung

Doch die liberalen und nationalen Ideen ließen sich nicht verbieten, wie sich nun auf dem Hambacher Fest zeigte. 15 Jahre nach dem Wartburgfest versammelten sich mehr als 20 000 Demonstranten aus ganz Deutschland auf dem Hambacher Schloss in der bayerischen Pfalz. In Reden wurde ein gemeinsamer Nationalstaat mit einer demokratischen Verfassung gefordert – vielleicht sogar ohne einen König! Und als 1840 die französische Regierung alle deutschen Gebiete am linken Rheinufer für Frankreich forderte, kam es in der Bevölkerung zu einer Welle nationaler Begeisterung. Ziel war die gemeinsame Verteidigung der Westgrenze gegen Frankreich und darüber hinaus die Bildung eines deutschen Nationalstaates. Das drückte sich auch in einer Vielzahl nationaler Gedichte und Lieder aus. Gegenüber der nationalen Frage rückte das Ziel eines liberalen Verfassungsstaates zum ersten Mal in den Hintergrund.

Auf der CD-ROM kannst du anhand von Liedern die Vorstellungen von einem deutschen Nationalstaat untersuchen.

Q2 Das Hambacher Fest am 27. Mai 1832
kolorierte Kreidelithografie, 1832, 25 x 21 cm, Märkisches Museum Berlin

C: Ein Unbeteiligter oder eine Unbeteiligte trifft auf den Zug zur Hambacher Schlossruine. Ein Teilnehmer will sie oder ihn davon überzeugen, sich dem Zug anzuschließen. Spielt das Gespräch nach.

Q3 Die Familie des Berliner Schlossermeisters C. F. A. Hauschild
Ölgemälde von Eduard Gärtner, 1843, 21 x 17 cm, Märkisches Museum Berlin

D: Du warst zu Gast bei Familie Hauschild. Schildere in einem Tagebucheintrag deine Eindrücke.

Die Zeit des Biedermeier
Enttäuscht von der Politik zogen sich viele Bürger vom politischen Leben zurück. Familie und Kinder standen an erster Stelle, daneben waren die Männer vielleicht noch in einem Schützen-, Turn- oder Gesangverein. Selbstverständlich waren korrekte und saubere Kleidung sowie gute Benimmregeln. In Mode und Kleidung orientierte man sich dabei an Paris oder London. Häuser und Wohnungen wurden gemütlich, aber nicht protzig eingerichtet. Die so entstandene Form bürgerlichen Lebens nennt man Biedermeier.

Biedermeier
So nennt man eine Kunst- und Literaturepoche zwischen 1830 und 1848. Der Name entstand nach einer erfundenen Gestalt in einer Gedichtsammlung.

Hunger und Unzufriedenheit
Zur politischen Enttäuschung vieler Menschen kam in den 1840er-Jahren noch die Unzufriedenheit mit ihrer sozialen Lage hinzu. Deutschland befand sich in einem tief greifenden Umbruch: Die Bevölkerung war zwischen 1815 und 1848 von 22 auf 35 Millionen Menschen angewachsen. Doch es gab nicht genügend Arbeitsplätze, um alle zu ernähren. Als dann 1846 bis 1848 Missernten die Nahrungsmittel stark verteuerten und zudem eine Wirtschaftskrise ausbrach, kam es in vielen Gegenden zu Protestbewegungen.

1815 1871

Karikaturen auswerten

Die Menschen, die sich für Freiheit und nationale Einheit einsetzten, nutzten die verschiedensten Möglichkeiten, ihre Forderungen zu verbreiten. Insbesondere veröffentlichten sie in Zeitungen und Zeitschriften, die viel gelesen wurden. Dazu gehörten auch Karikaturen (ital. „caricare“ = überladen), in denen aktuelle politische Ereignisse z. B. durch Mensch-Tier-Vergleiche, Parodien und Unter- bzw. Übertreibungen in Bildform dargestellt und bewertet wurden. Manchmal konnte so auch die Zensur getäuscht werden. Für uns sind Karikaturen heute wichtige Quellen, die uns zeigen können, welche Kritik an den Herrschenden es damals gab. Allerdings ist es nicht immer leicht, sie zu entschlüsseln und einzuordnen.

Q4 Die „gute“ Presse
Lithografie, aus der Zeitschrift „Leuchtthurm“, 1847

Methodische Arbeitsschritte

1 Beschreiben

- Beschreibe die gezeichneten Personen, Tiere und Gegenstände sorgfältig. Achte dabei auch auf die Größendarstellungen und verbindende Elemente.
- Wenn eine Beschreibung oder Beschriftung vorhanden ist, stelle eine Beziehung zwischen dem Abgebildeten und dem Text her.

2 Untersuchen

- Finde so viel wie möglich über den geschichtlichen Hintergrund heraus: über abgebildete Personen oder wichtige Gegenstände, das Entstehungsjahr, den Ort der Veröffentlichung (bei einer Zeitung oder Zeitschrift), den Leserkreis der Zeitung oder Zeitschrift.
- Nutze dazu Geschichtsbücher über die Zeit, in der die Karikatur entstanden ist, und auch andere Informationsquellen (z.B. Lexika, Internet).
- Untersuche die dargestellten Personen und Gegenstände.

3 Deuten

- Versuche zu klären, welche persönliche Meinung der Zeichner mit der Karikatur verbreiten wollte.
- Beziehe Stellung zu der Aussage der Karikatur.

Beschreiben

Ein Maulwurf führt einen Zug von mehreren Personen bzw. Tieren an. Er trägt eine Fahne, auf der ein Krebs abgebildet ist. An zweiter Stelle marschiert ein Wesen mit einer Schere als Kopf. Dieses hat einen Wanderstock in Form eines übergroßen Bleistifts und führt sechs kleinere Menschen, die wie Kinder wirken, an einer Leine hinter sich her. Einer der kleinen Menschen trägt ein Schild, auf dem „ia" steht. Der Truppe folgt ein Schafsbock in Uniform mit einem Regenschirm bewaffnet und einem kleinen Hündchen an der Leine. Am Nachthimmel sind Fledermäuse zu erkennen.

Untersuchen

Rechts unterhalb der Zeichnung steht in kleiner Schrift „Expedition d Leuchtt". Damit ist die Zeitschrift „Leuchtturm, Monatsschrift zur Unterhaltung und Belehrung für das deutsche Volk" gemeint, in der die Karikatur 1847 erstmals gedruckt wurde. Seit 1819 wurde die Presse überwacht und es wurden keine öffentlichen politischen Diskussionen erlaubt.
Der Überschrift nach zu urteilen, soll die „gute" Presse, also vorbildlicher oder braver Journalismus dargestellt werden. In einem Spottvers bedanken sich die an der Leine Geführten bei der „süßen heiligen Zensur", die sie wie Kinder am Gängelband führt. Überschrift und Spottvers sind ironisch gemeint.
Die Pressezensur wird durch den Scherenmann mit dem Zensurstift dargestellt. Der bewachende Schafsbock trägt die Uniform eines kaiserlich-österreichischen Beamten. Er sieht äußerst ungefährlich, sogar lächerlich aus. Der Maulwurf an der Spitze gibt die Richtung vor, in die die Zensur die Presse führt: Es gibt keine, denn ein Maulwurf ist blind. Hinzu kommt die Fahne: Ein Krebs geht rückwärts, das Ziel ist es also, in die Vergangenheit zurückzugehen! Die Fledermäuse unterstreichen die Dunkelheit, in der sich der Zug bewegt. Vielleicht stehen sie auch für die „finsteren" deutschen Mächte, insbesondere Preußen und Österreich.

Deuten

Mit der Karikatur wird die Presse kritisiert, die sich gutgläubig (wie Kinder es tun) von der Zensur am „Gängelband" führen lässt. Die Zensur folgt einer blinden, also ziellosen Führung. Die Druckmittel des Staates (bewachendes Schaf) sind lächerlich schwach.
Die Karikatur drückt damit eine weit verbreitete Stimmung in der damaligen Zeit aus, als immer mehr Bürger sich mutig für politische Veränderungen aussprachen. Sie ruft die Zeitungen dazu auf, sich nicht mehr an die Zensurbestimmungen zu halten.

1. Lies Arbeitsschritte und Antworten und vergleiche sie mit der abgebildeten Karikatur (Q4).

2. Überlege, warum eine Karikatur Kritik viel deutlicher zum Ausdruck bringen kann als ein Text. Begründe, warum die Zensur eine Karikatur nicht so einfach verbieten kann wie einen Text.

3. Wähle aus einer aktuellen Zeitung oder Zeitschrift eine Karikatur aus und interpretiere sie mithilfe der vorgeschlagenen Arbeitsschritte.

4. Erkläre, welche Bedeutung Karikaturen in der Politik haben.

Q5 Der Denkerclub
kolorierte Radierung, um 1825
Der Text auf der Tafel rechts lautet:
„Gesetze des Denker-Clubs: I. Der Präsident eröffnet präzise 8 Uhr die Sitzung. II. Schweigen ist das erste Gesetz dieser gelehrten Gesellschaft. III. Auf das kein Mitglied in Versuchung gerathen möge, seiner Zunge freien Lauf zu lassen, so werden beim Eintritt Maulkörbe ausgetheilt. IV. Der Gegenstand, welcher in jedesmaliger Sitzung durch ein reifes Nachdenken gründlich erörtert werden soll, befindet sich auf einer Tafel mit grossen Buchstaben deutlich geschrieben."

E: Entschlüssele mithilfe der methodischen Arbeitsschritte auf S. 241 die Karikatur.

Q6 Was wollen die Burschenschaften?
Der Jurastudent Heinrich von Gagern schreibt 1818 an seinen Vater:
Wir wünschen, daß Deutschland als ein Land und das deutsche Volk als ein Volk angesehen werden könne. So wie wir dies so sehr als möglich in der Wirklichkeit wünschen, so zeigen wir dies in der Form unsres Burschenlebens. Landsmannschaftliche (= regionale) Parteien sind verbannt, und wir leben in einer deutschen Burschenschaft, im Geiste als ein Volk, wie wir es in ganz Deutschland gerne in der Wirklichkeit täten. (...) Wir wünschen eine Verfassung für das Volk und nach dem Zeitgeiste und nach der Aufklärung desselben, nicht daß jeder Fürst seinem Volke gibt, was er Lust hat und wie es seinem Privatinteresse dienlich ist. Überhaupt wünschen wir, daß die Fürsten davon ausgehen und überzeugt sein möchten, daß sie des Landes wegen, nicht aber das Land ihretwegen existiere. Die bestehende Meinung ist auch, daß überhaupt die Verfassung nicht von den einzelnen Staaten ausgehen solle, sondern daß die eigentlichen Grundzüge der deutschen Verfassung gemeinschaftlich sein sollten, ausgesprochen durch die deutsche Bundesverfassung.

Wolfgang Lautemann/Manfred Schlenke (Hrsg.), Geschichte in Quellen, Bd. 5, Das bürgerliche Zeitalter 1815–1914, München 1980, S. 83.

Q7 Die preußische Regierung zur liberalen und nationalen Bewegung
Aus einem offiziellen Rundschreiben des preußischen Außenministers Graf von Bernstorff, 1819:
Ihr Zweck ist: die Gesellschaft umzuschmelzen; die politischen Unterschiede, welche zwischen Deutschlands Völkern bestehen, aufzuheben; die wirkliche Einheit dieses großen Landes an die Stelle des Bundes seiner Glieder [also des Deutschen Bundes] zu setzen, und durch den Ruin der gegenwärtigen Ordnung der Dinge zu einer neuen Ordnung zu gelangen; als Mittel zu diesem Zwecke bemächtigen sie sich der heranwachsenden Generation, welcher sie in allen Erziehungsinstitutionen, von den Schulen bis zu den Universitäten, denselben Geist, dieselben Gesinnungen, dieselben Gewohnheiten mitteilen. (...) Die Lehre dieser Sektierer (...) läßt sich auf zwei Maxime [Grundsätze] zurückführen: die erste ist, daß das Ziel die Mittel heiligt; die zweite, daß die Handlungen an sich gleichgültig sind, daß ihre Verdienstlichkeit von den Ideen abhängt, aus denen sie flossen, und daß diese Ideen immer lobenswert sind, wenn sie Deutschlands Unabhängigkeit und Freiheit zum Gegenstande haben.

Wolfgang. Lautemann/Manfred Schlenke (Hrsg.), Geschichte in Quellen, Bd. 5, Das bürgerliche Zeitalter 1815–1914, München 1980, S. 89.

Q8 Die Karlsbader Beschlüsse

Als ein Student einen Schriftsteller ermordet hatte, wurden 1819 in Karlsbad Gesetze gegen die Meinungsfreiheit und die Studentenbewegung beschlossen.

Aus dem Universitätsgesetz:

Die Bundesregierungen verpflichten sich gegeneinander, Universitäts- und andere öffentliche Lehrer, die durch erweisliche Abweichung von ihrer Pflicht oder Überschreitung der Grenzen ihres Berufes, durch Mißbrauch ihres rechtmäßigen Einflusses auf die Gemüter der Jugend, durch Verbreitung verderblicher, der öffentlichen Ordnung und Ruhe feindseliger oder die Grundlagen der bestehenden Staatseinrichtungen untergrabender Lehren, ihre Unfähigkeit (...) unverkennbar an den Tag gelegt haben, von den Unversitäten und sonstigen Lehranstalten zu entfernen.

Aus dem Preßgesetz:

(...) Schriften, die in der Form täglicher Blätter oder heftweise erscheinen, desgleichen solche, die nicht über 20 Bogen im Druck stark sind, [dürfen] in keinem deutschen Bundesstaate ohne Vorwissen und vorgängige Genehmhaltung (Genehmigung) der Landesbehörden zum Druck befördert werden.

Wolfgang Lautemann/Manfred Schlenke (Hrsg.), Geschichte in Quellen. Das bürgerliche Zeitalter 1815–1914, München 1980, S. 86 f.

Q10 Gottesdienst in der Zuchthauskirche

Gemälde von Wilhelm Joseph Heine, 1837, 78 x 108 cm, Alte Nationalgalerie Berlin

Die Person vor der Säule ist Friedrich Ludwig Weidig, der 1837 nach schrecklichen Misshandlungen in der Haft Selbstmord beging.

F: Erläutere, was das Bild über den Umgang der Herrschenden mit Andersdenkenden aussagt. Untersuche, welche Haltung der Künstler dazu einnimmt. Vermute, was ihn bewogen hat, das Bild zu malen. Beachte auch Q9.

Online-Link
443020-1006
Arbeitsblatt zur Quelle Q9

Q9 „Friede den Hütten! Krieg den Palästen!"

Aus der von Georg Büchner und Friedrich Ludwig Weidig verfassten Flugschrift „Der Hessische Landbote" von 1834. Ihr Erscheinen löste eine Verfolgungswelle aus:

Das Leben der Vornehmen ist ein langer Sonntag, sie wohnen in schönen Häusern, sie tragen zierliche Kleider, sie haben feiste Gesichter und reden eine eigne Sprache (...). Geht einmal nach Darmstadt und seht, wie die Herren sich für euer Geld dort lustig machen, und erzählt euern hungernden Weibern und Kindern, daß ihr Brot an fremden Bäuchen herrlich angeschlagen sei, (...) erzählt von den stattlichen Häusern, die aus den Knochen des Volks gebaut sind. (...) Der Fürst ist der Kopf des Blutegels [Wurm, der sich von Blut ernährt], der über euch hinkriecht, die Minister sind seine Zähne und die Beamten sein Schwanz. (...) Nach den Artikeln [der Verfassung] ist der Großherzog unverletzlich, heilig und unverantwortlich. Seine Würde ist erblich in der Familie, er hat das Recht Krieg zu führen und ausschließliche Verfügung über das Militär. (...) Er bleibt im Besitz einer fast unbeschränkten Gewalt (...).

Georg Büchner, Werke und Briefe, München 1994, S. 40 ff.

1. Verfasse ein Streitgespräch zwischen von Gagern (Q6) und Graf von Bernstorff (Q7), in dem die beiden ihre Positionen erklären und verteidigen.

2. Erkläre, welche Ziele mit den Karlsbader Beschlüssen (Q8) verfolgt wurden, und fasse zusammen, welche Folgen sich daraus ergaben.

3. Erläutere mithilfe von Q9, warum die Herrschenden auf das Erscheinen des „Hessischen Landboten" mit solch harten Maßnahmen reagierten.

4. Schreibe aus der Sicht eines liberalen Bürgers deine Meinung zu den politischen Zuständen im Deutschen Bund (VT, Q5, Q8 – Q10).

1815 1871

Ein Lied als historische Quelle

In der Geschichte der deutschen Freiheitsbewegungen spielten Lieder eine wichtige Rolle. Sie waren oft das einzige Mittel, um politische Rechte und persönliche Freiheit einzuklagen sowie Kritik an Missständen zu äußern.
Mit Liedern wurden politische Meinungen „verkündet" und damit öffentlich gemacht. Weil viele Menschen im 19. Jahrhundert nur schlecht oder gar nicht lesen konnten, waren Lieder häufig eine Informationsquelle, um etwas über politische Ereignisse in Erfahrung zu bringen. Damit gehören Lieder von einst heute zu den wichtigen Quellen, um zu erfahren, was die Menschen diskutierten und forderten, was sie bewegte und wie sie auf politische Ereignisse reagierten.

Q1 Das Lied der Deutschen

Deutschland, Deutschland über alles,
Über alles in der Welt,
Wenn es stets zu Schutz und Trutze,
Brüderlich zusammenhält
Von der Maas bis an die Memel,
Von der Etsch bis an den Belt.
Deutschland, Deutschland über alles,
Über alles in der Welt!

Deutsche Frauen, deutsche Treue,
Deutscher Wein und deutscher Sang
Sollen in der Welt behalten
Ihren alten schönen Klang
Und zu edler Tat begeistern
Unser ganzes Leben lang.
Deutsche Frauen, deutsche Treue,
Deutscher Wein und deutscher Sang!

Einigkeit und Recht und Freiheit
Für das deutsche Vaterland,
Danach lasst uns alle streben
Brüderlich mit Herz und Hand!
Einigkeit und Recht und Freiheit
Sind des Glückes Unterpfand:
Blüh im Glanze dieses Glückes,
Blühe, deutsches Vaterland!

Musik: Franz Joseph Haydn (1732–1809)
Text: A. H. Hoffmann v. Fallersleben (1798–1874)

D1 Schema zur Auswertung der Melodie

Für die Auswertung eines Liedes ist die Melodie genauso wichtig wie der Text. Die Tabelle gibt dir ein Beispiel dafür, wie man eine Melodie charakterisieren kann. Du kannst die Merkmale jederzeit erweitern. Trage dann für die zutreffenden Merkmale ein Kreuzchen in das entsprechende Kästchen ein.

	sehr	ziemlich	wenig	wenig	ziemlich	sehr	
schnell					x		langsam
laut		x					leise
hart							weich
heiter			x				traurig
…							…
…							…

Methodische Arbeitsschritte

1 Beschreiben

- Beschreibe die äußere Form des Liedes (Strophen, Refrain, Reime).
- Fasse die zentrale Aussage jeder Strophe zusammen.
- Charakterisiere die Sprache des Liedtextes.
- Beschreibe deine ersten Eindrücke von der Melodie des Liedes.
- Benenne die Merkmale der Melodie. Benutze dazu das Schema D1.
- Überlege, welche Stimmung mit dem Lied zum Ausdruck gebracht wird.

2 Untersuchen

- Stelle fest, wer den Liedtext geschrieben hat und von wem die Melodie stammt.
- Untersuche, welche politischen oder geschichtlichen Ereignisse im Lied erwähnt werden.
- Ordne das Lied in seinen historischen Zusammenhang ein.
- Überlege, wie Text und Melodie zusammenpassen. Suche nach musikalischen Mitteln, die möglicherweise die Aussage des Textes verstärken.

3 Deuten

- Überlege, welchen Standpunkt der Autor zu den besungenen Ereignissen hatte.
- Stelle Vermutungen an, wer das Lied gesungen haben mag und welche politische Einstellung man mit dem Singen des Liedes zeigen wollte.
- Versuche herauszufinden, welche Wirkung das Lied bei seiner Entstehung hatte.
- Erkundige dich, ob das Lied heute noch gesungen wird und ob es heute noch eine Bedeutung hat.

Beschreiben

Das Lied gliedert sich in drei Strophen mit je acht Versen (Volksliedstrophe). Der Endreim am Versende ist ein unterbrochener Kreuzreim (x a x a …).
In der ersten Strophe drückt das Lied den Wunsch nach nationaler Einheit mit dem Eingangsvers „Deutschland, Deutschland über alles“ aus. Dem Ziel der Einheit Deutschlands kommt eine Vorrangstellung zu. Daher werden mögliche Grenzen im Liedtext genannt: Die Flüsse Maas, Etsch und Memel sowie der Belt (zwischen Schleswig und Dänemark; siehe Karte S. 233). Während die zweite Strophe vom Inhalt her einem unverfänglichen „Trinklied“ entspricht, wird in der dritten Strophe mit „Einigkeit und Recht und Freiheit“ der Wunsch nach Überwindung der absoluten Fürstenherrschaft, nach Volksherrschaft und politischer Freiheit deutlich.

Untersuchen

Im Sommer 1841 hielt sich der Dichter und Professor für deutsche Sprache und Literatur August Heinrich Hoffmann von Fallersleben auf der Insel Helgoland auf und brachte seine Gedanken und Gefühle in seinem „Lied der Deutschen“ zum Ausdruck. Dabei beschäftigte ihn die Zersplitterung Deutschlands in viele Kleinstaaten und die autoritäre Herrschaft der Fürsten. Hinzu kamen die Forderung Frankreichs nach der Rheingrenze, die die Ohnmacht Deutschlands offengelegt hatte.
Die Grenzen Deutschlands durch den Verlauf von Flüssen anzugeben und Deutschland über alle anderen Länder zu stellen, geht auf ein mittelalterliches Gedicht von Walther von der Vogelweide zurück.
Die Melodie übernahm Hoffmann von Fallersleben von dem bereits 1797 von Joseph Haydn komponierten Lied „Gott erhalte Franz, den Kaiser …“, das im Kaiserreich Österreich-Ungarn bis 1918 die offizielle Kaiserhymne war. 1842 wurde von Fallersleben wegen seiner Lieder und Schriften als „staatsgefährdend“ aus seiner Professur entlassen.

Deuten

In den 1840er-Jahren verbreitete sich das Lied in ganz Deutschland. Nationalhymne des 1871 gegründeten Kaiserreiches wurde es aber nicht. Als der Erste Weltkrieg 1914 ausbrach, wurde das Deutschlandlied an der Front und in der Heimat viel gesungen, so dass es schließlich 1922, nach dem Ende des Kaiserreiches, zur Nationalhymne Deutschlands wurde. Nach 1933 ließen die Nationalsozialisten nur die erste Strophe singen und deuteten diese im Sinne einer Herrschaft der Deutschen über andere Völker. Als 1949 die Bundesrepublik Deutschland gegründet wurde, war es daher umstritten, ob das Deutschlandlied weiterhin Nationalhymne sein sollte. Schließlich wurde 1952 entschieden, dass zu offiziellen Anlässen nur die dritte Strophe gesungen wird. Diese ist seit 1991 die offizielle Nationalhymne der Bundesrepublik Deutschland.

1. Erkläre, welche Funktionen eine Nationalhymne hat.

2. Höre dir das Lied auf der CD-ROM an und werte es mithilfe der dort befindlichen Aufgabe aus.

3. Vergleiche das Lied mit dem Lied „Die Wacht am Rhein“, das sich auch auf der CD-ROM befindet.

1815 1871

Revolution in Deutschland!

1848 erreichte die Unzufriedenheit der Menschen mit den politischen Verhältnissen ihren Höhepunkt. Über Europa schwappte eine Welle von Revolutionen, die im März auch Deutschland erreichte.

Online-Link
443020-1008
Arbeitsblatt: Kampf um Einheit und Freiheit 1815–1848

A: Verfasse Schlagzeilen zu den Ereignissen in Paris, Wien und Berlin im Frühjahr 1848.

Königssturz in Paris

Ende Februar 1848 kamen aus Paris sensationelle Nachrichten: Arbeiter und Studenten waren auf die Straße gegangen und forderten ein allgemeines Wahlrecht. Sie kämpften auf Barrikaden – und siegten: Der französische König floh nach England. Frankreich wurde eine Republik. Alle männlichen Franzosen über 21 Jahre erhielten das Wahlrecht.

Märzforderungen in Deutschland und Österreich

Diese Nachrichten aus Paris ermunterten auch die Deutschen. Auf Volksversammlungen forderten die Bürger Meinungs- und Pressefreiheit, Wahlen zu einem deutschen Parlament und mehr Rechte gegenüber den Fürsten. Auch Handwerker und Arbeiter demonstrierten und verlangten höhere Löhne und günstigere Preise für Nahrungsmittel. Um ihre Herrschaft zu retten, erfüllten viele Fürsten die so genannten „Märzforderungen“, indem sie liberale Bürger in ihre Regierungen aufnahmen.
Anfang März erfasste die Revolutionswelle Wien: Der bei vielen verhasste Staatskanzler Metternich musste zurücktreten und nach England fliehen.

B: Schreibe zu den einzelnen Forderungen der Demonstranten auf, mit welchen Argumenten der König diese ablehnen könnte.

Demonstrationen und Kämpfe in Berlin

Am 18. März brachen in Berlin Unruhen aus. Demonstranten zogen zum königlichen Schloss. König Friedrich Wilhelm IV. setzte seine Soldaten ein und ließ die Menschen mit Gewalt auseinandertreiben. Schließlich sagte er doch noch die Erfüllung einiger Forderungen zu: Preußen sollte eine Verfassung erhalten, der Deutsche Bund sollte in einen Staat für alle Deutschen verwandelt werden mit einem Parlament, eigenen Gerichten und einer Armee. Die Pressezensur wurde sofort aufgehoben. Überglücklich versammelten sich viele Bürger vor dem Schloss, um ihrem Monarchen zu danken. Doch plötzlich fie-

C: Schreibe drei Sätze dazu auf, wie der Karikaturist das Handeln des preußischen Königs einschätzt.

Du kannst auch den Text des Aufrufs zu Hilfe nehmen, den du auf der CD-ROM findest.

Q1 „An meine lieben Berliner“
Karikatur eines unbekannten Künstlers, März 1848
In der Nacht vom 18. zum 19. März 1848 hatte der König unter der Überschrift „An meine lieben Berliner“ eine Bekanntmachung verfasst, in der er den Militäreinsatz rechtfertigt.

Q2 Die Märzgefallenen
Holzstich aus der „Illustraded London News", April 1848
Am 19. März 1848 trugen Berliner die Toten der Revolution in den Hof des königlichen Schlosses und zwangen den König, sich vor den Toten zu verneigen.

D: Erkläre, warum die Demonstranten darauf bestanden, dass sich der König vor den Toten verneigt.

len Schüsse. Die Situation geriet außer Kontrolle. Menschen bewaffneten sich und verschanzten sich hinter eilig errichteten Barrikaden. Die Soldaten waren dem König treu ergeben und gingen erbarmungslos gegen die Barrikadenkämpfer vor.

Der preußische König gibt nach

Doch dann zog der König unerwartet seine Soldaten ab. Hunderte Tote blieben zurück. Am nächsten Tag zogen viele Berliner vor das Schloss, riefen nach dem König und präsentierten diesem die Leichen. Wieder war die Lage gefährlich. Leicht hätten der König und seine Regierung verhaftet werden können. Doch dazu kam es nicht. Der König verneigte sich vor den Toten und die Demonstranten zogen wieder ab. Friedrich Wilhelm ernannte eine neue Regierung mit reformwilligen Mitgliedern. Eine preußische Nationalversammlung sollte eine Verfassung für Preußen ausarbeiten. Alle Männer in Preußen sollten dazu wahlberechtigt sein, nach einem allgemeinen, gleichen und geheimen Wahlrecht. Für Frauen galt dies auch weiterhin nicht. Auch wenn nicht wenige von ihnen an der Revolution teilgenommen hatten, Gleichberechtigung für Frauen forderten auch die Revolutionäre nicht.

Revolution auch auf dem Land

Auch außerhalb der Städte kam es zu revolutionären Versammlungen. Auf ihnen wurde vor allem der Ruf nach Beendigung der Abhängigkeit von den Grundherren laut. Durch Zugeständnisse der Grundherren und der Regierungen beruhigte sich die Lage bald wieder. Die meisten Landbewohner waren mit diesem Ergebnis zufrieden und stellten die traditionelle Herrschaft nicht weiter in Frage.

Q3 Arbeiter überreichen dem Düsseldorfer Stadtrat ihre Forderungen
Gemälde von Johann Peter Hasenclever, 1848/49, Bergisches Museum Schloss Burg, 131 x 89 cm.

Das Bild findest du auch auf der CD-ROM.

E: Schreibe auf, welche Gedanken Arbeiter und Ratsmitglieder haben könnten. Beachte Gesichtsausdruck und Körpersprache.

Q4 Revolutionäre Forderungen
Schreiben Kölner Arbeiter an den Kölner Gemeinderat und den preußischen König im März 1848:

1. Gesetzgebung und Verwaltung durch das Volk, da ein freies Volk (...) sich nicht mehr im Interesse einzelner ausbeuten lassen will, (...) allgemeines Wahlrecht und allgemeine Wählbarkeit. 2. Unbedingte Freiheit der Rede und der Presse. 3. Aufhebung des stehenden Heeres und Einführung einer allgemeinen Volksbewaffnung mit vom Volke gewählten Führern (...). 4. Freies Vereinigungsrecht. 5. Schutz der Arbeit und Sicherstellung der menschlichen Bedürfnisse für alle. (...) Nur die schlechte Verteilung der Arbeit und ihre Ausbeutung im Interesse einzelner verhindert es, daß genug hervorgebracht wird, um die Bedürfnisse aller einzelnen zu befriedigen. Es ist daher Sache des Staates, die Produktion dem Interesse der einzelnen zu entreißen und sie im Interesse aller zu leiten. Jeder Mensch hat ein Recht auf Arbeit sowie auf einen seinen Bedürfnissen angemessenen Lohn. 6. Vollständige Erziehung aller Kinder auf öffentliche Kosten.

Karl Obermann, Flugblätter der Revolution 1848/49, München 1972, S. 47 ff.

Q5 Die absolute Herrschaft bewahren
Am 11. April 1847 sagt der preußische König zur Eröffnung des Vereinigten Landtages:

(...) Dieses Landes Geschicke [können], soll es nicht augenblicklich von seiner Höhe fallen, nur von einem Willen geleitet werden. (...) Es drängt mich zu der feierlichen Erklärung, daß es keiner Macht der Erde je gelingen soll, mich zu bewegen, das natürliche, gerade bei uns durch seine innere Wahrheit so mächtig machende Verhältnis zwischen Fürst und Volk in ein konventionelles konstitutionelles [= gewöhnliches mit Verfassung] zu wandeln, und daß ich es nun und nimmermehr zugeben werde, daß sich zwischen unseren Herrgott im Himmel und dieses Land ein beschriebenes Blatt (...) eindränge, um uns mit seinen Paragraphen zu regieren und durch sie die alte, heilige Treue zu ersetzen.

Hans Jessen (Hrsg.), Die deutsche Revolution 1848/49 in Augenzeugenberichten, Düsseldorf 1968, S. 23 f.

Q6 An mein Volk und an die deutsche Nation!

Bekanntmachung Friedrich Wilhelms IV. vom 21. März 1848:

Deutschland ist von innerer Gärung ergriffen und kann durch äußere Gefahr von mehr als einer Seite bedroht werden. Rettung aus dieser doppelten, dringenden Gefahr kann nur aus der innigsten Vereinigung der deutschen Fürsten und Völker unter einer Leitung hervorgehen. Ich übernehme heute diese Leitung für die Tage der Gefahr. (...) Ich habe heute die alten deutschen Farben angenommen und mich und mein Volk unter das ehrwürdige Banner des deutschen Reiches gestellt. Preußen geht fortan in Deutschland auf. (...) Allgemeine Einführung wahrer konstitutioneller Verfassungen, mit Verantwortlichkeit der Minister in allen Einzelstaaten, öffentliche und mündliche Rechtspflege, in Strafsachen auf Geschworenengerichte gestützt, gleiche politische und bürgerliche Rechte für alle religiösen Glaubensbekenntnisse und eine wahrhaft volksthümliche, freisinnige Verwaltung werden allein solche sichere und innere Freiheit zu bewirken und zu befestigen im Stande sein.

Hans Jessen (Hrsg.), Die deutsche Revolution 1848/49 in Augenzeugenberichten, Düsseldorf 1968, S. 46 f.

Q8 Politischer Damenclub

Lithografie von Wilhelm Völker, 1848
Die Forderungen auf der Karikatur lauten: „kein Mann darf ohne Frau ausgehen", „jeder Mann muss heiraten", „keine Schläge mehr", „der Kaffee steht zu hoch im Preis".

F: Untersuche die Karikatur daraufhin, ob der Zeichner die Forderungen der Frauen unterstützt. Vergleiche die Karikatur mit Q7.

Online-Link
443020-1009
Arbeitsblatt: Louise Otto-Peters und die deutsche Frauenbewegung

Q7 Kampf für die Sache der Freiheit

Die Ehefrau eines Revolutionärs, Amalie Struve, schreibt 1849 in ihrem Tagebuch:

Seit langer Zeit hatte ich geahnt, daß ein neuer Sturm losbrechen werde. Mein Wunsch war, in diesem Falle die Gefahren meines Gatten teilen zu dürfen. (...) Zudem glaubte ich, daß mein Beispiel ermutigend wirken und daß ich imstande sein möchte, dem Vaterlande einen Dienst zu leisten, wenn ich an dem Kampfe für die Freiheit und die Tugend Anteil nähme. (...) Niemals empfand ich so tief die unwürdige Stellung, in welcher sich bis zum heutigen Tage das weibliche Geschlecht gegenüber dem männlichen befindet. Warum sollte die Frau, welche die Fähigkeiten dazu besitzt, nicht arbeiten dürfen im Augenblicke der Entscheidung? Warum sollte die Gattin, welche die Gefahren des Gatten teilte, nicht auch teilnehmen an seinen Arbeiten? Fürwahr, solange selbst im Sturme der Revolution so viele Rücksichten auf hergebrachte Vorurteile genommen werden, wird das Joch der Tyrannei nicht gebrochen werden. (...) Namentlich konnte ich aus eigener Anschauung erkennen, daß unter Frauen (...) der größte Eifer und die wärmste Hingebung für die Sache der Freiheit lebte. Nicht bloß die jüngeren, auch die älteren Frauen, selbst Mütter und Großmütter ermutigten die ausziehenden Freiheitskämpfer, (...) fertigten Fahnen und selbst Patronen an.

Amalie Struve, Erinnerungen aus den badischen Freiheitskämpfen, in: Heftiges Feuer. Die Geschichte der badischen Revolution 1848, erzählt von Gustav und Amalie Struve, Freiburg 1998, S. 19 ff.

1. Untersuche, welche Forderungen (Q4) über die allgemein politischen Forderungen hinausgehen. Finde Gründe, warum die Kölner Arbeiter sie in ihrem Forderungskatalog hatten.

2. Vergleiche die beiden Aussagen des Königs (Q5, Q6) miteinander und suche nach Gründen für dessen Meinungswandel. Ordne die Quellen jeweils den Abbildungen Q1 und Q2 zu. Begründe deine Entscheidung.

3. Fasse die Gründe dafür zusammen, dass sich Amalie Struve (Q7) aktiv an der Revolution beteiligte.

1815 1871

Die Nationalversammlung

In der Paulskirche zu Frankfurt am Main trat 1848 zum ersten Mal in der deutschen Geschichte eine gewählte Nationalversammlung zusammen. Worüber berieten die Abgeordneten und was erreichten sie?

A: Überlege Vor- und Nachteile, die sich aus der Zusammensetzung der Nationalversammlung ergeben könnten.

Ein Parlament für ganz Deutschland

In fast allen deutschen Staaten hatten die Regierungen nachgegeben, liberale Minister berufen und einen Teil der „Märzforderungen“ nach politischer Freiheit und Gleichheit erfüllt. Jetzt ging es darum, die nationale Einheit zu verwirklichen und für ein geeintes Deutschland eine Verfassung zu erarbeiten. Am 18. Mai 1848 trat in der Frankfurter Paulskirche das erste frei gewählte Parlament für ganz Deutschland zusammen: Für jeweils 50 000 Einwohner war ein Abgeordneter gewählt worden. So waren 585 Abgeordnete zusammengekommen, überwiegend angesehene Persönlichkeiten. Sie waren Rechtsanwälte, Geistliche, Ärzte oder Professoren, Gymnasiallehrer, Richter und andere höhere Beamte. Nur vier Handwerker, ein Bauer und kein einziger Arbeiter gehörten der Nationalversammlung an – und auch keine Frauen.

Politische Gruppierungen entstehen

Im Verlauf der Beratungen bildeten sich Gruppen, die ähnliche politische Meinungen vertraten. Sie trafen sich in Gaststätten und Cafés, um zu diskutieren und eine gemeinsame Position zu finden. Damit entstanden Vorläufer der heutigen politischen Parteien. Sie hatten noch keine Parteinamen, sondern wurden nach ihrem Tagungsort benannt, z. B. hießen die radikalen Demokraten „Deutscher Hof“. Auch im Parlament saß man zusammen und so war bald an der Sitzordnung die politische Zugehörigkeit zu erkennen. Dabei entstanden die bis heute gebräuchlichen Bezeichnungen „links“ und „rechts“.

Wer soll Deutschland regieren?

Zum Präsidenten der Nationalversammlung wählten die Abgeordneten Heinrich von Gagern, einen Regierungsrat aus Hessen-Darmstadt. Außerdem entschieden sie sich für eine vorläufige Regierung unter Führung des österreichischen Erzherzogs Johann. Dieser sollte als so genannter „Reichsverweser“

Q1 Sitzung der Nationalversammlung in der Frankfurter Paulskirche
Lithografie von 1848 nach einer Zeichnung von Fritz Bamberger

B: Stell dir vor, du solltest als Reporter oder Reporterin über die Sitzung berichten. Schreibe einen kurzen Zeitungsbericht darüber, welchen ersten Eindruck du von der Tagungsstätte hast. Beziehe auch den VT mit ein.

Q2 Der deutsche Michel und seine Kappe im Jahr 1848
Karikatur aus dem „Eulenspiegel", 1848
Der „Michel" steht für den typischen Deutschen.

C: Lies aus aus dem Gesichtsausdruck und dem Aussehen der Mütze die Stimmungen und Erwartungen in der deutschen Bevölkerung an die Nationalversammlung ab.

das vorläufige Staatsoberhaupt Deutschlands sein. Die zukünftige Staatsform sollte die Nationalversammlung erst noch bestimmen.

Wie soll ein deutscher Nationalstaat aussehen?

Über die künftige Staatsform Deutschlands gingen die Meinungen weit auseinander. Die linken Abgeordneten wollten eine Republik, an deren Spitze ein gewähltes Staatsoberhaupt stehen sollte. Die Regierung sollte vom Parlament gewählt werden. Die Rechten wollten die bestehende Regierungsform beibehalten. Der Deutsche Bund sollte allerdings so reformiert werden, dass bürgerliche Rechte und Freiheiten galten. Die Mehrheit der Abgeordneten bevorzugte jedoch eine konstitutionelle Monarchie. Die Verfassung, die am 27. März 1849 verabschiedet wurde, sah vor, dass die Macht zwischen einem Kaiser und einem gewählten Parlament aufgeteilt werden sollte. Nach langwierigen Diskussionen einigten sich die Abgeordneten auf demokratische Grundrechte für alle Deutschen.

D: Schreibe in eine Tabelle, welche Staatsform die verschiedenen Abgeordnetengruppen vorzogen. Formuliere jeweils eine kurze Begründung dafür.

Groß- oder kleindeutsch?

Auch die Frage, welche Gebiete zu einem deutschen Nationalstaat gehören sollten, war umstritten, denn im Deutschen Bund lebten nicht nur Deutsche, sondern viele andere Nationen. Für Preußen und Österreich gestaltete sich die Situation besonders schwierig. In Westpreußen und Posen war die polnische Bevölkerung in der Mehrheit. Zum Vielvölkerstaat Österreich-Ungarn gehörten viele Gebiete, in denen Tschechen, Polen, Slowaken, Kroaten, Slowenen, Italiener und Ungarn lebten. Die Befürworter einer so genannten großdeutschen Lösung wollten Österreich in den künftigen deutschen Nationalstaat einbeziehen. Allerdings sollten nur die Teile Österreichs dazu gehören, in denen überwiegend deutschsprachige Menschen lebten. Die österreichischen Abgeordneten lehnten das ab, weil diese Lösung das Ende ihres Vielvölkerstaates bedeutet hätte. Schließlich entschied sich die Mehrheit der Abgeordneten für die so genannte kleindeutsche Lösung. Die sah einen Nationalstaat ohne Österreich vor. Das Königreich Preußen sollte mit all seinen Gebieten dazugehören und die Führung in dem neuen Staat übernehmen. Daher entschieden die Abgeordneten mehrheitlich, dem preußischen König die Kaiserkrone anzubieten.

E: Erläutere anhand der Karte auf der Orientierungsseite, was die klein- bzw. großdeutsche Lösung bedeutet hätte. Vergleiche auch mit dem bestehenden Deutschen Bund.

1815 | 1871

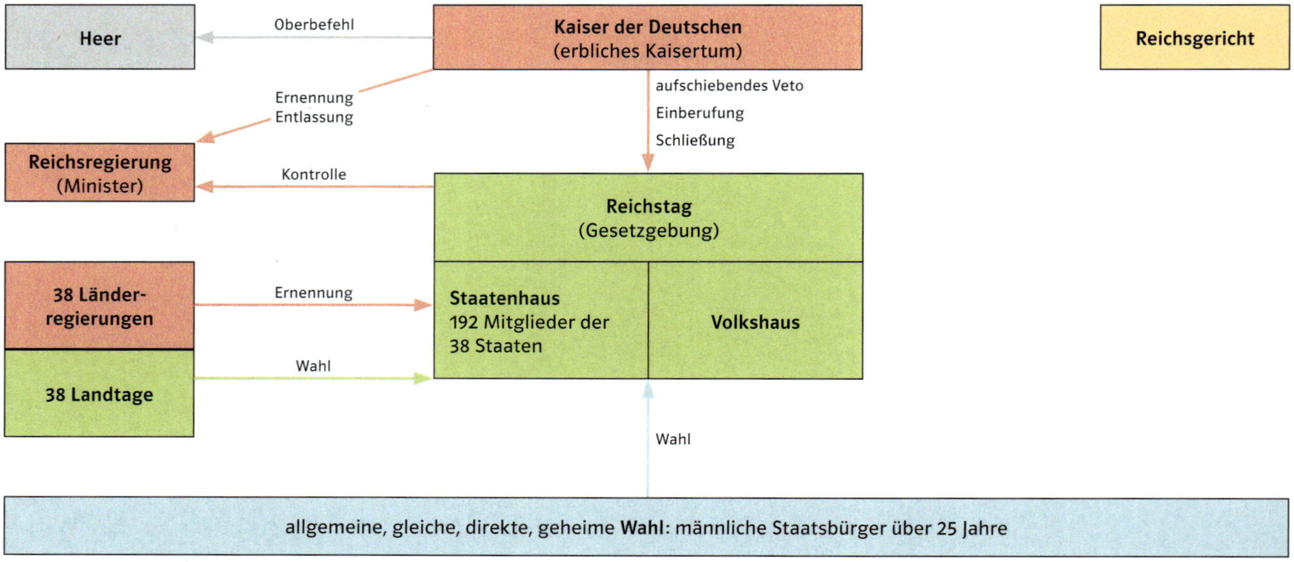

D1 Die Reichsverfassung von 1849

F: Beschreibe, wie die Macht im deutschen Nationalstaat verteilt werden sollte. Vergleiche mit der Verfassung der USA S. 154.

Q3 Grundrechte des deutschen Volkes

Die folgenden Grundrechte waren bereits 1848 beschlossen worden und wurden in die Reichsverfassung von 1849 aufgenommen:

§ 130 Dem deutschen Volke sollen die nachstehenden Grundrechte gewährleistet sein. Sie sollen den Verfassungen der deutschen Einzelstaaten zur Norm dienen, und keine Verfassung oder Gesetzgebung eines deutschen Einzelstaates soll dieselben je aufheben oder beschränken können.

Artikel I

§ 131 Das deutsche Volk besteht aus den Angehörigen der Staaten, welche das deutsche Reich bilden. (...)

§ 133 Jeder Deutsche hat das Recht, an jedem Ort des Reichsgebietes seinen Aufenthalt und Wohnsitz zu nehmen (...).

Artikel II

§ 137 Vor dem Gesetz gilt kein Unterschied der Stände. Der Adel als Stand ist aufgehoben. Alle Standesvorrechte sind abgeschafft. Die Deutschen sind vor dem Gesetze gleich. (...) Die Wehrpflicht ist für Alle gleich (...).

Artikel III

§ 138 Die Freiheit der Person ist unverletzlich. Die Verhaftung einer Person soll, außer im Falle der Ergreifung auf frischer That, nur geschehen in Kraft eines richterlichen, mit Gründen versehenen Befehls. Dieser Befehl muß im Augenblicke der Verhaftung oder innerhalb der nächsten vier und zwanzig Stunden dem Verhafteten zugestellt werden. (...)

§ 139 Die Todesstrafe, ausgenommen wo das Kriegsrecht sie vorschreibt (...), sowie die Strafen des Prangers, der Brandmarkung und der körperlichen Züchtigung sind abgeschafft.

§ 140 Die Wohnung ist unverletzlich. (...)

§ 142 Das Briefgeheimniß ist gewährleistet. (...)

Artikel IV

§ 143 Jeder Deutsche hat das Recht, durch Wort, Schrift, Druck und bildliche Darstellung seine Meinung frei zu äußern. Die Preßfreiheit darf unter keinen Umständen und in keiner Weise durch vorbeugende Maßregeln, namentlich Censur (...) beschränkt (...) oder aufgehoben werden.

Artikel V

§ 144 Jeder Deutsche hat volle Glaubens- und Gewissensfreiheit. Niemand ist verpflichtet, seine religiöse Überzeugung zu offenbaren. (...)

Artikel VI]

§ 152 Die Wissenschaft und ihre Lehre ist frei.

§ 153 Das Unterrichts- und Erziehungswesen steht unter der Oberaufsicht des Staats (...).

§ 158 Es steht einem Jeden frei, seinen Beruf zu wählen und sich für denselben auszubilden, wie und wo er will.

Artikel VII

§ 161 Die Deutschen haben das Recht, sich friedlich und ohne Waffen zu versammeln (...).

§ 162 Die Deutschen haben das Recht, Vereine zu bilden. (...)

Ernst Rudolf Huber (Hrsg.), Dokumente zur deutschen Verfassungsgeschichte, Bd. 1, Stuttgart 1978, S. 375 f., 382 ff., 389 ff.

Q4 Arbeitsbedingungen in der Paulskirche

Aus den Erinnerungen des Abgeordneten Robert von Mohl:

Die Paulskirche hatte manche gute Eigenschaften, aber auch große Mängel. [... Als] eigentlich kaum erträglich erwies sich, daß gar keine Nebenräume bestanden. (...) Nicht einmal der Präsident oder das Ministerium hatten Sprechzimmer, so daß eine Beratung oder schnelle Besprechung in freier Luft auf dem Paulsplatze bei jeder Witterung stattfinden mußte. Ich erinnere mich, eine Verhandlung (...) hier im strömenden Regen gehabt zu haben. (...) Der Zuhörerraum hätte sehr beschränkt werden sollen; man mußte eine Einrichtung treffen, welche verhinderte, daß jeder Strolch von der Straße hereinlaufen konnte; es war geboten, vom ersten Anfang an strenge Ordnung zu halten. (...) Um die Zuhörer ruhig zu erhalten, war es nötig, daß auch die Mitglieder selbst sich passend verhielten. Nun war aber die Versammlung keine geschulte, an eine altherkömmliche Disziplin gewöhnte, die Parteien standen sich feindlichst gegenüber.

Dietrich Kerler (Hrsg.), Robert von Mohl, Lebenserinnerungen, Bd. 2, Stuttgart/Leipzig 1962, S. 34 ff.

Q5 Drei deutsche Professoren entwerfen den Entwurf des Entwurfs für die Verfassung des deutschen Reichsheeres

zeitgenössische Karikatur

G: Erkläre, wie der Karikaturist die Arbeitsweise der Nationalversammlung. einschätzt.

Q6 Eine langweilige Rede

Aus einem Brief des Abgeordneten Rümelin vom 11. Januar 1849:

Heute sitzen wir zum erstenmal wieder in der Paulskirche und während einer langweiligen Rede schreib ich Dir geschwind. Die Debatten haben heute angefangen und werden morgen oder übermorgen fortdauern. Ich hab mich auch einschreiben lassen und würde gern (...) sprechen; ich zweifle aber, ob ich dran komme. Es war ein ungeheures Getümmel beim Einschreiben; verschiedene Sekretäre schreiben ein; auf einer Liste bin ich der fünfte; die wurde aber nachher für ungültig erklärt; auf der gültigen bin ich ca. der 60. Und so viele kämen gar nicht dran.

Wolfgang Lautemann/Manfred Schlenke (Hrsg.), Geschichte in Quellen, Bd. 5, München 1980, S. 162–166.

Q7 Umgang mit Minderheiten

Aus einer Erklärung der Nationalversammlung vom 31. Mai 1848:

Die (...) Nationalversammlung erklärt feierlich: daß sie im vollen Maß das Recht anerkenne, welches die nichtdeutschen Volksstämme auf deutschem Bundesboden haben, den Weg ihrer volkstümlichen Entwicklung ungehindert zu gehen, und in Hinsicht auf das Kirchenwesen, den Unterricht, die Literatur und die innere Verwaltung und Rechtspflege sich der Gleichberechtigung ihrer Sprache (...) zu erfreuen (...). Das fortan einige und freie Deutschland ist groß und mächtig genug, um den in seinem Schoße erwachsenen andersredenden Stämmen eifersuchtslos in vollem Maße gewähren zu können, was Natur und Geschichte ihnen zuspricht; und niemals soll auf seinem Boden weder der Slawe, noch der dänisch redende Nordschleswiger, noch der italienisch redende Bewohner Süddeutschlands, noch wer sonst, uns angehörig, in fremder Zunge spricht, zu klagen haben, daß ihm seine Stammesart verkümmert werde, oder die deutsche Bruderhand sich ihm entziehe, wo es gilt.

Franz Wigard (Hrsg.), Stenographischer Bericht über die Verhandlungen der deutschen Constituirenden Nationalversammlung zu Frankfurt am Main. Bd. 2, Frankfurt a. M., S. 1184.

1. Suche in den Artikeln 1 bis 20 und 102 des Grundgesetzes der Bundesrepublik Deutschland nach vergleichbaren Grundrechten (Q3).
2. Beschreibe die Probleme, mit denen die Abgeordneten leben mussten. Bedenke z. B. die Akustik und Beleuchtung in der Paulskirche (Q1, Q4, Q6).
3. Schreibe eine Stellungnahme zu Q7 aus der Sicht eines dänischsprachigen Norddeutschen.

1815 1871

Das Ende der Revolution

Die nach langen Diskussionen vom Paulskirchenparlament verabschiedete Verfassung trat nie in Kraft. War die Revolution gescheitert?

A: Beantworte die Frage, ob die Revolution gescheitert war, jeweils aus der Sicht eines Bauern, eines linken Abgeordneten der Paulskirche und eines vermögenden Bürgers.

Ablehnung der Kaiserkrone

Am 3. April 1849 empfing der preußische König eine Abordnung der Frankfurter Nationalversammlung. Diese bot ihm die Krone eines „Kaisers der Deutschen“ an, die von nun an den Hohenzollern erblich zustehen sollte. In Berlin hatte sich die Lage aber mittlerweile geändert: Bereits vier Monate zuvor waren 35 000 königstreue Soldaten in Berlin eingerückt und hatten die Kontrolle über die Stadt übernommen. Die preußische Nationalversammlung war aufgelöst worden. Auch in Wien war die Revolution beendet: Kaiserliche Truppen hatten die Stadt nach heftigen Kämpfen zurückerobert.

Die beiden mächtigsten Monarchen Deutschlands, der preußische König und der österreichische Kaiser, hatten ihre Macht zurückgewonnen und beherrschten die Lage. Friedrich Wilhelm IV. lehnte schließlich die ihm angebotene Krone ab: Er könne die deutsche Kaiserkrone nicht ohne Zustimmung der Regierungen der anderen deutschen Staaten annehmen. Enttäuscht reisten die Abgeordneten zurück nach Frankfurt.

Das Ende der Nationalversammlung

Nach der Ablehnung der Kaiserkrone löste sich die Frankfurter Nationalversammlung auf. Preußen und Österreich riefen ihre Abgeordneten zurück.

Q1 Kapitulation der Festung Rastatt am 23. Juli 1849
kolorierte Kreidelithografie aus dem „Neuruppiner Bilderbogen“, 1849
Mit der Kapitulation dieser Festung, in der sich etwa 6 000 bewaffnete radikale Demokraten verschanzt hatten, endete die Revolution in Deutschland.

B: Du bist Reporter einer großen deutschen Wochenzeitung. Schildere die Ereignisse auf dem Bild in einer Reportage.

„Guten Tag noch, Herr Hofrat Gumpel."
„Ihr Dienerl Bester Freund, ein Wort im Vertrauen – nennen Sie mich einfach Herr Gumpel und lassen Sie den Hofrat weg!"

„Guten Tag ooch, Herr Gumpel."
„Guten Tag! Lieber Mann, ein Wort im Vertrauen – nennen Sie mich einfach Herr Hofrat und lassen Sie den Gumpel weg!"

Q2 Wie sich die Zeiten ändern
Karikatur aus dem Jahr 1849

C: Erkläre mithilfe der Karikatur, wie sich die politische Situation in Deutschland zwischen 1848 und 1849 änderte. Wende die methodischen Arbeitsschritte „Karikaturen auswerten" (S. 241) an.

Nur eine Minderheit linker Abgeordneter wollte nicht aufgeben, sie strebte eine radikale Revolution nach französischem Vorbild an. In Stuttgart versammelte sich ein so genanntes „Rumpfparlament" aus 100 radikalen Abgeordneten. Nachdem dieses im Juni 1849 durch Militär aufgelöst worden war, begann in Baden und in der Pfalz ein bewaffneter Aufstand. Preußische und andere deutsche Truppen griffen ein und stellten mit Waffengewalt die alte Ordnung wieder her. Zahlreiche Todesurteile und langjährige Haftstrafen wurden verkündet.

Rückkehr zur alten Ordnung?
Nach dem Ende der Revolution wurden in Deutschland die alten Verhältnisse wiederhergestellt. Viele Liberale verließen deshalb Deutschland, um z. B. in den USA ein freies Leben führen zu können. In der Mehrzahl der deutschen Länder wurden demokratische Errungenschaften der Revolution, wie Pressefreiheit und demokratisches Wahlrecht, aufgehoben. Dennoch hatten sich die Herrschenden zu Zugeständnissen entschlossen, um weitere revolutionäre Umtriebe im Keim zu ersticken. Die Bauern behielten ihre persönliche Freiheit. Die Fürsten benötigten die Zustimmung der Länderparlamente, um Gesetze zu erlassen und hatten Verfassungen zu respektieren. Doch wurde das in den einzelnen Ländern ganz unterschiedlich umgesetzt. Der preußische König erließ beispielsweise ohne parlamentarische Mitwirkung eine Verfassung, die daher „oktroyiert" (= aufgezwungen) genannt wurde. Nun gab es zwar ein Abgeordnetenhaus, die Regierung wurde aber weiterhin allein vom König ernannt, und das Wahlrecht war an Einkommen und Vermögen gebunden. In Österreich setzte Kaiser Franz Joseph die 1849 oktroyierte Verfassung außer Kraft und regierte in den folgenden Jahren absolutistisch.

Kein einheitlicher Nationalstaat
Die Idee eines vereinten Deutschland blieb auch nach der Revolution lebendig. Jedoch schien dieses Ziel in weite Ferne gerückt. Die beiden größten und mächtigsten deutschen Teilstaaten Österreich und Preußen konnten sich nicht einigen. Beide beanspruchten die Führungsrolle für sich. Diese Konkurrenz bestimmte die folgenden Jahre. Schließlich wurde der Deutsche Bund in alter Form wiedererrichtet. Später versuchte Bayern, unter seiner Führung alle kleineren und mittleren deutschen Staaten zu einigen. So sollte ein „drittes Deutschland" ein Gegengewicht zu den beiden Großmächten bilden. Auch dieses Ziel wurde nicht erreicht, weil die Interessen zwischen den Klein- und Mittelstaaten zu verschieden waren.

1815 1871

Q3 „Kaiser der Deutschen"?
kolorierter Druck im „Neuruppiner Bilderbogen" nach einem zeitgenössischen Holzstich
Am 3. April 1849 empfängt der preußische König Friedrich Wilhelm IV. die Delegation der Frankfurter Nationalversammlung.

D: Beschreibe das Bild. Achte besonders darauf, mit welcher Haltung die Abgesandten der Nationalversammlung auftreten. Teilt euch in Gruppen auf: Eine Gruppe formuliert einen Tagebucheintrag zu diesem Ereignis aus der Sicht eines Abgesandten der Nationalversammlung, die andere Gruppe aus der Sicht eines königlichen Vertrauten. Bezieht dabei Q5 und Q6 mit ein.

Q4 Eine Krone für den König

Beim Empfang im königlichen Schloss in Berlin am 3. April 1849 sagte Eduard Simson, Leiter der Abordnung der deutschen Nationalversammlung:

Die verfassunggebende deutsche Reichsversammlung (…) hat am Mittwoch, den 28. März des Jahres 1849 nach Verkündigung der (…) beschlossenen deutschen Reichsverfassung die in derselben begründete erbliche Kaiserwürde auf Seine königliche Majestät von Preußen übertragen. (…) Sie hat endlich den Beschluß gefaßt, den erwählten Kaiser durch eine Deputation [= Abordnung] aus ihrer Mitte ehrfurchtsvoll einzuladen, die auf ihn gefallene Wahl auf Grundlage der Verfassung annehmen zu wollen. In der Vollziehung dieses Auftrages stehen vor Euerer königlichen Majestät der Präsident der Reichsversammlung und zweiunddreißig ihrer Mitglieder in der ehrfurchtsvollen Zuversicht, daß Euere Majestät geruhen werden, die begeisterten Erwartungen des Vaterlandes, welches Euere Majestät als den Schirm und Schutz seiner Einheit, Freiheit und Macht zum Oberhaupt des Reiches erkoren hat, durch einen gesegneten Entschluß zur glücklichen Erfüllung zu führen.

Wolfgang Lautemann/Manfred Schlenke (Hrsg.), Geschichte in Quellen, Bd. 5: Das bürgerliche Zeitalter 1815–1914, München 1980, S. 221 f.

Q5 Bedenken des Königs

Gegenüber der Delegation der Paulskirche erklärte der preußische König:

Aber, Meine Herren, Ich würde Ihr Vertrauen nicht rechtfertigen, Ich würde dem Sinne des deutschen Volkes nicht entsprechen, Ich würde Deutschlands Einheit nicht aufrichten, wollte Ich, mit Verletzung heiliger Rechte und Meiner früheren ausdrücklichen und feierlichen Versicherungen, ohne das freie Einverständniss der gekrönten Häupter, der Fürsten und der freien Städte Deutschlands, eine Entschließung faßen, welche für sie und die von ihnen regierten deutschen Stämme die entscheidensten Folgen haben muß. An den Regierungen der einzelnen deutschen Staaten wird es daher jetzt sein, in gemeinsamer Berathung zu prüfen, ob die Verfassung dem Einzelnen, wie dem Ganzen frommt (= genügt), ob die Mir zugedachten Rechte Mich in den Stand setzten würden, mit starker Hand (…) die Geschicke des großen deutschen Vaterlandes zu leiten und die Hoffnungen seiner Völker zu erfüllen.

Ernst Rudolf Huber (Hrsg.), Dokumente zur deutschen Verfassungsgeschichte, Bd. 1, Stuttgart 1978, S. 405 f.

Q6 Friedrich Wilhelm IV. und die deutsche Kaiserkrone

Karikatur von Ferdinand Schröder, 1849. Die Unterschrift lautet: „Wat heulst'n, kleener Hampelmann?" – „Ick habe Ihr'n Kleenen 'ne Krone jeschnitzt, nu will er se nich!"

1 Statue der Germania, Symbol des Heiligen Römischen Reiches Deutscher Nation
2 Heinrich von Gagern, Präsident der Frankfurter Nationalversammlung
3 Krone
4 Borussia, Sinnbild des Königreiches Preußen
5 König Friedrich Wilhelm IV. von Preußen
6 russischer Bär, Symbol des russischen Zarenreiches oder das Wappentier Berlins; das lässt sich heute nicht mehr zweifelsfrei klären
7 Kartenhaus

E: Entschlüssele die Karikatur. Finde heraus, welche Vorgänge der Zeichner aufs Korn nimmt und wie er sie beurteilt. Verwende die methodischen Arbeitsschritte auf S. 245.

Q7 Krone des Hochverrats

In einem Privatbrief schrieb Friedrich Wilhelm IV. am 23. Dezember 1848 dagegen:

Jeder deutsche Edelmann (…) ist hundertmal zu gut dazu, um solch ein Diadem! [Krone], aus Dreck und Letten [Erde] der Revolution, des Treubruchs und des Hochverrats geschmiedet, anzunehmen. Die alte, legitime, seit 1806 ruhende Krone deutscher Nation, das Diadem von Gottes Gnaden, das den, der es trägt, zur höchsten Obrigkeit Deutschlands macht, (…) das kann man annehmen, wenn man in sich die Kraft dazu fühlt und die angeborenen Pflichten es zulassen. Die Krone aber vergibt keiner als Kaiser Franz Joseph [von Österreich], Ich und Unseresgleichen und wehe dem! der es ohne Uns versucht und wehe dem! der sie annimmt, wenn ihr Preis der Verlust eines Drittels von Deutschland und der edelsten Stämme unseres deutsches Volkes ist. Gott helf uns! Amen.

Wolfgang Lautemann/Manfred Schlenke (Hrsg.), Geschichte in Quellen, Bd. 5: Das bürgerliche Zeitalter 1815–1914, München 1980, S. 221 f.

1. Liste Ziele, Ergebnisse u nd Errungenschaften der Revolution 1848/49 auf (VT).

2. Schreibe zu Q4 aus der Sicht eines liberalen Journalisten einen Zeitungskommentar. Beachte auch Q3.

3. Vergleiche die beiden Texte Q5 und Q7 miteinander und versuche, das Verhalten des Königs zu erklären. Vergleiche mit Q6 auf Seite 249.

1815 1871

Preußen erringt die Vorherrschaft

Die Gründung eines deutschen Nationalstaates stand weiterhin auf der Tagesordnung. Doch wie sollte das geschehen und wer konnte sich dabei durchsetzen? In dieser Situation betritt ein Mann die politische Bühne Preußens: Otto von Bismarck.

A: Liste die einzelnen Maßnahmen Bismarcks auf und notiere jeweils dazu, was ein Vertreter der Nationalbewegung davon gehalten haben könnte.

Der Konfliktkurs Bismarcks

Seit 1861 hatte Preußen einen neuen König: Wilhelm I. 1862 ernannte er den preußischen Gesandten in Paris, Otto von Bismarck, zum Ministerpräsidenten. Schnell zeigte sich, dass Bismarck seine Politik auch gegen den Willen des Parlaments durchsetzte. Das preußische Abgeordnetenhaus hatte dem König Geld für eine Reform des Heeres verweigert. Bismarck kümmerte sich nicht darum, sondern finanzierte die Reform ohne die Zustimmung des Parlaments. Damit hatte er klar die preußische Verfassung gebrochen.

Q1 Die Schlacht bei Königgrätz, Gemälde von Christian Sell, 1866
In der Bildmitte Wilhelm I., links von ihm General von Moltke, hinter dem König reitet Bismarck, rechts neben ihm Kronprinz Friedrich. 25 000 Österreicher und 9 000 Preußen fielen in der Schlacht.

B: Analysiere das Gemälde mithilfe der methodischen Arbeitsschritte S. 330. Gehe der Frage nach, welches Bild vom Krieg zum Ausdruck gebracht wird.

D1 Schritte zur Einigung Deutschlands
links: 1866; rechts: 1867

C: Erläutere, wie sich die Machtverteilung in Deutschland in den Jahren 1866 und 1867 entwickelte. Vergleiche mit den Zielen der Frankfurter Nationalversammlung.

Preußen oder Österreich – wer ist mächtiger?

Auch das Ziel, Deutschland unter Preußens Vorherrschaft zu einigen, verfolgte Bismarck mit aller Kraft – wenn es sein musste auch mit Krieg.
Als Dänemark im Jahr 1864 die Annexion des Herzogtums Schleswigs, das nur zum Teil von Dänen bewohnt wurde, beschloss, forderte Bismarck von Dänemark die Wiederherstellung der alten Rechte Schleswigs. Dänemark weigerte sich jedoch. Daraufhin besetzten Österreich und Preußen die drei Herzogtümer Schleswig, Holstein und Lauenburg. Über deren Zukunft kam es zum Konflikt: Während Preußen die Gebiete annektieren wollte, bestand Österreich auf deren Unabhängigkeit. Diesen Konflikt nahm Bismarck zum Anlass, Österreich als Konkurrenten auszuschalten. 1866 kam es zum Krieg. Fast alle süddeutschen Bundesstaaten kämpften auf Seiten Österreichs. Die kleineren norddeutschen Staaten, bis auf das Königreich Hannover, ergriffen für Preußen Partei. England, Russland und sogar Frankreich verhielten sich neutral. Die meisten Staaten rechneten mit einem Sieg Österreichs. Doch es kam anders: Am 3. Juli 1866 wurde die österreichische Armee in der Schlacht bei Königgrätz geschlagen.

Annexion
gewaltsame Aneignung eines fremden Staatsgebietes

Deutschland wird neu geordnet

Nun drängte Bismarck auf einen schnellen Friedensschluss. Bereits drei Wochen nach der Schlacht hatten sich Preußen und Österreich geeinigt: Österreich schied aus dem Deutschen Bund aus. Im Gegenzug musste es nur eine geringe Kriegsentschädigung zahlen und verlor auch keine Gebiete an Preußen. Mit diesem Friedensvertrag hatte Preußen freie Hand in Norddeutschland. Hannover, Kurhessen, Nassau und Frankfurt am Main wurden annektiert. Nur Sachsen blieb verschont, weil sich Frankreich und Österreich für dessen Unabhängigkeit einsetzten. Der Deutsche Bund wurde aufgelöst und Preußen gründete einen „Norddeutschen Bund". Die süddeutschen Staaten blieben unabhängig, schlossen aber (geheime) Verteidigungsbündnisse mit Preußen.
Die außenpolitischen Erfolge festigten Bismarcks Stellung als Ministerpräsident. Eine Mehrheit der Abgeordneten erklärte die jahrelangen Geldausgaben ohne Zustimmung des Parlaments nachträglich für rechtmäßig. Im Gegenzug versprach die preußische Regierung, die Verfassung künftig einzuhalten.

Q2 Otto von Bismarck (1815–1898)
Stahlstich nach einer Fotografie, um 1855

1815 — 1871

Q3 Wie sollen die großen Fragen der Zeit entschieden werden?

Nur eine Woche nach seiner Ernennung zum Ministerpräsidenten äußerte Bismarck gegenüber Abgeordneten:

Nicht auf Preußens Liberalismus sieht Deutschland, sondern auf seine Macht (…); Preußen muß seine Kraft zusammenfassen und zusammenhalten auf den günstigen Augenblick, der schon einige Male verpaßt ist; Preußens Grenzen nach den Wiener Verträgen sind zu einem gesunden Staatsleben nicht günstig; nicht durch Reden und Majoritätsbeschlüsse [Mehrheitsbeschlüsse] werden die großen Fragen der Zeit entschieden – das ist der große Fehler von 1848 und 1849 gewesen –, sondern durch Eisen und Blut.

Lothar Gall (Hrsg.), Bismarck. Die großen Reden, Berlin 1981, S. 62 f.

Im norddeutschen Parlament.

„Entschieden ist er, und ein gewaltiger Redner, das muß man ihm lassen."

Q5 Im Norddeutschen Parlament

Karikatur aus der Wiener Satirezeitschrift „Figaro", März 1870
Unter der Karikatur steht: „Entschieden ist er, und ein gewaltiger Redner, das muß man ihm lassen."

D: Arbeite heraus, wie der Zeichner Bismarcks Verhältnis zum Parlament bewertete.

Q4 Gegen den Krieg

Aus einem Brief des deutschen Juristen Rudolf von Ihering an den österreichischen Juristen Julius Glaser vom 1. Mai 1866:

Mit einer solchen Schamlosigkeit (…) ist vielleicht nie ein Krieg angezettelt worden wie der, den Bismarck gegenwärtig gegen Österreich zu erheben sucht. Das innerste Gefühl empört sich über einen solchen Frevel (Verstoß) an allen Grundsätzen des Rechts und der Moral. Ich bin, weiß Gott, kein Freund Österreichs, habe im Gegenteil immer als Gegner desselben gegolten – verstehe mich wohl: des politischen Systems, nicht der Österreicher, die ich lieb gewonnen habe (…). Ich schwärme für den preußischen Einfluß in Norddeutschland, so wenig das gegenwärtige preußische System meine Sympathien gewonnen hat. Aber ich würde mir eher die Hand abhauen, als sie zu so einem grausamen Spiel darzubieten, wie die preußische Politik es jetzt gegen Österreich ins Werk setzt (…) Wem sollen wir hier den Sieg wünschen, Österreich oder Preußen? Wir haben gar keine Wahl, wir müssen der ungerechten Sache den Sieg wünschen, wir zittern bei dem Gedanken, daß Österreich in Deutschland gewinnen könnte.

Wolfgang Lautemann, Manfred Schlenke (Hrsg.), Geschichte in Quellen, Bd. 5: Das bürgerliche Zeitalter 1815–1914, München 1980, S. 342.

Q6 Unerlässliches Mittel zum Ziel

Aus einem Brief Rudolf von Iherings an den Juristen Bernhard Windscheid vom 19. August 1866:

O mein teurer Freund! welch beneidenswertes Los, daß wir diese Zeit noch erlebt haben, diesen Wendpunkt in der Geschichte Deutschlands, dem die tausend vorgehenden Jahre keine ähnlichen an die Seite gestellt haben (…) Ich beuge mich vor dem Genie eines Bismarck, der ein Meisterstück der politischen Kombination und Tatkraft geliefert hat. Ich habe dem Mann alles, was er bisher getan hat, vergeben, ja mehr noch, ich habe mich überzeugt, daß es notwendig war, was uns Uneingeweihten als frevelhafter Übermut erschien, es hat sich hinterher herausgestellt als unerläßliches Mittel zum Ziel. (…) Das Schimpfen auf ihn überlasse ich jetzt meinen hartköpfigen Kollegen aus Schwaben und Bayern.

Wolfgang Lautemann, Manfred Schlenke (Hrsg.), Geschichte in Quellen, Bd. 5: Das bürgerliche Zeitalter 1815–1914, München 1980, S. 342 f.

1. Überlege, wie Bismarcks Äußerungen über seine künftige Deutschlandpolitik auf Liberale und Demokraten gewirkt haben könnte (Q3).

2. Erläutere, warum von Ihering einer „ungerechten Sache" den Sieg wünscht (Q4).

3. Vergleiche Q4 mit Q6. Vermute, weshalb es zu dem Stimmungswandel bei von Ihering gekommen ist.

Das Deutsche Kaiserreich wird gegründet

Am 18. Januar 1871 ging für viele Deutsche ein Traum in Erfüllung – ein deutscher Nationalstaat wurde gegründet. Dem war ein Krieg mit Frankreich vorausgegangen. Wie hing beides miteinander zusammen?

Krieg liegt in der Luft

Die neue Machtstellung Preußens in Norddeutschland führte zu Spannungen mit Frankreich. Ein starkes Deutschland an Frankreichs Ostgrenze stand dem eigenen Machtstreben in Mitteleuropa entgegen. Im Sommer 1870 spitzte sich die Situation zu: Prinz Leopold von Hohenzollern-Sigmaringen, einem Verwandten des preußischen Königs, war die Krone Spaniens angeboten worden. Frankreich fühlte sich nun von „Preußen umzingelt" und drohte mit Krieg. Daraufhin verzichtete Leopold auf die spanische Krone.

A: Gestaltet Schlagzeilen für Zeitungen, die die Ereignisse vom Sommer 1870 bis zum Januar 1871 auf den Punkt bringen. Geht dabei arbeitsteilig vor: Eine Gruppe vertritt die deutsche, eine andere die französische Presse.

Die „Emser Depesche"

Der französische Kaiser Napoleon III. gab sich damit nicht zufrieden. Er schickte seinen Botschafter Graf Benedetti nach Bad Ems, wo sich der preußische König zur Kur aufhielt. Dort forderte Benedetti von Wilhelm, zu garantieren, dass niemals ein Hohenzoller für den spanischen Thron kandidieren würde. Das lehnte der König ab. In einem Telegramm ließ er seinem Ministerpräsidenten von diesem Treffen berichten. Bismarck veröffentlichte das Schreiben. Jedoch hatte er den Text so gekürzt, dass man meinen konnte, Wilhelm hätte Benedetti grob und unhöflich behandelt. Französische Politiker zeigten sich empört und in den Zeitungen wurde offen Krieg gefordert.

Online-Link
443020-1015
Arbeitsblatt: Die Emser Depesche

Der Deutsch-Französische Krieg

Weder die deutschen noch die französischen Politiker bemühten sich, den Konflikt durch Verhandlungen zu lösen. Und am 19. Juli 1870 erklärte Frankreich Preußen den Krieg. Mit dieser Kriegserklärung erwachte das deutsche Nationalbewusstsein. Alle süddeutschen Staaten sahen den Bündnisfall gegeben und stellten ihre Armeen unter preußischen Oberbefehl. Die Mehrzahl der Militärexperten rechnete mit einem Sieg Frankreichs. Es kam jedoch anders: Frankreich war schlecht gerüstet und seine Generäle waren sich in vielen Fragen nicht einig. Die deutschen Truppen wurden sehr schnell offensiv, weil sie die Transportmöglichkeiten der Eisenbahn für den Einmarsch nach Frankreich nutzten. Bei Sedan wurden mehrere französische Armeen eingeschlossen und mussten schließlich kapitulieren. Kaiser Napoleon III. geriet in Kriegsgefangenschaft. In Frankreich wurde die Republik ausgerufen, die den Krieg weiterführte.

Q1 Dresdener Sammelwagen für die vor Paris stehenden Truppen
zeitgenössischer Holzstich aus der Zeitschrift „Über Land und Meer", 1870, Nr. 17

B: Verfasse mithilfe des VT für die Zeitschrift einen kurzen Text zu dem Bild.

1815 1871

C: Beschreibe die dargestellte Szene. Welche Haltung zur Reichseinigung ist den Menschen anzumerken und mit welchen Mitteln hat das der Künstler ausgedrückt?

Q2 Die Huldigung Kaiser Wilhelm I.
Gemälde von Paul Bürde, 1871, 70,5 x 82 cm,
Deutsches Historisches Museum Berlin
An der Wand rechts hängen Bilder von Luther, Friedrich dem Großen und Feldmarschall von Blücher, ein Held aus den Befreiungskriegen 1813/15.

Die Gründung des Deutschen Reiches

Der gemeinsame Krieg gegen Frankreich rief in Deutschland eine Welle nationaler Begeisterung hervor. Baden und Hessen schlossen sich dem Norddeutschen Bund an. Nachdem sie Sonderrechte ausgehandelt hatten, folgten auch Bayern und Württemberg. Doch wer sollte an der Spitze des neuen Staates stehen? Bismarck gelang es (auch mithilfe einer geheim gehaltenen „Finanzspende"), den bayerischen König Ludwig II. zu veranlassen, im Namen aller deutschen Fürsten dem preußischen König die Kaiserwürde anzutragen. Am 18. Januar 1871 wurde Wilhelm im Spiegelsaal von Versailles zum deutschen Kaiser ausgerufen. Währenddessen ging der Krieg weiter. Deutsche Truppen belagerten Paris. Frankreich musste sich geschlagen geben. Im Friedensvertrag verpflichtete es sich, fünf Milliarden Francs als Kriegsentschädigung zu zahlen und das Elsass sowie große Teile von Lothringen an Deutschland abzutreten.

Q3 Die deutsche Revolution?

Der britische Oppositionsführer Disraeli sagte in einer Rede am 9. Februar 1871 über den Deutsch-Französischen Krieg:

Dieser Krieg bedeutet die deutsche Revolution, ein größeres politisches Ereignis als die Französische Revolution des vergangenen Jahrhunderts. Ich sage nicht, daß er ein größeres oder ebenso großes soziales Ereignis ist. Seine sozialen Auswirkungen werden sich erst in der Zukunft zeigen. Nicht ein einziger Grundsatz unserer Außenpolitik, der noch vor sechs Monaten von allen Staatsmännern als Leitfaden anerkannt wurde, ist weiterhin gültig. (...) Wir haben eine neue Welt, neue Einflüsse am Werk, neue und unbekannte Größen und Gefahren, mit denen wir fertig werden müssen und die zur Zeit, wie alles Neue noch undurchschaubar sind. (...) das Gleichgewicht der Macht ist völlig zerstört worden und das Land, das am meisten darunter leidet und das die Auswirkungen dieses großen Wandels am meisten zu spüren bekommt, ist England.

Gehard A. Ritter (Hrsg.), Das Deutsche Kaiserreich 1871-1914. Ein historisches Lesebuch, Göttingen, 5. Aufl. 1992, S. 181.

Q4 Freude über die Reichsgründung

Als die Nachrichten vom Friedensschluss mit Frankreich am 3. März 1871 in Berlin eintrafen, notierte die Baronin von Spitzemberg in ihrem Tagebuch:

Die Sonne ging strahlend am wolkenlosen Himmel auf; mittags fand die Verlesung der kaiserlichen Depesche [= Nachricht] vom Schlosse aus statt, Viktoria [= Sieg] ward geschossen und mit allen Glocken geläutet. (...) Und was für ein Friede für uns Deutsche! Herrlicher und glorreicher als wir einen geschlossen! Vereint zu einem Reiche, dem größten, mächtigsten, gefürchtetsten in Europa, groß durch seine physische Macht nicht allein, größer noch durch seine Bildung und den Geist, der das Volk durchdringt! (...) Glücklich sind wir, daß wir (...) noch jung genug sind, um (...) die, so Gott will, recht reichen und segensvollen Früchte zu genießen, die aus dieser unter Blut und Tränen gesäten Saat hervorgehen. Möge Gott den Geist meines Volkes also lenken, daß seine Entwicklung eine friedliche und zivilisatorische bleibe, sein Reich ein Reich des Lichts, der Freiheit, der wahren, christlichen Gesittung sei!

Rudolf Vierhaus (Hrsg.), Am Hof der Hohenzollern. Aus dem Tagebuch der Baronin Spitzemberg 1865-1914, München 1965, S. 51 f.

Q5 Bismarck begründet die Annexion Elsass-Lothringens

Aus einer Reichstagsrede vom 2. Mai 1871:

Jedermann erinnerte sich, dass unter unseren Vätern seit dreihundert Jahren wohl schwerlich eine Generation gewesen ist, die nicht gezwungen war, den Degen gegen Frankreich zu ziehen. (...) Die Kriege mit Frankreich hatten im Laufe der Jahrhunderte, da sie vermöge der Zerissenheit Deutschlands fast stets zu unserem Nachteil ausfielen, eine geographisch-militärische Grenzbildung geschaffen, welche an sich für Frankreich voller Versuchung, für Deutschland voller Bedrohung war. [... Die Annexion ist notwendig, um] diese Landstriche mit ihren starken Festungen vollständig in deutsche Gewalt zu bringen, (...) um den Ausgangspunkt etwaiger französischer Angriffe um eine Anzahl von Tagesmärschen weiter zurückzulegen, wenn Frankreich (...) uns den Handschuh wieder hinwerfen sollte.

Wolfgang Lautemann/Manfred Schlenke (Hrsg), Geschichte in Quellen, Bd. 5: Das bürgerliche Zeitalter 1815-1914, München 1980, S. 375 f.

Q6 Die Siegessäule in Berlin

Sie wurde am 2. September 1873 eingeweiht und sollte an die drei Einigungskriege erinnern. In ihr sind Kanonenrohre verarbeitet, die in den Kriegen erbeutet wurden.

D: Begebt euch auf Spurensuche und findet heraus, ob in eurer Umgebung Denkmäler an den Deutsch-Französischen Krieg 1870/71 erinnern.

1. Wiederhole den Aufbau der europäischen Staatenwelt auf dem Wiener Kongress und erläutere dann, wovor Disraeli warnt (Q3).

2. Erkläre, warum die Baronin – trotz der Begeisterung über die Reichsgründung – auch Befürchtungen für die Zukunft Deutschlands hat (Q4).

3. Finde die Gründe heraus, die Bismarck für die Annexion Elsass-Lothringens angibt. Antworte ihm aus französischer Sicht (Q5).

1815 1871

1. Zusammenhänge herstellen: Begriffe und Namen zuordnen (Sachkompetenz)
Überlege, welche zwei Begriffe oder Namen jeweils inhaltlich zusammengehören. Begründe in wenigen Sätzen ihren Zusammenhang.

Online-Link
443020-1017
Quiz

Wiener Kongress
Neuordnung Europas
Frankfurt
Deutscher Bund
Wartburgfest
Burschenschaften
Hambacher Fest
Schwarz-Rot-Gold
Hoffmann von Fallersleben

Nationalhymne
Unterdrückung / Zensur
Karlsbader Beschlüsse
Paulskirche
Nationalversammlung
Deutsche Kaiserkrone
Friedrich Wilhelm IV.
Reichsgründung
Bismarck

2. Lücken füllen: wichtige Ereignisse zeitlich einordnen (Sachkompetenz)
Wähle zu jedem Satz das richtige Datum aus und schreibe den Buchstaben, der in Klammern steht, in dein Heft. Wenn du alles richtig hast, ergeben die Buchstaben in der Reihenfolge 1–9 ein dir bekanntes Wort.

1. 1814 / 15 (P) – 1830 / 31 (G) – 1848 / 49 (K)… fand der Wiener Kongress statt.
2. 1817 (B) – 1832 (A) – 1871 (E) … versammelten sich 20 000 Demonstranten aus ganz Deutschland auf dem Hambacher Schloss.
3. 1819 (R) – 1832 (S) – 1866 (H)… wurden die Karlsbader Beschlüsse zur Unterdrückung der Studentenbewegung erlassen.
4. 1841 (L) – 1860 (M) – 1871 (B) … schrieb Hoffmann von Fallersleben auf Helgoland das „Lied der Deutschen“, die spätere Nationalhymne.
5. 1832 (P) – 1848 (A) – 1852 (C) … trat in der Frankfurter Paulskirche das erste frei gewählte Parlament für ganz Deutschland zusammen.
6. 1835 (D) – 1862 (M) – 1890 (R) … ernannte König Wilhelm I. den preußischen Gesandten in Paris, Otto von Bismarck, zum preußischen Ministerpräsidenten.
7. 1814 (M) – 1864 (E) – 1871 (H) … besetzten Österreich und Preußen im Deutsch-Dänischen Krieg gemeinsam die drei Herzogtümer Schleswig, Holstein und Lauenburg.
8. 1815 (L) – 1866 (N) – 1870 (S) … schlugen die Preußen die Österreicher in der Schlacht bei Königgrätz und der Deutsche Bund löste sich auf.
9. 1813 / 14 (H) – 1848 / 49 (Z) – 1870 / 71 (T) … führten Preußen und die verbündeten süddeutschen Staaten einen Krieg gegen Frankreich, in dessen Verlauf das Deutsche Reich gegründet wurde.

3. Eine Karikatur untersuchen: Die Haltung des preußischen Königs in der Revolution 1848/49 (Sachkompetenz, Methodenkompetenz)
Beschreibe die Karikatur Q1, deute ihren Inhalt und ordne ihre Aussage in den geschichtlichen Zusammenhang dieses Kapitels ein.

Q1 Andere Zeiten – andere Sitten
Karikatur aus der Beilage zum „Leuchtturm“, Leipzig 1849

4. Ein Lied als historische Quelle nutzen: „Das Badische Wiegenlied" (Sachkompetenz, Methodenkompetenz)
Untersuche den Liedtext Q1 auf seine politischen Botschaften und Forderungen.
Ordne das Lied in den geschichtlichen Zusammenhang ein.

Q2 **Ludwig Pfau (1821–1894)**

Q3 **Das Badische Wiegenlied**
Nach dem gewaltsamen Ende der Revolution in Baden und in der Pfalz schrieb Ludwig Pfau 1849 das „Badische Wiegenlied". Der Text wurde erstmalig am 8. Dezember 1849 im „Eulenspiegel" veröffentlicht. Das Lied wird auch gern auf die Melodie von „Schlaf, Kindlein, schlaf" gesungen.

1. Schlaf, mein Kind, schlaf leis,
dort draußen geht der Preuß!
Deinen Vater hat er umgebracht,
deine Mutter hat er arm gemacht,
und wer nicht schläft in guter Ruh,
dem drückt der Preuß die Augen zu.
Schlaf, mein Kind, schlaf leis,
dort draußen geht der Preuß!

2. Schlaf, mein Kind, schlaf leis,
dort draußen geht der Preuß!
Der Preuß hat eine blutige Hand,
die streckt er übers badische Land,
und alle müssen wir stille sein,
so wie dein Vater unterm Stein.
Schlaf, mein Kind …

3. Schlaf, mein Kind, schlaf leis,
dort draußen geht der Preuß!
Zu Rastatt auf der Schanz,
da spielt er auf zum Tanz,
da spielt er auf mit Pulver und Blei,
so macht er alle Badener frei.
Schlaf, mein Kind …

4. Schlaf, mein Kind, schlaf leis,
dort draußen geht der Preuß!
Gott aber weiß, wie lang er geht,
bis dass die Freiheit aufersteht,
und wo dein Vater liegt, mein Schatz,
da hat noch mancher Preuße Platz!
Schrei's, mein Kindlein, schrei's:
Dort draußen liegt der Preuß!

5. Eine Diskussion gestalten: Die Gründung des deutschen Nationalstaates (Sachkompetenz, Urteilskompetenz)
Fünf Damen und Herren kommen kurz nach der Reichsgründung im Januar 1871 in einem Berliner Kaffeehaus ins Gespräch. Sie diskutieren darüber, ob nun wirklich die jahrzehntealten Wünsche der Deutschen nach einem Nationalstaat in Erfüllung gegangen sind. Gestaltet die Diskussion nach. Benutzt dazu die Rollenkarten.

Franz Wertmüller, 50 Jahre alt, besitzt eine kleine Buchdruckerei, saß als junger Mann als linker Abgeordneter im Paulskirchenparlament.

Louise Wertmüller, 38 Jahre alt, verheiratet mit Franz Wertmüller. Sie wurde in Wien geboren und ihre Eltern und Geschwister wohnen noch immer dort. Ihr Bruder wurde im preußisch-österreichischen Krieg 1866 schwer verwundet.

Amalie Schwenke, 43 Jahre alt, Frau von Ludwig Schwenke. Ihr Vater besitzt eine Baumwollspinnerei. Dort hat sie schon in jungen Jahren den harten Arbeitsalltag der Arbeiterinnen und Arbeiter beobachtet.

Friedrich Maibach, 40 Jahre alt, hat als Siebzehnjähriger an den Barrikadenkämpfen in Berlin teilgenommen. Sein älterer Bruder wurde damals erschossen. Maibach hat inzwischen einen kleinen Eisenwarenhandel und ist geschäftlich viel in Deutschland unterwegs.

Ludwig Schwenke, 56 Jahre alt, Jurist, saß als liberaler Abgeordneter im Paulskirchenparlament und hat damals an der Ausarbeitung des Verfassungsentwurfs und der demokratischen Grundrechte mitgewirkt.

11 Leben im Deutschen Kaiserreich

Online-Link
443020-1101

Mit der Gründung des deutschen Kaiserreiches war ein mächtiger neuer Staat in der Mitte Europas entstanden. Wirtschaft, Industrie und Verkehr entwickelten sich schnell. Die Städte wuchsen und veränderten ihr Gesicht. Vieles blieb aber auch beim Alten, vor allem auf dem Lande. Deswegen fallen die Urteile über das Kaiserreich sehr unterschiedlich aus:

- War das Kaiserreich eine „gute alte Zeit", geordnet, friedlich und ohne Hektik?
- War es ein Staat mit überholter Adelsherrschaft und Unterdrückung der Arbeiterschaft?
- War es ein militaristischer Unruhestifter?
- Oder war es ein moderner Industriestaat, in dem sich Wirtschaft, Technik, Gesellschaft, Kultur und Alltag so tief greifend wandelten, dass geradezu eine neue Welt entstand?

1860 | 1870

1866
Preußen besiegt Österreich und der Deutsche Bund wird aufgelöst.

1870/71
Krieg zwischen Deutschland und Frankreich

18. Januar 1871
Der preußische König Wilhelm I. wird zum „Deutschen Kaiser" ausgerufen.

16. April 1871
Die Verfassung des Deutschen Reiches tritt in Kraft. Der preußische Ministerpräsident Otto von Bismarck wird erster Reichskanzler.

Berlin 1908

Das Deutsche Kaiserreich 1871

1880 — 1890 — 1900

1884/85
Deutschland erwirbt Kolonien in Afrika und Südostasien.

1888
Nach dem Tod Kaiser Wilhelms I. besteigt sein Sohn Friedrich III. den Thron. Er ist schwer krank und stirbt bereits nach drei Monaten Regierungszeit. Nachfolger wird sein Sohn Wilhelm II.

1890
Wilhelm II. entlässt Bismarck als Reichskanzler.

um 1895
Die Industrie wird zum wichtigsten Wirtschaftsbereich in Deutschland.

1910
Fast die Hälfte aller Einwohner Deutschlands lebt in Städten mit mehr als 5 000 Einwohnern.

1914
Der Erste Weltkrieg beginnt.

Parade der Gardetruppen im Berliner Lustgarten 1909

1871 1914

Historienbilder untersuchen

Historienbilder stellen Ereignisse und Situationen aus der Vergangenheit dar. Im 19. Jahrhundert war es besonders in Mode, Bilder über die Geschichte des Mittelalters zu malen – zum Beispiel von den Krönungen der Kaiser. Natürlich konnten die Maler gar nicht wissen, wie sich diese Ereignisse damals genau abgespielt hatten. Es ging ihnen auch nicht in erster Linie darum, wirklichkeitsgetreu zu malen. Sie wollten vielmehr das Mittelalter so darstellen, wie sie selber oder ihre Auftraggeber es sich vorstellten: als eine große Zeit mit mächtigen Herrschern, tapferen Rittern, edlen Hofdamen und prächtigen Festen. Aus Historienbildern erfährt man daher meist wenig über die dargestellte Vergangenheit, sondern viel mehr über die Zeit ihrer Entstehung. Welches Bild von der Vergangenheit und der eigenen Zeit, welche Ideen und Wunschvorstellungen hatten der Künstler, sein Auftraggeber oder vielleicht sogar die ganze Gesellschaft?

Q1 Die Kaiserproklamation vom 18. Januar 1871 im Spiegelsaal von Versailles
Gemälde von Anton von Werner, 1885, Öl auf Leinwand, 167 x 202 cm, Bismarck-Museum, Friedrichsruh (Ausschnitt)
1 Kaiser Wilhelm 2 Kronprinz Friedrich 3 Großherzog von Baden 4 Bismarck 5 Generalstabschef Moltke 6 Kriegsminister Roon.

Mehr Zeitzeugenberichte und Erklärungen zum Bild findest du auf der CD-ROM.

Q2 Die Kaiserproklamation
Anton von Werner berichtete 1913, wie er das Ereignis erlebt hat:
Und nun ging in prunklosester Weise und außerordentlicher Kürze das große historische Ereignis vor sich (...). [Ich] sah, daß König Wilhelm etwas sprach und daß Graf Bismarck mit hölzerner Stimme etwas längeres vorlas, hörte aber nicht, was es bedeutete, und erwachte aus meiner Vertiefung erst, als der Großherzog von Baden neben König Wilhelm trat und mit lauter Stimme in den Saal hineinrief: „Seine Majestät, Kaiser Wilhelm der Siegreiche, Er lebe hoch!" Ein dreimaliges Donnergetöse unter dem Geklirr der Waffen antwortete darauf (...). Der Vorgang an sich war trotz des gewaltigen Eindrucks, den seine politische Bedeutung auf die Gemüter machen mußte (...), in seiner äußeren Erscheinung keinesfalls seinem inneren Werte entsprechend, erschien vielmehr etwas vorschriftsmäßig. (...) Nichts von den phantastisch lebhaften Gebärden, die der Maler gewöhnlich braucht, um in solchen Fällen Enthusiasmus [Begeisterung] auszudrücken.

Anton von Werner, Erlebnisse und Eindrücke 1870–1890, Berlin 1913, S. 33 f., 54.

Methodische Arbeitsschritte

1 Beschreiben

Dieser erste Schritt ist bei allen Arten von Bildern gleich (vgl. das Methodentraining S. 330).
- Beschreibe deinen ersten Eindruck von dem Bild.
- Stelle fest, was darauf besonders ins Auge fällt.
- Nenne Einzelheiten, die du auf dem Bild siehst.

2 Untersuchen

- Benenne das Thema des Bildes.

Finde heraus:
- Wer hat das Bild gemalt?
- Aus welchem Grund hat der Künstler dieses Thema gewählt?
- Hat der Künstler einen Auftrag für sein Werk erhalten und wie lautet dieser?
- Wie groß ist der zeitliche Abstand zwischen dem dargestellten Ereignis und der Entstehungszeit des Werks?
- Was konnte der Künstler über das historische Ereignis tatsächlich wissen, was hat er hinzuerfunden, was bewusst beiseite gelassen oder verändert?
- Untersuche, welche Personen im Mittelpunkt stehen und wie sie dargestellt sind.

Bei der Untersuchung der Darstellungsmittel kannst du so vorgehen wie bei jeder anderen Bildauswertung (siehe S. 330).

3 Deuten

- Wie wird das historische Ereignis insgesamt gewertet und gedeutet?
- Welche Verknüpfung des historischen Ereignisses mit der Gegenwart legt das Bild nahe?
- Welche Botschaft oder Lehre für die Gegenwart und Zukunft soll der Betrachter dem Bild entnehmen?

Beschreiben

Das Bild zeigt eine größere Menge uniformierter Männer. Einige stehen links auf einem Podest. Die anderen wenden sich ihnen zu. Einige schwenken ihre Helme, andere haben ihre Säbel in die Luft gestreckt. Offenbar handelt es sich um eine Feierlichkeit. Besonders hervorgehoben ist neben den Personen in der ersten Reihe auf dem Podest eine Figur in weißer Uniform, die in der Mitte des Bildes steht.

Untersuchen

Das Thema des Bildes geht aus dem Titel hervor: Nach dem deutschen Sieg über Frankreich wird am 18. Januar 1871 der preußische König im Spiegelsaal von Versailles zum deutschen Kaiser ausgerufen. Anton von Werner hatte vom Kronprinzen den Auftrag erhalten, den Festakt im Bilde festzuhalten. Er hat dann nach und nach drei Bilder von diesem Ereignis gemalt. Das dritte ist hier abgebildet. Bismarck erhielt es 1885 zu seinem 70. Geburtstag von der Kaiserfamilie geschenkt („Friedrichsruher Fassung", benannt nach Bismarcks Wohnsitz). Im Mittelpunkt des Bildes stehen außer den wichtigsten Handelnden – der Kaiser, der Kronprinz und der Großherzog von Baden, der das Hoch auf den neuen Kaiser ausbrachte – jene Personen, die im Bewusstsein der Öffentlichkeit für Sieg und Reichsgründung verantwortlich waren: Bismarck, Moltke und Roon. Der Maler hat allerdings gegenüber der tatsächlichen Szene Veränderungen vorgenommen: Die drei Personen auf dem Podium standen weiter voneinander entfernt; Moltke stand hinter Bismarck; Bismarck hatte keine weiße, sondern eine blaue Uniform an; Roon war überhaupt nicht anwesend.

Deuten

Der Deutsch-Französische Krieg war ein beliebtes Motiv der Historienmaler im Kaiserreich. Eigentlich war das ein Ereignis aus der Gegenwart. Aber die Künstler waren von seiner Bedeutung so überzeugt, dass sie es als große Geschichte malten. Anton von Werner hat das Bild so gemalt, wie es sich nach seiner Meinung für ein solch bedeutendes Ereignis gehört. Deshalb hat er auch Bismarck, Moltke stärker hervorgehoben und Roon hinzugesetzt – als die großen Männer, die Geschichte gemacht haben.

1. Vergleiche von Werners Erlebnisschilderung (Q2) mit seinem Bild. Erläutere, was der Maler gegenüber dem eigenen Erleben verändert hat.

2. Nachdrucke der „Kaiserproklamation" waren im Kaiserreich ein beliebter Bildschmuck in bürgerlichen Wohnzimmern. Überlege dir Gründe dafür und setze diesen Satz eines Zeitgenossen fort: „Ich habe dieses Bild aufgehängt, weil …"

1871 1914

Wie wurde das Deutsche Kaiserreich regiert?

Die Gründung eines deutschen Nationalstaates war das Ziel der demokratischen Bewegung von 1848/49 gewesen. Gingen deren Wünsche mit der Ausrufung des Deutschen Kaiserreiches nun in Erfüllung? Wie waren Macht und Einfluss im Reich verteilt?

A: Stelle in einer Liste einander gegenüber: Welche fortschrittlichen und welche rückschrittlich-beharrenden Seiten siehst du in den politischen Verhältnissen des Kaiserreichs?

Nationalstaat mit Einschränkungen

Ein reiner Nationalstaat war das Kaiserreich nicht. Österreich gehörte nicht dazu. Es gab also einerseits zahlreiche Deutsche, die nicht im Deutschen Reich lebten. Andererseits umfasste der neue Staat auch verschiedene nationale Minderheiten. Zahlenmäßig am stärksten waren die Polen mit etwa 2,4 Millionen.

Das Reich als Bundesstaat

Das neue Deutsche Reich war ein Bundesstaat, also ein Zusammenschluss einzelner Länder mit dem König von Preußen als „Deutschem Kaiser" an der Spitze. Unter den 25 Staaten nahm Preußen eine Vormachtrolle ein. Es umfasste nahezu zwei Drittel des Reichsgebiets, in denen drei Fünftel der Bevölkerung lebten. Der Reichskanzler war in der Regel zugleich preußischer Ministerpräsident. Die einzelnen Landesfürsten herrschten zwar weiter und die Einzelstaaten behielten eigene Regierungen und Verwaltungen. Aber die wichtigsten Entscheidungen wurden von der Reichsregierung getroffen.

Das Wahlrecht

Die Abgeordneten des Reichstages wurden in allgemeiner, gleicher, direkter und geheimer Wahl bestimmt. Allerdings waren nur die Männer wahlberechtigt, Frauen blieben bis zum Ende des Kaiserreiches ausgeschlossen. Gewählt wurde nach dem Mehrheitsprinzip: Für den Sieg eines Kandidaten waren mindestens 50 Prozent der Stimmen in einem Wahlkreis erforderlich. Erreichte sie keiner, gab es eine Stichwahl zwischen den beiden Kandidaten mit den meisten Stimmen. Anders sah das Wahlrecht für die Landtage in den meisten Einzelstaaten aus. In Preußen gab es zum Beispiel das so genannte Dreiklassenwahlrecht. Nach der Höhe ihrer Steuern wurde die Wahlbevölkerung in drei Gruppen eingeteilt, von denen jede ein Drittel der Abgeordneten wählte. Die etwa fünf Prozent der Wähler in der ersten Klasse hatten dadurch dasselbe Gewicht wie die 80 Prozent in der dritten Klasse.

B: Beschreibe anhand des Verfassungsschemas in einem „Steckbrief" für jede aufgeführte Person oder Institution, welche Rechte sie hat oder nicht hat.
Vergleiche die Reichsverfassung mit dem Verfassungsentwurf der Nationalversammlung von 1849 (S. 252) und mit unserer heutigen Verfassung. Liste Unterschiede und Gemeinsamkeiten auf.

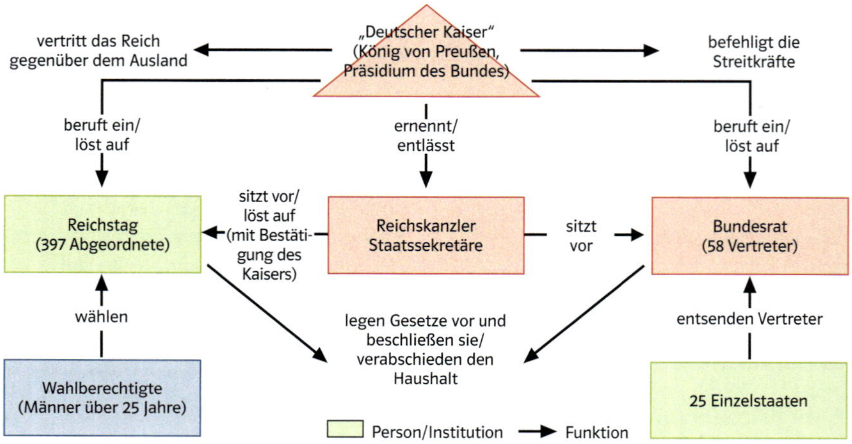

D1 **Die Verfassung des Deutschen Reiches 1871**

Die Parteien
Die wichtigsten Parteien waren die Nationalliberalen, die Konservativen, das Zentrum und die Sozialdemokraten. Die Wähler der Nationalliberalen kamen vor allem aus dem Besitz- und Bildungsbürgertum. Die Konservativen hatten ihre Hochburgen im ländlichen Preußen, sie wurden im Adel, im Militär und in der Beamtenschaft bevorzugt. Das Zentrum war die Partei der Katholiken. Die Sozialdemokratie wurde vor allem von der städtischen Arbeiterschaft gewählt. Sie wurde vom Staat massiv bekämpft. Nach der Anzahl der Stimmen entwickelte sich die Sozialdemokratie schon bei den Reichstagswahlen von 1890 zur stärksten Partei. 1912 erhielt sie dann auch die meisten Sitze im Reichstag.

Kaiser und Kanzler
Kaiser und Kanzler hatten nach der Verfassung beide eine starke Stellung. Die Position des Kanzlers war bei der Reichsgründung auf die Person Bismarcks zugeschnitten. Wilhelm I. ließ ihm politisch weitgehend freie Hand. Die Machtverteilung zwischen Kaiser und Kanzler verschob sich, als Wilhelm II. den Thron bestieg. Wilhelm II. wollte viel stärker als sein Vorgänger in die Entscheidungen der Regierung eingreifen. Das führte zum Konflikt mit Bismarck und zu dessen Entlassung. Nach ihm hatte kein Kanzler mehr eine ähnlich starke Position inne. Regierung und Parlament verloren immer mehr an Einfluss, Militärs und persönliche Ratgeber Wilhelms traten in den Vordergrund.

Das Kaiserreich – ein Obrigkeitsstaat
Staat und Verwaltung hatten im Deutschen Reich viel Macht. Das konnte sich durchaus positiv auswirken. Recht und öffentliche Ordnung waren sicherer als je zuvor. Der Staat versuchte, soziale Missstände zu lindern, z. B. durch die Sozialgesetzgebung oder die Einschränkung der Kinderarbeit, und er förderte Schulen und Wissenschaft. Dass in Deutschland vieles „von oben“ geregelt wurde, hatte aber auch unübersehbare Schattenseiten. Vermeintliche Gegner des Staates wurden scharf verfolgt. Die Beamten verstanden sich als Verkörperung der Obrigkeit. Wer mit ihnen zu tun hatte, musste oft als Bittsteller auftreten. Man spricht deshalb von einem Obrigkeitsstaat.

Über die Sozialgesetzgebung kannst du auf S. 223 noch einmal nachlesen.

Q1 Kundgebung der SPD gegen das Dreiklassenwahlrecht in Berlin am 3. September 1911

C: Stell dir vor, die SPD-Anhänger würden Transparente mit sich tragen. Formuliere mithilfe des Verfassertextes Textvorschläge.

Q2 Kaiser Wilhelm II.
Ölgemälde von Max Koner, 1890
Über seiner weißen Kürassieruniform (Kürassiere = schwere Reiter) trägt der Kaiser den preußischen Königsmantel mit dem Stern des Schwarzen Adlers, über dem Brustharnisch das Band des Schwarzen Adlerordens, dessen Großmeister der preußische König war. In der rechten Hand hält er den preußischen Marschallstab. Neben ihm auf dem Tischchen liegen der Reichsapfel und die Krone von Preußen.

D: Vergleiche das Gemälde mit dem Bild Ludwigs XIV. auf S. 122. Nenne Ähnlichkeiten in Bezug auf die Haltung, die Kleidung und den Raum.
Wie wollte Wilhelm sich dargestellt sehen? Formuliere einen entsprechenden Auftrag, wie ihn Wilhelm dem Maler gegeben haben könnte.
Fasse in einem Satz das Selbstverständnis Wilhelms zusammen, das aus diesem Gemälde spricht.

Mit dem Bild kannst du auch auf der CD-ROM arbeiten.

D2 Reichstagswahlen von der Reichsgründung bis zum Ersten Weltkrieg
jeweils in der ersten Spalte Stimmenanteil in Prozent, in der zweiten Spalte die Mandate

Gerd Hohorst/Jürgen Kocka/Gerhard. A. Ritter, Sozialgeschichtliches Arbeitsbuch II. Materialien zur Geschichte des Kaiserreichs 1870–1914, München 1978, S. 173–175.

Partei	1874		1884		1893		1903		1912	
Konservative	6,9	22	15,2	78	13,5	72	10,0	54	9,2	43
Zentrum	27,9	91	22,6	99	19,1	96	19,8	100	16,4	91
Nationalliberale	29,7	155	17,6	51	13,0	53	13,9	51	13,6	45
Sozialdemokraten	6,8	9	9,7	24	23,3	44	9,7	24	34,8	110

1. Berechne für jedes Jahr den Anteil der einzelnen Parteien an der Gesamtzahl der Reichstagsmandate (397) in Prozent (D2). Stelle das jeweilige Verhältnis von Stimmen- und Mandatsanteil fest. Wem nützen und wem schaden die Unterschiede dazwischen?

2. Städtische Wahlkreise hatten meist mehr Wähler als ländliche. Welche Auswirkungen hatte das? Vergleiche mit deinen Berechnungen.

Nationalismus und Militarismus

„Am deutschen Wesen soll die Welt genesen", so lautete ein viel zitierter Satz, der auf den Dichter Emanuel Geibel zurückging. Dieser übersteigerte Nationalismus prägte die Einstellung weiter Bevölkerungskreise im Kaiserreich.

Der „vaterländische Gedanke"

Seit dem Sieg über Napoleon 1814/15 hatte der Nationalgedanke in Deutschland eine antifranzösische Tendenz. Die wurde im Krieg 1870/71 noch verstärkt: Der gemeinsame Kampf gegen den französischen „Erbfeind" einte die Deutschen. Weil Deutschland die führende Militär- und bald auch Wirtschaftsmacht auf dem Kontinent war, fühlte man sich anderen Völkern und Staaten überlegen. Überheblichkeit und Missachtung anderer kamen besonders unter Kaiser Wilhelm II. zum Ausdruck. Mit anmaßenden Reden und seiner Vorliebe für alles Militärische rief er im Ausland Verwunderung, Ablehnung und Misstrauen hervor.

An der Pflege des „vaterländischen Gedankens", wie es damals hieß, wirkten viele mit. Selbstverständlich verbreitet war er im Militär. Aber auch die Schule hatte die Aufgabe, die deutsche Geschichte, das deutsche Volk und die deutschen Herrscher zu verherrlichen. Schützen-, Turner- und Sängervereine feierten mit Begeisterung nationale Feste und sangen patriotische Lieder. Sie hatten Millionen von Mitgliedern – so verwurzelte sich der „vaterländische Gedanke" in der Bevölkerung immer stärker.

A: Erläutere, warum der „vaterländische Gedanke" für weite Kreise der Bevölkerung so attraktiv sein konnte.

B: Erkläre, was der zeitgenössische Begriff „Erbfeind" meint. Denke dabei auch an frühere Auseinandersetzungen zwischen Deutschland und Frankreich.

Die Militarisierung der Gesellschaft

Mit dem Nationalismus eng verbunden war die Hochschätzung alles Militärischen. Militärische Stärke galt als Garantie für die Sicherung der neuen Vormachtstellung in Europa. Parlament und Regierung hatten auf das Militär praktisch keinen Einfluss. Der Oberbefehl lag beim Kaiser.

Das Militär stieg zum angesehensten Stand im Reich auf. Dabei blieben die hohen Offiziersränge vorwiegend von Adeligen besetzt. Die Offiziere hoben sich durch besondere Privilegien und Lebensformen von der übrigen Bevölkerung ab. Sie wurden bewundert und nachgeahmt. Auf den Bürgersteigen wich man ihnen aus und in den Restaurants wurden sie bevorzugt bedient. Gut gestellte Bürger strebten nach militärischem Aufstieg: Sie konnten den so genannten einjährig-freiwilligen Militärdienst leisten und es dann bis zum Reserveoffizier bringen. Uniformen für Zivilberufe – von der Eisenbahn bis zur Feuerwehr – standen hoch im Kurs. Viele eigneten sich die Hierarchievorstellungen, das Verhalten und die Redeweise des Militärs an. Auch im zivilen Leben bestimmte oft der militärische Rang den Stellenwert eines Menschen.

einjährig-freiwilliger Militärdienst
Wer mindestens die 10. Klasse einer höheren Schule abgeschlossen hatte, konnte statt des üblichen zweijährigen einen einjährigen Militärdienst leisten. Er musste die Kosten dafür aber selber tragen.

Q1 Ausschnitt aus einer Bildpostkarte, um 1900
Die Originalunterschrift lautet: „Der Soldat ist der schönste Mann im Staat."

C: Nenne mögliche Gründe, weshalb der Hersteller der Ansichtskarte sich für dieses Motiv entschieden haben könnte.

1871 1914

Q2 Kaiser Wilhelm II. und seine Familie
Ansichtskarte, 1906
Wilhelm und seine Gattin mit ihrer Tochter und ihren sechs Söhnen, der jüngste Sohn der Kaiserfamilie trägt einen Matrosenanzug. Diese Anzüge waren ein Zeichen für die Flottenbegeisterung der Deutschen (vgl. S. 305)

D: Beschreibe und erläutere die Anordnung der Personen und ihre Kleidung. Stelle eine Verbindung zwischen diesem Bild und Q1 her.

Q3 Erneuerung des Kaisertums
Der Staatsrechtler Hermann Schulze-Graevernitz schreibt am Tag der „Kaiserproklamation" in einem Leitartikel für die „Schlesische Zeitung":

Seit Menschenaltern gilt uns das Kaisertum als das höchste Symbol nationaler Einheit. Aus den Sagen des Volkes, aus den Träumen unserer Jugend, aus den begeisterten Worten unserer Dichter hallt es wieder, „das Lied vom deutschen Kaiser". Unsere größten Erinnerungen knüpfen sich an die markigen Gestalten unserer Kaiser, an die Heinriche und Ottone, an die Franken und Staufen (...). Alles, was das alte Reich an großen nationalen Gedanken in sich trug, ist wieder lebendig geworden. Erst mit „Kaiser und Reich" ist die Sehnsucht der Nation erfüllt, das „Wahrzeichen ihrer alten Herrlichkeit" hergestellt.

Mario Kramp (Hrsg.), Krönungen, Könige in Aachen – Geschichte und Mythos. Ausstellungskatalog, Aachen 2000, S. 795 f.

Q4 Militär und Gesellschaft
Ein Artikel in einer Militärzeitschrift beschreibt 1888 die Bedeutung des Reserveoffizierswesens:

Der Wert, den die junge Männerwelt der höheren Stände, auch der bürgerlichen Berufszweige, auf den Reserve- bzw. Landwehr-Offizier legt, tritt in mannigfachen Merkzeichen auf. Keine private Kundgebung, Familien-Anzeige und dergleichen, die nicht mindestens neben dem bürgerlichen Charakter [der Stellung] des Betreffenden auch den militärischen trüge, keine größere Festlichkeit, bei der nicht von den Berechtigten die Gelegenheit wahrgenommen würde, den Frack mit des Königs glänzendem Waffenkleide zu vertauschen. So tritt auch im bürgerlichen Leben im Menschen, wenn man so sagen darf, der Offiziers-Beruf stets früher in die Erscheinung, als der, der sein tägliches Dasein durchs Leben geleitet, und wir verstehen vollkommen, wenn die deutsche Gesellschaft in Ausländern, wie dies tatsächlich der Fall, den Eindruck hervorruft, als werde in ihr wesentlich alles nach militärischen Gesichtspunkten beurteilt.

Oldwig von Uechtritz, Der Offizier des Beurlaubtenstandes in seinen Beziehungen zum gesellschaftlichen und staatlichen Leben, in: Militär-Zeitung. Organ für die Reserve- und Landwehr-Offiziere des deutschen Heeres 11 (1888), Nr. 2, S. 14, zit. nach Bernd Ulrich/Jakob Vogel/Benjamin Ziemann (Hrsg.), Untertan in Uniform. Militär und Militarismus im Kaiserreich 1871–1914. Quellen und Dokumente, Frankfurt a. M. 2001, S. 135.

E: Schreibe aus der Sicht eines der Mädchen einen Tagebucheintrag und gehe dabei auf die dargestellte Szene ein.

Q5 Mädchengruppe mit ihrer Erzieherin am Strand von Borkum
Foto, 1909

Q6 Militär und Volkserziehung

Der Militärarzt Dr. Nütten führt 1867 in einem Vortrag vor Offizieren aus:

Die geregelte Lebensweise, welche der Soldat führen muß, hat aber nicht bloß auf seine körperliche Gesundheit einen wohltätigen Einfluß, auch seine moralischen Eigenschaften werden dadurch gebessert. Der nicht freigiebige Sold, die einfache Kost, die regelmäßige Verabreichung von Kleidungsstücken, die Sorge für deren Instandhaltung etc. wecken und erhalten frühzeitig sein Sinnen und Trachten zur Genügsamkeit, Vorsorge und Sparsamkeit. (…) Wir haben daher in unserer Armee nicht nur eine militärische Disziplin, sondern auch eine moralische, die nicht bloß Soldaten ausbildet, sondern auch den jungen Mann erzieht und den ausgebildeten Soldaten seinem bürgerlichen Lebensberufe mit dem moralischen Sinne für eine geregelte Lebensweise, für Ordnung und Gesetz zurückgibt.

Dr. Nütten, Die Armee, als Erhalterin der Volkskraft, in: Der Soldaten-Freund 34 (1866/67), S. 895, 898 f., zit. nach: Bernd Ulrich/Jakob Vogel/Benjamin Ziemann (Hrsg.), Untertan in Uniform. Militär und Militarismus im Kaiserreich 1871–1914. Quellen und Dokumente, Frankfurt a. M. 2001, S. 63.

Q7 Verderblicher Einfluss des Militarismus

Der Historiker und Politiker Ludwig Quidde veröffentlichte 1893 eine Schrift gegen Militarismus im Deutschen Kaiserreich:

Die glänzenden Erfolge [im Krieg 1870/71] haben dem Militarismus den Wind in die Segel gebracht, und mit großem Geschick hat man sie für seine Herrschaft zu nutzen verstanden. Das Bürgertum aber hat sich in scheuer Ehrerbietung vor ihm verneigt, als ob nicht das deutsche Volk, sondern der preußische Lieutenant ganz allein den Krieg geführt hätte. (…) Die ganze Auffassung von Disziplin, von dem Unterordnungsverhältnis, das vom Befehlenden keine Rechenschaft fordert und dem Gehorchenden das Recht zur Kritik verweigert, diese ganze Auffassung, die für das bürgerliche und öffentliche Leben nicht zu brauchen ist, wird durch dieses Soldatenspielen in den Kriegervereinen genährt.

Ludwig Quidde, Der Militarismus im Deutschen Reich. Eine Anklageschrift, Stuttgart 1893, S. 27–32.

1. Erläutere die Verbindung, die zwischen dem neuen und dem mittelalterlichen Kaiserreich hergestellt wird (Q3). Was wird mit einer solchen Einschätzung bezweckt?

2. Stelle zusammen, welche Gewohnheiten, Haltungen, Überzeugungen und politischen Meinungen aus dem militärischen Leben ins zivile übernommen oder daraus abgeleitet werden (sollen) (Q4, Q6).

3. Diskutiert anhand von Q2 bis Q7: Das Kaiserreich – eine militarisierte Gesellschaft?

1871 1914

Methodentraining: Denkmäler untersuchen

Denkmäler sollen an bestimmte Personen und Ereignisse erinnern, die ihre Erbauer für besonders wichtig halten. Diese Erinnerung soll für die Zukunft bewahrt werden. Das Gedenken kann sich auf einen Ort beziehen (örtliche Kriegerdenkmäler, das Denkmal für den „großen Sohn" der Stadt) oder auf eine ganze Nation (Herrscherdenkmäler, Nationaldenkmäler). Oft werden Denkmäler zu bestimmten Gedenktagen und Jubiläen errichtet oder eingeweiht oder es finden dort an solchen Tagen Feierlichkeiten statt. Im 19. Jahrhundert ist die Gattung der Nationaldenkmäler entstanden. Ihr Sinn war es, in der Erinnerung an gemeinschaftliche Siege (besonders über den „Erbfeind" Frankreich) eine gemeinsame nationale Identität zu stiften. Diese Denkmäler waren besonders groß und repräsentativ.

Q1 **Das Hermannsdenkmal im Teutoburger Wald**

Beschreiben

Das Denkmal steht auf der Grotenburg, einem Berg im Teutoburger Wald. Es zeigt den Cheruskerfürsten Arminius (lat.), auf Deutsch Hermann genannt. Mit der rechten Hand streckt er ein Schwert in die Höhe, mit der linken stützt er sich auf einen Schild, auf dem Kopf trägt er einen geflügelten Helm. Die Figur steht auf einem mächtigen Sockel. Insgesamt hat das Denkmal eine Höhe von ca. 54 m. Das Schwert trägt die Inschrift: „Deutsche Einigkeit meine Stärke – meine Stärke Deutschlands Macht". Im Sockel befindet sich ein Bronzerelief Kaiser Wilhelms I., das aus einer erbeuteten französischen Kanone angefertigt wurde. Die Inschrift dazu lautet:

„Der lang getrennte Stämme vereint mit starker Hand,
Der welsche Macht und Tücke siegreich überwand,
Der längst verlorne Söhne heim führt zum Deutschen Reich,
Armin, dem Retter, ist er gleich. (…)
Am 17. Juli 1870 erklärt Frankreichs Kaiser, Louis Napoleon, Preußen Krieg, da erstunden alle Volksstämme Deutschlands und züchtigten von August 1870 bis Januar 1871 immer siegreich französischen Übermut unter Führung König Wilhelms von Preußen, den das deutsche Volk am 18. Januar zum Kaiser erkor."

Untersuchen

Das Siegesdenkmal wurde von 1838 bis 1875 errichtet. Es sollte erinnern an die „Schlacht im Teutoburger Wald", in der 9 n. Chr. eine römische Armee von germanischen Stämmen unter der Führung des Arminius vernichtet wurde. Daraus sollte eine Lehre für die Gegenwart abgeleitet werden: Deutsche Einigkeit macht stark, garantiert den Sieg über den äußeren Feind. Dieser äußere Feind waren im 19. Jahrhundert die Franzosen. Auf den kurz vor der Vollendung des Baus errungenen Sieg im Deutsch-Französischen Krieg nimmt die Inschrift ausdrücklich Bezug: Kaiser Wilhelm I. wird mit Hermann verglichen.

Deuten

Das mächtige Denkmal soll der nationalen Selbstbesinnung dienen und zugleich den nationalen Triumph über Frankreich verherrlichen. Der Rückgriff auf die germanische Vergangenheit dient der historischen Begründung und Untermauerung des gegenwärtigen Nationalismus.

Methodische Arbeitsschritte

1 Beschreiben

- Beschreibe die äußere Erscheinungsform des Denkmals (figürliche Plastik, Relief, Bauform wie Säule, Kubus, Wand etc.).
- Benenne Zeichen und Symbole, die du an dem Denkmal findest (Kreuz, Adler, Fahne etc.).
- Gib die Inschriften wieder, die du an dem Denkmal findest.
- Beschreibe den Standort und die Umgebung des Denkmals (Platz, Friedhof, Hain, Park etc.).

2 Untersuchen

- Stelle fest, um welchen Typ von Denkmal es sich handelt (Mahnmal, Siegesdenkmal, Heldendenkmal, Standbild etc.).
- Finde anhand geeigneter Informationen und Materialien heraus, welche Absichten die Erbauer des Denkmals verfolgten.
- In welchem politischen und gesellschaftlichen Zusammenhang wurde es errichtet?
- Wie wurde es in seiner Geschichte wahrgenommen und genutzt? (Gedenkveranstaltungen)

3 Deuten

- Charakterisiere den baulichen Gesamtausdruck des Denkmals.
- Fasse die Gesamtaussage des Denkmals zusammen und erläutere, welche Rolle die einzelnen Elemente dabei spielen.
- Diskutiere die Bedeutung dieses Denkmals in der heutigen Zeit.

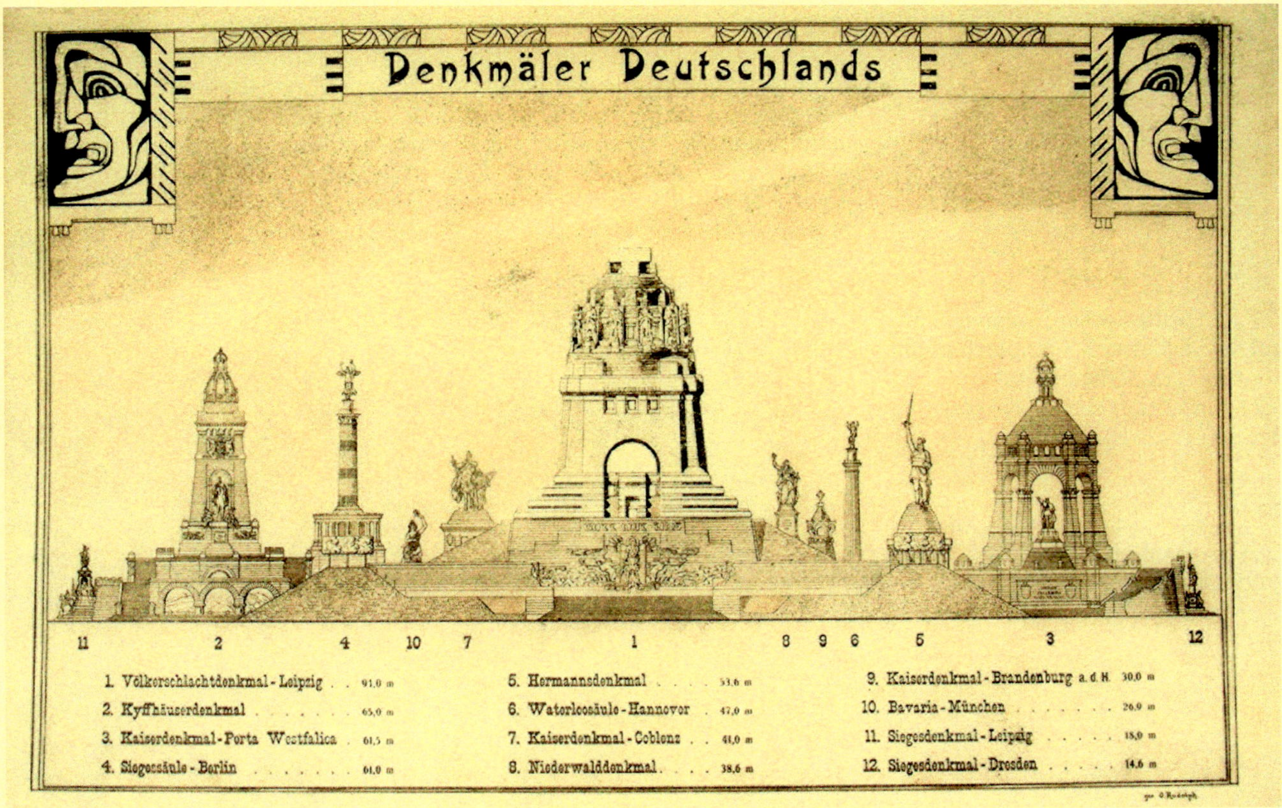

Q2 Postkarte, nach 1913

1. Untersucht ein Denkmal in der Nähe eurer Schule anhand der vorgegebenen Fragen. Entwerft einen Text für eine Informationstafel.

2. Informiert euch in der Klasse über die einzelnen Denkmäler von Q2 (Lexikon, Internet): Wann wurden sie errichtet und woran sollten sie erinnern? Verfasst jeweils einen kurzen Steckbrief. Erläutere, warum diese Denkmäler auf einer Postkarte zusammengefasst werden.

1871 1914

Die Gesellschaft gerät in Bewegung

Typisch für das Kaiserreich war ein Nebeneinander von gesellschaftlicher Beharrung und schnellen Veränderungen. Die Schichten begannen sich zu wandeln, aber dennoch blieb das Kaiserreich eine Klassengesellschaft.

A: Stelle den Aufbau der Gesellschaft im Kaiserreich in einem Schaubild dar.

Der Adel

An der Spitze der Gesellschaft stand im Kaiserreich weiterhin der Adel. Er nahm die führenden Positionen bei Hof, in der Diplomatie, in der Verwaltung und im Militär ein. Vor allem in den landwirtschaftlich geprägten Gebieten Nord- und Ostdeutschlands bestimmte die adelige Gutsherrschaft noch immer den Lebensalltag der bäuerlichen Bevölkerung. Aber der Adel passte sich auch den wirtschaftlichen Veränderungen der Zeit an. In der Landwirtschaft setzte er immer mehr auf moderne Methoden, z.B. Maschinen und Saisonarbeit. Dass Adelige zu industriellen Unternehmern wurden, war dagegen eher selten. Das bekannteste Beispiel ist der schlesische Fürst Henckel zu Donnersmarck, der mit seinen Hochöfen zu einem der reichsten Menschen des Kaiserreiches wurde. Es gab aber auch den verarmten Adel, der nur noch den Titel, aber kein Vermögen besaß – Adel war also nicht gleich Adel.

Online-Link
443020-1107
Arbeitsblatt: Der Aufstieg zum Kommerzienrat

Das Bürgertum

Tief greifende Veränderungen gab es im Bürgertum. Weitgehend neu war das wirtschaftlich erfolgreiche Großbürgertum der Unternehmer, Bankiers und wohlhabenden Kaufleute, die am meisten vom industriellen Wachstum profitierten. Zu den besseren Kreisen zählte auch das Bildungsbürgertum. Es verdankte seine soziale Position seiner guten Ausbildung. Dazu gehörten höhere Beamte und freie akademische Berufe wie Ärzte, Rechtsanwälte und Architekten. Das alte Stadtbürgertum mit Handwerkern, Gewerbetreibenden und Krämern hingegen verlor an Ansehen und bildete nun zusammen mit den nie-

Q1 „Um Gottes willen, Sie stehen ja auf dem Schatten seiner Durchlaucht"
Karikatur aus dem Jahre 1895
(Durchlaucht: Anrede für Angehörige des hohen Adels)

B: Erschließe die Karikatur mithilfe der methodischen Arbeitsschritte auf S. 245

Q2 Arbeiter und Angestellte der Druckmaschinenfabrik König & Bauer aus Berlin auf einem Ausflug mit Familienangehörigen, Foto, 1900

C: Beschreibe deinen Eindruck: Wie präsentierte sich die Belegschaft der Firma dem Fotografen?

Auf der CD-ROM kannst du mit dieser Fotografie arbeiten.

deren Beamten das Kleinbürgertum. Dem Bürgertum zugehörig fühlte sich auch die neue gesellschaftliche Gruppe der Angestellten. Sie erledigten die Verwaltung und den Verkauf bei Banken und Versicherungen, im Handel und zunehmend auch in der Industrie. Weil sie kaum körperliche Arbeit leisten mussten, legten sie meist Wert darauf, sich von der Arbeiterschaft abzugrenzen.

Das „bürgerliche Zeitalter"

Obwohl das gesamte Bürgertum nie mehr als etwa 15 Prozent der Bevölkerung umfasste, spricht man doch vom Kaiserreich als dem „bürgerlichen Zeitalter". Denn das Bürgertum prägte mit seinen Werten, Verhaltensweisen und Lebensformen allmählich die Denkweisen und Einstellungen der ganzen Gesellschaft. Dazu gehörten das Leben in der Kleinfamilie, Eigenschaften wie Fleiß, Disziplin, Sparsamkeit, gutes Benehmen, aber auch die Kultur und ein neues, wissenschaftlich bestimmtes Weltbild. Damit prägte das Bürgertum die Lebensgewohnheiten anderer Bevölkerungsgruppen. Es gab aber umgekehrt auch erfolgreiche Bürger, die sich den Adel zum Vorbild für ihre Lebensweise nahmen: Sie erwarben Rittergüter, wurden Reserveoffiziere, strebten nach Orden und Titeln oder wollten sogar selber geadelt werden.

Die Arbeiterschaft

Im letzten Drittel des 19. Jahrhunderts entwickelte sich die Arbeiterschaft zu einer weitgehend einheitlichen Klasse, geprägt durch gleiche Arbeits- und Lebensbedingungen und ein gemeinsames soziales und politisches Bewusstsein. Sie hatte ihre eigene Lebenswelt. Ihren politischen Kern bildete die sozialdemokratische Partei. Eigene Vereine sorgten für Bildung, Geselligkeit, Sport und Unterhaltung. Zwar hatten auch Arbeiter die Möglichkeit zum sozialen Aufstieg als Vor- oder Facharbeiter, aber immer blieben sie außerhalb der „bürgerlichen Gesellschaft". Der bürgerliche Lebensstil strahlte allerdings auch auf die Arbeiterschaft aus. Wer etwas mehr Geld verdiente, orientierte sich bei der Kleidung und der Wohnungseinrichtung am bürgerlichen Geschmack. Die große Masse der Arbeiterfamilien lebte jedoch stets nahe am Rande des Existenzminimums.

Die Landbevölkerung

Die gesellschaftlichen Veränderungen konzentrierten sich auf die Städte. Durch die massenhafte Abwanderung war aber auch das Land davon betroffen. In vielen Gebieten nahm die Landbevölkerung stark ab. Hergebrachte Lebensformen und Beziehungen in Familien und Dörfern lösten sich auf. Als Gegenbewegung zu den oft ungeliebten und ängstigenden Veränderungen entstand die Vorstellung von einer heilen ländlichen Welt, die gegen die verderblichen Einflüsse der modernen städtischen Lebensweise geschützt werden müsse.

Q3 Schilder an der Eingangstür eines Berliner Hauses, um 1900

D: Stell dir vor: Wie sah das Haus aus, an dem die Schilder hingen, und wer wohnte darin?

Ein Lieferant hat verbotenerweise den Haupteingang benutzt. Er trifft auf den Hausbesitzer. Formuliere einen Wortwechsel der beiden.

1871 1914

Q4 Kleinbürgerliches Wohnzimmer

Foto, 1911.

E: Vergleiche Q4 mit Q8 und erläutere, woran sich der soziale Unterschied erkennen lässt.

Online-Link
443020-1108
Arbeitsblatt: Haushaltsführung

Q5 Adel, Militär und Bürgertum

Die beliebte Familienzeitschrift „Die Gartenlaube" druckte 1893 die Erzählung „Um meinetwillen" von Marie Bernhard ab. Der Auszug schildert eine Teegesellschaft adeliger Damen:

Die Damen hatten im Boudoir [Privatzimmer] der Generalin gespielt, im Salon war der Theetisch gedeckt worden, neben welchem Martin [der Diener] in dienstlicher Haltung wartend stand. Es war noch eine Excellenz [hier: Gattin eines Generals] vorhanden, aber eine von allerneuestem Datum, deren Adel zudem erst in der dritten Generation bestand – mit den Guttenbergs also gar nicht zu vergleichen! (…) Diese wünschte zu wissen, wo in aller Welt die liebe, teure Excellenz Guttenberg [die Generalin aus dem ersten Satz] diesen Neffen her habe. „Nicht wahr", fragte die Generalin (…) leise, „er kann sich immerhin sehen lassen? Ich versichere Sie, er wirkt sogar im Salon unter meinen Offizieren, er macht eine so gute Figur, und ich kann es meiner verstorbenen Cousine noch heute nicht verzeihen, dass sie den hübschen, aufgeweckten Jungen nicht ins Kadettenhaus gab. Er hätte wirklich Anlagen zum Offizier gehabt und könnte jetzt in kurzer Zeit Major sein, wenn mein Vetter Guttenberg sich für ihn interessiert hätte. Stattdessen nun … Gott ja, ein Professor ist nichts Schlechtes, es hätte schlimmer kommen können" (…).

Magdalene Zimmermann (Hrsg.), Die Gartenlaube als Dokument ihrer Zeit, München 1963, S. 242.

Q6 „Herrschaften" und „Spießbürger"

Der Landarbeiter Franz Rehbein, später Mitglied und Funktionär der SPD, schreibt 1911:

Übrigens gab es in der näheren Umgebung unseres Ortes eine ganze Anzahl adeliger Gutsherrn, die an den letzten Feldzügen teilgenommen hatten, als Herr Leutnant, Herr Hauptmann, Herr Rittmeister, Herr Major oder auch als Herr Oberst. Häufig kamen diese Herren nach unserem Städtchen, jeder Zoll ein Edelmann. Im Sommer hoch zu Ross oder per Wagen, im Winter in eleganten Schlitten, in prächtige Pelze gehüllt, oft genug „viere lang" [mit vier Pferden bespannt] mit zwei Vorreitern, Kutscher und Diener in reicher Livree. Honoratioren und Geschäftsleute standen dann nicht selten in ihren Haustüren und machten Bücklinge und Kratzfüße, und mancher zünftige Spießbürger rechnete es sich zur Ehre an, wenn er das Glück hatte, derartig vornehme Herrschaften grüßen zu dürfen und gar – wieder gegrüßt zu werden. Die Herrschaften schienen diese ehrerbietigen Grüße der Einwohner als etwas ganz Selbstverständliches zu betrachten (…).

Franz Rehbein, Das Leben eines Landarbeiters, unveränderter Nachdruck der 1911 von Paul Göhre bearb. Ausgabe, hrsg. von Urs J. Diederichs und Holger Riedel, Hamburg 7. Aufl. 1997, S. 14.

Q7 Bürgerliche Pflichten

Julie, die Enkelin der berühmten Pianistin Clara Schumann, soll in deren Haus zur Klavierlehrerin ausgebildet werden. Ihre Tante Marie schreibt Julie 1891 in einem Brief, was man dort von ihr erwartet:

Du wirst bei uns einige Pflichten im Hause übernehmen, u[nd] noch einigen wissenschaftlichen Unterricht erhalten. Um nun all dies zu ermöglichen, auch das Spazierengehen u[nd] einige kleine gesellige Freuden nicht zu vernachlässigen, gehört eine zweckmäßige Zeiteinteilung. Da werden wir nun einen festen Stundenplan machen, wenn er aber gemacht ist, so mußt du ihn selbständig, ohne daß man dir nachschaut, einhalten, ganz gewissenhaft. Du weißt, wir haben alle zu tun den ganzen Tag (…) Wie schon gesagt, ich erwarte das Beste von deinem guten Willen und deiner Einsicht, denn schließlich ist ja alles zu deinem Besten und daß du ein gutes Fortkommen in der Welt hast und dabei zufrieden und glücklich bist, unser Streben für dich. Dazu kann man nur gelangen durch Arbeit und hast es dadurch scheinbar schwerer als viele junge Mädchen. Im Grunde ist es aber das Einzige, was wahre Befriedigung gibt und wahre Freude.

Clara Schumann, Mein liebes Julchen. Briefe von Clara Schumann an ihre Enkeltochter Julie Schumann, München 1990, S. 157.

Q8 Wohnküche einer Arbeiterfamilie
Foto, 1907

Q9 Heiratsannonce
Hannoverscher Anzeiger
vom 24. Januar 1900

Jung. vermög. Mann
28 Jahre alt, ev. Theilhaber eines flottgehenden Fabrikgeschäftes, mit jährlichem Einkommen von 5 bis 6000 M, sucht die Bekanntschaft einer vermögenden jungen Dame zwecks Heirat zu machen. Bedingungen: Tadelloser Ruf, hübsche schlanke Figur, Sinn für Häuslichkeit, Vermögen nicht unter 30 Mille. Gebildete junge Damen, die ein gl. Heim finden wollen, werden gebeten Ihre Adresse m. Photographie unter **K752** an die Exp. dieses Blattes zu senden. Diskretion gegeben und verlangt.

Q10 Sozialdemokratische Lebenswelt
Ein Sozialdemokrat berichtet über einen Leipziger Arbeiterverein, nach 1890:
Nach den neu beratenen Statuten war der Zweck des Vereins: die Wohlfahrt seiner Mitglieder nach jeder Richtung zu fördern. Diesen Zweck suchte der Verein zu erreichen:
a) durch Abhaltung von Vorträgen, Unterrichtsstunden, Versammlungen zu gemeinschaftlichen Besprechungen, Pflege des Gesanges und des Turnens;
b) durch Einrichtung und Unterhaltung von Lesezimmern und Bibliotheken;
c) durch Errichtung von Abteilungen zu besonderer Pflege menschlichen Wissens;
d) durch Einrichtung von Auskunftsstellen über alles für den Arbeiter Wissenswerte;
e) durch Pflege von volkstümlichen Festen und Unterhaltungen;
f) durch Gründung und Unterhaltung von Vereinslokalen, welche so weit als irgendmöglich in allen Stadtteilen verbreitet sein sollen, und durch gemeinschaftliche Beschaffung von Speisen und Getränken (…).
Im Geschäftsjahr 1891 bestanden bereits neun Vereinslokale. (…) Unterricht wurde erteilt in Buchführung, Schreiben, Rechnen, deutscher Sprache, englischer Sprache, französischer Sprache, Zeichnen, Stenografie, Volkswirtschaft und Geschichte. Der Gesang wurde in neun Männerchören und sechs gemischten Chören gepflegt. Dramatische Abteilungen bestanden in acht Vereinslokalen. Turnerabteilungen übten in allen neun Lokalen. Die Bibliothek war auf 2084 Bände gebracht.

Gerhard A. Ritter/Jürgen Kocka (Hrsg.), Deutsche Sozialgeschichte. Dokumente und Skizzen, Bd. II, 1879–1914, München 1974, S. 404 f.

1. Charakterisiere anhand von Q1 und Q5 das Selbstverständnis des Adels. Führe in Stichworten an, was in Q5 den Wert eines Menschen ausmacht.

2. Stell dir die in Q6 beschriebene Szene vor. Schreibe als „Denkblasen" auf, was den adeligen Herren, den Geschäftsleuten und den Dienern dabei durch den Kopf gehen mag.

3. Liste in Stichworten auf, was von Julie in Q7 erwartet wurde. Erläutere, wie die Notwendigkeit für die geforderten Eigenschaften und Werte begründet wurden.

4. Vergleiche die bürgerlichen mit den adeligen Werten (Q5, Q7).

5. Vergleiche die Heiratsanzeige Q9 mit Q5. Welche Werte werden jeweils geltend gemacht?

6. Ordne die Aktivitäten des Arbeitervereins (Q10) bestimmten Bereichen zu (Bildung, Unterhaltung, …). Erläutere den Begriff „Wohlfahrt seiner Mitglieder".

1871 1914

Otto von Bismarck – im Urteil der Nachwelt

Von weiten Kreisen der deutschen Bevölkerung wurde Otto von Bismarck als der „Baumeister des Deutschen Reiches" angesehen. Die Siege über Österreich und Frankreich, die Schaffung eines deutschen Nationalstaates und dessen Vormachtstellung in Europa – alles dies schien vor allem das Werk eines einzelnen Mannes zu sein. Nach seinem Tod im Jahre 1895 wurde die Bismarck-Verehrung zu einer breiten Volksbewegung. Überall im Lande entstanden Bismarck-Vereine. Sein Alterswohnsitz Friedrichsruh bei Hamburg, wo sich noch heute in einem eigenen Mausoleum seine Grabstätte befindet, wurde zum Wallfahrtsort. Über 550 Bismarck-Denkmäler, 234 Bismarck-Türme und zahllose Bismarck-Steine sollten die Erinnerung an ihn lebendig halten. Sogar alltägliche Nahrungs- und Genussmittel – vom Hering bis zur Zigarre – wurden nach ihm benannt.

Q1 Bismarck-Apotheose (Vergöttlichung)
Gemälde von Ludwig Rudow, 1890
Bismarck wird umgeben von Klio, der Göttin der Geschichtsschreibung, die eine Chronik mit der Jahreszahl 1870/71 in den Händen hält, der Germania mit einer frei erfundenen Reichskrone sowie der Siegesgöttin Victoria, die Bismarck mit einem Lorbeerkranz krönt. Davor stehen Vertreter des deutschen Volkes, die die unterschiedlichsten Schichten und Berufe repräsentieren.

A: Erläutere, wofür die einzelnen Figuren auf dem Bild stehen.
Fasse in einem Satz deine Deutung des Bildes zusammen.

Q2 Unvergleichliches politisches Genie
Aus einem Geschichtsschulbuch, 1922:
(...) ein Mann von unvergleichlichem politischem Genie, der mit unerschöpflicher Kunst immer neue Mittel und Wege zur Durchführung seiner großen Gedanken fand; ein Mann von ungeheurer Willenskraft, von unbedingter Furchtlosigkeit, freilich auch von gewaltiger Leidenschaft; ein Mann von umfassender Bildung, großen, nie versagenden Kenntnissen, packender Beredsamkeit; ein Mann endlich von großer Tiefe des Gemüts und starkem Familiensinn; der größte Staatsmann des Jahrhunderts und einer der größten Männer überhaupt.

Erst verspottet, dann befehdet,
Vielgeschmäht in allen Landen,
Hat er dennoch hohen Mutes
Aufrecht stets und fest gestanden.
Dann gehaßt und dann gefürchtet,
Dann verehrt, geliebt, bewundert,
Also steht er, eine Säule,
Überragend das Jahrhundert.

Friedrich Neubauer, Lehrbuch der Geschichte für höhere Lehranstalten, Ausgabe A, II. Teil, Halle 32. Aufl. 1922, S. 282.

Q3 Gewaltig und unbezähmbar
Aus einem in der DDR verwendeten sowjetischen Geschichtsschulbuch, 1949:
Otto von Bismarck (1815–1898) war ein großer Politiker und hervorragender Diplomat, der eifrige Verteidiger der Interessen der preußischen Junker und der geschworene Feind der Arbeiter und Bauern. (...) Er war ein Mann von gewaltigem Wuchs, unbezähmbarem Wesen, hart im Umgang mit den Bauern und nicht wählerisch in den Mitteln, mit denen er seine Ziele zu erreichen suchte. (...) In den Jahren 1848–1849 war Bismarck ein leidenschaftlicher Konservativer und spottete über das liberale Geschwätz des Frankfurter Parlaments. (...) In außenpolitischer Hinsicht erwies er sich als verschlagener und treubrüchiger Freund Russlands.

A.W. Jefimow (Hrsg.), Geschichte der Neuzeit 1789–1870, Berlin/Leipzig 2. Aufl. 1949, S. 214 f.

Q4 Taten und Grenzen
Aus einem Geschichtsschulbuch der Bundesrepublik, 1951:
Eine um Gerechtigkeit bemühte Beurteilung wird anerkennen müssen, daß die Einigung Deutschlands eine der großen Taten der Geschichte ist und in jener Zeit kaum anders erreicht werden konnte als auf seinem Wege. Aber die Nachwelt sieht auch schärfer als die meisten Zeitgenossen die Grenzen, die nicht nur dem Werk, sondern auch der Persönlichkeit des gewaltigen Mannes gesetzt waren. Bismarcks Reichsbau ruhte vor allem auf der Machtstellung der Fürsten, der Beamtenschaft, des Militärs (...). Ohne Gefühl für das volle Lebensrecht Andersdenkender, mit wenig Verständnis für bürgerliches Freiheitsstreben und in schärfstem Gegensatz zum Klassenbewusstsein der Arbeiterschaft hat der Gründer des Reiches Widerstände von dieser Seite mit Einsatz seiner Macht zu brechen gesucht und allzu oft gebrochen. Mit der Bewunderung für seine überragende Persönlichkeit und seine geschichtliche Leistung streitet das Bedauern darüber, daß es diesem Manne nicht auch gegeben war, alle die Millionen, denen er den Reichsbau errichtet hat, als Menschen gleichen Rechts zu erkennen und anzuerkennen.

Hermann Pinnow/Fritz Textor, Geschichte der Neuesten Zeit von der Mitte des 19. Jahrhunderts bis zur Gegenwart, Stuttgart 1951, S. 56.

Q5 Sparbüchse und Bierkrug in Form eines Bismarckkopfes
um 1900

B: Stelle fest, welche Ansichten über Bismarck in solchen Gegenständen zum Ausdruck kommen.

1. Vergleiche die drei Schulbuchdarstellungen Q2 bis Q4 miteinander. Stelle jeweils in einer Liste positive und negative Aussagen über Bismarck einander gegenüber. Versuche, anhand deiner Kenntnisse über die Entstehungszeit der Texte das jeweilige Urteil zu begründen.

2. Mache eine kleine Umfrage unter Verwandten und Bekannten: Was wissen sie von Bismarck und was halten sie heute von ihm?

3. Informiere dich im Internet über Bismarck-Denkmäler in Deutschland. Finde heraus, ob es ein Denkmal in deiner Nähe gibt. Du kannst dieses Denkmal mithilfe des Methodentrainings „Denkmäler untersuchen" (s. S. 275) genauer analysieren.

1871 1914

Der Umgang mit Minderheiten

Wer im Kaiserreich nicht mit der Mehrheit der Gesellschaft übereinstimmte, wurde schnell mit dem Etikett „Reichsfeind" versehen. Für die Betroffenen hatte das oft weitreichende Folgen.

A: Nimm als Sozialdemokrat zu Bismarcks Politik Stellung.

Über die Sozialgesetzgebung kannst du dich noch einmal auf S. 223 informieren.

Die Sozialdemokraten

Die gefährlichsten inneren Feinde des Reiches waren in Bismarcks Augen die Sozialdemokraten. Schließlich sahen ihre Programme eine grundlegende Umgestaltung von Staat und Gesellschaft vor. Zwei Attentate auf Kaiser Wilhelm I. boten 1878 den Vorwand, gegen die Sozialdemokratie vorzugehen. Das so genannte Sozialistengesetz (1878–1890) verbot sozialdemokratische Organisationen; Schriften und Gelder wurden beschlagnahmt, aktive Mitglieder verfolgt, verhaftet und ausgewiesen. Die Partei wurde dadurch schwer getroffen, blieb aber bestehen, durfte weiterhin an Wahlen teilnehmen und erhielt allen staatlichen Maßnahmen zum Trotz immer stärkeren Zulauf.

Die Sozialgesetzgebung sollte gleichfalls dem Kampf gegen die Sozialdemokratie dienen. Zwar wollte Bismarck auch aus sozialen Motiven die Lage der Arbeiterschaft damit verbessern, zugleich aber der sozialdemokratischen Agitation den Wind aus den Segeln nehmen und die Arbeiterschaft für den Staat gewinnen. Dafür waren die Fortschritte jedoch zu bescheiden. Arbeiter und Staat standen einander weiterhin feindselig gegenüber.

B: Schreibe als Katholik deinem nach Amerika ausgewanderten Bruder einen Brief. Schildere ihm, wie du die staatlichen Maßnahmen empfindest und wie du dich als Bürger des Deutschen Reiches fühlst.

Die Katholiken

Die Katholiken bildeten mit ca. 37 Prozent der Bevölkerung eine starke religiöse Minderheit im Reich. Bismarck sah im Katholizismus eine Bedrohung; er argwöhnte, die Katholiken fühlten sich eher ihrer geistlichen Führung als dem Staat verpflichtet. Mit mehreren Gesetzen versuchte er in den 1870er-Jahren, den Einfluss der katholischen Kirche einzudämmen. Priester durften nicht mehr von der Kanzel über politische Fragen reden, Geistliche sollten staatliche Prüfungen ablegen und die Ehe sollte nicht mehr kirchlich, sondern durch das Standesamt beurkundet werden. Aber dieser so genannte Kulturkampf rief erst recht den Widerstand der Kirche und der Gläubigen hervor. In den 1880er-Jahren strebte Bismarck deshalb einen Ausgleich mit der Kirche an.

Q1 „Nun mein Kind, drückt Dich denn Dein Korb nicht sehr?" Socialdemokratie: „O nein – wie Sie sehen, bin ich groß und stark dabei geworden."
Karikatur von Wilhelm Scholz aus der Zeitschrift „Kladderadatsch", Februar 1884

C: Stell dir vor, du bist 1884 Journalist bei der Zeitschrift „Kladderadatsch". Schreibe einen Kommentar zur Politik gegenüber der Sozialdemokratie.

Die Polen

Im Osten Preußens lebten mehr als zwei Millionen Polen. In vielen Gegenden der Provinzen Posen und Westpreußen bildeten sie eine Mehrheit. Dass sie ihre polnische Sprache und Kultur bewahren wollten, machte sie in den Augen der Behörden verdächtig. Dazu kam ihr katholischer Glaube. Den Polen wurde unterstellt, sie wollten ihre Gebiete von Preußen loslösen und einen eigenen Staat bilden. Die preußischen Behörden versuchten deshalb, mit Zwangsmaßnahmen gegen die Polen vorzugehen: Sie durften auf Ämtern, vor Gericht und in der Schule nur noch deutsch sprechen. Veranstaltungen polnischer Vereine wurden verboten. Polnische Landgüter wurden aufgekauft und deutsche Bauern dort angesiedelt. Letztlich aber war diese Germanisierungspolitik wenig erfolgreich und stärkte eher den Widerstandswillen der polnischen Bevölkerung.

Die Juden

Die Juden machten im Kaiserreich etwa ein Prozent der Bevölkerung aus. Nach jahrhundertelanger Benachteiligung und Verfolgung hatten sie die rechtliche Gleichstellung erhalten. In mancher Beziehung allerdings blieben sie Bürger zweiter Klasse. Vor allem im Staatsdienst – beim Militär, in der Verwaltung und an den Universitäten – hatten sie kaum Aufstiegschancen. In der Bevölkerung nahmen die Vorbehalte gegenüber dem Judentum sogar wieder zu. Als 1873 eine Wirtschaftskrise begann, machten viele Menschen dafür jüdische Finanziers verantwortlich. Der Ausspruch des preußischen Historikers Heinrich von Treitschke „Die Juden sind unser Unglück“ wurde unter Gesinnungsgenossen zum geflügelten Wort. Solch antisemitisches Gedankengut fand im Kaiserreich zwar nie massenhafte Verbreitung, gewann aber doch zahlreiche Anhänger. Auch einzelne Parteien und Verbände vertraten antisemitische Positionen. Allerdings war das keine deutsche Besonderheit. Überall in Europa fasste der Antisemitismus Fuß.

Über die Verfolgung der Juden während der Kreuzzüge kannst du noch einmal auf S. 27 nachlesen.

Antisemitismus
Seine Vertreter waren der Überzeugung, es gebe verschiedene, höher- und minderwertige Rassen. Die arische oder nordische Rasse sei wertvoller als die jüdische. Deshalb könnten Juden nicht zum deutschen Volk gehören und keine gleichen Rechte beanspruchen.

Q2 Gruß aus dem Kölner Hof
Werbe-Ansichtskarte eines Frankfurter Hotels, um 1897.
Der handschriftliche Text lautet:
„22. Sept. 1887
Geehrter Herr Pfarrer,
da ich mich aus dem Judengewimmel der Stadt ins obige Lokal geflüchtet habe, um in Ruhe ein Pilsner zu schlürfen, gedenke ich Ihrer & sende die besten Grüße
Ihr R. Philipp“

D: Erläutere den Schriftzug „Neu-Jerusalem am fränkischen Jordan“. Nenne mögliche Gründe, weshalb der Inhaber des Hotels mit dieser Karte warb. Stelle Vermutungen über den Absender der Karte an.

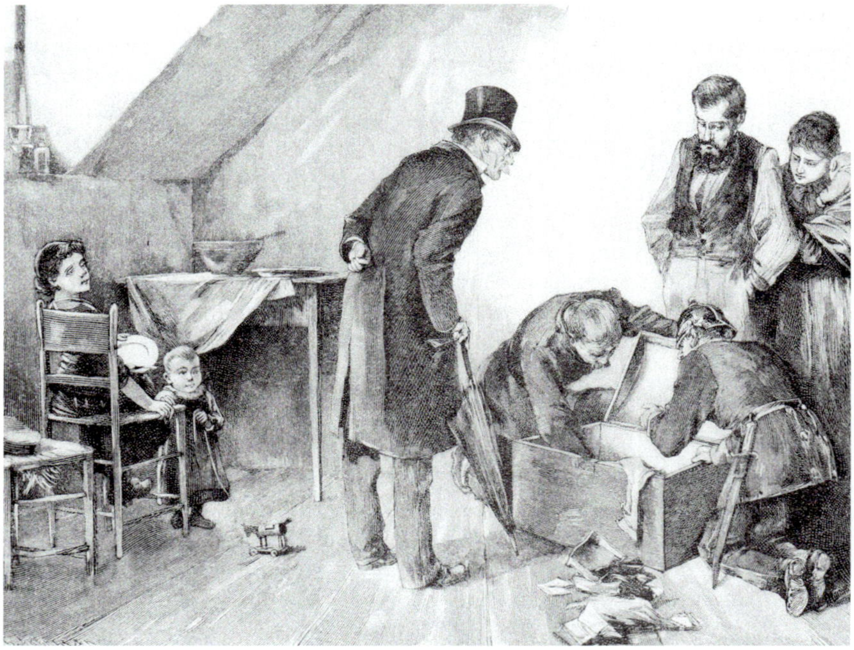

Q3 Durchsuchung bei einem politisch Verdächtigen

Holzstich aus der sozialdemokratischen Satirezeitschrift „Der wahre Jacob", 1895

E: Versetze dich erst in die Situation des Kriminalbeamten und dann in die des verdächtigten Ehepaars. Formuliere jeweils einen kurzen Text für eine „Denkblase".

Q4 Wahlbehinderungen für die Sozialdemokraten

Ein Arbeiter berichtet nach der Reichstagswahl 1890 in einem Brief an den im Ausland lebenden führenden Sozialdemokraten Eduard Bernstein:

In einigen Wahllokalen lagen die konservativen Stimmzettel im Lokal auf dem Tisch und niemand durfte sich einen Stimmzettel von draußen mitbringen [die Stimmzettel wurden von den Parteien selber gestellt]; man mußte ihn im Lokal vom Tisch nehmen und dann dem Wahlvorsteher übergeben. An anderen Orten wurden Wählern unsere Stimmzettel aus der Hand genommen, zerrissen und ihnen andere mit den Worten gegeben: „Das ist der richtige für Kaiser und Reich." In einigen Dörfern haben Arbeiter sozialdemokratisch gewählt, bei der Auszählung fand sich aber kein sozialdemokratischer Stimmzettel vor – wahre Hexerei, nicht?

Eduard Bernstein, Die Geschichte der Berliner Arbeiter-Bewegung, Teil 2, Berlin 1907, Nachdruck Glashütten 1972, S. 298.

Q5 Verurteilungen von Sozialdemokraten

Der Oberstaatsanwalt in Hamm berichtet am 13. Juni 1878 über Gerichtsurteile gegen Sozialdemokraten nach einem Attentat auf Kaiser Wilhelm I.:

Der Fabrikarbeiter LUDWIG aus Essen äußerte am 2. Juni: „Meinetwegen können sie den Kaiser beschissen haben. Für 100 Mk. erschieße ich auch einen." Er ist heute zu 2½ Jahren Gefängnis verurteilt.

(…) Ehefrau des Kutschers HOTZER aus Dortmund nannte am 5. d. Mts. zu Essen den Kaiser „so ein dummes Luder". Sofort angeklagt, ist sie bereits am 11. zu 2 Jahren Gefängnis verurteilt.

Gerhard A. Ritter/Jürgen Kocka, Deutsche Sozialgeschichte. Dokumente und Skizzen, Bd. II: 1870–1914, München 2. Aufl. 1977, S. 394 f.

Q6 Feindbild Sozialdemokratie

In einem gegen die Sozialdemokraten gerichteten Flugblatt zu den Reichstagswahlen 1898 heißt es:

Die Sozialdemokratie will die militärische Kraft des Deutschen Reiches untergraben und damit den stärksten Schutz gegen äußere Feinde vernichten. Die Sozialdemokratie ist die geschworene Feindin der Monarchie. Sie will den Hohenzollernthron stürzen und das Herrscherhaus beseitigen, mit dem uns eine jahrhundertelange Geschichte in Glück und Unglück verbunden hat. Wer das nicht will, der stimme gegen den Sozialdemokraten. Denn die Sozialdemokratie ist der Feind!

Die Sozialdemokratie will jede Religion beseitigen. (…) Wer den Glauben seiner Väter sich nicht nehmen lassen will, wer den köstlichen Besitz seines Herzens und seiner Seele nicht preisgeben will, der stimme gegen den Sozialdemokraten!

Die Sozialdemokratie will das Eigentum vernichten. (…) Wer behalten will, was er besitzt, wer die Scholle sich nicht nehmen lassen will, auf der er und seine Vorfahren sich genährt haben, wer sein blühendes Geschäft sich und seinen Kindern erhalten will, wer sein Handwerk weiter betreiben, wer die Früchte seines Fleißes selbst mit den Seinen genießen will, der stimme gegen den Sozialdemokraten!

Die Sozialdemokratie ist die Feindin und Verderberin der Familie. Sie (…) bedroht den Frieden unseres Hauses. Sie will uns alles das nehmen, was außer der Berufsarbeit und den öffentlichen Pflichten uns bisher das Leben lebenswert gemacht hat. Der Mann, dem sein häusliches Glück, dem Weib und Kind ans Herz gewachsen sind, der stimme am 16. Juni gegen den Sozialdemokraten!

Dieter Fricke (Hrsg.), Dokumente zur deutschen Geschichte 1897/98–1904, Frankfurt a. M. 1977, S. 30 f. (Der Herausgeber des Flugblattes ist unbekannt.)

Q7 „Die Zukunft"
Ansichtskarten-Karikatur, um 1900

F: Untersuche genau, wie die Juden auf den beiden Bildern Q2 und Q7 dargestellt werden. Nenne hervorgehobene körperliche Merkmale und erläutere die Gegenstände, mit denen die Juden versehen sind. Fasse zusammen, welche Vorurteile gegenüber Juden hier dargestellt werden.

Q8 Organisierter Antisemitismus
Aus der Satzung der Deutschen Antisemitischen Vereinigung, 1886:

Die Grundsätze und Ziele der Vereinigung gehen aus der Erkenntnis hervor, daß die Geschichte aller Zeiten die Unverbesserlichkeit der jüdischen Rasse erwiesen hat und daß hinsichtlich der Moral und Lebensauffassung eine unüberbrückbare Kluft zwischen Deutschtum und Judentum besteht. Die Juden haben von der ihnen unüberlegter Weise gewährten Gleichberechtigung den denkbar schlechtesten Gebrauch gemacht und die Judenfrage zu einer Existenz-Frage für das deutsche Volk gestaltet. Jüdischer Wucher hat in allen Kreisen der Bevölkerung, besonders im Beamtentum, unzählige Opfer gefordert; die Hauptstütze des Staates, der Bauernstand, ist durch Güterschlächterei und Wucher an den Rand des Ruins gebracht. In die Verwaltungs-, Communal-, Lehr- und Richter-Aemter sind Juden ungehindert eingedrungen und haben hier deutsche Sitte, deutsche Gesinnung und deutsches Recht verfälscht und untergraben. In den Parlamenten haben sie ein Jahrzehnt hindurch über Gebühr das Wort geführt, die Gesetzgebung zu Gunsten ihres Stammes beeinflußt und verderbliche Tendenzen in dieselbe hineingetragen. Was soll von deutschem Wesen noch übrig bleiben, wenn wir diesem Gebaren noch ferner müßig zusehen? Nirgends betheiligt sich der Jude an der ehrlichen produktiven Arbeit, aber durch Hausierhandel und Magazin-Wesen hat er das redliche Handwerk und den soliden Handel verdrängt und dem Untergang preisgegeben; durch Börsen-Jobberei und schwindelhaftes Gründertum hat er Industrie und Großhandel untergraben und in seinen Dienst gestellt. Durch internationale Verbündung beherrscht der Jude den Weltmarkt und so heimst er unverdienter Maßen alle Früchte des Kulturfleißes der Nationen ein. (…) Von einer Verfolgung der Juden unsererseits kann nicht die Rede sein, sondern nur von einer Abwehr (…).

Michael Wolffsohn/Uwe Puschner, Geschichte der Juden in Deutschland. Quellen und Kontroversen, München 1992, S. 91 f.

1. Wie haben Sozialdemokraten die staatlichen Maßnahmen gegen sich empfunden (Q1, Q3 – Q6)? Schreibe einen Artikel für eine sozialdemokratische Zeitung, in dem du über die Vorkommnisse in Q3 bis Q5 berichtest und deinen Gefühlen und Hoffnungen Ausdruck verleihst. Finde dafür auch eine passende Überschrift.

2. Liste die einzelnen Vorwürfe in Q8 auf und prüfe sie. Welche Wahrnehmungen oder Gefühle könnten dem zu Grunde liegen? Wie kann man zu der Meinung gelangen, dass ein Prozent der Bevölkerung die „Existenz des deutschen Volkes" in Frage stellt?

1871 1914

Der lange Weg zur Gleichberechtigung

Frauen hatten im Kaiserreich weitaus weniger Rechte als Männer. Sie besaßen zum Beispiel kein Wahlrecht und durften sich in der Öffentlichkeit nicht politisch betätigen. Sich mit solchen Dingen wie Politik oder Geschäft zu befassen, entspreche nicht dem weiblichen Charakter – darin waren sich fast alle Männer einig.

Q1 Karikaturistische Ansichtskarte zu den Forderungen der Frauenbewegung, um 1900

A: Beschreibe das Prinzip, nach dem diese Karikatur gestaltet ist, und erkläre, was Männer damals daran als komisch empfunden haben mögen. Welches Frauenbild kommt darin zum Ausdruck?

B: Eine Tochter aus einer Arztfamilie möchte als Sekretärin arbeiten. Ihr Vater lehnt das ab. Formuliere für beide Seiten historisch passende Argumente, die in einem Gespräch geäußert werden könnten.

Der bürgerliche Haushalt

Das Reich der bürgerlichen Ehefrau war das Haus. Sie sollte den Haushalt führen und das Personal anleiten. Sie hatte den Mann in seiner Freizeit angenehm zu unterhalten und bei Geselligkeiten zu repräsentieren. Dieser Rollenvorstellung entsprachen auch Erziehung und Ausbildung der Kinder. Für die höhere Schul- und die Berufsausbildung der Söhne gaben bürgerliche Eltern viel Geld aus; bei der „höheren Tochter" stand die musische Erziehung für das Privatleben im Vordergrund: Literatur, Malen, Musizieren, Sticken.

Bürgerliche Frauenarbeit

Weibliche Berufstätigkeit galt im Bürgertum als nicht standesgemäß. Wenn das Geld knapp war, übernahm die Frau – nach außen hin oft schamhaft verborgen – textile Hausarbeiten. Für unverheiratete Frauen ohne Vermögen gab es nur wenige angemessene Berufe, etwa Kindermädchen oder Mädchenschullehrerin. Neue Arbeitsmöglichkeiten entstanden erst allmählich: Sekretärin, Stenotypistin oder Telefonistin wurden um die Jahrhundertwende zu typischen Frauenberufen. Arbeitsbedingungen und Einkommen waren nicht gerade glänzend und wie überall blieben die höheren Positionen Männern vorbehalten. Immerhin aber bildeten die Büroberufe, weil dort kaum körperliche Arbeit geleistet werden musste, ein neues Berufsfeld auch für bürgerliche Frauen.

Frauenarbeit in der Arbeiterschaft

In der Arbeiterschaft war weibliche Berufstätigkeit viel weiter verbreitet als im Bürgertum. Viele Arbeiterfamilien waren auf ein zusätzliches Einkommen angewiesen. Die meisten Frauen arbeiteten in der Textilherstellung, entweder in der Fabrik oder in Heimarbeit. Frauen mit Familie und Beruf lebten fast ständig am Rande der Erschöpfung, denn auch in Arbeiterkreisen blieben ihnen nach dem damaligen Rollenverständnis ganz selbstverständlich Hausarbeit und Kinderversorgung überlassen.

Das Dienstbotenwesen

Noch um die Jahrhundertwende arbeiteten allerdings mehr als doppelt so viele Frauen in der Landwirtschaft wie in der Fabrik – als „mithelfende Familienangehörige“. Vom Lande kamen auch die meisten Dienstmädchen, die im Kaiserreich geradezu zum Symbol des bürgerlichen Haushalts wurden: Mit der „Dienstbotenhaltung“ zeigte man, dass man es nicht nötig hatte, anstrengende Handarbeit selber auszuführen. 1882 arbeitete fast ein Viertel aller berufstätigen Frauen als Dienstmädchen. Die Arbeit war hart; es gab wenig Geld, wenig Freizeit und wenig Rechte.

Online-Link
443020-1112
Arbeitsblatt: Arbeitsplan eines Dienstmädchens

Die bürgerliche Frauenbewegung

Doch nicht wenige Frauen lehnten sich gegen ihre Benachteiligung auf. Bereits im Zuge der Revolution 1848/49 war auch die Frauenbewegung in Deutschland entstanden. Seit 1865 gab es den „Allgemeinen Deutschen Frauenverein“ (ADF); seine Vorsitzende war Louise Otto-Peters. Ziele des ADF waren bessere Bildungs- und Berufschancen vor allem für bürgerliche Frauen. Zunächst nur eine Minderheit der bürgerlichen Frauenbewegung forderte auch die völlige politische Gleichstellung und damit das Wahlrecht für Frauen.

C: Stelle die Forderungen der bürgerlichen und der proletarischen Frauenbewegung in einer Liste einander gegenüber.

Die proletarische Frauenbewegung

Um mehr Rechte und bessere Bildungsmöglichkeiten ging es auch der proletarischen Frauenbewegung. Sie wollte außerdem die Arbeitsbedingungen für Frauen in der Industrie verbessern. Ihr Endziel freilich war eine neue Gesellschaft von lauter Gleichberechtigten. Vorkämpferin der proletarischen Frauenbewegung war seit den 1890er-Jahren Clara Zetkin. Sie gab die sozialdemokratische Frauenzeitschrift mit dem bezeichnenden Titel „Die Gleichheit“ heraus. Aber auch die Sozialdemokraten taten sich schwer damit, die Forderungen der Frauen anzuerkennen. Erst 1891 wurden diese ins Parteiprogramm aufgenommen.

Kleine Fortschritte

Erste Schritte in Richtung Gleichberechtigung gab es erst gegen Ende des Kaiserreiches. 1908 verlieh das neue Reichsvereinsgesetz den Frauen das Recht, sich zu versammeln und sich in Parteien und Vereinen politisch zu betätigen. Im selben Jahr wurden in Preußen Frauen zum Studium zugelassen und die höheren Mädchenschulen den Knabenschulen wenigstens annähernd gleichgestellt. Das Wahlrecht blieb allerdings Frauen bis zum Ende des Kaiserreiches vorenthalten; erst 1919 wurden sie darin den Männern gleichgestellt.

Q2 Dienstbotenvermittlungsbüro in Berlin, Zeichnung von E. Limmer, um 1890

D: Suche dir drei Personen auf dem Bild aus und formuliere jeweils einige Worte für eine Denk- oder Sprechblase. Berücksichtige dabei den Verfassertext.

Q3 Männer- und Frauenrechte

Aus dem „Bürgerlichen Gesetzbuch" (BGB) von 1900:

§ 1354. Dem Manne steht die Entscheidung in allen das gemeinschaftliche eheliche Leben betreffenden Angelegenheiten zu; er bestimmt insbesondere Wohnort und Wohnung. (...)

§ 1355. Die Frau erhält den Familiennamen des Mannes. (...)

§ 1357. Die Frau ist berechtigt, innerhalb ihres häuslichen Wirkungskreises die Geschäfte des Mannes für ihn zu besorgen und ihn zu vertreten. (...)

§ 1363. Das Vermögen der Frau wird durch die Eheschließung der Verwaltung und Nutznießung des Mannes unterworfen. (...)

§ 1627. Der Vater hat kraft der elterlichen Gewalt das Recht und die Pflicht, für die Person und das Vermögen des Kindes zu sorgen.

Anne Conrad/Kerstin Michalik (Hrsg.), Quellen zur Geschichte der Frauen, Bd. 3: Neuzeit, Stuttgart 1999, S. 136 ff.

Q4 Forderungen der bürgerlichen Frauenbewegung

Aus dem Programm des „Allgemeinen Deutschen Frauenvereins", 1905:

I. Bildung. (...)

b) eine Reorganisation der höheren Mädchenschule, durch welche diese, unbeschadet ihrer dem Wirkungskreise der Frau entsprechenden Besonderheit, den höheren Knabenschulen gleichwertig wird (...).

c) unbeschränkte Zulassung ordnungsgemäß vorgebildeter Frauen zu allen wissenschaftlichen, technischen und künstlerischen Hochschulen.

II. Berufstätigkeit. Die Frauenbewegung betrachtet für die verheiratete Frau den in Ehe und Mutterschaft beschlossenen Pflichtenkreis als ersten und nächstliegenden Beruf. (...)

In Anbetracht der großen Zahl von Frauen, die unverheiratet bleiben, und der weiteren Zahl derer, die in der Ehe keine ausreichende wirtschaftliche Versorgung finden können, ist die Berufsarbeit der Frau eine wirtschaftliche und sittliche Notwendigkeit. (...)

IV. Öffentliches Leben, Gemeinde und Staat (...)

a) Zulassung der Frauen zu verantwortlichen Ämtern in Gemeinde und Staat, vor allem solchen, die zu den Interessen der Frauen in besonders naher Beziehung stehen. (...)

f) Teilnahme der Frauen am politischen Wahlrecht.

Gerhard A. Ritter/Jürgen Kocka (Hrsg.), Deutsche Sozialgeschichte. Dokumente und Skizzen, Bd. II: 1870–1914, München 1974, S. 422–424.

Q6 Telefonistin in einem Berliner Fernsprechamt, um 1900.

Q5 Das Frauenbild der Männer

Der Mediziner Professor Theodor von Bischoff äußert sich 1872 über die unterschiedlichen Charaktereigenschaften von Männern und Frauen:

[... Die Eigenschaften des Mannes:] mutig; kühn; heftig; trotzig, rauh; verschlossen; Festigkeit; Handeln nach Überzeugung; Vernunft beherrscht das Gefühl; der Geist ist tiefer, weiter, dringt mehr in das Innere der Dinge; berücksichtigt das Wesen der Dinge; erforscht gründlicher und genauer; prüft ruhiger; urteilt unbefangen; schaffendes Prinzip.

[Die Eigenschaften der Frau:] furchtsam; nachgiebig; sanft; zärtlich; gutmütig; geschwätzig; verschmitzt; wandelbar; inkonsequent; Handeln nach Gefühl; Gefühl beherrscht die Vernunft; berücksichtigt das Äußere, den Schein; Urteil befangen, oberflächlich; Wille schwach; das Handeln ist unbestimmt; (...) größere Stärke des Gefühls und der Teilnahme für die Ihrigen und Notleidenden; schamhafter; erhaltendes Prinzip. (...)

Aus dieser Verschiedenartigkeit der Geschlechter in körperlicher und geistiger Hinsicht geht unwiderleglich hervor, daß das weibliche Geschlecht für das Studium und die Pflege der Wissenschaften und insbesondere der Medizin nicht geeignet ist.

Theodor L. W. von Bischoff, Das Studium und die Ausübung der Medizin durch Frauen, München 1872, S. 19 f., zit. nach Edith Glaser, „Sind Frauen studierfähig?" Vorurteile gegen das Frauenstudium, in: Elke Kleinau/Claudia Opitz (Hrsg.), Geschichte der Mädchen- und Frauenbildung, Frankfurt a. M./New York 1996, Bd. 2, S. 301.

1. Stelle in Stichworten die Rechte des Mannes und der Frau einander gegenüber und vergleiche (Q3). Bringe in Erfahrung, wie die entsprechenden Bestimmungen heute lauten, und charakterisiere die Unterschiede.

2. Gib die Forderungen der Frauenbewegung mit eigenen Worten wieder (VT, Q4). Benenne die Unterschiede zwischen bürgerlicher und proletarischer Frauenbewegung und erläutere, welches Bild der Gesellschaft dabei jeweils zugrunde liegt. Diskutiert, welche Forderungen eine Frauenbewegung heute stellen sollte oder könnte. Formuliere und begründe sie.

3. Untersuche die Urteile Bischoffs in Q5. Welche typischen Eigenschaften ordnet er Männern und Frauen zu? Diskutiert, ob es solche Unterschiede überhaupt gibt.

4. Gib aus der Sicht der Frau in Q6 die Vor- und Nachteile ihrer Berufstätigkeit wieder.

Aufbruch in die Moderne

Das Kaiserreich ist oft als „gute alte Zeit“ bezeichnet worden: Die Welt schien in Ordnung, durch Herkommen und Gesetz geregelt, unveränderlich. Tatsächlich trifft eher das Gegenteil zu. Spätestens seit den 1890er-Jahren gerieten Gesellschaft, Wirtschaft und Kultur immer mehr in Bewegung. „Die Zeit ist aus den Fugen“, schrieb der Berliner Theater- und Musikkritiker Alfred Kerr 1899. Wie haben die Zeitgenossen diese Veränderungen wahrgenommen?

Zeit des Wandels – die „Moderne“

Die einen beklagten den Untergang einer vertrauten Lebenswelt, die anderen bejahten das Neue als Verbesserung und Fortschritt. Krisengefühl und Fortschrittsglaube lagen nahe beieinander. Dass viele Menschen das Gefühl hatten, in einer ganz neuen Zeit zu leben, zeigt der Begriff „Moderne“. Er wurde zuerst (1887) für die Literatur geprägt und bürgerte sich dann seit der Jahrhundertwende als allgemeine Zeitbeschreibung ein.

A: Erstelle einen Überblick über die Veränderungen in der Gesellschaft, die dazu berechtigen, von der „Zeit der Moderne“ zu sprechen.

Deutschland wird Industriestaat

In den 1890er-Jahren wurde Deutschland endgültig zum Industriestaat. Zum ersten Mal arbeiteten mehr Menschen in Industrie und Bergbau als in der Landwirtschaft. In die Industrie flossen die meisten Gelder und sie machte die höchsten Gewinne. Auch international wurde die deutsche Industrie immer stärker: Insgesamt nahm sie hinter den USA und England den dritten Platz ein; Elektro- und Chemieindustrie (Siemens, AEG; Bayer, Hoechst, BASF) waren sogar weltweit führend.

Q1 Das Kaufhaus Wertheim in Berlin, Blick in die Strumpfabteilung
Fotografie, 1906

B: Erläutere anhand des Fotos den Begriff „Konsumtempel“.

1871 – 1914

Q2 Telefonapparat, 1900

C: Stell dir vor, dieser Telefonapparat ist in einem Museum ausgestellt. Formuliere mithilfe des Verfassertextes einige Sätze zur Information.

Wissenschaft und Bildung

Wie in keinem anderen Land trugen in Deutschland Wissenschaft und Bildung zur industriellen Entwicklung bei. Wo in England oft noch gelernte Handwerker mit ihrem Erfahrungswissen arbeiteten, wurden in Deutschland schon Fachkräfte eingestellt, die an Universitäten und vor allem Technischen Hochschulen ausgebildet worden waren. Auch die Forschung war hoch entwickelt: Von 1901 bis 1918 erhielten deutsche Wissenschaftler sechs Mal den Nobelpreis für Physik, sieben Mal den für Chemie und vier Mal den für Medizin.

Die Volksschule – Fortschritt und Bildungsbegrenzung

Auch die Volksschule, besucht von mehr als 90 Prozent aller Schüler, galt international als besonders weit entwickelt. Etwa um 1880 war die Schulpflicht in Deutschland durchgesetzt. Damit erhielten zum ersten Mal in der Geschichte alle Kinder, egal welcher Herkunft, wenigstens eine Grundlage an schulischer Bildung vermittelt. Aber es gab auch klare Grenzen. Volksschüler sollten nicht zu viel lernen. Die Schule erzog sie zu „Untertanen“: Sie sollten ihrem Herrscherhaus treu ergeben sein, die politisch-gesellschaftlichen Verhältnisse nicht kritisieren und mit ihrer persönlichen Situation zufrieden sein. Die zukünftige Elite blieb für sich – sie besuchte die Höheren Schulen, die sogar ihre eigenen Vorschulen hatten.

Moderne Zeiten im alltäglichen Leben: Verkehr, Kommunikation und Kultur

Die Eisenbahn war das erste Massenverkehrsmittel. Menschen und Waren konnten jetzt in Deutschland wesentlich schneller und billiger als zuvor transportiert werden. Als städtisches Massenverkehrsmittel kam ab 1890 die elektrische Straßenbahn hinzu. Mit dem Auto und dem Fahrrad begann sich in den 1890er-Jahren zugleich die individuelle Fortbewegung zu verändern – zunächst allerdings nur sehr zögernd. Auch das Telefon verbreitete sich erst allmählich, revolutionierte aber letztlich die private Kommunikation. Mit der Telegrafie konnte man Signale drahtlos über weite Entfernungen übertragen. Und schließlich ließ sich jetzt die Welt in Tönen und Bildern festhalten: durch Schallplatte und Grammofon, durch die Verbesserung der Fotografie und durch den Film. Damit wurden auch Kultur und Unterhaltung für viele zugänglich. Konzert, Schauspiel und Oper waren lange Zeit dem Adel vorbehalten gewesen, jetzt nahm auch das Bürgertum daran teil. Die ersten Kinos, Kabaretts und Zoos fanden Zuspruch bei allen Bevölkerungsschichten. Allerdings konzentrierten sich all diese Veränderungen auf die großen Städte.

Q3 Kölner Hauptbahnhof,
Ansichtskarte, um 1910

D: Bahnhöfe waren damals beliebte Motive auf Ansichtskarten. Überlege dir mögliche Gründe dafür.

Q4 Kritik an der Moderne

Im Mitteilungsblatt des Deutschen Bundes Heimatschutz heißt es 1904:

Immer mehr verwüstet im Zeitalter der Maschine die Herrschsucht der Industrie alles, was dem Einzelnen seit den Tagen der Kindheit traut und heimisch, was dem deutschen Volke die Grundlage seiner Stärke war. (…) Die kleinen, freundlichen Städte, in denen überall eine harmlose und künstlerische Freude am Besitz nistete, sind entstellt, die Dörfer zu wüsten Steinhaufen geworden, die Berge an den schönsten Stellen durch Steinbrüche angetastet, der deutsche Laubwald durch den Forstbetrieb seiner traulichen Waldschönheit beraubt. (…) Auf der einen Seite gewinnen wir dem Leben neue Wohltaten ab, verlängern das Leben selbst, erwerben Reichtümer und arbeiten mit steigernder Anspannung aller Kräfte, auf der anderen Seite aber verliert das Leben an seinem Inhalt und der Mensch wird zur reinen Arbeitsmaschine

Karl Ditt, Die deutsche Heimatbewegung 1871–1945, in: Heimat. Analysen, Themen, Perspektiven, Bd. 1, Bonn 1990, S. 139.

Q5 Warnung vor Kinos

Aus einem Erlass des preußischen Kultusministers von 1912:

(…) Vor allem aber wirken viele dieser Lichtbildbühnen auf das sittliche Empfinden dadurch schädigend ein, daß sie unpassende und grauenvolle Szenen vorführen, die die Sinne erregen, die Phantasie ungünstig beeinflussen und deren Anblick daher auf das empfängliche Gemüt der Jugend ebenso vergiftend einwirkt wie die Schmutz- und Schundliteratur. Das Gefühl für das Gute und Böse, für das Schickliche und Gemeine muß sich durch derartige Darstellungen verwirren; und manches unverdorbene kindliche Gemüt gerät hierdurch in Gefahr, auf Abwege gelenkt zu werden. Aber auch das ästhetische Empfinden der Jugend wird auf diese Weise verdorben; die Sinne gewöhnen sich an starke, nervenerregende Eindrücke (…).

Zentralblatt für die gesamte Unterrichtsverwaltung in Preußen, Berlin 1912, S. 358 f.

Q6 Werbeplakat

Entworfen von Carl Otto Gadau, vor 1914

E: Interpretiere das Werbeplakat anhand des Stichworts „Fortschritt". Beschreibe die Wirkung, die es beim Betrachter hervorrufen soll.

1. Nimm Stellung zur Kritik in Q4: Was hältst du daran für berechtigt, was für übertrieben? Stell dir vor, Q4 sei heute geschrieben worden. Was könnte daran noch heute bedenkenswert sein?

2. Erläutere die Befürchtungen, die Q5 zugrunde liegen. Erörtere, welche Grundzüge der „Moderne" darin angesprochen werden.

1. Kreuzgitter: wichtige Namen und Begriffe kennen (Sachkompetenz)
Zeichne das Kreuzgitter in dein Heft und fülle es aus. Das Lösungswort findest du in den stark umrandeten Feldern (von oben nach unten gelesen).

1 Diese Partei errang schon bei der Reichstagswahl 1890 die meisten Wählerstimmen (Bezeichnung für die Parteimitglieder)
2 die führende Gesellschaftsschicht im Kaiserreich
3 Bezeichnung für die Ablehnung von Juden
4 Ziel der proletarischen Frauenbewegung
5 größte nationale Minderheit
6 neu entstandene gesellschaftliche Gruppe, die in Handel und Verwaltung arbeitet
7 der erste Kanzler des Kaiserreiches
8 führende linke Frauenpolitikerin
9 bestieg 1888 den Thron
10 schlecht bezahlte Hilfe im Haushalt (weibliche Form)

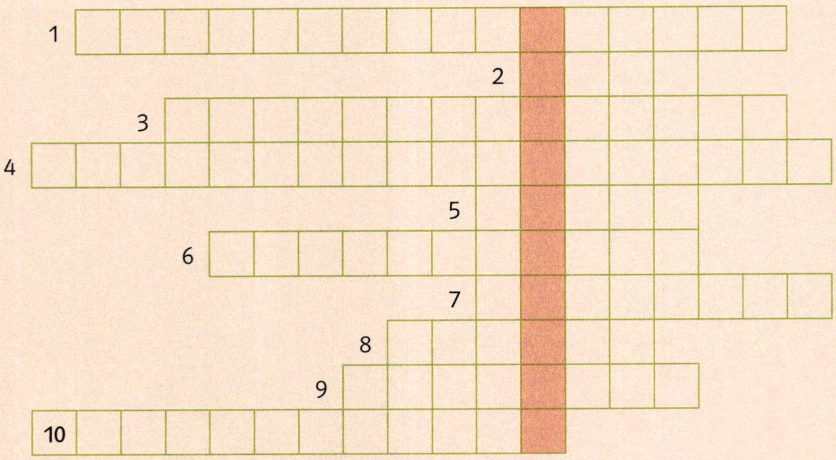

2. Unterschiedliche Perspektiven einnehmen: Gutes oder schlechtes Leben im Kaiserreich? (Urteilskompetenz)
Die Lebensverhältnisse der Menschen im Kaiserreich unterschieden sich sehr stark voneinander – stärker als heute. Formuliere für die folgenden fünf Personen eine Einschätzung: Wie gut lässt es sich leben im Kaiserreich (um 1900)? Trage dazu Informationen aus dem Kapitel zusammen, die dir weiterhelfen können. Du kannst dir auch selber noch weitere Personen ausdenken.

Paul Willig ist Arbeiter in einer Stahlfabrik. Er ist jung und kräftig. Bislang hat er für sich allein ganz gut verdient. Aber jetzt ist seine Freundin schwanger. Sie werden heiraten und bald wird sie nicht mehr arbeiten können. Da muss er mit seinem Lohn drei Mäuler stopfen. Paul ist Sozialdemokrat, genau wie schon sein Vater.

Frieda Bönicke ist Angestellte bei einer Versicherung. Sie hat Glück gehabt, dass sie die Stelle bekommen hat. Es gibt so viele Frauen, die eine solche Arbeit suchen. Viel verdient sie nicht, aber sie wohnt ja auch noch bei ihren Eltern. So kann sie sich öfter mal einen Besuch im Kino leisten. Ihren Chef mag sie nicht, aber natürlich zeigt sie das nicht – man ist so schnell entlassen.

Friedrich von Zitzewitz ist Hauptmann bei einem preußischen Kavallerieregiment. Das ist in seiner Familie Tradition. Der Familie gehört ein großes Gut in Pommern. So kann er sich ein standesgemäßes Leben als Offizier gut leisten. Das ist nicht ganz billig, aber man ist sich ja schließlich etwas schuldig.

Johannes Heinemann ist Arzt in einer Kleinstadt. Er gehört zu den Honoratioren des Ortes. Seine Frau ist selbstverständlich nicht berufstätig. Sie hat zu Hause genug zu tun, schließlich muss sie die Köchin und das Dienstmädchen anleiten. Das Dienstmädchen ist auch für die beiden Töchter zuständig, ein eigenes Kindermädchen wäre doch zu aufwändig. Das nächste Kind wird hoffentlich ein Junge werden.

Therese Walter ist Volksschullehrerin in einer Industriestadt. Die Zahl der Kinder wächst so schnell, da kommt der Ausbau der Schulen gar nicht hinterher. Sie hat in ihrer Klasse 80 Mädchen. Das ist sehr anstrengend. Trotzdem ist sie stolz auf ihren Beruf. Ärgerlich ist, dass sie so viel weniger als ihre männlichen Kollegen verdient. Und wenn sie eines Tages heiraten sollte, müsste sie aus dem Schuldienst ausscheiden – verheiratete Lehrerinnen, so lauten die Vorschriften, darf es nicht geben.

Online-Link
443020-1115
Quiz

3. Fehlertext: Technische Entwicklungen kennen (Sachkompetenz)
In den folgenden Text haben sich viele Fehler eingeschlichen. Finde sie heraus und korrigiere sie.

Das wichtigste Massenverkehrsmittel in der Zeit des Kaiserreiches war das Auto.
Wer während des Berufsverkehrs nicht im Stau stehen wollte, fuhr Fahrrad.
Elektrische Straßenbahnen kamen erst nach dem Ersten Weltkrieg in Gebrauch.
Eisenbahnfahrten waren so teuer, dass sie sich kaum jemand leisten konnte.
Fotoapparate gab es schon länger, aber sie blieben für die meisten Menschen unerschwinglich.
Dafür gab es in fast jedem Haushalt schon Telefon.
Die Kinos litten sehr unter der Konkurrenz des Fernsehens.

4. Ein Denkmal untersuchen: das Kaiser-Wilhelm-Denkmal an der Porta Westfalica (Methodenkompetenz)
Nach dem Tod Kaiser Wilhelms I. wurden überall in Preußen Denkmäler errichtet. Die preußische Provinz Westfalen wählte als Standort den Wittekindberg am Durchbruch der Weser zwischen Wiehengebirge und Wesergebirge aus. Der Blick reicht von dort weit ins norddeutsche Tiefland. 1896 wurde das Denkmal fertiggestellt. Es hat eine Gesamthöhe von 88 m. Das eigentliche Standbild ist etwa sieben Meter hoch. Der Unterbau trägt die Inschrift: „Wilhelm dem Großen – die Provinz Westfalen".

Untersuche dieses Denkmal nach den einzelnen Arbeitsschritten des Methodentrainings, soweit die Informationen dafür ausreichen (S. 277).

Q1 Kaiser-Wilhelm-Denkmal an der Porta Westfalica
Gesamtansicht (oben) und Ausschnitt mit dem von Kaspar Zumbusch gefertigten Standbild (rechts)

5. Argumente zusammenstellen und abwägen: das Kaiserreich zwischen Rückständigkeit und Modernität (Urteilskompetenz)
Stelle in einer Tabelle gegenüber, welche Elemente von Rückständigkeit oder Modernität das Kaiserreich aufzuweisen hatte. Formuliere in einem Text eine eigene Bilanz. Verwende dafür Worte wie „zwar – aber", „einerseits – andererseits", „jedoch", „allerdings", „gleichzeitig", „dagegen".

12 Imperialismus und Erster Weltkrieg

Online-Link
443020-1201

Zwischen 1880 und 1914 unterwarfen die Europäer innerhalb weniger Jahre große Teile Afrikas und Asiens. Damit einher gingen ein übersteigerter Nationalismus und das Gefühl der Überlegenheit über die eroberten Völker. Das Streben der europäischen Großmächte nach dem Ausbau ihrer Macht führte zu Rivalitäten zwischen ihnen und schließlich zum Ausbruch des Ersten Weltkrieges.

- Wie kam es zur „Europäisierung der Erde“?
- Welche Folgen hatte das für die Menschen in den Kolonien?
- Was waren die Ursachen des Ersten Weltkrieges?
- Welchen Charakter trug dieser Krieg?

1880

1882
Zwischen Deutschland, Österreich-Ungarn und Russland wird der Dreibund geschlossen.

1882
Ägypten wird von Großbritannien abhängig.

1884/85
Deutschland erwirbt in Afrika und im Pazifik Kolonien.

1885
Kongo-Konferenz in Berlin: 16 Staaten einigen sich über Grundsätze der Aufteilung Afrikas.

1890

1897/98
Das Deutsche Reich beginnt Weltpolitik zu betreiben.

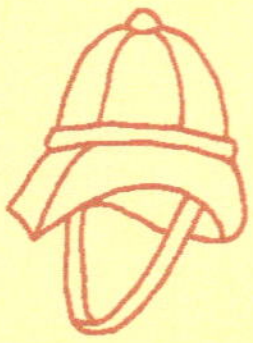

Gefangene Herero in Ketten, Deutsch-Südwestafrika, 1904

Zeitgenössischer Einband einer Publikation über die deutsche Flottenpolitik

1900

1904
Großbritannien und Frankreich schließen sich zur „Entente Cordiale" zusammen.

1907
Russland tritt der Entente bei.

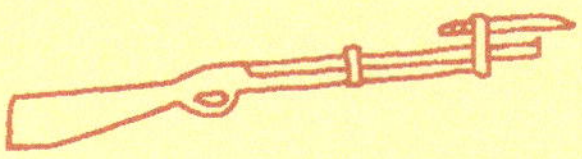

1910

28. Juni 1914
Der österreichisch-ungarische Thronfolger wird in Sarajewo ermordet.

August 1914
Der Erste Weltkrieg beginnt.

1917
Zar Nikolaus II. dankt ab.

November 1918
Der Erste Weltkrieg endet.

1920

Eine dynamische Karte findest du auf der CD-ROM.

„Europa trauert", Schweizer Postkarte 1914

Amerikanisches Plakat zum Kriegseintritt 1917

1870 1918

Die Europäer verteilen die Welt

Um 1880 begannen die Europäer, die Welt unter sich aufzuteilen. Sie waren überzeugt, dass die Eroberung Afrikas und Asiens notwendig und gerechtfertigt sei. Warum taten sie dies? Wie gingen sie dabei vor? Und welche Folgen hatte diese Entscheidung für die Menschen in Europa und auf anderen Kontinenten?

Online-Link
443020-1202
Arbeitsblatt: Geschichte Afrikas im 20. Jahrhundert

Ägypten wird abhängig

Am Morgen des 11. Juli 1882 begannen englische Kriegsschiffe, die ägyptische Hafenstadt Alexandria zu beschießen. Am Abend waren der Hafen und die Stadt ein Trümmerfeld. Am folgenden Morgen besetzten englische Soldaten die Stadt. Damit sicherte sich die englische Regierung die Kontrolle über den Suez-Kanal, der die kürzeste Verbindung zu den englischen Kolonien in Asien war. Ägypten behielt nach diesem Ereignis zwar eine eigene Regierung, aber englische Berater nahmen nun auf alle wichtigen Entscheidungen Einfluss. Diese Fremdherrschaft endete erst 1956.

Kolonien
Seit dem 16. Jahrhundert erwarben europäische Mächte Besitz in Übersee. In Anlehnung an römische Vorbilder bezeichneten sie diese Gebiete als Kolonien.

A: Begründe, warum der industrielle und technische Fortschritt die europäischen Länder begünstigte.

Voraussetzungen für die Ausdehnung europäischer Länder

Manche europäische Länder hatten bereits seit dem 16. Jahrhundert Besitzungen in Übersee. Diese beschränkten sich jedoch meistens auf die Küstenregionen. Technische Fortschritte wie die Erfindung moderner Dampfschiffe und der Telegrafie erleichterten es Kaufleuten und Forschungsreisenden, Abenteurern und Soldaten, fremde Länder zu erkunden und in Besitz zu nehmen. Auf systematisch geplanten Reisen drangen sie in bislang unbekannte Gebiete vor. Durch den Bau von Eisenbahnlinien, Straßen und Häfen wurden diese erschlossen und in den modernen Welthandel eingebunden. Widerstand gegen die Kolonialmächte hatte wenig Erfolg. Den modernen Waffen der Europäer waren die Einheimischen hoffnungslos unterlegen.

B: Gestalte ein Gespräch zwischen einem Europäer und einem Einheimischen über die Gründe und die Folgen des Erwerbs von Kolonien.

Warum wollen Europäer Kolonien erwerben?

Die Motive der Politiker und Militärs, der Kaufleute und Industriellen, aber auch großer Teile der Öffentlichkeit, Länder in Übersee zu erwerben, waren vielfältig. Viele glaubten, im „Kampf der Staaten ums Dasein" hätten nur mächtige

Q1 Reklameplakat der englischen Firma Lipton, 1896
Ceylon ist die frühere Bezeichnung von Sri Lanka.

C: Beschreibe die einzelnen Elemente des Bildes. Stell dir vor, der englische Unternehmer Thomas Lipton, der in Ceylon große Plantagen für den Teeanbau gekauft hatte, würde sich mit einem seiner Arbeiter unterhalten. Schreibe ein solches Gespräch mithilfe des Verfassertextes auf.

Q2 Dorfschule in der französischen Kolonie Senegal, Foto, 1906

D: Beschreibe die auf dem Bild dargestellte Szene. Überlege, warum dieses Bild aufgenommen und weit verbreitet wurde.

und reiche Nationen eine Chance zum Überleben. Begründet wurde das mit den Lehren des Biologen Charles Darwin. Auch waren viele davon überzeugt, die „weiße Rasse" sei anderen Völkern kulturell überlegen. Daher hätten die Europäer auch die Pflicht, die Völker Asiens und Afrikas zu missionieren und zu zivilisieren. All diese Begründungen waren häufig nur eine Rechtfertigung für die wirtschaftlichen Interessen von Industriellen, Kaufleuten und Plantagenbesitzern. Sie betrachteten die Kolonien als billige Lieferanten von Rohstoffen oder als Absatzgebiete der im eigenen Lande hergestellten Waren. Politiker vieler Länder hofften, dadurch die heimische Wirtschaft zu stabilisieren, den wachsenden Wohlstand im eigenen Land aufrechterhalten und so sozialen Unruhen vorbeugen zu können. Kaum eine dieser Hoffnungen erfüllte sich. Der Handel mit den Kolonien spielte im Vergleich zu dem mit anderen Staaten nur eine untergeordnete Rolle. Die Kosten für den Bau von Verkehrsverbindungen, Verwaltung und militärische Besatzung sowie die Niederschlagung von Aufständen überwogen meistens die Einnahmen. Auch als Siedlungsgebiete für weiße Auswanderer waren die meisten Kolonien nicht geeignet.

Darwin, Darwinismus
Der englische Biologe Charles Darwin entwarf eine Theorie über die Entwicklung der Tierwelt. Danach überleben nur diejenigen, die sich am besten an ihre Umwelt angepasst haben. Später wurde diese Theorie einfach auf Menschen und Staaten übertragen.

Formen der Kolonialherrschaft

Die Formen der Herrschaft, mit der die Europäer ihre Kolonien regierten, waren unterschiedlich. Teilweise verwalteten sie diese direkt mithilfe eigener Kolonialbeamter. In manchen Gebieten beließen sie aber auch die Verwaltung in den Händen einheimischer Fürsten oder Stammesführer und beschränkten sich auf eine allgemeine, indirekte Herrschaft. Einheimische Eliten arbeiteten häufig mit den Kolonialmächten zusammen.

Auswirkungen auf die Einheimischen

Das Schicksal der einheimischen Bevölkerung interessierte die Kolonialherren in der Regel kaum. Bodenschätze und landwirtschaftliche Produkte, die für die europäische Industrie und Bevölkerung wichtig waren, eigneten sie sich an. Die Entwicklung einer eigenen Industrie wurde hingegen ebenso wenig gefördert wie der Aufbau eines modernen Bildungswesens. Westliche Verwaltung und Gerichtsbarkeit, Grenzziehungen und militärische Besatzung dienten der Sicherung der Kolonialherrschaft. Auch das tägliche Leben der Einheimischen wurde davon bestimmt. Deren überlieferte Lebensformen und Moralvorstellungen wurden durch westliche Werte und Gesetze zurückgedrängt. Die eigene Kultur ging zunehmend verloren. Die Folgen davon belasten noch heute das Verhältnis zwischen europäischen Ländern und ihren ehemaligen Kolonien.

Q3 „Kumasi (Stadt in Ghana) vor dem Krieg und nach dem Krieg – die Zivilisation hält Einzug“, Postkarte von 1895
Die Engländer führten mehrere Kriege, um die Region zu kolonisieren.

E: Erläutere aus der Sicht des Postkartenzeichners, wie er sich die Zukunft Kumasis vorstellt. Antworte darauf aus der Sicht eines Einwohners der Stadt.

Q4 Die Aufgaben der englischen Rasse

Der englische Kaufmann und Politiker Cecil Rhodes äußert 1877:

Ich behaupte, daß wir die erste Rasse der Welt sind und daß es für die Menschheit umso besser ist, je größere Teile der Welt wir bewohnen. (…) Darüber hinaus bedeutet es einfach das Ende aller Kriege, wenn der größere Teil der Welt in unserer Herrschaft aufgeht. (…) Da (Gott) sich die Englisch sprechende Rasse offensichtlich zu seinem auserwählten Werkzeug geformt hat, (…) muß es auch seinem Wunsch entsprechen, daß ich alles in meiner Macht stehende tue, um jener Rasse so viel Spielraum und Macht wie möglich zu verschaffen. Wenn es einen Gott gibt, denke ich, so will er daher eines gern von mir getan haben: Nämlich so viel von der Karte Afrikas britisch-rot zu malen wie möglich und anderswo zu tun, was ich kann, um die Einheit der Englisch sprechenden Rasse zu fördern und ihren Einflußbereich auszudehnen.

W. T. Stead (Hrsg.), The Last Will and Testament of Cecil J. Rhodes, London 1902, S. 58 f., 98, zit. nach Wolfgang J. Mommsen, Imperialismus. Seine geistigen und wirtschaftlichen Grundlagen. Kritische Wissenschaft, Hamburg 1977, S. 48 f.

Q5 „Missbrauch der Macht“

Der spätere französische Ministerpräsident Georges Clemenceau erklärt in einer Rede am 30. Juli 1885:

Überlegene Rassen! Minderwertige Rassen! Das ist leicht gesagt! Ich für meinen Teil bin da vorsichtig, seit ich erlebt habe, wie deutsche Gelehrte wissenschaftlich nachgewiesen haben, daß Frankreich den Krieg gegen Deutschland verlieren mußte, weil die Franzosen den Deutschen gegenüber eine minderwertige Rasse seien. Die Hindus – eine minderwertige Rasse (…)? Die Chinesen? (…) Nein! Nein, es gibt kein Recht für sogenannte überlegene Nationen gegenüber unterlegenen Nationen. Wir sollten nicht die Gewalt mit der heuchlerischen Bezeichnung Kultur verhüllen. Sprechen wir nicht von Recht oder Pflicht. Die Eroberung, die Sie propagieren, ist nichts anderes als der Mißbrauch der Macht, die die Wissenschaft unserer Kultur gegenüber zurückgebliebenen Kulturen gibt. Sie dient dazu, sich der Menschen zu bemächtigen, sie zu foltern oder alles aus ihnen herauszuholen zum Profit des angeblichen Kulturbringers. Das ist nicht das Recht, das ist seine Negation [Verneinung].

Klaus Wohlt, „Gloire à la plus grande France“. Imperialismus – das französische Beispiel, in: Praxis Geschichte, 1/1993, S. 22.

D1 Fremdherrschaft oder Krieg?

Die Reaktionen auf die Ankunft der Franzosen beschreibt 1961 ein einheimischer Scheich:

Einige (…) schwenkten ihre Schilde, senkten ihre Speere und zielten mit ihren Flinten. Man ließ sie herankommen, dann ließ man die Kanone donnern. Die Besiegten verstanden nichts. Andere wollten palavern [verhandeln]. Man schlug ihnen vor, zwischen Freundschaft und Krieg zu wählen. Sehr vernünftig wählten sie die Freundschaft: sie hatten nicht die geringste Erfahrung. Das Ergebnis war nämlich überall das gleiche. Die gekämpft hatten und die sich ergeben hatten, die Verträge geschlossen und die stur geblieben waren, fanden sich am nächsten Tag gezählt, aufgeteilt, in Klassen eingeteilt, etikettiert, zur Armee eingezogen und verwaltet.

Cheikh Hamidou Kane, L'Aventure ambiguë, Paris 1961, S. 65, zit. nach: Franz Ansprenger, Geschichte Afrikas, München 2002, S. 81 f.

Q6 Arbeiter einer Kautschukplantage im belgischen Teil des Kongo,
Foto, 1907
Ihnen wurden die Hände abgehackt, weil sie zu wenig Kautschuk abgeliefert hatten. Kautschuk ist der Rohstoff für Gummi. Die Herstellung von Gummi war ein sehr lohnendes Geschäft, da die Elektro-, Auto- und Fahrradindustrie aufgrund steigender Nachfrage immer größere Mengen benötigte.

F: Stell dir vor, du bist ein europäischer Journalist zu Beginn des 20. Jahrhunderts. Du bekommst das Foto und erfährst etwas über die Hintergründe. Schreibe dazu einen kurzen Artikel.

D2 Folgen der Kolonialpolitik

Den Einfluss der Europäer auf die Lebensbedingungen der Menschen beschreibt der in Kenia geborene Politikwissenschaftler Ali A. Mazrui 1980:

Die Europäer zerstörten die afrikanischen Einrichtungen für die Ausübung von Autorität und Regierungsgewalt; sie hinterließen eine tiefe politische Leere. Die Regeln des Zusammenlebens, wie sie in der vorkolonialen Zeit bestanden, die Werte der indigenen [eingeborenen] Gesellschaften und die gemeinsam getragenen Verantwortlichkeiten für das Miteinanderauskommen wurden von künstlichen, aus Europa importierten Vorstellungen ersetzt. (…) Die Europäer unterschieden in den Kolonien einen so genannten „Stamm" vom anderen, während sie gleichzeitig die Stämme zwangen, in neuen staatlichen Grenzen zu leben. Eine koloniale Gesellschaft nach der anderen erlebte das Entstehen neuer sozialer Klassen, ohne dabei auch die Fähigkeit zu entwickeln, soziale Konflikte wirkungsvoll beizulegen. Und in jene Kolonien, die sich aufgrund ihrer klimatischen und sonstigen Bedingungen für Europäer besonders gut eigneten, ergoss sich ein Strom europäischer Siedler, die den Boden bereiteten für künftige Konflikte mit den indigenen Bewohnern. (…) Ebenfalls ein Produkt wechselseitiger Einwirkung zwischen Afrika und Europa ist das ganze Problem des Rassismus. Das Kreuz der Erniedrigung, das Afrika durch die Jahrhunderte getragen hat und noch immer trägt, gründet zu einem erheblichen Teil auf dem Rassismus und der kulturellen Arroganz der Europäer.

Peter Alter (Hrsg.), Der Imperialismus, Stuttgart 1991, S. 66 f.

1. Suche auf der Karte auf der Orientierungsseite und in einem Atlas heraus, welche Kolonien zu Großbritannien und Frankreich gehörten und wie diese Länder heute heißen.

2. Informiere dich über die heutigen Probleme zwischen Europa und der so genannten „Entwicklungsländer". Inwieweit haben diese historische Ursache? Fertige darüber in Gruppenarbeit eine Wandzeitung an.

3. Schreibe einen Lexikonartikel über die Geschichte einer europäischen Kolonie.

4. Vergleiche die Haltung von Rhodes und Clemenceau zum Umgang der Europäer mit den Menschen in den kolonisierten Ländern miteinander. Setze dich dabei auch mit dem Begriff der „zurückgebliebenen Kulturen" auseinander (Q4, Q5).

5. Erkläre die Gründe für die Überlegenheit der Europäer gegenüber den Menschen in Afrika (VT, D1).

6. Beschreibe Anspruch und Wirklichkeit des Kolonialismus (Q1–Q3, Q6, D1, D2).

1870 1918

Deutschlands Außenpolitik

Die europäischen Großmächte – Großbritannien, Russland, Frankreich und Österreich-Ungarn – betrachteten die Gründung des Deutschen Reiches 1871 misstrauisch. Würde die deutsche Außenpolitik das Kräfteverhältnis in Europa verändern?

Das Deutsche Kaiserreich – eine neue Großmacht in der Mitte Europas

Viele Politiker befürchteten, dass das Deutsche Reich das bisherige Gleichgewicht in Europa zerstören könnte. Die Stärke der Armee, die Bevölkerungszahl und die Wirtschaftskraft des geeinten Reiches sowie Bismarcks Ruf, ein rücksichtsloser Machtpolitiker zu sein, ließen diese Sorgen berechtigt erscheinen.

Gleichgewicht/Gleichgewichtspolitik
Keine Macht in Europa sollte so stark sein, dass sie über alle anderen herrschen konnte. Im Kampf gegen Ludwig XIV. und Napoleon I. hatten englische Staatsmänner diesen Gedanken formuliert und zur Grundlage ihrer Politik gemacht.

A: Formuliere aus der Position Bismarcks seine Außenpolitik.

Bismarcks außenpolitische Ziele

Bismarck war sich über das Misstrauen der anderen Großmächte von Anfang an im Klaren. Er erklärte daher mehrfach, das Deutsche Reich sei zufrieden gestellt und habe keinerlei Ansprüche an andere. Als auf dem Balkan Konflikte ausbrachen, lud Bismarck 1878 die europäischen Staatsmänner zu Verhandlungen nach Berlin ein. Damit half er, einen Krieg zu verhindern. Seit 1879 organisierte Bismarck ein System von Bündnissen. Ziel dieses Systems war es, einen großen europäischen Krieg zu verhindern und Frankreich weiterhin zu isolieren. In den Verträgen war festgelegt, dass die Bündnispartner nur dann zur militärischen Unterstützung verpflichtet waren, wenn einer der beteiligten Staaten angegriffen wurde. Im Rückversicherungsvertrag sicherten sich Russland und Deutschland gegenseitig Neutralität zu, sollte eines der beiden Länder in einen Krieg verwickelt werden. In den 1880er-Jahren trugen diese Bündnisse dazu bei, den Frieden zu bewahren.

B: Erkläre, warum viele Zeitgenossen glaubten, „Deutschland sei zu kurz gekommen".

Braucht Deutschland Kolonien?

Der Wettlauf der anderen Mächte um Kolonien ließ auch in Deutschland den Ruf immer lauter werden, sich daran zu beteiligen. „Die deutsche Nation ist

D1 **Das Bismarck'sche Bündnissystem**

C: Schreibe in eine Tabelle, welche Staaten miteinander verbündet waren.

Q1 „Verantwortlicher Posten – Europas Central-Weichensteller“, Karikatur auf Bismarcks Außenpolitik in der Satirezeitschrift „Simplicissimus“, 1887

D: Schreibe auf, welche außenpolitischen Grundsätze und Ziele den Künstler zu dieser Karikatur angeregt haben könnten.

bei der Verteilung der Erde, wie sie vom Ausgang des 15. Jahrhunderts bis auf unsere Tage stattgefunden hat, leer ausgegangen“, hieß es in einem Aufruf. Bismarck, der den Erwerb von Kolonien lange Zeit abgelehnt hatte, gab schließlich nach. Wegen der bevorstehenden Reichstagswahlen und angesichts einer länger anhaltenden wirtschaftlichen Krise änderte er seine Kolonialpolitik: Die von Kaufleuten wie Adolf Lüderitz und Adolf Woermann, Forschungsreisenden wie Gustav Nachtigall und Abenteurern wie Karl Peters erworbenen Gebiete an der West- und Ostküste Afrikas wurden unter den Schutz des Reiches gestellt. Hinzu kamen einige Inseln im Pazifik. Bismarck blieb jedoch ein vorsichtiger Kolonialpolitiker. Viele seiner Zeitgenossen und führende Politiker mit dem jungen Kaiser Wilhelm II. an der Spitze teilten seine Ansichten jedoch nicht. Sie träumten von einem „Weltreich“, ohne die damit verbundenen Gefahren realistisch einzuschätzen.

Die einheimische Bevölkerung

Die deutsche Kolonialherrschaft unterschied sich kaum von der anderer Mächte. Wegen der oft ungerechten und willkürlichen Behandlung der Bevölkerung durch deutsche Beamte, Soldaten und Siedler kam es in fast allen Kolonien zu Aufständen. Diese wurden durch deutsche Truppen oft mit großer Brutalität niedergeschlagen. In Südwestafrika lebten nach einem Aufstand in den Jahren 1904 bis 1907 von den ursprünglich ca. 80 000 Hereros nur noch 15 130; in Ostafrika verloren 75 000 Menschen ihr Leben, als die Kolonialherren eine Erhebung in den Jahren 1906/07 niederschlugen. Erst die öffentliche Kritik in Deutschland an der fast vollständigen Vernichtung des Stammes der Nama in Südwestafrika hatte eine Reform der Kolonialverwaltung zur Folge.

Q2 Deutsche Reichskolonialuhr
um 1900
Inschrift: Kein Sonnenuntergang in unserem Reich

E: Beschreibe die Uhr und erkläre die Inschrift.

Q3 „Züchtigung eines Eingeborenen"
Postkarte, 1913
Körperliche Strafen wurden als selbstverständliches Mittel der „Erziehung" betrachtet.

F: Diskutiert in der Klasse: Warum hat wohl der Absender diese Postkarte ausgewählt und wie könnte der Empfänger darauf reagiert haben?

Q4 Kolonialpolitik ist Ausbeutung
Der Führer der Sozialdemokratischen Partei August Bebel sagt am 26. Januar 1889 im Reichstag:

Im Grunde genommen ist das Wesen aller Kolonialpolitik die Ausbeutung einer fremden Bevölkerung in der höchsten Potenz. Wo immer wir die Geschichte der Kolonialpolitik in den letzten drei Jahrhunderten aufschlagen, überall begegnen wir Gewalttätigkeiten und der Unterdrückung der betreffenden Völkerschaften, die nicht selten schließlich mit deren vollständiger Ausrottung endet. Und das treibende Motiv ist immer, Gold, Gold und wieder nur Gold zu erwerben. (…) Ich gehe weiter und sage, daß sogar im Falle einer kolonialen Bearbeitung der ostafrikanischen Ländereien, wie sie unter die deutsche Schutzherrschaft gestellt sind, durch eine europäische oder deutsche Kolonialgesellschaft für die Einwohner der betreffenden Länder nicht einmal irgend ein Vorteil erwächst. (…) Der Arbeiter ist selbst in den Augen vieler unserer zivilisierten europäischen Unternehmer eigentlich nur ein Werkzeug, ein Arbeitsmittel, das nach Möglichkeit ausgenutzt werden muß. Dieses gilt noch in viel höherem Maße von den tiefer stehenden Rassen, die man als inferior [minderwertig] betrachtet, und gegen die instinktiv eine gewisse Verachtung und ein großer Haß vorhanden ist. Man gewöhnt sich zu leicht, in dem Schwarzen einen Menschen inferiorer Rasse zu sehen, gegen den man sich alles erlauben dürfe, gegenüber dem es in der Behandlung gar keine andere Grenze gebe als die des eigenen persönlichen Nutzens, des größten Vorteils für den Unternehmer.

Stenographische Berichte über die Verhandlungen des Reichstages, Bd. 105, Berlin 1889, S. 628.

Q5 Kolonialpolitik als Wirtschaftspolitik
Der deutsche Staatssekretär im Reichskolonialamt, Bernhard Dernburg, schreibt im November 1907:

1. Sie sichert der stetig wachsenden Bevölkerung unseres Vaterlandes, die (…) auf den Export angewiesen bleibt, zunächst große und sich steigernde Aufträge, also: Arbeit. (…)
2. Kolonien sichern der deutschen Produktion einen großen Teil derjenigen Rohstoffe, welche zum eigenen Gebrauch innerhalb der Nation und zum Zwecke der Veredelung (…) dienen.
3. Sie sichert dem deutschen Fabrikanten (…) einen Einfluß auf die Preisgestaltung dieser Rohmaterialien gegenüber monopolistischen Tendenzen des Auslandes. (…)
4. Sie schützt und stärkt unsere nationale Zahlungsbilanz. (…) Das ist die Bedeutung einer deutschen kolonialen Wirtschaft im Lichte der gegenwärtigen handels-politischen Weltlage. Ihre Ausführung bedeutet demnach nicht mehr und nicht weniger als die Frage der Zukunft der nationalen Arbeit, die Frage des Brotes vieler Millionen Industriearbeiter, die Frage der Beschäftigung der heimischen Kapitalien im Handel, im Gewerbe, in der Schiffahrt.

Dokumente der deutschen Politik und Geschichte, hrsg. von Johannes Hohlfeld, Bd. 2, Berlin o. J., S. 167–169.

1. Schreibe einen Zeitungsartikel über Bismarcks Bündnissystem. Erläutere Bismarcks Ziele (VT, D1).

2. Stelle die Ausführungen Dernburgs und Bebels gegenüber. Vergleiche sie mit Argumenten für und gegen die „Globalisierung" heute (Q4, Q5).

3. Informiere dich in einem Nachschlagewerk oder im Internet über die Geschichte einer deutschen Kolonie und halte darüber in der Klasse einen Kurzvortrag.

Das Streben nach Weltmacht

Seit 1900 veränderten sich die Beziehungen zwischen den Mächten. Welche Ursachen und welche Folgen hatte dieser Wandel?

Deutschland will Weltmacht werden

Am Ende des 19. Jahrhunderts hielten viele Deutsche die vorsichtige Außen- und Kolonialpolitik Otto von Bismarcks für nicht mehr zeitgemäß. Deutschland sollte eine Weltreich werden wie Großbritannien, Russland und die Vereinigten Staaten. Der deutsche Kaiser, Wilhelm II., war einer der wichtigsten Vertreter dieses neuen Kurses. Ausgelöst wurde dieser Kurswechsel durch die Sorge, bei dem Wettrennen um die letzten noch „freien" Gebiete der Erde erneut zu spät zu kommen. Deutschland beanspruchte einen Platz an der Sonne, wie es der spätere Reichskanzler von Bülow 1897 im Reichstag ausdrückte. Um das Erreichte zu sichern und die weitergehenden Ziele zu erreichen, schien der Bau einer mächtigen Kriegsflotte notwendig. Notfalls konnte sie die Ansprüche auch militärisch durchsetzen. Und viele waren mit dieser Politik einverstanden. Mehr als eine Million Menschen wurden Mitglieder des Deutschen Flottenvereins und anderer „nationaler" Verbände. Diese warben mit Vorträgen, Flottenschauspielen und Plakaten für die Politik der Regierung. Sie versprachen sich davon mehr Macht und Ansehen, Einfluss und Reichtum für das Deutsche Reich. Allein die Anhänger der Sozialdemokratischen Partei und einige Linksliberale beobachteten den Übergang von der Kontinental- zur Weltpolitik mit großer Sorge.

Das Deutsche Reich schafft neue Konflikte

Diese Sorgen erwiesen sich bald als berechtigt. Um seinen Weltmachtanspruch deutlich zu machen, mischte sich das Deutsche Reich seit der Mitte der 1890er-Jahre in viele internationale Konflikte ein: 1896 griff es Großbritanniens Politik in Südafrika in unnötig scharfer Form öffentlich an; 1897 besetzte es einen Küstenstreifen in China, im Pazifik stritt es mit den Regierungen in Washington und London viele Jahre um die Aufteilung der Samoa-Inseln. Der Baubeginn einer Eisenbahnlinie, die bis an den Persischen Golf reichen sollte, führte zu Konflikten mit Großbritannien, das seine Einflusssphäre in diesem Gebiet bedroht sah. All das weckte zunehmend das Misstrauen der anderen Großmächte. Das Deutsche Reich erschien als unberechenbar und gefährlich.

A: Spielt eine Reichstagsdebatte, in der ein deutscher Politiker begründet, warum das Deutsche Reich einen „Platz an der Sonne" benötigt und wie dieses Ziel verwirklicht werden könnte. Dazu gibt es zustimmende und ablehnende Redebeiträge.

Platz an der Sonne
volkstümlicher Begriff für das Streben nach Kolonien in Übersee

Q1 Knabe im Matrosenanzug, um 1900
Das Kleidungsstück war große Mode.

B: Vermute, welche Haltung hinter der Beliebtheit dieser Mode steckte.

Q2 Postkarte des Zentrums anlässlich der Reichstagswahlen von 1912

C: Schreibe zur Aussage der Postkarte mindestens vier Sätze auf.

1870 1918

Online-Link
443020-1206
Arbeitsblatt: Die Kriegsgefahr wächst

D: Zeichne eine Kartenskizze und trage dort das nach 1900 entstandene Bündnissystem ein. Vergleiche es mit dem zur Zeit Bismarcks auf S. 302 und erkläre die Unterschiede.

Wettrüsten zur See

Großbritannien fühlte sich durch das deutsche Auftreten in der internationalen Politik und den Bau einer starken Flotte besonders bedroht. Dessen Stellung als führender Weltmacht beruhte auf der Überlegenheit der eigenen Flotte gegenüber möglichen Konkurrenten. Verhandlungen über eine Begrenzung der Flottenrüstung lehnte die Regierung in Berlin mehrfach ab. Die Folge war ein gefährliches und kostspieliges Wettrüsten zur See.

Einkreisung Deutschlands?

Dieses Wettrüsten veränderte die Beziehungen zwischen den Mächten in Europa. England einigte sich mit ehemaligen Konkurrenten, um Deutschland nicht alleine gegenüberzustehen. Aus zwei Abkommen mit Frankreich (1904) beziehungsweise mit Russland (1907) über die Beilegung kolonialer Streitfragen entwickelte sich ein Militärbündnis zwischen diesen drei Großmächten, das „Triple-Entente" genannt wurde. Als zwischen Deutschland und Frankreich Konflikte um den politischen und wirtschaftlichen Einfluss in Marokko ausbrachen, forderte die deutsche Regierung unter anderem, dass Frankreich afrikanische Gebiete an Deutschland abtreten solle. Die Reichsleitung schreckte auch nicht davor zurück, mit militärischer Gewalt zu drohen. Die englische Regierung stellte sich jedoch schützend hinter Frankreich. Dadurch wiederum wuchs in Deutschland das Gefühl, von der Triple-Entente „eingekreist" zu werden.

Allgemeines Wettrüsten

Seit der endgültigen diplomatischen Niederlage 1911 in der Marokkofrage rüstete das Deutsche Reich daher neben der Flotte auch die Armee in großem Umfang auf. Darauf reagierten die anderen Mächte mit der weiteren Aufrüstung ihrer Streitkräfte. Dadurch entstand ein allgemeines Wettrüsten, das die Spannungen zwischen der Triple-Entente und dem Dreibund (Deutschland, Österreich-Ungarn und Italien) weiter verschärfte. Bemühungen, das Wettrüsten durch Verhandlungen zu beenden, scheiterten am gegenseitigen Misstrauen. Viele Menschen hatten daher bald das Gefühl, Europa stünde am Rande einer Katastrophe. Sollten sie Recht behalten?

Q3 „Wem wohl zuerst die Puste ausgeht?"
Karikatur aus „Der Wahre Jacob" vom 31. März 1908
Einige Tage zuvor hatte der Reichstag beschlossen, vier statt bisher drei Kriegsschiffe pro Jahr zu bauen.

E: Werte mithilfe der methodischen Arbeitsschritte auf S. 241 die Karikatur aus. Worauf will der Zeichner mit seiner Überschrift anspielen?

Q4 Modellbaukasten für Kinder, um 1910

F: Ein Vater oder eine Mutter erklärt einem Verwandten, warum er bzw. sie ihrem Kind einen Schiffsbaukasten zu Weihnachten schenken. Schreibe diese Erklärung auf.

D1 Rüstungsausgaben der Großmächte (in Millionen Mark)

	1905	1910	1913
Frankreich	991	1177	1327
Russland	1069	1435	2050
England	1263	1367	1491
Deutschland	1064	1377	2111
Österreich-Ungarn	460	660	720

Nach Kriegsrüstung und Kriegswirtschaft, hrsg. vom Reichsarchiv, Anlagenband, Berlin 1930, S. 530.

D2 Bau schwerer Kampfschiffe

	1889 bis 1900	1900 bis 1910	1910 bis 1913
England	38	36	20
Deutschland	12	25	13
Frankreich	15	11	11
Russland	15	6	4

Nach Handbuch des Geschichtsunterrichts, Bd. 5, hrsg. von Wolfgang Kleinknecht und Herbert Krieger, Frankfurt a. M. 1965, S. 119 f.

Q5 Das Versäumte nachholen

Admiral Alfred v. Tirpitz, schreibt am 28. September 1899:

Da Deutschland in Bezug auf Seemacht besonders zurückgeblieben, so Lebensfrage für Deutschland als Weltmacht und großer Kulturstaat, das Versäumte nachzuholen. Sowohl um die Seemacht im engeren Sinn (Flotte) schaffen und erhalten zu können, als auch weil Macht an sich bedeutet, muß Deutschland seine Bevölkerung deutsch erhalten und sich weiter zum Weltindustrie- und Handelsstaat ausdehnen. (...) Die Entwicklung Deutschlands zum Industrie- und Handelsstaat ist unaufhaltsam, gleich einem Naturgesetz. Wenn man sie eindämmen wollte, so würde die Entwicklung darüber hinweggehen. (...) Bei einer derartigen Handels- und industriellen Entwicklung wachsen die Berührungs- und Konfliktpunkte mit anderen Nationen, darum Seemacht unerläßlich, wenn Deutschland nicht rasch niedergehen will.

Zit. nach Volker Berghahn/Wilhelm Deist, Rüstung im Zeichen wilhelminischer Weltpolitik. Grundlegende Dokumente, 1890–1914, Düsseldorf 1988, S. 160 f.

Q6 Gibt es eine deutsche Gefahr?

Der deutsche Botschafter erklärt nach einem Treffen mit den britischen Ministern Grey (Außen) und Lloyd George (Schatzkanzler) im Sommer 1908:

Beide Minister waren der Ansicht, daß die Situation zwischen England und Deutschland sich um die Flottenfrage drehe. Die Auslagen für die englische Flotte würden infolge des deutschen Flottenprogramms und des beschleunigten Flottenbaues dermaßen in die Höhe gehen und das Gefühl von der deutschen Gefahr würde damit dermaßen an Intensität zunehmen, daß die Beziehungen zwischen den Ländern sich nicht bessern könnten, solange sie sich in der Flottenkonkurrenz gegenseitig in die Höhe schraubten. Jeder Engländer würde seinen letzten Pfennig daransetzen, um sich die Überlegenheit zur See zu wahren, von welcher nicht nur die Weltstellung Englands, sondern auch seine Existenz als unabhängiger Staat abhänge. Die ruinösen Ausgaben, zu denen die Flottenkonkurrenz triebe, könnten vertrauensvolle Beziehungen zwischen beiden Nationen nicht aufkommen lassen.

Die Große Politik der europäischen Mächte, hrsg. von Johannes Lepsius u. a., Bd. 24, Berlin 1925, S. 99 f.

1. Werte Q5 und Q6 mithilfe der methodischen Arbeitsschritte zu Textquellen aus. Schreibe anschließend einen Zeitungskommentar zu den Beziehungen zwischen England und Deutschland.

2. Zeichne zu D1 und D2 jeweils ein Säulendiagramm. Erkläre die Ursachen, die zur dargestellten Rüstungsentwicklung führten. Beziehe den VT sowie Q5 und Q6 ein.

3. Erkläre, warum Historiker die Zeit vor 1914 auch als ein „Zeitalter des Wettrüstens“ bezeichnen. Diskutiere die damit verbundenen Gefahren.

1870 1918

Der Balkan – ein „Pulverfass“ für Europa?

Der „nationale Gedanke“ hatte im 19. Jahrhundert auch die Menschen auf dem Balkan erfasst. Wie die Deutschen strebten auch sie danach, ihre Völker in Nationalstaaten zu vereinen. Doch daraus entstanden Konflikte, in die auch die Großmächte mit einbezogen wurden. Wie wollte man diese Konflikte lösen und den Frieden bewahren?

A: Warum bezeichneten Zeitgenossen den Balkan als ein „Pulverfass“? Schreibe einen Kommentar für eine Zeitung.

Nationale Bestrebungen

Die Völker der Balkanhalbinsel wohnten teilweise weit über die jeweiligen Staatsgrenzen hinweg verstreut. Ein großer Teil von ihnen lebte im Osmanischen Reich. Diese Völker wollten die türkische Herrschaft abschütteln und eigene Staaten gründen. Aber auch die Großmächte stellten Ansprüche an das Osmanische Reich. Der Nationalismus der Balkanvölker richtete sich jedoch nicht nur gegen das Osmanische Reich, sondern auch gegen Österreich-Ungarn. Seit 1878 herrschte die Donaumonarchie, zu der bereits Kroatien und Slowenien gehörten, auch über Bosnien und die Herzegowina. Serbien wollte nun zum Beispiel alle Serben in einem Großserbischen Reich vereinen. Dazu sollten auch die von Serben bewohnten Gebiete in Österreich-Ungarn gehören.

Entsteht ein „Weltbrand“?

Um ihre Macht- und Gebietsansprüche durchzusetzen, kämpften die Balkanstaaten 1912/13 sowohl gegen das Osmanische Reich als auch gegeneinander. Nur mit großer Mühe gelang es den europäischen Großmächten, diese Balkankriege mit Friedensverträgen zu beenden. Von einer Entspannung auf dem Balkan konnte dennoch keine Rede sein: Österreich betrachtete die großserbische Bewegung weiterhin als ernsthafte Bedrohung für seinen Vielvölkerstaat. Es lehnte alle serbischen Gebietsforderungen ab. Serbien konnte jedoch auf die Unterstützung Russlands hoffen, denn das Zarenreich betrachtete sich als Beschützer aller slawischen Völker, also auch der Serben. Die Folge davon waren Spannungen zwischen Russland und Österreich-Ungarn. Auch die anderen, zum Teil neu entstandenen, Balkanstaaten besaßen mächtige Verbündete. Der kleinste Konflikt konnte so zu einem „Weltbrand“ führen.

D1 Der Balkan 1908–1913

B: Erläutere, wie sich die Grenzen auf dem Balkan veränderten.

Q1 „Der Brand am Balkan – Der vereinigten europäischen Feuerwehr gelang es leider nicht, den Brand zu löschen"

Karikatur von Thomas Theodor Heine aus der Zeitschrift „Simplicissimus", vom 28. Oktober 1912

An der Pumpe stehen der englische Löwe, der österreichisch-ungarische Doppeladler, der gallische Hahn, der russische Bär und der deutsche Adler; die Personen im Hintergrund stellen die Balkanvölker dar.

C: Beschreibe die Karikatur. Erkläre, was der Zeichner damit aussagt.

Q2 Österreichs Haltung gegenüber Serbien

Der österreichische Generalstabschef formuliert am 20. Januar 1913:

Die Entwicklung eines selbständigen großserbischen Staates ist eine eminente Gefahr für die Monarchie, sie liegt darin: daß (...) die Slawen der Monarchie (...) ihren Hort in diesem neuen, von Rußland unterstützten Staatswesen suchen, daß vor allem die Serben der Monarchie die Angliederung an dasselbe anstreben werden; damit droht der Monarchie der Verlust der wichtigsten Gebiete für ihre Großmachtstellung und ihr wirtschaftliches Gedeihen. (...) Eingekeilt zwischen Rußland, dann einem mächtig gewordenen Serbien und Montenegro und einem auf die Dauer kaum verläßlichen Italien wird die Monarchie zur politischen Ohnmacht und damit zum sicheren Niedergang verurteilt sein. (...) Die Monarchie muß durch eine militärische Kraftäußerung ihr Prestige, besser gesagt ihre politische Geltung, wiederherstellen. (...) Es ist (...) auch für Deutschland nur von Vorteil, wenn die Kraftprobe zwischen Dreibund und Tripel-Entente möglichst bald zum Austrag kommt.

Franz Conrad v. Hötzendorff, Aus meiner Dienstzeit 1906–1918, Bd. 3, Wien 1922, S. 12 f.

Q3 Serbien und die „zweite Türkei"

Die serbische Zeitung „Piemont" schreibt am 8. Oktober 1913, dem Jahrestag der Annexion Bosniens und der Herzegowina durch Österreich:

Den Schmerz, der an diesem Tage dem serbischen Volke zugefügt wurde, wird das serbische Volk noch durch Jahrzehnte fühlen. (...) Das Volk legt das Gelübde ab, Rache zu üben, um durch einen heroischen Schritt zur Freiheit zu gelangen. Serbische Soldaten (...) legen heute das Gelübde ab, daß sie gegen die „zweite Türkei" ebenso vorgehen werden, wie sie (...) gegen die Balkan-Türkei vorgegangen sind. (...) Der Tag der Rache naht. Eine Türkei verschwand. Der gute serbische Gott wird geben, daß auch die „zweite Türkei" verschwindet.

Materialien für den Geschichtsunterricht in den mittleren Klassen, Bd. 5, hrsg. von Wolfgang Kleinknecht und Herbert Krieger, Frankfurt a. M. 1965, S. 140.

1. Vergleicht die Haltung des österreichischen Generalstabschefs und des Vertreters eines „Groß-Serbien". Diskutiert mögliche Lösungen (Q2, Q3).

2. Halte anhand eines Lexikons ein Referat über die Geschichte eines Balkanstaates.

3. Schreibe aus der Sicht eines um den Frieden besorgten Lesers einen Brief an die serbische Zeitung „Piemont" (Q3).

1870 1918

Eine politische Rede analysieren

Sicher hast du schon einmal die Rede eines Politikers im Fernsehen gesehen oder darüber in der Zeitung gelesen. Um erfolgreich zu sein, müssen Politiker seit dem 19. Jahrhundert die Ziele ihrer Politik der Öffentlichkeit darlegen. Nur so können sie hoffen, die notwendige Unterstützung zu erhalten. Der Stil der Rede wie auch die Reaktionen der Zuhörer darauf sind wichtige Mittel, um deren Wirkung zu beurteilen.

Q1 Bernhard von Bülow (1849–1929)
Als Staatssekretär des Auswärtigen, seit 1900 als Reichskanzler war er verantwortlich für die deutsche Politik. Dazu gehörte auch, den deutschen Flottenbau außenpolitisch abzusichern. 1909 trat er zurück, da es ihm nicht gelungen war, das notwendige Geld für die Flottenrüstung zu beschaffen.

Q2 Der Staatssekretär des Auswärtigen, Bernhard von Bülow, begründet im Reichstag am 11. Dezember 1899 die Vorlage eines Gesetzes zur Vergrößerung der deutschen Flotte und erläutert, warum das Deutsche Reich Weltpolitik treiben müsse:

(…) Der englische Premierminister hatte schon vor längerer Zeit gesagt, daß die starken Staaten immer stärker und die schwachen immer schwächer werden würden. Alles, was seitdem geschehen ist, beweist die Richtigkeit dieses Wortes. Stehen wir wieder vor einer neuen Teilung der Erde (…)? Ich glaube das nicht, ich möchte es namentlich noch nicht glauben. Aber jedenfalls können wir nicht dulden, daß irgendeine fremde Macht (…) zu uns sagt: Was tun? Die Welt ist weggegeben. Wir wollen keiner fremden Macht zu nahe treten, wir wollen uns aber auch von keiner fremden Macht auf die Füße treten lassen (*Bravo!*), und wir wollen uns von keiner fremden Macht beiseite schieben lassen, weder in politischer noch in wirtschaftlicher Beziehung. (*Lebhafter Beifall.*) (…) Untätig beiseite stehen, wie wir das früher oft getan haben, entweder aus angeborener Bescheidenheit (*Heiterkeit*) oder weil wir ganz absorbiert waren durch unsere inneren Zwistigkeiten oder aus Doktrinarismus [starres Festhalten an einer Meinung] – träumend beiseite stehen, während andere Leute sich in den Kuchen teilen, das können wir nicht und wollen wir nicht. (*Beifall.*) Wir können das nicht aus dem einfachen Grunde, weil wir jetzt Interessen haben in allen Weltteilen (…). Die rapide Zunahme unserer Bevölkerung, der beispiellose Aufschwung unserer Industrie, die Tüchtigkeit unserer Kaufleute, kurz, die gewaltige Vitalität des deutschen Volkes haben uns in die Weltwirtschaft verflochten und in die Weltpolitik hineingezogen. Wenn die Engländer von einer Greater Britain reden, wenn die Franzosen sprechen von einer Nouvelle France, wenn die Russen sich Asien erschließen, haben auch wir Anspruch auf ein größeres Deutschland
(*Bravo! rechts, Heiterkeit links*), nicht im Sinne der Eroberung, wohl aber im Sinne der friedlichen Ausdehnung unseres Handels und seiner Stützpunkte. Ihre Heiterkeit, meine Herren, macht mich nicht einen Augenblick irre. Wir können nicht dulden und wollen nicht dulden, daß man zur Tagesordnung übergeht über das deutsche Volk.
(…) Meine Herren, die letzten Jahrzehnte haben viel Glück und Macht und Wohlstand über Deutschland gebracht. Glück und steigender Wohlstand des einen pflegen bei den anderen nicht immer reine Befriedigung hervorzurufen, das kann auch Neid erwecken. Der Neid spielt im Leben des einzelnen und im Leben der Völker eine große Rolle. Es ist viel Neid gegen uns in der Welt vorhanden (*Zuruf links*), politischer Neid und wirtschaftlicher Neid. Es gibt Individuen, und es gibt Interessentengruppen, und es gibt Strömungen, und es gibt vielleicht auch Völker, die finden, daß der Deutsche bequemer war und daß der Deutsche für seine Nachbarn angenehmer war in jenen früheren Tagen, wo trotz unserer Bildung und trotz unserer Kultur die Fremden in politischer und wirtschaftlicher Hinsicht auf uns herabsahen, wie hochnäsige Kavaliere auf den bescheidenen Hauslehrer. (*Sehr richtig! – Heiterkeit.*) Diese Zeiten politischer Ohnmacht und wirtschaftlicher und politischer Demut sollen nicht wiederkehren. (*Lebhaftes Bravo.*) Wir wollen nicht wieder (…) die Knechte der Menschheit werden. Wir werden uns aber nur dann auf der Höhe erhalten, wenn wir einsehen, daß es für uns ohne Macht, ohne ein starkes Heer und eine starke Flotte keine Wohlfahrt gibt. (*Sehr richtig! rechts. Widerspruch links.*) Das Mittel, meine Herren, in dieser Welt den Kampf ums Dasein durchzufechten ohne starke Rüstung zu Lande und zu Wasser, ist für ein Volk von bald 60 Millionen, das die Mitte von Europa bewohnt und gleichzeitig seine wirtschaftlichen Fühlhörner ausstreckt nach allen Seiten, noch nicht gefunden worden. (*Sehr wahr! rechts.*).
In dem kommenden Jahrhundert wird das deutsche Volk Hammer oder Amboß sein.

Stenographische Berichte, 119. Sitzung, S. 3296 ff., zit. nach Quellen zur deutschen Außenpolitik im Zeitalter des Imperialismus 1890–1911, hrsg. von Michael Behnen, Darmstadt 1977 (FSGA. Ausgewählte Quellen zur deutschen Geschichte der Neuzeit, Bd. 26), S. 230–234.

Methodische Arbeitsschritte

1 Beschreiben

- Finde heraus, wer die Rede gehalten hat, wann und vor wem der Redner oder die Rednerin gesprochen hat.
- Finde heraus, zu welchem Thema der Redner/die Rednerin spricht.
- Lies dir den Text zuerst einmal genau durch.
- Bilde Sinnabschnitte und versieh diese mit einer Überschrift.
- Fasse den Text der Rede mit eigenen Worten zusammen.

2 Untersuchen

- Informiere dich über den Verfasser/die Verfasserin der Rede.
- Untersuche, was der Anlass der Rede war.
- Finde heraus, welche Bedeutung der Ort hatte, an dem die Rede gehalten wurde.
- Informiere dich darüber, wie wichtig das Thema zum Zeitpunkt der Rede war.
- Untersuche, wie der Redner seine Zuhörer zu überzeugen versuchte.
- Stelle fest, an welchen Stellen die Zuhörer ihre Meinung geäußert haben.
- Überlege, was die im Protokoll festgehaltenen Äußerungen der Zuhörer bedeuten könnten.

3 Deuten

- Ordne die Rede in einen größeren Zusammenhang der Geschichte ein (z.B. in einen Krieg oder einen Wahlkampf).
- Fasse zusammen, was die Rede über die Politik zu der entsprechenden Zeit aussagt.
- Formuliere deine Meinung zu den Aussagen des Redners oder der Rednerin.

Beschreiben

Bei diesem Text handelt es sich um eine Rede des Staatssekretärs des Auswärtigen Bernhard v. Bülow vor den Abgeordneten des Deutschen Reichstages. Darin begründet er das von der Reichsregierung eingebrachte neue Flottengesetz. In seiner Begründung vergleicht er das Streben des Deutschen Reiches nach Weltpolitik mit der Politik anderer großer Mächte in dieser Zeit. Zugleich betont er die Unterschiede zwischen der bisherigen deutschen Politik und der der gegenwärtigen Regierung. Diese könne nicht mehr untätig beiseite stehen bei einer neuen Teilung der Welt. Je nach ihrer Zugehörigkeit zu den verschiedenen politischen Parteien kommentieren die im Reichstag versammelten Abgeordneten Bülows Ausführungen zustimmend oder ablehnend.

Untersuchen

Bülow leitete 1897/98 zusammen mit Admiral Alfred von Tirpitz eine Wende in der deutschen Außenpolitik ein. Im Gegensatz zur Bismarckära sollte das Deutsche Reich in der Zukunft Welt- und nicht Kontinentalpolitik betreiben. Weltpolitik erschien ihnen notwendig, da das Deutsche Reich nur so seinen Platz in der Welt behaupten könne in einer Zeit, in der „die Starken immer stärker und die Schwachen immer schwächer würden“. Die Erfolge des Deutschen Reiches auf politischem und wirtschaftlichem Gebiet sowie der Anstieg seiner Bevölkerung rechtfertigten diesen Kurswandel in der Außenpolitik. Die Regierung wolle zwar keine Konflikte mit anderen Staaten, um sich gegenüber deren Streben nach Vergrößerung notfalls behaupten zu können, sei aber eine starke Flotte notwendig.

Deuten

Bülows Rede begründet die um 1900 eingeleitete Wende in der deutschen Außenpolitik. Zum einen lässt sie erkennen, wie sehr die damalige Politik von sozialdarwinistischen Ideen beeinflusst war. Damit wie auch mit dem Hinweis auf das Streben der anderen Mächte versuchte Bülow, die deutsche Aufrüstung zu rechtfertigen. Dabei verschwieg er freilich, dass sich der Bau der Flotte, deren Vergrößerung er hier begründete, gezielt gegen England richtete. Dieses wollte die Regierung mithilfe einer starken Flotte zum Nachgeben gegenüber deutschen Forderungen zwingen. Viele Abgeordnete der rechten und der politischen Mitte stimmten ihm zu. Auch sie waren von Bülows Behauptung überzeugt, dass die Entscheidung über eine Vergrößerung der Flotte auch über die Zukunft Deutschlands entscheide. Allein Abgeordnete der Linken (SPD) lehnten seine Forderungen ab.

1. Versucht, die Debatte im Reichstag in der Klasse nachzuspielen: Ein Schüler oder eine Schülerin spielt von Bülow. Die anderen dürfen sich zu Wort melden und auf die Rede antworten. Sagt jeweils, welche politische Richtung oder Partei ihr vertretet: Zentrum, SPD, Nationalliberale oder Konservative. Über die Parteien kannst du dich noch einmal auf S. 271 informieren.

1870 1918

Europa im Juli 1914 – wie ein „Weltbrand“ entsteht

„In Europa gehen die Lichter aus. Wir werden es nicht mehr erleben, wenn sie wieder angehen“, sagte der englische Außenminister am Abend des 4. August 1914. Warum sagte er das und was meinte er damit?

Q1 Das Attentat von Sarajevo
Pressezeichnung von Felix Schwormstädt (Ausschnitt) vom 30. Juni 1914, ein Foto von dem Ereignis existiert nicht.
Am 28. Juni 1914 ermordete der serbische Nationalist Gavrilo Princip in Sarajevo den österreichisch-ungarischen Thronfolger Erzherzog Franz Ferdinand und dessen Frau. Damit wollte er die Unterdrückung der bosnischen Serben durch Österreich rächen.

A: Schreibe einen Zeitungskommentar zu der Zeichnung.

B: Erkläre, warum Reichskanzler Bethmann Hollweg einen „Weltbrand“ fürchtete.

Krieg statt Diplomatie

Das Attentat von Sarajevo war für die Regierung in Wien ein geeigneter Anlass, mit Serbien abzurechnen. Bei diesem Vorhaben konnte sie sich auf die Unterstützung des Deutschen Reiches verlassen. Der deutsche Reichskanzler Bethmann Hollweg war sich darüber im Klaren, dass ein begrenzter Krieg einen „Weltbrand“ auslösen könnte. Er hoffte aber, dass die russische Regierung Serbien dieses Mal nicht unterstützen würde. Sollte dies aber dennoch geschehen, war er bereit, an der Seite Österreichs Krieg zu führen. Er vertraute dabei auf die Zusagen der militärischen Führung, einen Krieg gewinnen zu können.

Ein „Weltbrand“ entsteht

Am 23. Juli stellte die Regierung in Wien Serbien ein unannehmbares Ultimatum. Serbien war zwar zu großem Entgegenkommen bereit, lehnte es aber ab, dass österreichische Beamte bei der Untersuchung des Attentats in Serbien tätig wurden. Daraufhin erklärte Österreich am 28. Juli Serbien den Krieg. Als Russland zu dessen Unterstützung seine Armee mobilisierte, machte Deutschland ebenfalls mobil. Englische Versuche, durch gemeinsame Vermittlung zwischen den Großmächten den Frieden zu erhalten, lehnte die Regierung in Berlin ab. Am 1. August erklärte sie zunächst dem Zarenreich, dann auch Frankreich den Krieg. Als deutsche Truppen am 4. August in das neutrale Belgien einmarschierten, um von dort aus Frankreich militärisch schneller zu besiegen, trat auch Großbritannien in den Krieg ein. Der „Weltbrand“ hatte begonnen.

Ultimatum
Aufforderung, etwas innerhalb einer bestimmten Frist und ohne Widerrede zu tun

Auf der CD-ROM kannst du lesen und hören, wie Kaiser Wilhelm II. den Deutschen den Kriegsbeginn begründete. Setze dich damit auseinander.

Q2 Abrechnung mit Serbien

Der österreichische Ministerpräsident Stürgkh erläutert am 7. Juli 1914 die Politik seiner Regierung:

Die Besprechungen in Berlin hätten zu einem sehr befriedigenden Resultate geführt, indem sowohl Kaiser Wilhelm als Herr von Bethmann Hollweg uns für den Fall einer kriegerischen Komplikation mit Serbien die unbedingte Unterstützung Deutschlands mit allem Nachdrucke zugesichert hätten. (…) Er sei sich klar darüber, daß ein Waffengang mit Serbien den Krieg mit Rußland zur Folge haben könnte. Rußland treibe aber gegenwärtig eine Politik, die, auf lange Sicht berechnet, den Zusammenschluß der Balkanstaaten, inbegriffen Rumänien, zum Zwecke hat, um dieselben sodann im geeignet scheinenden Momente gegen die Monarchie ausspielen zu können. Er sei der Ansicht, (…) daß unsere Situation sich einer solchen Politik gegenüber immer mehr verschlechtern müsse (…). Die logische Folge, die sich aus dem Gesagten ergebe, wäre, unseren Gegnern zuvorzukommen und durch eine rechtzeitige Abrechnung mit Serbien den bereits in vollem Gange befindlichen Entwicklungsprozeß aufzuhalten, was später zu tun nicht mehr möglich sein würde.

Winfried Baumgart (Hrsg.), Die Julikrise und der Ausbruch des Ersten Weltkrieges 1914, Darmstadt 1983, S. 66.

Q3 „Wir dürfen nicht kneifen"

Am 18. Juli 1914 erläutert der deutsche Staatssekretär des Auswärtigen Jagow dem deutschen Botschafter in London die Politik der Regierung:

Österreichs Erhaltung, und zwar eines möglichst starken Österreichs, ist für uns aus inneren und äußeren Gründen eine Notwendigkeit. (…) Wir müssen sehen, den Konflikt zwischen Österreich und Serbien zu lokalisieren. Ob dies gelingen kann, wird zunächst von Rußland und in zweiter Linie von dem mäßigenden Einfluß seiner Ententebrüder abhängen. (…) In einigen Jahren wird Rußland nach aller kompetenten Annahme schlagfertig sein. Dann erdrückt es uns durch die Zahl seiner Soldaten, dann hat es seine Ostseeflotte und seine strategischen Bahnen gebaut. Unsere Gruppe wird inzwischen immer schwächer. (…) Ich will keinen Präventivkrieg, aber wenn der Kampf sich bietet, dürfen wir nicht kneifen. Ich hoffe und glaube auch heute noch, daß der Konflikt sich lokalisieren läßt. Englands Haltung wird dabei von großer Bedeutung sein.

Winfried Baumgart (Hrsg.), Die Julikrise und der Ausbruch des Ersten Weltkrieges 1914, Darmstadt 1983, S. 100 f.

Q4 Diplomatie

Am 27. Juli 1914 warnt der deutsche Botschafter in London, Max Fürst von Lichnowsky, nach einem Gespräch mit dem englischen Außenminister:

Die britische Regierung (…) sieht in der Erhaltung des europäischen Friedens auf Grundlage des Gleichgewichts der Gruppen ihr vornehmstes Interesse. (…) Der Eindruck greift hier immer mehr Platz (…), daß die ganze serbische Frage sich auf eine Kraftprobe zwischen Dreibund und Dreiverband (Triple-Entente) zuspitzt. Sollte daher die Absicht Österreichs den gegenwärtigen Anlaß zu benutzen, um Serbien niederzuwerfen (…) immer offenkundiger in Erscheinung treten, so wird England, dessen bin ich gewiß, sich unbedingt auf Seite Frankreichs und Rußlands stellen, um zu zeigen, daß es nicht gewillt ist eine moralische oder gar militärische Niederlage seiner Gruppe zu dulden. Kommt es unter diesen Umständen zum Krieg, so werden wir England gegen uns haben.

Immanuel Geiss (Hrsg.), Juli 1914, München 1980, S. 235.

Q5 Bildpostkarte, 1914

Q6 Diplomatie

Der russische Außenminister Sergej Sasonow sagt am 8. August 1914 vor dem Parlament:

Durch innere Unruhen zerrissen suchte Österreich einen Schlag zu führen, der gleichzeitig seine Kraft beweisen und uns demütigen sollte. Dafür mußte Serbien herhalten (…), mit dem uns die Bande der Geschichte sowie gemeinsame Abstammung und Glauben vereinigen. Sie kennen die Umstände, unter welchen das Ultimatum an Serbien gerichtet wurde. Hätte sich Serbien diesen Bedingungen unterzogen, so wäre es Österreichs Vasall geworden. Ein gleichgültiges Verhalten unsererseits hätte die Aufgabe unserer jahrhundertealten Rolle als Beschützer der Balkanstaaten bedeutet.

Berliner Monatshefte 8 (1930), S. 7670.

1. Schreibe einen Lexikoneintrag zum Stichwort „Julikrise".

2. Führt ein Streitgespräch über die Gründe, an einem Krieg teilzunehmen.

3. Beschreibe die Lage und die Motive der verschiedenen Staaten für eine Kriegsteilnahme (Q2–Q4, Q6).

4. Wähle einen der an den Entscheidungen beteiligten Politiker aus und setze dich mit seiner Haltung zum Krieg auseinander (Q2–Q4, Q6).

5. Beschreibe die Haltung des Kaisers und kommentiere seinen Ausspruch (Q5).

1870 1918

Wer war für den Ausbruch des Ersten Weltkrieges verantwortlich?

Die Frage „Wer war schuld an dem Ausbruch des Krieges?" spielt bei Konflikten immer eine große Rolle. Je nachdem, wie die Antwort ausfällt, lassen sich daraus Ansprüche auf die Wiedergutmachung von Schäden ableiten. So war das auch, als sich die Alliierten nach ihrem Sieg in Versailles trafen, um einen Friedensvertrag mit Deutschland zu beschließen. In diesem Versailler Vertrag von 1919 heißt es im Artikel 231: „Die alliierten und assoziierten [mit diesen verbündeten] Regierungen erklären, und Deutschland erkennt an, daß Deutschland und seine Verbündeten als Urheber für alle Verluste und Schäden verantwortlich sind, die die alliierten und assoziierten Regierungen und ihre Staatsangehörigen infolge des ihnen durch Angriff Deutschlands und seiner Verbündeten aufgezwungenen Krieges erlitten haben." Die deutsche Regierung wie auch die große Mehrheit der Bevölkerung hatten diesen „Schuldartikel" als große Ungerechtigkeit empfunden und jegliche Schuld von sich gewiesen. Bis heute wird die so genannte Kriegsschuldfrage diskutiert. Welche Antworten geben Historiker darauf?

Q1 Deutsche Postkarte aus den ersten Jahren des Weltkrieges
1 Italien mit dem zerrissenen Dreibundvertrag
2 Frankreich
3 Ministerpräsident Pasič von Serbien
4 König Georg V. von England
5 König Albert von Belgien
6 Großfürst Nikolaj Nikolajevič
7 Zar Nikolaus II.
8 brennende Bombe von Sarajevo
9 Lüge, Hass, Rachsucht, Verleumdung
10 Erzengel Michael, der Beschützer Deutschlands und seiner Verbündeten
11 Kaiser Franz Joseph I.
12 Kaiser Wilhelm II.
13 Germania

D1 Der englische Historiker John Röhl schreibt 1987:

(…) Was hätte geschehen sollen, was gemacht werden können, um die unsäglichen Katastrophen, die ins Haus standen, zu vermeiden? Die Antwort ist zunächst verblüffend, sie lautet: gar nichts. Wenn Deutschland 1914 nicht für den Krieg optiert [= sich entscheiden] hätte, wäre auch kein Krieg gekommen, denn Österreich-Ungarn hätte ihn ohne deutsche Unterstützung bestimmt nicht gewagt, und die drei Entente-Mächte hätten die Mittelmächte [Deutschland und seine Verbündeten] weder dann noch in drei Jahren (oder gar noch später) angegriffen. Das deutsche Kaiserreich hätte seinen beispiellosen wirtschaftlichen, wissenschaftlichen und kulturellen Aufstieg fortgesetzt und wäre bald ganz von selbst, ohne Krieg, zur natürlichen Vormacht Europas herangewachsen. Gewiß, die Auflösung des Habsburger-Reiches, jenes „Gefängnisses der Nationen", war nicht mehr aufzuhalten, aber war das denn ein Grund, aus „Nibelungentreue" mit „ins Dunkle" zu springen? War denn „keine diplomatische Revolution" denkbar, die dem deutschen Kaiserreich ohne Krieg die erforderlichen „Sicherheiten und Garantien" gewährleistet hätte, die Bethmann Hollweg 1914 in seinem „Septemberprogramm" durch Annexionen, Revolutionierung und wirtschaftspolitische Maßnahmen erzwingen wollte? Eine Verständigung mit dem englischen Weltreich wäre bis zuletzt zu haben gewesen. Noch im Frühjahr 1912 hatte der englische Verteidigungsminister Lord Haldane in aller Form ein Abkommen mit Deutschland angeboten. Der Preis? Berlin sollte den strategisch ohnehin gänzlich sinnlosen Schlachtflottenbau verlangsamen (nicht einstellen) und zusichern, dass es von sich aus Frankreich oder Rußland nicht angreifen würde. Reichskanzler Bethmann Hollweg, der „verantwortliche Leiter" der deutschen Politik und „erster Berater der Krone" wollte annehmen. Er wurde auch in dieser lebenswichtigen Frage übergangen.

John C. G. Röhl, Kaiser, Hof und Staat. Wilhelm II. und die deutsche Politik, München 1987, S. 14 f.

Q2 „Gegen den Drachen"
Aus der französischen Zeitschrift „Le Petit Journal" vom 10. September 1914

A: Erläutere die französische Sicht zur Kriegsschuldfrage.

D2 Der deutsche Historiker Thomas Nipperdey schreibt 1992:

Die deutsche Regierung hat (…) ihren erheblichen Anteil am Kriegsausbruch gehabt. Ihre Planungen und Aktionen haben, vom „Blankoscheck" angefangen, das Kriegsrisiko von vornherein einkalkuliert und insoweit schon objektiv die Zuspitzung der Krise zum Krieg mitbewirkt: Aus der Möglichkeit, wenn es sie denn gab, die Krise durch Vermittlung friedlich zu lösen, ist auch wegen des Verhaltens der deutschen Regierung nichts geworden. Sodann gilt: (…) Die Reichsleitung ist nicht der alleinige Urheber des Weltkrieges gewesen, nicht auch der Hauptverantwortliche. Die russische Mobilmachung ist so entscheidend wie der Blankoscheck. Im deutschen Fall, wie in den Fällen der andern, greifen Schuld und Verhängnis ineinander. (…) Der Krieg kam, weil alle oder einige am Frieden verzweifelten, nicht weil alle oder einige zum Krieg unter allen Umständen entschlossen waren.

Thomas Nipperdey, Deutsche Geschichte 1866–1918, Bd. 2: Machtstaat vor der Demokratie, München 1992, S. 695 ff.

1. Untersuche die Aussage der Postkarte Q1. Versetze dich in die Lage jeweils eines deutschen und eines französischen Zeitgenossen und versuche, die Wirkung der Postkarte auf diese Personen zu beschreiben.

2. Analysiere die Texte D1 und D2. Suche dabei nach Gemeinsamkeiten und Unterschieden, liste diese auf. Diskutiert die Aussagen der beiden Historiker in der Klasse.

3. Vergleiche die Bilder und Texte der Historiker mit dem, was du in den vorangegangen Kapiteln über die Vorgeschichte des Kriegsausbruchs gelernt hast. Schreibe deine Meinung zur Kriegsschuldfrage auf.

1870 1918

Jubel, Kriegsziele und Massentod

Viele Fotos aus den ersten Kriegstagen erwecken den Eindruck, als hätten die Menschen überall in Europa über den Ausbruch des Krieges gejubelt. Doch auch Angst machte sich breit: Was erwartete die Soldaten in diesem Krieg?

Q1 Jubelnde Freiwillige in Berlin „Unter den Linden"
Foto, Anfang August 1914
Es jubelten längst nicht alle, aber Fotos von denjenigen, die nicht jubelten, gibt es kaum.

A: Überlege, was die abgebildeten Männer über den Krieg dachten. Formuliere Sprechblasen für die in der ersten Reihe Laufenden.

B: Schreibe für eine Zeitung einen Bericht über den Verlauf des Krieges. Nimm auch die Karte D1 zu Hilfe.

Warum war der Krieg nicht aufzuhalten?
Nach den Kriegserklärungen Anfang August 1914 war der „Weltbrand" nicht mehr zu stoppen. Denn viele Staatsmänner und Generäle in allen kriegführenden Staaten betrachteten den Krieg als willkommene Gelegenheit, das eigene Land auf Kosten des Gegners zu vergrößern oder diesen zur Zahlung einer hohen Kriegsentschädigung zu zwingen. Je länger der Krieg dauerte und je mehr Opfer er forderte, umso schwieriger wurde es, ihn durch Verhandlungen zu beenden. Denn alle hielten verbissen an ihren Kriegszielen fest.

Der Krieg kommt zum Stehen
Viele Menschen hatten geglaubt, der Krieg wäre schnell vorüber. Doch schon nach wenigen Wochen scheiterte der deutsche Vormarsch vor Paris. Danach erstarrte die Front im Westen. Keine Armee konnte größere Gebiete gewinnen. Stattdessen zeigte sich, dass Industrialisierung und Technik die Kriegführung völlig verändert hatten: Neue Waffen wie Maschinengewehre, Giftgas und Flammenwerfer, Panzer und Flugzeuge brachten unerwartete Schrecken hervor und machten den Soldaten in den Schützengräben das Leben zur Hölle. In grausamen Materialschlachten versuchten die Generäle, die Entscheidung zu erzwingen. Bei sinnlosen Angriffen opferten sie bei Verdun und an der Somme allein 1916 eine Million deutsche und gegnerische Soldaten.
Im Osten errangen deutsche Truppen zunächst Erfolge. Aber auch dort kam die Front schließlich zum Stehen. Erst nach dem Zusammenbruch des Zarenreiches 1917 eroberten die Deutschen weite Teile Russlands.

Materialschlachten
Kriegshandlungen, bei denen riesige Mengen von Munition und Kriegsgerät eingesetzt werden

Krieg auf den Meeren
Um kriegswichtige Rohstofflieferungen zu verhindern, sperrte England die Seehandelswege nach Deutschland. Daraufhin ordnete die Reichsleitung den rücksichtslosen Unterseebootkrieg gegen alle Handelsschiffe an. Damit sollte auch der Nachschub an Waffen und Lebensmitteln für die gegnerischen Truppen unterbunden werden. Der erhoffte Erfolg blieb jedoch aus. Stattdessen traten 1917 die USA in den Krieg ein und stärkten damit die Alliierten.

Alliierte
„Alliieren" kommt aus dem Französischen und bedeutet „sich verbünden". Als Alliierte werden die gegen Deutschland verbündeten Kriegsgegner bezeichnet.

Q2 „Unsere Sache ist gerecht“

Ein Gutsbesitzer aus Ostwestfalen schreibt Mitte August 1914 seinem Sohn an die Front:

Mein lieber, guter Hermann!
Welche Wendung durch Gottes Fügung ist eingetreten, seit ich Dir zuletzt am Sonntag, den 26. Juli ausführlich nach Lockstedt schrieb. Wenn auch schon damals die Kriegsgewitterwolken sich auftürmten, so hoffte man doch allgemein, daß man noch zu einer friedlichen Lösung kommen würde, ja, groß war unsere Hoffnung, ja noch als wir am 1. August nachmittags zusammen (…) saßen. Nun ist schon seit 14 Tagen der grausame Krieg über uns hereingebrochen und Du (…) hast gewiß schon allerlei Schreckliches erlebt und Dich hoffentlich schon etwas an die Strapazen, Entbehrungen und die Greueltaten einer Schlacht gewöhnt. (…) Nach allen Nachrichten ist es aber gut, daß der Krieg jetzt, wo man bestimmt annehmen darf, daß unsere Feinde noch nicht ganz gerüstet sind, ausgebrochen ist, denn er war nach kurzer Zeit unausbleiblich. Betrübt ist es, wie alles über Deutschland herfällt, aber unsere Sache ist gerecht und wir dürfen zuversichtlich hoffen, daß uns der liebe Gott zum Siege verhilft.

Heinz-Ulrich Kammeier, Der Landkreis Lübbecke und der 1. Weltkrieg. Alltagserfahrungen in einem ländlichen Raum Ostwestfalens, Rahden/Westf. 1998, S. 247.

Q4 „Das neue Europa“, italienische Postkarte, undatiert
1915 tritt Italien aus dem Dreibund aus und an der Seite der Alliierten in den Krieg ein.

C: Erkläre, wie das „neue Europa“ aus italienischer Sicht aussehen sollte.

Q3 Die deutschen Kriegsziele

Aus dem geheimen „Septemberprogramm“ vom 9. September 1914:

Das allgemeine Ziel des Krieges: Sicherung des Deutschen Reiches nach West und Ost auf erdenkliche Zeit. Zu diesem Zweck muß Frankreich so geschwächt werden, daß es als Großmacht nicht neu erstehen kann, Rußland von der deutschen Grenze nach Möglichkeit abgedrängt und seine Herrschaft über die nichtrussischen Vasallenvölker gebrochen werden. Die Ziele des Krieges im Einzelnen:

1. Frankreich. Von den militärischen Stellen zu beurteilen, ob die Abtretung von Belfort, des Westabhangs der Vogesen, die Schleifung der Festungen und die Abtretung des Küstenstrichs von Dünkirchen bis Boulogne zu fordern ist. (…)

2. Belgien. Angliederung von Lüttich und Verviers an Preußen (…). Jedenfalls muß ganz Belgien, wenn es auch als Staat äußerlich bestehen bleibt, zu einem Vasallenstaat herabsinken, in etwa militärisch wichtigen Hafenplätzen ein Besatzungsrecht zugestehen, seine Küste militärisch zur Verfügung stellen, wirtschaftlich zu einer deutschen Provinz werden. (…)

3. Luxemburg wird deutscher Bundesstaat (…).

4. Es ist zu erreichen die Gründung eines mitteleuropäischen Wirtschaftsverbandes. (…) Dieser Verband (…) muß die wirtschaftliche Vorherrschaft Deutschlands über Mitteleuropa stabilisieren.

Werner Basler, Deutschlands Annexionspolitik in Polen und im Baltikum 1914–1918, Berlin 1962, S. 383 f.

Q5 Frankreichs Kriegsziele

Der russische Botschafter berichtet im September 1914:

Für sich suche Frankreich in Europa keine Gebietserwerbungen, natürlich mit Ausnahme der Rückgabe Elsaß-Lothringens. In Afrika strebe es ebenfalls nach keinen neuen Erwerbungen (…). Sodann sei das Hauptziel Frankreichs – und darin seien alle drei verbündeten Mächte völlig solidarisch – die Vernichtung des Deutschen Reiches und die möglichste Schwächung der militärischen und politischen Macht Preußens. (…) England werde wahrscheinlich die Wiederherstellung eines selbständigen Hannovers verlangen, und dem würden sich natürlich weder Rußland noch Frankreich widersetzen. (…) England suche ebenfalls keine Eroberung in Europa, werde aber kolonialen Zuwachs auf Kosten Deutschlands verlangen, wogegen Frankreich nichts einzuwenden habe. Was Rußland betreffe, so seien seine territorialen Forderungen in großen Zügen festgesetzt, und es verstehe sich von selbst, daß Frankreich im voraus mit ihnen einverstanden sei. Außerdem werde Rußland natürlich die Freiheit der Meerengen und genügende Garantien in dieser Hinsicht fordern, und hier werde Rußland volle Unterstützung bei Frankreich finden, das in dieser Frage für uns nützliche Einwirkung auf England ausüben könne, (…).

Wolfgang J. Mommsen, Imperialismus. Seine geistigen, politischen und wirtschaftlichen Grundlagen. Ein Quellen- und Arbeitsbuch, Hamburg 1977, S. 238.

D1 Der Erste Weltkrieg 1914–1918

D: Erkläre, warum der Krieg als Weltkrieg bezeichnet wird.

Auf der CD-ROM findest du eine dynamische Karte.

Q6 Französische Soldaten in einem Schützengraben

Um sich vor den Angriffen zu schützen, legten die Soldaten Gräben an. Das gesamte Frontgebiet war von 12 000 km langen Gräben durchzogen.

E: Überlege, was es für die Soldaten bedeutete, wenn sie tagelang im Schützengraben ausharren mussten.

1. Versuche, die Begeisterung der Menschen bei Kriegsausbruch zu erklären (Q1, Q2).

2. Schreibe einen Zeitungskommentar zu den Kriegszielen der Deutschen und der Alliierten (Q3–Q5).

3. Erkläre, welche Auswirkungen die Industrialisierung auf die Kriegsführung hatte (VT, Q6).

1918 – „ein Ende mit Schrecken“

Nach der anfänglichen Kriegsbegeisterung sehnten die Menschen das Ende des Krieges herbei. „Besser ein Ende mit Schrecken als ein Schrecken ohne Ende“, dachten viele. Wie kam es zu diesem Sinneswandel?

Online-Link
443020-1212
Arbeitsblatt: Krieg und Werbung
Infoblatt: Kriegstagebuch

Der Kriegsalltag zu Hause

Mit jedem Tag des Krieges breiteten sich Enttäuschung, Trauer und Not aus. Fast jede Familie hatte den Tod eines oder mehrerer Söhne, des Bruders oder des Ehemanns zu beklagen. Viele Frauen mussten zunehmend anstrengende Tätigkeiten in Rüstungsbetrieben und in anderen „Männer-Berufen“ übernehmen. Kinder sammelten Obstkerne und Kaninchenfelle, Altmetalle und Frauenhaar. Diese Materialien ersetzten wichtige Rohstoffe, die wegen der englischen Blockade nicht mehr eingeführt werden konnten. Seife, Leder und andere Güter des täglichen Bedarfs waren dennoch bald Mangelwaren. Für fehlende Lebensmittel gab es hingegen kaum Ersatz. Viele Menschen hungerten daher seit 1916/17, fast 700 000 starben an Unterernährung.
Dieser totale Krieg zermürbte die Menschen zunehmend. Hinzu kam die Verbitterung über die Regierung, die unwillig und unfähig schien, die ausweglose Lage zu verbessern. Auch auf versprochene politische Reformen hatten die Menschen vergebens gehofft. Seit 1916/17 kam es daher zu immer mehr Massenprostesten nicht nur für Frieden und Brot, sondern auch gegen die bestehende politische Ordnung.

A: Liste Gründe für den Wandel in der Stimmung in Deutschland auf. Halte auf dieser Grundlage eine Rede gegen die Fortführung des Krieges.

totaler Krieg
Alle Bereiche von Staat, Gesellschaft und Wirtschaft werden in den Krieg einbezogen, um den Sieg zu erringen. Nicht nur der Soldat an der Front, sondern auch die Zivilbevölkerung in der Heimat muss dabei mithelfen.

Die Niederlage steht bevor

Nach dem Sieg über Russland wollte die Oberste Heeresleitung im Frühjahr 1918 auch im Westen einen entscheidenden Sieg erringen. Diese neue Offensive war jedoch erfolglos. Seit dem Sommer 1918 mussten sich die deutschen Truppen vor den überlegenen Alliierten immer weiter aus Frankreich und Belgien zurückziehen. Sie waren kriegsmüde und wollten nicht mehr kämpfen. Die Verbündeten, Österreich-Ungarn, Bulgarien und das Osmanische Reich, standen ebenfalls am Rande der Niederlage und baten um Frieden. Ende September forderte die militärische Führung daher die Reichsleitung zum baldigen Abschluss eines Waffenstillstands und zu politischen Reformen auf.

Das Ende des Krieges

Anfang Oktober 1918 wurde die deutsche Regierung umgebildet. Sie nahm Verhandlungen mit den Alliierten über einen Waffenstillstand auf. Der Versuch der Marineführung, die Flotte noch einmal einzusetzen, löste eine Meuterei aus. Die entwickelte sich schnell zu einer Revolution. Am 9. November wurde Deutschland eine Republik. Zwei Tage später unterzeichnete eine deutsche Delegation den Waffenstillstandsvertrag. Der Erste Weltkrieg war zu Ende.

Q1 Postkarte, Januar 1918

B: Die Unterschrift „Gefallen“ wurde in „Sein Leben weihte er dem Vaterland“ geändert. Finde eine Erklärung dafür.

Eine Katastrophe für Europa

Der Erste Weltkrieg war eine Katastrophe für Europa: Das Deutsche Reich hatte 1,8 Millionen, Russland 1,7 Millionen, Frankreich 1,4 Millionen, Österreich-Ungarn 1,2 Millionen und Großbritannien 1 Million tote Soldaten zu beklagen. Mehr als 20 Millionen waren im Laufe der Kämpfe verwundet, teilweise für den Rest ihres Lebens verkrüppelt worden. Große Landstriche waren verwüstet. In Frankreich und Belgien waren allein 350 000 Häuser zerstört. Hinzu kamen die Veränderungen der politischen Landkarte Europas vor allem auf dem Balkan und im Osten. Die großen Kaiserreiche Russland, Deutschland, Österreich-Ungarn sowie das Osmanische Reich waren verschwunden. Neue Nationalstaaten traten an ihre Stelle. Zugleich begann damit aber auch ein Jahrhundert der Instabilität und der Revolutionen. Der Eintritt der USA in den Krieg zeigte zudem, das Europa seine führende Rolle in der Welt verloren hatte.

Q2 Die Spannungen wachsen

Der Chronist eines westfälischen Dorfes berichtet 1916/1917:

Klagebriefe aus der Front ließen die Stimmung sinken. (...) Die politischen Parteien waren sich in den Zielen über das Kriegsende nicht mehr einig. Das wirkte sich ungünstig auch in unserm Dorfe aus. Hie die Kriegsverlängerer, wie der Pfarrer und sein Anhang bezeichnet wurde, dort die Kriegsmüden, wie man die Anhänger des sofortigen Kriegsendes nannte. Was erreicht werden sollte durch die gewaltsamen Versuche bezw. durch das Friedensangebot, wurde nicht erreicht. Das Jahr ging zuende, ohne daß die Friedensglocken erklangen. (...) Die Ausweitung der Kriegsschauplätze ließ bange Ahnungen immer mehr Platz greifen. Die Sehnsucht nach Frieden [wurde] immer deutlicher! Der Pfarrer ging durch die Gemeinde, sprach den Gliedern Mut zu und wünschte Unterschriften, durch die sich die Unterschreibenden gegen einen Frieden ohne Sieg entschieden. Das brachte weitere Spannungen in die Gemeinschaft.

Heinz-Ulrich Kammeier, Der Landkreis Lübbecke und der 1. Weltkrieg. Alltagserfahrungen in einem ländlichen Raum Ostwestfalens, Rahden/Westf. 1998, S. 264.

Q4 Gefallene deutsche Soldaten in einem Schützengraben an der Westfront, ohne Datum

C: Das englische Foto durfte während des Krieges nicht veröffentlicht werden. Suche eine Erklärung dafür.

Q3 Das Leid in einer Familie

Die 17-jährige Amalie Ebert, Tochter des SPD-Vorsitzenden Friedrich Ebert, schreibt in ihr Tagebuch:

10. Dezember 1916

Weihnachten steht vor der Tür, es wird ein trauriges Weihnachten werden. Mutter wünscht, wenn nur erst die Festtage vorüber wären. Ich wollte heimlich mit Karl einen Baum kaufen und ihn dann Heiligabend in die Stube stellen. Wenn unsere lieben Eltern dann am Weihnachtsmorgen mit traurigen Gedanken in die Stube treten, wo Jahre hindurch alle ihre Lieben zu dem Fest der Freude und der Liebe vereint waren, um zu beglücken und um beglückt zu werden, dann sollen sie sich an diesem Bäumchen erfreuen. Ich fragte unsere liebe Mutter heute noch einmal, ob sie denn keinen Baum haben möchte, der Baum sei doch gerade das Rührende und Erhebende an dem Fest, da lehnte sie ganz entschieden ab. Mit Tränen in den Augen antwortete sie mir: Ich will kein Fest. (...)

3. Januar 1917

(...) Weihnachten war niemand von unseren Feldgrauen [Heinrich Ebert, 19, und Georg Ebert, 20 Jahre alt] auf Urlaub. Unsere lieben Eltern haben doch ein Bäumchen gekauft, und es war ganz schön an den Festtagen. Neujahr waren wir auch allein. (...) Um 12 Uhr, als wir draußen Geschrei und Gejohle hörten, unterbrachen wir das [Karten]spiel. Meine Mutter weinte bitterlich, und Vater versuchte sie zu trösten. (...)

12. Februar 1917

Nach langer, langer Zeit habe ich in der Schule geweint. An drei Tagen hintereinander. Heinrich ist am 26. [Januar] schwer verwundet worden. Ein Granatsplitter drang in den Rücken und verletzte die Lunge. Nun liegt er so mutterseelenallein in der weiten Ferne, vielleicht bei unsäglichen Schmerzen. Das hat mich so furchtbar bedrückt, daß ich förmlich krank wurde (...).

15. Februar 1917

Heute morgen erhielten wir ein Telegramm. Ich beachtete es gar nicht und legte es fort. Da stand meine Mutter auf. Plötzlich hörte ich einen Schrei; sie hat das Telegramm geöffnet. Unser guter Heinrich ist gestorben. Ich kann es nicht glauben, ich kann nicht weinen, denn ich begreife das Wort gestorben nicht. Da sehe ich ihn vor mir, wie er so gutmütig lächelt, ich sehe ihn, wie er zum letzten Male mit uns ging und so herzlich froh war. Wenn ich nun denke, er liegt mit gefalteten Händen unter Blumen in seinem Bett, so kann ich mir sein liebes Gesicht nicht vorstellen. Im Geiste sehe ich, wie man den Sarg hinabsenkt in die kahle Erde, aber daß er, der liebste meiner Brüder, darin liegen soll, dieser Gedanke ist zu gewaltig. Ich kann ihn nicht bezwingen. Es rinnen mir die Tränen, aber mein Herz hat sich diesem Geschick noch nicht erschlossen. Noch steht es fern von mir. Warum soll er gestorben sein. Er, der keinem Menschen etwas zuleide getan hat; der so sprühte vor jugendlicher Lebenskraft. Wer weiß, was er sich vorgenommen hatte. (...) Schon lange Wochen freuten wir uns auf die Wiederkehr. Es sollte so schön werden. Wir wollten ihn pflegen und mit Liebe umgeben. Und er selbst schrieb: Liebe Mutter! Es wird schon wieder werden, nur Kopf hoch!

Walter Mühlhausen, Friedrich Ebert und seine Familie. Private Briefe 1909–1924, München 1992, S. 95–97.

Q5 Friede um jeden Preis

Auszug aus einem Bericht der Postüberwachungsstelle der 6. Armee vom 4. September 1918:

Kriegsmüdigkeit und Gedrücktheit ist allgemein. Die Briefschreiber haben sich mit der nackten Tatsache: „Wir können nicht siegen" abgefunden und knüpfen daran sogar zum Teil die Anschauung, daß Deutschland unterliegen müsse. Eine gewisse Anzahl mahnt wohl zum Durchhalten, und manche Zeilen zeugen neben den vielen Stimmen des Mißmuts und der Unzufriedenheit von Königstreue und unveränderter Liebe zum Vaterlande, das aller Opfer wert sei. Die Ziffer der Briefeschreiber, die dem Vaterland offen den Tod wünschen, ist indes nicht viel geringer. Sie sagen: „Durch etwaige weitere Erfolge Deutschlands könne der Krieg nur verlängert werden, durch eine Niederlage hätten wir den ersehnten Frieden!" (...) Das Interesse des Einzelnen am Kriege ist in den Hintergrund getreten; der Mann steht fast durchgehend auf dem Standpunkt: „Ich drücke mich vor der Front, so gut ich kann!"

Bernd Ulrich, Benjamin Ziemann (Hrsg.), Frontalltag im Ersten Weltkrieg. Wahn und Wirklichkeit. Quellen und Dokumente, Frankfurt a. M. 1994, S. 203 f.

D: Drei Frauen stehen vor dem Plakat und unterhalten sich darüber. Die Erste hat fünf Kinder zu ernähren. Die Zweite hat einen Feldpostbrief von ihrem Mann erhalten, in dem er die schlechte Ausrüstung der Soldaten beklagt. Die Dritte hat gerade ihren Sohn an der Front verloren. Spielt diese Szene nach.

Q6 Plakat aus dem Jahr 1915

1. Beschreibe die Auswirkungen des Krieges auf den Alltag der Menschen (VT, Q2, Q3, Q6).

2. Untersuche Q1 und Q3 und erkläre, warum die Propaganda für eine Fortsetzung des Krieges wirkungslos war.

3. Erkläre aus der Sicht eines Soldaten, der begeistert in den Krieg gezogen war, warum sich deine Stimmung gewandelt hat (VT, Q2–Q5).

4. Stelle die Ergebnisse des Ersten Weltkrieges zusammen (VT).

5. In vielen Städten und Dörfern wurden nach dem Krieg Denkmäler für die gefallenen Soldaten aufgestellt. Sucht ein solches Denkmal in der Nähe eurer Schule auf und untersucht es mithilfe der methodischen Arbeitsschritte (S. 277).

1870 1918

Feldpostbriefe auswerten

Du hast schon gelernt, Textquellen auszuwerten. Eine besondere Form davon sind Feldpostbriefe. Briefe waren für Soldaten die einzige Möglichkeit, während ihrer langen Abwesenheit mit ihren Familien oder Freunden in Kontakt zu bleiben. Seit dem 18. Jahrhundert gab es eigens dafür eingerichtete Poststellen, die Feldpostämter. Feldpostbriefe wurden zwar von den Militärbehörden zensiert, dennoch bilden sie eine wichtige Quelle, um Näheres über die Stimmung an der Front oder in der Heimat zu erfahren.

Q1 Postkarte aus dem Jahr 1915

A: Erläutere, welche Absichten mit der Herstellung solcher Karten verfolgt wurden. Beachte auch, welches Bild vom Krieg hier zum Ausdruck kommt.

Q2 Feldpostbrief eines Soldaten an der Westfront

Der Absender schrieb im Dezember 1915 an seine ehemaligen Arbeitskollegen des Hamburger Staatsarchivs:

Wenn die in der Heimat Zurückgebliebenen so die Zeichnungen u[nd] Briefe sehen, die zum Teil aus der Front kommen, auch von mir, dann müssen sie wohl manchmal denken, daß wir hier ein fröhliches Leben führen. Lassen Sie sich alle gesagt sein, daß sich hinter diesen Äußerungen des Humors u[nd] der Lebenslust oft eine furchtbare Tragik verbirgt. Es liegen sich die Gegner so dicht gegenüber, daß man diesen Stellungskrieg als Würgen bezeichnen kann; und kommen wir aus Lebensgefahr zurück in die einigermaßen sichere Bude, dann tritt bei dem gesunden jungen Menschen der Rückschlag ein: Eben schwebte er in furchtbarer Gefahr – jetzt ringt sein Lebensmut sich siegreich durch u[nd] äußert sich bisweilen in übertriebener Lustigkeit. (…) Wenn die in der Heimat dieses Bild allein sähen, so müßten sie glauben, wir führten ein beschauliches Leben. Nur schade, daß die Krieger nicht nach Hause schreiben, daß bei dem vielen Regen die Gräben einstürzen und der Dreck über die Stiefel bis an die Hüften geht, schade, daß sie nicht einmal das Geheul einer wenn auch nur kleinen Granate nach Hause schicken können für diejenigen, die hinterm Biertisch sitzen und in den Kaffeehäusern Reden halten.

Bernd Ulrich/Benjamin Ziemann (Hrsg.), Frontalltag im Ersten Weltkrieg. Wahn und Wirklichkeit, Frankfurt/M. 1994, S. 53.

Beschreiben

Der Soldat schreibt in seinem Brief an seine früheren Arbeitskollegen, dass seine Erlebnisse an der Front völlig anders sind, als man es oft in Feldpostbriefen liest und auf mitgeschickten Fotos sieht. Er beschreibt kurz, wie die Wirklichkeit aussieht. Diese Schilderungen beziehen sich auf die Westfront im Dezember 1915.

Untersuchen

Der Brief wurde zu einer Zeit geschrieben, als die Front im Westen längst erstarrt war. Was der Absender mitteilt, entspricht den Tatsachen, die wir auch aus anderen Augenzeugenberichten und aus historischen Sachbüchern kennen. Als einfacher Soldat war er täglich den Gefahren ausgesetzt und so sind seine Aussagen auch glaubwürdig. An seiner Wortwahl kann man Angst und Entsetzen erkennen, denn er spricht offen von Lebensgefahr und bezeichnet die Kriegsführung als „Würgen“. Mit seinem Brief bezweckt der Schreiber sicher, dass zu Hause die Wahrheit über den Krieg bekannt wird. Er glaubt, dass in der Heimat darüber falsche Vorstellungen bestehen. Das wird besonders in den beiden letzten Sätzen deutlich. Zugleich erklärt der Schreiber, warum die Soldaten in ihren Briefen und auf den (gestellten) Fotos mitunter so übermütig wirken: Sie können oft das Grauen nur mit übertriebenem Humor ertragen.

Methodische Arbeitsschritte

1 Beschreiben

Wie bei anderen Textquellen musst du zuerst folgende Fragen beantworten:
- Wann und wo wurde der Brief geschrieben?
- Wer ist der Absender und an wen hat er geschrieben?
- Was teilt der Verfasser in dem Brief mit?

2 Untersuchen

- Finde heraus, in welcher Situation der Brief geschrieben wurde. (Hierfür benötigst du oft Zusatzinformationen, z.B. welchen Verlauf nahm der Krieg zu der Zeit, in der der Brief verfasst wurde.)
- Überlege, was den Verfasser/die Verfasserin veranlasst haben könnte, den Brief zu schreiben.
- Versuche, Näheres über den Verfasser herauszubekommen, z.B. seinen Dienstgrad.
- Unterscheide, bei welchen Aussagen es sich um Tatsachen, bei welchen um Meinungen handelt.
- Finde heraus, welche Gefühle und welches Bild vom Krieg in dem Brief zum Ausdruck kommen. Welche sprachlichen Mittel hat der Verfasser dafür gewählt?

3 Deuten

- Formuliere, welche Wirkung der Brief auf den Empfänger erzielen könnte.
- Erkläre, was der Brief über die Stimmung an der Front oder zu Hause aussagt.
- Überprüfe, ob die Aussagen des Briefes mit der Berichterstattung durch die Militärführung oder durch Regierungsstellen übereinstimmen.
- Versuche zu begründen, warum es möglicherweise Abweichungen, aber auch Übereinstimmungen gibt.
- Stelle Vermutungen darüber an, welchen Sinn der Schreiber in dem Krieg sah.

Deuten

Solche Feldpostbriefe haben zuhause sicher vielen die Augen geöffnet über die Schrecken dieses Krieges. Vermutlich glaubten sie nun nicht mehr den Berichten über die strahlenden Helden an der Front, die man in den Zeitungen lesen konnte. Andererseits lösten solche Briefe bestimmt auch Angst um die Angehörigen aus. Das könnte auch der Grund dafür gewesen sein, dass viele Soldaten die Wahrheit verschwiegen. Solche Briefe werden sicher auch dazu beigetragen haben, dass sich anfängliche Kriegsbegeisterung in Entsetzen und auch Wut gegen die Regierung umwandelte.

Q3 Feldpostbrief eines Offiziers an der Ostfront

Arthur Graf von der Groeben verfasste den Brief am 25. April 1915 in Sadowa (Galizien):

Lieber Vater!

Auf den Zusammenstoß mit dem Feinde freue ich mich, das darf ich Dir ohne Übertreibung wirklich sagen. Und es übertrifft meine kühnsten Erwartungen, daß ich eine Truppe führen darf. – Gott gebe, daß ich es zum Nutzen unseres Vaterlandes tun werde. Ich hoffe, Euch wiederzusehen mit dem freudigen Gefühl, endlich einmal mich nützlich erwiesen zu haben; sollte ich Euch, Dich und Mutter, nicht wiedersehen können, so hoffe ich, daß ihr meiner denken dürft als eines Mitgliedes unserer Familie, das wenigstens zuletzt ihren Traditionen gefolgt ist. Ich bin in meinem ganzen Leben nie so glücklich gewesen wie jetzt, und ich danke Dir, lieber Vater, und ich danke es auch Mutter, daß ich vor allem an Eurem Beispiel gelernt habe, daß Eure Erziehung mich doch letzten Endes dazu befähigt hat, ein preußischer Soldat und Offizier zu werden. Ich bitte Dich, falls es mir nicht mehr möglich ist, alle Verwandten zu grüßen.

Paul Witkop, Kriegsbriefe gefallener Studenten, München 1928, S. 85.

1. Werte den Brief Q3 nach den methodischen Arbeitsschritten aus. Vergleiche das Ergebnis mit der Auswertung des Briefes Q2.

2. Versetze dich in die Lage der Empfänger der Briefe Q2 und Q3. Verfasse jeweils einen Antwortbrief.

3. Diskutiere mit deinen Klassenkameraden und -kameradinnen, warum Kriegsbriefe eine wichtige Quelle sind, aber auch wo deren Grenzen liegen.

1870 – 1918

1. Eine Übersicht erstellen: Die europäischen Kolonialmächte (Sachkompetenz, Methodenkompetenz)
Liste die Kolonien auf, die die europäischen Mächte um 1900 in Afrika besaßen. Benutze dazu die Karte auf der Orientierungsseite.

Mutterland	Kolonien

Online-Link
443020-1215
Quiz

2. Unterschiedliche Perspektiven einnehmen: Rechtfertigung kolonialer Eroberungen (Urteilskompetenz)
Schreibe ein Gespräch zwischen einem deutschen Kolonialbeamten und einheimischen Bewohnern auf. Der Kolonialbeamte will seine Tätigkeiten in dem eroberten Land rechtfertigen, die Einheimischen legen ihre Sicht dar.

3. Eine Karikatur auswerten: Wettrüsten (Urteilskompetenz)
Erläutere, was die Karikatur über den Rüstungswettlauf vor dem Ersten Weltkrieg aussagt. Berücksichtige dabei insbesondere die methodischen Schritte zur Analyse einer Karikatur (s. S. 241).

Q1 „Im Dreadnought-Fieber"
Karikatur auf der Titelseite des „Wahren Jacob" vom 22. Juni 1909
Die „Dreadnought" war ein britisches Schlachtschiff.

4. Einen Aufruf auswerten: Wilhelms II. Ansprache zu Beginn des Ersten Weltkrieges. Diese Ansprache wurde überall im Deutschen Kaiserreich als Anschlag veröffentlicht. (Sachkompetenz, Methodenkompetenz, Urteilskompetenz)
Schreibe einen Zeitungskommentar zum Aufruf Q2.

Die Ansprache kannst du dir auf der CD-ROM anhören.

5. Einen Aufruf gegen die Fortführung des Krieges verfassen: (Sachkompetenz, Urteilskompetenz)
Stell dir vor, du bist als Soldat seit vier Jahren im Krieg und willst, dass dieser zu Ende geht. Verfasse einen Aufruf und begründe, warum die Verantwortlichen den Krieg beenden sollten.

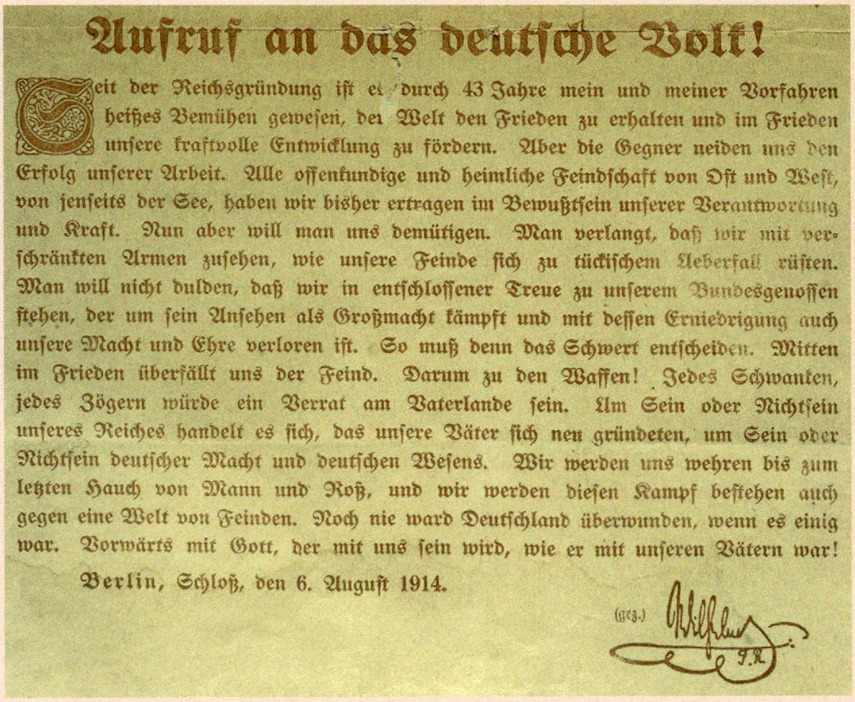

Aufruf an das deutsche Volk!

Seit der Reichsgründung ist es durch 43 Jahre mein und meiner Vorfahren heißes Bemühen gewesen, der Welt den Frieden zu erhalten und im Frieden unsere kraftvolle Entwicklung zu fördern. Aber die Gegner neiden uns den Erfolg unserer Arbeit. Alle offenkundige und heimliche Feindschaft von Ost und West, von jenseits der See, haben wir bisher ertragen im Bewußtsein unserer Verantwortung und Kraft. Nun aber will man uns demütigen. Man verlangt, daß wir mit verschränkten Armen zusehen, wie unsere Feinde sich zu tückischem Ueberfall rüsten. Man will nicht dulden, daß wir in entschlossener Treue zu unserem Bundesgenossen stehen, der um sein Ansehen als Großmacht kämpft und mit dessen Erniedrigung auch unsere Macht und Ehre verloren ist. So muß denn das Schwert entscheiden. Mitten im Frieden überfällt uns der Feind. Darum zu den Waffen! Jedes Schwanken, jedes Zögern würde ein Verrat am Vaterlande sein. Um Sein oder Nichtsein unseres Reiches handelt es sich, das unsere Väter sich neu gründeten, um Sein oder Nichtsein deutscher Macht und deutschen Wesens. Wir werden uns wehren bis zum letzten Hauch von Mann und Roß, und wir werden diesen Kampf bestehen auch gegen eine Welt von Feinden. Noch nie ward Deutschland überwunden, wenn es einig war. Vorwärts mit Gott, der mit uns sein wird, wie er mit unseren Vätern war!

Berlin, Schloß, den 6. August 1914.

(gez.) Wilhelm I.R.

Q2 Aufruf Kaiser Wilhelms II. vom 6. August 1914

6. Einen Feldpostbrief auswerten: Post aus der Heimat (Methodenkompetenz, Urteilskompetenz)
Werte den Brief mithilfe der methodischen Arbeitsschritte S. 323 aus. Versetze dich in die Lage der Absenderin, die den Brief zurückbekam, und schreibe einen Tagebucheintrag.

Q3 Feldpostbrief an Georg Ebert, den Sohn des SPD-Vorsitzenden Friedrich Ebert, von seiner Tante
(Der Brief kam zurück mit dem Vermerk „† auf dem Felde der Ehre".)
Heidelberg, 13. Mai 1917
Lieber Georg
Deine liebe Karte v. 4. habe ich gestern erhalten u. sehe daraus, daß Du wirklich in Feindesland bist. es freut mich daß es Dir noch gut geht u. wünsche, daß Du alles gut vorüber bringst, so daß wir zusammen den Frieden in Hdlbg. [Heidelberg] feiern können. Du schreibst von dem schönen Frühling, bei uns ist er auch seit Mai eingezogen u. wie herrlich! ich kann mich an einen so schönen u. herrlichen Frühling, wie diesen gar nicht erinnern, ist er doch so ganz anders wie die anderen, glaube mir, es steckt mehr darin, es ist wie ein Friedensbote. Fritz hat mir gestern auch einen Brief geschickt, er schreibt genau wie Du über das herrliche Frühlingserwachen, auch ihm geht es noch gut u. er hofft auch, daß wir ein Wiedersehen in Hdlbg. feiern können. Uns geht es gut, wir sind gesund und munter, Frieda steht jetzt vor dem 2ten Examen u. wird dann jedenfalls von hier wegkommen. Laß es Dir gut gehen und freue Dich auf das schöne Wiedersehen in Heidelberg (…)

Stiftung Reichspräsident Friedrich Ebert Gedenkstätte, Archiv

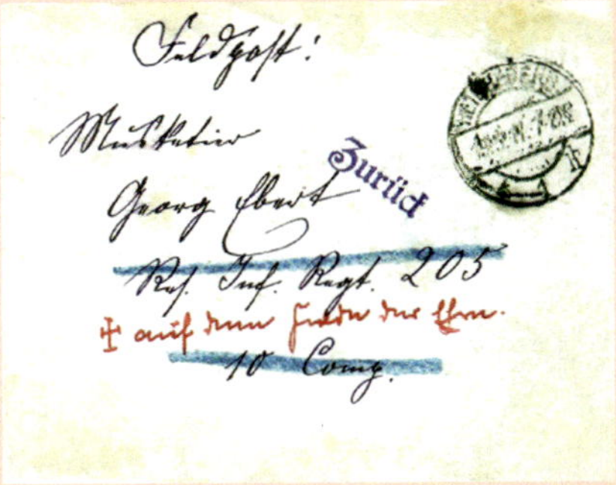

Eine Zeitleiste erstellen Band 1, S. 14/15

Methodische Arbeitsschritte

1 Die Planung

- Bestimmt Thema und Zweck der Zeitleiste.
- Berechnet Maßstab und Platzbedarf.
- Tragt die Zeitskala ein und nehmt die Markierung von Abschnitten vor.
- Besprecht untereinander, zu welchen Ereignissen, Personen oder Begriffen ihr Eintragungen vornehmen wollt (am besten dann, wenn ein Thema im Unterricht abgeschlossen ist).

2 Die Zeitleistenbausteine

- Schreibt eure Texte vor und besprecht sie miteinander.
- Sammelt passende Bilder und andere zusätzliche Materialien, wählt sie gemeinsam aus und formuliert Unterschriften dazu.

3 Die Ausgestaltung

- Klärt genau, wo welcher „Baustein" in der Zeitleiste hinkommen soll; tragt, klebt oder malt dann ein, was ihr geplant habt.
- Überlegt gemeinsam, welche Verzierungen ihr noch vornehmen könnt (Farbe, Symbole).

Sachquellen untersuchen Band 1, S. 18/19

Methodische Arbeitsschritte

1 Beschreiben

- Stelle fest, um welchen Gegenstand es sich handelt.
- Sieh ihn an, nimm ihn in die Hand, probiere ihn aus.

2 Untersuchen

Beantworte die folgenden Fragen:

- Aus welchen Materialien ist der Gegenstand?
- Aus welcher Zeit stammt er vermutlich?
- Wozu diente er?
- Wie wurde er gehandhabt und von wem?

Dafür musst du dir unter Umständen zusätzliche Informationen aus Lexika, Sachbüchern, dem Internet oder von Experten besorgen. Als Experten können oft ältere Menschen dienen.

3 Deuten

- Überlege, was du aus dem Gegenstand über das Leben von Menschen früher entnehmen kannst. Welche Bedeutung hatte er für sie? Notiere Fragen, die sich an den Gegenstand anknüpfen und zu deren Beantwortung du weitere Informationen brauchst.

- Stelle abschließend fest, ob der Gegenstand für unser heutiges Leben noch eine Rolle spielt. Ist er durch andere ersetzt worden? Was lässt sich daraus über die Lebensweise der Menschen und ihren Wandel ablesen?

Einen Verfassertext auswerten

Band 1, S.30/31

Methodische Arbeitsschritte

1 Überblick

- Lies den ganzen Text einmal zügig durch. Um welches Thema und um welche Fragestellungen geht es?
- Notiere eine Überschrift und Stichwörter auf deinem Arbeitsblatt.

2 Untersuchung

- Finde Begriffe, mit denen du den Text gliedern kannst.
- Notiere die wichtigsten Gedanken eines jeden Abschnitts. Zum Beispiel: Welche Ereignisse und Entwicklungen werden genannt; wer sind die Handelnden; mit welchen Begriffen werden die historischen Situationen und Abläufe benannt; wie werden sie bewertet?
- Untersuche, wie der Verfasser seine Informationen und Argumentationen sprachlich darbietet. Zum Beispiel: Zeitliche Bezüge werden ausgedrückt durch „vorher", „nachher", „plötzlich" oder „danach"; Begründungen durch „weil", „da", „deshalb", „deswegen"; gegensätzliche Wertungen oder Widersprüche durch „einerseits – andererseits", „obwohl", „trotzdem", „manche meinen"; Unsicherheit oder Vorbehalte durch „vielleicht", „vermutlich", „wahrscheinlich".

3 Zusammenfassung

Fasse die wichtigsten Informationen des Textes knapp zusammen und bringe sie in eine eigene Form. Dafür kannst du zum Beispiel

- den Inhalt des Textes in wenigen eigenen Sätzen formulieren,
- eine Stichwortliste erstellen (etwa mit einander widersprechenden Argumenten oder Wertungen),
- eine Tabelle gestalten,
- die Aussage des Textes in einer Strukturskizze wiedergeben.

Rekonstruktionszeichnungen untersuchen

Band 1, S.42/43

Methodische Arbeitsschritte

1 Beschreiben

- Stelle fest, worum es bei der Rekonstruktionszeichnung geht. Die Unterschrift gibt dir dazu Informationen.
- Handelt es sich um einen einzelnen Gegenstand, ein Bauwerk, eine historische Szene, ...?
- Ordne das Thema in Zeit und Raum ein.
- Überlege, was du bereits über das Thema weißt.

2 Untersuchen

- Welche Gegenstände sind zu sehen?
- Welche baulichen oder technischen Einzelheiten kann man erkennen?
- Was lässt sich über die Funktionsweise erkennen?
- Welche Personen sind abgebildet?
- Welche Tätigkeiten üben sie aus?
- Welche Darstellungsweise wurde gewählt: farbig oder schwarz-weiß, einige wenige Dinge oder viele Details, welche Perspektive?
- Geht es um Sachinformation oder um Atmosphäre und Dramatik?

3 Deuten

- Was sagt die Rekonstruktionszeichnung über das Thema aus?
- Ist erkennbar, was man über das Thema tatsächlich weiß und wo Ergänzungen vorgenommen wurden? Woran erkennst du das?
- Was würdest du möglicherweise an der Rekonstruktionszeichnung kritisieren? Begründe deine Kritik.

Ein Schaubild erklären

Band 1, S.66/67

Methodische Arbeitsschritte

1 Thema

- Stelle fest, welches Thema das Schaubild behandelt. Die Unterschrift gibt dir dazu Informationen.
- Ordne das Thema in Zeit und Raum ein. Manchmal geben Schaubilder Zustände wieder, die nur für kurze Zeit und nur für bestimmte Länder oder Gebiete galten. Andere zeigen gesellschaftliche Zustände, die für viele Länder und über lange Zeit typisch waren oder sind.

2 Untersuchung

- Stelle fest, welche Bestandteile das Schaubild hat. Das können zum Beispiel Kästchen, Kreise, Linien, Pfeile, Figuren oder Zeichen sein.
- Untersuche die Bedeutung der einzelnen Bestandteile des Schaubildes. Finde heraus, wofür verwendete Farben, Formen und Zeichen stehen.
- Überlege, welchen Zusammenhang es zwischen dem Thema und der Form des Schaubildes gibt.

3 Deutung

- Arbeite heraus, wie die einzelnen Bestandteile miteinander verknüpft sind und was das bedeutet: Stehen sie z.B. nebeneinander oder untereinander, sind sie mit Pfeilen verbunden und was heißt das?
- Erkläre, welches Verhältnis zwischen Personen oder Menschengruppen durch das Schaubild deutlich wird.
- Fasse zusammen, was du über das dargestellte Thema erfahren hast.

Textquellen auswerten

Band 1, S.76/77

Methodische Arbeitsschritte

1 Inhalt erfassen

- Lies dir den Text zuerst einmal genau durch, damit du weißt, worum es geht. Achte dabei besonders auf die genannten Personen sowie Orts- und Zeitangaben.
- Kläre alle Wörter und Aussagen, die du nicht verstehst, entweder mit einem Wörterbuch oder frage deine Lehrerin/deinen Lehrer.
- Unterteile den Text in Sinnabschnitte, die jeweils einen Gedanken ausdrücken, und schreibe für jeden davon eine Überschrift.
- Fasse jetzt den Text mit deinen Worten so zusammen, dass alle Sinnabschnitte berücksichtigt sind.

2 Untersuchen

Nun weißt du, was in dem Text steht. Aber es könnte ja sein, dass der Verfasser des Textes ziemlich unwissend war oder eine einseitige Meinung vertrat. Deshalb musst du dich über den Verfasser informieren, z.B. mit einem Lexikon.

- Stelle fest, wer den Text verfasst hat, an welches Publikum er sich richtete und mit welcher Absicht er das tat.
- Kläre, mit welchem zeitlichen Abstand vom Geschehen der Verfasser schrieb und wie er an sein Wissen darüber gelangt ist.
- Kläre ferner, ob der Verfasser vielleicht eine einseitige Meinung vertritt. Hinweise dazu könntest du im Text oder in deinem Wissen über den Verfasser oder durch Vergleich mit einer anderen Quelle finden.

3 Deuten

- Abschließend muss die Quelle in einen größeren Zusammenhang eingeordnet werden, z.B. in den Verfassertext oder in andere Darstellungen.

Geschichtskarten verstehen

Band 1, S.96/97

Methodische Arbeitsschritte

1 Beschreiben

- Stelle fest, welches Thema die Karte behandelt.
- Bestimme den geografischen Ausschnitt der Karte.
- Benenne den Zeitpunkt oder Zeitraum, auf den sich die Karte bezieht. Stelle fest, ob die Karte einen Zustand oder eine Entwicklung zeigt

2 Untersuchen

- Schreibe alle einzelnen Informationen auf, die du der Karte entnehmen kannst.
- Nimm gegebenenfalls dafür notwendige Berechnungen vor.

3 Deuten

- Fasse die wichtigsten Aussagen der Karte zusammen.
- Verknüpfe die Kartenaussagen mit Kenntnissen, die du schon hast.
- Überlege, auf welche Fragen die Karte keine Antwort gibt.
- Überlege, ob die Kartendarstellung unter Umständen Probleme aufwirft.

wichtige Abkürzungen auf Geschichtskarten

Bsm.	Bistum	Hzmer.	Herzogtümer
Ebsm.	Erzbistum	Kgr.	Königreich
Ehzm.	Erzherzogtum	Ksr.	Kaiserreich
Fsm.	Fürstentum	Kfsm.	Kurfürstentum
Fsmer.	Fürstentümer	Lgft.	Landgrafschaft
Gft.	Grafschaft	Mgft.	Markgrafschaft
Ghzm.	Großherzogtum	Rep.	Republik
Hzm.	Herzogtum		

Ein Standbild untersuchen

Band 1, S.120/121

Methodische Arbeitsschritte

1 Beschreiben

- Stelle fest, welche Personen dargestellt werden: Handelt es sich um lebende Personen, um Götter oder um Figuren, die stellvertretend für ein Volk oder eine Gruppe stehen? Werden sie bei bestimmten Handlungen dargestellt?
- Informiere dich, wann und von wem das Standbild geschaffen wurde.
- An welchem Ort wurde die Darstellung gezeigt?
- Welche Einzelheiten fallen dir besonders auf?

2 Untersuchen

- Finde heraus, wer der Auftraggeber/die Auftraggeberin war. Welche Gründe hatte er/sie für den Auftrag?
- Untersuche die Einzelheiten:
- Wie werden die Personen dargestellt?
- Welche Haltung nehmen sie ein? Wie sind Kleidung und Haare gestaltet worden?
- Wie groß ist die Darstellung im Verhältnis zum Vorbild?
- Wie werden Handlungen und Szenen dargestellt? Wer steht dabei im Mittelpunkt?
- Gibt es Einzelheiten im Bild, die symbolisch gemeint sind?

3 Deuten

- Fasse zusammen, wie das Standbild auf dich wirkt und wie es wohl auf die Menschen zur Entstehungszeit gewirkt haben muss.
- Erkläre, was die dargestellte Person oder der Auftraggeber den Betrachtern mitteilen wollten.

Symbole erschließen

Band 1, S.164/165

Methodische Arbeitsschritte

1 Beschreiben

- Beschreibe, welche Personen, Tiere, Gegenstände, Zeichen usw. dargestellt sind.
- Entscheide, welche Teile des Dargestellten wirkliche Dinge abbilden und welche symbolische Bedeutung haben.
- Stelle fest, in welchem Zusammenhang das Symbol/die Symbole verwendet werden (z.B. auf Münzen, Gebrauchsgegenständen, Flaggen, Denkmälern usw.).

2 Untersuchen

- Finde heraus, was das Symbol oder die Symbole bedeuten. Beachte dabei, dass Symbole in unterschiedlichen Zeiten und Zusammenhängen Verschiedenes bedeuten können.

Wenn du die Bedeutung eines Symbols nicht erschließen kannst, schlage unter dem entsprechenden Stichwort (z.B. „Heiligenschein") in einem Lexikon für Symbole nach. Du kannst auch im Internet recherchieren.

3 Deuten

- Ordne die Bedeutung der Symbole in den Gesamtzusammenhang ein und fasse zusammen, was damit ausgesagt wird. Was bedeutete die symbolische Darstellung für die Menschen der damaligen Zeit? Was kann man daraus z.B. über das Denken der Menschen, über religiöse Vorstellungen, über Herrschaftsverhältnisse oder über politische Ziele erfahren?

Bilder untersuchen

Band 1, S.178/179

Methodische Arbeitsschritte

1 Beschreiben

- Beschreibe deinen ersten Eindruck von dem Bild.
- Stelle fest, was darauf besonders ins Auge fällt.
- Nenne Einzelheiten, die du auf dem Bild siehst.

2 Untersuchen

- Benenne das Thema des Bildes.
- Finde heraus, welche einzelnen Personen, historischen Ereignisse, Gegenstände dargestellt sind. (Hierfür benötigst du oft Zusatzinformationen.)
- Analysiere die verwendeten Darstellungsmittel:
- Bildaufbau (Bildteile; Vorder-, Mittel-, Hintergrund; besondere Anordnung)
- Perspektive (Zentral- oder Bedeutungsperspektive; Auf- oder Untersicht)
- Figurendarstellung (Körperhaltung; Blickrichtung; Mimik; Gestik)
- Größenverhältnisse
- Licht- und Farbwirkungen

3 Deuten

- Formuliere die Gesamtaussage des Bildes.
- Erkläre, welche für die Zeit typischen Sichtweisen, Vorstellungen oder Haltungen das Bild deutlich werden lässt.

Urkunden auswerten Band 1, S.182/183

Methodische Arbeitsschritte

1 Beschreiben

- Sieh dir zunächst die Abbildung der lateinischen Originalurkunde (Faksimile) an und halte fest, was du erkennst.
- Lies dir die deutsche Übersetzung durch und fasse den Inhalt des Textes zusammen.
- Vergleiche die Übersetzung mit dem Faksimile.
- Suche in der deutschen Übersetzung die einzelnen Bestandteile einer Urkunde und markiere sie.
- Gliedere die Urkunde in die drei Hauptteile. Versuche, im Faksimile zu erkennen, wie der Schreiber die Gliederung gestaltet hat.

2 Untersuchen

- Untersuche das Schriftbild auf Zeichen, Wörter oder Namen, die größer geschrieben sind als die übrige Schrift.
- Stelle dann die Informationen zusammen, die du der deutschen Übersetzung entnehmen kannst: über den Aussteller der Urkunde und den Schreiber, über den Adressaten und die ihm verliehenen Rechte und über die praktischen Umstände der Rechtshandlung.
- Überlege, mit welcher Absicht und unter welchen Umständen die Urkunde ausgestellt wurde und welche Wirkung sie hatte.

3 Deuten

- Versuche nun, die Urkunde in den historischen Zusammenhang einzuordnen und ihre Bedeutung zu erschließen. Frage dich z. B.:
- Welche Informationen aus den vorhergehenden Kapiteln werden durch diese Urkunde gestützt?
- Erwähnt die Urkunde einen für dich neuen Aspekt?

Einen Grundriss auswerten Band 1, S.208/209

Methodische Arbeitsschritte

1 Beschreiben

- Stelle fest, was auf dem Grundriss dargestellt ist. Handelt es sich um ein einzelnes Gebäude oder eine große Anlage mit verschiedenen Teilen?
- Informiere dich, aus welcher Zeit der Grundriss stammt und wer ihn angefertigt hat. Handelt es sich um ein Original oder eine Nachzeichnung?
- Erläutere, wie die Einzelteile dargestellt sind: z.B. Mauern, Eingänge, Türen, Fenster, verschiedene Stockwerke, Türme usw.

2 Untersuchen

- Benenne die verschiedenen Bestandteile, die du erkennst. Welche Teile erscheinen dir besonders wichtig? Unterscheide z. B. Haupt- und Nebengebäude, Wege. Beschreibe die Lage der einzelnen Bestandteile zueinander.
- Untersuche, welche Auskünfte der Grundriss über die Größe der Anlage oder die Abmessungen einzelner Teile gibt.
- Finde heraus, welche Funktionen die einzelnen Bestandteile hatten.

3 Deuten

- Fasse zusammen, was der Grundriss über Arbeits- und Lebensgewohnheiten der Menschen aussagt, die das Gebäude oder die Anlage nutzten.
- Erkläre, welche Bedeutung die Anlage für die Menschen in der damaligen Zeit hatte.

Bauwerke untersuchen

Methodische Arbeitsschritte

Band 1, S.236/237

1 Beschreiben

- Stelle fest, um was für ein Gebäude es sich handelt und wann es errichtet wurde.
- Beschreibe die Lage des Bauwerks in der Stadt und suche eine Erklärung dafür.
- Bestimme die Maße des Gebäudes, also Länge, Breite und Höhe.
- Beschreibe die einzelnen Teile des Bauwerks und stelle fest, in welchem Baustil es erbaut wurde.

2 Untersuchen

- Bestimme anhand der einzelnen Bestandteile und Räume die Funktion (Aufgabe, Zweck) des Bauwerkes.
- Informiere dich, wer das Bauwerk errichten ließ und ob es einen bestimmten Anlass dafür gab.
- Erkundige dich, wer die Bauarbeiten bezahlt hat.
- Untersuche die Baugeschichte: Wurden z.B. Teile nachträglich an- oder umgebaut?

3 Deuten

- Stelle Vermutungen an, wie das Bauwerk auf die Menschen wirkte und welche Absichten der Erbauer damit verfolgte.
- Finde heraus, ob sich das Bauwerk im Laufe der Zeit veränderte: Wurde es zerstört, wieder aufgebaut, restauriert oder umgebaut? Welche Gründe gab es dafür?
- Triff Aussagen über den heutigen Verwendungszweck. Hat er sich geändert, dann erkläre, warum.

historische Karten analysieren

Methodische Arbeitsschritte

Band 2, S. 16/17

1 Beschreiben

- Stelle fest, um welche Art von Karte es sich handelt (Weltkarte, Karte einer bestimmten Region).
- Beschreibe deinen ersten Eindruck von dieser Karte.
- Halte fest, was dir darauf besonders ins Auge fällt.
- Nenne Einzelheiten, die du auf der Karte erkennst.

2 Untersuchen

- Informiere dich, wann und wo die Karte entstanden ist.
- Stelle fest, wie die Karte aufgebaut ist: Wie sind die Himmelsrichtungen festgelegt? Wie sind die Erdteile, Ozeane und Flüsse angeordnet? Wie ist die Karte beschriftet? usw.
- Benenne die Länder, Städte, Flüsse, Meere, Gebirge, die du erkennen kannst.
- Entschlüssele dargestellte Personen oder Tiere oder Symbole. Dazu wirst du oft weitere Informationen suchen müssen.
- Halte fest, welche Einzelheiten besonders hervorgehoben sind.
- Überlege, was die im Protokoll festgehaltenen Äußerungen der Zuhörer bedeuten könnten.

3 Deuten

- Vermute, zu welchem Zweck die Karte angefertigt wurde.
- Erläutere, welche geografischen Kenntnisse die Schöpfer der Karte bereits hatten.
- Leite aus den Symbolen und ihrer Anordnung auf der Karte ab, welche religiösen Vorstellungen die Menschen zur Entstehungszeit der Karte hatten.
- Fasse zusammen, welches Weltbild in der Karte zum Ausdruck kommt.

Textquellen untersuchen: Eine Rede

Methodische Arbeitsschritte **Band 2, S. 28/29**

1 Beschreibung

- Wie bei allen Textquellen musst du zuerst folgende Fragen beantworten:
- Worum geht es in dem Text? Was ist das Thema, was der Inhalt?
- Wann ist der Text entstanden? Wer ist der Autor? An wen wendet er sich? In welcher Situation und warum tut er das?
- Schlage unbekannte Begriffe nach.

2 Untersuchung

- Nimm dir die einzelnen Aussagen oder Sinnabschnitte vor und stelle fest, wie der Autor seine Zuhörer zu überzeugen sucht:
- Gibt der Autor Tatsachen wieder oder bloße Meinungen?
- Welche Absichten verfolgt der Autor? Ordne jede Aussage einem/mehreren der folgenden Begriffe zu: „etwas rechtfertigen", „Unerwünschtes tadeln", „Erwünschtes loben", „Ängste, Hoffnungen,Wünsche wecken".

3 Deutung

- Prüfe die Wirkung der Rede, indem du folgende Fragen beantwortest:
- Welche Gedanken/Gefühle könnten die Aussagen bei einem Anhänger des Redners auslösen (hier z.B. bei einem christlichen Ritter)?
- Bei welchen Aussagen würde ein Gegner (hier z.B. ein Muslim) protestieren?
- Welche Aussagen würdest du als zweifelhaft, übertrieben oder Schwarz-Weiß-Malerei bezeichnen?

Jugendliteratur kritisch lesen

Methodische Arbeitsschritte **Band 2, S. 62/63**

1 Beschreiben

- Fasse kurz zusammen, worum es in dem Buch geht.
- Kläre, in welcher Zeit und an welchem Ort die Handlung spielt, wer die Hauptpersonen sind und in welchem Verhältnis sie zueinander stehen.

2 Untersuchen

- Charakterisiere die Hauptfiguren mit passenden Adjektiven. Ordne sie bestimmten gesellschaftlichen Gruppen zu.
- Kläre die Erzählperspektive.
- Suche nach Informationen, die über die erzählte Zeit Aufschluss geben.
- Beschreibe die Konflikte, die im Mittelpunkt der Handlung stehen, und finde Gründe für deren Ursache.

3 Deuten

- Überlege, was das Buch über die Zeit aussagt, in der die Handlung spielt.
- Stelle fest, welche Deutung der historischen Ereignisse oder Probleme dem Leser nahe gelegt werden.
- Finde heraus, welche Werte und Überzeugungen der Deutung zugrunde liegen.

Flugschriften analysieren

Methodische Arbeitsschritte **Band 2, S. 88/89**

1 Beschreiben

Gehe vor wie bei einer Bildauswertung:
- Beschreibe deinen ersten Eindruck von dem Bild.
- Stelle fest, was darauf besonders ins Auge fällt.
- Nenne Einzelheiten, die du erkennen kannst (Personen, Gegenstände, Gebäude usw.).

2 Untersuchen

- Finde heraus, welche Personen im Mittelpunkt stehen, welche eher am Rande.
- Beschreibe, womit die Personen beschäftigt sind.
- Untersuche die Form der Darstellung. Berücksichtige dabei Stilmittel wie Größe, Kleidung, Anordnung der Personen und Gegenstände.
- Überlege, welche Bildelemente Symbole darstellen oder symbolisch gemeint sind.
- Suche nach Texten oder Namen und entschlüssele sie,

3 Deuten

- Finde heraus, auf welches Ereignis sich das Spottbild beziehen könnte.
- Überlege, wie der Künstler die Ereignisse beurteilt und welche Personen er mit seiner Darstellung erreichen wollte.

Herrscherbilder auswerten

Methodische Arbeitsschritte **Band 2, S. 122/123**

1 Beschreiben

- Beschreibe deinen ersten Eindruck von dem Bild.
- Stelle fest, was darauf besonders ins Auge fällt.
- Nenne Einzelheiten, die du auf dem Bild siehst.

2 Untersuchen

- Finde heraus, um welchen Herrscher es sich handelt.
- Untersuche, wie die Herrscherfigur dargestellt wurde (Anordnung auf dem Bild, Körperhaltung, Gesten und Mimik, Blickrichtung, Kleidung) und welche Perspektive der Maler gewählt hat (von unten oder oben).
- Kläre, mit welchen Herrschaftssymbolen der Herrscher dargestellt wird und welche Bedeutung diese haben. (Hierfür benötigst du oft Zusatzinformationen.)
- Finde heraus, welche künstlerischen Mittel der Maler verwendet hat (Farben, Lichtwirkung, Größe, Format, verwendetes Material).
- Informiere dich über den Künstler, die Entstehung des Bildes und seine Verwendung.

3 Deuten

- Formuliere zusammenfassend die Wirkung, die das Bild auf die Mitmenschen des Herrschers (seine Zeitgenossen) erzielen sollte.
- Erkläre, welcher Herrschaftsanspruch in dem Bild deutlich wird.

Ein Verfassungsschaubild auswerten

Methodische Arbeitsschritte **Band 2, S. 154/155**

1 Thema

- Stelle fest, um die Verfassung welchen Landes es sich handelt.
- Ordne die Verfassung in die Zeit ein.
- Informiere dich, wer die Verfassung ausgearbeitet und in Kraft gesetzt hat und unter welchen historischen Umständen das geschah (z. B. während einer Revolution).

2 Untersuchen

- Stelle fest, welche Bestandteile das Schaubild hat.
- Untersuche, welche Bedeutung die verschiedenen Elemente (Farben, Pfeile, Symbole) haben.
- Stelle fest, wer wahlberechtigt ist, wer nicht, welche Gremien gewählt werden und wie oft Wahlen stattfinden.
- Untersuche, welche staatlichen Teilgewalten es gibt und welche Bestandteile sie haben.
- Kläre, welche Beziehungen es zwischen den einzelnen Teilgewalten gibt.

3 Deuten

- Fasse zusammen, um welche Staatsform es sich handelt.
- Beurteile, ob mit der Verfassung alle Mitglieder der Gesellschaft die gleichen staatsbürgerlichen Rechte haben und wer eventuell ausgeschlossen ist.
- Formuliere, wie demokratisch aus deiner Sicht die Verfassung ist.

Eine Internetrecherche durchführen

Methodische Arbeitsschritte **Band 2, S. 182/183**

1 Suchen

- Finde geeignete Stich- bzw. Schlagwörter, mit denen du suchen willst.
- Benutze für deine Suche eine bestimmte Seite, die du schon kennst oder eine Suchmaschine.

2 Überprüfen

- Überprüfe die gefundenen Seiten, ob sie dir wichtige oder überflüssige Informationen liefern.
- Kläre die Glaubwürdigkeit der Seite, indem du
  nach dem Namen des Verfassers oder der Institution und gegebenfalls nach der Adresse des Urhebers suchst;
  den Zeitpunkt der Veröffentlichung feststellst;
  die Absicht des Verfassers hinterfragst;
  prüfst, ob Bilder und Quellen mit korrekten Nachweisen versehen sind;

3 Auswerten

- Wähle die wichtigsten Informationen aus.
- Stelle die Informationen unter einer Gliederung zusammen.
- Präsentiere das Ergebnis deiner Recherche (als zusammenhängenden Text, als PowerPoint-Präsentation, als Vortrag, als Plakat usw.)
- Überprüfe deine Vorgehensweise und überlege dir Verbesserungsmöglichkeiten.

Eine Statistik interpretieren

Methodische Arbeitsschritte

Band 2, S. 204/205

1 Beschreiben

- Stelle fest, worum es in der Statistik geht. Die Überschrift gibt dir dazu bereits Informationen.
- Kläre, welcher Zeitraum dargestellt wird.
- Finde heraus, in welchen Größen/Einheiten das Zahlenmaterial angegeben wird.

2 Untersuchen

- Finde heraus, von wem die Statistik stammt. Kläre, wann, wo und in welcher Absicht sie veröffentlicht worden ist. (Meistens wirst du dazu Zusatzinformationen brauchen.)
- Beschreibe die Entwicklung, die du erkennen kannst. Stelle fest, ob es auffällige Entwicklungen gibt (z.B. deutliche Sprünge, Fortschritte/Rückschritte, Gleichbleibendes)?
- Suche nach einer Erklärung, falls Daten unvollständig sind.
- Überlege, ob eine andere Darstellungsweise in Frage kommt, welche die Aussage anschaulicher macht (z.B. Prozentzahlen).
- Überlege, welche zusätzlichen Informationen dir nützlich sein könnten.

3 Deuten

- Fasse zusammen, welche einzelnen Informationen du erhalten hast. Erkläre, was sie über den dargestellten Zeitraum aussagen.
- Überlege, ob im Untersuchungszeitraum wichtige historische Ereignisse Einfluss auf die Daten genommen haben könnten.
- Beurteile, ob die Statistik dir dabei helfen konnte, die Zusammenhänge zu klären, die du zu untersuchen hattest.

Fotografien auswerten

Methodische Arbeitsschritte

Band 2, S. 212/213

1 Beschreiben

Bei der Beschreibung eines Fotos ist es wichtig, dass du dir das Foto zunächst genau anschaust.

- Beschreibe, was dir spontan auffällt.
- Halte fest, welche Szene/welcher Vorgang dargestellt ist.
- Erkläre, wie das Foto aufgebaut ist, was sich in der Mitte, was sich im Vorder-, was sich im Hintergrund befindet.

2 Untersuchen

- Beschreibe, welche Personen erkennbar und wie sie dargestellt sind.
- Untersuche, welche Gegenstände erkennbar sind.
- Schildere, wie die abgebildete Szene/der abgebildete Vorgang auf dich wirkt.

Manche Dinge lassen sich besser verstehen, wenn man nähere Informationen besitzt. Zur Bearbeitung der folgenden Aufgaben wirst du in der Regel Zusatzinformationen brauchen:

- Kläre, wann das Foto entstanden ist.
- Versuche herauszufinden, ob das Foto eine Auftragsarbeit ist und wer gegebenenfalls der Auftraggeber ist.
- Stelle Vermutungen an, für welches Publikum das Foto aufgenommen worden ist.
- Beurteile, ob das Foto gestellt oder ein Schnappschuss ist.

3 Deuten

- Überlege, was das Foto ausdrückt und ob es eine Botschaft vermittelt.
- Fasse zusammen, welche Erkenntnisse du aus dem Abgebildeten gewinnst.
- Überlege, ob diese Erkenntnisse vom Fotografen gewollt sind.
- Deute das Foto mithilfe deines Hintergrundwissens.

Karikaturen auswerten

Methodische Arbeitsschritte

Band 2, S. 240/241

1 Beschreiben

- Beschreibe die gezeichneten Personen, Tiere und Gegenstände sorgfältig. Achte dabei auch auf die Größendarstellungen und verbindende Elemente.
- Wenn eine Beschreibung oder Beschriftung vorhanden ist, stelle eine Beziehung zwischen dem Abgebildeten und dem Text her.

2 Untersuchen

- Finde so viel wie möglich über den geschichtlichen Hintergrund heraus: über abgebildete Personen oder wichtige Gegenstände, das Entstehungsjahr, den Ort der Veröffentlichung (bei einer Zeitung oder Zeitschrift), den Leserkreis der Zeitung oder Zeitschrift.
- Nutze dazu Geschichtsbücher über die Zeit, in der die Karikatur entstanden ist, und auch andere Informationsquellen (z.B. Lexika, Internet).
- Untersuche die dargestellten Personen und Gegenstände.

3 Deuten

- Versuche zu klären, welche persönliche Meinung der Zeichner mit der Karikatur verbreiten wollte.
- Beziehe Stellung zu der Aussage der Karikatur.

Ein Lied als historische Quelle

Methodische Arbeitsschritte

Band 2, S. 244/245

1 Beschreiben

- Beschreibe die äußere Form des Liedes (Strophen, Refrain, Reime).
- Fasse die zentrale Aussage jeder Strophe zusammen.
- Charakterisiere die Sprache des Liedtextes.
- Beschreibe deine ersten Eindrücke von der Melodie des Liedes.
- Benenne die Merkmale der Melodie. Benutze dazu das Schema D1.
- Überlege, welche Stimmung mit dem Lied zum Ausdruck gebracht wird.

2 Untersuchen

- Stelle fest, wer den Liedtext geschrieben hat und von wem die Melodie stammt.
- Untersuche, welche politischen oder geschichtlichen Ereignisse im Lied erwähnt werden.
- Ordne das Lied in seinen historischen Zusammenhang ein.
- Überlege, wie Text und Melodie zusammenpassen. Suche nach musikalischen Mitteln, die möglicherweise die Aussage des Textes verstärken.

3 Deuten

- Überlege, welchen Standpunkt der Autor zu den besungenen Ereignissen hatte.
- Stelle Vermutungen an, wer das Lied gesungen haben mag und welche politische Einstellung man mit dem Singen des Liedes zeigen wollte.
- Versuche herauszufinden, welche Wirkung das Lied seit seiner Entstehung hatte.
- Prüfe dabei, wie Text und Melodie zu unterschiedlichen Zeiten verstanden und gedeutet wurden.
- Erkundige dich, ob das Lied heute noch gesungen wird und ob es heute noch eine Bedeutung hat.

Historienbilder untersuchen

Methodische Arbeitsschritte

Band 2, S. 268/269

1 Beschreiben

Dieser erste Schritt ist bei allen Arten von Bildern gleich (vgl. das Methodentraining S. 330).

- Beschreibe deinen ersten Eindruck von dem Bild.
- Stelle fest, was darauf besonders ins Auge fällt.
- Nenne Einzelheiten, die du auf dem Bild siehst.

2 Untersuchen

- Benenne das Thema des Bildes.

Finde heraus:

- Aus welchem Grund hat der Künstler dieses Thema gewählt?
- Hat der Künstler einen Auftrag für sein Werk erhalten und wie lautet dieser?
- Wie groß ist der zeitliche Abstand zwischen dem dargestellten Ereignis und der Entstehungszeit des Werks?
- Was konnte der Künstler über das historische Ereignis tatsächlich wissen, was hat er hinzuerfunden, was bewusst beiseite gelassen oder verändert?
- Untersuche, welche Personen im Mittelpunkt stehen und wie sie dargestellt sind.

Bei der Untersuchung der Darstellungsmittel kannst du so vorgehen wie bei jeder anderen Bildauswertung (siehe S. 330).

3 Deuten

- Wie wird das historische Ereignis insgesamt gewertet und gedeutet?:
- Welche Verknüpfung des historischen Ereignisses mit der Gegenwart legt das Bild nahe?
- Welche Botschaft oder Lehre für die Gegenwart und Zukunft soll der Betrachter dem Bild entnehmen?

Denkmäler untersuchen

Methodische Arbeitsschritte

Band 2, S. 276/277

1 Beschreiben

- Beschreibe die äußere Erscheinungsform des Denkmals (figürliche Plastik, Relief, Bauform wie Säule, Kubus, Wand etc.).
- Benenne Zeichen und Symbole, die du an dem Denkmal findest (Kreuz, Adler, Fahne etc.).
- Gib die Inschriften wieder, die du an dem Denkmal findest.
- Beschreibe den Standort und die Umgebung des Denkmals (Platz, Friedhof, Hain, Park etc.).

2 Untersuchen

- Stelle fest, um welchen Typ von Denkmal es sich handelt (Mahnmal, Siegesdenkmal, Heldendenkmal, Standbild etc.)
- Finde anhand geeigneter Informationen und Materialien heraus, welche Absichten die Erbauer des Denkmals verfolgten.
- In welchem politischen und gesellschaftlichen Zusammenhang wurde es errichtet?
- Wie wurde es in seiner Geschichte wahrgenommen und genutzt? (Gedenkveranstaltungen)

3 Deuten

- Charakterisiere den baulichen Gesamtausdruck des Denkmals.
- Fasse die Gesamtaussage des Denkmals zusammen und erläutere, welche Rolle die einzelnen Elemente dabei spielen.
- Diskutiere die Bedeutung dieses Denkmals in der heutigen Zeit.

Eine politische Rede analysieren

Methodische Arbeitsschritte

Band 2, S. 310/311

1 Beschreiben

- Finde heraus, wer die Rede gehalten hat, wann und vor wem der Redner oder die Rednerin gesprochen hat.
- Finde heraus, zu welchem Thema der Redner/die Rednerin spricht.
- Lies dir den Text zuerst einmal genau durch.
- Bilde Sinnabschnitte und versieh diese mit einer Überschrift.
- Fasse den Text der Rede mit eigenen Worten zusammen.

2 Untersuchen

- Informiere dich über den Verfasser/die Verfasserin der Rede.
- Untersuche, was der Anlass der Rede war.
- Finde heraus, welche Bedeutung der Ort hatte, an dem die Rede gehalten wurde.
- Informiere dich darüber, wie wichtig das Thema zum Zeitpunkt der Rede war.
- Untersuche, wie der Redner seine Zuhörer zu überzeugen versuchte.
- Stelle fest, an welchen Stellen die Zuhörer ihre Meinung geäußert haben.
- Überlege, was die im Protokoll festgehaltenen Äußerungen der Zuhörer bedeuten könnten.

3 Deuten

- Ordne die Rede in einen größeren Zusammenhang der Geschichte ein (z.B. in eine Krieg oder einen Wahlkampf).
- Fasse zusammen, was die Rede über die Politik zu der entsprechenden Zeit aussagt.
- Formuliere deine Meinung zu den Aussagen des Redners oder der Rednerin.

Feldpostbriefe auswerten

Methodische Arbeitsschritte

Band 2, S. 322/323

1 Beschreiben

Wie bei anderen Textquellen musst du zuerst folgende Fragen beantworten:

- Wann und wo wurde der Brief geschrieben?
- Wer ist der Absender und an wen hat er geschrieben?
- Was teilt der Verfasser in dem Brief mit?

2 Untersuchen

- Finde heraus, in welcher Situation der Brief geschrieben wurde. (Hierfür benötigst du oft Zusatzinformationen, z.B. welchen Verlauf nahm der Krieg zu der Zeit, in der der Brief verfasst wurde.)
- Überlege, was den Verfasser/die Verfasserin veranlasst haben könnte, den Brief zu schreiben.
- Versuche, Näheres über den Verfasser herauszubekommen, z.B. seinen Dienstgrad.
- Unterscheide, bei welchen Aussagen es sich um Tatsachen, bei welchen um Meinungen handelt.
- Finde heraus, welche Gefühle und welches Bild vom Krieg in dem Brief zum Ausdruck kommen. Welche sprachlichen Mittel hat der Verfasser dafür gewählt?

3 Deuten

- Formuliere, welche Wirkung der Brief auf den Empfänger erzielen konnte.
- Erkläre, was der Brief über die Stimmung an der Front oder zuhause aussagt.
- Überprüfe, ob die Aussagen des Briefes mit der Berichterstattung durch die Militärführung oder durch Regierungsstellen übereinstimmt.
- Versuche zu begründen, warum es möglicherweise Abweichungen, aber auch Übereinstimmungen gibt.
- Stelle Vermutungen darüber an, welchen Sinn der Schreiber in dem Krieg sah.

Q1 The unanimous Declaration of the thirteen united States of America 1776

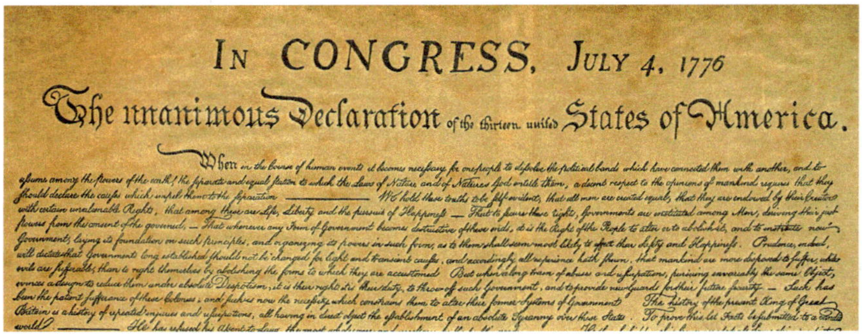

First part

When in the Course of human events it becomes necessary for one people to dissolve[1] the political bands which have connected them with another and to assume[2] among the powers of the earth, the separate and equal station to which the Laws of Nature and of Nature's God entitle them, a decent respect[3] to the opinions of mankind requires that they should declare the causes which impel[4] them to the separation.

Second part

We hold these truths to be self-evident, that all men are created equal, that they are endowed[5] by their Creator with certain unalienable[6] Rights, that among these are Life, Liberty and the pursuit of Happiness[7]. – That to secure these rights, Governments are instituted among Men, deriving[8] their just powers from the consent[9] of the governed, – That whenever any Form of Government becomes destructive of these ends, it is the Right of the People to alter[10] or to abolish[11] it, and to institute new Government, laying its foundation on such principles and organizing its powers in such form, as to them shall seem most likely to effect their Safety and Happiness. Prudence[12], indeed, will dictate that Governments long established should not be changed for light and transient[13] causes [...]. But when a long train of abuses and usurpations[14] [...] evinces[15] a design to reduce them under absolute Despotism, it is their right, it is their duty, to throw off such Government, and to provide new Guards for their future security.

Third part

Such has been the patient sufferance[16] of these Colonies; and such is now the necessity which constrains[17] them to alter their former Systems of Government. The history of the present King of Great Britain is a history of repeated injuries and usurpations, all having in direct object the establishment of an absolute Tyranny over these States. To prove this, let Facts be submitted to a candid[18] world.

He has refused his Assent[19] to Laws, the most wholesome[20] and necessary for the public good.

[...]

He has dissolved Representative Houses repeatedly, for opposing with manly firmness[21] his invasions on the rights of the people.

[...]

He has obstructed[22] the Administration of Justice by refusing his Assent to Laws for establishing Judiciary Powers.

He has made Judges dependent on his Will alone for the tenure of their offices[23], and the amount and payment of their salaries.

[...]

He has affected to render[24] the Military independent of and superior to the Civil Power.

[...]

He has abdicated[25] Government here, by declaring us out of his Protection and waging War against us.

He has plundered our seas, ravaged[26] our coasts, burnt our towns, and destroyed the lives of our people.

[...]

He has excited[27] domestic insurrections[28] amongst us, and has endeavoured[29] to bring on the inhabitants of our frontiers, the merciless Indian Savages[30] whose known rule of warfare, is an undistinguished destruction of all ages, sexes and conditions.

In every stage of these Oppressions We have Petitioned for Redress[31] in the most humble[32] terms: Our repeated Petitions have been answered only by repeated injury. A Prince, whose character is thus marked by every act which may define a Tyrant, is unfit to be the ruler of a free people.

Fourth part

Nor have We been wanting[33] in attentions to our British brethren[34]. [...] We have appealed to their native justice and magnanimity[35], and we have conjured[36] them by the ties of our common kindred[37] to disavow[38] these usurpations, which would inevitably interrupt our connections and correspondence. They too have been deaf to the voice of justice and of consanguinity[39]. We must, therefore, acquiesce[40] in the necessity, which denounces our Separation, and hold them, as we hold the rest of mankind, Enemies in War, in Peace Friends.

Fifth part

We, therefore, the Representatives of the united States of America, in General Congress, Assembled[41], appealing[42] to the Supreme Judge of the world for the rectitude[43] of our intentions, do, in the Name, and by Authority of the good People of these Colonies, solemnly[44] publish and declare, That these united Colonies are, and of Right ought to be Free and Independent States, that they are Absolved from all Allegiance[45] to the British Crown, and that all political connection between them and the State of Great Britain, is and ought to be totally dissolved; and that as Free and Independent States, they have full Power to levy War[46], conclude Peace, contract Alliances, establish Commerce, and to do all other Acts and Things which Independent States may of right do. — And for the support of this Declaration, with a firm reliance[47] on the protection of Divine Providence, we mutually pledge[48] to each other our Lives, our Fortunes, and our sacred Honor.

Online: http://www.archives.gov/exhibits/charters/declaration_transcript.html, 06.02.2009

Q2 The Bill of Rights 1789

The Preamble to The Bill of Rights

The Conventions of a number of the States, having at the time of their adopting the Constitution, expressed a desire, in order to prevent misconstruction or abuse[49] of its powers, that further declaratory[50] and restrictive clauses should be added: And as extending the ground of public confidence in the Government, will best ensure the beneficent ends of its institution.
[…]

Amendment I

Congress shall make no law respecting an establishment of religion, or prohibiting the free exercise thereof; or abridging[51] the freedom of speech, or of the press; or the right of the people peaceably to assemble, and to petition the Government for a redress of grievances[52].

Amendment II

A well regulated Militia, being necessary to the security of a free State, the right of the people to keep and bear Arms, shall not be infringed[53].

Amendment III

No Soldier shall, in time of peace be quartered in any house, without the consent[54] of the Owner, nor in time of war, but in a manner to be prescribed by law.

Amendment IV

The right of the people to be secure in their persons, houses, papers, and effects, against unreasonable searches and seizures[55], shall not be violated […].

Amendment V

No person shall be held to answer for a capital, or otherwise infamous[56] crime, unless on a […] indictment[57] of a Grand Jury, […] nor shall any person be subject for the same offence to be twice put in jeopardy of life or limb[58]; […] nor be deprived of life, liberty, or property, without due process of law […].

Amendment VI

In all criminal prosecutions[59] , the accused[60] shall enjoy the right to a speedy and public trial, by an impartial jury[61] of the State and district wherein the crime shall have been committed, […] and to be informed of the nature and cause of the accusation; to be confronted with the witnesses against him; […] and to have the Assistance of Counsel for his defence.

Amendment VII

In Suits at common law, where the value in controversy shall exceed twenty dollars, the right of trial by jury shall be preserved […].

Amendment VIII

Excessive bail[62] shall not be required, nor excessive fines[63] imposed, nor cruel and unusual punishments inflicted[64].

Amendment IX

The enumeration[65] in the Constitution, of certain rights, shall not be construed[66] to deny or disparage[67] others retained by the people.

Amendment X

The powers not delegated to the United States by the Constitution, nor prohibited by it to the States, are reserved to the States respectively[68], or to the people.

Online: http://www.archives.gov/exhibits/charters/bill_of_rights_transcript.html, 06.02.2009

1 to dissolve: auflösen
2 to assume: annehmen
3 decent respect: angemessene Rücksichtnahme
4 impel: veranlassen
5 to endow: ausstatten
6 unalienable: unveräußerlich (unalienable rights: Rechte, die niemals abgetreten, aufgegeben werden können)
7 pursuit of happiness: Streben nach Glück
8 to derive from sth: sich von etw ableiten, von etw herrühren
9 consent: Einwilligung, Einverständnis
10 to alter: ändern
11 to abolish: abschaffen
12 prudence: Besonnenheit, Klugheit
13 transient: kurzlebig
14 usurpation: widerrechtliche Besitzergreifung
15 to evince sth: etw erkennen lassen
16 sufferance: Duldung
17 to constrain: zwingen
18 candid: unvoreingenommen
19 assent: Zustimmung
20 wholesome: nützlich
21 manly firmness: männlicher Standhaftigkeit
22 to obstruct: behindern
23 tenure of office: Amtsdauer
24 to render: machen
25 to abdicate: entsagen
26 to ravage: verwüsten
27 to excite: hervorrufen
28 domestic insurrection: innere Aufstände
29 to endeavour: sich bemühen
30 Indian savage: indianischer Wilder
31 redress: Abhilfe
32 humble: demütig
33 to be wanting: es an etw mangeln lassen
34 brethren: Brüder
35 magnanimity: Großherzigkeit
36 to conjure: beschwören
37 kindred: verwandt
38 to disavow sth: von etw ablassen
39 consanguinity: Blutsverwandtschaft
40 to acquiesce in sth: etw hinnehmen
41 assembled: versammelt
42 to appeal to: anrufen, appellieren
43 rectitude: Rechtschaffenheit
44 solemnly: feierlich
45 allegiance: Treuepflicht, Gehorsam
46 to levy war: Krieg führen
47 firm reliance: festes Vertrauen
48 to pledge: geloben
49 abuse: Missbrauch
50 declaratory: Festlegung
51 to abridge: einschränken
52 grievance: Missstand
53 to infringe: verletzen (z.B. ein Gesetz)
54 consent: Einwilligung
55 seizure: Beschlagnahmung
56 infamous: niederträchtig
57 indictment: Anklage
58 in jeopardy of life and limb: in Gefahr für Leib und Leben
59 criminal prosecution: strafrechtliche Verfolgung
60 the accused: der Angeklagte
61 impartial jury: unparteiisches Geschworenengericht
62 bail: Kaution
63 fine: Geldbuße
64 to inflict: auferlegen
65 enumeration: Aufzählung
66 to construe sth: etw auslegen, interpretieren
67 to disparage: mindern
68 respectively: beziehungsweise

1. Q1 has been separated in several parts with regards to content. Find a headline for each of these partitions.

2. Imagine you are King Georg III and you read the accusations against your policy in the Declaration of Independence. Do the listed arguments convince you? List arguments against the American Declaration from your royal point of view.

3. Take a close look at the passage in Q1 beginning with "He has excited domestic insurrections". How are the Native Americans described in the Declaration of Independence? Is this picture adequate?

4. List the rights ensured in Q1 and Q2. If it were up to you, would you add or change passages? Give reasons!

5. Some of the amendments of Q2 are timeless, some refer to the historical situation in the late 18th century USA. Which amendments belong to the first group, which belong to the second group?

Literaturtipps

Kulturbegegnung im Mittelalter
Blazon, Nina: Das Amulett des Dschingis Khan. 2008.
Holler, Renée: Tatort Geschichte. Das Geschenk des Kublai Khan. Bindlach 2007.
Jinks, Catherine: Pagan und die Tempelherren. 2003.
Jinks, Catherine: Pagan in der Fremde. 2003.
Jinks, Catherine: Pagan und die schwarzen Mönche. 2003.
Jinks, Catherine: Pagan in geheimer Mission. 2004.
Mueller, Roland: Die abenteuerliche Reise des Marco Polo. München 2007.
Parigger, Harald: Der schwarze Mönch. München 1994/ 2003.
Schröder, Rainer M.: Das Vermächtnis des alten Pilgers. Würzburg 1999/ 2006.

Frühe Neuzeit
Boie, Kirsten: Alambra. Hamburg 2007.
Gralle, Albrecht: Der Gürtel des Leonardo. Zürich 2002.
Hegeler, Hartmut: Hexenbuhle. Das Geheimnis um Anton Praetorius. Unna 2003.
Heyne, Isolde: Hexenfeuer. Ravensburg 2000.
Parigger, Harald: Die Hexe von Zeil. München 2002.
Röhrig, Tilmann: Wir sind das Salz von Florenz. 2002.
Röhrig, Tilmann: Riemenschneider. 2007.
Schröder, Rainer M.: Das Geheimnis des Kartenmachers. Würzburg 2002.
Svedelid, Olov: Die Hexe von Aggunda. München 2005.

Entdeckungen
Cesco, Frederica de: Das Gold der Azteken. Würzburg 2006.
Duviols, Jean-Paul/ Pommier, Maurice: Kolumbus. Das Leben des großen Entdeckers. Bindlach 2003.
Elkin, Ed: An Bord mit Christoph Kolumbus. Hannover 1992.
Lewin, Waldtraut: Jenseits des Meeres. Die Freiheit. Ravensburg 1999.
Lewin, Waldtraut: Columbus. München 2006.
Mason, Antony: Atlas der großen Entdeckungen. Niedernhausen 1998.
Peinkofer, Michael: Die Erben der schwarzen Flagge. 2006

Reformation, Bauernkrieg, Dreißigjähriger Krieg
Bayer, Ingeborg: Jacobäas Traum. Würzburg 2004.
Bentele, Gnther: Der Feuerbaum. München 2003.
Bentele, Gnther: Wolfsjahre. Hamburg 2007
Damm, Dörte: Die Els und ich. Wien 2002.
Eichhorn, Manfred: Das Feuer von Frankenhofen. München 1999.
Heuck, Sigrid: Der Fremdling. Stuttgart 2001.
Ott, Inge: Verrat! Feinde und Freunde um Wallenstein. Stuttgart 1993.
Röhrig, Tilmann: In 300 Jahren vielleicht. 1983
Röhrig, Tilmann: Übergebt sie den Flammen. 1988
Schröder, Rainer M.: Das Geheimnis der weißen Mönche. Würzburg 1996.
Schröder, Rainer M.: Das Kloster der Ketzer. München 2005.

Absolutismus
Aiken, Joan: Geh, zügle den Sturm. München 2004.
Bentele, Günther: Riss im Spiegel. Stuttgart 2006.
Hamann, Brigitte: Ein Herz und viele Kronen. Das Leben der Kaiserin Maria Theresia. Wien 2004.
Pietri, Annie: Die Spionin des Sonnenkönigs. Berlin 2006.

England/ USA
Giff, Paricia Reilly: Mit einem Koffer voller Träume. München 2007.
Holm, Jennifer L.: Boston Jane. Ein Mädchen in der Wildnis. München 2006.
Jeier, Thomas: Die Sehnsucht der Cheyenne. Würzburg 2006.
Lester, Julius: Im Gedächtnis der Zeit. Stuttgart 2007.
Paterson, Katherine: Du hast noch eine Chance, Lyddie. München 2002.
Pennington, Kate: Maggies Aufbruch in die Neue Welt. Hamburg 2008.
Pullman, Philip: Der Tiger im Brunnen. Weinheim 2001.
Rees, Celia: Hexenschwestern. Würzburg 2003.
Rees, Celia: Hexenkind. Würzburg 2008.
Schröder, Rainer M.: Mein Feuer brennt im Land der Fallenden Wasser. Würzburg 1998.
Schröder, Rainer M.: Das verschwundene Testament der Alice Shadwell. Würzburg 2001.
Schröder, Rainer M.: Becky Brown- Versprich nach mir zu suchen! München 2007.
Schwartz, Virginia: Der Weg nach Norden. Ravensburg 2003.
Vereecken, Kathleen: Lara und Rebecca. Am anderen Ufer des Mississippi. Hamburg 2008.

Französische Revolution
Damm, Dörte: Daphne Wildermuth. Die Tochter des Jakobiners. Wien 2003.
Hünermann, Wilhelm: Die Hergottschanze. Innsbruck/ Wien 1994.
Lewin, Waldtraut: Die letzte Rose des Sommers. Bindlach 2005
Ott, Inge: Freiheit!! Sechs Freunde in den Wirren der Französischen Revolution. Stuttgart 1996.
Ott, Inge: Im Schatten des goldenen Adlers. Stuttgart 1997.
Röhrig, Tilmann: Die Ballade vom Fetzer. 2005.
Vlugt, Simone van der: Paris, 1789: Das zweite Leben der Baronesse Sandrine. München 2000.
Vlugt, Simone van der: Sandrine - eine Liebe in Zeiten der Revolution. München 2002.
Wethekam, Cilli: Tignasse. Kind der Revolution. München 1993.
Wethekam, Cilli: Mamie: 1780-1794. München 1995.

Industrialisierung und soziale Frage
Pelgrom, Els: Umsonst geht nur die Sonne auf. München 1996.
Schröder, Rainer M.: Das unsichtbare Siegel. Würzburg 2001.

Entstehung des deutschen Nationalstaates

Hermannsdörfer, Elke: Lina Kasunke. Zwischen Hoffnung und Rebellion. München 1992.

Kaiser, Maria Regina: Trommeln der Freiheit. Reinbek 1994.

Kordon Klaus: Die Geschichte von Jette und Frieder. Weinheim 1997.

Kordon Klaus: Fünf Finger hat die Hand. Weinheim 2006.

Reiche, Dietlof: Der verlorene Frühling. Frankfurt a.M. 1979.

Röhrig, Tilmann: Sand oder der Freiheit eine Gasse. 1993

Wölfel, Ursula: Jacob unterwegs. München 2004.

Leben im deutschen Kaiserreich

Beyerlein, Gabriele: In Berlin vielleicht. Stuttgart 2005.

Beyerlein, Gabriele: Berlin, Bülowstraße 80a. Stuttgart 2007.

Fährmann, Willi: Es geschah im Nachbarhaus. Würzburg 2008.

Lewin, Waldtraut: Moana. Hildesheim 2006.

Lewin, Waldtraut: Luise, Hinterhof Nord. Ein Haus in Berlin 1890. Ravensburg 2007.

Imperialismus und Erster Weltkrieg

Adams, Simon: Der Erste Weltkrieg. Vom Attentat in Sarajevo bis zum Friedensvertrag von Versailles. Hildesheim 2002.

De Sterck, Marita: Morgen, wenn Frieden ist. Düsseldorf 2006.

Frank, Rudolf: Der Junge, der seinen Geburtstag vergaß. Ravensburg 1988.

Fritsche, Olaf: Wüstenmatrosen. Hamburg 2008.

Lawrence, Iain: Der Herr der Nussknacker. Stuttgart 2004.

Morpurgo, Michael: Als die Wale kamen. Hamburg 2002.

Morpurgo, Michael: Schicksalsgefährten. Hamburg 2004.

Morpurgo, Michael: Mein Bruder Charlie. Hamburg 2007.

Schröder, Rainer M.: Die wahrhaftigen Abenteuer des Felix Faber. Würzburg 1997.

Schröder, Rainer M.: Rotes Kap der Abenteuer. Würzburg 2003.

Hinweise für das Lösen der Aufgaben

In diesem Buch findest du in jedem Kapitel viele Aufgaben, mit denen du die abgedruckten Materialien bearbeiten kannst. Um die Aufgaben zu lösen, musst du ganz unterschiedliche Tätigkeiten ausführen. Damit du weißt, was von dir erwartet wird, wenn du aufgefordert wirst, etwas zu erläutern, beschreiben, skizzieren usw., ist hier eine kleine Übersicht für dich zusammengestellt.

Arbeite heraus: Du liest einen oder mehrere Texte unter einem bestimmten Gesichtspunkt und gibst die wichtigsten Gedanken dazu mit deinen Worten wieder.

Begründe: Du suchst in Texten und Materialien nach Gründen, warum sich Ereignisse in einer bestimmten Form zugetragen oder warum Menschen in einer bestimmten Art und Weise gehandelt haben. Anschließend gibst du die Zusammenhänge ausführlich mit deinen Worten wieder. (Beispiel: Die Menschen der Altsteinzeit konnten nie sehr lange an einem Ort bleiben, weil ...)

Beschreibe: Du gibst wieder, was du auf einem Bild, in einem Text oder einem anderen Material zu einem Thema erkennen kannst.

Besprecht/tauscht euch aus: Du tauschst mit anderen Meinungen über Ereignisse oder Handlungen aus. Dabei gehst du auf deine Gesprächspartner ein und begründest deine Meinung. (Beispiel: Ich sehe das ganz genauso, weil ... Ich bin anderer Meinung, denn ... Ich möchte noch etwas hinzufügen ...)

Bewerte: Du vergleichst eine Aussage oder eine Behauptung zu einem historischen Sachverhalt mit dem, was du darüber weißt und entscheidest, ob die Aussage oder die Behauptung zutrifft oder nicht. Du äußerst dich auch dazu, wie du zu einem Sachverhalt bzw. zum Handeln von Menschen in einer bestimmten Situation stehst. (Beispiel: etwas ist richtig oder falsch, gerecht oder ungerecht, gut oder schlecht, grausam oder gerechtfertigt usw.) Du begründest, warum du zu diesem Urteil gelangt bist.

Charakterisiere: Du führst die wichtigsten Merkmale auf, die eine Handlung, ein Ereignis oder einen Zustand am besten beschreiben.

Diskutiert: Du tauschst mit Gesprächspartnern Meinungen zu einer Frage- oder Problemstellung aus. Dabei wägt ihr ab, was für einen bestimmten Standpunkt spricht und was dagegen.

Erkläre: Du äußerst dich ausführlich zu Abläufen, Ereignissen, Zuständen oder Handlungen und machst dabei Gründe und Zusammenhänge deutlich.

Erläutere/skizziere: Du stellst Sachverhalte oder Handlungen ausführlich dar. Dabei entscheidest du selbst, was du für besonders wichtig hältst und du demzufolge sehr genau darlegst, was du nur kurz erwähnst oder was du weglassen willst.

Erörtere/stelle dar/lege dar: Du äußerst dich ausführlich zu einem historischen Ereignis, einem Zustand oder einem Handlungsablauf und versuchst dabei, unterschiedliche Sichtweisen einzubringen. (Beispiel: Einerseits waren die Römer Eroberer und wurden von den Germanen bekämpft. Aber andererseits brachten die Römer viele Lebensgewohnheiten in die eroberten Gebiete, die dort gern übernommen wurden ...)

Erkundige dich/informiere dich: Du besorgst dir Informationen zu bestimmten Sachverhalten in von dir selbst gewählten unterschiedlichen Medien (Bücher, Zeitschriften, Zeitungen, Fernsehsendungen, Internetseiten usw.) oder durch Befragen anderer Menschen (Eltern, Lehrer, Fachleute, Zeitzeugen usw.). Anschließend stellst du das Ergebnis in geeigneter Form zusammen.

Fasse zusammen: Du liest einen oder mehrere längere Texte und gibst den Inhalt in verkürzter Form wieder.

Finde heraus: Du suchst aus verschiedenen Texten und Materialien nach Antworten auf Fragen bzw. auf Lösungen bestimmter Probleme und formulierst diese mit deinen Worten.

Gib ... wieder: Du suchst aus einem oder mehreren Texten nach wichtigen Aussagen/Informationen und wiederholst diese.

Liste auf/stelle zusammen: Du schreibst Informationen in Form von kurzen Sätzen, Wortgruppen, Tabellen usw. auf.

Nenne: Du entnimmst einzelne Begriffe und Informationen aus vorgegebenen Texten und Materialien.

Ordne ein/zu: Du sortierst Informationen unter bestimmte Überschriften oder Oberbegriffe.

Prüfe/überprüfe: Du vergleichst Informationen aus den Materialien mit vorhandenen Kenntnissen und stellst fest, ob beides übereinstimmt oder sich widerspricht.

Schließe auf etwas: Du entnimmst einem Material Aussagen und denkst darüber nach, was die Gründe dafür sein könnten. (Beispiele: Ein Kriegsgegner wird besonders grausam beschrieben, weil der Schreiber die eigenen Taten rechtfertigen möchte. Ein Herrscher wird übernatürlich groß gemalt, weil damit seine Macht gezeigt werden soll.)

Stelle fest: Du entnimmst einem Material oder mehreren Materialien Informationen und formulierst zweifelsfrei feststehende Aussagen, ohne sie weiter zu bewerten oder zu kommentieren. (Beispiel: 476 n. Chr. wurde der letzte weströmische Kaiser abgesetzt.)

Stelle gegenüber: Du beschreibst verschiedenartige Informationen, Aussagen oder Sachverhalte, ohne sie zu kommentieren oder zu bewerten.

Überlege: Du suchst nach logischen Erklärungen dafür, warum sich Vorgänge oder Ereignisse in der Vergangenheit in einer bestimmten Art und Weise abgespielt haben. (Beispiel: Um gemeinschaftlich jagen zu können, mussten sich die Steinzeitmenschen miteinander verständigen können.)

Unterscheide: Du ordnest unterschiedliche Aussagen in zwei oder mehrere Gruppen ein und begründest, welche Merkmale für dich dabei von Wichtigkeit waren.

Untersuche: Du stellst an ein Material oder mehrere Materialien gezielt Fragen, beantwortest diese und begründest deine Antworten.

Vergleiche: Du stellst unterschiedliche Aussagen/Informationen gegenüber und findest heraus, worin sie sich gleichen, ähnlich sind oder sich völlig unterscheiden.

Zähle auf: Du entnimmst einem Text oder einem anderen Material einzelne Aussagen und ordnest sie sinnvoll. (Beispiel: Ötzis Ausrüstung: 1. Bekleidung: Grasmantel, Mütze aus Bärenfell ... 2. Waffen: Pfeile ... 3. Werkzeuge: ...)

Bei den folgenden Aufgabenstellungen musst du dich immer in die jeweils angegebene Zeit und in eine bestimmte Person hineinversetzen. Du musst also immer bedenken, das Denken und Handeln der Menschen und ihre Möglichkeiten waren ganz andere als heute.

Schreibe einen Tagebucheintrag: Du vertraust dich nur dem Tagebuch an, kannst also deine ganz persönliche Sicht und deine Gefühle zum Ausdruck bringen, ohne auf andere Rücksicht zu nehmen.

Schreibe einen Brief: Du musst dir genau überlegen, wer der Adressat deines Briefes ist und wie du zu ihm stehst. Der Empfänger des Briefes erwartet, dass du dich klar und verständlich ausdrückst, dass er genau weiß, worüber du ihm schreibst, und er möchte deine Meinung, deine Gedanken und vielleicht auch deine Gefühle erkennen.

Schreibe einen Zeitungsartikel: Du schreibst für ein großes Publikum und kannst nicht ohne weiteres wissen, welche Kenntnisse die Leser haben. Also musst du kurz erläutern, worum es geht. Du möchtest auch deine Meinung zu dem Ereignis oder Sachverhalt darlegen. Um die Leser zu überzeugen, brauchst du gute Argumente. Denke auch daran, dass ein Zeitungsartikel immer auch eine bestimmte Form hat: Überschrift, vielleicht eine Unterüberschrift oder eine kurze Einführung.

Verfasse eine Rede: Mit einer Rede möchtest du viele Leute von deiner Meinung überzeugen. Du musst alles kurz auf den Punkt bringen und wirkungsvoll begründen. Wenn du deine Rede vorträgst, achte darauf, dass du gut ankommst (Fragestellungen, geschickte Pausen, veränderte Stimmlage usw.)

Gestalte ein Flugblatt/ein Plakat: Du musst deine Botschaften auf wenige aussagekräftige Schlagwörter zusammenfassen. Bilder oder Symbole müssen auf den ersten Blick entschlüsselt werden können. Plakate müssen auch groß genug sein, um von weitem erkannt zu werden.

Führe ein Interview: Fragen und Antworten musst du vorbereiten. Bedenke dabei sehr genau, was du herausbekommen möchtest und was die Menschen, die du darstellst, überhaupt wissen konnten.

Anleitung zur Arbeit mit der CD

Anleitung zur Arbeit mit dem Methodenmodul „Bild"

Mit diesem Methodenmodul kannst du üben, Bildquellen auszuwerten. Dafür stehen dir verschiedene Werkzeuge zur Verfügung. Hier wird dir erklärt, wie du damit umgehen kannst.
Wenn du das Modul öffnest, siehst du als Erstes die Grundoberfläche. Sie ist in vier Bereiche unterteilt:

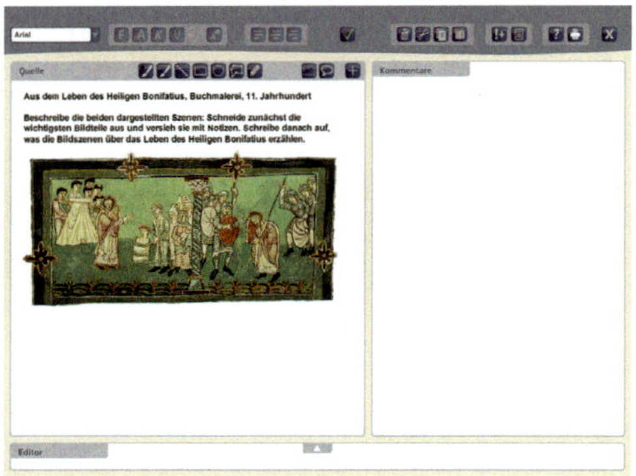

1. Die Funktionsleiste am oberen Rand

Sie ist bei allen Modulen auf dieser CD-ROM gleich. Hier findest du die wichtigsten Werkzeuge zur Bearbeitung eines Textes, z. B. Schriftart und -größe, Schriftverlauf, aber auch Drucken, Hilfe oder Zusatzinformationen usw.

2. Das Quellenfenster
Darin steht immer die Bildquelle mit einer Aufgabenstellung. Darüber sind die Werkzeuge zur Bildbearbeitung angeordnet. Du kannst z. B. Linien einzeichnen, Bereiche einfärben und noch vieles mehr. Hier einige Beispiele:

Mit diesem Knopf kannst du das Bild auf Bildschirmgröße vergrößern, mit dem Minuszeichen kannst du es wieder verkleinern.

Um einen Bildausschnitt zum Kommentieren auszuschneiden, musst du zuerst diesen Knopf drücken und danach mit gedrückter Maustaste den Bildausschnitt auswählen. Nach Loslassen der Maustaste wird der Bildausschnitt im Kommentarfenster (siehe unten) abgebildet.

Um eine Sprechblase in das Bild einzufügen, musst du diesen Knopf drücken und danach an die richtige Stelle im Bild klicken. Dort wird nun eine Sprechblase abgelegt. Diese Sprechblase kannst du anschließend im Kommentarfenster mit einem passenden Kommentar versehen.

3. Das Kommentarfenster
In diesem Fenster kannst du zu den ausgewählten Bildausschnitten und den eingefügten Sprechblasen jeweils eintragen, was du für die Untersuchung des Bildes für wichtig hältst. Mit dem kleinen Kreuz kannst du den Kommentar wieder löschen.

4. Das Textfenster/der Editor
In diesem Fenster kannst du abschließend deine Aufgabenlösung eintragen. Dafür stehen dir alle Textwerkzeuge aus der Funktionsleiste (siehe oben) zur Verfügung. Das Textfenster kann durch Ziehen des kleinen Pfeils in der Mitte nach oben vergrößert werden.

Gehe bei der Arbeit mit dem Methodenmodul „Bild“ nach folgenden Schritten vor:

1. Lies die Aufgabe lesen und schau dir die Bildquelle an.
2. Wähle die Bildausschnitte oder Sprechblasen aus, die dir besonders wichtig sind, und lege sie im Kommentarfenster ab.
3. Schreibe zu den Bildausschnitten Kommentare.
4. Löse im Textfenster die Aufgabe. Das kann eine Zusammenfassung oder auch eine kleine Geschichte zum Bild sein.
5. Drucke die bearbeitete Aufgabe aus.

Anleitung zur Arbeit mit dem Methodenmodul „Text“

Mit diesem Methodenmodul kannst du üben, Textquellen und Sachtexte auszuwerten. Dafür stehen dir verschiedene Werkzeuge zur Verfügung. Hier wird dir erklärt, wie du damit umgehen kannst.
Wenn du das Modul öffnest, siehst du als Erstes die Grundoberfläche. Sie ist in vier Bereiche unterteilt:

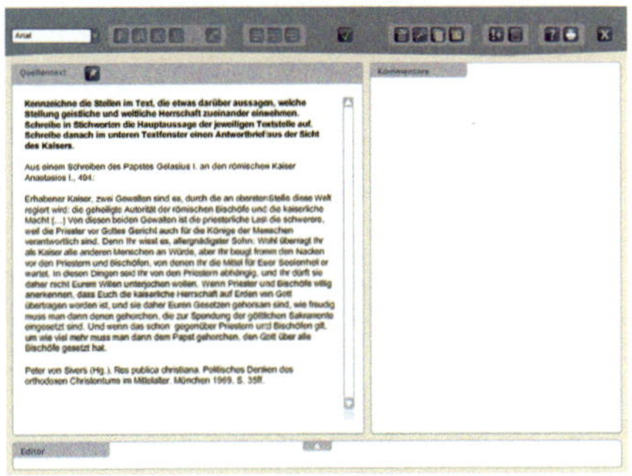

1. Die Funktionsleiste am oberen Rand

Sie ist bei allen Modulen auf dieser CD-ROM gleich. Hier findest du die wichtigsten Werkzeuge zur Bearbeitung eines Textes, z. B. Schriftart und -größe, Schriftverlauf, aber auch Drucken, Hilfe oder Zusatzinformationen usw.

2. Das Quellenfenster
Darin sind der auszuwertende Text und eine Aufgabenstellung angeordnet. Für die Arbeit an Texten stehen dir nur wenige Werkzeuge zur Verfügung. Du kannst vor allem Textbereiche markieren oder auch kopieren und dann in eines der anderen Fenster einfügen.

Mit diesem Knopf kannst du vorher markierte Textbereiche im Kommentarfenster ablegen.

3. Das Kommentarfenster
Nachdem du im Textfenster Textausschnitte ausgewählt und den Kommentarknopf gedrückt hast, erscheinen diese im Kommentarfenster. In dem Feld unter dem jeweiligen Textausschnitt kannst du passende Erklärungen hinzufügen.

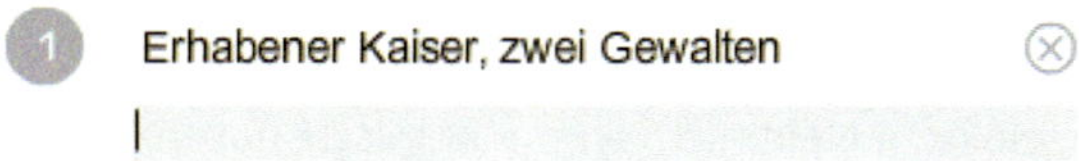

Wenn du mit der Maus über die Nummer gehst, wird der ausgewählte Textabschnitt im Quellenfenster noch einmal farblich hervorgehoben. Mit dem kleinen Kreuz kannst du deinen Kommentar wieder löschen.

4. Das Textfenster/der Editor
In dieses Fenster wirst du das Ergebnis der Textauswertung schreiben. Du kannst auch Teile des Textes oder den gesamten Text in dieses Fenster kopieren, wenn du das für die Aufgabenlösung benötigst. Dafür stehen dir alle Textwerkzeuge aus der Funktionsleiste (siehe oben) zur Verfügung. Das Fenster kann durch Ziehen des kleinen Pfeils in der Mitte nach oben vergrößert werden.

Gehe bei der Arbeit mit dem Methodenmodul „Text“ nach folgenden Schritten vor:

1. Lies die Aufgabe und Textquelle im Quellenfenster.
2. Wähle entsprechend der Aufgabenstellung wichtige Textabschnitte aus, markiere sie und lege sie im Kommentarfenster ab.
3. Schreibe im Kommentarfenster zu den Textabschnitten deine Kommentare.
4. Löse im Textfenster abschließend die Aufgabe. Das kann eine kurze Zusammenfassung, eine ausführliche Erläuterung oder auch eine kleine Geschichte zum Text usw. sein.
5. Drucke das Ergebnis deiner Arbeit aus.

Verzeichnis der Namen, Sachen und Begriffe

Verwendete Abkürzungen:
A = Abbildung/Karikatur; ägypt. = ägyptisch; amerik. = amerikanisch; arab. = arabisch; bosn.-serb. = bosnisch-serbisch; brit. = britisch; bürgerl. = bürgerlich; christl. = christlich; dän. = dänisch; demokrat. = demokratisch; dt. = deutsch; elektr. = elektrisch; engl. = englisch; europ. = europäisch; evang. = evangelisch; frz. = französisch; geb. = geboren; griech. = griechisch; islam. = islamisch; ital. = italienisch; jap. = japanisch; Jh. = Jahrhundert; K = Karte; mechan. = mechanisch; mong. = mongolisch; niederl. = niederländisch; österr. = österreichisch; patriot. = patriotisch; polit. = politisch; poln. = polnisch; port. = portugiesisch; preuß. = preußisch; republik. = republikanisch; röm. = römisch; russ. = russisch; schott. = schottisch; schwed. = schwedisch; schweiz. = schweizerisch; sozialist. = sozialistisch; span. = spanisch, techn. = technisch; Ü = Übersicht/Schaubild

➜ Verweis auf ein anderes Stichwort
~ ersetzt das Stichwort bei Wiederholung

Bei historischen Grundbegriffen, die im Buch in der Randspalte erläutert werden, ist die entsprechende Seitenzahl halbfett gesetzt. Bei Herrschern und kirchlichen Amtsträgern sind soweit möglich die Regierungs-/Amtsdaten, bei allen anderen Personen die Lebensdaten angegeben.

Bildnachweis

Umschlag oben AKG, Berlin;
Umschlag unten Ullstein Bild GmbH (KPA), Berlin;

Zeitstrahl.1 AKG, Berlin;
Zeitstrahl.2 AKG (British Library), Berlin;
Zeitstrahl.3 AKG, Berlin;
Zeitstrahl.4 akg-images, Erich Lessing, Berlin;
Zeitstrahl.5 AKG, Berlin;
Zeitstrahl.6 AKG (Erich Lessing), Berlin;
Zeitstrahl.7 AKG, Berlin;
Zeitstrahl.8 BPK, Berlin;
Zeitstrahl.9 AKG, Berlin;
Zeitstrahl.10 AKG, Berlin;
Zeitstrahl.11 AKG, Berlin

10.li Ullstein Bild GmbH, Berlin;
10.re Ullstein Bild GmbH (Imagno), Berlin;
11.beide AKG, Berlin;
12.Q1 The J. Paul Getty Museum, Los Angeles, 83.MN.126.12,The Tartars Carrying the Head of Heinrich before Castle Liegnitz, Saint Hedwig Seeing in a Dream Her Son's Soul Carried to Heaven by unkown illuminator, Detail, Tempera colors, colored washes, and ink on parchment, Leaf: 34.1 x 24.8 cm (13 7/16 x 9 3/4 in.);
13.Q2 Reproduced by kind permission of the Syndics of Cambridge University Library (M.5.31.f.113r);
14.Q3 AKG, Berlin;
15.Q7 AKG, Berlin;
16 BPK (Ruth Schacht), Berlin;
19.Q3 bis Q5 AKG, Berlin;
20 Interfoto, München;
21 Getty Images, München;
23.Q1 AKG, Berlin;
24.Q2 BPK, Berlin, Museum für Islamische Kunst, Georg Niedermeiser;
25.Q6 AKG (Werner Forman), Berlin;
26.Q1 Bridgeman Art Library Ltd. (Bibliotheque Nationale), Berlin;
27.Q2 Ullstein Bild GmbH (Granger Collection), Berlin;
28.Q3 AKG, Berlin;
29.Q5 AKG (British Library), Berlin;
30.Q6 Ullstein, Roger Viollet, Berlin;
31.Q11 Kösel-Verlag, München;
32.Q1 Interfoto, München;
33.Q2 AKG, Berlin;
34.Q3 AKG (Hedda Eid), Berlin;
35.Q1 AKG (Erich Lessing), Berlin;
36.Q2 Project Photos, Augsburg;
37.Q3 Burgerbibliothek, Bern 8;
38.Q1 AKG, Berlin;
39.Q2 Jürgens Photo, Berlin;
41.Q6 Interfoto, München;
42.Q1 AKG, Berlin;
43.Q2 AKG (Bildarchiv Steffens), Berlin;
44.li AKG (Bibliotheque Nationale, Paris), Berlin;
44.re AKG, Berlin;
45 AKG (Cameraphoto), Berlin;
46.Q1 Ullstein Bild GmbH (Granger Collection), Berlin;
47.Q2 BPK (Jörg P. Anders), Berlin;
48.Q3 akg-images, Erich Lessing, Berlin;
49.Q1 akg-images, Erich Lessing, Berlin;
50.Q2 Achim Bednorz, Köln;
50.Q3 AKG, Berlin;
51.Q4 AKG, Berlin;
51.Q5 Ullstein Bild GmbH (Roger Viollet), Berlin;
52.Q1 AKG, Berlin;
53.Q2 Bildarchiv Preußischer Kulturbesitz, Berlin;
53.Q3 Interfoto, München;
54.Q4 BPK (RMN/Hervé Lewandowski), Berlin;
55.Q1 AKG, Berlin;
56.Q2 AKG, Berlin;
57.Q5 Staatliche Graphische Sammlung, München;
58.Q1 AKG, Berlin;
58.Q2 AKG, Berlin;
60.Q1 AKG, Berlin;
61.Q3 Historisches Museum, Rotterdam;
62.oli Leif Esper Andersen: Hexenfieber. © für das Umschlagbild von Tilman Michalski: 1997 Deutscher Taschenbuch Verlag, München;
62.ore Arena Verlag GmbH, Würzburg;
62.unt Arena Verlag GmbH, Würzburg;
64.D1 AKG (Johann Brandstetter), Berlin;
65.Q1 AKG, Berlin;
66.Q1 Ullstein Bild GmbH (Granger Collection), Berlin;
67.Q3 BPK, Berlin;
67.Q5 AKG, Berlin;
68.beide AKG, Berlin;
69 BPK (SBB/Ruth Schacht), Berlin;
70.Q1 Bildagentur Schapowalow (Robert Harding), Hamburg;
70.Q2 AKG, Berlin;
73.Q5 AKG, Berlin;
73.Q6 Biblioteca Nacional, Madrid;
74.D1 Corbis (Charles & Josette Lenars), Düsseldorf;
74.Q1 Interfoto, München;
76.Q2 Ullstein Bild GmbH, Berlin;
77.Q7 BPK, Berlin;
79.Q3 RIJKSMUSEUM Amsterdam, Amsterdam;
80.Q1 BPK (Knud Petersen), Berlin;
81.Q3 BPK, Berlin;
82.li Corbis (David Lees), Düsseldorf;
82.re AKG, Berlin;
83 BPK, Berlin;
84.Q1 Städtisches Museum Braunschweig, Museumsfoto;
85.Q2 beide AKG, Berlin;
86.Q3 AKG, Berlin;
87.Q7 AKG (Archiv für Kunst und Geschichte (AKG), Berlin), Berlin;
88.Q1 culture-images (Kunstsammlungen Coburg), Köln;
90.Q1 AKG, Berlin;
92.Q3 Wikimedia Foundation Inc., St. Petersburg FL;
93.Q4 AKG, Berlin;
94.Q1 AKG, Berlin;
95.Q2 AKG, Berlin;
96.Q5 AKG, Berlin;
97.Q7 BPK, Berlin;
98.Q1 AKG, Berlin;
99.Q2 AKG, Berlin;
100.Q3 AKG, Berlin;
101.Q5 BPK, Berlin;
102.Q1 AKG, Berlin;
103.Q2 AKG, Berlin;
104.Q1 AKG, Berlin;
105.Q2 AKG (akg-images/Erich Lessing), Berlin;
106.Q3 AKG (François Guénet), Berlin;
107.Q4 Interfoto, München;
111.Q2 AKG, Berlin;
112.li AKG, Berlin;
112.re AKG (Erich Lessing), Berlin;
113 Bridgeman Art Library Ltd., Berlin;
114.Q1 AKG, Berlin;
115.Q2 Bridgeman Art Library Ltd., Berlin;
116.Q3 AKG, Berlin;
116.Q4 AKG, Berlin;
117.Q6 BPK (RMN/Gérard Blot), Berlin;
118.D1, re Klaus Sturm, Stadtbergen;
119.Q1 AKG, Berlin;
121.Q5 Wolfgang G. Schröter, Markkleeberg;
122.Q1 Réunion des Musées Nationaux (RMN) (RMN/Gerard Blot), Paris;

124.Q1 AKG, Berlin;
125.Q2 AKG (Erich Lessing), Berlin;
126.Q3 BPK, Berlin;
128.Q1 AKG, Berlin;
129.Q2 Ullstein Bild GmbH (Roger Viollet), Berlin;
129.Q3 AKG (Erich Lessing), Berlin;
129.Q4 BPK, Berlin;
130.Q5 AKG, Berlin;
131.Q9 Süddeutsche Zeitung Photo (Scherl), München;
132.Q1 AKG, Berlin;
133.Q2 AKG, Berlin;
135.Q4 BPK, Berlin;
135.Q5 AKG, Berlin;
137.Q2 AKG (Bildarchiv Monheim), Berlin;
138 BPK, Berlin;
139 AKG, Berlin;
140.Q1 AKG, Berlin;
141.Q2 AKG, Berlin;
142.Q3 AKG, Berlin;
143.Q7 Alamy Images RM (Jack Sullivan), Abingdon, Oxon;
144.Q1 BPK, Berlin;
145.Q2 AKG, Berlin;
146.D1 Getty Images (MPI/Stringer), München;
147.Q1 Ullstein Bild GmbH, Berlin;
149.Q3 Corbis (Bettmann), Düsseldorf;
150.Q1 AKG, Berlin;
151.Q2 AKG, Berlin;
152.Q6 Ullstein Bild GmbH (Granger Collection), Berlin;
153.Q9 Ullstein Bild GmbH (Granger Collection), Berlin;
156.Q1 Corbis (Leonard de Selva), Düsseldorf;
157.Q2 Ullstein Bild GmbH, Berlin;
158.Q3 Ullstein Bild GmbH (TopFoto), Berlin;
159.Q8 Punch Limited, London;
161.D1 Corbis (Dave G. Houser), Düsseldorf;
161.Q1 Getty Images, München;
162.li BPK, Berlin;
162.re AKG, Berlin;
163.beide AKG, Berlin;
164.Q1 Ullstein Bild GmbH (Roger Viollet), Berlin;
165.Q2 AKG (Erich Lessing), Berlin;
166.Q3 Bridgeman Art Library Ltd. (Giraudon), Berlin;
168.Q8 Réunion des Musées Nationaux (RMN) (Bulloz), Paris;
169.Q1 AKG, Berlin;
170.Q2 li AKG, Berlin;
170.Q2 re Bridgeman Art Library Ltd., Berlin;
171.Q3 BPK (RMN/Bulloz), Berlin;
172.Q4 AKG, Berlin;
174.Q1 Ullstein Bild GmbH (Granger Collection), Berlin;
175.Q2 Corbis, Düsseldorf;
176.Q3 Ullstein Bild GmbH (Archiv Gerstenberg), Berlin;
177.Q4 AKG, Berlin;
178.Q7 AKG, Berlin;
180.Q1 AKG, Berlin;
181.Q2 BPK (RMN/Bulloz), Berlin;
182.Q1 AKG, Berlin;
184.Q1 AKG, Berlin;
185.Q2 AKG, Berlin;
186.Q3 AKG, Berlin;
188.Q1 AKG, Berlin;
189.Q5 AKG, Berlin;
190.Q1 AKG, Berlin;
192.Q2 BPK (Knud Petersen), Berlin;
193.Q7 BPK, Berlin;
194.Q1 Ullstein Bild GmbH (Roger Viollet), Berlin;
195.Q2 AKG, Berlin;
195.Q3 Getty Images (Reuters/ Langsdon), München;
196.li AKG, Berlin;
196.re Ullstein Bild GmbH (Siemens AG), Berlin;
197 The Royal Collection (c) 2008 Her Majesty Queen Elizabeth II;
198.Q1 BPK (SBB), Berlin;
199.Q2 BPK, Berlin;
201.Q5 Bridgeman Art Library Ltd., Berlin;
202.Q1 Ullstein Bild GmbH, Berlin;
203.Q2 AKG, Berlin;
207.Q1 Deutsches Technikmuseum, Berlin;
208.Q2 BPK, Berlin;
209.Q3 AKG, Berlin;
211.Q8 Verein zur Förderung des Umspannwerks Recklinghausen, Recklinghausen;
212.Q1 Sächsisches Staatsarchiv, Dresden;
214.Q1 AKG, Berlin;
215.Q3 Interfoto, München;
216.Q1 Ullstein Bild GmbH, Berlin;
217.Q2 AKG, Berlin;
218.Q4 Deutsches Technikmuseum, Berlin;
219.Q8 AKG, Berlin;
220.Q1 BPK, Berlin;
221.Q2 AKG, Berlin;
222.Q3 DHM, Berlin;
223.Q4 BPK, Berlin;
224.Q7 AKG, Berlin;
225.Q10 Ullstein Bild GmbH (ADN), Berlin;
226.Q1 Interfoto (Mary Evans Picture Library), München;
227.Q2 AKG, Berlin;
228.Q5 Museum für Hamburgische Geschichte, Hamburg;
229.Q7 DB Museum im Verkehrsmuseum, Nürnberg;
231.Q1 Ullstein Bild GmbH, Berlin;
232.li AKG, Berlin;
232.re BPK, Berlin;
233.li AKG, Berlin;
233.re BPK, Berlin;
234.Q1 AKG, Berlin;
236.Q2 BPK (Hermann Buresch), Berlin;
237.Q1 AKG, Berlin;
238.Q2 BPK, Berlin;
239.Q3 BPK, Berlin;
240.Q4 BPK, Berlin;
242.Q5 AKG, Berlin;
243.Q10 AKG, Berlin;
246.Q1 Picture-Alliance (dpa), Frankfurt;
247.Q2 BPK, Berlin;
248.Q3 AKG, Berlin;
249.Q8 Reiss-Engelhorn-Museen (Jean Christen, Ines Mütsch), Mannheim;
250.Q1 BPK, Berlin;
251.Q2 AKG, Berlin;
253.Q5 AKG, Berlin;
254.Q1 BPK, Berlin;
255.Q2 Dietz Verlag, Berlin;
256.Q3 BPK, Berlin;
257.Q6 BPK, Berlin;
258.Q1 BPK (Jochen Remmer), Berlin;
259.Q2 Otto-von-Bismarck-Stiftung, Friedrichsruh;
260.Q5 BPK, Berlin;
261.Q1 AKG, Berlin;
262.Q2 DHM, Berlin;
263.Q6 imago sportfotodienst, Berlin;
264.Q1 Ullstein Bild GmbH (Archiv Gerstenberg), Berlin;
265.Q3 Picture-Alliance (dpa), Frankfurt;
266 BPK, Berlin;
267 BPK, Berlin;
268.Q1 AKG, Berlin;
271.Q1 BPK, Berlin;
272.Q2 BPK, Berlin;
273.Q3 Wilhelm Stöckle, Filderstadt;
274.Q2 Ullstein Bild GmbH, Berlin;
275.Q5 BPK (Otto Haeckel), Berlin;
276.Q1 Ullstein Bild GmbH (Euroluftbild), Berlin;
277.Q2 Wilhelm Stöckle, Filderstadt;
278.Q1 BPK, Berlin;
279.Q2 BPK, Berlin;
279.Q3 Süddeutsche Zeitung Photo (Scherl), München;
280.Q4 Ullstein Bild GmbH, Berlin;
281.Q8 Archiv Gerstenberg (Archiv Gerstenberg), Wietze;
282.Q1 DHM, Berlin;

283.Q5 li Bridgeman Art Library Ltd. (Archvies Charmet), Berlin;
283.Q5 re Interfoto, München;
284.Q1 BPK (SBB/Dietmar Katz), Berlin;
285.Q2 Wilhelm Stöckle, Filderstadt;
286.Q3 AKG, Berlin;
287.Q7 Karl Stehle, München;
288.Q1 Wilhelm Stöckle, Filderstadt;
289.Q2 Ullstein Bild GmbH, Berlin;
290.Q6 Ullstein Bild GmbH, Berlin;
291.Q1 AKG, Berlin;
292.Q2 BPK, Berlin;
292.Q3 AKG, Berlin;
293.Q6 Staatliche Museen zu Berlin, Kunstbibliothek/bpk, Dietmar Katz;
295.Q1 beide imago sportfotodienst (Schöning), Berlin;
296.li BPK, Berlin;
296.re SPIEGEL-Verlag Rudolf-Augstein GmbH & Co. KG, Hamburg;
297.li Karl Stehle, München;
297.re Corbis (Swim Ink 2, LLC), Düsseldorf;
298.Q1 Ullstein Bild GmbH (Granger Collection), Berlin;
299.Q2 Hachette Livre/Photothèque, Paris;
301.Q6 Ullstein Bild GmbH, Berlin;
303.Q1 Otto-von-Bismarck-Stiftung, Friedrichsruh;
303.Q2 Wehrgeschichtliches Museum, Rastatt;
304.Q3 Karl Stehle, München;
305.Q1 AKG, Berlin;
305.Q2 Karl Stehle, München;
306.Q3 AKG, Berlin;
307.Q4 Historial de la Grande Guerre (Historial de la Grande Guerre ©Yazid Medmoun), Péronne Cedex;
309.Q1 AKG, Berlin;
310.Q1 BPK (Atelier E. Bieber), Berlin;
312.Q1 BPK, Berlin;
313.Q5 Privatarchiv Wolfgang Schütz, Weil der Stadt;
314.Q1 Wilhelm Stöckle, Filderstadt;
315.Q2 AKG, Berlin;
316.Q1 Süddeutsche Zeitung Photo (Scherl), München;
317.Q4 Wilhelm Stöckle, Filderstadt;
318.Q6 AKG, Berlin;
319.Q1 Wilhelm Stöckle, Filderstadt;
320.Q4 Art Archive/Picture Desk/ Imperial War Museum;
321.Q6 Niedersächsischen Landesarchiv, Staatsarchiv (Slg 66 Nr. 353), Osnabrück;
322.Q1 AKG, Berlin;
324.Q1 AKG, Berlin;
325.Q2 AKG, Berlin;
325.Q3 Stiftung Reichspräsident-Friedrich-Ebert-Gedenkstätte, Heidelberg;
340.Q1 AKG, Berlin;